THE HISTORY
OF THE DECLINE AND FALL
OF THE ROMAN EMPIRE

로마제국
쇠·망·사

1

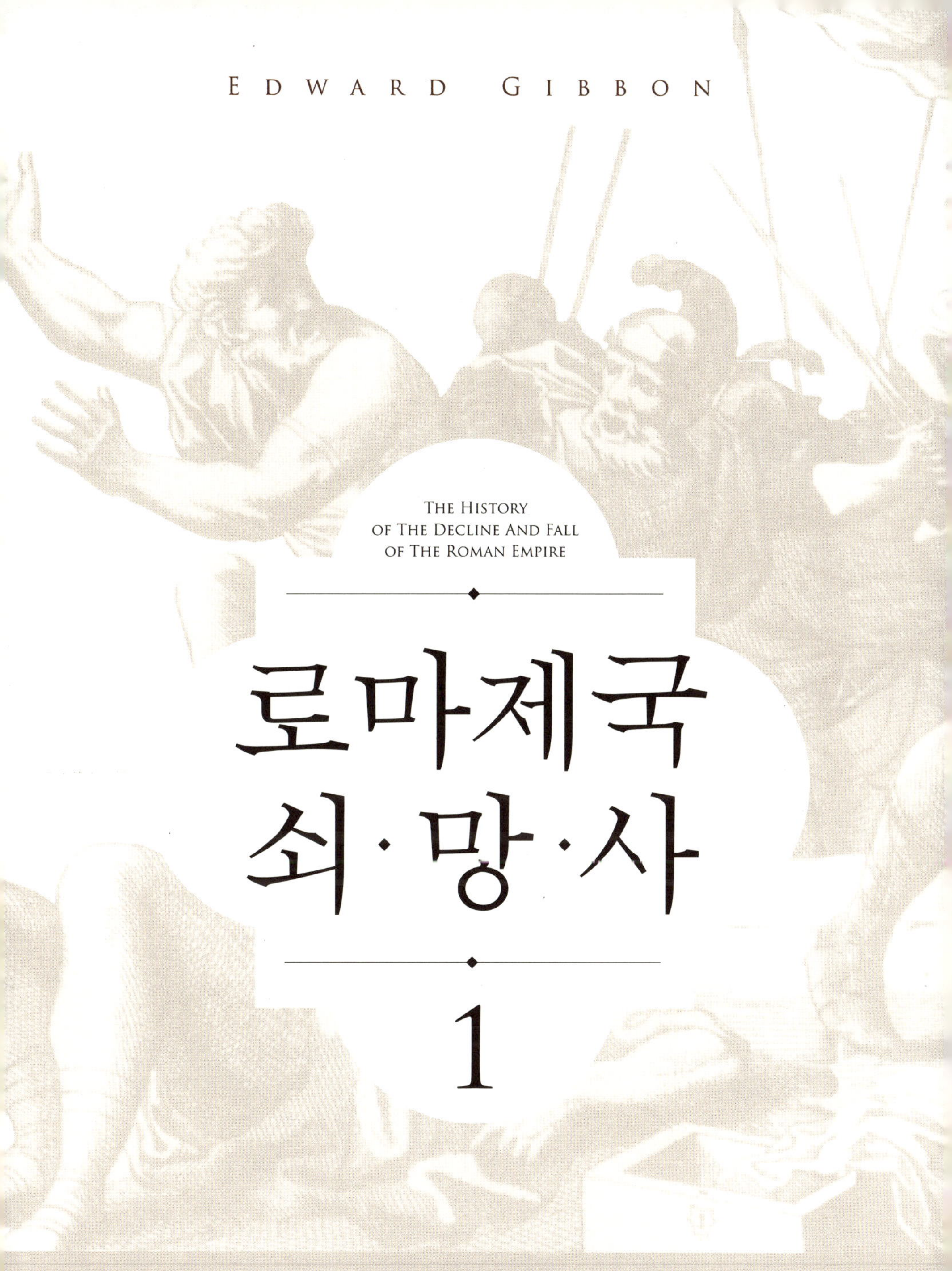

EDWARD GIBBON

THE HISTORY
OF THE DECLINE AND FALL
OF THE ROMAN EMPIRE

로마제국
쇠·망·사

1

에드워드 기번
윤수인 | 김희용 옮김

민음사

해 제

에드워드 기번과 『로마 제국 쇠망사』

 영국의 역사가 에드워드 기번(Edward Gibbon, 1737~1794)은 신대륙에서 미국 독립전쟁이 발생했던, 그리고 유럽 대륙에서, 특히 프랑스에서 혁명의 기운이 감돌고 있던 이른바 '혁명의 시대'에 불후의 명작 『로마 제국 쇠망사(The History of the Decline and Fall of the Roman Empire)』를 출간했다. 이 역사서의 위대함은 서기 2세기부터 콘스탄티노플의 함락으로 동로마(비잔티움) 제국이 몰락했던 15세기까지 근 1400여 년의 장구한 세월을 무려 150만 자의 단어와 여섯 권의 책으로 담아내고 있다는 사실이 웅변으로 말해 준다. 이런 위용 외에도 집필 준비에서 마지막 출간까지 소요되었던 20년간의 기간과(집필에만 15여 년이 걸렸다.) 그 속에서 기번이 들였던 엄청난 노력과 고통의 인내는 이 작품을 더욱 빛나게 하는 덕목이다. 기번은 다음과 같이 회고하고 있다. "처음에는 모든 것이 캄캄했다. 심지어 책의 제목도, 이 책이 진정으로 다룰 영역, 서론의 범위, 각 장의 구분 그리고 이야기의 순서 등 분명한 것은 아무것도 없었다. 나는 지난 7년간의 노력을 내팽개치고 싶은 충동을 자주 느꼈다."

 1776년 2월 17일 『로마 제국 쇠망사』의 제1권이 모습을 드러내자마자 기번은 하루아침에 유명인사가 되었다. "나는 이 작품의 성공을 작가로서의 자만심을 드러내지 않으면서 어떻게 표현해야 할지 무척 당황스러웠다. 첫 판은 며칠 만에 매진되었으며, 두 번째 판과 세 번째 판도 독자들의 요구를 거의 충족시켜 주지 못할 정도로 부족했다." 이 책의 출간으로 기번은 자신의 박학다식함을 우아하고 세련된 문체와 잘 접목시켜 녹여낸 유럽 문단의 최고봉으로, 또 균형 잡힌 시각과 예리한 통찰력으로 로마 제국의 역사를 처음으로 학문적으로 개관한 역사가로 평가받았다. 뿐만 아니라 데이비드 흄(David Hume), 윌리엄 로버트슨(William Robertson)과 같은 당대 최고의 역사가에서부터 여성에 이르기까지 다양한 계층의 찬사와 사랑을 받았다. 물론 찬사만 쏟아졌던 것은 아니었다. 초기 그리스도교를 다루고 있는 제1권의 마지막 두 장(15, 16장)은 그리스도교계의 거센 반발을 불러일으켰다. 옥스퍼드 대학의 교수 헨리 데이비스(Henry Davis)를 위시한 그리스도교 학자들은 기번을 그리스도교의 교리를 경멸하고 우롱하는, 또 학자로서의 자질도 의심스러운 이류학자로 평가절하하기도 했다. 그러나 놀라운 것은 이런 찬사와 비난의 쌍곡선이 당대에만 교차되었던 것이 아니라 지금까지도 면면히 이어지고 있다는 사실이다. 이 책이 완간되던 해인 1788년에 태어난 영국의 천재 시인 바이런(Byron)은 기번의 책을 너무 좋아한 나머지 『로마 제국 쇠망사』를 마지막으로 집필했던 장소를 보기 위해 스위스의 로잔을 방문하기도 했다. 또한 영국의 후배 역사학자 휴 트레버로퍼(Hugh Trevor-Roper)는 기번을 계몽주의 시대의 가장 위대한 역사가로, 『로마 제국 쇠망사』를 영어로 기술된 가장 뛰어난 역사서로 평가했다. 반면 19세기 말에 활동한 예술 비평가들 중 가장 영향력이 있었던 러스킨(Ruskin)은 기번의 영어를 교양 있는 영국인이 사용한 최악의 언어라는 혹평을 했으며, 역사가 룬시만 경(Sir. S. Runciman)은 기번을 비잔티움 제국에 관한 연구를 거의 1세기 동안 질식시켰던 인물로 비난하고 있다.

이처럼 오랜 세월에 걸쳐 다양한 평가들이 계속되고 있다는 사실은 이 책이 차지하는 위상과 생명력을 반영한다. 그리하여 『로마 제국 쇠망사』는 처음 간행된 지 230여 년이 지난 지금에도 명실상부하게 로마 제국을 알기 위한 기본적이고 대표적인 문헌으로서의 지위를 여전히 유지하고 있다. 이 책은 영국을 비롯한 세계 도처에서 여러 형태로 편집되어 출간되었는데, 그런 작업들은 여전히 진행형이다.

그렇지만 모두 여섯 권으로 구성된 이 방대한 대작의 무게는 한때 세종로에 들어섰다 사라진 컨테이너 벽처럼, 책과 우리들 사이에 놓여 있는 거리감만을 증폭시킨다. 전략과 전술이 없는 사령관이 공성전(攻城戰)을 승리로 이끌 수 없는 것처럼, 이 책은 다른 어느 것보다도 전략적 책 읽기가 절실하다. 그 일환으로 필자는 에드워드 기번의 개인적 삶과 그의 역사관에 대해 간략하게 언급하려고 한다. 사실 『로마 제국 쇠망사』는 "인류 역사의 가장 위대한 그리고 가장 혐오스러운 장면들에 대한" 기록일 뿐만 아니라, 기번 개인에 관한 이야기인 동시에 18세기의 가장 위대한 합리주의 역사가에 대한 이야기이기 때문이다.

I 인간 에드워드 기번

기번은 사망하기 두 해 전에 계모에게 다음과 같은 편지를 보낸 적이 있다. "저는 비록 위대한 세계의 방관자로 살아왔지만, 저의 이런 야심 없는 소박한 성격으로 인해 갖게 되었던 연구하는 직업과 그에 대한 보상에 만족하고 있습니다." 여기서 우리는 인간 에드워드 기번을 읽을 수 있다. 기번은 사건에 직접적으로 참여하기보다는 한 발 물러나서 지켜보는 것을 더 선호했으며, 이러한 방관자적인 태도는 오히려 그에게 객관적인 역사를 기술하는 데 일조했을 냉정함을 선물로 주었을 것이다. 기번은 잘 생기지 못한 외모와 단점을 가진 작가가 아닌 거대한 로마 제국을 다루었던 역사가로 기억되기를 원했다. 비록 끝을 맺지 못했지만, 그의 어린 시절을 포함한 전 생애에 대한 감회를 풀어 내고 있는 『회고록』(기번은 회고록을 집필하면서 『로마 제국 쇠망사』를 완성하는 데 쏟은 노력만큼이나 많은 공을 들였다고 한다.)을 보면 그가 왜 역사가가 되려고 했는지, 역사를 통해 무엇을 하려고 했는지가 잘 드러나 있다.

　에드워드 기번은 1737년 4월 27일 영국 서레이(Surrey) 주 런던 근처에 있는 퍼트니(Putney)에서 태어났다. 그의 집안은 조부 때 상당한 재산을 모은 부유한 가문이었지만, 기번은 부모의 무관심과 잦은 병치레로 남다른 어린 시절을 보내야만 했다. 기번은 여섯 형제들 중 유일하게 살아남은 자식이었는데, 후에 그는 "나는 병약한 어린 시절 어머니에게서 버림받고 유모의 손에서 굶주림을 겪었으며 나에게 관심이나 기대를 갖는 사람은 거의 없었다."고 어린 시절을 돌이킨다. 아버지는 조부와 달리 경제적으로 무능력했으며, 자신이 속한 계층의 가치에만 집착했던 독단적인 사람이었다. 아버지에게 절대 복종했던 어머니는 기번이 아홉 살 되던 해에 사망했다. 부모의 무관심, 건강 문제, 학교생활의 부재는 소심하고 수줍음 많은 기번의 성격 형성에 결정적인 영향을 미쳤으며, 그런 성격으로 인한 자발적인 고립은 그의 전 생애를 통해 자주 나타난다. 그렇지만 어머니가 사망한 후 그 역할을 대신 해 주던 이모 캐서린 포튼(Catherine Porten)의 도움으로 기번은 다양한 분야의 많은 책들을 섭렵하는 독서의 취미를 갖게 되었으며, 이성적으로 사고할 수 있는 방법을 훈련받을 수 있었는데, 이를 통해 아마 자신의 외로움을 극복할 수 있는 방법을 터득했으리라 짐작된다. 이런 지적 훈련의 일환으로 기번은 호메로스, 호라티우스, 베르길리우스, 테렌티우스 등의 그리스·로마 고전들과 로렌스 이차드(Laurence Echard)의 『로마사』를 포함한 다양한 역사서들을 탐독하게 되었고, 이는 자연스럽게 미래의 역사가로서의 지적 기반을 충실하게 쌓는 계기가 되었다.

 기번은 열다섯 살이 되던 해에 건강이 갑자기 호전되어, 옥스퍼드 대학의 모들린(Magdalen) 칼리지에 특별자비생(Gentleman Commoner)으로 입학하게 되었다.(1752년) 그는 다른 학생들과 구별되는 벨벳 모자와 실크 가운의 착용을 그리고 무엇보다도 새로 얻은 자유를 무척 좋아했다. 그러나 기번은 옥스퍼드에서의 학교생활에 적응하지 못하고, 자신의 표현처럼 '가장 게으르고 무익한' 14개월의 시간을 보냈다. 그러던 중 가톨릭 주교 보쉬에(Bossuet)의 작품 등의 영향을 받아 로마 가톨릭으로 개종했다. 이 소식을 듣고 분노한 아버지는 그를 스위스 로잔으로 보냈는데, 거기서 만난 칼뱅파 목사 파비야르(Daniel Pavilliard)의 배려와 가르침으로 인해, 기번은 1754년 다시 개신교로 개종하는 곡절을 겪기도 했다. 로잔에서 보낸 5년의 세월은 기번이 학자로서의 훈련을 체계적으로 할 수 있었던 매우 중요한 기간이었다. 라틴어를 완전히 숙지하게 되었으며, 파비야르의 도움으로 그리스어도 약간 배웠다. 또 당시 강국이었던 프랑스의 문학과 철학을 접하게 되었으며, 프랑스어를 모국어인 영어처럼 쓸 수 있을 정도로 능통하게 되었다. 또 계몽주의 시대 프랑스 최고의 지성인이었던 볼테르와 친교를 맺었으며, 두 명의 평생지기를 사귀게 되는데 그중의 한 명이 훗날 기번의 유저 관리인이 되는 존 홀로이드(John Holroyd), 즉 셰필드 경(Lord Sheffield)이었다.

1758년 기번은 영국으로 돌아오라는 아버지의 부름을 받았다. 사실 그의 아버지는 기번을 용서해서가 아니라 성년이 된 기번이 한사상속 재산을 풀 수 있었기 때문에 불렀던 것이다. 아들을 잘 이해하지 못했던 아버지는 항상 금전적인 압박을 가함으로써 자식을 통제하려 했다. 기번은 아버지가 재혼했다는 사실을 영국에 와서, 이웃으로부터 전해 들었다고 한다. 유럽의 거의 모든 나라들이 뛰어든 7년전쟁(1756-1763년)에 영국이 참전하자 아버지는 기번을 햄프셔의 보병대 대위로 자원하게 했으며, 1761년에는 기번이 외교 관련 직책을 얻도록 하기 위해 그의 최초의 저서인 『문헌 연구에 관한 에세이(*Essai sur l'étude de la littérature*)』(영문판은 1764년에 출간)의 마무리를 재촉하기도 했다. 전쟁이 끝나고 부대가 해산되자, 기번은 오래전부터 계획하고 있던 유럽으로의 여행을 떠날 수 있었다.(1763년) 이 여행 중의 어느 날을 기번은 이렇게 기록하고 있다. "1764년 10월 15일, 로마에서였다. 카피톨리누스 언덕 위의 폐허에 앉아서 탁발 수도사들이 유피테르에서 저녁 기도를 올리는 소리를 듣고 있던 중 처음으로 이 도시의 쇠망사를 집필해야겠다는 생각이 문득 떠올랐다." 영원한 고전 『로마 제국 쇠망사』의 시발점이다.

이 여행에서 돌아온 기번은 진지하게 역사를 서술하기 시작했다. 1767년에는 스위스에 관한 역사를 쓰다가 중도에 그만두었으며, 같은 해에 자신의 또 다른 평생지기인 조르주 데

베르당(Georges Deyverdun)과 잡지를 발행하기도 했다. 그러던 중 아버지의 병환으로 활동을 잠시 중단하기도 했던 기번은 1770년 아버지가 사망한 후 2년이 지나서야 복잡하게 얽혀 있던 재산 문제를 해결하고, 런던의 벤틴크 가 7번지에 있는 자신의 집에 안정적으로 정착할 수 있었다.

아버지의 사망은 기번에게 개인적인 독립을 가져다주었다. 1770년 이후 기번이 보여 준 에너지와 자신감은 놀라운 것이었다. 1773년 『로마 제국 쇠망사』를 집필하기 시작했으며, 새뮤얼 존슨 박사가 이끄는 문학 클럽을 포함하여 여러 사교 클럽의 회원으로 활동하고, 왕립 아카데미에서 교수직을 역임하기도 했다. 또 이듬해에는 자신의 사촌과 결혼했던 엘리어트의 도움으로 리스키어드(Leskeard) 지역 의원이 되기도 했다.(의원직을 유지한 8년 동안 그는 의회에서 단 한 번의 연설도 하지 않았다고 한다.) 그리고 마침내 1776년 2월 17일『로마 제국 쇠망사』제1권을 출간함과 동시에 사회적 명성을 얻게 되었다. 5년 후인 1781년에는 제2권과 3권이 발행되었다. 그러나 1782년 봄에 노스 경(Lord North)의 정부가 물러나고, 기번에게 상당한 수입을 보장해 주던 무역위원회가 해체되자 기번은 로잔으로 돌아갔다.(1783년) 그것은 실제적인 은거 생활로, 사회의 주변부에 있는 것을 선호했던 기번다운 선택이었다. 1787년이 지나갈 무렵 나머지 세 권이 완성되었지만 출간은 자신의 51세 생일에 맞춰 1788년 5월 8일로 늦추었다.

1793년 셰필드 경의 부인이 사망했다는 소식을 접하자 기번은 허약해진 몸을 이끌고 영국으로 돌아왔다. 그러나 이것은 기번에게 마지막 여행이 되었는데, 귀국 후 그동안 자신을 괴롭히던 종양을 제거하는 수술을 받았지만, 결국 1794년 1월 런던에서 57세의 나이로 사망했다. 독신이었던 그는 평생지기였던 세필드 경의 가족 묘지에 묻혔다.

　기번은 독립과 자유를 갈망했다. 아버지로부터든, 사회로부터든, 조국인 영국으로부터든. 의식적으로든, 무의식적으로든. 그리고 이런 독립과 자유를 얻기 위한 방법 중의 하나로 어렸을 적부터 연마해 온 자신의 탁월한 재능을 유럽의 탄생에 관한 문제에 집중시킨 것이다.『로마 제국 쇠망사』는 바로 이런 끊임없는 노력의 결과물이기도 하다.

II 역사가 에드워드 기번

　기번은 18세기 유럽에서 가장 중요하고 영향력 있는 작가들 중의 한 명이었다. 흐르는 듯한 선율을 가진 문장과 위트가 넘치는 신랄한 풍자로 당대의 대표적 작가로 떠오른 것이다. 때문에 기번은 역사가보다는 오히려 문장가로서 더 유명했다고도 할 수 있다. 그러나 기번은 젊었을 때부터 역사가가 되기를 결심하고, 주로 역사서를 읽고 서술하는 데 전 생애를 바쳤다. 무엇보다도 기번 스스로가 역사가로 불리는 것을 좋아했다는 사실을 간과해서는 안 된다. 어린 시절부터 섭렵해 온 긴 도서 목록을 통해 기번은 자연스럽게 선배 역사가들과 당대 사상가들의 많은 영향을 받았다. 마키아벨리와 귀치아르디니(Guicciardini)를 당시의 시점에서 최초의 역사가로 칭송했던 기번은 자신을 르네상스 시대의 인문주의자로 부르기도 했다. 이러한 지적 배경과 태도는 기번으로 하여금 고전고대 문화를 부활시켰던 인문주의자들과 문화적 가치를 공유하는 동시에 고대 사가들의 저작에 많은 관심을 기울이게 했다. 그 결과 기번은 리비우스로부터는 감동적이고 극적인 서사시

형식으로 역사를 서술하는 방식을, 타키투스로부터는 역사적 사실을 다루는 데 철학을 적용하는 방법을, 폴리비우스로부터는 공적 문제들을 광범위하게 이해하고 정확하게 서술하는 태도를 배울 수 있었다.

기번은 『로마 제국 쇠망사』를 통해서 로마의 역사보다 오히려 자신이 살고 있던 계몽주의 시대에 대해 더 많은 것을 이야기하고 있다고 한다. 그러나 영국에서는 계몽사상적 역사 서술이 자체적으로 발생하지 못했고, 프랑스의 영향을 받아 비로소 시작되었다고 할 수 있다. 특히 볼테르의 영향이 컸으며, 기번도 그들의 친교가 보여 주듯 예외는 아니었다. 따라서 기번이 그리스도교와 중세 시대에 대한 볼테르의 비판을 공유하고 있는 것은 놀라운 일이 아니다. 이는 중세 시대를 '야만과 종교의 승리'로 묘사하고 있는 기번의 평가에서 잘 드러나며,(71장) 동로마 제국의 역사에 대한 기술에서도 18세기 학자들이 취했던 부정적인 태도가 분명하게 나타나고 있다. 사실 주지하듯이 기번의 주된 관심은 서로마 제국의 역사였다. 기번은 『로마 제국 쇠망사』의 제3권까지 집필한 다음, 다소 망설인 끝에 1453년 동로마 제국의 멸망까지 서술하게 되었기 때문에, 그의 저작은 두 부분으로 구별된다. 제1권에서 4권까지로 구성된 첫 부분은 서기 2세기부터 헤라클리우스 황제가 사망한 서기 641년까지를 다루고 있으며,(1~47장) 나머지 두 권은 7세기에서 15세기까지를 다루고 있다.(48~71장) 그 결과 처음 네 권에서는 약 500년의 역사를 서술하고 있는 반면 마지막 두 권은 거의 1000년 동안의 역사를 다루는 불균형을 드러내기도 한다. 그러나 당시의 연구 풍토에 비추어 볼 때 동로마 제국의 역사를 개관했다는 것 자체로 벌써 큰 의미가 있는 일이라 하겠다. 흔히들 로마 제국은 서기 476년의 서

로마 제국의 몰락으로 그 생명을 다했다고 본다. 하지만 오늘날 학계에서는 '로마의 몰락'이라는 급격한 변혁을 인정하지 않고 있다. 즉 서기 476년의 서로마 제국 멸망에 역사적 의의를 크게 두지 않으며, 고대에서 중세로의 이행은 수세기에 걸친 과도기를 거쳐 점진적으로 이루어진 것이라고 주장하고, 동로마 제국 존속의 의의를 보다 중요시하고 있다. 어느 순간 흥하고 망하는 '단절'의 역사가 아니라 '연속'의 역사가 중요시되는 것이다.

한편 당시 영국에서의 역사 서술이 프랑스의 영향을 받으면서도 다르게 전개된 면이 있는데, 그 이유는 영국의 사상적, 역사적 배경 때문이었다. 영국은 유럽 대륙과 달리 일찍 혁명을 경험하여 18세기에 들어 상대적으로 정치적 안정을 누리고 있었으며, 영국인들은 자신들이 만들어 낸 제도들에 대체로 만족해하고 있었다. 따라서 역사 서술에서 다소 표면적인 사고에, 사실에 대한 분석보다는 설명을 선호하여 수사학적인 표현과 미학적인 서술에 많은 관심을 기울이는 모습을 보여 주었다. 사실 기번은 로마 제국의 몰락을 세계사적인 재난으로 간주하면서 많은 분석과 정의를 내리기도 하지만, 한편으로는 그 서술 형태와 문체에 더 많은 관심을 가지는 면을 보이는데 이 점이 바로 그가 큰 문장가로 불리는 이유일 것이다.

큰 문장가인 기번을 동시에 위대한 역사가로 돋보이게 하는 것은 그의 냉철함과 독창성이다. 『로마 제국 쇠망사』에서 편견과 편애를 드러내는 것을 꺼려하지 않았지만, 그래도 그는 최대한 냉정함을 유지하면서 균형 잡힌 시각을 제시하려고 노력했다. 그리스도교에 대해 비판적이었지만, 제국이 해체되고 난 이후의 혼란했던 시기와 중세 시대에 교회가 담당했던 역할을 인정하고 찬양했다. 또 기번은 동로마 제국에 대한 당대인들의 업신여김에도 불구하고 그 역사를 서술하고 있으며, 십자군 역사의 중요성도 간파하고 있었다.(59장) 이런 균형 잡힌 시각은 이슬람교에 대한 설명에서도 드러난다.(50장) 기번은 이슬람교의 등장과 이슬람교도들이 문명의 발전을 위해 기여한 바를 공정하고도 통찰력 있게 다룸으로써, 이슬람 연구의 한 장을 열었다고 할 수 있다. 또한 기번의 『로마 제국 쇠망사』는 영국의 역사 서술에 주요한 발전을 이룩해 내기도 했다. 기번은 역사 분야에만 국한된 것이 아닌 다양한 작품들을 능숙하게 이용했는데, 자신의 역사를 풍부하고 정확하게 기술하기 위해 우선 1차 사료와 2차 사료를 체계적으로 수집하고, 그 외의 각종 자료들을 섭렵하여 책의 곳곳에서 풀어내놓는다. 기번을 읽는 재미가 아마 여기에서도 비롯되는 것이 아닌가 한다. 연구 성과가 많이 축적된 오늘날의 관점으로 보자면 사료에 대한 객관적, 비판적 분석이 종종 결여되어 있다고 말할 수 있겠지만, 기번은 엄청난 양의 자료를 되도록 정확하게 사용하여 독자들에게 다양한 지식과 견해, 정보를 주기 위해 많은 노력을 기울였는데, 이는 본문에 육박하는 수많은 각주가 잘 보여 주고 있기도 하다. 또 한 가지 기번의 색다른 점은 당시의 연구 풍조와는 달리 사회의 운명을 결정짓는 보편적인 법칙을 찾아내거나, 흥망성쇠의 필연적인 주기를 주장하려고 하지 않았다는 것이다. 그는 다만 인간과 역사를 탐구함으로써 과거와 과거의 다양하고 복잡한 사건들을 이해하고 설명하려 했던 것이다.

 기번이 역사가로서의 명성을 얻게 된 것은 로마 제국의 '쇠망'이라는 주제 덕분이기도 했다. 사실 '쇠퇴와 몰락(Decline and Fall)'이라는 주제가 새로운 것은 아니었으며, 기번이 로마 제국의 사치, 전제, 우유부단, 군사적 약화를 이른바 '야만인들'의 청렴, 자유, 남자다움, 군사력과 비교하고 있는 것도 새로운 것은 아니다. 로마 제국의 몰락과 교회의 성장의 관계도 이미 마키아벨리와 몽테스키외에 의해 탐구된 바 있다. 그러나 기번은 기존의 주장들을 단순하게 정리하고 반복하지 않는다. 그가 놀라운 것은 세밀하고 다양한 접근 방식이다. 예를 들어 훈족의 쇠퇴,(26장) 로마 시(市)의 쇠퇴,(31장) 칼리프 제국의 쇠퇴(52장)의 성격을 구별하여 풀어 내고, 서로마 제국의 쇠퇴에서 나타나는 다양한 현상, 즉 아우구스투스 시대에 시작된 자유의 상실,(1장) 배움의 후퇴,(2장) 콘스탄티누스 시대의 군사적 기율의 나태,(17장) 농업의 쇠퇴(36장)의 과정 등을 그려 내면서 자신이 선택한 '쇠망'이라는 주제에 충실하기 위해 다양한 경로를 끊임없이 모색하고 있는 것이다. 여기서도 기번의 독창성은 드러나는데 그는 이러한 분석들을 조합하려고 하지 않았다. 로마가 쇠퇴하게 된 많은 원인들을 제시하고 있지만, 그것들을 순서대로 배열하거나 서로 연결시키려 하지 않은 것이다.

『로마 제국 쇠망사』에서 가장 독창적이고 훌륭한 설명은 그리스도교에 대한 것인데, 기번은 기존의 학자들과는 달리 그리스도교의 등장을 신학적인 입장이 아니라 역사적인 시각으로 다루고 있다. 그는 그리스도교의 등장을 처음으로 철저하게 다룬 역사가가 되었으며, 다른 종교나 세속적인 제도들의 발전 과정을 다루듯이 그리스도교의 성장과 발전 과정을 개괄적으로 설명하려 하였다. 이는 최초의 그리스도교 황제인 콘스탄티누스 황제를 다루는 데서 잘 드러나는데, 기번은 밀비우스 다리의 전투를 처음에 군사적인 승리로만 표현하고,(14장) 뒤에 가서야 그리스도교와의 관계에 대해서 설명했다.(20장) 이처럼 독자들이 기대하고 있는 부분에 대한 언급을 의도적으로 지연시킴으로써, 기번은 정치적인 성공과 종교적인 믿음 사이의 관계에 대한, 그리고 인간사에서 신적인 의지의 개입 여부에 대한 논쟁들을 부각시켰다. 그러나 기번은 늘 그랬듯이 쉽게 대답을 제시하지 않는데, 이러한 그의 태도는 그리스도교의 등장과 로마 제국의 정치사에 대한 설명들 사이의 관련성을 통해 새로운 종교의 부흥에 대해 더욱 확대되고 비판적인 분석을 가능하게 했다.

  인간 기번과 역사가로서의 기번에 대한 간략한 설명은 기번이 『로마 제국 쇠망사』를 통해서 추구하려고 했던 것이 무엇인지를 알 수 있게 해 준다. 이 불후의 고전은 영국인들에게 가장 훌륭한 정치가로 기억되고 있는 윈스턴 처칠과 인도의 네루와 같은 세계사적 인물들에게 문학적 즐거움을 가져다 준(각각 군대와 감옥에서 힘든 생활을 할 때 즐겨 읽었던) 책이었다. 또 기번을 두고 '모든 시대를 초월한 우리의 스승'이라고 칭했던 케임브리지의 유명한 역사가 버리(J. B. Bury)의 언급처럼, 우리들에게 대제국의 쇠락 과정은 세계 문명의 현재의 흐름과 미래의 운명을 생각하는 데 더없는 교훈을 줄 수 있다. 이 책이 줄 수 있는 문학적 즐거움과 역사적 교훈에 동의한다 하더라도, 유난히 역사를 좋아하고 진지한 우리나라의 독자들은 감성을 중요시하는 이른바 포스트모던 시대에 계몽주의 시대 역사가의 책이 무슨 의미를 가질 수 있는지 반문할 수도 있을 것이다. 그러나 기번은 '쇠퇴와 몰락'이라는 주제를 통해 앞으로 나아가기만 하는 '진보'의 의미는 과연 무엇인가를 되돌아보게 한다. 또한 『로마 제국 쇠망사』의 말미에서 역사가는 객관적인 역사를 쓸 수 없다는 포스트모던 시대의 상식을 암시하면서, 과거는 살아 있으며 항상 현재와 불가분의 관계를 맺고 있음을 분명히 하고 있다. 그런 점에서 로마 제국의 역사는 과거의 역사만이 아니라 현재의 역사라 할 수 있다. 이른바 소통의 시대에 기번이 던진 '쇠퇴와 몰락'이라는 화두를 다시 음미해 볼 이유는 충분하다.

― **김경현**(고려대학교 사학과 연구교수)

서 문

나는 다루고 있는 주제의 다양성이나 중요성에 대해 상세하게 언급하면서 독자들을 붙들어 두고 싶지는 않다. 왜냐하면 이런 선택이 초래할 수 있는 약점을 훨씬 더 분명하게 하면서도 덜 변명하게 하는 이점을 제공하기 때문이다. 그러나 나는 로마 제국 쇠망사의 제1권만을 감히 세상에 내놓으려 하기 때문에, 아마도 내가 구상하고 있는 전체 계획의 성격과 범위에 대해서 몇 마디 덧붙일 필요가 있을 것 같다.

대략 1300년 동안, 위대한 인류의 견고한 구조물을 점차적으로 훼손하고 마침내 파괴했던 일련의 주목할 만한 변혁들은 적절하게 세 시기로 구분될 수 있다.

1. 첫 번째 시기는 로마의 군주정이 최고조에 달했다가 쇠퇴하기 시작했던 트라야누스 황제와 안토니누스 황제의 시기부터 시작해서, 가장 세련된 근대 유럽 국가들의 야만적인 선조들이라 할 수 있는 게르만족과 스키타이인들에 의해 서로마 제국이 전복되었던 시기까지 이어진다. 고트족 정복자들의 힘 앞에 로마를 굴복시킨 이 놀라운 변혁은 대략 6세기 초에 완성되었다.

2. 로마 쇠망의 두 번째 시기는 유스티니아누스 황제 시대부

터 시작될 수 있다. 그는 전쟁에서의 승리뿐만 아니라 법들을 편찬함으로써 동로마 제국의 영광을 일시적으로 회복시켰다. 이 시기에는 롬바르드족이 이탈리아를 침입했으며, 마호메트 종교를 받아들인 아랍인들이 아시아와 아프리카 지역을 정복했다. 로마인들은 콘스탄티노플의 허약한 군주들에 대해 반란을 일으켰으며, 서기 800년에는 제2의 또는 게르만의 서로마 제국을 건설했던 샤를마뉴가 등장했다.

3. 마지막이자 가장 장구한 세 번째 시기는 대략 650년 정도 지속되었다. 서로마 제국이 부활했던 시기부터 투르크족이 콘스탄티노플을 함락시켜 타락한 군주들이—자신들의 지배 지역이 하나의 도시로 축소된 후에도 카이사르와 아우구스투스의 호칭을 계속해서 사용했던—사라졌던 시기까지를 포함한다. 이 시기에는 고대 로마인들의 풍습뿐만 아니라 언어도 오랫동안 잊혀졌다. 이 시기의 사건들을 언급하려고 마음먹은 작가는 어쩔 수 없이 십자군에 관한 개략적인 역사부터 시작할 수밖에 없을 것이다. 그것도 십자군이 그리스 제국의 파괴에 기여했다는 선 정도까지만 말이다. 또 중세 암흑 시대의 혼란기 동안 로마 시 상황이 어떠했는지를 조사하고픈 호기심을 거의 억제할 수 없을 것이다.

나는 모든 의미에서 불완전하다는 욕을 먹을 수도 있는 작품을 위험을 무릅쓰면서 아마도 너무 성급하게 출간하려고 했기 때문에, 이 주목할 만한 첫 번째 시기를 십중팔구 제2권에서 마무리해서, 안토니누스 황제부터 서로마 제국의 몰락에 이르는 완전한 로마 쇠망사를 대중 앞에 내놓겠다고 약속한다. 그 후의 시기들에 대해서 어떤 희망을 가질 수는 있겠지만, 어떤 보장도 감히 하지 않도록 하겠다. 내가 언급한 광범위한 계획의 이행은 고대 세계사와 근대 세계사를 연결시켜 줄 것이다. 그러나 그것은 오랜 세월 동안의 건강과 여유, 그리고 인내를 필요로 할 것이다. ─벤틴크 거리에서 1776년 2월 1일

후기 : 지금 출간된 서로마 제국 쇠망사는 내가 대중들과 했던 약속들을 충분하게 이행한 것이다. 아마도 그들의 호의적인 의견 덕분에 작업을 계속 수행할 수 있었던 것 같다. 작업이 아무리 힘들어 보일지라도, 그것은 여가 시간에 내가 할 수 있는 가장 유쾌한 일이다. ─벤틴크 거리에서 1781년 3월 1일

작가는 대중들이 자신의 노고에 계속 호의적일 것이라고 쉽게 확신한다. 나는 지금 원래 계획했던 마지막 시기까지, 즉 1453년 투르크족이 콘스탄티노플을 점령했던 로마 제국의 마지막 시기까지, 작업을 계속 수행한다는 진지한 결심을 했다. 이미 400년 동안에 발생했던 사건들을 쓰는 데 대단히 두꺼운 책 세 권의 분량이 들어갔음을 계산하고 있는 아주 참을성 있는 독자라면 아마도 900년의 시기를 예상하면서 놀랄 수 있다. 그러나 비잔틴 역사 전반에 관해서 아주 상세하게 설명하는 것은 나의 의도가 아니다. 이 시기의 초입에서는 유스티니아누스 황제의 통치와 마호메트교도의 정복이 주목할 만하며, 콘스탄티노플의 마지막 시기(십자군과 투르크족)는 근대 유럽의 변혁들과 연결되어 있다. 7세기부터 11세기까지의 모호한 시기는 여전히 흥미롭거나 중요하게 보일 수 있는 사건들을 간략하게 서술하는 것으로 대신한다. ─벤틴크 거리에서 1782년 3월 1일

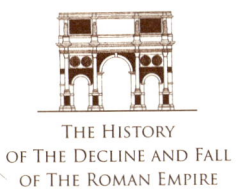

THE HISTORY
OF THE DECLINE AND FALL
OF THE ROMAN EMPIRE

차 례

해제 · v
에드워드 기번의 서문 · xix
일러두기 · xxvi

1 안토니누스 가 황제들 시대의 로마 제국의 범위와 군사력, 서기 98~180년 ··· 1

2 안토니누스 가 황제들 시대의 로마 제국의 통일과 내부적 번영 · 예술 · 사람들 ··· 31

3 안토니누스 가 황제들 시대의 로마 제국의 정치 체제 ············ 65

4 콤모두스의 잔인성, 우행, 살육 · 페르티낙스의 즉위 · 그의 개혁 시도 · 근위대에 의한 암살 · 분노 ··························· 93

5 근위대, 제위를 공매에 부쳐 디디우스 율리아누스에게 팔다 · 브리

타니아의 클로디우스 알비누스, 시리아의 페스켄니우스 니게르, 판노니아의 셉티미우스 세베루스가 페르티낙스 황제의 복수를 선언하다 · 내전과 세베루스의 승리 · 군기의 해이 · 새로운 원칙들 ———— 117

6 세베루스 황제의 사망 · 카라칼라 황제의 학정 · 마크리누스 황제의 찬탈 · 엘라가발루스 황제의 우행 · 알렉산데르 세베루스 황제의 미덕 · 군대의 방종 · 로마 재정의 전반적인 상태 ———— 147

7 막시미누스 황제의 즉위와 폭정 · 아프리카와 이탈리아에서의 반란과 원로원의 권위 · 내전과 폭동 · 막시미누스 황제 부자, 막시무스 황제와 발비누스 황제, 고르디아누스 3대 황제의 횡사 · 필리푸스 황제의 찬탈과 100년제 ———— 197

8 아르타크세르크세스에 의한 군주정 복고 후의 페르시아 정세 · 그의 성격과 원칙 ———— 231

9 야만족의 침입이 시작될 때까지의 게르마니아 정세, 데키우스 황제 시대 · 서기 248년 ———— 253

10 데키우스 황제, 갈루스 황제, 아이밀리아누스 황제, 발레리아누스 황제 및 갈리에누스 황제 · 야만족의 대규모 침입 · 30인의 참주들 · 19인의 실존 참주들 ———— 283

11 클라우디우스 황제의 치세 · 고트족의 패배 · 아우렐리아누스의 승

리, 개선, 사망 · 제노비아의 성격 ——————————— 339

12 아우렐리아누스 황제 사후 군대와 원로원의 동향 · 타키투스 황제,
프로부스 황제 및 카루스 황제 부자의 치세 ——————— 385

13 디오클레티아누스 황제와 세 명의 동료 황제 막시미아누스, 갈레
리우스, 콘스탄티우스의 통치 · 질서와 평온의 전면적인 회복 · 페르시
아 전쟁과 승리 및 개선 · 새로운 통치 방식 · 디오클레티아누스 황제와
막시미아누스 황제의 퇴위 ————————————————— 429

14 디오클레티아누스 황제 퇴위 후의 혼란 · 콘스탄티우스 황제의 사
망 · 콘스탄티누스 황제와 막센티우스 황제의 즉위 · 여섯 황제의 동시
재위 · 막시미아누스 황제와 갈레리우스 황제의 사망 · 막센티우스와
리키니우스에 대한 콘스탄티누스의 승리 · 콘스탄티누스 치하의 제국
통일 · 법률 · 전면적인 평화 ————————————— 483

15 그리스도교의 발전과 초기 그리스도교인들의 사상, 풍습, 신도 수
및 상황 · 각종 의식, 학예, 축전 ———————————— 541

16 네로 황제부터 콘스탄티누스 황제까지의 로마 정부의 그리스도교
정책 · 도미티아누스 황제의 유대교와 그리스도교에 대한 박해 ——— 621

후기 · 693

일러두기

1. 이 책은 에드워드 기번의 『로마 제국 쇠망사(The History of the Decline and Fall of the Roman Empire)』(전6권, 1776~1788, 런던)를 번역한 것이다. 번역 대본으로 쓴 것은 버리(J. B. Bury)가 편집한 The Decline and Fall of the Roman Empire(New York : Random House, Inc., 1995)이다.

2. 로마 시대의 인명, 지명 등은 영어식 음이 아닌 라틴어 음으로 표기하였다. 예: 트라얀(Trajan)→트라야누스, 브리튼(Britain)→브리타니아. 나머지 외국어는 외래어 표기법에 따라 표기하였다.

3. 로마 시대의 민간, 군사 관련 각종 관직명의 번역은 대체로 현재 통용되고 있는 번역어를 사용하였으며, 마땅한 번역어가 없는 것은 라틴어 음을 그대로 달아 놓았다. 예: proconsul→총독, auxiliaries→보조군; spectabiles→스펙타빌레스, dux→두크스

4. 전체 분량의 4분의 1을 차지하는 수많은 각주의 완전 번역에는 많은 무리가 따랐는데, 이른바 '기번의 잡담'이라고도 불리는 4700여 개의 각주 중 기번의 개인적인 감회가 너무 진하게 담긴 것, 각주에서 언급된 본문 부분을 이해하는 데 큰 필요가 없는 것 등 350여 개는 번역을 생략하였음을 밝힌다.

※ 표지를 펼치면 뒷면에 지도가 수록되어 있습니다.

The History
of The Decline and Fall
of The Roman Empire

안토니누스 가 황제들 시대의 로마 제국의 범위와 군사력, 서기 98~180년

    서기 2세기의 로마 제국은 지구상에서 가장 아름다운 영토와 가장 문명화된 인류를 차지하고 있었다. 이 광대한 군주국의 변경은 예로부터 전해 오는 명성과 엄격하게 훈련된 용맹으로 지켜졌다. 법과 관습의 온건하지만 강력한 영향력은 점진적으로 모든 속주들을 하나로 결속시켜 나갔다. 그곳의 평화로운 주민들은 부와 사치를 마음껏 향유하고 또 남용하기도 했다. 자유 체제라는 이념은 적당하게 존중되면서 유지되었다. 로마 원로원이 여전히 주권을 소유하면서, 단지 정부의 행정적인 권력들을 황제에게 위임하고 있는 것으로 보였다. 80년이 넘게 지속된 행복한 시기 동안에는 미덕과 능력을 두루 갖춘 네르바, 트라야누스, 하드리아누스, 그리고 두 명의 안토니누스 황제에 의한 선정이 베풀어졌다. 이 장과 이어지는 두 개의 장에서는 이 시기 로마 제국의 번영상을 묘사하고, 그 다음부터는 마르쿠스 안토니누스 황제의 죽음에서부터 시작된 로마 제국 쇠망의 중요한 상황들을 살펴보기로 하겠다. 실로

로마 제국의 쇠망은 앞으로도 영원히 기억될 것이며, 지금도 지구상의 여러 나라에서 생생히 느껴지고 있는 일대 혁명이기 때문이다.

로마인의 주요 정복은 공화정 시대에 이루어졌으며, 제정 시대의 황제들은 대부분 원로원의 정책과 집정관들의 능동적인 경쟁, 그리고 국민의 군사적인 열정으로 얻어진 영토를 지키는 데 만족했다. 처음 7세기 동안은 승리와 개선이 끊임없이 이어졌다. 그러나 아우구스투스는 전 세계를 정복하려는 야심 찬 계획을 포기하고 민회에 온건 정책을 도입했다. 자신의 기질과 당시의 상황으로 말미암아 평화를 선호하게 된 아우구스투스는 절정기에 올라 있는 로마가 더 이상의 전쟁을 벌여 보았자 얻는 것보다는 잃는 것이 더 많으리라는 점, 먼 변경 지역에서 전쟁을 수행하기가 점점 더 어려워지고 있으며 그 결과도 지극히 의심스럽다는 점, 승리한다 해도 이익이 있을지 예측할 수 없다는 점을 쉽게 깨달을 수 있었다. 아우구스투스의 개인적인 경험도 이와 같은 유익한 반성을 뒷받침해 주었다. 결국 그는 자문관들의 분별력 있는 충고의 도움을 받아, 로마가 안정과 위엄을 지키기 위해 필요로 하는 모든 양보와 협상을 가장 사나운 야만족에게서조차 쉽게 받아 낼 수 있다고 확신하게 되었다. 아우구스투스는 직접 군대를 이끌고 파르티아와 전쟁을 벌이는 대신, 명예로운 협상을 통해 크라수스의 패배로 빼앗겼던 군기와 포로들을 되찾았다.

아우구스투스의 집권 초기에는 몇몇 장군들이 에티오피아와 아라비아 펠릭스의 정복을 시도했다. 그들은 북회귀선 남쪽으로 1000마일 정도까지 진군했지만, 곧 그곳의 열대기후가 침략자들을 쫓아 버림으로써 이 외딴 지역의 비호전적인 원주민들을 보호해 주었다.[1] 유럽 북부에 위치한 나라들은 비용과 수

---

[1] 스트라보, 대(大)플리니우스, 디오 카시우스는 이 전쟁들을 매우 흥미롭고 상세하게 기록해 놓았다. 로마인들은 아라비아 펠릭스의 마리아바라는 도시를 정복했다. 그들은 3일 만에 풍요로운 향료의 나라 아라비아 펠릭스에 도착했다고 한다.

고를 들여 정복할 만한 가치가 거의 없었다. 게르마니아의 숲과 늪 지대에 살고 있던 강건한 야만족들은 자유가 없는 삶을 사느니 차라리 죽음을 택하는 사람들이었다. 그들은 첫 번째 공격에서는 로마 군대의 위용에 항복한 것처럼 보였지만 곧 필사적으로 저항해서 독립을 되찾았는데, 이것은 아우구스투스에게 흥망성쇠의 무상함을 다시 한 번 깨닫게 해 주었다.[2] 아우구스투스의 사망 후에 그의 유서가 원로원에서 공개적으로 낭독되었다. 그는 후계자들에게 다음과 같은 충고를 귀중한 유산으로 남겼다. 제국의 경계를 자연(自然)이 영구적인 보루와 경계로 정해 놓은 것 같은 범위, 즉 서쪽으로는 대서양, 북쪽으로는 라인 강과 도나우 강, 동쪽으로는 유프라테스 강, 남쪽으로는 아라비아와 아프리카의 사막으로 국한하라는 것이었다.

인류의 평화를 위해서는 다행스럽게도, 아우구스투스가 지혜롭게 권장한 온건 정책은 그의 뒤를 이은 겁 많고 악독한 후계자들에 의해 그대로 채택되었다. 초기의 황제들은 쾌락을 추구하거나 폭정을 행사하느라 바쁜 나머지 군대나 변경의 속주에 거의 모습을 드러내지 않았다. 그러나 그들은 나태한 자신들이 잊고 있는 승리의 기쁨을 용기와 행동력을 갖춘 장군들이 대신 누리도록 내버려 둘 생각도 없었다. 신하가 군사적인 명성을 쌓는 것은 황제의 특권에 대한 오만불손한 도전으로 간주되었다. 정복하려는 야망을 품지 않고 자신에게 맡겨진 변경 지대를 방어하는 것이 모든 로마 장군들의 의무인 동시에 직접적인 이해관계가 달린 일이기도 했다. 정복을 한 장군은 정복당한 야만족보다 더 치명적인 해를 입을 수도 있었다.[3]

서기 1세기 동안에 로마 제국은 유일하게 브리타니아 속주

아우구스투스 황제를 모방하는 계승자들

[2] 바루스와 그의 세 개 군단이 전멸한 사건을 말한다. 아우구스투스는 이 우울한 소식을 접하고 평소의 성격과는 달리 화를 내거나 단호하게 대처하지 않았다고 한다.

[3] 게르마니쿠스, 수에토니우스, 파울리누스, 아그리콜라는 승리를 거두는 과정에서 저지되고 소환되었다. 심지어 코르불로는 사형당하기도 했다. 타키투스가 적절하게 표현한 것처럼 군사적인 재능은 엄밀한 의미에서 황제만이 발휘할 수 있는 미덕으로 간주되었다.

최초의 예외가 되었던
브리타니아 정복

를 추가했다. 이 유일한 예외의 경우 카이사르와 아우구스투스의 후계자들은 후자의 교훈보다는 전자의 선례를 따랐다. 갈리아 해안과 근접한 브리타니아의 지정학적 위치가 정복욕을 부추겼고, 진주 채취에 대한 불확실하지만 매혹적인 소문이 탐욕을 불러일으켰기 때문이다.[4] 게다가 브리타니아라는 섬나라는 별개의 고립된 세계처럼 여겨졌기 때문에 대륙에서의 전체적인 온건 정책에는 별 영향을 주지 않는 것으로 생각되었다. 모든 황제 중 가장 어리석은 자에 의해 시작되어[5] 가장 방탕한 자에 의해 지속되고 가장 소심한 자에 의해 끝난 약 40년간의 전쟁 후에 브리타니아 섬의 대부분이 로마의 속주로 전락했다. 브리타니아의 여러 부족들은 용기는 있었지만 행동력이 없었고, 자유를 사랑했지만 서로 단결하지 못했다. 그들은 야만족다운 사나운 기세로 무기를 들었지만 곧 그것을 놓아 버리거나 변덕스럽게 서로를 향해 무기를 겨누었다. 그들은 단독으로 싸우다가 연속적으로 로마에 굴복했다. 카락타쿠스의 용기도, 보아디케아의 절망도, 드루이드 교도의 광신도 그들 국가의 예속을 되돌릴 수 없었고, 제위가 나약하고 악독한 황제들에 의해 유린당하고 있을 때에도 로마의 영광을 당당하게 지켜온 제국 장군들의 꾸준한 진격에 저항할 수 없었다. 도미티아누스 황제가 스스로 만들어 낸 공포에 두려워하며 자신의 궁전 안에 틀어박혀 있을 때, 그의 보병 군단은 덕망 높은 아그리콜라의 지휘 아래 그람피언 산지 기슭에서 칼레도니아 연합군을 격파했으며, 그의 함대는 미지의 위험한 항해를 감행하면서 로마 군대의 위용을 섬 전체에 과시했다. 브리타니아의 정복은 이미 완결된 것으로 간주되었지만, 아그리콜라는 아일랜드까지 손쉽게 정복함으로써 승리를 마무리 짓고 또 확인하고자 했

[4] 카이사르는 이 수치스러운 동기를 감추었지만 수에토니우스는 언급하고 있다. 그러나 브리타니아의 진주는 색깔이 어둡고 칙칙해서 값어치가 없는 것으로 판명되었다고 한다.

[5] 클라우디우스, 네로, 도미티아누스 황제를 말한다. 클라우디우스 시대의 작가 폼포니우스 멜라는 로마군의 승리로 브리타니아 섬과 그곳의 사나운 야만인들에 대해 더 잘 알 수 있게 되리라는 희망을 표현해 놓고 있는데, 런던 한복판에서 이런 글을 읽고 있으니 참으로 재미있다.

다. 그의 생각에 아일랜드 정복은 보병 한 개 군단과 보조군 한두 부대면 충분할 것 같았다.[6] 그는 이 서쪽의 섬은 잘 개발하면 귀중한 재산이 될 것이고, 주변에서 자유의 희망과 예이 모두 사라지면 브리튼족도 그들의 예속을 보다 기꺼이 받아들이게 될 것이라고 생각했다.

그러나 아그리콜라는 그 탁월한 능력 때문에 곧 브리타니아에서 물러나게 되었고, 그의 합리적인 정복 계획은 영원히 좌절되고 말았다. 이 현명한 장군은 물러나기 전에 통치와 안전을 위한 대비책을 미리 마련해 두었다. 그는 이 섬이 오늘날 스코틀랜드 만이라고 불리는 만을 사이에 두고 크기가 다른 두 부분으로 나누어져 있다는 점에 주목했다. 그는 약 40마일 정도의 이 좁은 지역을 따라 군사 주둔지의 선을 그었다. 이것은 이후 안토니누스 피우스 황제 시대에 돌로 기초를 쌓고 그 위에 잔디를 덮은 성벽으로 강화되었다. 지금의 에든버러와 글래스고에서 약간 떨어져 위치한 이 안토니누스의 방벽이 로마 속주의 경계로 정해졌다. 칼레도니아 원주민들은 섬의 북쪽 끝에서 독립을 유지할 수 있었는데, 이것은 그들의 용기뿐 아니라 가난 덕분이기도 했다. 그들은 자주 공격을 감행했고 그때마다 격퇴되고 응징되었지만, 결코 완전히 예속되지는 않았다. 또한 지구상에서 가장 아름답고 비옥한 지역을 소유한 로마인들은 겨울 폭풍이 몰아치는 음산한 산악 지역, 푸른 안개로 뒤덮인 호수들, 벌거벗은 야만족들이 사슴들을 뒤쫓는 춥고 황량한 들판을 경멸하면서 큰 관심을 두지 않았다.

이상이 아우구스투스가 사망한 이후 트라야누스가 즉위할 때까지 로마의 국경과 제국의 정책에 관한 개괄이다. 덕망 높고 활동적인 트라야누스 황제는 군인의 교육을 받았고 장군의 재능을 지니고 있었다. 선대 황제들의 평화적인 정책은 전쟁과

[6] 애국심에 불타는 아일랜드 작가들은 이 대목에서 아그리콜라와 그것을 기록한 타키투스 두 사람 모두에게 격렬한 분노를 표시한다.

정복으로 중단되었고, 군사들은 오랜만에 군인 황제를 모시게 되었다. 트라야누스 황제는 맨 먼저 다키아족을 공격했다. 도나우 강 건너편에 살았던 다키아족은 대단히 호전적이었으며, 도미티아누스 황제 치세에는 로마를 침략하고도 아무런 보복을 받지 않은 전력이 있었다. 그들은 야만족다운 힘과 사나움을 지녔으며, 영혼의 불멸과 윤회를 믿었기 때문에 목숨을 아무렇지도 않게 내던졌다. 다키아의 데케발루스 왕은 자신이 트라야누스 황제에 견줄 만한 호적수임을 훌륭하게 입증했다. 적군들의 고백에 따르면, 그는 자신의 용기와 전술을 모두 사용할 때까지 결코 그 자신과 국민의 운명을 포기하지 않았다고 한다. 이 치열했던 전쟁은 잠깐 동안의 휴전을 제외하고는 5년 동안이나 계속되었는데, 트라야누스 황제는 제국의 모든 군사력을 무제한으로 사용할 수 있었으므로 전쟁은 야만족들의 완전한 굴복으로 끝났다. 아우구스투스 황제가 남긴 교훈에서 두 번째 예외가 된 다키아 속주는 그 주변이 1300마일이나 되었다. 다키아의 자연적인 경계는 드니에스테르 강, 타이스 또는 티비스쿠스 강, 도나우 강 하류와 흑해였다. 이때의 군사 도로의 흔적은 도나우 강둑이나 그 이웃에 있는 근대사에서 유명해진 벤더, 투르크 제국과 러시아 제국의 실제 국경 등에서 지금도 여전히 발견된다.

트라야누스 황제의 동방 정복

트라야누스는 명예욕이 강한 황제였다. 인류가 온건한 보호자보다는 정복자를 더 소리 높여 칭찬하는 한, 아무리 고귀한 인물이라도 군사적인 명예에 대한 갈망을 오점으로 남길 수 있다. 시인들과 역사가들의 끊임없는 찬미로 이어져 온 알렉산드로스 대왕의 명성은 트라야누스의 마음에 위험한 경쟁심을 불러일으켰다. 트라야누스 황제도 알렉산드로스 대왕처럼 동방의 여러 나라에 대한 원정에 착수했다. 그러나 그는 이미 나이가 들어서 도저히 필리푸스의 아들(알렉산드로스)의 명성을 따라잡을 가능성이 없음을 깨닫고 탄식해야만 했다. 그러나 트라야누스의 정복은 일시적이기는 했지만 신속하고 그럴듯했다. 이미 내부적인 불화로 분열되어 있었던 파르티아인들은 그의 군대 앞에서 도망가기에 급급했다. 그는 승리를 거듭하면서 티그리스 강을 따라 아르메니아의 산악 지역으로부터 페르시아 만까지 진군했다. 그는 이 머나먼 바다를 항해한 처음이자 마지막 로마 장군이 되는 영예를 누렸다. 트라야누스 황제의 함대들은 아라비아 연안을 닥치는 대로 약탈했고, 황제는 인도의 국경으로 다가가고 있다고 호언장담했다. 원로원은 매일 그의 지배 아래 들어간 새로운 나라들과 왕들의 이름을 보고 받으면서 깜짝 놀랐다. 그들은 보스포루스, 콜코스, 이베리아, 알바니아, 오스로에네, 그리고 파르티아의 군주조차도 로마 황제가 씌워 주는 왕관을 받기로 했으며, 메디아와 카르두키아 산지의 독립 부족들은 스스로 황제의 보호를 요청했고, 아르메니아, 메소포타미아, 아시리아의 부유한 국가들이 로마의 속주로 전락했다는 소식을 들었다. 그러나 트라야누스의 사망으로 이런 눈부신 전망에는 먹구름이 끼게 되었다. 로마인들은 이 먼 곳에 있는 나라들이 그들을 굴복시킨 강력한 황제가 사라지고 난 후에는 익숙하지 않은 예속의 굴레를 벗으려 하지 않을까 염려하게 되었다.

먼 옛날 로마의 왕이 유피테르 신전을 지을 때, 여러 하급 신들 중에 테르미누스 신(경계(境界)를 관장하는 신이며, 그 시대의 관습에 따라 커다란 돌로 상징되었다.) 혼자만이 자신의 자리를 유피테르 신에게 양보하기를 거절했다는 전설이 있다.

> 트라야누스의 동방 정복 정책을 철회했던 하드리아누스 황제

그의 고집에서 한 가지 기분 좋은 추론을 끌어낼 수 있는데, 로마의 점술가들은 이것을 로마 제국의 경계가 결코 후퇴하지 않으리라는 확실한 예언이라고 해석했다. 수 세기 동안 이 예언은 맞아떨어졌다. 그러나 테르미누스는 유피테르 신의 위엄에는 도전했지만, 하드리아누스 황제의 권위에는 굴복했다. 하드리아누스 황제는 즉위하자마자 트라야누스 황제가 정복한 동방의 나라들을 모두 포기했다. 그는 파르티아인들에게 독립적으로 군주를 선출할 권리를 되돌려 주고, 아르메니아, 메소포타미아, 아시리아에서 로마 주둔군을 철수시켰으며, 아우구스투스 황제의 교훈에 따라 다시 한 번 제국의 경계를 유프라테스 강까지로 국한시켰다. 황제의 공적인 행동과 사적인 동기들을 감시하고 비판하는 감찰관들은 하드리아누스 황제의 신중한 온건 정책으로 해석될 수도 있는 이와 같은 행위를 시기심 때문이라고 규탄했다. 가장 비열하다고도 혹은 가장 관대하다고도 생각될 수 있는 이 황제의 복잡한 성격이 이런 의심에 어느 정도 신빙성을 더해 준다. 어쨌거나 이와 같은 방식으로 트라야누스 황제의 정복지를 방어할 수 없다는 점을 스스로 고백한 것만큼이나 전임자의 탁월함을 부각시키는 방법은 없었을 것이다.

하드리아누스 황제와 안토니누스 피우스 황제의 대조

트라야누스의 군인정신과 야심은 하드리아누스의 온건주의와 극명한 대조를 이룬다. 그러나 안토니누스 피우스 황제의 온화함과 조용함에 비교해 보면 하드리아누스 역시 굉장히 활동적인 황제였다. 하드리아누스 황제의 일생은 끊임없는 여행의 연속이었다. 군인으로서, 정치가로서, 또 학자로서 다양한 재능을 갖추었던 그에게는 황제의 의무를 이행하는 것이 곧 자신의 호기심을 충족시키는 것이었다. 그는 계절이나 기후에 개의치 않고 모자도 쓰지 않은 채 걸어서 눈 덮인 칼레도니아와 북부 이집트의 무더운 사막을 행군했으며, 그의 치세 중에 황제의 방문을 받는 영광을 누리지 않은 제국의 속주는 하나도 없었다.7 그러나 안토니누스 피우스 황제는 그의 조용한 일생을 이탈리아의 중심부에서만 보냈다. 23년에 걸친 치세 동안 이 온화한 황제가 행한 가장 긴 여행도 로마의 궁전에서 라누비움의 별장까지 이상으로 벗어나지 않았다.

황제들 간에 개인적인 차이는 있었지만, 아우구스투스 황제의 일반적인 원칙은 하드리아누스 황제와 이어지는 두 명의 안토니누스 황제에 의해 일관되게 채택되고 준수되었다. 그들은 제국의 경계를 확장하려는 시도는 하지 않았지만, 제국의 위엄은 굳건히 지켜나갔다. 그들은 모든 명예로운 방법을 동원하여 야만족들과 우호 관계를 맺었고, 정복에의 유혹보다 높은 경지로 올라선 로마 제국의 힘은 오로지 정의와 질서에 대한 사랑으로 행사된다는 점을 전 인류에 확신시키고자 노력했다. 43년이라는 긴 기간 동안 그들의 고귀한 노력은 성공적으로 결실을 맺었다. 국경 지대의 몇몇 군단이 일으킨 가벼운 충돌을 제외한다면, 하드리아누스 황제와 안토니누스 피우스 황제의 통치는 전 인류적인 평화라는 아름다운 전망을 제시하기에 충분했다.8 로마 제국의 이름은 머나먼 곳에 있는 나라들에서도 존경을 받았다. 사나운 야만족들도 그들 사이에 분쟁이 발생했을 때 로마 황제에게 중재를 요청하는 경우가 많았다. 당대의 역사가에 따르면 사절단이 찾아와서 신하국으로 받아들여지는 영광을 간청했으나 거절당하는 경우도 있었다고 한다.

황제들의 온건 정책에 힘을 실어 주고 위엄을 부여한 것은 로마 군대에 대한 두려움이었다. 로마인들은 끊임없이 전쟁을

하드리아누스 황제와
두 명의 안토니누스
황제의 평화 체제

7 역사가들의 기록이 없다 해도 그 시대의 메달이나 비문, 그 밖의 기념물들이 하드리아누스 황제의 방문을 충분히 입증해 주고 있다.

8 그러나 하드리아누스 황제 시대에 종교적인 이유로 유대인들이 반란을 일으킨 사건이 있었다는 점은 기억해야만 한다. 또한 안토니누스 피우스 황제 시대에도 두 번의 소규모 전쟁을 승리로 이끌었던 일이 있다. 첫 번째는 방랑하는 무어인들을 아틀라스 산악 지역으로 쫓아낸 일이고, 두 번째는 로마 속주를 침략한 브리타니아의 브리간테 족을 물리친 일이다. 이 두 전쟁과 그 외의 사소한 충돌이 『황제열전』에 언급되어 있다.

마르쿠스 안토니누스의 방어 전쟁

준비함으로써 평화를 유지했다. 정의감이 행동을 규제하고는 있었지만, 그들은 속주의 저항은 결코 용납하지 않을 것임을 공표했다. 하드리아누스와 안토니누스 피우스 황제는 군사력을 과시하는 것만으로 충분했지만, 마르쿠스 안토니누스 황제는 파르티아인들과 게르만족에게 군사력을 직접 사용해야만 했다. 이 야만족들의 적의와 침략은 이 철학적인 군주의 분노를 불러일으켰는데, 정당한 방위를 위한 전쟁을 수행하는 과정에서 마르쿠스 황제와 그의 장군들은 유프라테스 강과 도나우 강 유역에서 대승을 거두었다. 이와 같이 로마 제국의 평화와 승리를 보장해 주었던 로마의 군사 제도를 지금부터 살펴보기로 하겠다.

로마 황제들의 군대 편성

보다 순수했던 공화정 시대에는 사랑을 바칠 국가가 있고, 보호해야 할 재산이 있고, 법률의 제정에도 어느 정도 참여했으며, 그 법률을 유지하는 것이 그들의 의무이자 이익이기도 했던 시민 계급만이 무기를 사용할 수 있었다. 그러나 정복이 계속되면서 시민적 자유가 점점 상실되어 가자 전쟁은 하나의 기술로 발전되는 한편, 일종의 사업으로 타락해 갔다.[9] 군단의 군사들은 가장 멀리 위치한 속주에서 모집되어 왔을 때조차 로마 시민으로 간주되었다. 이런 특권은 대체로 법적인 자격 부여나 병사들에 대한 정당한 보상으로 여겨졌다. 그러나 여전히 나이와 체력, 군사적인 재능 같은 근본적인 자질들이 보다 중요시되었다.[10] 병사를 모집할 때는 남쪽 지역보다 북쪽 지역 출신들, 도시보다는 시골에서 태어난 군사적 소질을 갖춘 사람들이 선호되었다. 그리고 당연한 일이지만 사치와 향락을 위한 사업에 종사하면서 하루 종일 앉아서 일하는 사람들보다

---

[9] 가장 가난한 계층의 병사들도 은화 40파운드 이상의 돈을 가지고 있었는데, 이것은 은 1온스가 동 70파운드와 맞먹을 만큼 돈이 귀했던 시대에는 무척 까다로운 자격 요건이었다. 그러나 마리우스는 옛 시대의 법률로는 군인이 될 수 없었던 대중도 자격 요건에 관계없이 모두 군인으로 받아들였다.

[10] 카이사르는 갈리아 주민들과 외부인들로 군단을 구성했다. 그러나 이것은 내전이라는 특수한 상황에서 허용된 것이었고, 승리 후에는 보상으로 군단병 모두에게 로마 시민권을 부여했다.

는 대장장이나 목수, 사냥꾼 같은 육체 노동자들이 용기와 결단력을 더 잘 발휘할 수 있을 것이라고 생각되었다. 재산 정도에 따라 병사의 자격을 부여하던 관습은 사라졌지만, 여전히 로마 군대의 지휘관들은 좋은 집안에서 태어나 훌륭한 교육을 받은 사람들이었다. 그러나 일반 병사들은 근대 유럽의 용병과 마찬가지로 비천한 출신이었으며, 아주 방탕한 자들도 다수 섞여 있었다.

고대인들이 애국심이라고 명명한 공적 미덕은 자신이 속한 자유 정부의 유지와 번영이 바로 자기 자신의 이해가 달려 있는 문제라고 강하게 느끼는 데서부터 비롯된다. 공화정 시대의 군대를 무적의 군대로 만들었던 이와 같은 감정은 전제 군주의 용병에게서는 더 이상 찾아볼 수 없었다. 그래서 이 결핍을 공적 미덕과는 다르지만 여전히 강력한 성질을 띤 다른 동기들, 즉 명예심이나 종교 등으로 메울 필요가 생겨나게 되었다. 농부나 직공들은 군인이라는 보다 고상한 직업을 가지게 되었고 그 안에서는 자신의 용맹으로 지위와 명예를 얻을 수 있다는 환상을 받아들였으며, 개별적인 병사의 용맹은 주목받지 못할 수도 있겠지만 자신의 행동이 결국 자신이 속한 군단과 군대가 명예를 얻는 데 기여할 것이고, 그것이 바로 자신의 명예와 연결된다고 생각했다. 병사가 처음 입대할 때는 아주 엄숙한 분위기에서 선서를 행했다. 어떠한 경우라도 군기를 저버리지 않을 것, 자신의 의지보다 상관의 명령을 우선시할 것, 황제와 제국의 안전을 위해서는 자신의 목숨까지 희생할 것을 약속했다.[11] 로마 군대의 군기에 대한 집착은 종교와 명예심에서 비롯된 것이었다. 군단의 선두에서 번쩍이는 황금색 독수리 군기는 맹목적인 헌신의 대상이었으며, 위험에 처했을 때 그 성스러운

로마군의 규율

[11] 군대의 황제에 대한 충성 서약은 매년 1월 1일마다 새로 행해졌다.

¹² 타키투스는 로마군의 독수리 군기를 '전쟁의 신'이라고 부르고 있다. 이 기는 병영의 성소에 다른 신들과 함께 모셔져서 군사들의 예배를 받았다고 한다.

¹³ 도미티아누스 황제는 군단병들의 연봉을 10기니 정도에 해당하는 금 열두 닢으로 올렸다. 이 연봉은 로마가 점점 부유해지고 군사정부가 발전함에 따라 점진적으로 인상되었다. 20년간의 복무를 마친 제대 병사는 3000데나리온(은화 100파운드 정도) 또는 그에 해당되는 토지를 받았다. 근위대의 급여나 상여금은 대개 군단병의 두 배 정도였다.

깃발을 팽개치는 것은 신성 모독과도 같은 불경이자 불명예로 간주되었다.¹² 추상적인 관념에서 출발한 이런 동기들은 보다 현실적인 종류의 두려움과 희망으로 한층 강화되었다. 규칙적인 급여와 수시로 지급되는 상여금, 정해진 복무 기간이 끝나면 주어지는 보상금은 군대 생활의 고단함을 경감시켜 주었다.¹³ 반면 비겁한 행동을 하거나 상관에게 불복종했을 경우에는 매우 가혹한 처벌을 받았다. 백인대장에게는 매질을 할 권한이 주어졌고, 군단장들에게는 사형을 집행할 권한이 주어졌다. 훌륭한 병사는 적보다는 상관을 더 두려워해야 한다는 것이 로마 군대의 변함없는 좌우명이었다. 이와 같은 훌륭한 전략들 덕분에 로마 군대는 용맹에 결의와 복종심까지 더할 수 있었는데, 이것은 야만족들의 성급하고 제멋대로인 열정만으로는 얻을 수 없는 것이었다.

로마군의 훈련

로마인들은 용맹이란 기술과 훈련 없이는 불완전하다는 점을 잘 알고 있었기 때문에 라틴어로 군대라는 말을 훈련을 의미하는 단어에서 따올 정도였다. 군사 훈련은 군대의 규율 확립을 위해 끊임없이 반복해야 할 중대한 목표였다. 신병들과 젊은 병사들은 아침저녁으로 부단히 훈련받았고, 경험과 지식이 많은 고참 병사들도 그들이 이미 완전히 익힌 것을 매일 반복해서 훈련해야 했다. 겨울철에는 커다란 막사를 지어서 날씨 때문에 훈련이 중단되는 일이 없도록 했다. 모의 전투 훈련을 할 때는 실제 전투에서 사용하는 무기보다 두 배로 무거운 무기를 사용하는 세심함도 잊지 않았다. 로마 군대의 훈련에 대해 상세하게 묘사하는 것이 이 책의 목적은 아니다. 다만 그들은 신체를 더욱 강건하게 만들고 동작을 더욱 민첩하고 기품 있게 만드는 모든 방법을 알고 있었다는 점만 지적하고자 한다. 병사들은 행진하는 법, 달리는 법, 도약법, 수영법, 무거운 짐을 옮기는 법, 원거리 교전이나 근접 공격 시 공격용 또는 방어용 무기를 사용하는 법, 다양한 기동 대형을 조직하는 법, 피리 소리에 맞추어 전무(戰舞)를 추는 법 등을 성실하게 익혔다. 평시라도 로마 군대는 항상 전투 연습을 했으며, 로마 군대와 싸워 본 경험이 있는 고대 역사가에 따르면 그들의 전투 연습이 실제 전투와 다른 점은 실제로 유혈 사태가 발생하지 않았다는 점뿐이었다고 한다. 유능한 장군들이나 황제 자신까지도 몸소 시범을 보임으로써 군사들의 연습을 독려하는 것이 원칙이었다. 트라야누스 황제는 물론이고 하드리아누스 황제도 몸소 신병들을 가르치고 성실한 병사들을 포상했으며, 때로는 병사들과 어울려 힘과 기량을 겨루기도 했다. 이 두 황제의 치세 동안 전술학이 크게 발달했으며, 로마 제국의 힘이 남아 있는 동안에는 그들의 군사 교육이 로마군 규율의 가장 완벽한 모델로 존중받았다.

9세기에 걸친 전쟁으로 군대에도 수많은 변화와 개선이 이루어졌다. 폴리비우스가 묘사한 바 있는 포에니 전쟁 당시의 레기온, 즉 군단은 카이사르의 승리를 이끌어 낸 군단이나 하드리아누스와 안토니누스 황제 시대에 제국을 방어한 군단과는 실제적으로 큰 차이가 있었다. 로마 군단의 구성은 몇 가지 단어로 설명될 수 있다. 중추적인 병력이었던 중무장한 보병 군단은 10개의 대대, 55개의 백인대로 나누어져 각각 대대장과 백인대장의 명령을 받았다. 가장 명예로운 대대이자 독수리 군기를 보관할 임무를 맡았던 제1대대는 용맹과 충성심이 가장 뛰어나다고 평가된 1105명의 병사들로 이루어졌다. 나머지 아홉 대대는 555명의 병사로 이루어져서 한 군단의 총 병력은

황제들 통치하의 군단

6100명에 달했다. 병사들의 무기는 동일했고 전투에 반드시 필요한 것들이었다. 우선 길게 앞꽂이를 꽂은 개면식 투구, 가슴받이 또는 쇠미늘 갑옷 상의, 정강이받이와 왼손에 드는 커다란 방패를 갖추었다. 방패는 길이 4피트, 너비 2.5피트의 오목한 직사각형 형태였으며, 가벼운 목재로 만든 다음 황소 가죽으로 싸고 그 위에 금속판을 단단하게 입혔다. 군단병들은 가벼운 창을 휴대하고 오른손에는 어마어마하게 큰 투창을 들었다. 이 투창의 길이는 6피트에 달했는데, 창 끝에는 18인치 크기의 단단한 금속이 삼각형 형태로 대어져 있었다. 이 무기는 한 번밖에 사용할 수 없고 던져도 10~12피트밖에 날아가지 못한다는 점에서는 근대식 화약 무기보다 훨씬 못하다. 그러나 기량이 뛰어난 병사가 이 투창을 던지면 기병도 그 사정거리에서 벗어나지 못했으며, 그 육중한 무게에는 어떤 방패나 갑옷도 견디지 못하고 찢겨 나갔다. 로마 병사들은 먼저 투창을 던지고 난 다음에 단검을 빼어 들고 적에게로 돌진했다. 잘 담금질된 에스파냐산 강철로 된 이중 날을 가진 단검은 적을 가격하거나 찌를 목적에 모두 적합했다. 그러나 병사들은 단검으로 적을 가격하기보다는 찌르도록 훈련받았는데, 그것이 자신의 몸은 덜 노출시키면서 상대방에게 더 치명적인 상처를 입힐 수 있는 방법이었기 때문이다. 군단은 주로 8열 종대로 늘어섰고 병사들은 가로, 세로로 3피트씩의 간격을 유지했다. 이런 개방적인 대형을 유지한 군단은 제1선을 길게 구성하면서 신속하게 돌격할 수 있었다. 이런 대형은 전투의 상황이나 지휘관의 전략에 따라 요구되는 작전을 차질 없이 수행하기에도 유리했다. 병사들은 무기를 휘두르고 움직일 충분한 공간을 확보했는데, 이 공간은 지친 병사를 교체하기 위해 후방에서 지원병을 투입할 때도 유용하였다. 그리스와 마케도니아의 전술은 이것과는 아주 달랐다. 그들의 군대는 긴 창을 든 보병대가 16열 횡대로 최대한 가까이 정렬한 밀집 대형 군대였다. 그러나 실전이나 전투 후의 반성을 통해 알 수 있었던 것은 밀집 대형 군대로는 활발한 기동성을 갖춘 로마 군단과 도저히 대적할 수 없다는 점이었다.

  기병대가 없었더라면 군단의 병력도 불완전했을 것이다. 기병대 역시 열 개의 기병 대대로 나누어져 편성되었다. 군단의 제1대대와 짝을 이루는 제1기병 대대는 132명의 기병으로 구성되었고 나머지 아홉 대대는 66명의 기병으로 구성되어, 오늘날의 용어를 빌리자면 한 연대는 총 726명의 기병으로 구성되었다. 기병대는 군단과 짝을 이루기도 했고 때로는 독자적으로 행동하거나 군대의 양쪽 날개 부분을 맡기도 했다. 공화정 시대의 기병대는 로마와 이탈리아의 귀족 자제들로 구성되었다. 그들은 말을 타고 군대 생활을 하면서 원로원 의원이나 집정관 같은 공직으로 나갈 준비를 했고, 용맹을 과시함으로써 투표권을 가진 시민들에게 미래의 표를 호소했다. 그러나 제정 시기의 기병대는 더 이상 귀족 자제들로 구성되지 않았다. 정부의 형태와 생활양식이 변화함에 따라 기사 계급 중에서도 부유한 사람들은 대부분 사법이나 재정 분야의 공직을 맡았다. 그들이 입대하고자 하면 바로 대대장급의 지휘관으로 임명되었다.[14] 트라야누스 황제와 하드리아누스 황제의 기병대는 군단병들과 똑같이 속주 출신의 일반 시민 중에서 모집되었다. 말은 대개의 경우 에스파냐나 카파도키아에서 사육되었다. 로마 기병은 거추장스럽게 완전무장을 한 동방의 기갑 부대를 경멸했다. 그들은 투구와 직사각형의 방패, 가벼운 군화와

> 기병

[14] 호라티우스와 아그리콜라의 예에서도 드러난다. 이것은 로마군의 기강에 하나의 약점으로 작용한 것 같다. 하드리아누스 황제는 보완책으로 지휘관이 될 수 있는 나이를 법으로 규정하자고 주장했다.

쇠미늘 갑옷 상의 정도가 훨씬 유용하다고 생각했다. 투창과 길고 넓적한 칼이 주요 공격 무기였다. 창과 철퇴는 아마도 야만족들의 무기를 본떠 도입된 것 같다.

제국의 안전과 명예를 지키는 일은 주로 군단병들에게 맡겨져 있었지만 로마의 정책은 전쟁에 유용하다면 어떤 방법이라도 기꺼이 채택하는 것이었다. 로마 시민권을 얻기에는 한참 부족한 속주민들 중에서도 정규적으로 병사들을 모집했다. 변경 지역에 흩어져 있던 속국들과 부족들은 병역을 제공할 조건으로 잠시 동안 자유와 안전을 보장받기도 했다. 적대적인 야만족으로 군대를 구성한 다음 먼 변경으로 출정시켜 제국을 위해 그들의 위험스러운 용맹성을 소진하게 만들기도 했다.15 이 모든 군대들을 통틀어서 보조군이라고 불렀다. 보조군의 병력은 시대나 상황에 따라 차이는 있었지만 대개 정규 군단 병력과 비슷한 규모를 유지했다. 보조군 중에서 용맹하고 충성심이 강한 부대는 대대장이나 백인대장의 지휘를 받았고 로마 군단의 규율에 따라 혹독하게 훈련받았다. 그러나 대부분의 부대는 자신의 나라에서 오랫동안 사용해서 익숙해진 무기들을 가지고 싸웠다. 그래서 일정한 규모의 보조군을 할당받은 군단은 자체 내에 모든 종류의 소부대와 무기를 갖추게 되었는데, 이것은 어떤 나라와 교전할 때라도 각각의 장점을 살려 싸울 수 있다는 이점을 가져다주었다. 각 군단은 오늘날의 용어로 말하자면 포병대라 할 수 있는 것까지 갖추고 있었다. 이것은 열 개의 대형 발사기와 쉰다섯 개의 소형 발사기로 구성되었는데, 모두 사선이나 수평으로 발사할 수 있도록 만들어진 발사기들은 돌이나 화살을 적들이 도저히 저항할 수 없을 만큼 맹렬하게 쏘아대었다.16

포

15 마르쿠스 안토니누스 황제는 패배한 콰디족과 마르코만니족에게 로마에 대규모 군사를 지원하도록 만든 다음, 그들을 즉시 브리타니아로 출정시켰다.

16 폴라르(Chevalier de Folard)는 해박한 지식과 독창력으로 고대의 군사 병기에 대해 기록해 놓았다. 그는 여러 측면에서 고려해 볼 때 현대의 대포나 박격포보다 고대 병기들이 더 나았다고 논평했다. 우리는 개별 병사들의 용맹이나 전투 기술이 로마 제국과 함께 쇠퇴해 감에 따라 전쟁터에서 병기를 사용하는 일이 점점 많아졌다는 사실을 발견할 수 있다. 인간이 없는 곳은 기계가 채우기 마련인 것이다.

로마 군단의 병영은 요새화된 도시의 모습을 띠고 있었다. 일단 병영을 구축할 장소를 물색한 다음에는 모든 장애물을 제거하고 땅을 완전히 평평하게 골랐다. 땅은 가로 세로 700야드 크기의 정확한 사각형 형태였는데 2만 명 정도를 충분히 수용할 수 있었다. 오늘날의 군대라면 그 정도 인원을 수용하려면 적어도 세 배 이상의 전선을 적에게 노출시켰을 것이다. 병영 한복판에는 군단장 본부가 다른 막사들보다 높이 세워졌다. 기병대, 보병대, 보조군은 각각 별개의 장소에 주둔했다. 도로는 완벽한 직선으로 넓게 만들었으며, 막사와 성벽 사이에는 사방으로 200피트씩의 공지를 남겨 두었다. 성벽은 12피트 높이로 세운 뒤 강하고 촘촘한 울타리를 쳤고, 그 아래에는 너비와 깊이가 각각 12피트인 도랑을 팠다. 이런 중요한 노역은 모두 군단병들 스스로가 담당했는데, 그들에게는 삽이나 곡괭이도 단검이나 투창만큼이나 익숙한 도구였다. 행동력과 용기는 원래부터 타고나는 경우가 많지만, 이런 노역을 할 때 요구되는 인내심과 성실성은 훈련과 습관의 결실이라 할 수 있을 것이다.

출발을 알리는 나팔이 울리면 병영은 즉각 해체되고 병사들은 조금의 지체나 혼란도 없이 대열을 지었다. 병사들은 그들이 조금도 짐으로 생각하지 않은 무기들 외에도 취사 도구와 요새를 구축할 때 사용할 도구들과 적지 않은 식량까지 짊어져야 했다. 허약한 현대 병사라면 이런 짐의 무게를 견디지 못했겠지만, 로마 병사들은 이 짐을 지고 여섯 시간 동안 20마일 가까운 거리를 질서정연하게 행군하도록 훈련받았다. 적이 나타나면 짐을 벗어던지고 재빠르고 손쉽게 행군 대열을 전투 대형으로 바꾸었다. 투석병들과 궁수들이 최전선에서 소규모 접전을 벌이는 동안 보조군이 첫 열을 이루고 그 뒤를 정규 군단병들이 떠받친다. 기병대는 양쪽 측면을 맡았고 포병대는 맨 뒤에 배치되었다.

군단의 수와 배치

다른 모든 미덕이 사치와 독재 아래서 시들어 가던 시기에 로마 황제들은 이와 같은 군사제도와 전술로 그들의 광대한 영토를 방어하고 군인 정신을 유지시켜 나갔다. 군대의 훈련이 아닌 병력의 수 문제에 이르면 비슷하게라도 해답을 구하기가 쉽지 않다. 그러나 로마 시민권을 가진 군단병만 해도 6831명이었던 군단에 보조병들을 합하면 한 군단에 약 1만 2500명 정도의 병력이 있었을 것으로 추산해 볼 수는 있다. 하드리아누스 황제와 그 후계자들의 평화 시기에도 군단의 수는 서른 개 이하로 줄어들지 않았다. 그렇다면 적어도 37만 5000명의 상비군이 있었다는 계산이 나온다. 병사들은 로마인들이 소심하고 나약한 자들의 피난처쯤으로 생각했던 요새화된 도시, 즉 병영 안에서만 생활하지는 않았다. 군단들은 큰 강이나 야만족과의 국경선을 따라서 진지를 구축했다. 일단 한번 진지를 구축하고 나면 영구적으로 고정되었으므로 군사들의 배치도를 감히 설명해 보도록 하겠다. 브리타니아는 3개 군단이면 충분했다. 주요 병력은 라인 강과 도나우 강을 따라 배치되었는데, 상(上)게르마니아에 3개 군단, 하(下)게르마니아에 2개 군단, 라에티아에 1개 군단, 노리쿰에 1개 군단, 판노니아에 4개 군단, 모에시아에 3개 군단, 다키아에 2개 군단을 배치해서 모두 16개 군단이 이 지역을 방어했다. 유프라테스 강 유역의 방어는 8개 군단이 맡았는데 이 중 6개 군단은 시리아에 나머지 2개 군단은 카파도키아에 배치되었다. 이집트, 아프리카, 에스파냐는 주요 전선과는 멀리 떨어져 있었으므로 이 광대한 속주들의 평화와 안정을 유지하는 데 각각 1개 군단이면 충분했다. 이탈리아에도 물론 병력이 주둔했다. 수도 방위대 혹은 근위대라고 불리던 2만 명 이상의 정예 부대가 황제와 수도의 안전을 책임지고 있었다. 이 근위대는 앞으로 제국을 혼란에 빠뜨리는 거의 모든 혁명의 주인공으로 등장해 비상한 주목을 끌게 된다. 그러나 사용하는 무기나 군사체계 면에서 볼 때는 군단과 별 차이가 없었다. 다만 의상이 좀 더 화려했지만, 엄격한 훈련과 규율이라는 점에서는 군단보다 오히려 뒤떨어졌다.

17 오로시우스에 따르면 이 성채 같은 함선도 수면 위로 10피트를 넘지 않았다고 한다.

해군의 규모는 로마 황제의 위용에 걸맞지 않게 초라했지만, 정부의 목적을 이행하는 데는 충분했고 또 유용했다. 로마인의 야심은 육지로 한정되어 있었다. 로마인들은 호전적이기는 했지만 티레, 카르타고, 마르세유를 항해한 사람들처럼 바다 너머로 세계를 확장하고, 대서양의 가장 먼 해안까지 탐험하겠다는 모험 정신을 가진 적은 없었다. 로마인들에게 바다는 호기심의 대상이라기보다는 두려움의 대상이었다. 카르타고가 멸망하고 해적들이 소탕된 후에 지중해는 온전히 로마의 속주로 편입되었다. 황제들의 정책은 지중해를 평화롭게 유지하면서 그곳에서 이루어지는 무역을 보호하는 일로만 국한되었다. 이런 온건한 관점에서 아우구스투스 황제는 이탈리아에서 가장 편리한 항구 두 곳, 즉 아드리아 해의 라벤나와 나폴리 만의 미세눔에 두 개의 함대를 상비군으로 배치했다. 고대인들은 경험을 통해서 갤리선의 노가 2단 혹은 최대한으로 3단 정도를 넘으면 실용적이라기보다는 화려한 장식에 불과해진다는 사실을 마침내 깨닫게 된 것 같다. 아우구스투스 자신도 악티움 해전의 승리에서 자신의 가벼운 쾌속 범선('리부르나(Liburna)'라고 불렸다.)이 상대방의 성채처럼 거대하지만 다루기 힘든 거선보다 우수하다는 사실을 직접 체험했었다.[17] 그는 라벤나와

18 프랑스는 여전히 이런 대군을 조직하려 한다는 점을 기억해야만 할 것이다.

미세눔 두 곳의 함대를 모두 이 쾌속 범선으로 조직해서 한 함대는 지중해의 동쪽을 다른 한 함대는 지중해의 서쪽을 관할하도록 했고, 각 함대에 수천 명씩의 해병을 배치했다. 이 두 항구 외에도 로마 해군의 주요 기지를 몇 군데 더 추가할 수 있을 것이다. 프로방스 해안의 프레쥐스에 상당수의 병력이 있었고, 흑해에도 배 마흔 척과 수천 명의 해병이 배치되어 방위를 담당했

로마 군사력의 전반적인 상태

다. 여기에 덧붙여 갈리아와 브리타니아 간의 교통 수송을 위한 함대도 있었고, 라인 강과 도나우 강에도 상당수의 범선들이 상주하며 연안 지역을 공격하거나 야만족들의 통행을 저지하기도 했다. 로마 군사력의 전반적인 상태를 다시 검토해 보면, 보병과 기병 또는 군단과 보조군, 근위대, 해병을 모두 합해도 육지와 해상의 방어를 책임지던 병력이 45만 명을 넘지 않았다는 계산이 나온다. 로마 제국이 아무리 막강한 군사력을 보유했다 할지라도, 이 숫자는 로마 제국의 속주 중 하나에 불과했던 현재의 한 왕국의 군주가 지난 세기에 보유했던 군사력과 같은 규모밖에 되지 않는다.[18]

로마 제국 속주들에 대한 고찰

지금까지 하드리아누스 황제와 두 안토니누스 황제의 온건 정책과 그 정책을 지지해 주던 군사력에 대해 살펴보았다. 이제부터는 지금은 작게 나뉜 적대적인 독립 국가들이지만, 한때는 로마 제국의 지배 아래 하나로 통합되어 있었던 속주들에 대해 가능한 한 명확하고 정확하게 설명해 보기로 하겠다.

에스파냐

유럽과 고대 세계의 맨 서쪽에 위치한 에스파냐는 고대부터 지금까지 동일한 자연적 경계를 유지하고 있다. 피레네 산맥과 지중해, 대서양이 에스파냐를 둘러싸고 있다. 지금은 두

왕국으로 불균등하게 나누어져 있는 이 거대한 반도는 아우구스투스 시대에는 루시타니아, 바에티카, 타라코넨시스라는 세 개의 속주로 나누어져 있었다. 지금의 포르투갈이 호전적인 루시타니아족이 살던 곳인데, 포르투갈은 루시타니아의 동쪽 지역을 잃은 대신 북쪽으로 영토를 확장했다. 그레나다와 안달루시아 지방이 고대의 바에티카에 해당된다. 에스파냐의 나머지 지역, 갈리시아와 아스투리아, 비스케이와 나바라, 레온과 두 개의 카스티야, 무르키아와 발렌시아, 카탈로니아, 아라곤 등은 로마 정부가 가장 중요시했던 세 번째 속주를 이루고 있었는데, 이곳은 수도의 이름을 따서 타라코넨시스라고 불렸다. 원주민이었던 야만족 중에 켈티베리아족이 가장 강력했고 칸타브리아족과 아스투리아족이 가장 완강하게 저항했다. 산악 지역의 이점을 확신했던 그들은 로마 군대에 최후까지 저항했으며 아랍인의 굴레도 제일 먼저 벗어 던졌다.

피레네 산맥과 알프스 산맥, 라인 강과 대서양 사이의 영토를 모두 차지하고 있었던 고대 갈리아는 지금의 프랑스보다 훨씬 컸다. 최근에 알자스와 로렌 지방을 합병한 강력한 프랑스 왕국의 영토에 사보이 공국, 스위스 연방의 여러 주, 라인 강변의 4선거후국, 리에주, 룩셈부르크, 에노, 플랑드르, 브라반트 지방까지 합친 것이 갈리아의 영토였다. 아우구스투스는 아버지 카이사르가 정복한 갈리아를 통치하기 위해서 군단의 행군 경로와 하천의 흐름을 감안하면서 그 당시에는 백 개가 넘는 작은 독립국들로 이루어져 있었던 이 지역 주요 국가들의 구분이라는 기준을 모두 충족시킬 수 있도록 이 지역을 분할했다. 지중해 연안의 랑그도크, 프로방스, 도피네는 식민도시 이름을 따서 나르본네시스라고 불렸다. 아퀴타니아는 피레네 산

갈리아

맥에서 루아르 강 사이에 있었다. 루아르 강과 센 강 사이의 지역은 처음에는 켈트족의 갈리아라고 불렸지만 곧 유명한 식민도시였던 루그두눔, 즉 리옹의 이름을 따서 루그두넨시스로 불리게 되었다. 센 강 건너편에는 벨가이족들이 살고 있었다. 이들은 원래 라인 강을 경계로 삼았었는데, 카이사르 시대 직전에 용맹을 과시하고 싶었던 게르만족이 쳐들어와 그 영토의 상당 부분을 차지했다. 로마 정복자들은 이와 같은 상황에 아주 만족하면서 라인 강을 따라 바젤에서 라이덴에 이르는 갈리아 변경 지대에 상(上)게르마니아와 하(下)게르마니아라는 그럴듯한 이름을 붙였다. 이렇게 해서 안토니누스 가 황제들 시대에 갈리아는 나르본네시스, 아퀴타니아, 루그두넨시스, 벨기카, 상, 하 게르마니아라는 여섯 속주로 나뉘어 통치되었다.

브리타니아

브리타니아 정복과 이 섬에서의 로마 속주의 경계에 대해서는 이미 설명한 바 있다. 잉글랜드와 웨일스, 덤버튼에서 에든버러에 이르는 스코틀랜드 저지대가 로마의 속주를 이루고 있었다. 브리타니아는 정복당하기 전에 30여 부족들에 의해 제멋대로 나누어져 있었는데, 그중 가장 주요한 부족들은 서쪽의 벨가이족, 북쪽의 브리간테족, 웨일스 남부의 실루레족, 노포크와 서포크 지방의 이케누스족 등이었다. 언어와 풍속의 유사성을 고려해 볼 때 에스파냐, 갈리아, 브리타니아에는 동일한 인종에 속하는 건장한 야만족들이 살았던 것 같다. 로마에 굴복하기 전에 그들은 서로 영토를 놓고 싸운 적도 많았다. 로마에 굴복한 후 이 세 지역은 헤라클레스의 기둥에서 안토니누스 성벽까지, 타구스 강어귀에서 라인 강과 도나우 강의 수원(水源)까지 펼쳐져 있는 유럽 속주의 서부 지역을 이루게 되었다.

현재 롬바르디아라고 불리는 지역은 로마에 정복되기 전까지는 이탈리아의 한 지역으로 간주되지 않았다. 이 지역은 갈리아인들의 강력한 식민도시였는데, 그들은 포 강을 따라 피에몬테에서 로마냐에 이르는 지역까지 정착한 다음, 알프스 산맥에서 아펜니노 산맥까지 군대를 주둔시키면서 그 이름을 떨쳤다. 지금의 제노아 공화국이 있는 바위투성이의 해안 지대에는 리구리아족이 살고 있었다. 그때까지 베네치아라는 도시는 탄생하지 않았지만, 아디제의 동쪽에 위치한 지금의 베네치아 지역에 이미 베네치아인들이 살고 있었다.19 지금 투스카니 공화국과 교황령이 자리 잡고 있는 이탈리아 반도의 중앙 지역은 에트루스키족과 움브리아족이 차지하고 있었는데, 이 중 에트루스키족은 이탈리아에 첫 문명의 싹을 틔운 민족이었다. 테베레 강은 로마의 일곱 언덕과 사비니족, 라틴족, 볼스키족의 고장을 굽이치며 흘렀다. 이 강변에서 나폴리의 변경에 이르는 지역이 로마가 최초의 승리를 거둔 무대였다. 이 축복받은 지역에서 최초의 집정관들은 승리를 거두었고, 그 후계자들은 별장을 화려하게 장식했으며, 그 후손들은 수도원을 세웠다.20 카푸아족과 캄파니아족은 나폴리에 인접한 지역을 차지하고 있었고, 나머지 지역에는 마르시족, 삼니테스족, 아폴루스족, 루카니족 등의 호전적인 부족들이 거주하고 있었다. 해안 지방에는 그리스의 식민도시들이 번성하고 있었다. 아우구스투스가 이탈리아를 열 개의 지역으로 분할했을 때 이스트리아라는 작은 지방은 로마 황제의 직할령으로 편입되었다.

이탈리아

19 이탈리아의 베네티족은 종종 갈리아족과 혼동되곤 하지만, 아마 일리리쿰에 그 기원을 가진 것 같다.

20 첫 번째 대비는 고대인들에 의해 지적되었다. 두 번째 대비는 현대의 여행자라면 누구든지 느낄 수 있을 것이다.

로마의 유럽 속주들은 라인 강과 도나우 강에 둘러싸여 보호받았다. 라인 강에서 불과 30마일 떨어진 곳에서 시작되는 도나우 강은 주로 동남쪽으로 1300마일 이상을 흐르면서 항해

도나우 강과 일리리쿰의 국경 지방

21 일리리쿰이라는 명칭은 원래 아드리아 해의 해안 지방을 일컫는 말이었는데, 로마인들에 의해 알프스에서 흑해에 이르는 모든 지역으로 확대되어 사용되었다.

가 가능한 예순 개의 강들과 합류해서 여섯 개의 하구를 통해 이런 엄청난 강물의 종착지로는 별로 어울리지 않는 흑해로 흘러들어 간다. 이 도나우 강을 따라 위치한 속주들은 모두 일리리쿰의 변경이라는 의미로 일리리쿰이라고 불렸으며,²¹ 제국 내에서 가장 용맹하고 호전적인 속주들로 간주되었다. 일리리쿰에 속한 속주로는 라에티아, 노리쿰, 판노니아, 달마티아, 다키아, 모에시아, 트라키아, 마케도니아, 그리스 등이 있었다.

라에티아

라에티아 속주는 원래 빈델리키족이 살던 곳이었는데, 알프스 산맥 정상에서 도나우 강 수원으로, 다시 인 강과의 합류 지점에 이르는 지역까지 걸쳐 있었다. 도나우 강 유역 평야 지대는 지금은 바이에른 선거후국의 영토에 속한다. 아우구스부르크는 신성 로마 제국의 보호 아래 있고, 그리손족은 산악 지역에서 안전하게 살고 있다. 티롤 지방은 오스트리아 황제가 (합스부르크 가)의 수많은 주들 중 하나로 편입되었다.

노리쿰과 판노니아

지금의 오스트리아, 스티리아, 카린티아, 카르니올라, 저(低)헝가리, 슬라보니아가 위치해 있는 인 강과 도나우 강 및 사바 강 유역에 펼쳐져 있는 광대한 영토는 고대인들에게는 노리쿰과 판노니아라는 이름으로 알려져 있었다. 그 나라들이 독립을 유지했을 동안에는 그곳의 사나운 주민들은 서로 친밀하게 연결되어 있었다. 로마 통치하에서도 그들은 종종 연합했고 지금도 단일 왕가의 전통을 유지하고 있다. 지금 이곳에는 신성 로마 제국의 황제로 자칭하면서 오스트리아 세력의 중심을 이루고 있는 독일 군주의 거주지가 있다. 보헤미아, 모라비아, 오스트리아 북쪽 변경, 타이스 강과 도나우 강 사이의 헝가리 일부 지역을 제외한다면, 현재 오스트리아 황제가 차지하고 있는 영토는 모두 과거 로마 제국의 경계 안에 속한다는 점도 지적해 둘 필요가 있다.

보다 정확한 의미에서 일리리쿰에 속한다고 볼 수 있는 달마티아는 사바 강과 아드리아 해 사이의 좁고 긴 지역을 일컫는다. 고대의 명칭을 그대로 유지하고 있는 비옥한 해안 지방에는 현재 베네치아 공화국의 한 주와 라구사라는 작은 공화국이 있다. 내륙 지방은 슬라보니아어로 크로아티아와 보스니아로 불렸는데, 지금 크로아티아는 오스트리아 총독의 지배를 받고 있고 보스니아는 투르크군 사령관의 지휘를 받고 있다. 그러나 이 지역에는 아직도 여러 야만 부족들이 독립 상태를 유지하면서 창궐해 그리스도교 세력과 이슬람교 세력의 경계를 애매하게 만들고 있었다.

달마티아

도나우 강은 타이스 강, 사바 강을 합류한 후에는, 적어도 그리스인들 사이에서는 이스테르 강이라고 불렸다.22 이 강은 고대에는 모에시아와 다키아의 경계를 이루었다. 다키아 속주는 앞에서 살펴본 것처럼 트라야누스 황제가 정복한 곳이며, 도나우 강 건너편에 있는 유일한 속주다. 이 지역의 현재 상태를 살펴보면, 도나우 강 서쪽의 테메스바르와 트란실바니아는 여러 차례의 혁명을 거쳐 헝가리 왕국에 합병되었고, 몰다비아 공국과 왈라키아 공국은 오스만 투르크 왕조의 지배를 받고 있다. 도나우 강 동쪽의 모에시아는 중세에 세르비아와 불가리아라는 야만족 왕국으로 분할되었다가 다시 통일되어 역시 투르크 왕조의 지배를 받고 있다.

모에시아와 다키아

투르크인들은 트라키아, 마케도니아, 그리스 일대의 넓은 지역을 아직도 루멜리아라고 부르는데, 이 지명에는 먼 옛날

22 사바 강은 이스트리아의 경계 부근에서 발원하는데, 고대 그리스인들은 이 강을 도나우 강의 주류라고 생각했다.

트라키아, 마케도니아, 그리스

로마 제국의 지배를 받았던 흔적이 남아 있다. 하이모스 산맥과 로도페 산맥에서 보스포루스 해협과 헬레스폰투스 해협에 이르는 군사 지대인 트라키아는 안토니누스 황제들 시대부터 하나의 속주로 형성되어 있었다. 콘스탄티누스 황제가 보스포루스 해협에 건설한 로마의 새 도시(콘스탄티노플)는 지배자나 종교의 변화에도 불구하고 그때부터 지금까지 거대한 왕국의 수도로 남아 있다. 알렉산드로스 대왕 치세에 아시아 전역을 지배했던 마케도니아 왕국은 필리푸스 1, 2세의 정책으로 번영을 누리면서 에피루스와 테살리아를 속국으로 병합하며 에게 해에서 이오니아 해까지 진출했다. 테베, 아르고스, 스파르타, 아테네 등의 명성을 생각해 보면 고대 그리스의 불멸의 공화국들이 로마 제국에서 단 하나의 속주로 통합되었다는 점은 이해하기가 힘들다. 아카이아 동맹의 영향력이 강하게 남아 있던 이 속주는 주로 아카이아 속주라고 불렸다.

소아시아

이상이 로마 제국 통치하의 유럽의 상태였다. 아시아의 속주들은 트라야누스 황제가 한때 정복했던 지역들까지도 예외 없이 모두 지금은 투르크의 세력권에 속해 있다. 그러나 전제주의와 무지가 만들어 낸 자의적인 구분을 따르는 것보다는 변하지 않는 자연적인 구분을 따르는 것이 보다 적절하고 안전할 것이다. 소아시아는 유프라테스 강에서 유럽 쪽으로 뻗어 있는 흑해와 지중해 사이의 반도의 일부 지역을 일컫는다. 로마인들은 가장 넓고 번영했던 지역인 타우루스 강과 할리스 강의 서부 지역에만 아시아라는 이름을 붙였다. 이 지역에는 트로이, 리디아, 프리기아 등의 고대 왕국들과 팜필리아, 리키아, 카리아 등의 해양 국가들, 군사력에서는 모르지만 예술에서만큼은 선대의 영광을 그대로 간직하고 있던 이오니아의 그리스 식민도시들까지 포함되어 있었다. 콘스탄티노플에서 트라브존에 이르는 반도의 북부 지역은 비티니아와 폰투스 왕국이 차지하고 있었다. 반대쪽인 남부 지방에는 시리아의 산악 지대를 경계로 킬리키아 속주가 자리 잡고 있었다. 할리스 강으로 로마령 아시아와 구분되고 유프라테스 강으로 아르메니아와 구분되었던 내륙 지방에는 한때 카파도키아 독립 왕국이 있었다. 아시아에서는 트라브존 이북 지역, 유럽에서는 도나우 강 이북 지역에 해당되는 흑해의 북쪽 해안 지방의 나라들도 로마 황제의 통치권을 인정하고 속국으로서의 예를 갖추거나 로마 주둔군을 받아들였다는 점도 지적되어야 한다. 여기에 속한 나라에는 지금의 지명으로 부드사크, 크림 타르타리, 키르카시아, 밍그렐리아 등이 있다.

알렉산드로스 대왕의 후계자들이 시리아를 통치했을 때, 그곳에는 셀레우코스 왕조가 자리 잡고 상(上)아시아를 지배하고 있었다. 그러나 파르티아인들의 혁명이 성공하자 시리아의 영토는 유프라테스 강에서 지중해까지로 제한되었다. 시리아가 로마 제국의 지배를 받게 되면서 이 지역은 제국의 동쪽 국경을 형성했는데, 이때도 이 속주의 경계는 북쪽으로는 카파도키아 산악 지역, 남쪽으로는 이집트의 국경과 홍해를 넘지 못했다. 페니키아와 팔레스타인은 시리아에 합병되었던 때도 있었고 분리되었을 때도 있었다. 페니키아는 좁고 바위투성이인 해안 지방이었고, 팔레스타인은 땅의 비옥도나 크기에서 웨일스보다 나을 것이 없는 지역이었다. 그러나 유럽과 아메리카가 페니키아의 문자와 팔레스타인의 종교를 받아들임으로써 이 두 나라는 인류의 기억 속에 영원히 살아남게 되었다.[23] 유프

시리아, 페니키아, 팔레스타인

[23] 종교의 전파는 잘 알려져 있다. 문자는 기원전 1500년 무렵에 유럽 야만족들에게 소개되었고, 유럽인들은 서기 1500년 무렵에 아메리카에 문자를 전파했다. 그러나 이 3000년 동안 페니키아 알파벳은 그리스인과 로마인들을 거치면서 상당한 변화를 겪었다.

24 프톨레마이오스, 스트라보 등과 현대 지리학자들은 수에즈 지협이 아시아와 아프리카의 경계를 이루는 것으로 본다. 반면 디오니시우스, 멜라, 플리니우스, 살루스티우스, 히르티우스, 솔리누스 등은 나일 강의 서쪽 지류나 심지어 대(大)카타바스무스나 그 하류를 경계로 삼았다. 이렇게 되면 이집트뿐 아니라 리비아의 일부까지도 아시아로 규정한 셈이 된다.

라테스 강에서 홍해에 이르는 시리아의 국경 지대에는 나무도 물도 없는 사막이 길게 펼쳐져 있었다. 아랍인들은 방랑 생활 덕분에 독립을 유지할 수 있었는데, 다른 지역보다 조금 덜 황량한 곳이 있어 정착하기만 하면 곧 로마 제국의 지배 아래 굴복하곤 했다.

이집트

고대 지리학자들은 이집트를 어느 대륙에 속한 것으로 규정할지의 문제를 놓고 고민해 왔다.24 이 유명한 왕국은 지리상으로는 광대한 아프리카 대륙에 속하지만 아시아와 연결되어 있으며, 역사상 모든 시기를 통해 아시아에서 일어난 혁명의 영향을 겸허하게 받아들였다. 로마의 총독이 프톨레마이오스 왕조의 화려한 왕좌에 앉았으며, 지금은 투르크의 군사령관이 무사 계급의 표상이던 철의 홀(笏)을 장악하고 있다. 북회귀선에서 500마일 떨어진 곳에서 시작된 나일 강이 지중해까지 흘러내리면서 범람해 강의 양측으로 비옥한 토지를 만들어 놓았다. 해안을 따라 서쪽에 위치한 키레네는 처음에는 그리스 식민도시였다가 나중에는 이집트의 한 속주가 되었고, 지금은 바르카 사막 속에 묻혀 버렸다.

아프리카

아프리카 해안은 키레네에서 대서양까지 1500마일 이상 이어진다. 그러나 지중해와 사하라 사막 사이에 끼어서 그 폭은 80에서 100마일을 넘지 못한다. 로마인들은 동쪽 해안이 아프리카 속주로 좀 더 적합하다고 생각했다. 이 비옥한 지역에 페니키아 식민도시가 건설되기 전에는 아주 야만적인 리비아족이 살고 있었다. 페니키아는 카르타고의 직접적인 관할권 아래에 놓이면서 상업의 중심지가 되었다. 그러나 카르타고 공화국은 지금 트리폴리와 튀니스라는 허약하고 무질서한 나라로 전락하고 말았다. 지금은 알제리의 군사 정권이 누미디아의 넓은 영토를 억압하고 있지만, 한때 이곳은 마시니사와 유구르타라는 이름으로 통일되어 있었다. 아우구스투스 시대에 누미디아의 경계는 축소되었고, 적어도 3분의 2 이상의 영토는 카이사르의 영토임을 의미하는 형용사가 붙은 채 마우리타니아라는 이름으로 불리게 되었다. 원래 마우리타니아는 무어족의 나라로 팅기스, 즉 탕헤르라는 고대 도시에서 유래된 팅기타나라는 이름으로 불렸는데, 지금은 페즈 왕국으로 불린다. 로마인들은 해적의 약탈 행위로 오랫동안 악명을 떨쳐 온 대서양 해안의 살레를 그들의 통치권이 미칠 수 있는 한계이자 지리상의 한계라고 생각했다. 지금도 메크네스 근처에서 그들이 건설한 도시의 흔적을 찾아볼 수 있는데, 바로 우리가 지금 모로코의 황제라고 부르는 야만인이 거주하는 곳이다. 그러나 좀 더 남쪽에 있는 모로코 본토와 세겔메사는 로마의 속주에 포함된 적이 없었던 것 같다. 아프리카 서부 지역에는 아틀라스 산맥의 지맥들이 교차하고 있는데, 시인들의 공상으로 하릴없이 유명해진 아틀라스[25]라는 이름은 지금 구대륙과 신대륙 사이를 흐르는 거대한 대양의 이름으로 사용되고 있다.[26]

로마 제국의 경계를 한 바퀴 빙 돌아오면 아프리카는 대서양이 지중해로 흘러 들어 가는 12마일 정도의 좁은 해협을 사이에 두고 에스파냐와 마주 보고 있다는 것을 발견하게 된다. 고대인들 사이에 아주 유명했던 헤라클레스의 기둥은 지각 변동으로 두 개의 산으로 나뉜 것으로 보이는데, 유럽 쪽에 있는 산기슭에는 지금 지브롤터 요새가 자리 잡고 있다. 지중해와 그 해안 지방과 부속 도서는 모두 로마 영토에 속했다. 발레아레스 제도의 섬들 중 가장 큰 두 섬인 마조르카와 미노르카는

[25] 별로 높지 않고 완만한 경사를 지닌 아틀라스 산은 구름 속으로 머리를 내밀고 하늘을 떠받치는 외로운 산의 이미지와는 잘 맞지 않는다. 오히려 해수면에서 1.5리그 정도 솟아 있는 테네리프 봉우리가 페니키아인들이 자주 찾았던 곳이고, 그리스 시인들의 관심을 끌 만한 곳이다.

[26] 볼테르(M. de Voltaire)는 사실이나 개연성을 무시하고 관대하게도 카나리아 제도까지도 로마 제국에 포함시키고 있다.

지중해의 섬들

1장 29

지금은 각각 에스파냐령과 영국령으로 되어 있다. 코르시카 섬의 운명은 정확한 상황을 설명하기는 어렵지만 참으로 한탄스러운데, 지금 사르디니아와 시칠리아에서 두 명의 이탈리아인 군주가 코르시카의 왕권을 사칭하고 있다. 크레타 섬, 즉 칸디아 섬과 키프로스 섬은 그리스와 아시아의 대부분의 작은 섬들과 함께 지금은 투르크의 군사력에 굴복한 상태다. 몰타라는 작은 바위섬만이 군사정부의 통치 아래 투르크의 힘에 맞서면서 명성과 번영을 누리고 있다.

로마 제국에 대한 일반적인 생각

로마 제국의 수많은 속주들이 그 후, 그중 일부 지역만으로도 수많은 강력한 왕국을 이루었다는 점을 생각하면, 로마인들의 허영과 무지까지도 용서하고픈 생각이 들지도 모른다. 이토록 광범위한 지배와 아무도 저항할 수 없었던 막강한 힘, 황제들의 진실한 혹은 위장된 온건 정책에 미혹된 로마인들은 야만적인 독립 상태를 누리던 변경 지대의 나라들을 무시하거나 거의 잊어버렸으며, 점차 오만하게도 로마 제국이 곧 전 세계라고 생각하게 되었다. 그러나 현대 역사가의 지식과 기질은 좀 더 냉정하고 정확한 언어를 필요로 한다. 현대 역사가로서 로마 제국의 범위와 위치를 다시 한 번 명시함으로써 로마의 위대성에 대한 보다 정확한 이미지를 제공하고자 한다. 로마 제국은 안토니누스의 성벽과 다키아의 북쪽 경계에서 아틀라스 산과 북회귀선에 이르기까지 그 폭이 2000마일을 넘었고, 길이는 대서양에서 유프라테스 강까지 3000마일이 넘었다. 또한 온대 지방 중에서도 가장 살기 좋은 북위 24도에서 56도 사이에 위치해 있었고, 160만 제곱마일 이상일 것으로 추정되는 총면적의 대부분이 비옥하고 잘 개간된 농경지로 이루어져 있었다.

2

안토니우스 가 황제들 시대의 로마 제국의 통일과 내부적 번영 · 예술 · 사람들

통치의 원칙

로마 제국을 위대하다고 평가하는 것은 정복의 신속함이나 광대한 영토 때문만은 아니다. 지금 러시아의 군주는 더 많은 영토를 차지하고 있다. 알렉산드로스 대왕은 헬레스폰투스 해협을 통과한 뒤 일곱 번째 여름에 히파시스 강둑에 마케도니아의 전승 기념비를 세웠다.[1] 무적의 칭기즈 칸과 몽고 왕들은 일시적이기는 했지만, 1세기도 안 되는 기간 동안 중국해로부터 이집트와 독일의 국경에 이르기까지 약탈을 계속하면서 그들의 제국을 확장해 나갔다. 그러나 로마의 굳건한 체계는 수 세기에 걸친 지혜로 수립되고 또 유지되었다. 트라야누스와 안토니우스 황제들 시대의 순종적이었던 속주들은 법에 따라 통일되고 예술로 치장되었다. 때로는 파견된 관리들의 학정을 부분적으로 겪기도 했지만, 로마 정부의 일반적인 원칙은 현명하고 단순하며 이로운 것이었다. 속주민들은 조상의 종교를 그대로 유지하는 한편, 시민의 명예나 혜택은 점차로 정복

---

[1] 이것은 라호르와 델리의 중간 지점에 세워졌다. 알렉산드로스 대왕의 인도 정복은 인더스 강의 5대 지류가 흐르는 편잡 지방에서 끝났다.

² 이집트인의 행동에서는 종교 탄압의 흔적을 어렴풋이 찾아볼 수 있다. 로마 제국에 살았던 유대인들과 그리스도교도들도 종교적 배타성을 보여 준다. 이것은 매우 중요한 사항이기 때문에 설명을 하려면 독립적인 장이 필요할 것이다.

자들과 대등한 수준으로 누리게 되었다.

보편적인 관용 정신

1. 종교와 관련된 황제들과 원로원의 정책은 계몽된 국민과 미신적인 국민 모두로부터 지지를 받았다. 대중은 로마에서 유행하던 다양한 형태의 숭배가 모두 똑같이 진실하다고 생각했고, 철학자들은 똑같이 거짓되다고 생각했으며, 행정관들은 똑같이 유용하다고 생각했다. 이리하여 종교적 자유는 서로의 종교에 대한 관용뿐 아니라 종교적 화합까지 이끌어 냈다.

로마 대중들

국민들의 신앙은 신학적인 증오 때문에 비난받는 일도 없었고, 특정한 사상 체계에 구속받지도 않았다. 이 독실한 다신교도들은 각자의 민족적 의식에 집착하면서도 이민족의 종교도 묵인했다.² 공포, 감사, 호기심, 길몽이나 악몽, 특이한 질병, 먼 곳으로의 여행 등은 끊임없이 신앙의 대상을 증가시켰고, 수호신들의 목록을 더 길게 만들었다. 이교도적 신화라는 얇은 직물에 다양하지만 부조화스럽지는 않은 여러 소재들이 함께 엮여 짜인 것이다. 현자들이나 나라를 위해 목숨을 바친 영웅들이 영원불멸의 지위로 승격되고 나면, 그들은 숭배까지는 아니라도 적어도 전 인류의 존경을 받아야 한다는 것이 보편적인 생각이었다. 수천 개의 숲과 강의 신들은 평화롭게 각각의 지역에서 영향력을 행사했다. 또한 테베레 강의 노여움이 가라앉기를 기도했던 로마인들은 나일 강의 수호신에게 제물을 바치는 이집트인들을 조롱할 수 없었다. 자연과 행성들과 땅, 물, 불, 바람 같은 눈에 보이는 힘들은 전 우주를 통해 동일한 것이었다. 눈에 보이지 않는 도덕 세계의 지배자들은 어쩔 수 없이 비슷한 성질을 나타내는 신화나 알레고리의 힘을 빌렸다. 모든 선과 악에는 그것을 대변하는 신이 있었다. 또한 모든 기술, 예술, 직업에는 그것을 후원하는 신들이 있었는데, 그들은 모든 시대, 모든 장소에서 한결같이 그를 따르는 신도들의 특징과 유사하게 묘사되었다. 이런 다양한 기질과 관심사를 가진 신들의 나라에는 그들을 중재하는 최고 통치자가 필요했는데, 지식과 아첨이 발달해 감에 따라 이 신은 '영원한 아버지', '전능의 왕' 같은 숭고하고 완벽한 성질을 부여받았다.[3] 고대인들은 대체로 온화하고 관대했기 때문에 종교 간의 차이점보다는 유사점에 더 주목했다. 그리스인, 로마인, 야만족들이 서로 다른 제단에서 마주쳤을 때, 그들은 비록 신의 이름이나 예배 형식은 다르지만 결국은 같은 신을 섬기는 것이라고 생각할 수 있었다. 호메로스의 품위 있는 신화는 고대 세계의 다신교에 아름답고 전형적인 형태를 부여하고 있다.[4]

그리스의 철학자들은 신이 아닌 인간의 성질에서 도덕을 찾았다. 그러나 그들은 '신성(神性)'을 진귀하고 중요한 사색의 대상으로 여겼고, 그것에 대한 심오한 연구를 통해 인간 오성의 강점과 약점을 드러내 보였다.[5] 유명한 네 스토아 학파와 플라톤 학파는 이성과 신성의 모순을 조화시키고자 노력했다. 그들은 제1원인의 존재와 완전성을 훌륭하게 입증했지만, 사물의 창조를 완전히 이해하지 못했기 때문에 창조물과 창조자를 충분히 구분하지는 못했다. 반면 플라톤 학파의 신은 실체라기보다는 오히려 하나의 관념, 즉 이데아에 가깝다. 아카데메이아 학파와 에피쿠로스 학파는 종교성이 보다 약했다. 전자가 온건하게 '최상의 지배자'의 존재를 단지 의심하기만 했다면, 후자는 적극적으로 그것을 무시하고 부정했다는 차이는 있다. 로마인들의 학문적 호기심이 경쟁심으로 자극받고 자유에 의해 지지받은 결과, 철학자들은 다양한 학파로 나누어져

철학자들

[3] 올림푸스 신들의 권리와 힘, 권력과 허세에 관해서는 호메로스의 『일리아드』 15권에 잘 묘사되어 있다. 포프(Pope)는 호메로스의 신학을 다소 부풀린 경향이 있으므로 호메로스의 원본을 권하고 싶다.

[4] 1~2세기 동안에 갈리아인들도 그들의 신에게 메르쿠리우스, 마르스, 아폴론 등의 이름을 붙였다.

[5] 키케로의 위대한 저술이 우리를 그 어둡고 심오한 세계로 안내해 준다. 그는 철학자들의 여러 의견들을 공평하고 세밀하게 서술해 놓았다.

논쟁을 벌였다. 그러나 전국 각지에서 아테네를 비롯한 학문이 발전한 도시로 몰려든 재능 있는 젊은이들은 학파에 상관없이 모두 다신교를 거부하고 경멸하도록 교육받았다. 철학자들은 시인들의 근거 없는 이야기와 고대인들의 모순된 전통을 신성한 진리로 받아들일 수 없었으며, 인간이었다 해도 경멸할 만한 불완전한 존재들을 신으로 숭배할 수는 더더욱 없었다. 키케로가 이성과 웅변이라는 무기를 사용하여 이런 무가치한 신들에 맞서기도 했지만, 루키아노스의 풍자가 더 적절하고 효과적인 무기가 되어 주었다. 확실한 것은 숭배의 대상들이 사회의 상류층과 지식인들 사이에서 이미 경멸의 대상이 되고 있지 않았다면, 세상 물정을 잘 아는 작가들이 감히 신들을 공개적으로 조롱하지는 못했을 것이라는 점이다.6

안토니누스 가 황제들 시대에는 비종교적인 풍조가 널리 퍼져 있었지만, 사제의 지위와 대중의 신앙은 여전히 존중되었다. 고대의 철학자들은 저술이나 대화에서는 이성의 독자적인 위엄을 주장했지만, 실천에 있어서는 법률과 관습에 따랐다. 그들은 무지한 대중의 어리석은 행동과 실수를 관대함과 측은함이 혼합된 감정으로 바라보는 한편, 조상들이 행하던 의식은 부지런히 수행했고 신전에도 종종 참배했다. 때로는 무신론자의 감정을 제사복 속에 숨기고 미신이 행해지는 현장에서 몸소 하나의 역할을 담당하기도 했다. 이런 기질을 가진 학자들이 특정한 신앙이나 예배의 형태에 대해 논쟁을 벌이는 경우는 거의 없었다. 그들은 어리석은 대중이 어떤 형태의 신앙을 선택하는지에 대해서는 무관심했다. 단지 속으로는 경멸하면서 겉으로는 존경하는 척 하는 태도를 한결같이 유지하면서, 리비아 족의 제단과 올림푸스 신전, 카피톨리누스의 유피테르 신전에 드나들었다.7

---

6 이 비종교적인 시대에 미신, 꿈, 악몽, 유령에 대한 두려움까지 효력을 잃었다고 주장하는 것은 아니다.

7 소크라테스, 에피쿠로스, 키케로, 플루타르코스는 항상 자기 나라의 종교와 전 인류의 종교를 존중하라고 가르쳤다. 특히 에피쿠로스는 성실하고 모범적인 신앙 생활을 했다.

행정관

어떤 이유로 로마의 여러 회의장에 종교박해의 정신이 도입되었는지를 상상해 보기란 쉽지 않다. 행정관들이 맹목적이고 편협한 신앙에 이끌려 행동했을 리는 없다. 행정관들은 모두 철학자들이었고, 원로원 의원들은 아테네의 여러 학파의 정신을 이어받은 사람들이었기 때문이다. 세속적인 권력과 종교적인 권력이 통합되어 있었으므로 야심이나 탐욕에 이끌렸을 리도 없다. 제사장은 뛰어난 원로원 의원 중에서 선출되었고, 대제사장은 예외 없이 황제들이 맡았다. 그들은 시민 정부에 종교가 유용하다는 점을 잘 알고 있었고 그 가치를 존중했다. 그들은 국민들의 풍속을 순화시킬 수 있는 공공 축제를 장려했고, 정책을 실시할 때는 점술이나 신탁을 편리하게 이용했으며, 배신했을 때는 이승이나 저승에서 복수의 신에게 가혹한 처벌을 받는다는 유용한 개념을 사회의 질서를 유지해 주는 강력한 기반으로 생각하여 존중했다.8 그들은 종교의 일반적인 유용성을 인정했고, 다양한 형식의 종교가 모두 같은 목적에 기여할 수 있다고 확신했다. 또한 각 나라에서 오랜 시간과 경험을 통해 승인받은 신앙의 형태는 그 나라의 풍토와 주민들에게 가장 적합한 것이라고 생각했다. 정복된 나라의 신상과 신전 장식물이 탐욕과 호사 취미 때문에 약탈당하는 경우는 종종 있었지만, 피정복민들은 조상 대대로 전해 오던 신앙을 그대로 유지할 수 있었고 정복자들의 후원을 받기까지 했다. 갈리아 속주는 이 보편적인 관용 정책에서 유일하게 제외된 것처럼 보이지만, 사실은 그렇지도 않았다. 티베리우스 황제와 클라우디우스 황제는 인간을 제물로 바치는 것을 금지한다는 그럴듯한 구실로 드루이드교의 위험스러운 영향력을 억압하고자 했다. 그러나 드루이드교의 사제와 신과 제단은 먼 훗날 이교

8 에우베날리스는 그의 시대에 이 개념이 효력을 크게 잃었음을 한탄하고 있다.

도 신앙이 완전히 타파될 때까지는 여전히 은밀하고 평화롭게 존속했다.

로마

제국의 수도였던 로마에는 세계 각지로부터 이방인들과 속주민들이 모여들었는데, 이들은 자기 나라에서 믿던 미신을 로마에 가지고 들어와 계속해서 그것을 믿었다. 제국의 모든 도시에서는 조상 전래의 의식을 순수하게 유지할 수 있었다. 다만 원로원이 그들의 특권을 이용하여 외래의 의식들이 지나치게 범람하는 것을 규제하는 경우는 있었다. 경멸과 혐오를 불러일으키는 이집트의 미신들이 금지되는 경우가 많았는데, 사라피스와 이시스의 신전들은 파괴되고 숭배자들은 로마와 이탈리아에서 추방당했다.[9] 그러나 광신의 열정은 차갑고 허약한 정책적인 시도들을 극복하고 살아남았다. 추방자들은 돌아오고 개종자들은 늘어만 갔으며, 신전들은 더욱 웅장한 모습으로 재건되었다. 결국 이시스와 사라피스는 로마의 신으로 당당하게 자리 잡게 되었다.[10] 이런 종교적 관용은 정부의 전통적인 정책에도 부합되었다. 순수한 공화정 시대에는 공식 사절단이 키벨레 신과 아이스쿨라피우스 신을 정중하게 초청했으며, 도시를 포위했을 때는 그 도시의 수호신들을 달래기 위해 본토에서 누리던 것보다 더 큰 명예를 약속하는 것이 관례였다. 로마는 점차 그 주민들의 공동의 사원이 되어 갔고, 로마의 자유는 인류가 섬기는 모든 신들에게도 똑같이 부여되었다.

로마의 자유

2. 아테네와 스파르타는 외래의 피를 섞지 않고 시민의 순수한 혈통을 유지하고자 한 편협한 정책 때문에 더 이상 번영하지 못하고 쇠퇴와 몰락의 길을 걸었다. 그러나 로마는 공허한 자존심 대신 야망을 택했다. 로마인들은 노예나 이방인,

[9] 로마력 701년에 원로원의 명령으로 집정관까지 몸소 가담하여 이시스와 사라피스의 신전을 파괴했는데, 이것은 카이사르의 죽음 이후 공공 비용으로 복구되었다. 아우구스투스 황제는 이집트에 체류할 때 사라피스 신전을 참배했지만, 로마 중심부에서는 이집트 신에 대한 예배를 금했다. 그러나 티베리우스 황제가 가혹한 탄압을 하기 전까지는 아우구스투스와 그 후계자들 치세에 이집트 신들은 널리 믿어졌다.

[10] 여기에는 플라비우스 가문의 공이 컸다.

적이나 야만족 모두에게서 장점과 미덕을 취해 자기 것으로 만드는 것이 더 사려 깊고 영예로운 일이라고 생각했다. 아테네 공화국이 최고의 번영을 누리던 시대에 시민의 수는 3만 명에서 2만 1000명으로 오히려 감소했다. 그러나 로마 제국의 성장을 연구해 보면, 전쟁 수행과 속주의 통치에 많은 인원이 필요했음에도 불구하고 세르비우스 툴리우스 왕제 시대의 첫 번째 인구조사에서 83만 명으로 추산된 시민의 수는 내전이 시작되기 직전에는 복무할 수 있는 남자들만 46만 3000명이라는 엄청난 숫자로 불어나 있었다. 로마의 동맹국들이 동등한 명예와 특권을 요구했을 때 원로원은 수치스러운 타협보다는 전쟁을 선택했다. 그 결과 삼니움족과 루카니아족은 가혹한 대가를 치렀지만, 나머지 이탈리아 내 나라들은 곧 제자리로 돌아와 로마에 대한 의무를 다했기 때문에 공화국의 품에 받아들여졌는데, 이런 과정을 통해 자유 공화정 체제는 점차 무너지게 되었다. 민주적인 공화 정부에서는 시민들이 최상의 주권을 행사한다. 그런데 시민 계급이 거대한 군중 집단으로 변하면 그 권리는 남용되기 시작해서 결국은 사라지게 될 것이다. 그러나 황제의 통치권이 민회를 억압하게 되면서부터 정복자들은 가장 영예로운 일급 시민으로서 피정복민들과 구별되었기 때문에, 그 수가 아무리 급속히 증가한다고 해도 그다지 위험하지는 않았다. 현명한 황제들은 여전히 아우구스투스 황제의 교훈에 따라 로마인의 이름이 갖는 명예를 철저하게 보호하는 한편, 사려 깊고 신중하게 로마 시민권을 확산시켰다.[11]

11 마이케나스는 아우구스투스 황제에게 칙령을 내려 모든 국민에게 시민권을 부여하자고 건의했다고 한다. 그러나 이것은 역사가 디오가 창작했을 가능성이 높다. 디오의 시대라면 가능했겠지만 아우구스투스 시대에는 가능하지 않았던 일이기 때문이다.

로마 시민의 특권이 점진적으로 제국의 모든 주민에게로 확산되기 전에는 이탈리아 본토와 기타 속주 사이에는 중요한 차이가 존재했다. 이탈리아는 국가 통합의 중심이자 체제의

이탈리아

군건한 기반으로 존중받았다. 황제와 원로원 의원들은 이탈리아에서 태어나거나 적어도 이탈리아에 거주해야 했다.[12] 이탈리아인들은 세금을 면제받았으며, 그들의 하인들은 총독의 임의적인 사법적 관할권에서 제외되었다. 수도 로마의 완벽한 모델을 따라 조직된 이탈리아 각 지방의 자치체들은 최고 통치자의 직접적인 감독 아래 독자적으로 법을 집행할 권리를 가지고 있었다. 알프스 산맥 기슭에서 최남단의 칼라브리아에 이르는 이탈리아 전역에서 태어난 사람들은 모두 로마 시민권을 얻었다. 그러나 이런 불평등한 구분은 점점 사라졌고, 그들은 언어와 풍속과 제도에 의해 통일되어 강력한 제국이라는 무게를 감당할 수 있는 하나의 커다란 국가로 통합되어 갔다. 로마 공화국은 관대한 정책을 통해 그 영광을 더했고, 자신이 입양한 양자들의 미덕과 봉사 덕분에 더욱 번영할 수 있었다. 로마 시 안에서 대대로 살아온 사람들에게만 로마 시민권을 부여했다면 로마라는 불멸의 이름이 지금처럼 찬란하게 빛나지는 않았을 것이다. 베르길리우스는 만투아 출신이었고, 호라티우스는 아풀리아인이라고 불러야 할지 루카니아인이라고 불러야 할지 자기 자신조차도 확신하지 못한 듯하며, 로마의 위대한 승리를 훌륭하게 기록한 유명한 역사가(리비우스)는 파두아 출신이었다. 애국심이 드높았던 카토 가문은 투스쿨룸에서 시작되었고, 아르피눔이라는 작은 마을은 마리우스와 키케로를 배출했다. 마리우스는 로물루스와 카밀루스의 뒤를 이어 '로마의 세 번째 창시자'로 간주되는 인물이며, 키케로는 카탈리나의 음모에서 나라를 구해 내고 그 후에는 로마의 웅변술을 아테네의 그것과 필적하는 수준으로 끌어올린 인물이다.

앞 장에서 기술한 로마 제국의 속주들에는 공적인 권력이나 법적인 자유가 없었다. 에트루스키, 그리스, 갈리아에서 원로

[12] 원로원 의원들은 이탈리아에 부동산의 3분의 1 이상이 있어야 했다. 이 자격은 마르쿠스 안토니누스 황제 시대에 4분의 1 이상으로 완화되었다. 에스파냐 출신 트라야누스 황제 시대에 이탈리아는 속주와 비슷한 수준이 되었기 때문이다.

원은 최우선적으로 위험한 동맹 관계들을 와해시켰는데,13 이것은 인류에게 로마의 전술은 분열시켜 이기는 것이므로 단결하면 로마에 저항할 수도 있다는 점을 가르쳐 주었다. 감사나 관대함을 가장하여 몇몇 왕들에게는 잠시 동안 왕권을 유지해 주었지만, 그들도 피정복 민족을 속박에 순응하게 만든다는 약속된 과제를 수행하고 나면 곧바로 왕위에서 쫓겨났다. 로마의 명분을 자발적으로 받아들인 자유국들과 자유도시들은 명목상으로는 동맹국의 지위를 부여받았지만, 자신도 모르는 사이에 속국으로 전락했다. 원로원과 황제의 대리인들만이 공권력을 행사할 수 있었는데, 그 권력은 절대적이고 무제한적이었다. 그러나 다행히도 이탈리아 본토의 평화와 복종을 이끌어 내었던 현명한 통치 원칙이 멀리 떨어져 있는 정복지까지 확장되었다. 식민지를 건설하는 한편으로 뛰어나고 충성스러운 속주민들을 로마 시민으로 받아들이는 이중적인 전략을 통해 속주들도 서서히 로마인들의 국가로 형성되어 갔다.

"로마인들은 어디를 정복하든지 그곳에 정착한다."는 세네카의 정확한 관찰은 역사와 경험을 통해 입증되었다. 이탈리아 본토 사람들은 쾌락과 치부의 유혹에 이끌려서 앞 다투어 정복지가 주는 혜택을 누리러 떠났는데, 아시아 정복 약 40년 후에는 미트리다테스 왕의 잔인한 명령에 의해서 하루에 8만 명의 로마인들이 학살된 사건도 있었다.14 이 자발적인 망명자들은 대부분 상업이나 농업에 종사하거나 조세 징수원으로 일했다. 그러나 황제가 군단을 상비군으로 바꾼 후로는 속주에 수많은 병사들이 거주했으며, 땅이나 돈으로 복무에 대한 보상을 받은 퇴역 군인들도 대부분 가족과 함께 그들이 명예롭게

속주들

식민도시와 자치도시

13 로마인들은 더 이상 위험하지 않다고 판단되면 생색내듯이 동맹 관계를 회복시켜 주었다.

14 플루타르코스와 디오 카시우스는 15만 명의 시민이 학살되었다고 말하지만 8만 명으로 추산하는 것이 적절한 것 같다.

젊은 시절을 보낸 곳에 정착했다. 제국 전역, 특히 서방의 비옥하고 살기 좋은 지역에는 식민도시가 건설되었는데, 그중에는 민간도시도 있었고 군사도시도 있었다. 식민도시의 풍속이나 내부 정책은 철저하게 로마의 예를 따랐으며, 식민도시들은 우정과 동맹을 통해 곧 원주민들의 사랑을 받았기 때문에 결국은 로마라는 이름에 대한 존경을 확산시키는 결과를 낳았다. 원주민들은 언젠가는 로마 시민이 되어 그 명예와 혜택을 누리고 싶다는 욕망을 품게 되었는데, 이 욕망은 시간이 흐르면서 대부분의 경우 충족되었다.15 자치도시들도 식민도시와 동등한 지위와 영예를 누렸는데, 하드리아누스 황제 치세에는 로마의 품에서 떨어져 나간 도시와 로마의 품으로 받아들여진 도시 중 어느 쪽이 보다 바람직한 상태인지에 대한 논쟁까지 일어날 정도였다.16 이른바 라틴 시민권을 받은 도시들도 큰 혜택을 누렸다. 임기를 마친 행정관들에게만 로마 시민권이 주어졌지만, 행정관의 임기가 1년이었기 때문에 몇 년만 지나면 그 지역의 주요 가문들은 모두 로마 시민권을 획득했다. 로마 군대에 복무하거나 공직을 수행한 현지인들, 다시 말하자면 공적인 업무를 수행하거나 개인적인 재능을 보여 준 현지인들은 모두 황제로부터 선물, 즉 시민권을 받았는데, 이런 경우가 점점 많아지면서 시민권의 가치는 점점 떨어졌다. 그러나 시민권을 받은 사람이 크게 늘어난 안토니누스 황제들 시대에 이르러서도 시민권에는 여전히 실질적인 혜택이 수반되었다. 시민권을 획득함으로써 많은 사람들이 특히 결혼, 유언, 상속과 같은 중요한 문제에서 로마법의 혜택을 받았다. 시민권을 얻은 자가 신임을 얻거나 미덕을 갖추었을 때는 출세의 길이 보장되었다. 이리하여 알레시아에서 율리우스 카이사르를 포위했던 갈리아 족의 손자들이 로마 군대를 지휘하고 속주를 다스렸으며 원로

15 에스파냐에 스물다섯 개의 식민도시가 건설되었고 브리타니아에는 아홉 개의 식민도시가 건설되었다. 영국의 식민도시 중 런던, 콜체스터, 링컨, 체스터, 글로스터, 바스는 여전히 큰 도시로 남아 있다.

16 하드리아누스 황제는 유티카, 가데스, 이탈리카 등 이미 자치도시의 권리를 누리고 있는 도시들이 식민도시로 바꿔 줄 것을 요청해서 적잖이 놀랐다고 한다. 이런 경향은 유행처럼 퍼져서 머지않아 제국은 명예 식민도시들로 가득 차게 된다.

원에도 받아들여졌다. 그들의 야심은 로마의 평화를 위협하기
는커녕 로마의 안전과 번영에 크게 기여하였다.

로마인들은 언어가 국가의 풍속에 미치는 영향력을 잘 알고 있었기 때문에 군사적인 진전과 함께 라틴어를 널리 보급하고자 많은 노력을 기울였다. 이탈리아의 옛 방언들인 사비니어, 에트루스키어, 베네치아어는 서서히 잊혀졌다. 그러나 속주들, 특히 동방 속주들은 정복자들의 언어를 유순하게 받아들이지 않았다. 동방과 서방의 이와 같은 차이는 제국의 번영이 절정을 이루던 시기에는 어느 정도 감춰져 있었지만, 로마 세계에 쇠퇴의 기운이 감돌기 시작하면서부터는 점차로 두드러지게 드러났다. 서방 속주들은 정복자들의 손에 의해 문명화되었다. 그들은 로마 제국에 굴복하자마자 마음을 활짝 열고 새로운 지식과 세련된 문명을 받아들였다. 어느 정도의 변질과 타락이 불가피하기는 했지만 베르길리우스와 키케로의 언어가 아프리카, 에스파냐, 갈리아, 브리타니아, 판노니아에서 보편적으로 채택되었고, 카르타고어와 켈트어의 흔적은 산악 지대와 농부들에게서나 찾아볼 수 있었다.[17] 교육과 학문은 속주민들에게 무의식적으로 로마인의 정서를 고취시켰다. 이탈리아는 라틴 속주들에 법률뿐 아니라 생활 풍속까지 부여했던 것이다. 라틴계 속주민들은 더욱 열렬하게 시민권을 요청했고 또 그것을 쉽게 얻었으며, 군사 부문뿐 아니라 문예 부문[18]에서도 제국의 위상을 드높이는 데 기여했다. 그리고 마침내 스키피오 가문이라도 자신의 동포임을 부정하지 못할 (에스파냐 속주 출신의) 트라야누스 황제를 배출하게 되었다. 그러나 그리스의 상황은 야만족들과는 전혀 달랐다. 그리스는 오래전부터 문명화되었고 또 그만큼 부패해 있었다. 그리스인들은 세련되고 품

라틴 속주와
그리스 속주의 분리

[17] 켈트어는 웨일스, 콘월, 아르모리카의 산악 지역에서 유지되었다. 아풀레이우스가 도시에 사는 한 아프리카 청년이 그리스어와 라틴어는 모른 채 카르타고어를 사용하는 것을 보고 크게 꾸짖은 일이 있다는 기록이 있다. 성 아우구스티누스 시대에 이르면 카르타고어를 아는 사람을 거의 찾아볼 수 없었다.

[18] 에스파냐에서만 해도 콜루멜라, 세네카, 루카누스, 마르티알리스, 퀸틸리우스가 배출되었다.

2장 41

위 있는 문화를 누렸기에 모국어를 포기할 수 없었고, 자존심 때문에 외국의 제도를 받아들이지 못했다. 그들은 고대 그리스인들의 미덕은 이미 상실했음에도 불구하고 여전히 자만심에 가득 차서 로마 정복자들의 지혜와 권력은 어쩔 수 없이 존경하면서도 그들의 세련되지 못한 풍속은 경멸했다.[19] 그리스어와 풍속의 영향력이 그 나라의 좁은 국경 안에만 한정되었던 것도 아니었다. 그리스의 영향력은 정복과 식민지 건설을 통해서 아드리아 해와 유프라테스 강, 나일 강까지 확산되었다. 아시아는 그리스 도시들로 뒤덮였고, 마케도니아 왕들의 오랜 치세 중에는 시리아와 이집트에서도 조용한 혁명이 일어났다. 시리아와 이집트의 군주들은 그들의 화려한 궁전에 아테네의 우아함과 동방의 사치를 결합시켰는데, 어느 정도의 차이는 있었지만 귀족들도 궁전의 예를 그대로 모방했다. 이렇게 하여 로마 제국은 라틴어 권역과 그리스어 권역으로 나누어졌다. 여기에 세 번째 구분으로 시리아와 특히 이집트 원주민들의 언어를 덧붙일 수 있다. 이 야만족들은 예로부터 내려오던 방언을 계속 사용하면서 인류와의 교류에서 스스로를 고립시킴으로써 더 이상 진보하지 못하는 결과를 초래했다. 시리아인의 나태와 유약성은 정복자들의 경멸을 받았고, 이집트인의 음험한 잔인성은 혐오를 불러일으켰다. 이 나라들은 로마에 굴복하기는 했지만 시민권을 요청하지도 않았고 받을 수도 없었다. 이집트인이 처음으로 로마 원로원에 받아들여진 때는 프톨레마이오스 왕조가 몰락하고 230년 이상이 흐른 후였다.[20]

두 언어의 일반적 사용

정복자 로마가 그리스 예술에는 오히려 정복당했다는 말은 진부하기는 하지만 타당한 표현이다. 이탈리아와 서방 속주들에서는 지금까지도 경탄과 동경의 대상이 되고 있는 불멸

[19] 디오니시우스에서 리바니우스에 이르기까지 단 한 사람의 그리스 비평가도 베르길리우스나 호라티우스를 언급하지 않았다. 로마인들 중에도 훌륭한 작가들이 있다는 사실을 전혀 몰랐던 것 같다.

[20] 첫 번째 예는 셉티미우스 세베루스 황제 치세에 이루어졌다.

의 그리스 작가들을 널리 연구하고 모방했다. 그러나 로마인들은 고상한 취미를 냉정한 정책과 혼돈하지는 않았다. 그들은 그리스어의 매력을 인정하기는 했지만, 라틴어의 권위를 주장하면서 군대와 민간 행정 부문에서는 일관되게 라틴어만을 사용했다.21 그리스어와 라틴어는 전 제국에 걸쳐 서로 다른 분야에서 동시에 사용되었다. 그리스어는 학문 언어로 사용되었고 라틴어는 사법적이고 행정적인 언어로 사용되었던 것이다. 학자인 동시에 행정가인 사람들은 두 가지 언어를 모두 유창하게 사용했다. 로마 제국의 어느 지역에서나 교육받은 로마인들은 그리스어와 라틴어를 둘 다 사용할 수 있었다.

21 클라우디우스 황제는 라틴어를 모른다는 이유로 뛰어난 그리스인 공직자를 해고한 일이 있었다.

22 루쿨루스의 병영에서 소는 1드라크마에 팔렸고 노예는 4드라크마, 즉 약 3실링에 팔렸다.

이와 같은 방식으로 제국 내의 여러 나라들은 로마라는 하나의 이름으로 통합되어 갔다. 그러나 여전히 각 속주와 가정의 중심에는 사회적 혜택은 누리지 못하면서 그 짐만을 짊어져야 하는 불행한 사람들이 있었다. 고대 자유국가에서도 가내 노예들은 전제적 지배에 시달렸다. 로마 제국이 완전히 자리 잡기 전에는 수 세기에 걸친 폭력과 약탈의 역사가 선행되었다. 대부분의 노예들은 전쟁으로 수천 명씩 잡혀 오거나 헐값22에 팔려 온 야만족들이었는데, 원래 자유로운 생활을 했던 그들은 자신들에게 채워진 족쇄를 풀고 복수하기를 몹시 갈망했다. 노예들의 필사적인 반란 때문에 공화국이 위험에 빠진 일이 몇 번 있었기 때문에, 이런 내부의 적들에 대해서는 아무리 가혹한 규제와 잔인한 처우가 가해져도 자기방어라는 이름으로 허용되었다. 그러나 유럽, 아시아, 아프리카의 주요 국가들이 모두 로마 제국이라는 이름으로 통합되면서 노예들의 공급이 확연히 줄어들자, 로마인들은 다소 지루하지만 보다 온건한 증식 방식을 생각해 냈다. 노예들이 있는 수많은 가정, 특히 시골의

노예

영지에서 노예들의 결혼을 장려한 것이다. 인간의 본능적 감성과 교육의 습관화, 제한적인 재산의 소유 등으로 노예 생활의 고난은 어느 정도 완화되었다. 노예의 가치는 점점 높아졌다. 노예의 행복이 여전히 주인의 성격과 상황에 달려 있기는 했지만 주인은 반란에 대한 두려움 때문에 노예를 가혹하게 학대하는 대신, 노예의 존재가 자신에게 도움이 된다는 생각으로 인간적으로 대우하기 시작했다. 이런 경향은 황제의 미덕이나 정책에 의해 더욱 가속화되었다. 하드리아누스 황제와 안토니누스 황제의 칙령으로 비천한 노예들까지 법적인 보호를 받을 수 있게 되었다. 오랫동안 주인은 노예의 생사여탈권을 쥐고 그것을 남용했지만, 이제 그 권리는 개인의 손에서 박탈되어 행정관에게만 허용되었다. 지하 감옥은 폐지되었고, 학대를 받은 노예의 호소가 정당하다고 입증되면, 그 노예는 해방되거나 덜 잔인한 주인에게로 갈 수 있었다.

노예 해방

어려운 상황에 처한 인간에게 최상의 위안을 제공하는 희망은 로마의 노예들에게도 예외 없이 주어졌다. 노예가 주인의 마음에 들거나 도움이 되었을 때, 그는 몇 년간 충성스럽고 근면하게 봉사하고 나면 자유라는 귀중한 선물로 보상받을 것이라고 자연스럽게 기대할 수 있었다. 주인의 자비심은 비열한 허영심이나 탐욕에서 유발되는 경우도 많았기 때문에, 자칫하면 위험한 사태를 불러올지도 모르는 이런 무절제한 선심을 법으로 장려하기보다는 오히려 억제할 필요가 생겨났다. 노예는 조국이 없다는 것이 고대 법률의 원칙이었다. 그래서 노예는 자유를 얻으면 주인이 속한 정치사회의 일원이 되었다. 이 원칙을 따르면 로마 시민이 누리는 특권은 비천하고 난잡한 대중의 손에 넘어가게 될지도 모르는 일이었다. 이런 우려에서 적절한 예외 조항들이 마련되었다. 정당한 사유가 있고 행정관의 허가를 받은 노예들만이 공식적이고 법적으로 해방되어 특권을 누릴 수 있었다. 이렇게 해방된 노예라 할지라도 사적인 영역에서만 시민의 권리를 누릴 수 있었고, 공적 영역이나 군사적인 영역에서는 엄격하게 배제되었다. 해방노예의 아들이 아무리 뛰어나고 부자라 할지라도 그 역시 원로원의 자리에는 받아들여지지 않았으며, 3~4세대가 지날 때까지 노예 출신이라는 흔적은 완전히 소멸되지 않았다. 그러나 오만과 편견 때문에 인간으로 취급되지도 못했던 사람들도 계급의 질서를 무너뜨리지 않고도 자유와 시민권을 얻을 수 있다는 희미한 희망이 주어진 셈이었다.

노예들의 수

한때 노예들에게 특정한 복장을 입혀서 구분하자는 제의가 있었는데, 노예들이 자신들의 엄청난 수를 알게 되는 위험이 있다는 우려 때문에 시행되지 않았다. 그 수를 엄격하게 따져 보지 않더라도 재산으로 간주된 노예의 수가 비용으로 계산된 하인들의 수[23]보다 훨씬 많았다고는 감히 말할 수 있다. 노예들 중 재능이 있는 젊은이에게는 기술과 학문을 가르쳤는데 그들의 가격은 기술과 재능의 정도에 따라 결정되었다.[24] 부유한 원로원 의원의 집에는 거의 모든 종류의 학문이나 기술의 한 분야에 정통한 전문직 노예들이 있었다.[25] 사치나 관능을 위한 노예들은 근대적인 사치의 개념으로는 상상할 수 없을 만큼 많았다. 상인이나 제조업자들에게는 일꾼을 고용하는 것보다 노예를 사는 편이 이익이었다. 시골에서는 노예들이 가장 싸지만 가장 일 잘하는 농기구로 취급되었다. 이런 개괄적인 사실을 입증하고 노예들의 엄청난 수를 짐작하게 해 줄 예들을 들어 보겠다. 아주 불행했던 한 사건은 로마의 한 저택에 400명

[23] 파리에는 4만 3700명이 넘지 않는 하인들이 있었는데, 이것은 전 주민의 12분의 1 수준이었다.

[24] 교육받은 노예는 수백 파운드에 거래되었는데, 아티쿠스는 직접 그들을 돌보고 가르쳤다고 한다.

[25] 로마 의사의 상당수가 노예들이었다.

26 이 노예들은 주인의 암살을 막지 못했다는 이유로 모두 처형되었다.

27 프랑스의 2000만 명, 독일 2200만 명, 헝가리 400만, 이탈리아와 주위 섬들의 1000만, 영국과 아일랜드의 800만, 에스파냐와 포르투갈의 800만, 러시아의 1000만에서 1200만, 폴란드의 600만, 그리스와 터키의 600만, 스웨덴의 400만, 덴마크와 노르웨이의 300만, 그 외 남부 국가들의 400만을 합치면 근대 유럽의 전체 인구는 1억 500만 명에서 1억 700만 명 정도가 된다.

의 노예들이 있었음을 보여 주었다.26 한 아프리카인 미망인의 영지에도 사적으로 부리던 노예가 400명이나 있었는데, 이 미망인은 이들을 아들에게 양도하고 난 후에도 여전히 자기 소유로 더 많은 노예들을 소유했다. 아우구스투스 황제 시대의 한 해방노예는 내전 기간 중에 많은 재산을 잃었음에도 불구하고 사후에 소 7200마리와 작은 가축류 25만 마리, 그리고 거의 가축으로 분류되던 노예 4116명을 남겼다.

로마 제국의 인구밀도

로마 시민과 속주민, 노예들의 수가 얼마나 되었는지를 오늘날에 정확하게 추산하기란 불가능하다. 클라우디우스 황제가 감찰관 직무를 수행하면서 로마 시민의 수를 694만 5000명으로 계산했다는 사실만을 알 수 있을 뿐인데, 여기에 여자와 아이들을 합하면 약 2000만 명에 이르렀을 것이다. 하층 계급의 인구는 부정확하고 변동이 심했다. 그러나 그 수에 영향을 줄 수 있는 모든 상황을 고려해 추정해 본다면 속주민은 로마 시민들보다 두 배는 많았을 것 같다. 그리고 적어도 로마의 자유민 수만큼의 노예들이 있었다. 이 불완전한 계산을 합해보면 로마 인구는 약 1억 2000만 명에 달했던 것으로 추정된다. 그렇다면 로마의 인구는 근대 유럽의 인구보다 더 많았으며,27 로마 제국은 동일한 정부 체제 아래 가장 많은 인구들이 모여 살았던 사회가 된다.

복종과 화합

내부적 평화와 통일은 로마인들이 채택한 온건하고 포용적인 정책이 낳은 자연스러운 결과였다. 아시아의 군주국들로 눈을 돌려 보면 중앙에서는 전제 정치가 실시되었지만 지방까지는 그 권력이 도달하지 못했다. 세금의 징수나 법의 집행은 군대에 의해 강제되었다. 나라의 중심부에는 적대적인 야만족이 자리 잡았고, 세습 태수들이 지방을 약탈했으며, 백성들은 자유를 얻지는 못했지만 자주 반란을 일으켰다. 그러나 로마 제국에서는 모두가 자발적으로 또 한결같이 복종했다. 정복된 민족들은 하나의 거대한 국민으로 융합되면서 독립을 되찾겠다는 희망을 갖지도 그것을 바라지도 않았고, 자신의 존재를 로마와 분리해서 생각하지도 않았다. 황제의 확립된 권위는 별다른 노력 없이도 먼 변경까지 스며들어 템스 강변이나 나일 강변에서도 테베레 강변과 마찬가지로 잘 집행되었다. 군대는 제국의 적에 대항해서만 싸웠고, 행정관이 군사력의 도움을 청할 일은 거의 없었다. 이렇게 평화로운 상태에서 번영을 누렸던 황제와 국민들은 로마 제국을 더욱 발전시키고 장식하는 데 모든 시간과 노력을 바칠 수 있었다.

로마인이 세운 수많은 건축물과 기념물 중 상당수가 역사의 주목을 받지 못하고 사라지기도 하고 야만족의 약탈에 파괴되기도 했다. 그러나 이탈리아와 속주들에 지금까지 산발적으로 남아 있는 장엄한 유적만으로도 이 나라들이 한때는 문명화된 강력한 제국에 속했다는 사실이 충분히 입증된다. 유적들의 규모와 아름다움만으로도 물론 우리의 주목을 끌기에 충분하지만, 로마 유적들은 우아한 예술의 역사를 인간 생활이라는 보다 실용적인 역사와 결합시켰다는 점에서 더욱 흥미롭다. 로마의 건축물들은 상당수가 개인 비용으로 지어졌지만 거의 모두가 공공의 이익을 위한 것이었다.

로마의 기념물

로마 건축물 중 상당수는 인력과 자금을 무제한으로 사용할 수 있었던 황제들에 의해 지어졌다. 아우구스투스 황제는 자신이 벽돌로 지어진 로마를 물려받아 대리석으로 지어진 로

개인 비용으로 세워진 로마의 많은 기념물들

²⁸ 아우구스투스 황제는 로마에 마르스 신전과 포룸, 유피테르 신전, 아폴론 궁전과 도서관, 카이우스와 루키우스의 주랑과 공회당, 리비아와 옥타비아의 주랑, 마르켈루스 극장 등을 지었다. 이 황제의 모범을 문무 신하들이 모두 따랐으며, 친구였던 아그리파는 저 불멸의 판테온 신전을 지었다.

²⁹ 플리니우스는 이 도시들의 비용으로 지어진 건축물들을 다음과 같이 열거한다. 니코메디아의 미완성 포룸과 수도교와 운하, 이미 9만 파운드의 비용이 든 니케아의 경기장과 극장, 프루자와 클라우디오폴리스의 목욕탕, 시노페의 16마일 길이의 수도교 등이다.

마를 물려주었다고 자랑하곤 했다.²⁸ 베스파시아누스 황제는 엄격한 경제 정책을 써서 화려한 건축물들을 지을 재원을 마련했다. 트라야누스 황제의 건축물들은 그의 창조적 재능을 엿볼 수 있게 해 준다. 제국의 모든 속주에 공공 기념물을 건축한 하드리아누스 황제는 명령을 내렸을 뿐 아니라 직접 공사를 감독하기도 했다. 하드리아누스 황제 자신이 예술가였는데, 그는 군주의 명예를 드높이는 데 도움이 된다고 생각해서 예술을 사랑했다. 반면 두 안토니누스 황제는 예술이 국민의 행복에 도움이 된다고 생각해서 그것을 장려했다. 황제들이 먼저 시작하기는 했지만 그들만이 건축물을 지은 것은 아니었다. 지위가 높은 귀족들도 황제의 모범을 따랐다. 그들은 그런 고귀한 작업을 할 만한 정신과 재력이 있다는 것을 거리낌 없이 만천하에 선언했던 것이다. 로마에 당당한 위용을 갖춘 콜로세움이 들어서자 곧바로 카푸아와 베로나에도 규모는 좀 작지만 설계와 재료는 똑같은 원형경기장들이 시 비용으로 세워졌다. 위풍당당한 알칸타라 다리의 비문에는 몇몇 루시타니아인 단체의 기부금으로 이 다리가 타호 강 위에 놓였다는 내용이 새겨져 있다. 플리니우스가 부유하지도 중요하지도 않은 비티니아와 폰투스 속주를 맡았을 때, 그는 관내의 도시들이 이방인의 호기심이나 그곳 주민의 감사의 마음을 충족시켜 줄 수 있는 실용적이거나 장식적인 건축물들을 짓느라 서로 경쟁하고 있는 것을 목격했다. 속주 총독으로서 그의 의무는 단지 부족한 비용을 조달하고 미적인 취향을 지도하거나 지나친 경쟁심을 조정해 주는 정도였다고 한다.²⁹ 로마와 속주의 부유한 원로원 의원들은 그들의 시대와 제국의 위대성을 더욱 화려하게 장식하는 것이 곧 자신들의 명예이자 의무라고 생각했는데, 이런 풍조가 미적 감각이나 기부금의 부족을 훌륭하게 보충

48

해 주곤 했다. 개인 비용으로 건축물을 지은 사람들 중에서도 특히 안토니누스 황제 시대에 살았던 아테네 시민 헤로데스 아티쿠스를 첫손에 꼽을 수 있다. 그의 동기가 무엇이었든 간에, 그가 남긴 기념물들의 위용과 규모는 위대한 황제들의 업적과 비교해도 손색이 없다.

30 하드리아누스 황제는 이후에 우연히 발견된 보물들을 재산으로 볼 것인지 노획물로 볼 것인지에 대한 매우 공평한 법규를 제정했다.

헤로데스의 가문은, 적어도 부와 영화를 누리게 된 후의 말이겠지만, 키몬, 밀티아데스, 테세우스, 케크롭스, 아이아코스, 유피테르 신의 후예였다고 한다. 그러나 이 수많은 신들과 영웅들의 후손은 가장 비참한 지경까지 전락하게 된다. 그의 할아버지는 법의 심판을 받은 적이 있었고, 아버지 율리우스 아티쿠스는 가문의 마지막 남은 세습 재산인 엄청난 보물이 자신의 집 아래 묻혀 있던 것을 발견하지 못했더라면 가난과 경멸 속에서 생을 마칠 뻔했다. 엄격하게 법에 따르자면 그 재산은 황제의 것이었지만, 아티쿠스는 신중하게도 보물을 발견했다고 스스로 고백함으로써 밀고자들의 개입을 미연에 방지했다. 그 당시 황제였던 공정한 네르바는 그 재산을 한 푼도 가지지 않겠다고 선언하고 운명이 내린 선물을 주저하지 말고 사용할 것을 명했다. 신중했던 아티쿠스는 그 보물들은 일개 백성이 사용하기에는 너무 많으며 자신은 그것을 어떻게 사용해야 할지 모르겠다고 다시 한 번 호소했다. 사람 좋았던 황제는 "그렇다면 오용하라, 그건 너의 재산이니까."라고 약간 짓궂게 대답했다.30 아티쿠스는 황제의 이 마지막 명령을 그대로 따랐다고 볼 수 있다. 그는 결혼을 통해 더 많이 불어난 재산의 대부분을 공적인 일에 쏟아 부었다. 그는 아들 헤로데스에게 아시아의 몇 개 자치도시의 장관직을 얻어 주었는데, 이 젊은 행정관은 트로아스 마을에 물이 잘 공급되지 않는 것을 보고 새

헤로데스 아티쿠스의 실례

로운 수도교를 짓기 위해 인심 좋은 하드리아누스 황제에게 300만 드라크마(약 10만 파운드)를 받아 냈다. 그러나 수도교를 건설하는 과정에서 예상했던 것보다 두 배 이상의 경비가 필요해지자 세금 징수 관리들은 불평을 시작했다. 그러자 아티쿠스는 관대하게도 추가 경비를 모두 자신이 부담하겠다고 나섬으로써 불평을 잠재웠다.

<small>헤로데스
아티쿠스의 평판</small>

젊은 헤로데스를 교육하기 위해 그리스와 아시아에서 가장 유능한 교사들이 후한 보수를 받고 초빙되어 왔다. 그들의 가르침을 받은 헤로데스는 곧 그 당시의 쓸모없는 수사학을 사용하는 뛰어난 웅변가가 되었는데, 이런 교육은 학문 세계에만 틀어박혀서 공회장이나 원로원에 나가는 것조차 꺼리게 만들었다. 그는 로마의 집정관이 되는 영광도 누렸지만, 생애의 대부분을 아테네와 그 인근의 별장들에서 철학을 토론하며 보냈다. 항상 그를 둘러싸고 있던 철학자들은 돈 많고 인심 좋은 이 경쟁자의 우수성을 아무런 망설임 없이 인정해 주었다. 그의 재능을 기리는 기념물들은 사라졌지만, 아직 남아 있는 상당한 규모의 유적들이 그의 고상한 취미와 관대한 성품을 보여 주고 있다. 그가 아테네에 건설한 경기장의 유적이 남아 있어 여행객들이 그 크기를 측정해 보았더니, 그 길이가 600피트에 달했다. 전체가 흰색 대리석으로 지어졌고 아테네 시민을 모두 수용할 수 있을 만큼 컸던 이 경기장은 헤로데스가 4년간 아테네 경기대회의 회장으로 있던 시기에 세워졌다. 또한 그는 죽은 아내 레길라를 기념하여 극장을 지었는데 제국 전역에 그것에 견줄 만한 건축물이 없었다. 이 건물에는 진귀하게 조각된 삼나무 외에는 일체의 나무를 사용하지 않았다. 페리클레스가 음악 공연과 비극의 상연을 목적으로 설계한 오데움은 야만인의 용맹에 대한 예술의 승리를 선언한 기념물로 볼 수 있다. 주로 페르시아 선박의 돛대에서 가져온 목재로 건물을 지었기 때문이다. 이 오래된 건축물은 카파도키아의 한 왕이 보수한 적이 있음에도 불구하고 다시 썩어 가고 있었는데, 헤로데스가 이 건물의 아름다움과 웅장함을 복원했다. 이 훌륭한 시민의 선행은 아테네에만 국한된 것이 아니었다. 코린토스 지협에 지어진 넵투누스 신전, 코린토스의 극장, 델포이의 경기장, 테르모필라이의 목욕탕, 이탈리아 카누시움의 수도교 등을 짓고도 그의 재산은 남아 있었다. 에피루스, 테살리아, 에우보에아, 보이오티아, 펠로폰네수스 주민들도 그의 은혜를 입었으며, 그리스와 아시아의 도시들에도 헤로데스 아티쿠스를 후원자이자 기부자로 명기해 놓은 비문들이 많이 남아 있다.

아테네와 로마의 공화정 체제에서 개인 주택은 수수하고 단순해서 모든 시민의 권리가 동등하다는 점을 잘 보여 주었다. 반면 시민들의 주권은 시민들이 사용하는 웅장한 공공 건축물에서 드러났다. 이와 같은 공화정의 정신은 부(富)와 군주제가 도입된 후에도 사라지지 않았다. 덕망 높은 황제들은 국가와 국민의 영예와 이익을 위한 건축물을 지음으로써 자신들의 위대성을 과시했다. 네로 황제의 황금 궁전은 당연히 분노를 불러일으켰지만, 그 뒤를 이은 황제들은 개인적인 사치를 위해 네로가 약탈한 거대한 영토에 콜로세움, 티투스의 대욕장, 클라우디우스의 주랑, 평화의 여신과 로마의 수호신에게 바치는 신전 같은 고귀한 건축물들을 세웠다.[31] 로마 시민들의 공공 재산이었던 이 건축물들은 아름다운 그리스 회화와 조각으로 장식되었고, 평화의 신전에는 진귀한 책들을 소장한 도서관이 있어 학자들에게 공개되었다. 그곳에서 조금 떨어진 곳에

> 공공의 용도, 즉 신전, 극장, 수로 등에 사용된 대부분의 로마 기념물들

[31] 플리니우스는 평화의 신전에 티만테스와 프로토게네스의 유명한 그림이 있다고 언급했다. 티투스 대욕장에서는 라오콘이 발견되었다.

는 트라야누스의 포룸이 있었다. 높은 주랑들이 사변형 형태로 주위를 둘러싸고 있었고, 네 개의 개선문이 넓고 장엄한 입구를 이루고 있었다. 중앙에는 110피트 높이의 대리석 기둥이 솟아 있었는데, 이것은 포룸을 짓기 위해 깎아낸 언덕의 높이를 나타내는 것이었다. 고대의 아름다움을 간직한 채 지금도 남아 있는 이 기둥은 트라야누스 황제의 다키아 승전을 기념하기 위한 것이었다. 퇴역 군인들은 이것을 보며 자신이 직접 참전한 전쟁을 회상했고, 국가에 대한 자부심이 강했던 시민들은 승리의 영예가 곧 자신의 것이라는 환상에 젖어 들었다. 공공 건축물을 지어 로마의 위대성을 드러내려는 관대한 정신으로 로마의 다른 지역들과 제국의 속주들도 화려하게 장식되어 원형극장, 극장, 신전, 주랑, 개선문, 목욕탕, 수도교가 곳곳에 세워졌다. 이 모든 시설은 국민 모두의 건강과 신앙과 쾌락을 위한 것이었다. 이 중에서 마지막에 언급된 수도교는 특별히 주목해 볼 가치가 있다. 대담한 착상과 견고한 제작과 유용성 면에서 수도교는 로마의 천재성과 힘을 보여 주는 최고의 기념물들 중 하나로 꼽힌다. 로마의 수도교가 최고의 걸작이라는 점에는 이견의 여지가 없다. 호기심 많은 여행자가 스폴레토, 메츠, 세고비아에 있는 수도교를 살펴보고 나면 역사적 지식이 없더라도 이 지방 도시들이 한때는 강력한 군주의 거주지였다는 점을 자연스럽게 알 수 있을 것이다. 지금은 황량해진 아시아와 아프리카에도 한때는 번화한 도시들이 많았는데, 식수를 끊임없이 공급해 주는 이런 인공적인 시설 덕분에 그 도시들에 많은 사람들이 거주할 수 있었고 나아가 도시의 존립 자체가 가능해졌다고 볼 수 있다.

　지금까지 로마 제국의 인구를 추산해 보고 공공 건축물들에 대해 살펴보았다. 로마 제국 내 도시들의 수와 그 크기를 관찰해 보면 인구를 다시 한 번 확인할 수 있고, 건축물의 수를 증대시키는 결과가 될 것이다. 이 주제와 관련된 몇 가지 예를 들어 보는 것도 불쾌한 일은 아닐 터인데, 다만 허영심과 언어의 빈곤 때문에 로마에도, 라우렌툼에도 똑같이 막연하게 도시라는 이름을 붙였다는 점은 염두에 두어야 한다. 1. 고대 이탈리아에는 1197개의 도시가 있었다고 한다. 이 고대라는 표현이 정확히 어느 시대를 의미하는지는 불확실해도, 안토니누스 황제들 시대의 인구가 로물루스 시대보다 적었다고 생각할 이유는 전혀 없다. 수도의 막강한 영향력 때문에 라티움의 작은 도시국가들은 제국의 수도로 흡수되었다. 오랫동안 제사장들과 총독들의 나태와 학정에 시달려 온 이탈리아 북부 도시들은 그 이전에 전쟁을 겪기는 했지만 폭정보다는 오히려 견딜 만한 수준이었을 뿐이었다. 그들이 경험한 첫 번째 쇠퇴의 징후도 갈리아 키살피나(알프스 산맥 남쪽의 갈리아)의 급속한 발전으로 충분히 상쇄되었다. 베로나의 화려함은 지금도 그 유적지에서 흔적을 찾아볼 수 있지만, 사실 베로나도 아퀼레이아, 파두아, 밀라노, 라벤나보다는 덜 유명한 도시였다. 2. 진보와 발전의 기세는 알프스 산맥을 넘어갔고, 브리타니아의 삼림 지대에까지 전해졌다. 삼림 지대는 점차 개간되어 편리하고 쾌적한 거주지로 탈바꿈했다. 요크에는 정부가 들어섰고, 런던은 일찍부터 상업으로 부유해졌으며, 바스는 약효가 있는 온천으로 유명했다. 갈리아는 1200개의 도시를 자랑했다. 파리까지도 포함한 북부 지방의 도시들은 조야하고 불완전한 마을 수준을 벗어나지 못했지만, 남부 지역 도시들은 이탈리아의 부유함과 우아함을 모방했다. 갈리아의 많은 도시들, 즉 마르세유, 아를,

제국 도시들의 수와 거대한 규모

갈리아와 에스파냐

32 이 목록은 정확하고 믿을 만한 것으로 보인다. 그는 속주의 경계와 각 도시들의 상태를 자세히 설명하고 있다.

33 여행자들이 아시아의 이 열한 개 도시에 대해 문의하면 곤란할 때가 많다. 이 중 일곱이나 여덟 개는 완전히 몰락했다. 남아 있는 세 도시 중에 페르가무스는 겨우 2000~3000명의 주민이 사는 낙후된 마을이다. 마그네시아는 어느 정도 발전된 도시이고, 스미르나는 인구 10만 명의 큰 도시이다. 그러나 스미르나조차도 상업은 유지되고 있지만 도시의 예술품들은 투르크에 의해 완전히 파괴되었다.

님, 나르본, 툴루즈, 보르도, 오룅, 빈, 리옹, 랑그르, 트레브 등의 상태는 오늘날 그 도시들의 수준과 비슷하거나 오히려 더 나았다. 에스파냐는 속주일 때는 번영했지만 왕국이 되면서 쇠퇴했다. 아메리카 문제와 미신 등에 국력을 낭비하고 지쳐 버린 지금의 에스파냐에 베스파시아누스 황제 치세에 플리니우스가 기록한 것과 같은 360개의 도시 목록을 요구한다면 그 나라의 자존심은 매우 난처한 지경에 빠질 것이다.³² 3. 카르타고의 지배를 받을 당시 아프리카에는 300개의 도시가 있었다고 하는데, 로마 황제의 지배 아래에서 도시의 수가 줄어들었을 것 같지는 않다. 카르타고 자체도 잿더미를 딛고 일어나 새롭게 위용을 갖추었고, 그 수도와 카푸아, 코린토스는 독립적인 주권 이외의 모든 혜택을 누렸다. 4. 아시아의 속주들은 투르크의 야만성과 로마의 위대성 사이의 극명한 대조를 보여 준다. 경작되지 않는 들판 여기저기에 흩어져 있는 고대 유적들은 무지로 인해 마력이 지배하는 곳으로 생각되었고, 압제하의 농부들과 방랑하는 아랍인들의 피신처로도 사용되지 못할 만큼 황폐화되었다. 카이사르 치세에는 아시아에만 500개의 번화한 도시가 있었는데, 그 도시들은 자연의 혜택으로 부유해졌고 세련된 예술로 장식되었다. 아시아의 열한 개 도시가 서로 티베리우스 황제에게 신전을 지어 바치겠다고 논쟁을 벌이자 원로원이 각 도시의 상태를 조사한 적이 있었다.³³ 네 개 도시는 부담 능력이 없는 것으로 판단되어 즉각 제외되었는데, 이 중에는 지금도 화려한 유적을 자랑하는 라오디케아도 포함되어 있었다. 라오디케아는 양 떼 덕분에 많은 세금을 거둘 수 있었고, 질 좋은 양모로 유명했으며, 그 논쟁이

아프리카

아시아

벌어지기 직전에는 한 시민으로부터 40만 파운드가 넘는 유산을 받기도 했다. 이런 라오디케아가 가난했다면, 탈락되지 않은 도시들, 특히 오랫동안 아시아에서 명실상부한 최고 도시임을 다투어 온 페르가무스, 스미르나, 에페수스 등은 얼마나 부자였을지 가히 짐작할 수 있다.[34] 시리아의 수도 안티오크와 이집트의 수도 알렉산드리아는 여전히 제국 내에서 우월한 지위를 차지하고 있었는데, 이 도시들은 다른 수많은 속주 도시들을 경멸하고 무시하면서 로마의 권위에만 마지못해 굴복하고 있었다.[35]

도시들은 공공 도로에 의해 서로서로 연결되고 또 수도 로마와도 연결되어 있었다. 도로는 로마의 포룸에서 시작되어 이탈리아를 가로지르고 속주들을 거쳐서 제국의 국경까지 이어졌다. 안토니누스 성벽에서 로마까지, 로마에서 예루살렘까지의 거리를 측정해 보면 제국의 북서쪽부터 남동쪽에 이르기까지 연결되어 있는 교통망이 4080로마마일에 이른다는 사실을 알 수 있다.[36] 이 공공 도로는 돌로 만든 이정표로 정확하게 구획되었고, 자연적인 장애물이나 사유재산에는 거의 구애받지 않고 도시와 도시를 일직선으로 연결했다. 산은 뚫어서 터널을 만들고 넓고 물살이 거센 강에는 아치형 다리를 놓았다. 도로 중앙은 높게 만들어서 주위를 조망할 수 있게 했다. 이곳은 모래, 자갈, 시멘트를 몇 겹으로 쌓은 다음 큰 돌로 포장했고, 로마 근처의 몇몇 장소는 화강암으로 포장하기도 했다. 로마의 도로는 이렇게 견고하게 건설되었기 때문에 15세기가 지난 후에도 완전히 사라지지 않았다. 도로는 멀리 떨어진 속주에 사는 주민들도 쉽고 편리하게 왕래할 수 있게 함으로써 그들을 통합시키는 데 기여했다. 그러나 도로의 일차적인 목적은

로마의 도로

[34] 아리스티데스는 경쟁 도시들과 협조하라는 요지의 연설을 한 적이 있는데, 이 연설문은 지금도 남아 있다.

[35] 이집트의 인구는 알렉산드리아를 제외하고도 750만 명에 이르렀다. 마말루크 군사정부 시대의 시리아에는 6만 개의 마을이 있었다고 한다.

[36] 다음의 길 안내는 로마 도로의 방향이나 주요 도시들 간의 거리에 대한 개념을 제공해 줄 것이다. 안토니누스 성벽에서 요크까지 222로마마일. 런던 227. 루투피오에 또는 샌드위치 67. 불로뉴까지의 항해 45. 랭스 174. 리옹 330. 밀라노 324. 로마 426. 브룬두시움 360. 디라키움으로의 항해 40. 비잔티움 711. 안키라 283. 타르수스 301. 안티오크 141. 티레 252. 예루살렘 168. 이 전부를 합하면 4080로마마일, 3740영국마일이 된다.

2장 55

군대의 진군을 용이하게 하려는 데 있었다. 정복자의 무력이나 권위가 모든 지역에 신속하게 전달되지 않는다면 어떤 나라라도 완전히 예속되었다고 할 수 없다. 로마 황제들은 정보를 빨리 얻고 명령을 신속하게 전달하기 위해 그 넓은 영토 전체에 걸쳐 우편 시설을 만들었다. 겨우 4마일 혹은 5마일의 간격으로 역참들이 세워졌고 각 역참에는 마흔 마리의 역마들이 항상 준비되어 있었는데, 이 역마들을 갈아타면 하루에 100마일은 쉽게 달릴 수 있었다.[37] 이 역참들은 황제의 명령을 전하는 사신만이 사용할 수 있었다. 그러나 원래는 공적인 목적으로 만들어졌지만 때로는 시민들의 용무나 편의를 위해 사용되기도 했다.[38] 로마 제국의 교통은 해상에서도 육지와 마찬가지로 자유롭고 편리했다. 지리적으로도 속주들이 지중해를 둘러싸고 있고, 그 거대한 호수 같은 바다 가운데로 이탈리아 반도가 튀어나온 형세였다. 원래 이탈리아 해안에는 항구로 사용할 만한 곳이 없었지만, 이런 자연적인 결함을 인간의 노력으로 극복했다. 특히 클라우디우스 황제가 테베레 강어귀에 인공적으로 만든 오스티아 항구는 로마의 위대성을 입증하는 또 하나의 기념물이다. 수도에서 16마일 떨어져 있는 이 항구에서 배를 타고 순항하면 헤라클레스의 기둥까지는 7일 안에, 이집트의 알렉산드리아까지는 9~10일 안에 도착할 수 있었다.

이 거대 제국의 폐단은 논리적으로나 감정적으로 수없이 지적되었지만, 로마 제국은 인류에게 몇 가지 이로운 결과도 가져다주었다. 교통의 발달은 악습을 퍼트리기도 했지만, 생활의 발전도 가져왔다. 로마 이전의 고대 세계는 불균등하게 양

역참

항해술

제국 서부 지역에서의 농업의 개선

[37] 테오도시우스 시대에 케사리우스라는 고위 행정관이 역마를 사용해서 안티오크에서 콘스탄티노플까지 간 적이 있었다. 저녁에 출발해서 다음 날 저녁에 안티오크에서 165마일 떨어진 카파도키아에 도착했다. 콘스탄티노플에는 여섯째 날 정오 무렵에 도착했다. 전체 거리는 725로마마일, 665영국마일이었다.

[38] 플리니우스는 황제의 총애를 받은 공직자였지만 아주 시급한 용무를 부인에게 전달하는 데 역마를 사용한 일을 사과해야 했다.

분되어 있었다. 동방 세계는 예술을 즐기고 사치를 누린 반면, 서방 세계는 농업을 경멸하거나 그것에 대해 무지한 거칠고 호전적인 야만족들이 차지하고 있었다. 강력한 정부의 보호 아래 온대 지방의 생산물과 문명국의 산업이 유럽의 서방 국가들에도 점진적으로 도입되었다. 또한 교역이 개방되어 있었고 이윤도 높았기 때문에 원주민들은 생산물을 늘리고 산업을 발전시키고자 노력했다. 아시아나 이집트에서 유럽으로 연이어 수입된 동식물들은 너무 많아서 일일이 열거할 수 없을 정도이다.[39] 그러나 그중 대표적인 것들을 잠시 살펴본다고 해서 역사서의 권위가 크게 손상되지도 않을 것이며, 어느 정도 실용성도 있을 것이다.

[39] 그리스와 페니키아인들이 이웃한 마르세유와 가데스에 새로운 기술과 생산물들을 소개했을 가능성이 높다.

[40] 갈리아 지방 겨울의 혹독한 추위는 고대인들에게 거의 전설적이었다.

과일의 전래

1. 유럽에서 재배되는 거의 모든 꽃과 허브와 과일은 외국에서 들여왔는데, 이 사실은 그 이름에도 잘 나타나 있다. 사과는 이탈리아 토착 과일이었는데, 로마인들은 더 맛있는 살구, 배, 석류, 시트론, 오렌지 등을 맛본 다음 이 모든 과일들에 사과라는 이름을 붙이고 서로를 구분하기 위해서 그 원산지 이름만 형용사로 붙여 놓고는 만족해 했다.

포도나무

2. 호메로스 시대에 포도는 시칠리아 섬에 자생했고 그 인근 대륙에서도 자랐을 가능성이 크다. 그러나 야만족들은 기술을 사용해서 포도를 재배하지도 않았고 맛있는 술로 담글 생각은 더욱 하지 않았다. 그로부터 천 년 후에 이탈리아는 여든 종의 맛있고 유명한 포도주를 자랑할 수 있었는데, 그중 3분의 2는 이탈리아 땅에서 생산된 것이었다. 이 축복은 곧 갈리아의 나르본네시스 속주로 전해졌다. 그러나 스트라보 시대에는 세벤네스 산맥 북쪽은 너무 추워서 갈리아의 그 지역에서는 포도를 재배할 수 없다고 생각되었다.[40] 하지만 이런 장애는 점차로

2장 57

극복되었는데, 부르고뉴 지방에서도 안토니누스 황제들 시대로부터 포도가 재배되었다는 증거가 충분히 있다.[41] 3. 올리브는 서방 세계에 평화가 확산되면서 널리 퍼져 나갔는데, 이 때문에 올리브는 평화의 상징으로 간주되었다. 로마 건국 2세기 후에 이탈리아와 아프리카에서 올리브가 재배되기 시작하여 나중에는 에스파냐와 갈리아의 중심부에서도 재배되었다. 올리브가 자라려면 따뜻한 온도가 필요하기 때문에 해안 근처에서만 재배될 수 있다는 고대인들의 소극적인 생각이 노력과 경험에 의해 타파된 것이다. 4. 아마는 이집트에서 갈리아로 수입되었는데, 아마를 재배한 땅이 척박해지는 부작용은 있었지만, 결국에는 그 지역 전체를 부유하게 만들어 주었다. 5. 이탈리아와 속주들에서는 사료용 목초를 일상적으로 사용하게 되었다. 특히 루체른 지방에서 널리 사용되었는데, 루체른이라는 이름과 기원도 대표적 목초인 자주개자리(루선(lucerne), 학명 메디아)에서 유래했다. 겨울에도 가축에게 싱싱하고 충분한 먹이를 공급할 수 있게 되자 가축의 수가 크게 늘어났는데, 이것은 다시 토지를 더욱 비옥하게 만드는 결과를 가져왔다. 이와 같은 농업의 발전에 광업과 어업에 대한 꾸준한 관심도 덧붙일 수 있다. 이 산업들은 부자들의 쾌락을 증대시켜 주는 한편으로, 많은 사람들에게 일자리를 제공함으로써 가난한 사람들이 생계를 이어 나갈 수 있게 해 주었다. 콜루멜라의 훌륭한 글은 티베리우스 황제 시대의 에스파냐 농업의 발달상을 묘사하고 있는데, 이 글에 따르면 공화국의 초창기에 자주 발생했던 기근이 로마 제국하에서는 전혀 발생하지 않았

올리브나무

아마

인공 재배된 풀

[41] 4세기 초의 웅변가 에우메니우스는 지금은 쇠퇴한 오툉 지방의 포도에 대해 언급하고 있다. 언제 그 지방에서 포도 재배가 시작되었는지는 알려져 있지 않다. 파구스 아레브리그누스는 부르고뉴산 적포도주가 생산된 지역으로 추정되고 있고, 지금도 매해 부르고뉴 포도주가 처음으로 생산되는 곳이다.

다고 한다. 어느 한 지역에서 식량이 부족해지더라도 인접한 지역에서 도움을 받을 수 있었기 때문이다.

농업은 제조업의 기반이다. 자연의 생산물이 인공적인 생산품의 재료가 되기 때문이다. 로마 제국에서는 재능 있고 부지런한 사람들의 노동력이 부자들을 위해 다양하게, 그리고 끊임없이 사용되었다. 부자들은 그들의 자존심과 관능을 만족시키기 위해 온갖 편리함과 우아함과 화려함을 결합시켜 의복과 탁자, 집과 가구를 치장했다. 이런 치장은 모든 시대의 도덕가들에 의해 사치라는 부정적인 이름으로 가혹하게 비난받아 왔다. 모든 사람들이 필수품만을 소유하고 아무도 사치품을 소유하지 않는다면 인류의 행복과 미덕에 도움이 될 수도 있다. 그러나 현재와 같은 불완전한 사회에서 사치는 악덕과 어리석음에서 시작되었다 해도, 부의 불평등한 분배를 시정해 주는 유일한 수단인 것 같다. 땅 한 평 가지지 못한 부지런한 직공들과 솜씨 좋은 기술자들이 지주로부터 자발적인 세금을 받고 있는 셈이기 때문이다. 또한 지주들은 더 많은 이익을 내기 위해 땅의 개량에 힘썼으며, 그 생산물로 추가적인 쾌락을 구매했다. 모든 사회에 적용되는 이와 같은 작용이 로마에서는 훨씬 광범위하고 활기차게 진행되었다. 노동 계급이 사치품의 제조와 교역을 통해 제국의 군대와 정부에 빼앗긴 재산을 되찾지 못했다면, 로마의 속주들은 곧 빈털터리가 되어 버렸을 것이다. 이런 부의 순환이 제국의 경계 내로 국한되는 한, 이것은 정치적인 기제에도 새로운 활력을 불어넣었을 것이고, 그 결과는 이로울 때는 있었을망정 치명적으로 나쁜 경우는 결코 없었다.

그러나 사치를 로마 제국 안으로 국한시키는 것이 결코 쉬

사치품 공예

42 플리니우스는 야만족들이 옷차림에서조차 호박이 쓰일 곳을 찾지 못했음을 다소 우스꽝스럽게 지적하고 있다. 네로 황제는 호박의 산지인 지금의 프러시아 해안에 로마 기사를 보내 엄청나게 많은 호박을 사들였다.

43 로마인들은 이곳을 타프로바나라고 불렀고 아랍인들은 스크렌디브라고 불렀다. 클라우디우스 황제 시대에 발견된 이곳은 차차 동방의 주요 시장으로 변모해 갔다.

44 실크로 만든 의복은 여성들에게는 장식품이었지만 남성들에게는 수치로 여겨졌다.

45 진주 채취가 이루어진 곳은 지금과 마찬가지로 호르무즈 해협과 코모린 곶이었다. 고대 지리를 현대와 비교해 보면 다이아몬드는 벵골의 수멜푸르에 있는 광산에서 조달했을 것이다.

　　　　대외 무역

운 일은 아니었다. 고대 세계의 변두리 국가들도 로마의 호화, 사치를 위해 약탈당했다. 스키타이의 숲은 값진 모피를 제공했다. 호박은 발트 해 해안에서 도나우 강까지 육로를 통해 가져왔는데, 야만인들은 일용품으로는 전혀 쓸모가 없는 물건을 주고 큰돈을 받자 무척 놀랐다고 한다.[42] 바빌로니아의 양탄자와 동방의 기타 제조품에 대한 수요도 상당했는데, 특히 아라비아와 인도와의 교역은 힘들기는 했지만 가장 중요했다. 매년 하지 즈음에 120척의 배가 홍해에 있는 이집트의 항구 미오스호르모스에서 출항했다. 배들은 그때쯤 불어오는 몬순 계절풍을 타고 40일 가량 항해해서 주로 말라바르 해안이나 실론 섬[43]에 닻을 내렸는데, 이곳의 시장에서는 아시아의 더 먼 지역에서 온 상인들이 배를 기다리고 있었다. 배들은 12월이나 1월에 다시 이집트로 돌아갔다. 그들이 가져온 화물은 낙타 등에 실려 홍해에서 나일 강으로, 강을 따라 알렉산드리아로 운반된 다음 지체 없이 제국의 수도까지 운반되었다. 동방 무역의 대상은 화려한 사치품들이었다. 가격이 금과 맞먹었던 실크,[44] 다이아몬드와 진주[45]를 필두로 한 보석류, 예배나 장례식 때 쓰이는 다양한 향료 등이 그 주요 대상이었다. 힘들고 험난했던 항해는 믿을 수 없을 정도의 이윤으로 보상되었다. 그러나 그 이윤이라는 것은 결국 로마 국민들에게서 나온 것이어서

　　　　금과 은

대중을 희생시켜 소수의 개인만 부자가 되는 셈이었다. 아라비아와 인도 주민들은 자체 생산품들로 만족했으므로 로마 측에서는 은이 거의 유일한 교역 물품이었다. 원로원에서는 여자들의 장식품을 사려고 제국의 부를 외국의 적대적 나라들에 다 넘겨준다는 우려가 나왔다. 호기심 많고 비판적인 한 작가

60

가 연간 손실을 계산했더니 80만 파운드에 달했다고 한다. 그러나 이 계산을 한 플리니우스 시대와 콘스탄티누스 시대의 금과 은의 교환 비율을 비교해 보면 그 기간 동안 상당히 높아졌음을 알 수 있다.46 금이 줄어들었다고 가정할 이유가 없으므로 이것은 은이 더 흔해졌다는 증거가 될 것이다. 인도와 아라비아로 수출하는 은의 양이 많았다 해도 로마 제국의 부를 고갈시킬 정도는 아니었으며, 교역에 필요한 은은 광산에서 충분하게 조달할 수 있었던 것이다.

46 1 대 10에서 1 대 12.5 정도였던 비율이 콘스탄티누스 시대에는 1 대 14.4로 높아졌다.

인간은 원래 과거를 찬미하고 현재는 깎아내리는 경향이 있긴 하지만, 로마 시민들과 속주민들은 제국의 평온과 번영을 진심으로 느꼈고 솔직하게 시인했다.

전반적인 행복

그들은 지혜로운 아테네인들에 의해 시작된 풍속과 법률, 농업과 학문의 원칙들이 이제 로마의 권위에 의해 확고히 자리잡혔고, 그 결과 사나운 야만족들까지 공통의 정부와 언어로 통합되었다는 사실을 인정했다. 그들은 기술의 발전으로 인구가 눈에 띄게 증가했다는 점도 시인했다. 그들은 날로 화려해지는 도시들, 거대한 정원처럼 경작되고 장식되는 아름다운 시골의 모습, 많은 나라들이 과거의 원한을 잊고 미래의 위험에 대한 우려에서도 해방되어 누리는 긴 축제와도 같은 평화 상태를 찬미했다.

이 구절의 미사여구와 장광설 때문에 약간의 의심이 생길 수도 있겠지만, 이 인용문의 요지는 역사적인 진실에 완벽하게 부합된다.

동시대인들의 눈에는 이와 같은 국가적 행복 속에 잠재되어

47 헤로데스 아티쿠스는 폴레모라는 궤변론자에게 단 세 번의 연설에 대해 8000파운드 이상을 하사했다. 안토니누스가 황제들은 아테네에 학교를 세우고 교수들이 문법, 수사학, 정치학, 철학 등을 청년들에게 가르치게 했다. 이 학교는 공공 비용으로 유지되었다. 철학자들의 봉급은 1년에 1만 드라크마, 300~400파운드 정도였다. 비슷한 기관이 제국의 다른 대도시들에도 생겨났다.

용기의 쇠퇴

있던 쇠퇴와 부패의 원인들이 보이지 않았을 것이다. 그러나 오랜 기간 지속된 평화와 로마인으로만 구성된 단일 정부는 제국의 활력에 서서히 은밀한 독소를 주입시켰다. 사람들의 정신은 점차로 하향 평준화되었고, 번뜩이던 천재성은 소멸되었으며, 군인 정신마저 사라져 버렸다. 유럽의 원주민들은 용감하고 건장했다. 에스파냐, 갈리아, 브리타니아, 일리리쿰은 뛰어난 병사들을 배출했으며, 이들이 제국의 실질적인 힘을 구성하고 있었다. 병사들은 개인적으로 볼 때는 여전히 용감했다. 그러나 독립심, 애국심, 모험 정신, 주인 의식 등에 의해 고무되는 공적인 용기는 더 이상 찾아보기 힘들었다. 그들은 이제 황제가 정해 준 법과 총독을 순순히 받아들이고, 제국의 방어는 용병들에게 맡겼다. 용감했던 지도자의 후손들도 시민과 신하라는 계급에 만족했다. 야망을 가진 사람들은 기껏 황제의 궁전이나 군기 아래 모여들었으며, 정치적인 힘이나 통일성을 상실한 채 버려진 속주들은 서서히 나태하고 무관심하게 일상생활의 늪으로 빠져 들어갔다.

천재성의 쇠퇴

학문을 사랑했던 하드리아누스 황제와 두 안토니누스 황제 시대에는 평화 시의 세련된 취미와 떼어 놓을 수 없는 문학에 대한 열정이 국민들 사이에 널리 퍼졌다. 문학은 전 제국으로 확산되어 브리타니아 최북단에 사는 부족들도 수사학을 알았다. 라인 강과 도나우 강변에서는 호메로스와 베르길리우스의 작품을 베껴 쓰고 연구했으며, 사람들은 약간의 문학적 재능만 있어도 굉장한 보상을 받았다.[47] 의학과 천문학은 그리스인들에 의해 성공적으로 개발되어 있었는데, 프톨레마이오스의 관찰과 갈레노스의 저술들은 끊임없이 연구되고 발전되었으며 또 수정되었다. 그러나 이 나태한 시기는 루키아누스라는 독창적인 시인을 제외하고는, 독창적인 재능을 가졌거나 뛰어난 문장력을 가진 단 한 명의 작가도 배출하지 못했다. 플라톤과 아리스토텔레스, 제논과 에피쿠로스의 권위가 여전히 철학 학파들을 지배하고 있었고, 맹목적인 존경심으로 여러 세대에 걸쳐 전해진 그들의 사상 체계의 권위가 인간 정신의 힘을 보여 주고 그 한계를 넓히려는 모든 고귀한 시도를 미리 차단하는 결과를 초래했다. 시인과 웅변가들의 아름다운 작품은 창작의 열정을 불러일으키는 대신 비굴한 모방만을 부추겼고, 고전의 모범에서 벗어나고자 하는 사람은 상식과 예의에서 벗어난 사람으로 취급받았다. 문예 부흥기에는 오랫동안 잠들어 있던 활기에 찬 상상력, 국가 간의 경쟁, 새로운 종교, 새로운 언어, 새로운 세계가 유럽의 창조력을 다시 불러일으켰다. 그러나 획일적이고 부자연스러운 외래 교육을 받은 로마의 속주민들은 모국어로 그들만의 독창적인 감정을 거침없이 표현해서 이미 모든 영광의 자리를 다 차지하고 있었던 위대한 고대인들과는 애당초 불평등한 경쟁을 벌여야만 했다. 시인이라는 이름은 거의 잊혔고, 웅변가들은 궤변론자들로 대체되었다. 비평가, 편집자, 주석가 무리는 학문의 얼굴을 어둡게 만들었으며, 천재성의 쇠퇴는 곧 미적 감상력과 취향의 타락으로 이어졌다.

  좀 더 후세에 롱기누스는 시리아 여왕의 궁전에서 고대 아테네의 정신을 이어 갔다. 그는 정서를 타락시키고 용기를 쇠하게 하고 재능을 억압하는 동시대인들의 퇴보를 목격하고 한탄했다.

타락

  유아 시절에 사지를 꽉 묶어서 자란 아이들이 난쟁이로 머물 듯이, 우리의 미숙한 정신은 편견과 노예 근성으로 묶여서 더 이상 자라지 못하고, 시민 정부에서 자유롭게 행동하고 시를 쓴 고대인들의 균형 잡힌 위대성에 이르지 못한다.[48]

롱기누스의 비유를 빌린다면, 북방의 사나운 거인들이 쳐들어와 키 작은 종자를 수정할 때까지 로마인들은 고대인들보다 점점 왜소해져 갔으며, 결국 로마 제국은 난쟁이들로 가득 차게 되었다. 이후 북방의 거인들은 씩씩한 자유의 정신을 되찾아 주었고, 10세기에 걸친 혁명 이후에 자유는 품위 있는 취미와 학문의 행복한 어버이가 되어 주었다.

[48] 여기서 우리는 롱기누스에게도 '자신의 예가 자신의 모든 법칙을 강화한다.'고 말할 수 있을 것이다. 그는 자신의 생각을 당당하게 밝히는 대신 친구의 입을 빌려 말하는 것처럼 조심하고 있으며 자신은 그 의견에 반박하는 척하고 있다.

안토니누스가 황제들 시대의 로마 제국의 정치 체제

군주정이란 그것이 무엇이라고 불리든 한 사람에게 법률 집행과 세입 관리와 군대 통솔권이 모두 위임되어 있는 국가의 정치 체제를 의미한다. 그러나 불굴의 의지를 가진 감시인들이 시민적 자유를 빈틈없이 보호하지 않는다면, 그토록 막강한 권력을 지닌 행정관은 곧 독재자로 전락하고 만다. 미신적인 시대에는 성직자의 영향력을 인간의 권리를 주장하기 위한 수단으로 유용하게 이용했을 수도 있다. 그러나 권력자와 성직자는 매우 밀접하게 연결되어 있었기 때문에 성직자들이 일반 국민의 편에 서는 일은 좀처럼 없었다. 용감한 귀족과 완고한 평민들이 무기를 소지하고 자신의 재산을 굳건히 지키면서 입헌 의회를 소집하는 것만이 야심 많은 군주의 계획에 대항해서 자유 체제를 유지할 수 있는 유일한 견제 방법이었다.

군주정의 개념

로마 자유 체제의 모든 방벽은 한 독재자의 엄청난 야심 때문에 무너져 버렸다. 그 모든 울타리들은 삼두 정치가 중의 한

아우구스투스의 입장

사람에 의해 잔인하게 뽑혀 나갔다. 악티움 해전에서의 승리 이후 로마의 운명은 옥타비아누스의 손에 맡겨졌다. 카이사르의 조카였던 옥타비아누스는 그의 양자가 되어 카이사르라는 성을 물려받았고, 나중에는 원로원으로부터 아우구스투스(Augustus)라는 칭호를 받았다. 마흔네 개 군단의 수장이었던 이 정복자는 자신들의 힘과 로마 정치 체제의 허약성을 잘 알고 있었으므로 20년에 걸친 내전 기간 동안 습관적으로 유혈 사태를 일으켰고 폭력을 행사했다. 또한 이 군단들은 오직 카이사르 가문에게만 열렬한 충성을 바치며 오직 그에게서 보상을 기대했고 실제로 막대한 보상을 받았다. 공화정 체제에서 그 대리인들에게 오랫동안 억압받아 온 속주의 주민들은 이런 작은 폭군들이 아니라 그들의 주인 격인 한 사람이 혼자 지배하는 정부 형태를 오히려 원하고 있었다. 귀족들의 수난을 내심 즐겼던 로마 평민들이 원한 것은 오직 빵과 대중 오락뿐이었는데, 아우구스투스는 이 두 가지를 풍부하게 제공했다. 에피쿠로스 학파의 철학을 거의 전적으로 받아들였던 이탈리아의 세련된 부유층은 당대의 평화와 축복을 마음껏 즐기면서, 과거의 소란스러웠던 자유에 대한 기억 때문에 현재의 행복한 꿈이 깨어지지 않기를 바랐다. 원로원의 권위는 사라졌고, 수많은 귀족 가문들이 소멸되었다. 고귀한 정신과 능력을 소유했던 공화주의자들은 전쟁터나 유배지에서 죽음을 맞았다. 원로원은 의도적으로 개방되어 1000명이 넘는 잡다한 사람들이 원로원 의원이 되었다. 이제 원로원 의원이 된다는 것은 명예로운 일이 아니라 오히려 수치스러운 일로 여겨졌다.[1]

아우구스투스가 전제 군주가 아닌 국가의 아버지로 등장하기 위해 취한 첫 번째 조치 중 하나는 원로원의 개혁이었다.

---

[1] 율리우스 카이사르는 병사들과 이방인들과 야만족들까지 원로원 의원으로 임명했다. 이와 같은 모욕은 카이사르 사후에 더 큰 논란을 불러일으켰다.

그는 감찰관으로 선임된 후에, 신임이 두 터웠던 아그리파와 함께 의원 명단을 검토했다. 먼저 본보기로 특히 자질이 부족했던 의원 몇 명을 제명하고, 200명에 가까운 의원들에게는 제명당하는 치욕을 겪기 전에 미리 자발적으로 사임하라고 설득했다. 또한 원로원 의원의 요건을 1만 파운드 이상의 재산을 소유한 자로 강화하고, 수많은 귀족 가문을 새로 만들었다. 그는 원로원의 제일인자라는 명예로운 칭호를 받아들였는데, 이것은 원래 감찰관이 국가에 뛰어나게 공헌한 명예로운 시민에게 부여하던 칭호였다. 그러나 아우구스투스는 이런 방식으로 원로원의 권위를 회복시키는 한편으로 그 독립성을 말살시켰다. 행정 권력이 입법 권력을 임명하게 되면서 공화정 체제의 원칙은 돌이킬 수 없이 무너지고 말았던 것이다.

아우구스투스의 원로원 개혁

아우구스투스는 이렇게 재정비된 원로원 앞에서 미리 준비한 연설을 행했는데, 그것은 야심을 교묘하게 감추면서 애국심만을 강조한 연설이었다.

강탈했던 권력에서 물러나는 아우구스투스

그는 과거의 행동을 후회하고 변명했다. 아들로서 살해당한 아버지의 복수를 하지 않을 수 없었다는 것이다. 그의 인간적인 본성도 때로는 엄격한 필연성에 자리를 내주어야 했고, 두 명의 비열한 동료들과도 불가피하게 손을 잡을 수밖에 없었다. 안토니우스가 살아 있는 동안에는 그 부패한 로마인과 야만족 여왕에게 로마를 넘겨주도록 공화국이 허락하지 않았다. 그는 이제는 자유롭게 자신의 성향대로 의무를 다할 수 있게 되었으니, 원로원과 국민에게 과거의 권리를 모두 되돌려 주겠다고 엄숙하게 선언했다. 그리고 자신은 동료 시민들과 어울리고 공

² 디오는 이 중요한 연설을 매우 과장해서 장황하게 기록해 놓았다. 여기서는 주로 타키투스와 수에토니우스의 기록을 인용했다.

³ 임페라토르에서 황제(emperor)라는 단어가 파생되었다. 그러나 공화정체제에서 임페라토르는 단순히 군대의 대장을 일컫는 용어였으며, 병사들이 전쟁터에서 눈부신 승리를 거둔 지도자에게 애정을 담아 바치던 칭호였다. 로마인들이 이런 의미에서 임페라토르라는 칭호를 사용할 때는 이름 뒤에 그 칭호를 붙였고 칭호를 받은 횟수도 기록했다.

화국이 누리게 된 축복을 함께 누리는 것밖에 바라는 것이 없다고 말했다.²

╼╾╼╾╼╾╼╾╼╾
황제 또는 총지휘관의
칭호로 권력을 되찾은
아우구스투스
╼╾╼╾╼╾╼╾╼╾

그 당시 원로원의 복잡한 감정을 묘사하려면 타키투스(그가 만약 그 회의에 참석했다면)의 필력이 필요할 것이다. 억압받은 듯한 감정을 느끼는 사람도 있었고 감동을 받은 듯한 사람도 있었다. 아우구스투스의 진실성을 믿는 것도 위험했지만 믿지 않는 것은 더더욱 위험했다. 군주정과 공화정의 각각의 장점들을 놓고 학자들의 의견은 양분되어 있었다. 로마 제국의 방대함과 풍속의 타락, 군대의 오만 등은 군주제를 옹호하는 사람들에게 새로운 논거를 제공했고, 정부에 대한 이런 일반적인 견해는 개개인의 희망과 두려움에 의해 다시 한 번 왜곡되었다. 이런 혼란스러운 감정을 느끼고 있었지만 원로원의 대답은 확고하게 만장일치로 결정되었다. 원로원은 아우구스투스의 사임을 받아들이지 않겠다고 선언했다. 그들은 아우구스투스에게 자신이 몸소 구해 낸 공화국을 저버리지 말아 달라고 간청했다. 이 교활한 군주는 정중하게 사양하는 척하다가 결국 원로원의 간청을 받아들여 잘 알려진 프로콘술(proconsul, 속주 총독)과 임페라토르(imperator, 총지휘관)³라는 이름하에 속주의 통치권과 로마 군대의 총 지휘권을 받아들이기로 동의했다. 그러나 그는 이 직위를 10년 동안만 맡겠다고 선언했다. 10년이 지나기 전에 내전의 상처가 완전히 아물고 공화국이 원래의 건강과 활력을 회복해서, 지나치게 막강한 권력을 가진 행정관이 위험하게 개입할 필요가 없어지기를 바란다고도 했다. 이런 희극적인 상황이 아우구스투스가 죽기 전까지 몇 차례나 연출되었다. 로마 제국의 군주들은 아우구스투스를 기념하기 위해 그 이후로도 계속해서 통치 10년마다 성대하고 엄숙하게 이 희극을 되풀이했다.

이제 이 로마군의 총지휘관은 체제의 원칙을 전혀 침범하지 않고도 군대와 적과 공화국의 국민에게 전제적인 권력을 행사할 수 있게 되었다. 군대는 로마 건국 초기부터 시민적 자유보다는 전쟁에서의 승리와 군대의 규율에만 관심을 두었다. 독재관이나 집정관은 로마의 청년들에게 군복무를 명하고, 완강하게 거부하거나 비겁하게 피하려는 사람은 범죄자로 취급하여 시민권을 박탈하고 재산을 몰수하고 노예로 팔아넘기는 등의 가혹하고 수치스러운 형벌로 처벌했다. 포르키우스 법과 셈프로니우스 법으로 보장되었던 시민적 자유라는 신성한 권리는 입대와 동시에 정지되었다. 군대의 병영에서는 군단장이 병사들의 생사여탈권을 행사했는데, 군단장의 판결은 재판이나 절차에 구애받지 않았으며 일단 판결이 내려지면 변호할 기회도 없이 신속하게 형이 집행되었다.[4] 입법 기관인 원로원이 정기적으로 로마의 적을 규정했다. 전쟁과 평화에 대한 중대한 결정은 원로원에서 진지하게 논의된 후에 시민들에게 엄숙하게 승인받았다. 그러나 군단이 이탈리아에서 멀리 떨어진 지역으로 원정에 올랐을 때는 군단장이 자유롭게 어떤 적을 상대로 어떤 방식으로 싸울지 결정하고 지휘했으며, 국가를 위해서 가장 이로운 것이 무엇인지 판단할 재량권도 행사했다. 개선의 영예를 누리려면 정의에 다소 어긋나더라도 어떻게 해서든 승리해야 했다. 군단장들은 특히 원로원 감독관의 통제를 벗어나게 된 후에는 승리를 이용해서 무제한적인 독재를 휘둘렀다. 폼페이우스가 동방의 군단장으로 있었을 때는 마음대로 병사들과 동맹국들에 상을 내리고, 왕들을 폐위시키고, 왕국을 분

로마 장군들의 권력

[4] 리비우스의 저서 제8권에서 만리우스 토르콰투스와 파피리우스 쿠르소르의 행동을 보라. 그들은 인간성의 법칙은 침범했지만 군사적 규율의 원칙은 지켰다. 그들의 행위에 혐오감을 느꼈던 시민들도 군대의 원칙은 존중할 수밖에 없었다.

⁵ 시민들의 열렬한 지지에 힘입어 폼페이우스는 아우구스투스에 버금가는 군사 통솔권을 얻었다. 폼페이우스는 스물아홉 개의 도시를 건설하고 군사들에게 300~400만 파운드의 하사금을 베풀 정도로 막강한 권력을 행사했다. 이런 행위에 대해서 원로원에서 약간의 반대가 있었고 승인이 다소 지연되기도 했다.

⁶ 공화정 시대에 승리는 대장에 의해 선포되었고, 시민들의 이름으로 신성하게 공로를 인정받았다. 아우구스투스에 의해 이런 원칙이 도입된 후에 승리는 황제의 몫이 되었고, 승리를 이끌어 낸 황제의 대리인들은 그에 합당한 명예를 얼마간 얻었을 뿐이다.

할하고, 식민지를 건설하고, 미트리다테스의 재물을 나누어 주었다. 그는 로마로 돌아와서 원로원과 시민들의 단 한 번의 승인으로 이 모든 행위를 비준받았다.⁵ 이것이 공화국의 군단장들이 병사들과 로마의 적에 대해 위임받고 있던, 혹은 마음대로 행사했던 권력이었다. 그들은 또한 정복된 속주에서는 총독이자 군주와 다름없었는데, 민간 행정과 군사 행정을 결합시켜 재정은 물론이고 재판까지도 관할했고, 해당 속주의 행정권과 입법권을 모두 행사했다.

아우구스투스 황제의 부관들

이 책의 1장에서 살펴본 바로 미루어 볼 때 아우구스투스의 지배를 받게 된 군대와 속주가 어떻게 형성되었는지는 짐작할 수 있을 것이다. 그러나 수많은 변경 지대의 국경을 직접 지휘할 수는 없었기 때문에, 아우구스투스는 일찍이 폼페이우스가 그랬던 것처럼 원로원의 승인을 얻어 수많은 대리인을 선임해서 자신의 권리를 위임했다. 대리인들의 계급과 권위는 과거의 프로콘술, 즉 속주 총독과 비슷했지만 그들의 지위는 종속적이고 불안했다. 그들은 상관의 의지대로 위임받은 일을 처리할 뿐이었고, 그들의 공적도 공식적으로는 그 상관의 은덕으로 돌려졌다.⁶ 그들은 황제의 대리인에 불과했다. 오직 황제만이 공화국의 총지휘관이었고, 민간 부문이나 군사 부문에서의 황제의 관할권은 로마의 정복지 전체로 확대되었다. 원로원은 아우구스투스가 항상 원로원 의원들에게 권력을 위임한다는 사실만으로 어느 정도 만족했다. 황제의 대리인은 집정관이나 법무관의 지위를 부여받았다. 로마 군단들은 원로원 의원의 지휘를 받았고, 이집트의 주 장관 자리만 유일하게 기사 계급 시민에게 위임되었다.

아우구스투스가 이렇게 방대한 권력을 마지못해 받아들인

지 6일 만에 그는 약간의 희생으로 원로원의 자존심을 세워 주기로 결심했다. 그는 우선 원로원이 시대적 상황이 요구하는 것 이상으로 자신의 권한을 확장시켜 주었다고 말했다. 원로원의 요청 때문에 자신은 군대와 국경 지대를 지휘하는 힘든 일을 거절할 수 없었다고도 했다. 그러나 이제는 평화롭고 안전한 속주들에서는 민간 행정관들이 온건하게 통치할 수 있도록 허락해 달라고 말했다. 속주를 구분하면서 아우구스투스는 자신의 권력도 강화하고 공화국의 권위도 세워 주었다. 원로원 속주들, 특히 아시아, 그리스, 아프리카의 총독들은 황제 속주인 갈리아나 시리아의 황제 대리인에 비해 더 큰 명예를 누렸다. 전자는 릭토르라 불리던 관리들의 수행을 받았지만 후자는 병사들의 수행을 받았다. 그러나 한편으로는 황제의 방문 시에는 황제의 특별 명령이 총독의 일상적인 권한에 우선한다는 법률이 통과되었고, 새로운 정복지는 황제 속주로 편입된다는 관행도 도입되었다. 이리하여 결국에는 아우구스투스가 특히 좋아하던 칭호를 쓰자면, 그 제일인자의 권위가 제국의 어디에서나 똑같이 최우선적으로 행사되게 되었다.

※ 아우구스투스 황제와 원로원 사이의 속주 분할

아우구스투스는 이런 허구적인 양보에 대한 보상으로 중요한 특권을 얻어 내어 로마와 이탈리아의 주인으로 부상했다. 공화국의 오랜 원칙에 위배되게 평시에도 수도 한복판에서 수많은 근위대를 거느리면서 군대의 지휘권을 유지할 권리를 승인 받은 것이다. 그의 지휘권은 물론 충성 서약을 하고 군대에 복무하는 시민에게 국한되었다. 그러나 로마인들의 노예 근성 때문에 행정관이나 원로원 의원이나 기사 계급 시민들도 자발적으로 충성 서약을 했는데, 처음에는 아부의 뜻으로 신하의

※ 아우구스투스 황제의 군 지휘권과 로마의 근위대

7 폴리비우스는 집정관이 로마 체제의 3대 권력 중 하나라고 정의했다. 로마의 군주제는 집정관들에 의해 대표되고 또 실행되었다.

8 호민관의 권력은 독재관 카이사르를 위해 처음 만들어졌다. 여기서 우리는 무력으로 그토록 숭고하게 국민의 신성한 권리를 주장한 것에 대한 보상으로 호민관 직위가 주어졌다는 것을 쉽게 상상해 볼 수 있다.

9 아우구스투스는 연속해서 아홉 번 1년 임기의 집정관직을 맡았다. 그 후에 그는 교묘하게도 그 직위와 독재권을 포기하고 로마를 떠나서 내분과 혼란 때문에 원로원이 그를 종신 집정관으로 추대할 수밖에 없을 때까지 기다렸다. 그러나 아우구스투스와 그 후계자들은 종신 집정관이라는 화려한 칭호는 한사코 숨기고자 했다.

예를 바치던 수준이었으나 나중에는 매년 엄숙하게 충성심을 천명하는 행사로 변모했다.

집정관과 호민관의 권력

아우구스투스는 군사력이 가장 확실한 통치 기반이라고 생각했지만, 현명하게도 혐오스러운 통치 수단이라 하여 그것을 거부했다. 고대 행정관들의 명예로운 이름들로 통치하면서 흩어져 있는 민간의 권한들을 교묘하게 자신에게로 집중시키는 것이 그의 기질이나 정책에 더 잘 들어맞는 것이었다. 이런 관점에서 그는 원로원이 자신에게 평생 동안 집정관7 및 호민관8의 직위를 부여하게 만들었는데, 이것은 후계자들에게도 그대로 이어졌다. 집정관이란 고대 로마의 왕위를 이어받아 국가의 권위를 대표하는 직위였다. 집정관은 종교 의식을 주관하고, 군단병을 모집하고 지휘했으며, 외국의 대사를 접견하고, 원로원 회의나 민회를 주재했다. 국가의 재정을 전반적으로 관리할 책임도 집정관에게 위임되었고, 집정관이 직접 재판을 주관할 시간적 여유는 없었지만 법률과 형평과 치안의 최고 수호자로 간주되었다. 이것이 집정관의 일상적인 권한이었지만, 원로원이 공화국 전체의 안전을 책임질 권한을 위임했을 때는 법이 정해 놓은 권한을 뛰어넘어 자유 수호를 위해 일시적인 독재를 행사하기도 했다.9 호민관이라는 직위는 모든 점에서 집정관과는 성격을 달리했다. 호민관은 겉으로 보기에는 수수하고 겸손했으나 그들의 인격은 신성하고 범접하기 어려웠다. 그들의 권력은 행사하기 위한 것이 아니라 반대하기 위한 것이었다. 그들의 직무는 억압받은 자를 보호하고 가벼운 위법 행위는 사면하고 시민의 적을 규탄하는 것이었으며, 필요하다고 판단했을 때는 단 한 마디로 정부의 모든 기능을 멈추게 할 수도 있었다. 공화정이 유지되었던 동안에는 집정관이나 호민관의 막강한 권한으로부터 야기될 수 있는 위험은 여러 가지 제한 조치로 방지되었다. 그들의 임기는 1년에 불과했으며 집정관은 두 명이, 호민관은 열 명이 권한을 나누어 맡았다. 또한 집정관과 호민관의 사적·공적인 이해관계가 상충했기 때문에 서로를 견제하는 결과를 가져왔는데, 이것은 대부분의 경우에 체제를 위태롭게 하기는커녕 체제의 균형을 강화시키는 데 기여했다. 그러나 집정관과 호민관의 권한이 하나로 합쳐져서 한 사람에게 평생토록 부여되었을 때, 군대의 총지휘관이 원로원의 의장이자 시민의 대표이기도 했을 때는 그의 제왕적 특권의 행사에 저항하는 것이 불가능했고 그 특권의 한계를 정하기도 쉽지 않았다.

아우구스투스는 이렇게 권한을 집중시킨 다음 대제사장과 감찰관이라는 화려하고 중요한 직위까지 추가했다. 대제사장의 직위로는 로마 시민의 종교를 관할할 권한을 추가했고, 감찰관의 직위로는 로마 시민의 풍속과 재산을 법적으로 감독할 권한을 추가했다. 이런 분명하게 독립적인 권한들이 서로 엄밀하게 통합되지는 않았지만, 고분고분했던 원로원은 언제라도 특별 양보를 통해 그 부족분을 채워 주려는 준비가 되어 있었다. 공화국의 최고위 공직자였던 황제는 여러 가지 불편한 법률의 의무나 구속으로부터 면제되었다. 황제는 원로원을 소집해서 그날 중으로 여러 가지 의제를 발의할 권한, 국가의 주요 공직자들을 추천할 권한, 도시의 경계를 확장하고 세입을 임의로 사용하고 전쟁이나 평화를 선언하고 조약을 비준할 권한을 모두 보유했다. 또한 매우 포괄적인 조항에 의거하여 제국에 이익이 되고 사적이나 공적으로 혹은 세속적으로나 종교적으로 보았을 때 황제의 권위에 도움이 되는 일은 무엇이든지

황제의 특권

10 베스파시아누스 황제에게 전임 황제들인 아우구스투스, 티베리우스, 클라우디우스가 누렸던 모든 권력을 부여한다는 원로원의 칙령에 나오는 대목이다.

11 두 명의 집정관은 매해 1월 1일에 선출되었다. 그러나 중간에 보결로 다시 선출되는 경우가 많아 한 해에 열두 명의 집정관이 임명되기도 했다. 법무관은 보통 열여섯에서 열여덟 명이었다. 조영관이나 재무관에 대해서는 언급하지 않았다. 경찰이나 세무에 관계되는 공직은 어떤 정부 형태에서나 쉽게 적응한다. 네로 황제 시대에 호민관은 법적으로는 중재의 권리를 소유했지만, 실제로 그 권리를 사용하는 것은 위험한 일이었다. 트라야누스 황제 시대에 이르면 호민관이 공직인지 단순한 호칭인지 분간하기 어려운 지경이 되었다.

12 폭군들도 집정관을 몹시 욕심냈다. 덕망 높은 황제들은 욕심을 절제했고, 집정관이 되더라도 임기를 정확히 지켜 직위를 반납했다. 트라야누스 황제는 고대의 서약을 부활시켜서 법정에서 정식으로 법률을 준수할 것을 맹세했다.

실행할 수 있는 권한까지 부여받았다.[10]

행정의 모든 권한이 한 사람의 최고 행정관에게 위임되자 공화정 시대의 일반 행정관들은 활기를 잃었고 거의 할 일도 없어져서 모호한 존재로 쇠락하게 되었다. 그러나 아우구스투스는 세심한 정성을 기울여 과거 행정관들의 명칭과 형식은 유지시켜 나갔다. 해마다 정해진 숫자의 집정관, 법무관, 호민관이 임명되어[11] 몇몇 중요하지 않은 일들을 처리했다. 이런 공직의 명예는 여전히 로마 시민들의 허영심을 만족시켜 주었다. 황제들도 종신 집정관으로 임명되었음에도 불구하고 이 1년 임기의 명예로운 공직을 탐내서 저명한 동료 시민들과 그 자리를 나누어 가지는 경우가 많았다.[12] 아우구스투스 황제 치세에는 시민들이 이 행정관들을 직접 선출하면서 방종한 민주주의의 온갖 폐해를 노출하도록 허용되었다. 이 교묘한 제일인자는 그것에 대한 불쾌감을 전혀 드러내지 않고 자신이나 자신의 벗에게 표를 줄 것을 겸허하게 호소했고, 평범한 후보자로서의 의무를 성실하고 신중하게 이행했다. 그러나 선거권이 원로원으로 이양된 것은 다음 황제 치세였지만, 그 첫 단계는 이미 아우구스투스 치세에 시작되었다고 감히 말할 수 있다. 이리하여 민회는 영원히 폐지되고 시민적 자유는 빛을 잃었으며, 황제는 확립된 정부 체제를 교란하거나 위태롭게 할 수 있는 위험한 대중으로부터 해방되었다.

원로원

마리우스와 카이사르는 평민의 보호자임을 자처함으로써 로마의 공화정 체제를 전복시켰다. 그러나 원로원이 힘을 잃자 500~600명으로 이루어진 이 의회가 통치에는 훨씬 유용하고 다루기 쉬운 도구라는 점이 드러났다. 아우구스투스와 그 후계자들은 원로원의 권위를 이용해 새로운 제국을 확립했다.

그들은 언제나 원로원 귀족들의 충고와 원칙을 채택하는 것처럼 위장했다. 권력을 행사할 때도 원로원에 자문하는 경우가 많았으며 전쟁과 평화라는 중대한 사안도 원로원의 결정에 따르는 척했다. 로마와 이탈리아와 내부 속주들은 원로원의 직접적인 관할하에 있었다. 민사 사건에 관한 한 원로원이 최고 재판소였다. 형사 사건에 관해서는 별도의 법정이 설립되어 지위의 고하를 막론하고 모든 범법자들과 로마 시민의 평화와 존엄을 위협한 사람들을 재판했다. 사법권의 행사가 원로원의 가장 중요한 업무가 되어 갔고, 소송 사건들이 고대의 웅변술을 발휘할 마지막 구실이 되어 주었다. 원로원은 국가의 최고 의회이자 최고 재판소로서 상당한 특권을 소유하고 있었다. 그러나 원로원이 국민을 대표하는 의회이자 진정한 주권자로 인정받는 근거는 입법권에 있었다. 입법권 때문에 모든 권력은 원로원에서 나왔고, 모든 법률은 그들의 승인을 받아야 했다. 원로원은 매달 세 번 정해진 날짜에, 즉 1일, 5일 또는 7일, 13일 또는 15일에 회의를 개최했다. 토의는 자유롭게 진행되었고, 원로원 의원의 자격을 갖추었던 황제들도 회의에 참석하여 동료 의원들과 함께 투표나 표결에 참여했다.

요약하자면 아우구스투스에 의해 제정되고 자신과 국민 모두의 이해관계를 잘 이해했던 후계자들에 의해 유지된 제국의 정체는 공화정의 형식으로 위장한 절대 군주정이었다. 로마의 황제들은 왕좌를 어둠으로 감싸 자신들의 막강한 권력을 숨긴 채, 자신들은 원로원으로부터 권한을 위임받은 행정가이며 원로원의 칙령을 집행하고 그것에 복종할 뿐이라고 겸손한 척했던 것이다.

궁정의 겉모습도 이와 같은 통치 형식과 일치했다. 제멋대

황제 통치 체제에 대한 일반적인 생각

¹³ 허약한 군주는 항상 집안의 하인이나 노예에게 지배당하기 마련이다. 노예들의 권력이 커지면서 로마인의 수치는 더욱 깊어졌다. 원로원 의원들이 팔라스나 나르키수스처럼 잘 생긴 노예들에게 아첨을 하고 다녔던 것이다. 현대에는 총애를 받는 하인이 신사가 될 수도 있다.

~~~ 황제들의 궁정 ~~~

로 악행을 일삼으면서 자연과 품위의 모든 법칙을 위반한 폭군들을 제외한 대부분의 황제들은 국민들의 반감만 살 뿐 실제 권력에는 아무 도움이 되지 않는 허세와 화려한 의식 등은 경멸했다. 사생활에서 그들은 신하들과 똑같이 어울리는 모습을 보이려고 했고, 서로 방문하면서 여흥도 함께 즐겼다. 황제의 의복과 궁전과 식탁은 부유한 원로원 의원과 같은 수준이었다. 황제 가문은 아무리 그 수가 많고 부유하다 해도 가내노예와 해방노예만을 부렸다.¹³ 아우구스투스나 트라야누스 황제는 아무리 미천한 로마인일지라도(영국의 오만한 귀족들은 입헌 군주의 가정이나 침실에서도 그렇게 되어야 한다고 열렬히 간청하고 있는 바이지만.) 그렇게 천한 일을 시키려고 하지 않았다.

~~~ 신격화 ~~~

황제의 신격화는 그들이 습관적인 절제와 조심성을 벗어났던 유일한 예였다. 아시아계 그리스인들이 이 비굴하고 불경스러운 아첨을 처음 발명해 냈고, 알렉산드로스 대왕의 후계자들이 첫 번째 대상이 되었다. 이런 아첨은 왕들에게서 아시아 속주의 총독들에게로 자연스럽게 옮겨 가서 이 로마 행정관들은 화려한 제단과 신전, 축제나 제사와 함께 그 지역의 수호신으로 경배되는 경우가 많았다. 속주의 총독이 받아들인 것을 황제가 거절할 이유가 없었다. 속주들이 황제와 총독을 신으로 추대한 것은 로마에의 예속을 보여 주기보다는 전제주의를 보여 주는 것이다. 정복자들은 곧 피정복자들의 아첨 기술을 모방했다. 오만했던 카이사르는 생전에 로마 수호신의 반열에 오르는 영예를 너무 쉽게 수락했다. 보다 신중했던 아우구스투스는 이런 위험한 야심을 사절했는데, 그 이후로는 폭군 칼리굴라와 도미티아누스를 제외하고는 어느 누구도 그런 야심을 품지 않았다. 사실 아우구스투스도 황제에 대한 숭배를 로마에 대한 숭배와 결합시켜야 한다는 조건으로 몇몇 속주들에 자신에게 바치는 신전을 건설하도록 허락했다. 그는 자신을 대상으로 한 사적인 우상 숭배를 어느 정도 허용하기는 했지만, 생전에는 인간으로서 원로원과 국민의 존경을 받는 것으로 만족하면서 공적인 신격화는 현명하게도 후계자의 소관으로 남겨 두었다. 이로 인해 또 하나의 관습이 도입되었는데, 폭군이 아니었던 황제가 사망할 때마다 원로원은 엄숙한 칙령을 내려 그를 신으로 추대해야 했던 것이다. 그래서 사망한 황제의 장례식은 신격화 의식과 함께 거행되었다. 이 무분별하지만 분명 합법적이었던 신성모독은 현대의 엄격한 잣대로 볼 때는 너무나 혐오스럽겠지만, 당시의 관대한 다신교 문화에서는 별 불만 없이 받아들여졌다. 또한 이것은 종교적 제도라기보다는 오히려 정치적 제도로 간주되었다. 사실 두 안토니누스 황제의 미덕을 헤라클레스나 유피테르의 악덕과 비교한다면 그것은 황제들에 대한 모욕이 될 것이다. 심지어 카이사르나 아우구스투스의 인격도 대중적인 신들보다는 훨씬 훌륭했다. 그러나 카이사르와 아우구스투스는 불행히도 문명화된 시대에 살았고, 그들의 행동은 너무나 충실하게 기록되어 있었기 때문에 대중이 원하는 신비나 전설이 끼어들 여지가 없었다. 그래서 그들은 법률에 의해 신으로 모셔지기는 했지만 곧 망각 속으로 사라져 갔고, 그들의 신격화는 자신들의 명성에도 후계자의 위엄에도 도움이 되지 않았다.

로마의 정부에 대해서 고찰할 때 우리는 흔히 아우구스투스라는 유명한 칭호를 가진 황제가 로마 제정을 확립했다고 말한다. 그러나 아우구스투스라는 칭호는 사실 체제가 거의 완성

아우구스투스와
카이사르의 칭호

된 후에 부여되었다. 그의 원래 이름은 옥타비아누스였는데, 이 이름은 아리키아라는 작은 마을의 미천한 가문에서 유래했다. 이 이름은 추방의 역사로 얼룩져 있었기 때문에 그는 가능하다면 과거와 관련된 모든 기억을 지워 버리고 싶어 했다. 카이사르라는 성은 율리우스 카이사르의 양자가 됨으로써 얻었다. 그러나 그는 매우 이성적인 인물이었으므로 그 위대한 카이사르와 혼돈되거나 비교되기를 바라지는 않았다. 그에게 새로운 칭호를 부여하는 문제가 원로원에서 제기되었다. 진지한 논의가 거듭된 끝에 여러 이름들 중에서 아우구스투스(존엄자)라는 이름이 채택되었는데, 이것은 일관되게 평화와 존엄의 이미지를 부각시키고자 했던 그에게 잘 어울리는 칭호였다. 이리하여 아우구스투스가 이름이 되고 카이사르는 성이 되었다. 아우구스투스라는 이름은 당연히 그의 사망과 동시에 사라져야 했으며, 카이사르라는 이름은 그 후로도 입양과 혼인에 의해 확산되었지만 네로 황제를 마지막으로 율리우스 카이사르의 혈통은 끝났다고 볼 수 있다. 그러나 아우구스투스가 사망했을 때는 한 세기 동안 지속된 관행으로 인해 이 칭호들과 황제의 권위가 서로 밀접하게 결부되었기 때문에, 이 두 가지 칭호는 공화정의 몰락 후 지금까지도 로마·그리스·프랑크·게르만 출신의 황제들에 의해 계속해서 보존되어 왔다. 그러나 곧 두 칭호 간의 구별이 생겨났다. 존엄자를 의미하는 아우구스투스라는 칭호는 군주(황제)에게만 부여된 반면, 카이사르는 군주의 친척들에게 보다 널리 허용되다가 하드리아누스 황제 이후로는 제국의 제2인자이자 후계자(부황제)로 추정되는 사람을 일컫는 칭호가 되었다.

 자유 체제를 파괴하면서도 그것에 일종의 경의를 품고 있었던 아우구스투스를 이해하려면 이 교묘한 독재자의 성격을 자세히 살펴보아야만 한다. 침착하고 냉혹하면서도 비겁했던 그는 19세에 위선이라는 가면을 쓰고는 그 후로 다시는 그것을 벗지 않았다. 그는 같은 손으로, 그리고 아마도 같은 기분으로 키케로의 추방 명령과 킨나의 사면 명령에 서명한 사람이었다. 그의 미덕은 물론이고 악덕조차도 인위적인 것이었다. 그는 자신의 이해관계에 따라 처음에는 로마의 적이었다가 마침내는 로마의 아버지가 되었다.14 그가 제국을 교묘하게 조직하면서 도입했던 온건 정책은 사실 두려움에서 비롯된 것이었다. 그는 시민적 자유라는 허상으로 국민들을 기만했고, 민간 정부라는 허상으로 군대를 기만했다.

아우구스투스의 성격과 정책

1. 카이사르의 죽음이 계속 그의 눈앞에서 어른거렸다. 그는 추종자들에게는 부와 명예를 아낌없이 베풀었지만, 숙부의 친한 벗들은 음모자로 취급했다. 충성스러운 군단이 잦은 바람으로부터 그의 권위를 지켜 주고는 있었지만, 그들의 엄중한 방어도 단호하게 결심한 공화주의자의 단검으로부터 그의 신변을 보호해 주지는 못할 것이며, 브루투스15의 행동을 존경하고 있던 로마인들은 그를 모방한 행동에 박수갈채를 보낼 터였다. 카이사르는 실제 권력 때문이라기보다는 권력에 대해 허세를 부렸기 때문에 죽음을 자초한 셈이었다. 집정관이나 호민관에 머물렀다면 그는 무사히 통치할 수 있었을 것이다. 그러나 왕이라는 칭호를 원했기 때문에 로마인들은 항거하여 그의 목숨을 빼앗았다. 아우구스투스는 인간은 이름에 의해 지배된다는 사실을 알고 있었다. 원로원과 국민이 과거의 자유를 누릴 수 있다는 보장만 받으면 기꺼이 예속을 받아들일 것이라고 오판하지도 않았다. 허약한 원로원과 무기력한 국민은 아우구

로마 대중들에게 있어서 자유의 이미지

14 옥타비아누스가 카이사르 가문의 연회에 초대되었을 때 그의 얼굴색은 카멜레온처럼 변했다고 한다. 처음에는 창백했다가 다음에는 빨갛게 상기되고, 그 다음에는 음울하게 까만색이 되었다가, 마지막으로 미의 여신들 같은 밝은 갈색이 되었다. 이것은 율리아누스가 그의 뛰어난 저서에서 사용한 이미지다. 그러나 율리아누스가 그의 변화를 진실한 것으로 생각하고 그것을 철학의 힘 덕분으로 돌린 것이라면, 그는 철학과 옥타비아누스에게 너무 큰 경의를 표한 것이다.

15 제정이 확립되고 2세기 후에 마르쿠스 안토니누스 황제는 브루투스를 로마인의 미덕을 완벽하게 체현한 표본으로 제시했다.

16 안타깝게도 이 부분을 다룬 타키투스의 기록들이 유실되었으므로, 조세푸스가 기록한 소문들과 디오와 수에토니우스의 불완전한 암시들에 의존할 수밖에 없다.

스투스의 후계자들이 미덕과 분별력을 보여 주는 한에서는 이런 기분 좋은 환상을 기꺼이 받아들였다. 칼리굴라, 네로, 도미티아누스 황제에 대한 음모를 꾸민 자들의 동기는 자유의 수호가 아니라 자기 보존이었다. 그들은 황제의 권위에 도전한 것이 아니라 폭군 개인을 공격한 것이었다.

칼리굴라의 죽음 이후 원로원의 시도

사실 원로원이 70년간 인내한 끝에 오래전에 잊힌 권리를 되찾으려고 시도했지만 실패했던 특별한 사건이 단 한 번 있었던 것 같다. 칼리굴라가 살해되어 왕좌가 비어 있었을 때 집정관들은 카피톨리누스의 유피테르 신전에서 회의를 소집하여 역대 황제들을 비판하고, 충성심이 약했던 몇몇 군단에 자유라는 표어를 주고는 48시간 동안 자유 공화정의 독립적인 지도자로 행동했다. 그러나 원로원이 신중하게 논의만 계속하는 동안 근위대가 결심을 굳혔다. 근위대는 게르마니쿠스의 동생인 어리석은 클라우디우스를 근위대 병영으로 데리고 와 황제의 자주색 옷을 입히고 무력으로 그의 선출을 확정하고자 했다. 자유에의 꿈은 사라졌고 원로원은 피할 수 없는 예속의 공포를 뼛속 깊이 깨닫게 되었다. 국민들에게 버림받고 군사력으로 위협받게 된 허약한 원로원은 근위대의 선택을 승인한 후에 클라우디우스 황제가 관대하게 베풀어 준 사면의 은전을 받아들이는 수밖에 없었다.[16]

군대에 비친 통치의 이미지

2. 아우구스투스는 군대의 방종을 두려워하고 경계했다. 시민들이 자포자기에 빠졌을 때나 시도할 수 있는 일을 군대는 언제든지 실행에 옮길 수 있었다. 그 자신이 모든 사회적 의무를 위반해도 좋다고 가르친 병사들에게 있어 그의 권위란 불안하기 짝이 없는 것이었다. 군대의 선동과 소란을 이미 경

험했던 아우구스투스는 오히려 그들이 조용하게 생각하고 있는 순간을 두려워했다. 최초의 혁명은 막대한 보상금으로 살 수 있었지만, 두 번째 혁명에서는 그 두 배의 보상이 필요할지도 모르는 일이었다. 군대는 카이사르 가문에게 열렬한 충성을 표명하고 있었지만, 군중의 충성심이란 변덕스럽고 불안정한 것이었다. 아우구스투스는 로마인의 고질적인 편견들 중에서 자신에게 도움이 될 만한 요소를 모두 끄집어내 활용했다. 즉 법률의 승인을 받아서 군대의 규율을 더욱 엄격하게 집행하고, 황제와 군대 사이에 원로원의 권위를 개입시켜 황제가 아닌 공화국의 최고 행정관에게 충성할 것을 대담하게 주장했던 것이다.17

이 교묘한 체제가 확립된 후부터 콤모두스 황제가 사망할 때까지 220년이라는 긴 기간 동안 군사정부에 내재한 위험은 억제되고 있었다. 군대는 자신들의 막강한 힘이나 그 이전이나 그 이후에는 치명적인 재앙을 몰고 왔던 민간 정부의 허약성에 대해 자각하지 못했다. 칼리굴라와 도미티아누스 황제는 궁전 안에서 가신들에게 살해당했고, 칼리굴라의 사망이 불러일으킨 사회적 동요는 로마 시내로만 국한되었다. 그러나 네로의 죽음은 제국 전체를 황폐화시켰다. 18개월 사이에 네 명의 황제가 살해당했고 로마 제국 전체가 군대 간의 증오와 싸움으로 혼란에 휩싸였다. 이 짧았지만 격렬했던 군대의 개입을 제외하고는 아우구스투스로부터 콤모두스까지의 2세기는 시민의 피로 얼룩지거나 혁명으로 동요되는 일 없이 지나갔다. 황제는 원로원의 권위와 병사들의 동의18에 의해서 선출되었다. 군대는 자신들의 충성 서약을 존중했다. 로마 연대기를 세세하게 검토해 보면 세 번의 사소한 반란이 있었음이 발견되는데, 그

17 아우구스투스는 고대 로마 군대의 엄격한 규율을 부활시켰다. 내전 후에 그는 더 이상 '동료 군사들'이라는 애정 어린 칭호를 사용하지 않고 그냥 '군사들'이라고 불렀다.

18 이 구절은 로마법에서 용어를 빌려 온 것이다.

군대의 복종

19 첫 번째는 클라우디우스 황제 시대에 카밀루스 스크리보니아누스라는 사람이 달마티아 지방에서 일으킨 반란인데 5일 만에 부하들로부터 버림받았다. 두 번째는 도미티아누스 황제 시대에 게르마니아의 안토니우스라는 자가 일으킨 반란이다. 세 번째는 마르쿠스 안토니누스 황제 시대에 아비디우스 카시우스가 일으킨 반란이다. 두 번째, 세 번째 반란도 1~2개월 안에 진압되었으며 주모자는 반란을 도왔던 추종자들로부터 버림받았다. 카밀루스와 카시우스는 공화정을 회복시킨다는 그럴듯한 명분을 내세웠다. 카시우스는 그것이 자신의 이름과 가문에 부여된 특별한 임무라고 주장했다.

반란들은 단 한 번의 전투도 없이 1~2개월 내에 완전히 진압되었다.[19]

후임자의 지명

선거제 군주국에서는 왕좌가 비어 있을 때가 가장 위험하고 혼란스러운 때이다. 로마 황제들은 제위가 비어 있는 동안 군대가 변칙적인 선택을 할 가능성을 막기 위해서 후계자를 미리 정하고, 황제가 사망했을 경우 제국이 황제가 바뀌는 것을 알아채지 못할 정도로 원만하게 권력을 이양하기 위해 미리 막대한 권력을 나누어 주었다. 아우구스투스는 그가 지목했던 후계자들이 모두 불시에 사망하고 난 후에 양자였던 티베리우스에게 모든 희망을 걸었고, 그에게 감찰관과 호민관의 직위를 부여한 다음 미래의 황제는 속주들과 군대에 대해 자신과 똑같은 권력을 가진다는 법률을 제정했다. 베스파시아누스도 이런 방법으로 장남 티투스의 마음을 잘 다스렸다. 티투스는 유대를 정복하고 난 후에 휘하에 있던 동방 군단들의 숭배를 받고 있었다. 혈기왕성한 젊음으로 인해 그의 미덕들이 가려져 있었기 때문에 그의 힘은 두려움의 대상이 되었고 음모를 꾸미고 있다는 의심을 받게 되었다. 그러나 사려 깊었던 아버지는 그런 쓸데없는 의심에 귀를 기울이는 대신 티투스에게 황제의 위엄과 권력을 부여했으며, 이에 감사를 느낀 아들은 아버지에게 겸손하고 충성스러운 부하임을 입증했다.

카이사르 가문과
플라비우스 가문의 경쟁

현명했던 베스파시아누스 황제는 자신의 불안전한 즉위를 확고하게 지켜 줄 모든 조치들을 받아들였다. 카이사르 가문에 군대의 충성 서약을 바치는 것이 백 년 동안에 걸친 관례를 통해 관습으로 굳어져 있었다. 카이사르 가문은 입양에 의해 허구적으로 지속되고 있었지만, 로마인들은 아직도 게르마니쿠스의 손자이자 아우구스투스의 직계 후손인 네로 황제를 존경하고 있었다. 근위대는 네로에 대한 충성을 버리도록 설득당하기는 했지만, 그때도 그들은 상당히 주저하고 또 후회했다.[20] 갈바, 오토, 비텔리우스 황제가 짧은 기간 동안 연속적으로 살해당하자 군대는 황제를 자신들의 의지의 산물이자 자신들이 특권을 누릴 수 있게 해 주는 도구로 여기게 되었다. 베스파시아누스 황제는 미천한 가문 출신이었다. 할아버지는 일반 병사였고 아버지는 세입을 관리하는 하급 공무원이었다.[21] 그는 노년에 자신의 덕망만으로 황제에 올랐지만, 그의 공적은 눈부시다기보다는 유용한 정도였고 그의 미덕도 엄격하고 인색하기까지 한 근검절약 때문에 빛이 바랬다. 그는 자신의 이익을 위해서라도 아들과 연합해야 했는데, 보다 화려한 공적과 사랑스러운 성격을 가지고 있었던 아들은 대중의 관심을 그들의 미천한 출신으로부터 플라비우스 가문의 미래의 영광으로 돌릴 수 있는 인물이었기 때문이었다. 티투스 황제의 온화한 통치하에서 로마는 일시적이나마 평화와 행복을 누릴 수 있었고, 그에 대한 애정 어린 기억 덕분에 동생인 도미티아누스 황제는 15년간이나 보호받을 수 있었다.

도미티아누스의 암살자들에 의해 황제로 추대된 네르바는 곧 노쇠한 자신으로서는 전임 황제의 오랜 학정으로 악화된

서기 96년, 트라야누스의 후임자 지명과 그의 성격

사회적 혼란을 수습할 수 없음을 깨달았다. 온화한 성품을 지녔던 그는 선량한 사람들의 존경을 받았지만, 타락한 로마인들은 죄인들을 정의의 칼날로 엄하게 다스릴 보다 강한 인물을 필요로 했다. 네르바 황제에게도 일가친척이 몇 명 있었지만, 그는 혈연이 아닌 사람을 후계자로 선택했다. 그는 그 당시 40세 정도로 하(下)게르마니아의 막강한 군대를 지휘하고

[20] 타키투스는 이런 견해를 거듭해서 강조했다.

[21] 이성적이고 합리적이었던 베스파시아누스 황제는 그의 가문이 고국인 레아테를 건국했으며, 헤라클레스의 벗이기도 했던 플라비우스 가문에서 유래되었다고 주장하는 계보학자들을 비웃곤 했다.

22 디오는 트라야누스가 사망했던 속주의 총독이어서 이 이상한 권력 이양을 자세히 관찰할 수 있었던 아버지의 권위를 빌려 모든 것이 꾸며 낸 것이었다고 주장한다. 그러나 도드웰(Dodwell)은 트라야누스 생전에 이미 하드리아누스는 다음 황제가 될 언질을 받았다고 주장했다.

있었던 트라야누스를 양자로 입양했다. 그리고 곧바로 원로원의 칙령을 통해 그를 제국의 공동 황제이자 후계자로 선언했다. 네로의 죄악과 우행에 대한 혐오스러운 기록들은 넌더리가 날 정도로 많은 반면, 트라야누스의 행적은 안타깝게도 요약본에 잠시 언급된 것이나 완전히 신뢰할 수만은 없는 찬사들에만 의존해야 한다. 그러나 아첨이라고는 전혀 의심할 수 없는 하나의 찬사가 남아 있다. 트라야누스가 사망한 지 250년도 더 지난 다음 원로원은 새로운 황제의 즉위를 축하하는 관례적인 연설에서 아우구스투스의 지복과 트라야누스의 공덕을 능가하기를 바란다고 말했던 것이다.

서기 117년, 하드리아누스의 후임자 지명

트라야누스 황제는 변덕스럽고 불안정한 성격의 소유자였던 친척 하드리아누스에게 제국을 맡기는 문제를 놓고 상당히 망설였던 것 같다. 마지막 순간에 황후 플로티나가 트라야누스의 결심을 도와 주었거나 양자 채택을 꾸며 냈을 수도 있다.22 무엇이 진실이었는지는 단정하기 어렵지만, 어쨌든 하드리아누스는 평화롭게 합법적인 후계자로 승인받았다. 앞에서 언급한 것처럼 그의 치세 동안 로마 제국은 평화와 번영을 누렸다. 그는 예술을 장려하고 법률을 개혁했으며 군대의 기강을 확립하고 몸소 모든 속주들을 방문했다. 적극적인 성품에 다방면에 재능이 있었던 그는 거시적인 정책의 방향부터 미시적인 세부 사항들까지 직접 챙겼다. 그러나 결국 그의 정신을 지배한 것은 호기심과 허영심이었다. 그 호기심과 허영심이 어떤 방향으로 발휘되었느냐에 따라 하드리아누스 황제는 뛰어난 황제가 되기도 하고 우스꽝스러운 궤변론자가 되는가 하면 질투심 많은 폭군도 되었다. 전반적으로 볼 때 그는 공평하고 절도 있게 행동함으로써 존경을 받았다. 그러나 통치 초기에는 정적이자 황제의 물망에 올랐던 집정관급 원로원 의원 네 명을 죽였으며, 오랫동안 고통스러운 병을 앓게 되자 까다롭고 잔인한 성격으로 변해 버렸다. 하드리아누스의 사망 후 원로원은 그를 신으로 선언해야 할지 폭군으로 선언해야 할지 주저했는데, 안토니누스 피우스 황제의 간청 덕분에 그는 명예로운 황제로 남을 수 있었다.

    하드리아누스의 변덕은 후계자를 선택하는 문제에도 영향을 미쳤다. 그는 존경하면서도 증오했던 몇몇 훌륭한 인물들을 물망에 올리고 생각하다가, 결국은 유쾌하고 방탕한 아엘리우스 베루스라는 귀족을 양자로 삼았다. 그는 특출난 미모 때문에 안티노우스[23]의 연인이었던 황제에게 천거된 자였다. 그러나 하드리아누스가 스스로 만족해 하고, 또 막대한 하사금으로 지지를 끌어낸 군대의 환호 속에서 기뻐하고 있을 때 이 새로운 부황제는 갑자기 사망해 버렸다. 그는 아들 하나를 남겼는데 하드리아누스는 이 아이를 안토니누스 가에 맡겼다. 안토니누스 피우스는 그를 양자로 맞았고, 마르쿠스 안토니누스(마르쿠스 아우렐리우스)가 즉위했을 때 그도 함께 황제로 추대되었다. 아들 베루스의 수많은 악덕 중에서 한 가지 미덕을 꼽는다면 보다 현명했던 동료 황제를 존경하면서 제국을 돌보는 수고스러운 업무를 기꺼이 그에게 양도했다는 점이다. 마르쿠스 황제는 그의 우행들을 모른 체했고 그의 때 이른 죽음을 슬퍼했으며 사후에도 명예로운 이름을 남기도록 해 주었다.

    하드리아누스의 열정이 충족되었든 좌절되었든 간에 그는 가장 훌륭한 인물을 로마 황제로 선출함으로써 길이 후세의 감사를 받을 만한 일을 단행했다. 분별력이 있었던 그는 일생 동안 어떤 오점도 남기지 않은 50세의 원로원 의원과 성인이

[23] 안티노우스에 대한 신격화와 그의 메달, 동상, 신전, 신탁, 그의 이름을 딴 도시와 별자리 등은 아주 유명하며, 이것은 아직까지도 하드리아누스 황제의 위엄을 손상시키고 있다. 로마의 처음 열다섯 명의 황제들 중 클라우디우스 황제를 제외하고는 모두 동성애적 성향을 지니고 있었다.

두 안토니누스의 후임자 지명

24 메달과 비문의 도움이 없었더라면 피우스 황제를 더욱 명예롭게 해 주는 이 같은 사실을 몰랐을 것이다.

25 피우스의 통치 23년 동안 마르쿠스가 궁전을 비운 것은 단 이틀 동안이었다. 그것도 각각 다른 때에 하루씩 두 번이었다.

서기 138~180년

되면 모든 미덕을 갖출 것이 분명해 보이는 17세의 소년을 쉽게 찾아냈다. 하드리아누스는 나이가 많았던 의원을 양자로 입양하면서 그에게는 17세의 소년을 양자로 받아들이게 했다. 두 안토니누스 황제(지금 말하는 의원과 17세 소년이 바로 그들이다.)는 42년간 변함없는 지혜와 미덕으로 로마 제국을 다스렸다. 안토니누스 피우스 황제는 두 아들이 있었음에도 불구하고,24 가문의 영광보다는 제국의 번영을 생각해서 딸 파우스티나를 마르쿠스와 결혼시킨 다음 원로원의 동의를 얻어 그에게 호민관과 집정관의 권력을 주었으며, 주변의 질서 따위는 무시하거나 모른 체하며 정부의 모든 일에 참여시켰다. 마르쿠스도 그의 인품을 존경하면서 부모로서의 그를 사랑하고 황제로서의 그에게는 복종하면서25 피우스의 사후에도 그의 모범과 원칙에 따라 통치했다. 그들의 치세는 정부의 목표가 오로지 전 국민의 행복이었던 역사상 유일한 시대일 것이다.

안토니누스 피우스의 품성과 통치

티투스 안토니누스 피우스 황제는 제2의 누마 왕이라고 일컬어졌다. 이 두 군주 모두 신앙과 정의와 평화를 사랑했다는 점에서 이 칭호는 합당하다. 그러나 그 미덕들을 발휘할 기회는 안토니누스 피우스 황제에게 더 크게 열려 있었다. 누마 왕은 몇몇 이웃 마을들에서 서로의 추수물을 약탈하지 못하도록 방지했을 뿐이었다. 반면 안토니누스 피우스 황제는 세계에서 가장 큰 제국 전체에 질서와 평화를 전파했다. 그의 시대는 역사에 거의 자료를 남기지 않은 시대로 손꼽히는데, 사실 역사란 인간의 범죄와 우행과 불행의 기록에 다름 아닌 것이고 보면, 이것은 참으로 보기 드문 영예라 하겠다. 사생활에서의 그는 선하고 다정다감한 사람이었다. 천성이 소박해서 허영이나 위선을 몰랐다. 그는 지위에서 비롯되는 편의나 악의 없는 쾌락들은 적당히 누릴 줄도 알았고,26 자비로운 마음과 유쾌하면서도 차분한 성격을 지니고 있었다.

마르쿠스 아우렐리우스 안토니누스 황제의 미덕은 보다 엄격하고 근면한 수련에서 비롯되었다.27 그의 미덕은 수많은 학자들을 만나고 수많은 강의들을 인내심 있게 듣고 밤 늦게까지 공부해서 얻은 결실이었다. 그는 12세에 스토아 학파의 엄격한 윤리를 받아들였는데, 그것은 그에게 육체를 정신에, 열정을 이성에 복종시켜야 하며 미덕은 오직 선이요, 악덕은 오직 악일 뿐이고, 외면적인 것은 무의미하다고 가르쳤다. 소란한 병영에서 기록한 그의 『명상록』이 지금도 남아 있다. 그는 현자의 겸손이나 황제의 권위와는 다소 동떨어진 방식으로 공개 철학 강연을 하기도 했다.28 그의 삶 자체가 제논의 교훈에 대한 고귀한 해설이었다. 그는 자신에게는 엄격했고 다른 사람의 결점에는 관대했으며, 모든 인간을 공평하고 자비롭게 대했다. 그는 시리아에서 반란을 일으켰던 아비디우스 카시우스가 자결하자 적을 친구로 만들 기회를 잃었음을 안타까워했으며, 카시우스의 추종자들에 대한 원로원의 분노를 진정시킴으로써 자신의 감정이 진실이었음을 입증했다. 그는 전쟁을 인간 본성에 대한 모독이자 재앙이라고 생각해서 혐오했다. 그러나 정당방위의 필요성이 생겨 무기를 들어야 할 때는 과감하게 출정해서 얼어붙은 도나우 강변에서 여덟 번의 동계 작전을 수행하기도 했다. 그러나 그곳의 혹독한 추위는 허약한 체질이었던 그에게 치명적이었다. 그는 후손들에게 감사와 존경을 받았으며, 그가 죽은 후 1세기가 지나서도 많은 사람들이 집안의 수호신으로 마르쿠스의 초상을 모셨다.

마르쿠스 아우렐리우스의 품성과 통치

26 그는 연극을 무척 좋아했고 여성의 매력에 대해서도 무심하지 않았다.

27 마르쿠스의 정적들은 그가 위선적이며 피우스 황제나 심지어 베루스에게도 있었던 소박한 성품이 결여되어 있다고 비난했다. 이런 비난은 부당하기는 하지만 공적 미덕보다는 사적인 미덕에 더 큰 찬사가 주어졌다는 점을 설명해 준다. 마르쿠스 안토니누스 황제는 비록 위선자라는 의심을 받기는 했지만 아무도 그를 겁쟁이로 의심하지는 않았다. 지혜나 용기는 인간성이나 정의감보다 더 확인해 보기 쉬운 자질이기 때문일 것이다.

28 게르마니아 2차 원정에 앞서 그는 3일 동안 로마 시민들에게 철학 강연을 했다. 그리스와 아시아의 도시들에서도 이미 대중 강연을 한 적이 있었다.

로마인들의 행복

역사상 인류가 가장 행복하고 번영했던 시기를 꼽으라면 사람들은 아마 주저 없이 도미티아누스 황제가 사망한 후부터 콤모두스가 즉위할 때까지라고 대답할 것이다. 로마 제국의 광대한 영토는 미덕과 지혜의 인도를 받은 절대 권력에 의해 통치되었다. 훌륭한 성품과 권위로 자발적인 존경을 이끌어 냈던 네 명의 황제가 이어지는 동안 군대는 온화하지만 확고하게 통제되었다. 네르바, 트라야누스, 하드리아누스 황제와 두 안토니누스 황제는 시민 정부 체제를 신중하게 지키면서 자유로운 세태에 기뻐했고, 자신들을 법의 대리인이라고 생각하며 만족했다. 당대의 로마 시민들이 이성적인 자유를 누릴 능력만 있었더라면 이 황제들은 공화정을 회복하는 영예를 누렸을 것이다.

행복의 불확실성

이 군주들은 미덕에 대한 순수한 긍지를 느끼고 자신들이 만들어낸 국가적 행복을 바라보는 더 없는 기쁨을 누림으로써, 자신들의 노고와 성공에 대한 막대한 보상을 받았다. 그러나 우울하지만 타당성이 있는 반성이 이런 숭고한 행복을 손상시켰다. 단 한 사람의 인품에 달려 있는 행복이란 무척 불안정하다는 데 생각이 미쳤던 것이다. 방종한 젊은이나 질투심 많은 폭군이 나타나서 전임 황제들이 오직 국민을 위해 행사했던 절대 권력을 남용하여 제국을 파멸로 몰고 갈 순간이 다가오고 있는지도 몰랐다. 원로원과 법률의 제재는 황제의 미덕을 보여주는 데는 도움이 될 수 있겠지만 결코 악덕을 바로잡을 수는 없었다. 군대란 맹목적이고 불가항력적인 폭정의 도구일 뿐이었다. 부패한 로마 풍속은 열렬한 아첨꾼의 무리와 주인의 공포나 탐욕, 욕정이나 잔인성에 봉사할 준비가 되어 있는 신하들을 언제든지 배출해 줄 것이었다.

이런 우울한 우려는 이미 로마인들의 경험을 통해 사실로 입증되었다. 로마 황제들의 연대기는 현대 역사의 복잡하고 모호한 인간들에게서는 찾아볼 수 없는 강렬하고 다양한 인간성을 보여 준다. 로마 황제들의 행동을 살펴보면 극단적인 선과 극단적인 악을 모두 찾아볼 수 있는데, 인간의 가장 완전한 모습이 있는 반면 가장 비열한 타락상도 있는 것이다. 트라야누스와 두 안토니누스 황제의 황금시대 이전에는 냉혹한 철의 시대가 있었다. 아우구스투스 이후의 무가치한 후계자들을 열거하는 것은 시간 낭비에 불과하다. 그들의 비길 데 없는 악행과 화려하게 무대를 장식했던 우행들만이 그들을 망각에서 건져 주고 있다. 음험하고 냉혹했던 티베리우스, 미친 칼리굴라, 허약했던 클라우디우스, 방탕하고 잔인했던 네로, 짐승 같았던 비텔리우스,[29] 소심하고 비인간적인 도미티아누스는 영원한 수치로 역사에 남았다. 거의 80년 동안 (이 중 베스피아누스 황제의 짧고 의문스러운 통치 기간을 제외하고)[30] 로마는 끊임없이 이어지는 학정 아래서 신음해야 했다. 이 기간 동안 공화정 시대의 옛 가문들은 절멸되었고, 이 불행한 시기에 살았던 덕망 높고 재능 있는 사람들은 거의 모두가 처형당했다.

이 폭군들의 통치 아래서 로마인들은 과거에 누렸던 시민적 자유와 광범위한 정복이라는 두 가지 특수한 상황 때문에 다른 어느 시대 어느 나라의 폭정의 희생자들보다 훨씬 완벽하게 비탄에 빠졌다. 그들의 특수한 상황 때문에 국민들은 자신들의 억압을 더욱 뼈저리게 느꼈고, 아무리 도망가도 결코 압제자의 손에서 벗어날 수가 없었던 것이다.

티베리우스, 칼리굴라, 네로, 도미티아누스에 대한 회상

[29] 비텔리우스는 약 7개월 동안 먹는 데만 적어도 600만 파운드를 썼다. 그의 악덕을 위엄 있게 점잖은 말로 기록하는 것은 쉽지 않다. 타키투스는 비록 점잖게 돌려 표현하기는 했지만 적절하게도 그를 돼지라고 불렀다.

[30] 베스파시아누스 황제의 치세도 헬비디우스 프리스쿠스와 덕망 높았던 에포니나의 처형으로 얼룩졌다.

폭군들 치하에서 로마인들이 겪었던 특별한 불행

31 왕의 노예에게 국가의 요직을 맡기는 것은 페르시아보다는 투르크에서 더 흔한 일이었다. 게오르기아와 키르카시아라는 가난한 나라들에서 동방의 지배자들이 많이 배출되었다.

32 유럽인 여행자들이 페르시아에 자유와 온건한 정부에 대한 사상을 가르쳐 주었다고 한다. 별로 좋지 않은 일을 한 셈이다.

1. 페르시아가 사피(Sefi)의 후손들에게 지배를 받았을 때, 그 군주들은 변덕스럽고 잔인하여 총애하던 신하들의 피로 긴 의자나 식탁이나 침대를 물들이는 일이 많았다고 한다. 그래서 한 젊은 귀족은 술탄 앞에서 물러날 때마다 머리가 아직 어깨 위에 붙어 있는지 확인해 보고 안심했다는 말이 전해진다. 매일 매일의 경험으로 미루어 볼 때 이 루스탄이라는 젊은이가 걱정했던 것도 당연했다. 그러나 한 가닥 실에 묶여 머리 위에 내려뜨려진 죽음의 단검도 이 젊은이의 잠을 깨우거나 평온을 방해했던 것 같지는 않다. 그는 군주가 인상만 찌푸려도 자신의 목숨은 끝장이라는 사실을 잘 알고 있었다. 그러나 사람은 벼락을 맞거나 뇌졸중으로 죽기도 하므로, 현명한 사람이라면 인간으로서 피할 수 없는 재앙은 잊어 버리고 현재를 즐길 것이다. 그는 왕의 노예31라고 불리며 영예를 누리고 있었다. 그는 아마 자신도 알지 못했던 나라의 비천한 부모로부터 팔려 와서 갓난아기 때부터 후궁에서 엄격하게 훈련받은 사람이었을지도 모른다. 그의 이름과 부와 명예는 모두 그 주인에게서 받은 것이었고, 주인에게는 다시 그것을 거두어 갈 권리도 있었다. 루스탄에게 만약 지식이라는 것이 있었다면 그것은 편견을 주입시켜 그의 습성에 더 확신을 갖게 해 줄 뿐이었다. 그의 말 중에 정부의 형태를 일컫는 단어라고는 절대 군주정 밖에 없었다. 동방의 역사는 절대 군주정만이 인류의 유일한 정부 형태라고 가르쳤다.32 코란과 그 성전의 번역자들은 술탄이 마호메트의 후손이고 신의 대리인이며, 이슬람교도의 최대의 미덕은 인내하면서 신하된 의무로 절대적인 복종을 바치는 것이라는 사상을 끊임없이 주입시켰다.

반면 로마인들의 정신은 노예 상태를 받아들일 수 없었다. 그들 자신의 부패와 군대의 폭력으로 억압받으면서도, 로마인들은 자유로웠던 선조들과 같은 정서를 간직했고 적어도 자유에 대한 관념만은 오랫동안 유지했다. 헬비디우스, 트라세아, 타키투스, 플리니우스는 카토나 키케로와 동일한 사상을 가르쳤다. 로마인들은 그리스 철학으로부터 인간의 존엄과 시민 사회의 기원에 대한 공정하고 자유로운 사상들을 배웠다. 로마의 역사는 자유롭고 정의로우면서도 강력했던 공화정을 존경하고, 카이사르와 아우구스투스의 행위를 혐오하면서, 비록 폭군들의 면전에서는 비굴하게 아첨하더라도 속으로는 경멸하도록 가르쳤다. 로마 시민들은 행정관과 의원의 자격으로 원로원 회의에 참석하여 한때는 직접 법률을 선포했고 그때도 여전히 군주가 정한 법률을 승인하는 역할을 맡고 있었지만, 원로원의 권위는 폭군들의 야비한 목적을 위해 이용되는 경우가 너무 많았다. 티베리우스와 그의 선례를 따른 황제들은 합법적인 절차를 거쳐 살인을 정당화시키고자 했는데, 아마도 원로원을 희생자뿐 아니라 공모자로 만드는 일에 은밀한 즐거움을 느꼈던 듯하다. 로마 시민의 정신을 간직하고 있었던 최후의 로마인들이 지어낸 죄목이나 실제 미덕 때문에 원로원에 의해 처형당했다. 이 수치스러운 고발자들은 자유로운 애국자인 양하며 국가의 법정 앞에서 이른바 위험한 시민을 규탄했고, 그 대가로 부와 명예를 얻었다.[33] 비굴한 재판관이었던 원로원 의원들은 공화정의 주권을 수호하는 체했지만, 최고 행정관과 관련되었을 때에는 아무렇지도 않게 주권을 침해했다.[34] 의원들은 최고 행정관의 무자비한 잔인성 앞에서는 두려움에 떨면서 황제가 약간의 자비를 보여 주면 앞장서서 열렬히 칭송했다.[35] 폭군들은 당연히 그들의 비열한 모습을 경멸했고, 원로원의 은밀한 반감에는 원로원 전체에 대한 노골적이고 공공연

로마인들의 지식과 자유로운 정신

[33] 역사가들은 스키피오와 카토가 든 예를 인용한다. 마르켈루스 에프리우스와 크리스피우스 비비우스는 네로 치세에서 250만 파운드를 획득했다. 그들의 부는 그들의 죄악을 더욱 악화시켰지만 베스파시아누스 치세에서는 그들을 보호해 주기도 했다. 플리니우스의 풍자의 대상이 된 적이 있는 레굴루스는 단 한 번의 고소로 원로원으로부터 집정관직을 수여받았고, 6만 파운드의 상금을 받았다.

[34] 주권에 대한 침해는 과거에는 로마 시민에 대한 대역죄로 간주되었다. 호민관이었던 아우구스투스와 티베리우스는 이 원칙을 자신들에게 적용시켜 무제한적으로 남용했다.

[35] 덕망 높았던 게르마니쿠스의 미망인을 사형에 처한 후에 티베리우스는 자비로운 행동을 했다고 원로원으로부터 칭송받았다. 그녀를 비공개로 처형했고 시체를 갈고리에 매달아 범죄자들의 시체를 갖다 버리는 장소였던 게모니에로 끌고 가지도 않았다는 이유에서였다.

36 세리푸스는 에게 해에 있는 작은 바위섬이며 그곳의 주민들은 미천하고 무지했다. 오비디우스의 유배지로도 유명한 이곳은 그가 자신의 처지를 한탄한 정당하기는 하지만 다소 유약한 시들로 인해 널리 알려지게 되었다. 그는 단지 로마를 떠나라는 명령만 받았던 것 같다. 경비병들은 따로 없었다.

37 티베리우스 치세에 로마 기사 한 명이 파르티아로 도주하려고 시도했다. 그는 시칠리아의 협곡에서 체포당했다. 그러나 이 경우에 전혀 위험이 감지되지 않았기 때문에 티베리우스 황제는 처벌한다는 것 자체를 우습게 생각했다.

한 증오로 맞섰다.

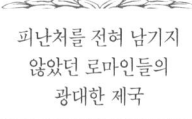
피난처를 전혀 남기지 않았던 로마인들의 광대한 제국

2. 유럽이 종교와 언어와 풍속의 유사성에 의해 서로 연결되어 있으면서도 수많은 독립 국가들로 분할되어 상태는 인류의 자유를 위해 매우 이로운 결과들을 가져다주었다. 현대의 폭군들은 양심의 가책을 느끼거나 국민들의 저항을 받지 않아도 다른 군주들의 모범과 비난에 대한 두려움, 동맹국들의 충고와 적국의 위협 때문에 어느 정도 자제하게 된다. 폭군의 분노를 산 국민은 그의 영토를 벗어나 더 살기 좋고 안전한 피난처로 도피한 후에 자신에게 맞는 새로운 일을 찾고 자유롭게 불평도 하면서 복수의 기회를 노릴 수도 있다. 그러나 로마 제국은 전 세계를 차지하고 있었으므로, 제국이 한 사람의 수중에 있다면 그 사람의 적들에게는 전 세계가 황량한 감옥이 되는 셈이었다. 전제 정치의 노예들은 로마와 원로원에서 화려한 금빛 쇠사슬을 끌고 다니든 세리푸스 섬의 불모의 바위나 얼어붙은 도나우 강변에서 추방의 삶을 살든, 결국에는 똑같이 절망 속에서 조용히 자신의 운명을 기다리는 수밖에 없었다.36 저항은 곧 죽음을 의미했고 도주는 불가능했다. 사방이 광막한 바다와 사막으로 둘러싸여 있었기 때문에, 도주한다 해도 틀림없이 발각되고 체포되어 분노한 군주에게 다시 끌려가기 마련이었다. 국경 너머에는 바다와 황폐한 사막, 그리고 언어도 통하지 않고 풍습도 흉포한 적대적인 야만족들밖에 없었다. 게다가 로마에 예속되어 있던 야만족 왕들은 귀찮은 망명자쯤은 기꺼이 제물로 바쳐 로마 황제의 보호를 사고자 할 것이었다.37 그래서 키케로는 추방당한 마르켈루스에게 이렇게 말했다. "어느 곳에 있든지 항상 정복자의 권력 안에 있다는 사실을 잊지 말게."

4

THE DECLINE AND FALL
OF THE ROMAN EMPIRE

콤모두스의 잔인성, 우행, 살육 · 페르티낙스의 즉위 · 그의 개혁 시도 · 근위대에 의한 암살 · 분노

마르쿠스 아우렐리우스 안토니누스 황제의 온화한 성품은 스토아학파의 엄격한 규율로도 고칠 수 없었는데, 이것은 그의 장점이었던 동시에 유일한 약점이 되기도 했다. 그는 이성적인 사람이었지만 의심할 줄 모르는 순진한 마음 때문에 종종 기만당했다. 군주의 심성을 철저히 연구하면서 자기 감정은 감추는 교활한 사람들은 철학적인 고결함을 가장하고 마르쿠스 황제에게 접근해서 부와 명예를 경멸하는 척하면서 그것들을 얻어 내었다.1 황제는 동생과 아내와 아들에 대해 무조건적인 애정을 쏟았는데, 그들의 악덕으로 인한 폐해가 너무 컸기 때문에 이것은 개인적인 미덕의 경계를 넘어서서 공적인 피해를 가져왔다.

안토니누스 피우스 황제의 딸이자 마르쿠스의 아내였던 파우스티나는 그 미모뿐 아니라 화려한 연애 편력으로도 유명했다. 이 철학자 황제의 엄숙하고 고지식한 성격으로는 그녀의

마르쿠스 아우렐리우스의 관대함

1 아비디우스 카시우스의 불평을 참고해 보라. 그의 불평은 물론 실제 사건에 대한 불평이다. 그러나 때로는 사실도 심하게 과장될 수 있다.

2 세상은 마르쿠스 황제의 순진함을 비웃어 왔다. 그러나 아내가 속이려고 마음만 먹는다면 남편은 누구라도 속게 되어 있다는 말은 진실일 것이다.

3 율리아누스는 마르쿠스 황제의 완벽한 성격에서 찾을 수 있는 단 한 가지의 결점으로 파우스티나의 신격화를 지적했다.

자유분방한 기질이나 변화를 추구하는 무한한 열정(이런 성격은 하층 계급에서는 인간적인 매력으로 느껴지기도 하지만)을 다스릴 수 없었다. 고대 신화에서 사랑의 신 큐피드는 대개의 경우 매우 관능적인 신으로 묘사된다. 게다가 황후의 사랑일 경우 여자 쪽에서 노골적으로 접근하는 경우가 대부분이었기 때문에 섬세한 감정이 개입될 여지도 별로 없었다. 로마 제국 안에서 파우스티나의 부정을 모르는 사람은 마르쿠스 한 사람밖에 없었다고 해도 과언이 아닌데, 아내의 부정을 모르는 남편에게는 시대를 막론하고 수치와 불명예의 굴레가 씌워지기 마련이다. 황제는 파우스티나의 연인에게 부와 명예가 보장되는 공직을 맡기기도 했고 30년간의 결혼 생활 내내 변함없이 그녀를 사랑하고 신뢰하고 존중했는데, 그녀에 대한 존경은 그녀가 죽은 후에도 끝나지 않았다. 마르쿠스는 『명상록』에서 그토록 정숙하고 온화하며 검소한 부인을 내려주신 것에 대해 신께 감사드리고 있다.2 아첨 잘 하는 원로원은 황제의 진지한 요청을 받아들여 그녀를 여신으로 선포했고, 그녀는 유노, 베누스, 케레스의 특성을 지닌 여신으로 신전에 모셔졌다. 모든 청춘남녀는 결혼식 날에 이 정숙한 수호 여신 앞에서 서약해야 한다는 법령까지 선포되었다.3

아들 콤모두스에 대한 관대함

아들의 극악무도한 악덕은 아버지의 뛰어난 미덕을 손상시켰다. 마르쿠스 황제는 못된 아들에 대한 편애 때문에 수백만 국민들의 행복을 희생시켰다거나 공화국 내에서 후계자를 물색하지 않고 가족에게로 세습시켰다는 비난을 받는다. 노심초사했던 아버지와 그를 보좌하던 덕망 높은 신하들은 젊은 콤모두스의 편협한 정신을 열어 주고 악독한 마음을 순화시켜서 황제의 자리에 걸맞게 만들려고 모든 노력을 기울였다. 그러나 교육의 힘이란 교육이 필요 없는 타고난 우수성을 가진 사람들에게 행해질 때를 제외하고는 거의 효력을 발휘하지 못하는 법이다. 엄숙한 철학자였던 아버지의 입에 쓴 충고와 교육은 방탕한 아첨꾼들의 달콤한 속삭임에 한순간에 지워져 버렸다. 마르쿠스 황제 자신도 아들이 겨우 14~15세가 되었을 때 황제의 권력을 함께 누리게 함으로써 자신의 교육을 스스로 망쳐 버렸다. 마르쿠스는 그 후 4년을 더 살았을 뿐이지만 그 기간은 자신의 성급한 결정을 후회하기에 충분했다. 이 결정으로 성급하고 충동적이었던 어린 콤모두스는 이성과 권위의 제약도 통하지 않는 오만불손한 젊은이가 되어 버렸던 것이다.

사회의 내부적 평화를 위협하는 범죄의 대부분은 필요하기는 하지만 불공평한 소유의 법칙이 모든 사람이 갈망하는 대상을 소수의 소유로 국한시킴으로써 인간의 욕구를 제약하는 것에서 비롯된다. 인간의 모든 열정과 욕구 중에서도 권력욕이 가장 중대하면서도 반사회적인 것이다. 한 사람의 권력과 자부심을 위해서 많은 사람들의 복종이 요구되기 때문이다. 내란의 소용돌이에서는 사회의 법률은 효력을 잃고 그 빈자리를 인간성의 법칙이 대신하지도 못한다. 경쟁심, 승리에 대한 갈망, 좌절된 희망, 과거의 상처에 대한 기억, 미래의 위험에 대한 불안 등이 정신을 극도로 자극시켜 인간적인 동정심을 잠재운다. 위에 열거한 동기들로 인해 역사의 모든 페이지는 내전의 핏자국으로 얼룩져 있다. 그러나 이런 동기들로도 콤모두스의 이유 모를 잔인성을 설명할 수는 없는데, 그에게는 아무것도 부족한 것이 없고 누릴 것만 있었기 때문이다. 마르쿠스가 깊이 사랑했던 아들은 원로원과 군대의 박수 갈채를 받으며 아버지의 뒤를 이어 즉위했다.[4] 이 행복한 젊은이가 즉위했을 때

콤모두스 황제의 즉위

[4] 콤모두스는 처음으로 아버지가 황제로 즉위한 이후에 태어난 왕자였다. 새로운 아침 수단으로 이집트는 콤모두스의 생일을 그의 치세가 시작된 날인 것처럼 새겨 넣은 메달을 제작했다.

주위에는 제거해야 할 경쟁자도 처벌해야 할 적도 없었다. 이런 평온하고 고귀한 상태에서는 인간을 증오하기보다는 사랑하고, 네로나 도미티아누스의 수치스러운 운명보다는 그 이전의 오현제의 온화한 영광을 따르는 것이 분명 더 자연스러웠을 것 같다.

> 5 테르툴리아누스에 따르면 마르쿠스 황제는 시르미움에서 사망했다. 그러나 콰디족, 마르코만니족과 전쟁 중이었다는 점을 고려하면 빈도보나, 즉 지금의 비엔나 부근에서 사망했다고 주장한 빅토르의 견해가 더 타당한 것 같다.

콤모두스의 성격

콤모두스는 흔히 말하는 것처럼 피에 굶주린 사나운 성질을 타고 태어난 것도, 유아기부터 잔인한 행동을 서슴지 않았던 것도 아니었다. 그는 사악하다기보다는 유약한 성질을 타고났다. 그는 단순하고 소심했기 때문에 측근들의 말을 무조건 믿었는데, 그 측근들이 그의 정신을 서서히 타락시켰다고 볼 수 있다. 처음에는 다른 사람들의 말에 따라 잔인한 행동을 저질렀지만 그것은 점점 습관으로 굳어 갔고 마침내는 잔인성이 그의 영혼을 지배하게 된 것이다.

로마로 돌아온 콤모두스

아버지 마르쿠스가 갑자기 사망하자 대군을 이끌고 콰디족, 마르코만니족과의 어려운 전쟁을 치를 책임을 맡게 된 젊은 콤모두스는 무척 당황했다.5 마르쿠스가 축출했던 비열하고 방탕한 젊은이들이 새로운 황제 곁으로 다시 몰려와 영향력을 발휘하기 시작했다. 그들은 도나우 강 저편의 야만족 나라들에서 벌어지는 전쟁의 고난과 위험에 대해 과장해서 떠벌렸다. 그리고 황제의 이름이나 부관들의 군사력만으로도 이미 혼란에 빠진 야만족을 정복하거나 정복보다 더 나은 조건으로 굴복시키기에 충분하다고 게으른 황제를 안심시켰다. 그들은 황제의 관능적 욕구를 교묘하게 자극하면서, 로마의 평화와 화려함과 세련된 쾌락을 일체의 유흥과 사치가 제공되지 않는 판노니아 병영의 혼란과 비교시켰다. 콤모두스는 이런 달콤한 충고에 귀를 기울였다. 그러나 자신의 성향과 아직 남아 있던 아버지의 고문관들에 대한 두려움 사이에서 망설이는 사이 여름이 지나가 버렸고 로마로의 개선은 가을로 연기되었다. 그의 우아한 용모와 유창한 언변, 가상적으로 상상된 미덕은 대중의 호감을 불러일으켰고, 그 즈음 야만족과 맺은 명예로운 평화협정은 온 국민에게 기쁨을 선사했다.6 빨리 로마로 돌아오고 싶어 하는 마음도 고향을 그리워하는 것으로 해석되었고, 유흥과 쾌락을 즐기는 성향도 19세의 젊은 황제라는 점을 감안하여 거의 비난받지 않았다.

콤모두스의 치세 첫 3년 동안은 마르쿠스 황제 시대의 형식과 정신이 그대로 유지되었다. 마르쿠스가 아들을 위임했고 콤모두스도 그 지혜와 인격을 존경할 수밖에 없었던 아버지의 고문관들이 있었기 때문이다. 젊은 황제와 방탕한 측근들은 황제의 특권을 이용해서 흥청망청 마음껏 즐겼지만 아직 손에 피를 묻히지는 않았다. 그는 관대한 마음씨를 보여 주기도 했는데, 이것은 미덕을 갖춘 황제로 성숙해 갈 가능성을 보여 주는 것이었다.7 그러나 뜻하지 않게 치명적인 사건이 일어나 아직 미완성 상태였던 그의 성격을 결정짓고 말았다.

어느 날 밤 황제가 어둠에 잠긴 콜로세움의 좁은 주랑을 지나서 집으로 돌아오고 있는데, 길목을 지키고 있던 한 자객이 "원로원이 보내는 것이다."라고 외치며 칼을 뽑아 들고 달려들었다. 암살 시도는 실패하고 자객은 근위대에 체포되었으며 곧 음모를 꾸민 일당들이 드러났다. 음모는 바로 궁전 안에서 꾸며진 것이었다. 황제의 누이이자 루키우스 베루스의 미망인인 루킬라가 2인자의 위치에 만족하지 못하고 황후의 권력을 시샘하여 동생을 암살하려는 음모를 꾸민 것이었다. 그녀는

6 이때의 전 국민적인 기쁨은 역사뿐 아니라 그 시대 메달들에도 잘 묘사되어 있다.

7 아비디우스 카시우스의 비밀 부하였던 마닐리우스가 몇 년 만에 발각된 일이 있었다. 국민들은 무슨 일이 일어날지 불안에 떨었는데, 황제는 관대하게도 그를 체포하지 않고 그의 비밀 서류들도 읽어 보지 않고 태워 버렸다.

서기 183년, 암살자에게 상처를 입은 콤모두스

자신의 음모를 두 번째 남편이자 고귀한 미덕과 한결같은 충성심을 가진 원로원 의원이었던 클라우디우스 폼페이아누스에게는 차마 말하지 못했다. 그 대신 그녀의 수많았던 연인들 중에서(그녀는 파우스티나의 행동을 모방했다.) 지위는 낮았지만 야심은 큰 사람들을 찾았는데, 이들은 그녀의 부드러운 열정뿐 아니라 보다 폭력적인 열망에도 언제든지 봉사할 준비가 되어 있었다. 음모자들은 정의의 심판을 받았고 루킬라는 처음에는 추방당했다가 뒤이어 사형을 선고받았다.

원로원에 대한 콤모두스의 증오와 잔혹함

원로원이 보냈다는 자객의 외침은 콤모두스의 마음에 깊게 새겨져서 그는 원로원 전체를 두려워하고 증오하게 되었다. 이전에는 완고하고 성가신 존재로 두려워했던 원로원을 이제는 은밀한 적으로 의심하게 되었다. 황제가 원로원 의원들의 불만과 음모를 찾아내려 한다는 사실이 알려지자 마르쿠스 황제 치세에서 거의 자취를 감추었던 밀고자들이 다시 득세하기 시작했다. 마르쿠스 황제가 언제나 '국가최고회의'로 생각하며 존중했던 원로원은 가장 고결하고 훌륭한 로마 시민들로 구성되어 있었지만, 이제 그들은 모두 범죄자가 되어 버렸다. 부자들은 밀고자들의 주요 목표가 되었고, 엄격한 미덕을 갖춘 자는 콤모두스의 방탕에 무언의 비난을 보내는 것으로 간주되었고, 주요 공직에 오른 자는 너무 뛰어나서 오히려 위험한 인물로 간주되었으며, 아버지 마르쿠스 황제의 친구들은 항상 아들의 혐오를 불러일으켰다. 의심은 곧 증거가 되었고 재판은 모두 유죄 판결을 받았다. 지명도가 높은 원로원 의원을 처형할 때는 그 죽음을 슬퍼하며 복수할 가능성이 있는 사람들까지 함께 처형했다. 이렇게 한번 피의 맛을 알게 되자 콤모두스는 연민을 느낄 줄도 후회를 할 줄도 모르는 사람이 되어 버렸다.

콤모두스의 폭정에 무고하게 희생된 수많은 사람들 중에서도 퀸틸리아누스가의 두 형제, 막시무스와 콘디아누스는 특히 많은 아쉬움을 남겼다. 이 두 사람의 형제애는 그들을 망각에서 건져 내어 후세의 사랑을 받을 수 있게 해 주었다. 그들은 공부나 직업, 취미나 오락이 모두 같았다. 막대한 재산을 물려받았지만 각자의 이해를 좇을 생각은 한 번도 하지 않았다. 그들이 함께 쓴 글의 일부가 지금도 남아 있으며, 모든 행동에서 그들의 두 몸은 하나의 영혼으로 묶여 있는 듯했다. 그들의 미덕과 형제애를 높이 평가한 안토니누스 황제는 같은 해에 두 사람을 함께 집정관으로 임명했다. 마르쿠스 황제는 이후에 두 사람이 공동으로 그리스의 행정과 군대를 맡도록 했는데, 그들의 군대는 게르마니아와의 전쟁에서 크게 승리하기도 했다. 콤모두스의 잔인성은 친절하게도 두 형제가 죽음까지 함께 하도록 만들었던 것이다.

<small>퀸틸리아누스 형제</small>

이 폭군의 분노는 원로원 의원들의 고귀한 피를 흘리게 한 다음에는 마침내 그의 악행을 가장 많이 도왔던 자에게로 되돌아왔다. 콤모두스가 유혈과 사치의 늪에 빠져 있는 동안, 국정의 세부적인 일은 페렌니스가 맡고 있었다. 그는 비굴하면서도 야심이 컸던 인물로 전임자를 죽이고 공직에 오른 사람이었다. 반면 그는 상당한 능력과 행동력도 갖추고 있었다. 페렌니스는 공직에 있으면서 국민들을 착취하고, 그의 탐욕의 제물이 된 귀족들의 영지를 가로채 막대한 부를 쌓았다. 근위대는 그의 직접적인 지휘 아래 있었으며, 이미 군사적 천재성을 보여 준 그의 아들은 일리리쿰 주둔 군단의 군단장으로 있었다. 마침내 페렌니스는 제위를 탐내게 되었다. 적어도 콤모두스의 눈

<small>근위대장 페렌니스</small>

8 디오는 페렌니스의 성품을 훨씬 호의적으로 묘사하고 있다. 그는 겸손하고 진실했던 사람이었다는 것이다.

서기 186년

에는 그렇게 보였는데, 사전에 저지당해 불시에 살해되지 않았더라면 아마도 황제가 되었을지도 모른다. 공직자 한 명이 살해되는 것은 로마 역사에서 아주 사소한 일이다. 그러나 페렌니스의 살해는 아주 비정상적인 방법으로 진행되었는데, 이것은 그 당시의 군기가 얼마나 느슨해졌는지를 단적으로 보여 준다. 페렌니스의 행정 정책에 불만을 품은 브리타니아 주둔 군단의 병사들이 1500명의 정예군으로 대표단을 조직한 다음 로마로 진군해 황제에게 탄원하도록 지시를 내렸다. 병사들이 독자적으로 결정한 이런 군사 행동은 근위대를 분열시키고 브리타니아 군대의 힘을 과시하고 콤모두스의 공포를 부추김으로써, 그들이 불만을 달랠 유일한 방책으로 제시한 페렌니스의 죽음을 얻어 냈다.8 멀리 떨어진 곳에 있던 군대의 이런 오만 방자한 행동과 이를 통해 정부의 허약성을 알게 된 일은 후에 일어날 무서운 격동의 전조임에 틀림없었다.

마테르누스의 반란

공공 행정이 얼마나 등한시되고 있었는지는 사소한 일이 발단이 된 다음의 사건을 통해서 잘 드러났다. 군대에서는 탈영이 유행했고, 탈영병들은 안전하게 피신하기는커녕 거리로 몰려나와 약탈을 일삼았다. 자신의 신분을 뛰어넘는 대담한 성격을 지녔던 사병 출신 마테르누스는 이 도적떼들을 모아 작은 규모의 군대를 조직한 후에 감옥을 열어 죄수들을 석방시키고, 노예들에게 자유를 요구하라고 부추기고, 갈리아와 에스파냐의 부유한 무방비 도시들을 습격했다. 오랫동안 이들의 약탈 행위를 방치하거나 돕기까지 한 속주의 총독들은 황제의 위협적인 명령을 받고서야 마침내 무기력한 방조 상태에서 깨어났다. 마테르누스는 포위되었고 그는 곧 승산이 없음을 깨달았다. 필사적인 마지막 몸부림으로 그는 부하들에게 일단 해산한 다음, 각자 변장을 하고 알프스 산맥을 넘어서 키벨레 축제9 기간의 혼란을 이용해 로마에 집결할 것을 명했다. 천한 도둑에 지나지 않았던 그의 야심은 콤모두스를 죽이고 왕위에 오르는 것이었다. 그의 작전은 매우 능란하게 수행되어 곧 변장한 그의 부하들이 로마의 거리를 가득 채웠다. 그러나 공모자의 질시 때문에 그의 계획은 황제를 살해하려던 마지막 순간에 발각되어 실패하고 말았다.

의심 많은 군주들은 자신들의 총애를 제외하고는 의지할 데가 없는 사람들은 오직 은혜를 베푼 자신들에게만 충성을 바칠 것이라는 헛된 확신에서 비천한 사람들을 요직에 임명하곤 한다. 페렌니스의 후임자였던 클리안데르는 프리기아 출신이었는데, 이 나라 사람들은 완고하긴 했지만 비굴해서 때려야 말을 듣는 성격이었다. 그는 노예의 신분으로 로마로 보내졌는데, 궁전에 들어간 후에는 주인의 욕정에 봉사함으로써 신하로서 누릴 수 있는 최고의 자리까지 신속하게 올라갔다. 그는 전임자 페렌니스보다 훨씬 강력하게 콤모두스의 마음을 사로잡았다. 클리안데르에게는 황제의 질투나 불신을 불러일으킬 만한 어떤 능력이나 미덕도 없었기 때문이다. 탐욕이 그의 정신을 지배하는 유일한 동기였고, 행정 집행에 있어서도 그것이 최우선의 원칙이었다. 집정관, 명문 귀족, 원로원 의원의 자리는 공개적으로 매매되었다. 상당한 재산을 바쳐 이 수치스러운 자리를 사려하지 않는 사람은 불평분자로 지목되었다.10 그는 수지가 맞는 속주 행정에서는 속주민들로부터 재산을 약탈해서 총독과 나누어 가졌다. 법의 집행도 돈을 이용해서 제멋대로 좌지우지했다. 돈이 많은 범죄자는 정당한 판결을 뒤집을

근위대장 클리안데르

9 제2차 카르타고 전쟁 때 로마인들은 아시아에서 신들의 어머니에 대한 숭배 의식을 수입해 왔다. 그녀에게 바치는 축제인 키벨레 축제는 4월 4일에 시작되어 6일간 지속되었다. 이 기간 동안 거리는 광란한 시민들의 행렬로 넘쳐 났고, 극장에는 구경꾼들이 몰려들었으며, 공공 연회는 초대도 받지 않은 손님들로 발 디딜 틈이 없었다. 질서와 치안은 중지되었고 전 도시가 오직 즐거움과 오락에만 온 신경을 집중하는 기간이었다.

10 이 비싼 공직 매매는 율리우스 솔론이 원로원 안으로 추방되었다는 농담을 유행시켰다.

11 디오는 클리안데르보다 많은 재산을 가졌던 해방노예는 한 사람도 없었다고 기록했다. 그러나 팔라스의 재산은 5200만 파운드에 달했다.

12 대중 목욕탕들은 포르타 카페나 근처에 세워졌다.

수 있는 것은 물론이고, 고소자나 목격자나 재판관을 마음먹은 대로 처벌하게 만들 수도 있었다.

클리안데르는 이런 방식으로 3년 동안에 그때까지 그 어떤 해방노예가 소유했던 것보다도 더 많은 재산을 모을 수 있었다.11 콤모두스 황제는 이 교활한 신하가 때에 맞춰 발밑에 갖다 놓는 어마어마한 선물에 완전히 만족하고 있었다. 클리안데르는 대중의 질시와 원망을 잠재우기 위해 대중이 사용할 수 있는 목욕탕, 주랑, 경기장들을 황제의 이름으로 많이 건설했다.12 그는 로마인들이 이와 같이 눈에 보이는 자비로운 행동에 놀라고 감명받아서 매일 벌어지는 살육에 좀 무감각해질 것이라고 자위했다. 로마인들은 마르쿠스 황제가 딸을 주었을 정도로 덕망 높은 원로원 의원 비루스의 죽음도 잊고, 안토니누스 가의 이름과 미덕을 물려받은 마지막 자손인 아리우스 안토니누스의 처형도 용서할 것이라고 생각했던 것이다. 고결한 인품을 지녔던 비루스는 신중하지 못하게도 처남인 황제에게 클리안데르의 실체를 알려 주려다 죽음을 맞았다. 아리우스 안토니누스는 아시아의 속주 총독이 이 백해무익한 총신에게 대항했을 때 공평한 판결을 내린 죄로 처형당했다. 페렌니스의 사망 이후 콤모두스의 공포 정치는 잠시나마 선정으로 돌아오는 것처럼 보였다. 콤모두스는 자신이 제정한 가혹한 법령들 중 일부를 폐지했고, 대중의 증오를 죽은 자에게 덮어씌우면서 경험 없는 젊은 황제로서의 그의 실수들은 모두 페렌니스의 간악한 조언 때문이었다고 책임을 전가했다. 그러나 이런 후회는 30일 동안만 지속되었을 뿐이었다. 그리고 클리안데르의 폭정이 시작되자 국민들은 오히려 페렌니스의 죽음을 애석하게 여겼다.

흑사병과 기근까지 겹쳐 로마의 재앙은 극한으로 치달았

다.13 첫 번째 기근은 신들의 정당한 분노 탓으로 돌릴 수 있었다. 그러나 두 번째 기근은 클리안데르가 부와 권력을 이용해 곡식을 전매한 것이 직접적인 원인으로 생각되었다. 대중의 불만은 오랫동안 은밀히 떠돌아다니다가 마침내 사람들이 운집해 있던 대경기장에서 폭발했다. 그들은 복수라는 더 즐거운 오락을 위해 그들이 무척 좋아하던 여흥을 포기하고 교외에 있는 황제의 별장으로 몰려가서 공공의 적, 클리안데르의 머리를 내놓으라고 사납게 요구했다. 근위대의 지휘권을 갖고 있었던 클리안데르는14 기병대를 보내서 폭도들을 해산시키도록 했다. 사람들은 로마 시내로 재빨리 도망쳤다. 이 과정에서 몇몇은 기병대의 칼을 맞아 죽었고 훨씬 많은 사람들이 밟혀 죽었다. 그러나 기병대가 로마 거리로 들어서자 주택의 창문이나 지붕에서 돌과 화살이 날아와 그들을 저지했다. 오랫동안 근위대 기병들의 특권과 오만을 질시해 오던 보병대15가 대중의 편에 합류했다. 이제 폭동은 정식 교전으로 발전해 대량 학살이 벌어질 태세였다. 기병대가 수적 열세를 이기지 못하고 퇴각하자 대중의 분노는 더욱 불타올라 그들은 성난 파도와 같이 거침없이 황제의 궁전까지 나아갔다. 내전의 소식을 혼자 모르고 있었던 콤모두스는 여전히 사치와 향락에 빠져 있었다. 이런 좋지 않은 소식을 황제에게 알리는 것은 죽음을 자초하는 일이었다. 황제의 누이인 파딜라와 애첩 마르키아가 용기를 내어 황제 앞에 나아가지 않았더라면 그는 나른한 향락 속에서 그대로 죽음을 맞이했을 것이다. 두 여인은 머리카락을 풀어헤치고 눈물을 흘리며 황제의 발밑에 몸을 던졌다. 그들은 공포에 질린 목소리로 클리안데르의 죄상과 대중의 분노를 설명하고 성난 군중이 곧 황제의 궁전으로 들이닥칠 것이라고 털어 놓았

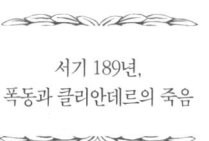

서기 189년, 폭동과 클리안데르의 죽음

13 디오는 꽤 오랜 기간 동안 로마에서 매일 2000명씩 죽어 나갔다고 기록하고 있다.

14 최소한의 겸손은 남아 있었던지 클리안데르는 근위대장이라는 칭호는 사양하고 그 권력만 행사했다.

15 헤로디아누스가 보병 근위대를 의미했는지 수도 경비를 맡고 있던 보병대를 의미했는지는 확실하지 않다. 수도 경비대는 6000명 정도의 병력이었는데, 규모에 비해서 직위나 규율은 보잘것없었다.

다. 깜짝 놀란 콤모두스는 꿈 같은 쾌락에서 깨어나서 군중에게 클리안데르의 머리를 던져 줄 것을 명했다. 바라던 것을 손에 넣자 폭동은 곧 가라앉았다. 마르쿠스의 아들은 이 사건을 계기로 국민의 사랑을 되찾을 수도 있었을 것이다.

<small>콤모두스의 방탕한 쾌락</small>

그러나 콤모두스의 마음에서 미덕이나 인간적인 감정은 이미 찾아볼 수 없었다. 그는 무능한 총신들에게 제국의 통치를 맡겨 두고는 황제로서 관능적인 욕구를 무제한으로 충족시킬 수 있는 권리 이외의 권력에는 관심을 두지 않았다. 그는 모든 계급, 모든 속주에서 모아들인 300명의 아름다운 여인들과 같은 수의 미소년들이 모여 있는 후궁에서 모든 시간을 보냈다. 황제의 유혹으로도 통하지 않을 때는 폭력을 사용해서라도 자신의 뜻을 이루고야 말았다. 고대 역사가들은 인간 본성의 제약이나 절제가 전혀 통하지 않았던 이 방탕한 매음굴에 대해 상세히 기록하고 있지만, 그들의 사실적인 묘사를 오늘날의 점잖은 언어로 옮겨 놓기란 거의 불가능하다. 육욕에 빠져 있지 않던 시간들은 가장 저급한 오락으로 채워졌다. 품위 있는 시대의 영향력 아래서 세심한 교육을 받았음에도 불구하고 그의 거칠고 야수 같은 마음에는 학문의 흔적이 조금도 남아 있지 않았다. 콤모두스는 학문의 즐거움을 전혀 몰랐던 최초의 로마 황제였다. 네로 황제조차도 음악과 시에 뛰어났거나, 적어도 뛰어난 척은 했다. 네로 황제가 여가 시간에 취미 삼아 하던 예술을 심각한 국정이나 야심에 끌어들이지만 않았더라도 우리는 그의 취미를 경멸하지는 않을 것이다. 그러나 콤모두스는 어린 시절부터 이성적이거나 학문적인 것은 혐오했고, 대경기장과 원형경기장에서 벌어지는 경기들, 즉 검투사들의 시합과 맹수 사냥 같은 대중적인 오락만을 즐겼다. 마르쿠스가 아들

을 위해 불러 모은 학문의 대가들은 산만하고 쉽게 싫증 내는 학생을 가르쳐야 했지만, 투창이나 활 쏘는 법을 가르쳤던 무어인이나 파르티아인들은 즐겁게 배우면서 눈썰미나 기교에서 곧 스승을 따라잡는 기특한 학생을 가르쳤던 것이다.

황제의 악덕에 자신의 운명을 맡기고 있던 비열한 신하들은 이런 저열한 취미에 찬사를 늘어놓았다. 아첨꾼들은 황제에게 그리스의 헤라클레스는 황제와 같은 재능을 활용해서 네메아의 사자와 에리만투스의 야생 멧돼지를 죽임으로써 신의 반열에 오르고 인간들에게 불멸의 존재로 기억된다고 속삭였다. 그들이 잊고 있었던 것은 사나운 짐승들이 영토를 놓고 인간과 다투던 원시 사회에서나 맹수를 이기는 것이 영웅의 순수하고 유익한 업적이 될 수 있었다는 점이다. 문명화된 로마에서는 사나운 짐승들이 인간과 도시 근처에서 자취를 감춘 지 이미 오래였다. 맹수들의 조용한 은거지를 일부러 습격해서 로마로 끌고 온 다음, 황제의 손으로 직접 죽이는 장관을 연출하는 오락은 황제에게도 우스꽝스러운 일이었고 신하들에게도 못할 짓이었다.16 콤모두스는 이와 같은 차이점은 무시한 채 영광스러운 유사점만을 취하여 자신을 로마의 헤라클레스라고 칭했다.(이것은 콤모두스 시대의 메달을 보면 지금도 확인할 수 있다.) 왕좌 옆에는 황제의 기장들과 함께 곤봉과 사자 가죽이 놓여 있었다. 콤모두스의 동상은 매일 매일의 흉포한 오락을 통해서 그가 용기와 기량을 겨루고자 했던 신, 헤라클레스의 모습으로 재현되었다.

아첨꾼들의 칭찬에 한껏 고무된 콤모두스는 점차로 최소한의 수치심도 잊어버리게 되어 그때까지는 궁전 안에서 몇

야생 동물 사냥

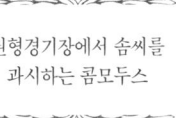
원형경기장에서 솜씨를 과시하는 콤모두스

16 아프리카 사자들은 굶주림을 못 이기고 작은 마을이나 시골을 공격하기도 했는데 그래도 죽임을 당할 염려는 없었다. 사자는 황제의 짐승이었기 때문에 황제와 수도 로마의 오락을 위해서만 사용되어야 했다. 자기 방어를 위해 어쩔 수 없이 사자를 죽이게 된 농부라도 아주 무거운 처벌을 받았다. 이런 해괴한 사냥 법칙은 호노리우스 시대에 다소 완화되었고 유스티니아누스 시대에 이르러 마침내 폐지되었다.

몇 총신들만 모아놓고 벌이던 행사를 전 로마 시민 앞에서 거행하기로 마음먹었다. 지정된 날에는 아첨하기 위해서, 혹은 두려움이나 호기심에서 수많은 군중이 원형경기장으로 모여들었고, 황제의 뛰어난 기술에 적절하게 박수갈채를 보내 주었다. 황제가 짐승의 머리나 가슴을 겨냥하면 상처는 확실하고 치명적이었다. 콤모두스는 초승달 모양의 화살촉이 달린 화살로 재빨리 질주하는 타조의 길고 여윈 목을 정확히 맞추었다.17 풀어 놓은 표범이 떨고 있는 죄수에게 달려들 때까지 기다렸다가 정확히 화살을 쏘아서 표범은 죽이고 죄수는 전혀 다치지 않게 만들기도 했다. 경기장에 백 마리의 사자를 풀어 놓고 그것들이 경기장 안을 으르렁거리며 달리는 동안 정확하게 백 개의 화살을 쏘아 모두 죽이기도 했다. 코끼리의 거대한 몸집도 코뿔소의 단단한 가죽도 그의 화살을 피할 수는 없었다. 에티오피아와 인도로부터 희귀한 동물들이 보내져 왔고, 예술작품이나 공상 속에서나 나왔던 진귀한 동물들도 원형경기장에서 죽임을 당했다.18 물론 이와 같은 공연들은 엄격한 안전조치들을 취한 후에 진행되었는데, 황제의 권위를 몰라보고 필사적으로 달려들지도 모르는 짐승들로부터 로마의 헤라클레스를 보호하기 위해서였다.

검투사로 활동한 콤모두스

그러나 황제가 몸소 로마의 법률과 풍속이 수치스러운 직업으로 규정해 놓고 있던 검투사가 되어 경기장에 들어서자 아무리 비천한 사람이라 해도 수치와 분노를 느끼지 않을 수 없었다.19 그는 세쿠토르(Secutor)의 의복과 무기를 갖추고 나타났는데, 세쿠토르와 그의 상대 레티아리우스(Retiarius)의 대결은 원형경기장에서 벌어지는 피비린내 나는 시합들 중에서도 가장 생생하고 잔인한 시합이었다. 세쿠토르는 투구와 창과

17 타조의 목은 3피트고 열일곱 개의 척추 뼈로 이루어져 있다.

18 콤모두스는 동물들 중 가장 크고 가장 유순하며 별 쓸모도 없는 기린도 죽였다. 아프리카 내륙 지방에만 사는 이 진귀한 동물은 문예부흥기 이후의 유럽인들은 본 적이 없다. 뷔퐁(M. de Buffon)이 기린을 묘사하려고 노력했지만 그도 기린을 그릴 수는 없었다.

19 덕망 있고 현명한 황제들은 원로원 계급이나 기사 계급이 이 불미스러운 직업을 택하는 것을 금지했으며, 이를 어길 경우에는 시민권을 박탈하거나 추방하기도 했다. 반면 폭군들은 오히려 이 직업을 택하도록 위협했고 보상을 약속하며 유혹하기도 했다. 네로는 원형경기장에 원로원 의원 마흔 명과 기사 계급 시민 예순 명을 출연시킨 적도 있다.

둥근 방패로 무장했지만, 그의 상대는 벌거벗은 채 그물과 삼지창만 휴대하고는 그물로 상대를 옭아매어 삼지창으로 죽여야 했다. 첫 번째 시도에서 실패하면 다시 그물을 던질 태세를 갖출 때까지 세쿠토르의 추격을 피해 도망 다닐 수밖에 없었다.[20] 황제는 세쿠토르의 역할을 맡아 735번이나 시합을 벌였다. 이 영광스러운 업적은 공공 문서에 꼼꼼하게 기록되었다. 그는 오욕이 될 만한 것을 어떤 것도 놓치지 않으려는 듯이 검투사들의 공공 기금에서 터무니없이 많은 봉급까지 받아 챙겼는데, 로마 시민들은 이 때문에 치욕스러운 새로운 세금을 물어야 했다.[21] 이런 시합에서 황제가 항상 이겼으리라는 점은 쉽게 짐작할 수 있다. 원형경기장에서는 그의 승리가 잔인한 살육으로까지 이어지는 경우는 별로 없었다. 대신 검투사 양성소나 궁전에서 시합을 벌일 때는 그의 상대자들은 황제로부터 명예로운 치명상을 입고 피로써 아첨해야 하는 경우가 적지 않았다.[22] 콤모두스는 이제 헤라클레스라는 칭호도 경멸하게 되었다. 유명한 세쿠토르였던 파울루스라는 이름만이 그를 만족시켜 주었다. 이제 그 이름이 그의 거대한 동상에 새겨졌고, 이같은 상황을 한탄하면서도 겉으로는 아부할 수밖에 없었던 원로원 의원들은 더욱 큰 소리로 그 이름을 반복해서 찬양했다.[23] 루킬라의 덕망 높은 남편이었던 클라우디우스 폼페이아누스는 자신의 명예를 지킨 유일한 원로원 의원이었다. 그는 아버지로서 아들들이 원형경기장에서 황제의 시합을 관람함으로써 일신의 안전을 도모하는 것은 허용했다. 그러나 로마인으로서는 비록 자신의 운명이 황제의 손에 달려 있기는 하지만 마르쿠스 황제의 아들이 스스로의 인격과 위엄을 공개적으로 모욕하는 일을 결코 보지 않겠노라고 선언했다. 그의 용감한

콤모두스의 파렴치함

[20] 에우베날리스는 제8번 풍자시에서 이런 시합을 아주 생생하게 묘사해 놓았다.

[21] 콤모두스는 한 시합당 8000파운드 정도를 받았다.

[22] 빅토르는 콤모두스의 상대자들은 자포자기하여 달려들 경우를 대비해 납으로 만든 무기밖에 사용할 수 없었다고 기록하고 있다.

[23] 의원들은 파울루스라는 이름을 626번이나 복창했다고 한다.

24 폼페이아누스는 용기와 함께 신중성도 보여주었다. 그는 나이와 시력 이상을 핑계로 대부분의 시간을 시골에 은거했다. 디오는 페르티낙스 황제가 통치했던 짧은 기간을 제외하고는 원로원에서 폼페이아누스를 본 적이 없었다고 기록하고 있다. 페르티낙스가 즉위하자 병이 갑자기 다 나았다가 황제가 살해당하자 다시 갑자기 악화된 모양이다.

25 총독이나 군 지휘관들은 거의 매일 매시간 바뀌었다고 해도 과언이 아니다. 콤모두스는 매우 총애하던 시종까지도 변덕스럽게 죽인 적이 많았다고 한다.

결정에도 불구하고 다행히 폼페이아누스는 황제의 노여움을 피해서 명예롭게 삶을 유지할 수 있었다.[24]

콤모두스의 악행과 오욕은 이제 그 절정에 올랐다. 그러나 그는 비록 아첨꾼들에게 둘러싸여 있기는 했지만, 교양과 미덕을 갖춘 사람들에게는 자신이 경멸과 증오의 대상이 되고 있다는 사실을 의식하지 않을 수는 없었다. 이런 자의식과 미덕과 재능에 대한 질시, 신변에 닥칠 위험에 대한 두려움, 그리고 매일 되풀이되는 오락을 통해 만성화된 살육의 습관이 그의 사나운 성질을 더욱 악화시켰다. 역사가들은 그의 변덕스러운 의심 때문에 희생된 집정관급 원로원 의원들의 긴 목록을 작성해 놓고 있다. 콤모두스는 의심의 대상이 된 사람이 안토니누스 가와 조금이라도 관련이 있으면 병적인 불안감에 사로잡혔고, 설령 그가 자신의 범죄와 쾌락에 봉사하는 총신이라도 가리지 않고 모두 제거했다.[25] 그의 극단적인 잔인성이 결국에는 자신의 죽음까지 초래하였다. 그는 가장 고귀한 로마인들을 죽이고도 무사했지만, 가신들까지 그의 잔인성을 두려워하게 되자 그의 죽음이 찾아왔다. 친구들이나 동료들의 죽음에 놀란 애첩 마르키아와 시종장 엘렉투스, 근위대장 라에투스는 황제의 미친 듯한 변덕이나 국민의 분노의 폭발로 언제 자기들 머리에 떨어질지 모르는 죽음을 미연에 방지하기로 결심했다. 마르키아는 맹수 사냥 후 지친 콤모두스에게 포도주를 가져다줄 때를 노려 독약을 탔다. 잠자리에 든 콤모두스가 독과 술기운 때문에 정신을 가누지 못하고 있을 때 레슬링 선수였던 한 건장한 젊은이가 방으로 들어와서 아무런 저항도 받지 않고 그를 목 졸라 죽였다. 황제의 죽음을 궁정 사람들이나 국민들

가신들의 음모

서기 192년 12월, 콤모두스의 죽음

이 조금도 알아차리지 못하는 사이에 유해는 은밀히 궁전 밖으로 운반되었다. 이것이 마르쿠스의 아들의 최후였다. 13년의 치세 동안 가상적인 권력을 이용해 힘이나 능력에서 자신보다 못할 것이 없던 수백만의 국민들을 억압해 온 폭군의 종말은 이렇게 쉽게 찾아왔다.

음모자들은 이런 중대한 상황에 걸맞게 침착하고 신속하게 사후 조치에 나섰다. 우선 황제 암살이라는 그들의 행위를 지지해 줄 새로운 황제를 찾아 비어 있는 왕좌에 앉히기로 했다. 그들은 집정관급 원로원 의원이자 그 당시 로마 총독이었던 페르티낙스를 지목했다.26 그는 출신은 다소 모호했지만 뛰어난 자질로 그것을 극복하고 가장 명예로운 공직들에 오른 사람이었다. 그는 거의 모든 속주들의 총독을 지냈고, 결단력과 신중성과 성실성으로 군사적이거나 행정적인 임무를 모두 훌륭하게 수행했다. 그는 마르쿠스 황제의 신하나 친구였던 사람들 중에 거의 유일하게 살아남은 사람이었다. 밤늦은 시간에 시종장과 근위대장이 찾아왔다는 소식을 들은 페르티낙스는 담담하게 그들을 맞이하고는 황제의 명령대로 어서 자신을 처형하라고 말했다. 그러나 처형 대신 그는 로마의 황제 자리를 제의받았다. 페르티낙스는 처음에는 그들의 말을 믿을 수가 없었고 그 저의를 의심했다. 거듭된 확인 끝에 마침내 콤모두스의 죽음을 믿게 된 페르티낙스는 황제의 의무와 위험을 잘 알고 있었기에 진심으로 내키지 않았지만 마지못해 그 제의를 받아들였다.27

페르티낙스를 황제로 선출

라에투스는 지체 없이 새 황제를 근위대 병영으로 모신 다음, 콤모두스가 갑자기 뇌일혈로 쓰러져 사망했으며 덕망 높

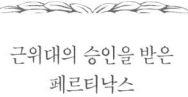

근위대의 승인을 받은 페르티낙스

26 페르티낙스는 피에드몬트에 있는 알바 폼페이아 출신이었고 목재상의 아들이었다. 정부의 형태와 그 시대의 풍속을 이해하는 데 도움이 될 것 같아서 그가 거친 직업을 순서대로 나열해 보기로 하겠다.(카피톨리누스의 기록을 참조했다.) 1. 백인대장 2. 파르티아와의 전쟁 때 시리아와 브리타니아 주둔 부대의 대장 3. 모에시아에서 기병대장 4. 군수품 책임자 5. 라인 강변의 함대 지휘 6. 연봉 1600파운드 정도의 다키아 징세관 7. 군단 고참병 지휘 8. 원로원 의원으로 선출됨 9. 법무관 10. 라에티아와 노리쿰의 제1군단장 11. 서기 175년도 집정관 12. 마르쿠스 황제의 동방 원정을 수행함 13. 도나우 강변 주둔군 대장 14. 모에시아의 집정관급 황제 대리인 15. 다키아의 집정관급 황제 대리인 16. 시리아의 집정관급 황제 대리인 17. 브리타니아의 집정관급 황제 대리인 18. 로마의 공공 물자 책임자 19. 아프리카 속주 총독 20. 로마 총독. 헤로디아누스는 페르티낙스의 공평무사한 정신을 높이 평가했지만, 떠도는 풍문들을 모두 수집한 카피톨리누스는 그가 뇌물과 부패로 운을 잡았다고 비난했다.

27 율리아누스는 페르티낙스가 콤모두스의 암살에 협조했다고 비난했다.

은 페르티낙스가 이미 황제의 자리를 계승했다는 소식을 온 도시에 알렸다. 근위대는 황제의 은혜를 받았던 유일한 집단이었기 때문에 그의 의심스러운 죽음에 기뻐하기보다는 놀라워했다. 그러나 상황이 너무 시급했고 근위대장의 권위도 무시할 수는 없었다. 또한 페르티낙스의 명성이 높았고 군중의 소란도 염려되었기 때문에 그들은 은밀한 의심과 불만을 억누르고 새 황제가 약속한 하사금을 받아들이고 그에게 충성을 맹세했다. 그리고 손에 월계수를 들고 환호성을 외치면서 군사적 동의를 행정적 권위로 확인 받기 위해 새로운 황제를 원로원으로 인도했다.

서기 193년 1월,
원로원의 승인을 받은
페르티낙스

이 중요한 밤은 그렇게 깊어 갔다. 이 밤이 지나고 새벽이 오면 새해 첫날이었고, 원로원 의원들은 또다시 저 수치스러운 의식에 참석해야만 했다. 각계에서 쏟아지는 비난과 그때까지 분별력과 체면을 간직하고 있던 총신들의 간언에도 불구하고, 콤모두스는 그날 밤을 검투사 양성소에서 보내고 새해 아침에 검투사 복장을 입고 검투사들과 함께 집정관 취임식에 참가하려고 했었다. 그런데 아침이 채 밝기도 전에 원로원 회의가 갑자기 콘코르디아 신전에서 소집되었다. 근위대를 맞이해서 새 황제의 선출을 승인하는 것이 회의의 목적이었다. 원로원 의원들은 이 갑작스러운 구원의 소식을 믿지 못하고 콤모두스의 잔인한 계략이 아닐까 의심하며 잠시 동안 숨을 죽이고 앉아 있었다. 그러나 더 이상 폭군이 존재하지 않는다는 사실을 확인한 후에는 그때까지 참아 왔던 분노와 기쁨을 한꺼번에 표출하며 열광했다. 페르티낙스는 겸손하게 자신의 출신이 미천함을 밝히면서 자신보다 출생이 고귀한 원로원 의원 몇 명을 지목하며 그중에서 황제를 선출할 것을 제안했다. 그러나 이 제안은 당연히 거부되었고 페르티낙스는 의원들에게 떠밀리다시피 왕좌에 오른 다음 황제의 권력과 칭호를 모두 수여 받고 진실한 충성 서약까지 받았다. 콤모두스에게는 영원한 수치의 낙인을 찍었다. 폭군, 검투사, 공공의 적이라는 칭호들이 그에게 주어졌다. 의원들은 떠들썩하고 소란스러운 투표를 거쳐 콤모두스의 명예를 박탈할 것, 그의 칭호들을 공공 문서에서 지울 것, 동상들을 다 파괴할 것, 대중의 분노를 만족시키기 위해 시체를 갈고리에 찍어 검투사들의 탈의실로 끌고 갈 것 등을 법령으로 선포했다. 의원들은 원로원의 복수로부터 콤모두스의 유해를 보호하려 했던 하인들에게까지 분노를 표출했다. 그러나 페르티낙스는 마르쿠스 황제에 대한 기억과 자신의 첫 번째 후견인이었던 클라우디우스 폼페이아누스의 눈물 때문에라도 마지막 장례식까지 거부할 수는 없었다. 폼페이아누스는 처남인 콤모두스의 비참한 최후를 슬퍼했지만 그것이 정당한 죗값이었다는 점은 더욱 슬퍼했다고 한다.[28]

원로원이 황제가 살아 있을 때에는 아첨하면서 비굴하게 굽실거리다가 죽은 다음에야 이렇게 무기력한 분노를 표출

황제들에 대한 원로원의 재판권

하는 것은 납득이 가기는 하지만 다소 비열한 복수의 방법이라고 할 수 있다. 그러나 이 법령들은 로마 제정의 원칙 내에서는 완전히 합법적인 것이었다. 공화국의 최고 행정관이 자신에게 위임된 임무를 남용했을 때 원로원이 그를 탄핵하고 폐위하거나 처형할 권리는 오랫동안 확고하게 유지되어 왔다.[29] 그러나 이제 허약해진 원로원은 황제가 살아 있을 동안에는 군대의 강력한 보호 때문에 어찌지 못하다가 죽은 사체나 괴롭히는 일로 만족해야 했던 것이다.

페르티낙스 황제는 콤모두스의 악행과는 대조적인 미덕들

[28] 카피톨리누스는 이 회의에서의 말썽스러운 투표들을 상세하게 기록하고 있다. 의원 한 명이 법안을 제안하면 모든 의원들이 성가를 따라하듯이 반복하는 식으로 진행되었다고 한다.

[29] 원로원은 네로 황제를 사형에 처할 것을 결정하기도 했다.

30 디오는 황제와 식사를 함께 한 원로원 의원으로서 이 향연들을 묘사하고 있고, 카피톨리누스는 부엌일 하는 사람에게서 들은 것을 구차하게 기록해 놓고 있다.

페르티낙스의 미덕

을 보여 주는 고상한 방식으로 전임 황제를 폭군으로 규정지었다. 즉위하는 그날로 그는 모든 사유 재산을 부인과 아들에게 상속했다. 그들이 국비를 사용하겠다고 간청할 구실을 만들지 않기 위해서였다. 부인에게 아우구스타(Augusta)라는 칭호를 주어 허영심을 충족시켜 주지도 않았고, 아들에게 부황제라는 칭호를 주어 경험 없는 젊은이를 망치지도 않았다. 아버지로서의 의무와 황제로서의 의무를 명확하게 구분하여, 아들에게 황제의 자리를 약속하지는 않았지만 만약 황제가 된다면 그 자리에 합당하도록 엄격하고 단순하게 아들을 교육시켰다. 공적인 자리에서 페르티낙스의 행동은 근엄하면서도 다정다감했다. 그는 원로원 의원 중에서도 가장 덕망 높은 사람들(개인의 신분으로 지낼 때 그는 의원들 개개인의 본질을 속속들이 알게 되었다.)과 어울리면서 자만심이나 질투심 없이 그들을 진정한 벗이자 동료로 생각했으며, 폭군의 위협을 함께 견뎌 낸 그들과 함께 안전해진 새 시대를 즐기고 싶어 했다. 황제는 의원들을 로마인들에게 익숙했던 향연에 자주 초대하곤 했지만, 그것은 콤모두스의 화려하고 사치스러운 향연을 기억하며 그리워한 사람들로부터는 비웃음을 살 정도로 검소했다.[30]

개혁을 위해 노력한 페르티낙스

폭군의 학정으로 인해 생긴 상처들을 가능한 한도까지 치유하는 것이 페르티낙스에게 주어진 과제였는데, 그것은 기분 좋기는 하지만 다소 우울하기도 한 과제였다. 그때까지 살아 있던 무고한 희생자들은 유배지나 감옥에서 풀려나서 예전의 명예와 재산을 모두 회복했다. 암살당한 후에 매장되지도 못했던(콤모두스는 죽음 이후까지 잔인성을 발휘하고자 했다.) 원로원 의원들의 유체는 조상들의 묘지에 안치되고 명예는 정당하게 회복되었으며 고통받은 유가족들에게는 최대한의 보상이 이루어졌다. 이 보상 중에서 유가족들이 가장 고맙게 여긴 것은 밀고자들에 대한 처벌이었다. 밀고자들이야말로 황제와 모든 미덕의 적이자 제국의 적이었다. 그러나 페르티낙스는 이런 합법을 가장한 암살자들에 대한 심문에서도 침착한 태도를 유지하면서, 대중의 편견이나 분노에 휩쓸리지 않고 모든 것을 공평하게 처리했다.

새 황제가 가장 주의 깊게 돌보아야 할 문제는 국가의 재정이었다. 콤모두스는 국민의 재산을 자신의 금고로 가져오기 위해 수단과 방법을 가리지 않고 부당하게 재산을 강탈했지만, 그것으로도 그의 사치와 낭비를 감당할 수가 없었다. 그 결과 콤모두스 사후에는 국고가 탕진되어 겨우 8000파운드밖에 남아 있지 않았다.31 새 황제는 이 국고에서 정부의 경상 지출을 부담하고 근위대에 약속한 하사금도 내려야했다. 이런 비참한 상황에서도 페르티낙스는 콤모두스에 의해 부과된 무거운 세금들을 관대하고 단호하게 폐지하고, 재무부의 부당한 요구들도 기각했다. 그는 원로원의 칙령을 통해 "폭정이나 불명예스러운 방법을 통해 부를 얻기보다는 청렴하게 가난한 공화국을 통치하는 데 만족하겠다."고 선언했다. 그는 절약과 근면만이 순수하고 진실하게 부를 얻을 수 있는 방법이라고 생각했다. 그리고 곧 이 방법만으로도 필요한 공공 자금을 충분히 확보했다. 황실의 경비는 반으로 삭감되었고, 금은 식기류, 독특한 형태의 마차들, 불필요한 실크 의류와 장식품, 수많았던 아름다운 남녀 노예 등의 사치의 도구들은 모두 공매에 부쳐졌다.32 인간적이었던 황제는 자유민으로 태어났지만 슬퍼하는 부모님의 품에서 억지로 빼앗아 온 노예들만은 공매에서 제외

페르티낙스의 규정

31 안토니누스 피우스 황제는 흠 없이 재정을 관리한 끝에 후계자에게 2200만 파운드가 넘는 국고를 남겼다.

32 디오는 이 쓸모없는 장식품들을 돈으로 바꾸는 계획 외에도 페르티낙스에게는 두 가지 은밀한 동기가 있었다고 기록한다. 첫째는 콤모두스의 악행을 많은 사람들에게 보여 주려는 것이었고, 둘째는 구매자를 살펴서 누가 콤모두스와 유사한 취향과 습성을 가졌는지를 알아보려는 것이었다.

4장 113

33 카피톨리누스는 페르티낙스의 사생활에 대해서는 근거가 불확실한 비난들을 많이 하고 있지만, 공적인 행동은 디오나 헤로디아누스와 마찬가지로 칭송하고 있다.

시켜 주었다. 이와 함께 전 황제의 총신들로부터 부정 축재한 재산의 일부를 몰수했고, 국가에서 정당하게 받을 돈이 있는 사람에게는 그 돈을 지불했으며, 오랫동안 체불된 임금도 일시에 지급했다. 또한 상업에 부과되던 제약들을 철폐하고, 이탈리아와 속주들의 미경작지는 개발을 원하는 사람에게 맡기면서 10년 동안은 세금을 면제해 주었다.33

페르티낙스의 인기

이런 일관된 선정으로 페르티낙스는 황제가 받을 수 있는 가장 고귀한 보상, 즉 국민의 사랑과 존경을 받았다. 마르쿠스 황제의 선정을 기억하고 있는 국민들은 새로운 황제에게서 마르쿠스 황제의 모습을 발견하고 기뻐하면서, 그의 자애로운 통치를 오랫동안 누릴 수 있을 것으로 생각했다. 그러나 부패한 나라를 개혁하려는 페르티낙스 황제의 열정은 그의 연륜과 경험에는 어울리지 않게 다소 성급했던 측면이 있었으며, 이것이 그 자신과 제국 전체에 치명적인 결과를 가져오게 되었다. 그의 진실했지만 다소 성급했던 행동들이 그에게 반대하는 비열한 무리들을 규합시킨 것이다. 이런 무리들은 공공의 혼란 속에서 오히려 개인적인 이득을 챙기고, 공평무사한 법보다는 폭군의 총애를 더 좋아하기 마련이었다.

근위대의 불만

온 국민이 기뻐하고 있었지만 근위대의 부루퉁하게 화난 표정은 그들 마음속의 불만을 보여 주고 있었다. 그들은 마지못해 페르티낙스 황제에게 복종하고 있었지만, 새 황제가 회복시키고자 하는 과거 군대의 엄격한 규율을 두려워하며 콤모두스 시대에 누렸던 특권을 그리워했다. 그들의 불만을 은근히 부추긴 사람은 자신이 직접 추대한 새 황제가 부하의 공로에는 보상할지 모르지만 총신에 의해 휘둘리지는 않을 것이라는 사실을 너무 늦게 깨달아 버린 근위대장 라에투스였다. 새 황제가 즉위한 지 3일째 되던 날 근위대는 고결한 원로원 의원 한 명을 납치해서 근위대 병영으로 데리고 가 황제의 자의를 입히려고 했다. 그러나 이 원로원 의원은 이 위험스러운 영예에 황홀해 하는 대신 깜짝 놀라서 그들로부터 탈출해 페르티낙스 황제에게 달려가 은신했다. 그로부터 얼마 지나지 않아 그해의 집정관이었던 소시우스 팔코라는 명문 집안 출신의 분별없는 젊은이[34]가 야심의 유혹에 넘어가게 되었다. 페르티낙스 황제가 잠깐 로마를 비운 사이에 음모가 계획되었는데, 황제가 곧바로 로마로 되돌아와 단호하게 대처했기 때문에 음모는 곧 진압되었다. 팔코는 공화국의 적으로 당연히 처형당해야 했지만 황제의 진실하고도 간절한 탄원에 의해 구제되었다. 페르티낙스 황제는 그의 치세의 순수성이 비록 죄를 지었다 해도 원로원 의원의 피에 의해 더럽혀져서는 안 된다고 원로원 의원들을 설득했다.

[34] 카피톨리누스의 기록을 신뢰한다면(그러기는 어렵지만) 팔코는 페르티낙스의 즉위식에서 매우 무례하게 행동했다고 한다. 현명한 황제는 그의 어린 나이와 미숙함을 고려해 그냥 꾸중만 하고 말았다고 한다.

저지된 음모

이 음모의 좌절은 근위대의 분노를 더 자극했을 뿐이었다. 콤모두스가 죽은 지 86일째 되던 날인 3월 28일에 근위대 병영에서 대규모 반란이 발생했다. 장교들은 진압할 힘도 그럴 의사도 없었다. 가장 결사적이었던 200~300명의 병사들이 한낮에 무기를 들고 사나운 기세로 궁전으로 달려갔다. 궁전의 문은 동료 근위병들과 전임 황제의 가신들에 의해 활짝 열렸다. 가신들은 이미 지나치게 청렴한 새 황제를 처치하려는 은밀한 음모를 꾸미고 있던 터였다. 페르티낙스 황제는 습격 소식을 듣고 도망가거나 숨는 대신 당당하게 암살자들을 맞이하고는 자신의 무고함을 설명하고 그들이 최근에 행했던 신성한

서기 193년 3월 28일, 페르티낙스가 근위대에게 살해됨

[35] 지금의 벨기에 리에주 교구를 말한다. 이 병사는 바타비아 기병 근위대 소속이었던 것 같다. 주로 구엘드레스 공국 인근에서 모집되었던 이 부대는 그 용맹성과 넓고 거친 강물을 말과 함께 헤엄쳐 건너는 대담성으로 유명했다.

충성 서약을 상기시켰다. 잠시 동안 그들은 자신들의 극악무도한 계획에 부끄러움을 느끼고 황제의 기품 있고 당당한 모습에 감명받아 침묵을 지키고 멈춰서 있었다. 그러나 마침내 용서받을 수 없다는 절망감이 분노로 되살아나자 통그르[35] 출신의 한 야만족이 첫 일격을 가했고, 그 뒤로 이어진 무수한 칼날을 맞고 페르티낙스는 사망했다. 폭도들은 페르티낙스의 머리를 잘라 창에 매달고는 슬픔과 분노에 잠긴 국민들이 보는 앞에서 승리에 도취되어 근위대 병영으로 되돌아갔다. 국민들은 이 뛰어난 황제의 부당한 죽음과 그의 치세 중에 누렸던 짧았던 축복을 되새기며 한탄했지만, 그에 대한 기억은 앞으로 닥칠 불행을 더 고통스럽게 만들어 줄 뿐이었다.

5

THE DECLINE AND FALL
OF THE ROMAN EMPIRE

근위대, 제위를 공매에 부쳐 디디우스 율리아누스에게 팔다 · 브리타니아의 클로디우스 알비누스, 시리아의 페스켄니우스 니게르, 판노니아의 셉티미우스 세베루스가 페르티낙스 황제의 복수를 선언하다 · 내전과 세베루스의 승리 · 군기의 해이 · 새로운 원칙들

군사력의 힘은 작은 공동체보다는 거대한 군주국에서 더 민감하게 느껴지는 법이다. 유능한 정치가들이 계산한 바에 따르면, 한 국가를 힘을 다 소진하지 않고 유지하려면 군사력이 인구의 100분의 1을 넘지 않아야 한다. 그러나 이 상대적인 비율을 동일하게 유지한다 하더라도 군사력이 사회에 미치는 영향력은 군대가 얼마나 능동적인 힘을 소유하였느냐에 따라 무척 다르게 나타난다. 적절한 수의 병사들이 하나의 부대로 집결되어 한 사람의 지휘관에 의해 움직이지 않는다면 군사학이나 훈련 체계가 아무리 발달했다 해도 제대로 힘을 발휘할 수 없을 것이다. 병사의 수가 너무 적어도 효과가 없을 것이고 너무 많아도 비효율적일 것이다. 기계도 용수철이 너무 작거나 너무 무겁다면 부서지고 마는 이치와 같다. 이와 같은 설명을 좀 더 쉽게 이해하기 위해 다음의 예를 생각해 보자. 자연이 준 힘이나 인공적인 무기, 혹은 후천적으로 익힌 기술이 아무

— 인구 수에 따른 병력의 비율

¹ 타키투스와 디오에 따르면 원래 근위대의 숫자는 9000~1만 명 정도였고 많은 대대로 나누어져 있었다. 비텔리우스 황제는 근위대의 수를 1만 6000명으로 늘렸는데 그 이후로는 이보다 크게 줄어든 적이 없었다.

² 도시의 성벽과 가까운 퀴리날리스 언덕과 비미날리스 언덕 정상에 병영을 만들었다.

³ 비텔리우스와 베스파시우스 간의 내전 때 이 병영은, 정교하게 요새화된 도시들을 공격할 때 사용하는 모든 기계를 동원한 공격을 받았지만 함락되지 않았다.

리 뛰어나다 해도 한 사람이 백 사람을 지속적으로 복종시킬 수는 없다. 한 마을이나 작은 지역의 독재자는 백 명의 무장한 추종자들로 1만 명의 농부나 시민을 방어하기에는 역부족이란 사실을 곧 깨닫게 된다. 그러나 잘 훈련된 십 만 군사는 1000만 명의 국민을 전제적으로 통솔할 수 있다. 그리고 1만이나 1만 5000명의 근위대만 있으면 거대한 수도의 거리로 수많은 군중이 몰려나와도 그들을 순식간에 공포에 질리게 할 수 있다.

근위대

로마 제국 쇠퇴의 첫 번째 징후이자 원인으로 꼽히는 오만방자한 근위병의 수도 앞서 언급한 1만 5000명을 넘지 않았다.¹ 근위대는 아우구스투스 황제 시대에 창설되었는데, 이 영리한 황제는 자신이 찬탈한 통치권을 그럴듯하게 채색해 주는 것은 법률이지만, 그것을 유지해 주는 것은 군사력뿐이라는 사실을 잘 알고 있었다. 그래서 자신을 보호하고 원로원을 위협하고 반란을 방지하거나 초기에 진압할 목적으로 강력한 근위대를 주도면밀하게 형성해 나갔다. 그는 근위대에게 급여를 두 배로 지불하고 특전을 부여하면서 특별한 애정을 쏟았다. 그러나 근위대의 막강한 세력이 로마 시민들의 경각심과 반감을 불러일으켰기 때문에 수도에는 세 개 대대만이 주둔했고, 나머지 대대는 이탈리아의 인근 도시들에 흩어져 있었다. 50년 동안 평화로운 상태가 지속된 후에 티베리우스 황제는 로마에 영구적으로 족쇄를 채우는 결과를 가져온 중대한 조치를 단행했다. 티베리우스 황제는 이탈리아 주변 도시들의 군사적인 부담을 덜어 주고 근위대의 기강을 바로잡는다는 허울 좋은 명분을 앞세워 모든 근위대를 로마로 불러들였다. 그리고 도시 전체를 내려다볼 수 있는 위치에² 근위대가 상주할 병영을 만들고 세심한 주의를 기울여 그곳을 요새화했다.³

전제 군주에게 봉사하는 막강한 근위
대는 반드시 필요한 존재지만, 종종 왕좌
를 위협하는 세력으로 돌변하기도 한다.
황제들은 이런 방식으로 근위대를 궁정과 원로원까지 진출시
킴으로써 그들이 황제의 힘과 시민 정부의 허약성을 깨닫게 만
들었다. 근위대는 황제의 약점과 악행을 가까이에서 지켜보며
경멸하게 됨으로써, 명확한 실체가 없이 가상적으로 형성되는
권력에 대해 적당한 거리감과 신비감이 있을 때만 유지되는 존
경심과 경외심을 잃었다. 근위대는 부유한 도시에서 호화롭고
나태한 생활을 하면서 자신들의 힘을 자각하고 오만해져 갔다.
황제의 안위와 원로원의 권위, 국고와 수도의 방위가 근위대의
손에 달려 있다는 사실을 그들은 잘 알고 있었다. 근위대의 이
런 위험한 생각을 다른 곳으로 돌리기 위해 확고한 권력을 가
진 황제들도 명령과 감언이설, 포상과 처벌을 적절하게 혼용해
야 했고, 방종한 생활이나 부정 행위를 눈감아 주면서 비위를
맞추어 했으며, 하사금을 후하게 내림으로써 변덕스러운 충성
심을 사야 했다. 특히 클라우디우스 황제의 즉위 이후에는 새
로운 황제가 즉위할 때마다 근위대에 하사금을 내리는 것이 합
법적인 형태로 자리 잡았다.4

근위대의 옹호자들은 그들이 무기로
획득한 권력을 논리적으로도 정당화시키
고자 했다. 공화정의 순수한 원칙에 따르
려면 새 황제를 임명할 때 자신들의 동의를 반드시 받아야 한
다는 것이다. 집정관, 군대의 지휘관, 행정관을 선출할 권리를
최근에 원로원에 빼앗기기는 했지만 고대에서는 로마 시민들
의 확고한 권리였다.5 그렇다면 로마 시민들은 누구인가? 로마
의 거리를 메우고 있는 노예나 이방인들의 무리, 재산도 없고

근위대의 힘과 자신감

근위대의 그럴듯한 주장들

4 군대에 의해 황제로 추대된 클라우디우스 황제는 최초로 군대에 하사금을 내린 황제였다. 그는 120파운드를 지급했다. 마르쿠스 황제가 루키우스 베루스 황제와 함께 평화롭게 즉위했을 때는 160파운드를 지급했다. 하드리아누스 황제의 불평에서 하사금의 규모가 얼마나 되었는지를 짐작할 수 있다. 그는 부황제를 임명할 때도 250만 파운드를 써야 한다고 불평했다.

5 역사가 리비우스와 디오니시우스의 저술들은 왕을 선출할 때도 국민이 주권을 행사했던 것을 잘 보여 준다.

6 그들은 원래 라티움과 에트루스키, 구식민도시들에서 모집되었다.

7 갈리아족이 로마를 포위했을 때 있었던 일이다.

8 이것이 단순한 경매였다고 주장하는 역사가들도 있지만, 헤로디아누스는 병사들이 공매를 선언했다고 주장한다.

기개도 없는 비굴한 대중은 결코 아니다. 이탈리아 청년들 중 가장 뛰어난 자들 중에서 선발되어[6] 군사 교육을 받고 미덕을 함양한 국가의 방위자인 근위대야말로 로마 시민의 진정한 대표자이며, 군의 최고 책임자이기도 한 황제를 선출할 최고 적임자라는 것이 그들의 주장이었다. 이런 주장은 논리적으로 결함이 있었지만, 사나운 근위대가 로마를 정복한 야만족처럼 칼을 저울에 올려놓고 강요한 것이기 때문에 반박할 여지가 없었다.[7]

제위를 팔려고 내놓은 근위대

페르티낙스 황제를 극악무도하게 살해함으로써 제위의 신성을 더럽힌 근위대는 이어서 그 존엄성마저 훼손했다. 반란을 주도했던 근위대장 라에투스마저 국민들의 분노를 피해 사라져 버린 근위대 병영에는 지도자도 없었다. 극도의 혼란 속에서 반란 소식을 듣고 급파된 황제의 장인이자 로마 총독이었던 술피키아누스가 홀로 대중의 분노를 가라앉히려고 애쓰고 있었다. 그러나 그도 페르티낙스 황제의 머리를 창에 꽂고 요란스럽게 돌아온 암살자들을 보자 할 말을 잊고 말았다. 모든 원칙과 열정은 야망이라는 최고의 명령에 자리를 내준다는 사실을 역사는 거듭해서 보여 주지만, 이런 순간에 술피키아누스가 그토록 가까운 친척이자 그토록 훌륭했던 황제의 피로 더럽혀진 제위에 오르겠다는 야심을 품었다고는 믿기 어렵다. 그러나 그는 이미 하사금을 지불하겠다는 유일하게 효과가 있는 주장을 펼치면서 황제 자리를 흥정하고 있었다. 그러나 좀 더 신중했던 근위대는 이런 사적인 흥정으로는 충분한 가격을 받아낼 수 없음을 알아채고는 방벽 위로 뛰어올라 가 큰 소리로 로마 황제 자리가 공매에 부쳐졌으며 최고액을 제시하는 입찰자에게 낙찰될 것이라고 선언했다.[8]

군사적 특권를 무례하고 오만하게 남용한 데서 빚어진 이 치욕스러운 제안으로 로마 전체가 슬픔과 부끄러움과 분노에 휩싸였다. 이 소식은 국가적인 재난에는 아랑곳하지 않고 식도락에 젖어 있던 부유한 원로원 의원 디디우스 율리아누스의 귀에까지 들어갔다.[9] 그의 아내와 딸, 해방노예들과 식객들이 그에게 황제의 자격이 있는 사람이라고 설득하면서 이런 좋은 기회를 받아들이라고 간청했다. 이 허영심 많은 노인은 그때까지도 술피키아누스가 흥정을 벌이고 있던 근위대 병영으로 찾아가 방벽 밑에서 가격을 흥정하기 시작했다. 이 수치스러운 협상은 두 사람의 충실한 심부름꾼이 각 후보자 사이를 오가며 경쟁자의 입찰 가격을 전해 주는 방식으로 진행되었다. 술피키아누스는 이미 근위병 한 명당 5000드라크마(160파운드 이상)의 하사금을 주기로 약속했으므로, 경매를 낙찰받고 싶었던 율리아누스는 6350드라크마, 즉 200파운드 이상을 제의했다. 그러자 낙찰자를 위해서 병영의 문이 즉각 열렸고, 그는 황제로 선언되었으며 근위대의 충성 서약까지 받았다. 근위대도 최소한의 인정은 있었는지 술피키아누스와 경쟁을 벌였던 일은 용서하고 잊을 것을 조건으로 내걸었다.

이제 근위대에는 경매의 조건을 충족시켜야 할 책임이 주어졌다. 그들은 내심으로는 경멸했지만 앞으로 받들어야 할 새 황제를 대열의 중간에 세우고 양 사방에서 빽빽하게 둘러싸 호위하면서 아무도 없는 도시의 거리를 행군했다. 원로원이 소집되었고 페르티낙스 황제의 각별한 친구였거나 율리아누스를 개인적으로 싫어하던 의원들은 이 혁명에 대해 다른 사람들보다 더 만족하는 척해야 했다.[10] 율리아누스는 무장한 병사들과

서기 193년 3월, 근위대로부터 제위를 사들인 율리아누스

원로원의 승인을 받은 율리아누스

[9] 『황제열전』에서 율리아누스 황제를 기술한 스파르티아누스는 율리아누스 황제의 인품과 즉위를 둘러싼 불유쾌한 장면들을 다소 순화시켜 기록해 놓았다.

[10] 역사가 디오 카시우스도 율리아누스의 개인적인 적이었다.

11 여기서 또 한 가지 재미있는 사실을 알 수 있는데, 새로운 황제는 출신이 어떠했든 즉시 귀족 반열에 올랐다.

함께 원로원을 점령한 후에, 자신은 자유롭게 선출되었으며 뛰어난 자질을 갖추었고 의원들의 지지를 믿어 의심치 않는다고 구구절절이 설명했다. 권력자에게 아첨할 수밖에 없었던 원로원은 자신들과 국민이 행복을 누리게 된 것을 경하하고 충성을 맹세하면서 제국의 모든 권력을 그에게 위임했다.11 원로원에서 나온 율리아누스는 또다시 군사 대형을 지어 궁전까지 행군했다. 율리아누스가 궁전에서 처음 본 것은 머리가 잘려 나간 페르티낙스 황제의 시신과 초라한 저녁상이었다. 그는 시신에는 아무런 관심을 보이지 않았지만 초라한 저녁상에는 코웃음을 쳤다. 그는 성대한 만찬을 준비할 것을 명했고, 밤늦은 시간까지 도박과 유명한 무용수였던 필라데스의 춤을 즐기며 향락에 빠져 들었다. 그러나 아첨꾼들 무리가 물러나고 혼자만이 고독과 어둠 속에 남겨졌을 때, 율리아누스는 그날 벌어진 무시무시한 일들을 생각하며 잠을 이루지 못했다고 한다. 아마도 자신의 성급하고 어리석은 행동과 덕망 높았던 전임 황제의 비참한 최후에 대한 생각, 덕망으로 얻은 것이 아니라 돈으로 사들인 황제 자리에 대한 불안감 등이 그의 마음을 어지럽혔을 것이다.

대중의 불만

그가 두려워할 이유는 충분했다. 세계의 황제 자리에 앉았지만 그에게는 친구는 고사하고 아첨꾼도 한 명 없었다. 근위대조차도 자신들이 손수 추대한 황제를 수치스럽게 여겼다. 시민들은 모두 그의 즉위를 재앙이자 로마라는 이름에 먹칠을 한 사건으로 생각했다. 지위가 높고 재산이 많아 몸을 사려야 했던 귀족들은 속마음을 숨기고 황제의 꾸며낸 정중함에 만족과 의무가 혼합된 거짓 미소로 응답했다. 그러나 수적으로 우세했고 익명성도 보장되어 있던 대중은 자신들의 감정을 마음껏 표출했다. 로마의 거리와 공공 장소는 불평과 저주로 소란스러웠다. 분노한 대중은 율리아누스 황제에게 욕설을 퍼붓고 그의 후한 인심마저 거절했다. 그러나 곧 분노하는 것만으로는 아무 소용이 없다는 것을 깨닫고, 변경을 지키는 군단들에게 로마 제국의 더럽혀진 존엄성을 되찾아 줄 것을 소리 높여 요구했다.

대중의 불만은 곧 제국의 중심에서 변경 지역으로 퍼져 나갔다. 페르티낙스 황제의 지휘 아래 전투를 벌이고 또 승리를 쟁취한 경험이 많았던 브리타니아, 시리아, 일리리쿰 주둔군은 그의 죽음을 특히 슬퍼했다. 그들은 근위대가 황제 자리를 공매에 부쳤다는 희한한 소식을 놀라움과 분노, 그리고 얼마간의 시기심이 뒤섞인 감정으로 전해 들었고, 그런 수치스러운 매매를 승인해 줄 의사가 없음을 명백히 밝혔다. 그들은 즉시 만장일치로 반란을 일으키기로 결정했는데, 이것은 율리아누스 황제에게도 치명적인 결정이었지만 동시에 공공의 평화를 위협하는 것이기도 했다. 각 군단의 군단장이었던 클로디우스 알비누스, 페스켄니우스 니게르, 셉티미우스 세베루스는 살해당한 페르티낙스 황제의 복수보다는 그의 제위를 계승하는 일에 더 큰 관심을 두고 있었기 때문이다. 그들의 군사력은 서로 완벽하게 균형을 이루고 있었다. 세 사람은 각각 수많은 보조군들을 거느린 세 개 군단의 군단장이었으며, 성격은 달랐지만 모두 유능하고 경험 많은 군인들이었다.

브리타니아 총독이었던 클로디우스 알비누스는 명문가 출신이라는 점에서 다른 경쟁자들을 능가했다. 그는 공화정 시대의 구로마에서 가장 유명했던 귀족들의 혈통을 이어받았는

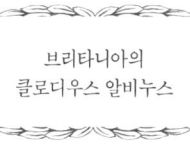
브리타니아, 시리아, 판노니아의 군대가 율리아누스에게 선전 포고함

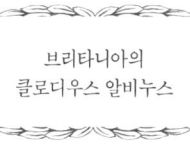
브리타니아의 클로디우스 알비누스

데,[12] 다만 그가 속한 가계는 비참한 지경으로 전락하여 먼 속주로 옮겨 가게 되었다. 그의 인품에 대해서 정당한 평가를 내리기는 어렵다. 엄격한 철학자의 외양을 하고 있지만 그 속에 인간성의 타락을 의미하는 악덕들을 감추고 있다는 비난을 받기도 했다.[13] 그러나 그를 비난한 사람들은 세베루스 황제의 승리를 찬양하면서 이미 사망한 경쟁자들을 다시 짓밟은 어용 작가들이었다. 진실한 미덕이었든 가장된 미덕이었든, 어쨌거나 그는 마르쿠스 황제의 신임을 받았었다. 그 아들 콤모두스 황제의 신임도 받은 점으로 미루어 보면, 적어도 그가 아주 융통성 있는 인물이었다는 점은 증명된다. 폭군의 총애를 받았다고 해서 모두 미덕이 결여되었다고 볼 수는 없다. 폭군이라도 예기치 않게 미덕과 능력을 갖춘 사람을 중용할 수도 있고, 그런 사람이 유용하다고 생각할 수도 있다. 알비누스가 콤모두스 황제의 잔학한 행위나 쾌락을 위해 봉사한 것 같지는 않다. 다만 그가 멀리 떨어진 지역에서 공직을 수행하고 있을 때, 콤모두스 황제로부터 불만을 품은 몇몇 군단장들이 반역 음모를 꾸미고 있으니 부황제의 칭호를 수락함으로써 황제의 보호자 겸 계승자가 되어 달라는 비밀 편지를 받은 적이 있었다. 이 브리타니아 총독은 현명하게도 황제의 제의를 거절했다. 제의를 받아들인다면 오히려 황제의 질시의 대상이 될 수도 있고, 머지않아 닥칠 황제의 파멸에 연루될 수도 있을 것 같았기 때문이다. 그는 보다 고귀한, 혹은 적어도 좀 더 그럴듯한 책략으로 권력을 차지하고자 했다. 황제의 암살 소식을 접한 그는 즉시 군대를 소집했다. 그는 감동적인 연설을 통해 독재 정치의 피할 수 없는 해악들을 개탄하고, 고대 공화정의 집정관 정부하에서 조상들이 얼마나 행복하고 영광되게 살았는지를 설명하였으며, 원로원과 국민에게 법적인 권리를 되찾아 주겠다는 확

[12] 포스투미아누스와 케요니아누스의 혈통을 이어받았다. 포스투미아누스는 집정관 제도가 생긴 지 5년 만에 집정관직을 수행한 바 있다.

[13] 스파르티아누스는 인간이 생각해 낼 수 있는 모든 미덕과 악덕을 다 혼합해서 알비누스를 묘사하고 있다. 『황제열전』에는 사실 이런 식으로 묘사된 인물들이 많다.

고한 결의를 천명했다. 이런 대중 연설은 브리타니아 주둔 군단의 열렬한 환영을 받았고 로마에서도 은밀한 지지를 받았다. 브리타니아라는 작은 세계에서 규율 면에서는 좀 뒤졌을지 모르나 숫자와 용맹성 면에서는 그 어떤 군대보다 뛰어난 군대[14]를 지휘하며 안전하게 살아온 알비누스는 콤모두스 황제의 위협에는 용감하게 맞섰고, 페르티낙스 황제에게는 품위를 지키면서 모호하게 방관하는 자세를 유지했지만, 율리아누스의 찬탈에는 분연히 일어섰다. 수도 로마의 혼란도 그의 애국심, 혹은 애국심을 가장한 야심에 무게를 더해 주었다. 그는 체면을 차려 아우구스투스나 황제라는 거창한 이름은 거부하고, 갈바의 예를 모방해서 스스로를 원로원과 국민의 대리인으로 칭했다.

페스켄니우스 니게르는 개인적인 자질만으로 비천한 출신과 신분을 극복하고 시리아 총독까지 오른 인물이었다. 시리아 총독은 재산도 많이 모을 수 있는 요직으로 국가에 내분이 일어났을 때는 황제의 자리까지 넘볼 수 있는 자리였다. 그러나 그는 제1인자보다는 2인자에 더 적합한 인물이었다. 그는 뛰어난 군인이자 보좌관이기는 했지만, 후에 정복한 적에게서도 유용한 점은 채택하는 넓은 도량을 보여준 세베루스에 필적할 수 있는 경쟁자는 아니었다. 니게르는 시리아에서는 병사들의 존경을 받았고 속주민들의 사랑도 받았다. 그의 엄격한 규율과 훈련은 병사들의 용맹을 드높여 주면서 복종심도 이끌어 내었다. 반면 쾌락과 관능을 즐기던 시리아인들은 그의 온화하면서도 엄격한 통치 방식보다는 그의 사교적인 성격이나 그들이 주최하는 화려한 축제에 참가해서 마음껏 즐기는 모습을 더 사랑했다.[15] 페르티낙스 황제가 잔혹하게 살해되었다는 소식

시리아의
페스켄니우스 니게르

[14] 페르티낙스 황제는 수년 전에 브리타니아 군단을 지휘했었는데 병사들의 반란으로 물러났다. 그러나 병사들은 여전히 그를 사랑하며 아쉬워했다.

[15] 안티오크 출신이었던 존 말라다의 기록을 보면 시리아인들이 축제를 얼마나 사랑했는지를 알 수 있다. 축제는 그들의 신앙을 표현하는 도구인 동시에 재미있는 오락이기도 했다.

16 『황제열전』에는 니게르의 동맹이자 개인적인 친구로 이집트, 테베의 왕이 언급되어 있다. 스파르티아누스가 실수한 것이 아니라면 그는 역사에 전혀 알려져 있지 않은 한 왕가를 소개한 셈이 된다.

17 그 시대에 대부분의 사람들이 알고 있던 시가가 이 세 경쟁자에 대한 일반인들의 생각을 알 수 있게 해 준다. 그 내용은 니게르는 낙관적, 세베루스는 의외, 알비누스는 비관적이라는 것이었다.

이 안티오크에 전해지자 시리아인들은 니게르에게 황제를 칭하고 페르티낙스 황제의 복수에 나설 것을 청했다. 동방의 변경 지대에 주둔하던 다른 군단들도 그의 명분을 지지했다. 에티오피아 국경 지대부터 아드리아 해까지 걸쳐져 있던 부유한 비무장 속주들도 기꺼이 그의 권력에 복종했다.16 티그리스 강과 유프라테스 강 너머에 있는 나라의 군주들도 그의 선출에 축하를 보내며 신하의 예를 갖추겠다고 맹세했다. 니게르는 이런 갑작스러운 행운을 감당할 만한 정신의 소유자가 아니었다. 그는 아무런 경쟁이나 내분 없이 즉위할 수 있을 것으로 성급하게 믿어 버리고는 승리를 위한 대책은 마련하지 않은 채 헛된 승리감에 도취되어 있었다. 니게르는 황제 자리를 놓고 벌어지는 이 엄청난 경쟁을 마무리 짓거나 적어도 균형을 잡아줄 수 있는 힘을 가진 서방의 강력한 군대들과 효과적인 협상을 벌이지도 않았고, 그가 나타나기를 고대하고 있는 이탈리아와 로마로 지체 없이 진군하지도 않았다.17 그 대신 이 중요한 순간을 안티오크의 사치스러운 분위기에 젖어 안일하게 보내고 있었는데, 이때 이미 세베루스는 단호하고 부지런하게 행동을 취하고 있었다.

판노니아와 달마티아

도나우 강과 아드리아 해 사이를 차지하고 있었던 판노니아와 달마티아는 로마에 최후까지 저항했던 나라들이었다. 이 야만족들은 독립을 지키기 위해 20만 대군을 결성해 전투에 나섬으로써 노쇠한 아우구스투스 황제를 놀라게 한 적이 있으며, 티베리우스 황제는 몸소 제국의 정예 부대를 이끌고 이 나라들을 주의 깊게 살펴야 했다. 판노니아는 결국 로마의 군대와 제도에 굴복하게 되었다. 그러나 그 주변의 정복되지 않은 부족들과 섞이고 또 건장한 신체와 둔한 정신을 만들어 내는 기후의 영향까지 겹쳐18 여전히 많은 사람들이 원래의 흉포함을 유지했다. 로마 속주민으로 길들여진 동일한 겉모습을 하고 있었지만, 그 아래에는 원래의 건장한 신체가 그대로 남아 있었던 것이다. 그 지역의 건장한 젊은이들은 도나우 강 유역에 주둔한 군단들에 끊임없이 병력을 공급하는 역할을 맡았고, 이들이 소속된 군단은 게르마니아, 사마르티아와의 끊임없는 전투에서 가장 뛰어난 군단으로 존경받았다.

이 시기에 셉티미우스 세베루스는 바로 이 막강한 판노니아 군대를 지휘하고 있었다. 아프리카 태생이었던 세베루스는 개인적인 공적으로 차근차근 그 자리까지 올라왔지만, 마음속에는 대담한 야심을 간직하고 있었다.19 자신의 야심을 위해 그는 단 한 번도 쾌락에 몸을 맡기거나 두려움으로 몸을 사리거나 인간적인 동정심 때문에 일을 그르친 적이 없었다. 세베루스는 페르티낙스 황제의 살해 소식을 듣자마자 군대를 소집해서 근위대가 저지른 범죄와 오만방자함, 그리고 그들의 군사적인 허약성까지 생생하게 묘사함으로써 병사들로 하여금 무기를 들고 복수하겠다는 마음을 품게 만들었다. 이 명연설 끝에 그는 모든 병사들에게 율리아누스가 제국을 낙찰받은 그 치욕스러운 금액의 두 배인 400파운드씩의 하사금을 약속했다.20 병사들은 즉시 세베루스를 아우구스투스, 페르티낙스, 황제라고 부르면서 열렬한 지지를 보냈다. 이렇게 해서 세베루스는 의식적으로 보여 준 미덕과 수많은 길몽과 악몽들(이것들 역시 그의 미신, 혹은 정책의 훌륭한 결실이었지만) 끝에 오랫동안 염원해 온 황제 자리에 오르게 되었다.21

셉티미우스 세베루스

서기 193년 4월, 판노니아 군단이 셉티미우스 세베루스를 황제로 선포함

이 새로운 황제 후보자는 자신에게 특별히 유리했던 상황을

18 이것은 헤로디아누스의 의견이다. 그런데 현대의 오스트리아인들이 이 기후의 영향을 인정할지는 의문이다.

19 앞에서 언급한 알비누스에게 보낸 편지에서 콤모두스 황제는 세베루스를, 그의 행동을 비난하면서 황제 자리를 넘보는 야심 많은 군단장 중 한 명으로 지목했다.

20 판노니아는 이런 액수를 감당하기에는 너무 가난했다. 아마 약속은 판노니아에서 했지만 지급은 승리 후에 로마에서 한 듯하다.

21 세베루스는 (스파르티아누스에 따르면) 도나우 강변의 카르눈툼이나 (빅토르에 따르면) 사바리아에서 황제를 칭했다. 흄(Hume)은 세베루스의 출생이 황제가 되기에는 너무 미천했기 때문에 군단장 신분을 유지한 채 로마로 진군했을 것이라고 가정했는데, 이때 흄은 평소와는 달리 이런 기록들을 정확하게 살펴보지 않은 것 같다.

5장 127

22 이때의 행군 거리는 판노니아의 경계 지역에서 로마가 보이는 지역까지, 약 200마일 정도로 계산해야 할 것이다.

인지하고 이를 재빨리 활용했다. 판노니아 속주는 이탈리아에 접근하기 쉬운 지역인 율리아 알프스 지방까지 뻗어 있었다.

세베루스가
이탈리아로 진군함

세베루스는 판노니아 군대는 10일이면 로마에 도달할 수 있다는 아우구스투스 황제의 말을 기억하고 있었다.22 이런 중요한 상황에 걸맞게 신속하게 행동한다면 그는 이탈리아로부터 멀리 떨어져 있는 경쟁자들이 황제로 즉위하기 전에, 먼저 페르티낙스 황제의 원수를 갚고 율리아누스를 처벌한 후에 합법적인 황제로서 원로원과 국민의 인정을 받을 수 있을 터였다. 그는 완전 무장을 하고 침식도 잊은 채 도보로 로마로 행군했다. 그동안 그는 대열의 선두에 서서 병사들의 신뢰와 애정을 이끌어 내는 한편, 그들을 독려하면서 사기를 진작시키고 희망을 불어넣었다. 그리고 이 일이 성공한 후에 주어질 무한한 보상을 생각하면서 모든 고난과 역경을 병사들과 함께 기꺼이 나누었다.

로마로 진군함

한편 가엾은 율리아누스는 황제 자리를 놓고 대결할 사람으로 시리아 총독만을 염두에 두고 충분한 준비가 되었다고 생각하고 있었다. 그러나 막강한 판노니아 군단이 신속하게 진군해 온다는 소식을 듣고 그는 자신의 파멸을 예감했다. 전령들이 급하게 도착해 내 놓는 소식들은 두려움만 배가시켰다. 세베루스가 알프스를 넘었으며 이탈리아 도시들도 통과했는데 그의 진군을 막을 의지도 능력도 없었던 도시들이 그를 환대했다는 소식과 중요한 거점이었던 라벤나도 아무런 저항 없이 굴복했으며 아드리아 해의 함대도 세베루스 군단의 손에 넘어갔다는 소식을 연이어 듣게 되었다. 이제 적들은 로마에서 겨우 250마일밖에 떨어져 있지 않은 곳까지 진군했고, 매

순간은 율리아누스 황제와 그에게 낙찰된 제국의 파멸을 재촉할 뿐이었다.

어쨌든 그도 자신의 파멸을 방지하거나 적어도 파멸의 순간을 지연시키려는 노력은 했다. 돈으로 산 근위대에 충성을 간청하고 도시를 엉성하게나마 무장시켰으며 교외에 군대를 배치하고 궁전의 수비를 강화하기까지 했다. 지원군이 도착할 희망도 없는데 도시를 둘러싸는 것만으로 이미 승리감에 취해 사기가 높아진 침략자들을 방어할 수 있을 것처럼 말이다. 근위대도 공포와 수치심 때문에 군기를 버리지는 못했다. 그러나 그들은 추위로 얼어붙은 도나우 강 상류 지역에서 야만족들을 물리친 판노니아 군단이 경험 많은 군단장의 지휘 아래 진군하고 있다는 말만 듣고도 두려움에 몸을 떨었다.[23] 그들은 한숨을 쉬며 공중 목욕탕과 극장에서의 유희를 중지하고 사용법을 거의 잊어 버려 들기조차 힘겨워진 무기를 잡았다. 거대한 몸집으로 북쪽 지방의 병사들을 겁줄 수 있을 것이라는 희망으로 훈련도 받지 않은 코끼리들까지 동원했지만, 코끼리들은 어설픈 기수들을 내동댕이칠 뿐이었다.[24] 미세눔 함대에서 차출되어 온 해군의 엉성한 기동 작전은 대중의 비웃음을 살 정도였다. 한편 원로원은 찬탈자의 곤경과 허약성을 은밀히 즐기는 형편이었다.

율리아누스 황제의 모든 행동은 두려움과 그가 처한 곤경을 보여 주는 것이었다. 그는 원로원이 세베루스를 공적으로 선언해야 한다고 주장했다. 세베루스에게 제국의 공동 통치자가 되어 줄 것을 간청하기도 했다. 그는 집정관급의 정식 사절을 보내서 협상을 시도하는 한편으로 개인적으로는 암살자를

율리아누스의 고민

율리아누스의 자신 없는 행동

[23] 이것은 단순한 수사학적 표현이 아니라 디오가 기록했던 역사적 사실에서 나온 표현이다. 근위대는 실제로 판노니아 군대의 이름만 들어도 겁을 먹었다고 한다.

[24] 처음에는 막연한 두려움을 극복하고 코끼리를 전쟁에서 사용했다가, 나중에는 그것을 경멸하게 된 것은 로마 군대의 기술을 보여 주는 좋은 증거가 된다.

²⁵ 빅토르와 에우트로피우스는 밀비우스 다리 근처에서 전투가 한 차례 벌어졌다고 기록해 놓았다. 그러나 그 이전의 더 훌륭했던 역사가들의 저술에서는 이 전투에 관한 기록을 찾아볼 수 없다.

보내어 세베루스의 생명을 노리기도 했다. 베스타 성전의 성처녀들과 그 외 모든 사제들에게 성의를 입히고 각 종교의 상징을 들려서 엄숙한 행렬을 만들어 판노니아 군단을 맞으러 보내려는 계획도 세웠다. 동시에 마술적인 의식을 올리고 불법적인 제물을 바치면서까지 다가오는 운명을 막아 보려고 헛되이 노력했다.

근위대에게 버림받은
율리아누스

세베루스는 율리아누스 황제의 군사력이나 마술 따위는 전혀 겁내지 않고 혹시 내부에서 발생할지도 모르는 음모에만 촉각을 곤두세웠다. 그는 600명의 정예 병사들을 선발해서 밤낮으로 무장한 채 그를 경호하도록 했다. 신속하고 꾸준한 행군 끝에 아무 어려움 없이 아펜니노 산맥의 협곡을 통과했고, 그의 진군을 방해할 목적으로 파견된 군대와 사절들까지 자신의 편으로 끌어들이면서, 로마에서 불과 70마일 떨어진 인테람니아에 도착해서야 짧은 휴식을 취했다. 승리는 확정적이었지만 자포자기에 빠진 근위대가 유혈 사태를 몰고 올 수도 있었다. 세베루스는 칼을 뽑는 일 없이 황제 자리에 오르겠다는 갸륵한 야심을 품고 있었다.²⁵ 그는 로마로 밀사들을 파견하여 근위대를 설득하게 했다. 근위대가 자격 없는 황제를 포기하고 페르티낙스 황제의 살해자들을 정복자에게 넘겨준다면, 그 불행한 시해 사건을 근위대 전체의 책임으로 간주하지 않겠다는 것이었다. 원래부터 충성심도 없었지만 단지 쓸데없는 자존심 때문에 저항했던 근위대는 이런 손쉬운 조건에 기꺼이 응했다. 그들은 살해자들을 잡아들였고, 자신들은 더 이상 율리아누스의 명분을 지지하지 않는다고 원로원에 통보했다. 집정관에 의해 소집된 원로원은 만장일치로 세베루스를 합법적인 황제로 인정하고 페르티낙스 황제를 신으로 추대할 것을 의결했으며,

서기 193년 6월, 율리아누스는 원로원의 명령으로 유죄 선고를 받고 처형당함

그 운 없는 후계자에게는 폐위와 처형을 선언했다. 율리아누스 황제는 궁전 안에 있던 욕탕의 한 방으로 끌려가 참수당했다. 막대한 재물을 주고 산 그 불안하고 위험한 황제 자리에 앉은 지 꼭 66일째 되는 날이었다. 이와 같이 대군을 이끌고 도나우 강에서 테베레 강까지 믿을 수 없을 정도로 신속하게 행군해 온 세베루스의 예는 농업과 상업이 발달해 군수물자가 풍부했다는 점, 도로가 잘 발달했다는 점, 군단의 규율이 엄격했다는 점, 속주들이 무기력하게 굴종하는 성질로 길들여졌다는 점 등을 시사해 준다.26

근위대의 치욕

세베루스 황제가 제일 먼저 행한 일은 다음 두 가지 조치였다. 하나는 정책적인 것이었고 다른 하나는 예를 갖추는 것이었는데, 페르티낙스 황제의 복수와 명예 회복이 그것이었다. 새로운 황제는 로마에 입성하기 전에 근위대에 명령을 내려 무장은 하지 않되 황제를 영접할 때 입는 예복을 입고 수도 근처의 들판에서 그가 도착할 때까지 기다리도록 했다. 이 콧대 높던 근위대는 순순히 그의 명령에 따랐는데, 이와 같은 행동은 순전히 두려움에서 비롯된 것이었다. 일리리쿰 군단의 정예 부대가 창을 겨눈 채 둘러싸고 있었기 때문에 도망갈 수도 저항할 수도 없었던 근위대는 침묵과 공포 속에서 자신들의 운명을 기다렸다. 세베루스 황제는 사열대에 올라 그들의 배신과 비겁을 준엄하게 꾸짖고 불명예스러운 해체를 명했다. 또한 그들의 화려한 의복을 빼앗고 수도에서 백 마일 이상 떨어진 곳으로 추방시키면서 불복종할 때는 사형에 처할 것임을 선언했다. 이와 같은 처분이 내려지는 동안 근위대 병영에는 또 다른 부대를 보내 무기를 없애고 그곳을 점령함으로써 자포자기의 심정

26 율리아누스 황제의 재임 기간인 66일에서 먼저 16일을 빼야 한다. 페르티낙스 황제는 3월 28일에 살해당했고 세베루스는 4월 13일에 황제로 추대되었기 때문이다. 추대된 다음 대군을 조직하는 데 10일 정도는 걸렸을 것이다. 그렇다면 판노니아에서 로마까지의 진군에는 남은 40일 정도가 소요되었을 것이다. 지금의 비엔나 부근에서 로마까지는 약 800마일 정도이므로 세베루스의 군대는 하루에 20마일씩 휴식이나 중단 없이 행군한 것이다.

에서 일어날지도 모르는 저항을 미리 차단했다.

페르티낙스의 장례식과 신격화

그 다음으로는 페르티낙스 황제의 장례식과 신격화 의식이 깊은 애도 속에서 장엄하게 치러졌다.[27] 원로원은 슬픔과 기쁨이 교차된 복잡한 심정으로 그들이 그토록 사랑했고 여전히 그리워하고 있는 훌륭했던 황제의 장례식을 거행했다. 그의 후계자의 마음은 아마도 덜 진실했을 것이다. 세베루스는 페르티낙스 황제의 미덕을 존경했지만, 바로 그 미덕 때문에 그의 야심은 영원히 사적인 차원에 머물게 되었을 수도 있었다. 세베루스 황제는 마음속으로는 만족감을 느꼈지만 겉으로는 애도의 감정을 훌륭하게 연기하면서 미리 준비했던 장례 연설을 감동적으로 해냈다. 그리고 그 경건한 애도를 통해 의심 많은 대중이 그만이 페르티낙스 황제의 후계자가 될 만한 자격이 있다고 수긍하게 만들었다. 그러나 황제의 자리를 지켜 주는 것은 추모 의식이 아니라 무력이라는 사실을 잘 알고 있었던 세베루스는 이 손쉽게 거둔 승리에 도취되지 않았고, 30일이 지나자 로마를 떠나서 보다 강력한 경쟁자들과 맞붙을 준비에 나섰다.

니게르와 알비누스에 맞서 세베루스가 승리함

세베루스 황제의 비범한 능력과 행운에 감명을 받은 한 역사가는 그를 카이사르 중에서도 가장 위대한 카이사르, 즉 율리우스 카이사르와 비교한 적이 있다. 그러나 이런 비교에는 아무래도 무리가 있다. 세베루스 황제에게서는 쾌락의 향유와 지식에 대한 욕구와 불타는 야망을 서로 조화시키고 결합시킬 수 있는 영혼의 탁월성, 관대하고 온화한 인품, 다양한 방면의 천재성 등을 찾아볼 수 없었다.[28] 비교될 수 있는 것이 있다면 민첩한 행동력과 내전에서의 승리뿐이다. 세베루스 황제는 4년

---

[27] 원로원 의원으로서 이 의식에 참가했던 디오는 매우 화려하게 이 장면을 묘사하고 있다.

[28] 율리우스 카이사르를 찬양하려는 의도가 아니었다 해도 루키아누스가 『파르살리아(Pharsalia)』 제10권에서 클레오파트라에 대한 구애와 이집트에 대한 공격과 그 나라의 현인들과의 교류를 동시에 한 카이사르를 묘사했을 때, 그것은 명백히 가장 고귀한 찬사였다.

이 못 되는 기간 동안[29] 부유한 동방과 용감한 서방을 모두 굴복시켰다. 그는 명망이 높고 능력도 출중했던 두 경쟁자를 물리쳤으며, 규율과 무기 면에서 그의 군대에 필적하던 군대들을 패배시켰다. 그 시대에는 로마의 모든 군단장들이 축성술이나 전략에 대해서는 똑같이 잘 알고 있었다. 그러므로 세베루스 황제의 지속적인 우월성은 예술가의 경우와 비교될 수 있다. 같은 도구를 사용하지만 경쟁자들보다 더 노력하고 기술도 뛰어난 예술가는 지속적으로 탁월성을 보여 주기 마련이다. 지금 군사적인 전술에 대한 세밀한 설명을 하려는 것은 아니다. 다만 니게르, 알비누스와의 내전이 군사 작전이나 전투 방식, 그 결과 면에서 거의 똑같았기 때문에, 가장 특징적인 사항을 간추려 봄으로써 세베루스 황제의 성격과 이후 그의 휘하에 놓인 제국의 상태를 밝혀 보고자 한다.

[29] 그가 황제로 추대된 서기 193년 4월 13일에서 알비누스가 사망한 197년 2월 19일까지의 기간을 말한다.

공적인 행동에서 보여 주는 거짓말과 위선은 공직 생활의 위엄을 손상시키는 것처럼 여겨지지만, 실제로는 사생활에서의 거짓말이나 위선보다는 덜 비열한 것으로 느껴지는 경향이 있다. 사생활에서 그런 행위는 용기 없고 비겁한 행위로 간주되지만, 공적 행위에서는 단지 힘이 부족했던 탓으로 해명되곤 한다. 아무리 뛰어난 정치가라도 개인적인 힘만으로 적과 그 수백만의 추종자들을 굴복시킨다는 것은 불가능하므로, 세상은 그가 아무리 많은 술책과 위장 전술을 사용하더라도 정책이라는 이름으로 허용해 주는 경우가 많다. 그러나 세베루스 황제의 술책은 아무리 국가의 이익을 위해서라는 명분으로 면책특권을 부여하려 해도 정당화되지 않는다. 그는 약속을 한 후에는 곧 그것을 배신했고, 비위를 맞춰 준 다음에는 곧바로 죽여 버렸다. 일시적으로 서약과 협상을 하더라도 양심보다는 이

두 차례 내전의 지휘, 세베루스의 술책

해관계를 따져 불편한 구속이나 의무는 항상 저버리는 쪽을 택했다.

니게르에 대한 술책

두 경쟁자가 공동의 위험을 깨닫고 지체 없이 연합하여 대응했다면 세베루스 황제는 두 사람의 공격 앞에 무릎을 꿇었을 것이다. 연합하지 않고 각자 행동했다 해도 최소한 같은 시기에 공격을 했다면, 그 대결은 아주 길어졌을 것이고 결과도 예측하기 힘들었을 것이다. 그러나 그들은 각자 따로 공격에 나섰고, 교활한 적의 군사력과 계략의 손쉬운 제물이 되어 차례로 패배했다. 세베루스 황제는 친선과 온건을 가장해서 일단 상대방을 안심시킨 후에, 신속한 공격으로 상대방을 제압했던 것이다. 니게르의 명성과 군사력을 더 두려워했던 세베루스 황제는 먼저 니게르에 대한 공격에 나섰다. 그러나 그는 선전포고도 하지 않았고 싸울 상대가 누구인지조차 밝히지 않았다. 원로원과 국민들에게 동방의 속주들을 재정비하러 나서는 것이라고 통보했을 뿐이다. 사적인 자리에서는 최대한의 애정과 존경을 담아 니게르는 자신의 오랜 벗이며 그를 제국의 후계자로 생각하고 있다고 말하면서,[30] 페르티낙스 황제의 복수를 하려던 그의 고결한 계획을 높이 칭찬하기까지 했다. 제위를 비열하게 찬탈한 자를 처벌하는 것은 모든 로마 군단장의 의무지만, 다만 그가 무력을 고집하며 원로원이 인정한 합법적인 황제에게 대항하는 것은 범죄로 간주된다는 것이다. 니게르의 아들들은 다른 속주 총독들의 자제들과 함께 세베루스 황제의 손에 맡겨져 아버지의 충성의 담보물로 로마에 억류되었다.[31] 니게르의 아들들은 아버지의 권력이 두려움이나 존경의 대상이 되었던 동안에는 세베루스 황제의 자제들과 함께 최고의 교육을 받았다. 그러나 아버지가 파멸하자 그들도 국민들의 동정조

[30] 세베루스 황제가 심각하게 병을 앓았을 때 그는 줄곧 알비누스와 니게르를 후계자로 임명하려고 한다고 말했다. 이 두 사람에 대한 존경이 진실되지 않았기 때문에 어느 한 사람만을 선택할 수도 없었던 것 같다. 세베루스 황제의 위선은 자신의 자서전에조차 두 사람을 후계자로 생각했다고 기록해 놓았을 만큼 철저했다.

[31] 콤모두스 황제에 의해 도입된 이 제도는 세베루스 황제에게 매우 유용했다. 로마에는 그의 경쟁자들과 그 추종자들의 자제들이 많이 와 있었는데, 그는 종종 이들을 이용해 그들의 아버지를 위협하거나 회유했다.

차 받을 수 없도록 멀리 추방되었다가 곧 처형되었다.

세베루스 황제가 동방에서의 전쟁에 몰두하고 있는 동안 또 하나 걱정해야 할 일이 있었다. 그것은 브리타니아 총독이 대서양을 건너고 알프스를 넘어서 비어 있는 왕좌에 앉은 후에, 원로원의 권위와 서방 속주들의 무력을 이용해 그의 귀환을 막을지도 모른다는 것이었다. 황제의 칭호를 주장하지 않은 알비누스의 모호한 태도는 협상의 여지를 남겨 두고 있었다. 알비누스는 자신의 위험스러운 중립성에 대한 보상으로 주어진 부황제라는 불안정한 지위를 애국심도 제위에 대한 질시도 모두 잊고 받아들였다. 세베루스 황제는 알비누스를 제거하고자 마음먹고 있었지만, 첫 번째 결전이 이루어질 때까지는 모든 존경과 예우를 다하여 그를 대했다. 니게르를 물리친 사실을 전하는 편지에서조차 세베루스 황제는 알비누스를 자신의 영혼의 형제이자 제국의 형제라고 부르고, 그의 아내 율리아와 자식들의 안부까지 전하면서 공동의 이익에 합치되도록 군대와 공화국을 잘 유지해 달라고 간청했다. 그러나 이 편지를 전달하게 될 전령은 예를 갖추어 부황제를 접견해서 개별 면담을 요청한 다음 단검으로 그를 찔러 죽이라는 명령을 받았다.[32] 이 음모는 발각되었고, 세베루스 황제에게 너무 쉽게 속아 넘어갔던 알비누스는 그제서야 대서양을 건너 대륙으로 진군했다. 그러나 알비누스는 세베루스 황제가 직접 지휘하는 경험 많은 막강한 군대와 맞닥뜨려 승산 없는 싸움을 벌여야 했다.

세베루스 황제의 승리가 가져온 막대한 이익에 비하면 그의 군사적인 노고는 충분치 못했다고 할 수 있다. 헬레스폰투

알비누스에 대한 술책

32 스파르티아누스는 이 이상한 편지의 전문을 실어 놓았다.

내전의 결과

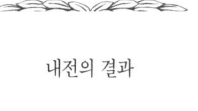

5장 135

33 이 전투는 리옹에서 10마일 정도 떨어진 트레보 평원에서 벌어졌다.

스 부근과 킬리키아의 협곡에서 벌인 단 두 번의 전투가 시리아의 경쟁자 니게르의 운명을 결정했고, 유럽의 군대는 나약한 동방의 군대보다 우월하다는 점을 다시 한 번 보여 주었다. 15만의 로마 병사들이 싸운 리옹 전투는 알비누스의 패배로 끝났다. 용감한 브리타니아 군단은 엄격하게 훈련받은 일리리쿰 군단과의 대결에서 대등한 실력을 보여 주면서 승패를 짐작할 수 없게 만들었다. 잠시 동안 전세는 세베루스 황제에게 불리하게 돌아가서 그의 명성과 입지도 돌이킬 수 없게 되는 듯했지만, 이 호전적인 황제는 약해진 군단을 독려해서 결정적인 승리를 이끌어냈다.33 그리고 내전은 이 기념할 만한 날에 끝났다.

한 번 또는 두 번의 전투로 결정된 내전

근대 유럽의 내전은 대립하는 두 당파가 서로 맹렬한 적개심을 품고 있을 뿐 아니라 그 대립을 완고하게 유지한다는 특징이 있다. 그들의 대립은 일반적으로 어떤 커다란 원칙이나 대의, 적어도 종교나 자유, 충성심 같은 그럴듯한 명분으로 정당화된다. 당파의 지도자는 재산이 많고 가문이 좋은 귀족들이고 병사들은 그 대립을 야기한 사람들과 같은 명분을 가지고 싸움에 임한다. 군인정신이나 자신이 속한 당파에 대한 충성심은 군대 전체에 스며들어 있었고, 지도자가 사망한다 해도 같은 명분에 기꺼이 목숨을 바칠 수 있는 지지자 중에서 얼마든지 다시 뽑을 수 있었다. 그러나 공화정 체제가 붕괴된 후의 로마는 황제를 선출하기 위해서만 싸웠다. 원칙이나 대의에는 상관없이 인기 있는 황제 후보자의 깃발 아래 몇몇은 그에 대한 애정으로 모였고 또 얼마쯤은 두려움 때문에 모였으며 대부분은 이해관계 때문에 모여들었다. 군단들은 명분이나 충성심 때문이 아니라 후한 하사금이나 보상에 대한 약속 때문에 내전에 참가했다. 지도자가 패배해서 약속을 이행할 수 없게 되면

돈 때문에 모여든 용병들은 곧 해산해서 성공하지 못한 명분 따위는 저버리고 일신의 안전만 도모했다. 황제의 이름 아래 억압받거나 통치받을 뿐이었던 속주민들에게는 누가 황제가 되느냐는 중요한 문제가 아니었다. 속주민들은 현재 권력을 쥔 자의 의지대로만 움직였으며, 그 권력이 보다 우월한 세력에 양도되면 즉시 새로운 정복자에게 관용과 온정을 탄원했다. 그러나 새로운 정복자는 군대에 갚아야 할 빚이 막대했기 때문에 병사들의 탐욕을 채워 주기 위해 가장 죄가 큰 속주를 희생시킬 수밖에 없었다. 광대한 로마 제국 전역을 통해 로마 군단의 진군을 막을 수 있는 도시는 거의 없었다. 또한 정부 권력의 지지를 받지 않고 스스로의 힘으로 패배를 눈앞에 둔 당파를 소생시킬 수 있는 개인이나 가문, 집단도 거의 없었다.

그러나 니게르와 세베루스 황제의 대결에서 한 도시는 명예롭게 예외적인 충절을 보여 주었다. 비잔티움은 유럽에서 아시아로 가는 중요한 길목이었기 때문에, 항상 강력한 수비대가 주둔하고 있었고 항구에는 500척의 함대가 정박하고 있었다.[34] 그러나 세베루스 황제의 맹렬한 기세는 이 도시의 면밀한 방어 체계마저 무너뜨렸다. 세베루스 황제는 부하들에게 비잔티움을 정복할 임무를 남겨 놓고 방어가 다소 허술한 헬레스폰투스 지역으로 진군했다. 시시한 적들을 상대할 것 없이 바로 니게르와 대결하겠다는 의도였다. 수많은 로마군이 비잔티움을 공격했고 점점 병사들을 늘여 나가다 나중에는 로마의 전 해군이 총출동해 공격했지만, 비잔티움은 3년 동안 도시를 방어했고 니게르의 사후에도 그에게 충성을 바쳤다. 시민들과 병사들은 (무슨 명분으로 그렇게 했는지는 모르지만) 로마군에 맞먹는 맹렬한 기세로 싸웠고, 사면을 포기하거나 그것을 수치로

[34] 대부분의 배는 소형 선박이었으나 2열 혹은 3열의 노를 갖춘 갤리선도 있었다.

비잔티움에 대한 포위 공격

35 이 기술자의 이름은 프리스쿠스였다. 기술이 너무나 뛰어났기 때문에 후에 그는 사면되어 정복자 세베루스 황제를 위해 일하게 되었다.

36 스파르티아누스와 현대의 몇몇 그리스 사학자들의 권위에도 불구하고, 비잔티움이 세베루스 황제의 사망 후에 폐허로 변했다는 디오와 헤로디아누스의 기록을 믿을 수 있을 것이다.

여긴 니게르의 부하들은 이 최후의 격전지에 몸을 던졌다. 이 지역을 방어하기 위해 한 유명한 설계자가 고대인에게 알려져 있던 모든 기술력을 총동원해서 만든 요새는 결코 무너지지 않는 것으로 여겨졌다.35 그러나 비잔티움은 결국 기아 때문에 굴복하고 말았다. 행정관들과 병사들은 처형되고 성벽은 파괴되고 특권도 박탈되어, 후에 동로마 제국의 수도가 될 이 도시는 일개 촌락으로 남겨져 수치스럽게도 페린투스의 관할하에 놓이게 되었다. 비잔티움의 번영을 찬양하고 그 몰락을 한탄한 역사가 디오는 세베루스 황제의 복수가 로마인들에게서 폰투스와 아시아의 야만족들을 방어할 수 있는 가장 강력한 요새를 앗아 갔다고 비난했다.36 이 비난이 정당했다는 점은 이후에 고트족 함대가 흑해를 점령하고 무방비의 보스포루스 해협을 통과해 지중해 한복판까지 진출한 사건에서 너무도 잘 입증되었다.

니게르와 알비누스의 죽음. 내전의 잔혹한 결과

니게르와 알비누스는 둘 다 전쟁터에서 도망치다가 발각되어 처형되었다. 그들의 죽음은 놀라움도 경악도 불러일으키지 못했다. 그들은 황제의 자리에 목숨을 걸었던 것인데, 성공했다면 상대방에게 가했을 운명을 패배했기 때문에 받은 것뿐이었다. 세베루스 황제도 그의 경쟁자들이 개인의 신분으로 삶을 유지할 수 있게 해 주는 따위의 교만한 우월감을 보여 주지는 않았다. 그 대신 원래부터 용서를 모르던 그의 성질은 탐욕에 의해 더 자극되어 걱정하지 않아도 좋았을 사람들에게까지 마음껏 복수를 즐겼다. 시리아와 브리타니아 속주의 주요 인물들은 특별히 그 운 좋은 황제 후보자를 싫어했던 것도 아니었고, 자신의 의지와는 상관없이 배정된 총독의 통치에 따랐을 뿐인데도 처형당하고 추방당했으며 특히 많은 사람들이 재산을 몰수당했다. 동방의 많은 도시들이 고대로부터 누려 오던 명예를 박탈당했고, 니게르에게 바치던 세금의 네 배를 세베루스 황제의 국고에 바쳐야 했다.

내전의 향방이 최종적으로 결정될 때까지는 세베루스 황제의 잔인성은 어느 정도 억제되었다. 아직 결과가 불확실했고 거짓으로나마 원로원에 대한 존경심도 보여 주어야 했기 때문이다. 그러나 알비누스의 잘린 머리가 위협적인 편지와 함께 원로원에 도착했을 때, 그것은 패배한 그의 경쟁자들에게 협력한 자는 한 명도 살려 두지 않겠다는 결심을 로마인들에게 선포하는 것으로 여겨졌다. 세베루스 황제는 원로원의 애정을 한 번도 받아 본 적이 없다는 의심에 시달렸는데, 이 의심은 어느 정도는 타당한 것이기도 했다. 그는 오랜 원한은 감춰 두고 그 당시에 발각된 모종의 음모가 담긴 편지들을 표면에 내세웠다. 그러나 알비누스를 지지한 서른다섯 명의 의원들은 아무 조건 없이 사면되었고, 세베루스 황제는 이어진 조치들을 통해 그들의 혐의를 완전히 용서했고 잊었다고까지 믿게 만들었다. 그러나 동시에 그는 마흔한 명의 의원들을 처형했는데, 그 이름들은 역사에 기록되어 있다.[37] 그들의 처자식과 하인들도 함께 처형되었고, 에스파냐와 갈리아 속주의 귀족들도 마찬가지의 처분을 받았다. 그는 이것을 엄격한 정의라고 규정하면서, 이런 조치들을 통해서만 국민에게 평화를 보장하고 제위의 안정을 도모할 수 있다고 주장했다. 그러면서 그는 관대해지려면 먼저 잔인해져야 할 필요가 있다면서 그 점을 짐짓 한탄하는 척하기도 했다.

절대 군주의 이해는 일반적으로 국민의 이해와 일치한다. 국민들의 수와 부, 그들의 질서와 안전이 절대 군주의 위대성

원로원에 대한 세베루스의 증오

[37] 디오는 스물아홉 명의 의원만을 언급했다. 그러나 『황제열전』에는 마흔한 명이 기록되어 있으며, 그중 여섯 명은 페스켄니우스라는 이름을 가지고 있다. 헤로디아누스는 세베루스 황제의 잔인성에 대해 포괄적으로 기록하고 있다.

[38] 세베루스 황제는 세속적인 경기나 경연회를 성대하게 개최했으며, 곡물 창고에는 국민들이 하루에 2500쿼터씩 7년 동안 먹을 수 있는 옥수수를 비축했다. 세베루스 황제가 장기적으로 곡물을 공급한 것은 인정하지만, 그 곡물에 더 이상의 의미를 부여하면서 그를 찬양하고 싶지는 않다. 그것은 정책이었을 뿐이다.

[39] 아프리카, 그리스, 아시아 지역을 여행하고 온 사람들은 다른 어떤 로마 황제들보다 세베루스 황제의 기념비가 가장 많았다고 증언한다.

[40] 세베루스 황제는 그의 막강한 군대를 이끌고 파르티아 왕국의 수도인 셀레우키아와 크테시폰까지 진출했다. 이 전쟁에 대해서는 적절한 때에 다시 언급하겠다.

~~~ 세베루스 통치의 지혜와 정의 ~~~

을 보장해 주는 가장 확실한 토대이기 때문이다. 군주가 미덕을 전혀 갖추지 못했다 해도 이런 점을 생각할 수 있는 사려분별만 있다면 미덕을 갖춘 자와 같은 행동을 하게 될 것이다. 세베루스 황제는 로마를 자신의 사유 재산으로 간주하고, 그것을 손에 넣자마자 이 소중한 재산을 가꾸고 발전시키는 일에 최선을 다했다. 우선 건전한 법률을 예외 없이 엄격하게 시행해서 마르쿠스 황제 사후로 정부의 모든 부서에 만연해 있던 부정부패를 시정했다. 특히 사법권의 행사에서 황제의 판결은 신중하고 통찰력 있으며 공정한 것이었다. 엄격한 공평성을 벗어나는 경우는 주로 가난한 자와 약한 자의 편을 드는 경우였다. 이것은 고귀한 인간성에서 비롯되었다기보다는 지위가 높은 사람들의 자존심을 눌러서 모든 국민들을 절대적인 의존 상태에 두려는 전제 군주의 자연스러운 성향을 드러낸 것이라 볼 수 있다. 웅장한 공공 건물들을 짓고, 화려한 공연들을 마련하고, 곡물을 비롯한 생필품을 후하게 배분한 것이 그가 로마 국민들의 애정을 얻은 가장 확실한 수단이었다.[38] 내전의 상처는

~~~ 전반적인 평화와 번영 ~~~

잊혀졌고 모든 속주들은 다시 한 번 고요한 평화와 번영을 누리게 되었다. 세베루스 황제의 관대한 인심 덕분에 회복된 많은 도시들은 황제 도시라는 명칭을 얻었고, 주민들은 공공 기념비를 세워 감사와 행복의 마음을 전했다.[39] 용감하고 강력한 군인 황제를 맞게 되어 로마 군대의 명성도 회복되었다.[40] 세베루스 황제는 내·외국과의 끊임없는 전쟁으로 피폐해진 제국을 맡아 보편적이고 명예로운 평화 상태로 바꾸었다는 점에 긍지를 느꼈는데, 이것은 물론 정당한 자부심이기는 했다.

내전의 상처는 완전히 치유된 것처럼 보였지만, 그것의 치

명적인 독소는 체제의 심장부에 여전히 잠복해 있었다. 세베루스 황제는 상당한 용맹과 능력을 지닌 인물이었다. 그러나 율리우스 카이사르의 과감한 정신이나 아우구스투스 황제의 신중한 정책으로도 승리감에 도취된 군단의 오만함을 다스리기는 힘들었을 것이다. 세베루스 황제는 감사의 뜻에서, 혹은 잘못된 정책 탓에, 혹은 필요에 의해서 군대의 규율을 느슨하게 해 줄 수밖에 없었다. 병사들의 허영심은 금반지를 끼는 영예를 받게 되자 더 높아졌고, 할 일 없는 병영에서 처와 함께 지낼 수 있도록 허용되자 더욱 안일한 생활로 빠져들었다. 세베루스 황제는 병사들의 급여를 이전 수준을 훨씬 뛰어넘게 인상시켰고, 국가적인 위기나 축제가 있을 때마다 후한 하사금을 내려서 병사들이 그것을 당연하게 생각하도록 만들었다. 병사들은 승리로 의기양양해지고, 사치스러운 생활로 나태해졌으며, 위험스러운 특권들을 부여받아 일반 국민보다 우월한 지위를 누리게 되었다.[41] 그들은 곧 힘든 군대 생활을 할 수 없게 되었고, 응당 해야 할 복종도 견딜 수 없게 되었으며, 오히려 국가에 압력을 행사하는 집단으로 변질되었다. 장교들은 병사들보다 더욱 호화롭고 방탕한 생활을 함으로써 높은 지위를 과시했다. 세베루스 황제가 한 군단장에게 보낸 친서가 아직 남아 있는데, 거기에는 군대의 특권적 지위와 오만을 개탄하면서 장교들부터 솔선해서 자체 개혁에 나설 것을 촉구하는 내용이 담겨 있다. 그가 정확하게 관찰했던 것처럼 존경받지 못하는 장교들은 부하들의 복종도 기대할 수 없기 때문이었다. 세베루스 황제가 이 생각을 좀 더 발전시켰더라면 군대의 전반적인 타락의 일차적인 원인은 장교들에게 있는 것이 아니라, 치명적이 될 정도로 특혜를 베푼 총지휘관인 자신에게 있다는 점을

군사 규율의 완화

[41] 군대, 특히 근위대의 오만방자함과 특권에 대해서는 에우베날리스의 작품으로 잘못 알려진 풍자시의 열여섯 번째 시에 잘 나타나 있다. 이 풍자시가 묘사한 정황으로 미루어 볼 때 이것은 세베루스 황제나 그의 아들 치세에 지어진 것이 틀림없는 것 같다.

알게 되었을 것이다.

근위대의 새로운 편제

황제를 살해하고 제국을 팔아넘겼던 근위대는 그들의 배신 행위에 합당한 처벌을 받았다. 그러나 근위병 제도는 위험할 수는 있지만 반드시 필요했기 때문에, 세베루스 황제는 새로운 방식을 도입하여 종래의 네 배 규모로 근위대를 재조직했다. 이전의 근위대는 이탈리아에서만 모집되었지만, 로마의 온화한 풍속이 인근 속주들로 전파되면서 마케도니아, 노리쿰, 에스파냐에서도 모집되었다. 이 우아한 근위대는 전쟁보다는 궁전의 의례용으로나 적합했다. 그러나 세베루스 황제는 변경 지대의 군단에서 힘과 용기와 충성심이 가장 뛰어난 병사들을 수시로 차출해서, 명예로운 보상의 일환으로 근위병으로 승진시켰다. 이 새로운 체계에서는 이탈리아 청년들은 제외되었고, 로마 시민들은 야만족 출신 근위병들의 낯선 외모와 생활 풍속을 보면서 공포를 느꼈다. 그러나 세베루스 황제는 로마 군단이 이런 방식으로 선발된 근위대를 전체 군대의 대표자로 여길 것이고, 그 어떤 적보다도 군사력과 무기가 우수한 5만 병사의 도움이 있으니 반란의 희망은 영원히 사라졌고, 제국은 그 자신과 후손들의 것으로 안전하게 확보되었다고 생각하며 만족했다.

황제의 총애를 받은 이 막강한 군대를 지휘하는 자리는 곧 제국 내에서 가장 중요한 공직이 되었다. 정부가 군사 독재로 전락했으므로 이전에는 단지 근위대의 우두머리에 불과했던 근위대장은 모든 군대의 수장이었을 뿐 아니라 재정부와 사법부의 장관까지 겸하게 되었다. 행정 각 부서에서 근위대장이 황제를 대리했고, 또 황제의 권력을 대신 행사했다. 그 무한한 권력을 즐기고 또 남용한 첫 번째 근위대장은 세베루스 황제가 총애한 플라우티아누스였다. 그의 권력은 그의 딸이 황제의 장남과 결혼할 때까지 10년간 지속되었다. 이 결혼은 그의 권력을 더 확실하게 해 줄 것으로 여겨졌지만, 오히려 그의 몰락을 가져오는 계기가 되었다. 궁정의 적개심이 플라우티아누스의 야심을 자극하고 경각심을 불러일으켜 반란을 일으키게끔 하는 상황으로 몰고 갔던 것이다. 이렇게 되자 황제는 여전히 그를 사랑했지만 어쩔 수 없이 처형에 동의해야 했다. 그의 죽음 이후에는 파피니아누스라는 저명한 법률가가 근위대장이라는 이 전천후 관직에 임명되었다.

세베루스 황제가 취임할 때까지는 상식과 미덕을 갖춘 황제들은 원로원을 존중하거나 적어도 존중하는 척은 했고, 아우구스투스 황제가 수립해 놓은 행정 정책의 틀을 잘 지켜 나갔다. 그러나 세베루스 황제는 청년 시절을 군대의 절대적 복종이라는 규율 아래서 보냈고 장년 시절은 전제적으로 군대를 지휘하면서 보낸 인물이었다. 그의 오만하고 융통성 없는 정신은 황제와 군대 사이를 매개하는 중간 세력이(그것이 아무리 가상적이라 할지라도) 존재해야 할 이유를 발견할 수도 없었고, 그 세력을 인정하려 하지도 않았다. 세베루스 황제는 자신을 증오하면서도 자신이 인상만 찌푸려도 벌벌 떠는 원로원을 위해 봉사하는 대리인으로 처신해야 할 가치가 없다고 생각했다. 그는 자신의 요구가 효과적으로 실행될 만한 경우에는 명령을 내렸고, 정복자이자 절대 군주로 처신했으며, 원로원의 권위로 위장하지 않고 독단으로 행정권과 사법권을 행사했다.

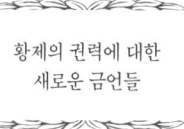
군사 독재의 억압을 받은 원로원

원로원에 대한 승리는 쉬웠으나 명예로운 것은 아니었다. 모든 사람의 눈과 마음이 군대와 국고를 장악하고 있는 한

황제의 권력에 대한 새로운 금언들

사람의 절대적인 행정관에게로 쏠리게 되었다. 국민에 의해서 선출된 것도 아니고 군사력의 방어를 받지도 못했으며 공적인 사명감으로 무장되어 있지도 않았던 원로원은 고대의 전통이라는 연약한 기반에 쇠퇴하고 있는 권력을 의지하고 있을 뿐이었다. 공화정이라는 고매한 이론은 서서히 잊혀져서 절대 군주제라는 보다 자연스럽고 실제적인 감정에 자리를 내어 주었다. 로마 시민의 자유와 명예가 속주들로 확산되었지만 그곳의 정부는 공화정을 아예 모르거나 안다고 해도 증오하고 있었으므로, 공화정의 원칙들은 점진적으로 철폐되었다. 안토니누스 가 황제들 시대의 그리스 역사가들은 로마의 군주들은 쓸데없는 선입견에서 왕이라는 이름은 삼갔지만, 실제로는 절대 군주의 권력을 소유하고 있었다고 심술궂은 희열을 느끼면서 지적한 바 있다. 세베루스 황제 치세에 원로원은 동방의 속주들에서 온 세련되고 화술 좋은 노예들로 채워졌고, 그들은 개인적인 아부를 공적인 봉사라는 그럴듯한 이론으로 정당화시켰다. 군주의 절대적인 권한을 옹호하는 사람들이 절대적인 복종의 의무를 주입시키고 자유가 가져오는 불가피한 폐해에 대해 열심히 설명하자, 궁정에서도 이들의 이론을 반겼으며 국민들도 참을성 있게 받아들였다. 법률가들과 역사가들도 한결같이 황제의 권위는 원로원으로부터 권한을 위임받는 것이 아니라 원로원이 권한을 완전히 포기하는 것에서 유지되며, 황제는 일체의 법적 제약에서 자유로우므로 자신의 의지대로 국민의 생명과 재산을 지배할 수 있고, 제국을 개인의 세습 재산으로 처분할 수 있다고 가르쳤다. 뛰어난 법률가들, 특히 파피니아누스, 파울루스, 울피아누스 등이 세베루스 가문의 보호 아래 활약하며 세도를 누렸다. 그래서 절대 군주제와 밀착되어 발전해 왔던 로마의 법률학은 이제 완전히 성숙하여 완성기를 맞이하였다.

세베루스 황제 통치 아래 평화와 영광을 누렸던 동시대인들은 그가 초반에 보여 준 잔인한 행동들을 용서했다. 그러나 세베루스의 새로운 정책과 선례가 가져온 치명적인 결과를 목격한 후손들은 그를 로마 제국의 쇠망을 초래한 주범으로 여기게 되었다.

6

THE DECLINE AND FALL
OF THE ROMAN EMPIRE

세베루스 황제의 사망 · 카라칼라 황제의 학정 · 마크리누스 황제의 찬탈 · 엘라가발루스 황제의 우행 · 알렉산데르 세베루스 황제의 미덕 · 군대의 방종 · 로마 재정의 전반적인 상태

위대한 위치로 올라갈 때는 그 과정이 아무리 험하고 위험하다 해도 자신의 힘을 의식하고 또 행사할 수 있기 때문에 적극적인 정신을 가진 사람이라면 누구나 그것을 즐길 것이다. 그러나 일단 황제의 지위에 오른 다음에는 만족감이 지속될 수 없다. 이 우울한 진리가 세베루스 황제에게도 그대로 적용되었다. 행운과 능력으로 그는 미천한 지위에서 최고의 자리까지 올랐다. 그러나 그 자신이 말한 것처럼, 그는 "모든 것이었지만 그 모든 것은 아무 가치가 없었다." 제국을 얻기 위한 것이 아니라 그것을 유지하기 위한 노고 때문에 지치고, 노쇠함 때문에 나약해지고, 명성에도 관심이 없었으며, 권력에도 싫증나 버린 세베루스 황제는 삶의 모든 가능성은 이제 사라졌다고 생각했다. 가문의 영광을 영속화하려는 욕망이 그에게 남아 있는 마지막 야심이었으며 아버지로서의 희망이기도 했다.

대부분의 아프리카 사람들처럼 세베루스 황제도 마술이나

세베루스의
위대함과 불만

¹ 서기 186년경의 일이다. 박학다식했던 편찬자인 티유몽(M. de Tillemont)은 175년에 사망한 파우스티나 황후가 세베루스와 율리아의 결혼을 도와 주었다는 디오의 기록을 보고 무척 당황했다고 한다. 그러나 티유몽은 디오가 실제 사실이 아니라 세베루스의 꿈 이야기를 하고 있다는 점을 잊은 것 같다. 꿈이란 시간이나 공간의 제약을 받지 않는 법이다.

² 외할아버지의 이름이었던 바시아누스가 그의 원래 이름이었다. 황제 재임 기간 동안에는 안토니누스라는 이름을 사용했고 법률가들과 고대 역사가들도 이 이름을 채택했다. 사후에 분노한 국민들이 타란투스와 카라칼라라는 별명으로 불렀다. 타란투스는 유명한 검투사의 이름이었고, 카라칼라는 그가 로마 시민들에게 배포한 갈리아 지방의 긴 망토 이름에서 따온 것이다.

세베루스의 부인이자 황후인 율리아

미신을 열심히 연구하고 믿었으며, 길몽이나 흉몽의 해석에도 능했고, 특히 점성술에는 완전히 정통하고 있었다. 사실 점성술은 현대를 제외한 모든 시대에 사람들의 마음을 지배해 왔다. 그는 갈리아 루그두넨시스의 총독으로 있었을 당시 첫 번째 부인을 잃었다.¹ 두 번째 부인을 선택할 때 그는 점성술에 따라 오직 좋은 운세를 타고난 사람만을 찾았다. 시리아의 에메사에 황후가 될 운명을 타고난 젊은 여인이 있다는 것을 알게 되자, 그는 즉시 청혼하여 그녀의 허락을 받아냈다. 율리아 돔나(이것이 그녀의 이름이었다.)는 모든 면에서 별자리가 약속한 운세에 적합한 여성이었다. 그녀는 나이가 들어서도 미모를 간직했고, 생기 있는 상상력에 확고한 정신, 여성에게서는 찾아보기 힘든 판단력까지 갖추고 있었다. 그녀의 온화한 자질은 남편의 음울하고 질투심 많은 성격에는 크게 영향을 주지 못했다. 그러나 아들의 치세 동안에는 중요 국사들을 직접 처리했는데, 항상 아들의 권위를 해치지 않는 신중한 자세와 아들의 지나친 방종을 교정해 줄 수 있는 온화한 태도를 견지했다. 그녀는 문학과 철학을 공부해서 어느 정도의 조예를 갖추었는데, 평판만은 실로 대단한 것이었다. 그녀는 모든 예술의 후원자였으며 모든 문사들과 예술가들의 벗이었다. 은혜를 입은 지식인들과 예술가들은 그녀의 미덕을 소리 높여 칭송했다. 그러나 고대 역사가들이 전하는 추문을 믿는다면 정절이 율리아 황후의 가장 뛰어난 미덕은 아니었던 것 같다.

두 아들 카라칼라와 게타

이 결혼에서 카라칼라²와 게타라는 두 아들이 태어났고, 이들은 제국의 상속자로 예정되어 있었다. 그러나 아버지와 전 로마의 애정 어린 희망은 곧 이 허영심 많은 청년들에 의해 좌절되고 만다. 그들은 세습 황태자라는 안이한 안도감에 젖어 있었고, 재능이나 공부가 부족해도 행운이 그 자리를 채워 줄 것으로 생각했다. 미덕이나 재능을 서로 겨뤄 볼 생각은 하지도 않고, 그들은 거의 유아 때부터 서로에게 돌이킬 수 없는 적대감을 품었다.

그들의 증오는 해를 거듭할수록 더 심해졌고 이해관계가 얽힌 총신들의 계략으로 더 격렬해졌다. 처음에는 어린아이들의 장난 같았던 증오가 점점 심각한 경쟁으로 바뀌어서 결국에는 극장이나 원형경기장, 궁정까지 두 개의 당파로 나뉘었는데, 각각의 지도자의 희망과 불안이 얽혀서 이런 결과가 생겨나고 만 것이다. 사려 깊었던 세베루스 황제는 충고와 권위 등 모든 수단을 동원해서 나날이 커져 가는 적대감을 완화시키고자 노력했다. 두 아들 간의 불화는 그의 모든 기대에 먹구름을 드리웠고, 그토록 많은 수고를 들여 일구고 그토록 많은 피로 다졌으며 그토록 많은 군사력과 국고를 들여 방어한 제위의 장래마저 위태롭게 만들고 있었다. 세베루스 황제는 두 아들 사이에서 공평함과 균형을 유지하고자 노력했다. 그는 두 아들 모두에게 아우구스투스, 즉 황제의 지위를 주고 안토니누스라는 존경받는 이름을 내렸다. 이렇게 해서 로마는 처음으로 세 명의 황제를 모시게 되었다.[3] 그러나 이런 공평한 처사도 경쟁심을 더 부추기는 결과를 낳았을 뿐이었다. 사나운 카라칼라가 장자 상속권을 주장하면 좀 더 온화했던 게타는 국민과 병사들의 애정을 호소하는 식이었다. 아버지로서 실망하고 고민하던 세베루스 황제는 두 아들 중 약한 쪽이 강한 쪽의 희생물이 될 것이고, 강한 자 역시도 스스로의 악으로 파멸하고 말 것임을 정확하게 예견했다.

카라칼라와
게타의 상호 반목

[3] 티유몽의 정확한 기록에 따르면 카라칼라는 서기 198년에 황제로 추대되었다. 뒤이어 게타는 서기 208년에 황제로 추대되었다.

서기 208년, 칼레도니아 전쟁

이같은 상황에서 브리타니아에서 전쟁이 발발하여 북쪽의 야만족들이 속주를 침범했다는 소식이 들려왔다. 세베루스 황제는 이 소식을 오히려 기쁘게 받아들였다. 그의 군단장들만으로도 그 먼 변경 지역의 적들을 물리치는 데 충분했겠지만, 그는 이 기회가 두 아들을 사치와 향락의 도시 로마에서 빼낼 좋은 구실이라고 생각했다. 로마에서의 사치와 향락은 정신을 나태하게 하고 관능을 자극할 뿐이었기 때문이다. 또한 이것은 청춘을 전쟁과 국무의 노고에 바칠 수 있는 기회이기도 했다. 고령(세베루스 황제는 이미 예순을 넘었다.)과 가마를 타고 다닐 수밖에 없게 만들었던 통풍에도 불구하고, 그는 두 아들과 궁정 신하들, 막강한 군대를 대동하고 그 먼 섬나라까지 몸소 출정했다. 세베루스 황제는 오랫동안 시도해 왔던 브리타니아의 완전 정복을 계획하며 곧장 하드리아누스 성벽과 안토니누스 성벽을 넘어 적지로 들어섰다. 그는 단 한 사람의 적군도 만나지 않고 섬의 최북단까지 나아갔다. 그러나 군대의 후방이나 측면에 매복해 있던 칼레도니아군의 공격과 매서운 추위, 겨울철의 스코틀랜드 언덕과 늪 지대를 행군해야 했던 역경 등이 겹쳐 로마군의 손실이 5만 명 이상이었다고 전해진다. 마침내 칼레도니아군은 로마군의 막강하고도 집요한 공격에 무릎을 꿇었고, 군사력의 일부와 많은 영토를 넘겨주는 조건으로 평화 협정을 간청했다. 그러나 그들의 외견상의 굴복은 당장의 공포만은 피하고 보자는 것으로 오랫동안 지속되지는 않았다. 로마군이 철수하자마자 그들은 곧 적대적인 독립 상태를 다시 회복하고자 했다. 그들의 불굴의 정신은 세베루스 황제를 자극하여, 황제는 정복하라는 것이 아니라 원주민들을 전멸시키라는 무시무시한 명령과 함께 새로운 군대를 칼레도니아로 보냈다. 그러나 이 오만한 황제의 죽음으로 그들은 목숨을 부지할 수 있었다.

칼레도니아 전쟁은 결정적인 전투가 있었던 것도 아니고 중요한 결과를 가져 온 것도 아니기 때문에 크게 주목받지 못했다. 그러나 세베루스 황제의 침략은 영국사 혹은 전설에서 가장 빛나는 시기와 연결되어 있었을 가능성이 크다. 최근 영국에서 책 한 권이 출간되어 핀갈 왕과 그의 영웅 시인들이 새로운 조명을 받게 되었는데, 이 책에 따르면 핀갈 왕은 이 중대한 시기에 칼레도니아군을 지휘하여 세베루스 황제의 막강한 군사력을 교묘히 피하면서 카룬 강변에서 중요한 승리를 거두었다. 이 전투에서 세계의 제왕의 아들 카라쿨은 군대에서 이탈하여 그의 명예가 달려 있던 전쟁터에서 도망갔다고 한다. 이 스코틀랜드 고지대의 전설에는 다소 의문스러운 점이 있으며, 현대 비평의 뛰어난 연구에서도 그 의문이 완전히 풀리지는 않았다.[4] 그러나 핀갈 왕이 실존 인물이며 오시아누스가 그를 기린 노래를 불렀다는 기분 좋은 가정을 기꺼이 받아들인다면, 전투에 나선 두 나라에 대한 대조적인 묘사를 재미있게 감상해 볼 수 있을 것이다. 이 비교는 보다 문명화되었던 로마에 대해 전혀 호의적이지 않다. 세베루스의 가차 없는 복수심은 핀갈 왕의 관대하고 온화한 성격과 비교되었고, 카라칼라의 비겁하고 야만적인 잔인성은 오시아누스의 부드럽고 우아한 용맹과 비교되었으며, 두려움과 물질적 보상 때문에 제국의 군기를 섬기는 용병 대장들은 오직 모르벤 왕의 부름에 응해 자발적으로 무기를 든 자유 전사들과 비교되었다. 다시 말하자면 훈련은 못 받았지만 타고난 열정과 미덕으로 불타는 칼레도니

핀갈과 그의 영웅들

칼레도니아인과 로마인

[4] 오시아누스가 노래한 카라쿨이 로마사의 카라칼라라는 사실은 영국 고대사 연구에서 맥퍼슨(Macpherson)과 휘태커(Whitaker)가 의견을 같이 하고 있는 유일한 대목이다. 그러나 이 의견에는 여전히 의문점이 남아 있다. 칼레도니아 전쟁에서 세베루스 황제의 아들은 안토니누스라는 이름으로만 알려졌었다. 스코틀랜드 고지대의 음유 시인들이 4년 후에나 만들어진 카라칼라라는 별명을 사용했을 리가 없다. 카라칼라라는 명칭은 카라칼라 황제가 사망할 때까지는 거의 사용되지 않았고, 고대 역사가들도 이 명칭은 거의 채택하지 않았다.

아인들과 사치와 노예 근성에 물들어 타락한 로마인들이 비교되어 있는 것이다.

카라칼라의 야심

세베루스 황제가 건강이 악화되어 자리에 눕자 카라칼라의 마음은 무서운 야심과 사악한 열정으로 불타올랐다. 황제 계승의 지연이나 제국의 분할을 더 이상 참을 수 없었던 카라칼라는 아버지의 얼마 남지 않은 여생을 단축시키려고 여러 번 시도했으며, 군대의 반란까지 선동하고자 했지만 성공하지는 못했다. 세베루스 황제는 마르쿠스 황제가 단호한 판결을 내렸더라면 로마 시민들이 그의 몹쓸 아들의 폭정으로 고통받지는 않았을 것이라며 그의 빗나간 부정(父情)을 종종 비난했었다. 그러나 자신이 같은 상황에 처하자 재판관으로서의 엄격함이 아버지로서의 자애 앞에서 얼마나 무기력하게 사라져 버리는지를 몸소 경험했다. 그는 처벌을 신중히 검토했고 위협도 해 보았지만 막상 처벌할 수는 없었다. 그리고 그가 보여 준 이 유일한 자비심이 오랫동안 행해 온 잔인한 행동보다도 훨씬 치명적인 결과를 낳았다. 마음의 병이 생기자 육체의 고통도 더 심해져서 그는 죽기를 바라는 심정이 되었고 이런 초조함이 결국 죽음의 순간을 재촉했다. 세베루스 황제는 요크에서 영광되

서기 211년 2월, 세베루스의 죽음과 두 아들의 즉위

고 성공적이었던 치세 18년 만에 65세의 나이로 숨을 거두었다. 마지막 순간에 그는 두 아들에게 화합을 부탁했고 군대에는 그들의 앞날을 잘 부탁했다. 두 아들의 마음에는 아버지의 간곡한 유언이 와 닿지도 이해되지도 않았지만, 죽은 황제의 권위와 자신들의 충성 서약을 기억하고 있던 군대는 황제의 유언을 받들어 카라칼라의 부탁을 거절하고 두 형제를 모두 로마의 황제로 선언했다. 새로운 황제들은 곧 칼레도니아 전쟁을

중단하고 수도 로마로 돌아왔다. 그들은 신으로 승격된 아버지의 장례식을 훌륭하게 치르고, 원로원과 국민과 속주로부터 합법적인 황제로 인정받고 환영받았다. 장남에게 약간의 우월적 지위가 허용되는 것 같기도 했지만, 대체로 두 형제가 동등하고 독립적인 권력을 가지고 제국을 함께 통치하게 되었다.

이렇게 정부 권력이 두 개로 나누어진다면 아무리 의좋은 형제 사이라도 불화가 생길 수밖에 없을 것이다. 더구나 화해를 바라지도 않았고 화해한다 해도 그것을 신뢰할 수도 없었던 적대적인 형제 사이에서 이런 체제는 결코 오래 지속될 수 없었다. 한 사람만이 통치해야 하고 다른 사람은 죽어야 한다는 것이 명백해졌다. 두 형제는 각각 자신의 음모에 비추어 상대방의 음모를 추정하고 엄중하게 경계함으로써 독약과 칼의 반복적인 위협으로부터 자신을 보호했다. 두 형제는 갈리아와 이탈리아를 거쳐 신속히 귀환하던 동안 식사 한 번 같이 하지 않고 잠도 한 집에서 자지 않음으로써 형제 간의 반목이라는 좋지 않은 광경을 속주민들에게 죄다 보여주었다. 로마에 도착하자마자 그들은 즉시 광대한 궁전을 두 개로 나누었다.5 각각의 처소 사이에는 어떤 왕래도 없었고, 문과 통로는 요새처럼 방어되었으며, 경비병들은 전쟁터에서와 같이 엄격하게 교대로 배치되었다. 두 황제는 공적인 자리에서만, 그것도 슬픔에 잠긴 어머니를 동석시키고 수많은 무장 병사들을 대동한 다음에야 만났다. 이런 공적인 행사에서조차 그들의 깊은 증오는 궁전 대신들의 위장으로도 감출 수 없을 만큼 명백하게 드러났다.

이렇게 잠재되어 있던 내전의 가능성이 정부 전체를 혼란에 빠뜨리고 있을 때 두 형제 모두에게 이익이 될 것 같은 계획이

두 황제의 질투와 증오

5 이 사건을 설명하면서 제국의 궁전 크기가 로마의 나머지 지역의 크기만큼 넓었다고 묘사한 헤로디아누스의 설명을 보고 흄(Hume)이 놀랐던 것도 무리는 아니다. 궁전이 위치했던 팔라티누스 언덕의 둘레는 기껏해야 1만 1000~1만 2000피트밖에 되지 않는다. 그러나 부유한 원로원 의원들이 드넓은 정원과 소규모 궁전들로 도시를 거의 둘러싸고 있었고, 이것의 대부분이 점진적으로 황제에 의해 몰수되었다는 점을 기억해야 한다. 게다가 그의 이름을 사용하고 있는 야니쿨룸 정원에 거주했고, 카라칼라가 에스퀼리누스의 마이케나스 정원에 거주했다면 두 형제는 몇 마일의 거리를 사이에 두고 떨어져 지낸 셈이 된다. 그러나 그 사이의 공간은 살루스티우스, 루쿨루스, 아그리파, 도미티아누스, 카이우스 등의 정원들이 차지하고 있었고, 모두가 로마를 감싸는 동시에 테베레 강과 거리들에 놓인 다리로 서로서로 연결되고 또 궁전과도 연결되어 있었다. 그러나 헤로디아누스는 불완전하더라도 고대 로마의 지도를 곁들여서 좀 더 확실하게 자신의 주장을 전개할 필요가 있었다.

> 두 황제 사이의
> 제국 분할에 대한
> 성과 없는 협상

제시되었다. 두 형제의 화합이 불가능한 만큼 둘의 이해를 분리시키고 제국을 반으로 나누자는 것이 그것이었다. 협상의 조건들도 이미 어느 정도 세밀하게 마련되어 있었다. 형인 카라칼라가 유럽과 서아프리카를 그대로 통치하면서 아우 게타에게 아시아와 이집트를 양도하라는 것이었다. 게타는 부와 명성이 로마에 못지않은 알렉산드리아나 안티오크에 새로운 궁전을 세우고, 각 황제의 국경을 방어하기 위해 트라키아 보스포루스 해협 양쪽에 병사들을 상주시키면 될 것이었다. 유럽 출신 원로원 의원들은 그대로 로마에 남고 아시아 출신 의원들은 동방의 황제를 따라가면 된다. 그러나 율리아 황후의 눈물이 이 협상안을 저지했다. 사실 이런 계획은 처음부터 로마인의 가슴을 경악과 분노로 들끓게 했었다. 수많은 정복으로 이루어진 이 거대한 제국은 시간과 정책에 의해 매우 강하게 결속되어 있었기 때문에, 그것을 나누려면 아주 강력한 폭력이 필요할 터였다. 로마인들은 제국이 나누어진다면 내전이 발생해서 다시 한 사람의 황제 통치로 돌아갈 것으로 생각하며 두려워했다. 반면 분리가 영속화된다면 속주들의 분리는 결국 지금까지 침범되지 않고 지켜져 온 제국의 통일성을 와해시키는 결과를 초래할 것이 틀림없었다.

> 서기 212년 2월,
> 게타가 살해당함

이 협상안이 실행되었다 해도 유럽의 황제가 곧 아시아의 황제를 정복했을 것이다. 그러나 카라칼라는 좀 더 쉬우면서도 떳떳하지 못한 방법으로 승리를 낚아챘다. 그는 어머니의 간청을 들어 주는 척하면서 어머니의 처소에서 평화와 화해를 목적으로 동생과 만날 것을 약속했다. 대화 도중에 숨어 있던 백인대장 몇 명이 튀어나와 불운했던 게타에게 칼을 겨누었다.

깜짝 놀란 어머니가 그를 감싸안고 보호하려 했지만 승산 없는 실랑이 끝에 그녀 자신도 손에 상처를 입게 되었다. 그녀는 큰 아들이 암살자들을 격려하고 도와 주는 것을 목격하면서6 작은아들의 피를 뒤집어써야 했다. 이 상황이 끝나자마자 카라칼라는 공포에 질린 모습으로 황급히 유일한 은신처인 근위대 병영으로 달려가서 수호신들의 조각상7 앞에 무릎을 꿇었다. 병사들은 그를 일으켜 세우고 진정시키려고 했다. 그러자 그는 횡설수설하면서 자신이 절대절명의 위험에 처했었으나 운 좋게 빠져나왔다고 말했다. 또한 게타의 음모를 막아 냈음을 넌지시 암시하면서 이제는 충성스러운 병사들과 생사를 같이 하겠다는 결심을 굳혔다고 선언했다. 병사들은 원래 게타를 사랑했지만, 이제 와서 불평은 소용없었고 보복도 위험했을 뿐더러 아직은 세베루스 황제의 장남에 대한 존경심을 간직하고 있었다. 그들의 불만은 무력한 중얼거림 몇 번으로 사라졌고, 카라칼라는 병사들에게 아버지의 치세 동안 축적된 국고에서 아낌없이 하사금을 내림으로써 그들로 하여금 자신의 정당성을 믿게 만들었다. 권력과 안전을 위해서 중요한 것은 병사들의 감정뿐이었다. 군대가 그의 편임을 선언하면 원로원의 성명은 얼마든지 이끌어 낼 수 있었다. 이 아첨꾼들의 무리는 언제나 승리한 자의 권력을 승인해 줄 준비가 되어 있었기 때문이다. 그러나 대중의 분노를 달래 주고 싶었던 카라칼라는 게타의 이름을 언급할 때는 예를 갖추었고, 로마 황제로서의 신격화와 함께 성대한 장례식도 거행해 주었다.8 후손들은 게타의 불운에 동정심을 느껴 그의 악행들은 덮어 주었다. 게타 역시 권력을 원했으며 형과 마찬가지로 암살을 통해 권력을 독차지하고 싶어했다는 점은 잊어 버리고, 형의 야심에 희생당한 죄 없는 젊은 황제로만 생각하는 것이다.

6 카라칼라는 자기 동생 게타를 죽인 칼이라고 자랑하던 칼을 사라피스 성전에 봉헌했다.

7 로마군의 모든 병영에는 지휘부 근처에 작은 성소가 있었는데, 그 안에 수호신들의 조각상을 모셔 놓고 받들었다. 이 수호신들 중에서 독수리나 그 외의 군사적인 표상이 최고의 자리를 차지하고 있었다. 이것은 군대의 기강을 종교적인 신성함으로 더욱 공고히 할 수 있는 훌륭한 제도였다.

8 게타는 신으로 모셔졌다. 카라칼라는 여기서 "신이 될지어다. 그러나 살아서는 되지 말지어다."라는 유명한 말을 남겼다. 이 말은 아직도 로마의 메달들에서 찾아볼 수 있다.

카라칼라의 후회와 잔혹함

그같이 악독한 범죄가 처벌받지 않은 것은 아니었다. 국무도 쾌락도 아첨도 카라칼라의 죄의식을 지워 줄 수 없었다. 그는 혼란스러운 환상 속에 화난 모습의 아버지와 동생이 종종 나타나 그를 위협하고 비난한다고 고통스럽게 고백한 적이 있다. 그가 죄의식을 느꼈다면 선정을 베풂으로써 세상 사람들이 그 유혈 사태는 꼭 필요한 일을 하는 과정에서 우발적으로 발생한 부수적인 결과라고 믿게 만들었어야 했다. 그러나 카라칼라의 후회는 그의 죄악을 생각나게 하거나 살해된 동생을 기억나게 하는 것은 세상에서 모두 제거하는 방식으로 나타났다. 한번은 원로원에서 궁전으로 돌아왔을 때 어머니가 귀족 부인 몇 명과 함께 둘째 아들의 급작스러운 죽음을 이야기하며 울고 있는 것을 발견했다. 질투심에 불탄 황제는 그들에게 즉각 사형에 처하겠다고 위협했고, 마르쿠스 황제의 마지막 남은 딸이었던 파딜라에게는 사형을 집행했다. 어머니 율리아마저도 슬픔과 비탄을 감추고 기쁘게 승인한다는 듯한 미소로 암살자를 맞아야 했다. 게타의 친구였다는 애매한 죄목으로만 2만 명이 넘는 남녀가 처형되었다고 한다. 게타의 근위대와 해방노예들, 그를 도와 국정을 돌보던 대신들, 여가시간을 함께 즐기던 동료들, 그의 조치로 군대나 속주의 공직을 맡은 사람들은 모두 식솔과 함께 처형되거나 추방되었다. 게타와 서신을 한 번이라도 주고받은 사람들, 그의 죽음을 슬퍼하거나 심지어 이름을 언급한 사람들[9]까지도 모두 처벌의 대상이 되었다. 페르티낙스 황제의 아들인 헬비우스 페르티낙스는 때에 맞지 않은 풍자를 했다가 목숨을 잃었다.[10] 트라세아 프리스쿠스는 자유에 대한 사랑이 유전적인 특질이 된 것 같은 가문 출신이라는 점이 충분한 죄목이 되어 처형되었다.[11] 이제 중상모략이나 의심의

[9] 디오는 희극 작가들은 더 이상 게타라는 이름을 연극에 사용할 수 없었고, 유언에 게타라는 이름을 언급한 사람들의 재산은 몰수당했다고 말하고 있다.

[10] 카라칼라는 정복한 나라의 이름을 자기 이름으로 사용했다. 페르티낙스는 카라칼라가 고트족, 다른 말로 게타이족에게 약간의 승리를 거두었을 때 파르티쿠스, 알레마니쿠스 등의 이름에 게티쿠스라는 이름을 덧붙이는 것이 좋겠다고 말했다.

[11] 그는 헬비디우스 프리스쿠스와 트라세아 페투스의 자손일 것으로 추정된다. 타키투스는 이 애국자들의 확고했지만 실효는 없었던 미덕에 불멸의 명성을 부여했다.

빌미를 제공하는 특정한 이유들도 거의 고갈되었다. 그러자 어떤 원로원 의원이 정부의 숨겨진 적이라고 고발되면 황제는 그가 재산과 미덕을 갖춘 사람이라는 막연한 증거만으로도 만족하였다. 이 훌륭한 원칙을 바탕으로 그는 종종 아주 무시무시한 추론들을 이끌어 내곤 했다.

죄 없는 수많은 시민들이 처형되었기 때문에 그들의 친구들과 가족들은 남몰래 눈물을 흘리면서 애통해 했다. 특히 근위대장인 파피니아누스의 처형은 국가적인 재앙으로 애도되었다. 세베루스 황제의 치세 마지막 7년 동안 그는 제국 내에서 가장 중요한 공직을 맡아 봉사했으며, 바람직한 영향력을 행사해서 황제를 정의와 관용의 길로 이끌었다. 그의 미덕과 능력을 전적으로 신임한 세베루스 황제는 임종 시에 그에게 황제 가족들12의 번영과 화합을 잘 감독해 달라고 부탁까지 했었다. 그러나 세베루스 황제의 유언을 성실하게 수행하려던 파피니아누스의 노고는 카라칼라가 이전부터 이 아버지의 충신에 대해 품고 있었던 증오심을 더욱 부채질했을 뿐이었다. 카라칼라는 게타를 살해한 뒤에 파피니아누스에게 모든 기교와 웅변술을 동원해 이 잔학한 행위를 변호할 수 있는 글을 쓰라고 명령했다. 세네카도 이와 비슷한 종류의 서신을 아그리피나의 아들이자 암살자인 네로의 이름으로 써서 원로원에 보내야 했던 적이 있었다. "존속 살해를 범하는 것이 그것을 정당화하는 것보다는 쉽다."는 것이 목숨을 잃는 것과 명예를 잃는 것 사이에서 조금도 주저하지 않았던 파피니아누스의 명예로운 대답이었다. 궁정의 계략과 국정의 습성, 공직자들의 술수 등에 전혀 오염되지 않고 순수하게 남아 있던 이런 대담한 용기와 미덕이 그의 모든 업적과 수많은 저술과 로마 법률사에서 아직도 찬란

파피니아누스의 죽음

12 파피니아누스 자신도 황후 율리아의 친척이었다고 전해진다.

| 13 티베리우스 황제와 도미티아누스 황제는 로마 근처에서 벗어난 적이 없었다. 네로 황제는 그리스로 짧은 여행을 다녀온 적이 있다.

하게 남아 있는 법률가로서의 탁월한 명성보다도 더욱더 그에 대한 기억에 광채를 부여하고 있다.

제국 전체로 확대된 카라칼라의 폭정

선정을 베푼 황제들은 부지런하고 적극적이었지만 폭군들은 다소 게을렀다는 것이 그때까지 로마인들이 누려 왔던 특별한 행운이었고, 고난의 시기를 견딜 수 있게 해 준 위안이었다. 아우구스투스, 트라야누스, 하드리아누스, 마르쿠스 황제는 그 넓은 제국의 속주들을 몸소 시찰하면서 지혜롭고 은혜로운 선정을 베풀었다. 그러나 티베리우스, 네로, 도미티아누스 황제는 거의 로마나 인근 별장에만 머물렀으며, 그들의 악행은 원로원 계급이나 기사 계급으로 한정되었다.[13] 그러나 카라칼라 황제는 모든 국민의 적이었다. 그는 게타 살해 1년 후 로마를 떠나서 다시는 돌아오지 않았다. 그는 나머지 통치 기간 동

서기 213년

안 속주들, 그중에서도 특히 동방의 속주들에 머물렀는데, 그 결과 속주들은 차례로 약탈과 잔혹 행위의 무대가 되었다. 공포 때문에 카라칼라 황제의 변덕스러운 행차를 수행해야만 했던 원로원 의원들은 매일 막대한 비용을 들여 만찬과 여흥을 준비해야 했다. 그러나 카라칼라 황제는 오히려 경멸하면서 만찬을 물리치고 근위병들에게 그것을 대신 즐기도록 했다. 또한 모든 도시들이 웅장한 궁전과 극장들을 지어 바쳐야 했는데, 황제는 이곳들 역시 가 보지도 않았고 심지어는 즉시 파괴해 버릴 것을 명하기도 했다. 부자들은 부당한 과징금과 재산 몰수로 파산했고, 대다수의 국민들이 교묘하게 부과되는 무거운 세금 때문에 고통받았다. 그는 평시였고 아주 경미한 도발이 있었을 뿐인데, 이집트 알렉산드리아의 시민들을 무차별 학살하라는 명령을 내린 적도 있다. 카라칼라 황제는 사라피스 신

전에 안전하게 자리를 잡고 앉아서, 그 수나 죄질에 상관없이 시민이나 이방인들이 수천 명씩 학살되는 광경을 지켜보고 또 직접 지휘했다고 한다. 황제가 원로원에 냉정하게 보고한 바에 따르면, 사망했든 용케 피했든 모든 알렉산드리아인은 똑같이 유죄였다는 것이다.[14]

세베루스 황제의 현명한 가르침들은 아들의 마음에 아무런 흔적을 남기지 못했다. 카라칼라 황제는 상상력과 웅변술은 어느 정도 지니고 있었지만 분별력이나 인간애는 전혀 없었다. 그는 아버지의 유훈 중에서 '군대의 애정을 확보하기만 하면 나머지 국민들의 존경은 중요하지 않다.' 라는 폭군에게 어울리는 위험한 교훈만을 기억해 내고서 그것을 남용했다.[15] 아버지 세베루스 황제는 군대에 하사금을 베풀 때에도 신중하게 고려했고, 군대에 애정을 베풀 때도 단호함과 권위는 잃지 않았다. 그러나 아들은 아무 제약 없이 군대를 편애하고 흥청망청 인심을 베풀었는데, 이것은 불가피하게 군대와 제국 모두의 파멸을 가져오게 되었다. 군대의 기강은 엄격한 규율을 통해 확립되기는커녕 도시의 사치스러운 생활 속에서 무너져 버렸다. 평시에는 본분을 지키고 전시에는 최선을 다해 국가에 봉사하는 군인의 올바른 자세는 청렴한 생활에서 나오는 법이다. 그러나 카라칼라 황제는 병사들의 급여와 하사금을 과도하게 인상함으로써 국고를 탕진해 가며 병사들의 배만 불렸다.[16] 카라칼라 황제는 항상 오만하고 자부심에 가득 찬 태도를 유지했지만, 병사들과 함께 있을 때는 황제로서의 위엄도 잊고 병사들이 무례할 정도로 친근하게 굴 수 있는 분위기를 만들었다. 또한 총지휘관으로서의 위치와 의무는 망각한 채 일반 병사의 복장과 풍속을 모방하기도 했다.

규율의 완화

[14] 디오는 이것을 잔혹한 학살이라 묘사하고 있고, 헤로디아누스는 배은망덕한 학살이라고 묘사하고 있다. 아마도 알렉산드리아인들이 황제를 욕하거나 작은 소요를 일으켜서 카라칼라 황제를 자극했던 것 같다.

[15] 워턴(Wotton)은 이 교훈을 카라칼라 황제가 직접 만들어 내고는 아버지의 교훈으로 돌렸을 가능성이 있다고 제시한다.

[16] 디오는 카라칼라 황제가 군대에 지급한 특별 하사금이 연간 7000만 드라크마(약 235만 파운드)에 달했다고 알려 주고 있다. 디오는 다른 곳에서 군인의 급여에 대해 아주 흥미로운 설명을 하고 있는데, 불확실하고 사실이 아닐 가능성이 많아 여기서는 생략하겠다. 믿을 만한 기록에 의하면 근위병은 1년에 1250드라크마(40파운드)를 받았다. 아우구스투스 황제 시대에는 하루에 2드라크마씩 쳐서 1년에 720드라크마를 받았다. 군인의 급여를 25퍼센트 인상했던 도미티아누스 황제는 근위대의 급여를 960드라크마로 올렸을 것이다. 이렇게 급여가 점점 인상되고 인원도 늘었기 때문에 제국은 파산 지경에 처하게 되었다. 근위대의 인원만 해도 1만 명에서 5만 명으로 늘었다고 한다.

서기 217년 3월 8일,
카라칼라의 죽음

카라칼라 황제와 같은 성격과 행동으로 국민의 사랑과 존경을 받았을 리는 없다. 그러나 그의 폭정이 군대에만은 유리한 것이었던 만큼 반역의 위험은 없었다. 그러던 중 황제 자신의 질투심에서 비롯된 비밀스러운 음모가 발생해 결국은 이 폭군의 생명을 앗아 가게 되었다. 그 당시 근위대장은 두 사람이 업무를 나누어 맡고 있었다. 군사 부문은 그렇게 유능하지는 않았지만 경험이 풍부했던 아드벤투스가 맡고 있었다. 민간 부문은 오필리우스 마크리누스가 맡고 있었는데, 그는 뛰어난 업무 능력과 무난한 성격으로 자수성가하여 그 자리까지 올라간 인물이었다. 그러나 그가 받던 총애는 변덕스러운 황제의 기분에 따라 언제든지 변할 수 있었고, 그의 목숨도 사소한 의심을 받거나 우발적인 사건이 발생하면 어떻게 될지 모르는 것이었다. 그런데 악의에서였는지 광신에서였는지는 모르지만 점술에 정통했던 한 아프리카 사람이 마크리누스와 그의 아들이 제국을 통치하게 될 것이라는 아주 위험한 예언을 했다. 이 소문은 곧 속주들로 퍼져 나갔고, 그 아프리카인은 체포되어 로마에 끌려와서도 로마 총독 앞에서 자신의 예언은 틀림없이 이루어질 것이라고 주장했다. 카라칼라의 후계자들에 대한 소문의 진상을 조사해 보라는 중대한 명령을 받았던 총독은 심문 결과를 즉시 그 당시 시리아에 거주하고 있던 황제에게 알렸다. 그러나 전령이 부지런하게 달려가 소식을 전했음에도 불구하고, 마크리누스의 친구 한 명이 재빨리 정보를 입수해서 다가오는 위험을 미리 그에게 알려 줄 수 있었다. 황제가 로마에서 온 편지를 받았을 때 그는 때마침 전차 경기를 지휘하고 있었다. 황제는 편지를 개봉하지 않고 마크리누스에게 넘겨주면서 일상적인 일이면 알아서 처리하고 중대한 일이면 보고하라고 지시했다. 마크리누스는 편지를 뜯어 자신의 파멸을 알리는 내용을 보고는 그 파멸을 막기로 결심했다. 그는 하급 장교들의 불만을 조장하는 한편, 백인대장으로 승진하지 못해서 자포자기하고 있었던 마르티알리스라는 병사를 포섭했다. 그러던 중 신심이 깊었던 카라칼라 황제는 에데사에서 카르헤에 있는 달의 여신 신전까지 이어지는 순례에 올랐다. 그는 기병 한 대대의 호위를 받았는데, 필요에 의해서 도중에 잠시 쉬게 되었다. 근위병들은 황제에 대한 예우로 약간의 거리를 두고 떨어져 있었는데, 그때 마르티알리스가 용무를 가장하여 황제에게 접근하여 단검으로 그를 찔러 죽였다. 이 대담한 암살자는 즉시 근위대의 스키타이인 궁수의 화살에 맞아 죽었다. 이것이 삶 자체가 인간성에 대한 모독이었고, 그의 치세는 굴욕적으로 참기만 했던 로마인들에 대한 비난까지 불러온 폭군의 최후였다. 그의 총애를 받고 감사했던 유일한 집단인 군대는 그의 악행을 잊고 원로원을 위협해서 그를 신의 반열에 올림으로써 원로원의 위엄뿐 아니라 종교의 권위까지 실추시켰다. 이 신이 된 황제가 살아 생전 존경했던 인물은 알렉산드로스 대왕밖에 없었다. 그는 알렉산드로스 대왕의 이름과 기장을 즐겨 사용했으며, 마케도니아식의 밀집 군대 대형을 차용했고, 아리스토텔레스 학파를 박해했다. 그러면서 그에게서 미덕이나 명예에 대한 존중심을 찾아볼 수 있는 유일한 감정인 알렉산드로스 대왕에 대한 열정을 어린아이처럼 자랑하고 다녔다. 나르바 대전에서 승리한 후 폴란드를 정복한 카를 12세(그에게서도 필리푸스의 아들 알렉산드로스의 우아함은 찾아볼 수 없지만) 정도가 알렉산드로스 대왕의 용맹성과 대담성에 필적한다고 생각해 볼 수 있을 것이다. 그러나 카라칼라 황제의 삶은 자신과 아버지의 친구들

알렉산드로스 대왕을 모방한 카라칼라

17 카라칼라 황제가 알렉산드로스 대왕의 이름과 기장을 애용했다는 점은 지금도 그 시대의 메달들에서 확인해 볼 수 있다. 헤로디아누스는 얼굴 한 쪽은 알렉산드로스 대왕이고 다른 한쪽은 카라칼라 황제가 그려져 있는 우스꽝스러운 그림들을 본 적이 있다고 기록해 놓고 있다.

을 수 없이 암살했다는 점을 제외하고는 이 마케도니아 영웅과 닮은 점이 하나도 없었다.17

마크리누스의 즉위와 성격

세베루스 왕조가 무너진 다음 로마는 황제 없이 3일을 보냈다. 초조한 긴장감이 흘렀지만 군대의 선택(권위를 상실한 원로원의 결정은 중요하지 않았다.)은 아직 이루어지지 않았다. 출신 성분과 미덕이 출중해서 군대의 애정과 표를 모을 수 있는 인물이 나타나지 않았기 때문이었다. 근위대의 힘이 막강했기 때문에 근위대장들이 희망을 품고는 비어 있는 제위에 대한 합법적인 권리를 주장하기 시작했다. 그러나 선임 대장이었던 아드벤투스는 노쇠함과 낮은 평판, 그보다 더 낮은 능력을 생각해서 영리한 야심가인 동료 마크리누스에게 그 명예롭지만 위험하기도 한 자리를 양보했다. 마크리누스는 황제의 죽음을 깊이 애도하는 척하고 있었기 때문에 아무도 그가 황제의 죽음과 관련되었을 것이라고 생각하지 않았다. 병사들은 그를 사랑하지도 존경하지도 않았지만 다른 후보자가 마땅히 없었기 때문에 후한 하사금을 내리고 특전을 베풀겠다는 약속만 믿고 내키지 않는 승인을 해 주었다. 마크리누스

서기 217년 3월 11일

는 즉위 후 곧바로 열 살밖에 안 된 아들 디아두메니아누스에게 황제 칭호를 주고 안토니누스라는 이름까지 부여했다. 이 소년의 아름다운 용모와 즉위식을 평계로 한 추가적인 하사금으로 군대의 환심을 사서 의심스러운 황제 자리를 안전하게 확보하고 싶었던 것이다.

원로원의 불만

원로원과 속주들은 새로운 황제의 권위를 기쁘게 승인했다. 그들은 증오하던 폭군으로부터 예기치 않게 벗어나게 된 것이 너무 기뻐서 후계자의 자질에 대해 검토해 볼 생각도 하

지 않았다. 그러나 처음의 흥분과 놀라움이 가라앉자 그들은 비판적인 엄정한 잣대로 마크리누스의 자질들을 검증하기 시작했고, 군대의 성급한 선택을 규탄하게 되었다. 그때까지 체제의 기본적인 원리는 황제는 항상 원로원 의원 중에서 선출되어야 하며, 더 이상 원로원 전체가 주권을 행사하지는 못한다 해도 최고 주권은 그중 한 사람에게로 위임되어야 한다는 것이었다. 그러나 마크리누스는 원로원 의원이 아니었다.[18] 근위대장에서 갑자기 황제가 되었다는 것이 이미 출생의 미천함을 말해 주는 것이다. 기사 계급 출신이 원로원 의원들의 생명과 재산을 좌지우지할 수 있는 그 위대한 자리를 차지하고 있었다. 출신도 모호하고[19] 이렇다 할 공적도 없는 사람이 출생과 권위에서 황제라는 영광된 자리에 어울리는 훌륭한 원로원 의원에게 황제의 자의를 양보하지 않고 감히 스스로 그것을 입어 버렸다는 분노의 목소리들이 들려오기 시작했다. 일단 불만에 찬 예리한 시선으로 마크리누스를 살펴보자 그의 몇 가지 악덕이나 수많은 결함들이 쉽게 발견되었다. 일단 공직자들이 선발 문제가 어느 정도는 정당하게 비판받았고, 불만을 품게 된 국민들은 언제나 그랬던 것처럼 노골적으로 그가 나태하고 무기력하다고 나무라는 동시에 지나치게 엄격하다고 비난하기도 했다.[20]

그는 성급한 야심으로 최고의 지위에 올랐지만 확고하게 그 자리를 지킬 수도 없었고, 그 자리에서 내려오는 것은 죽음을 의미했으므로 내려올 수도 없었다. 그는 화려한 궁정 세계와 행정 업무에는 통달하고 있었지만, 이제 자신이 지휘해야만 하는 규율도 잡히지 않은 사나운 군대 앞에서는 겁을 먹었다. 사람들은 군단장으로서의 그의 자질을 경멸했고 개인적인 용

군대의 불만

[18] 엘라가발루스 황제는 전임 황제인 마크리누스가 감히 황제 자리에 앉을 생각을 했음을 비난한 적이 있다. 그는 근위대장이었지만 원로원에 받아들여지지는 않았다. 그러나 기사 계급이었던 플라우티아누스와 세야누스는 개인적으로 총애를 받아서 확립된 원칙을 깨고 원로원에 입성했다. 그러나 그들은 원로원 의원이 되고 심지어 집정관이 되어서도 근위대장직도 함께 유지했다.

[19] 그는 누미디아의 카이사레아 출신으로 플라우티아누스의 집에서 일하게 되면서 출세하기 시작했는데, 주인이 몰락할 때는 가까스로 몸을 피할 수 있었다. 그의 정적들은 그가 노예 출신이며 검투사를 비롯한 불명예스러운 직업들을 전전했다고 공격했다. 경쟁자의 출신이나 환경을 모략하는 풍조는 그리스 웅변가들의 시대로부터 지난 세기의 학식 높은 문필학자들에 이르기까지 변함 없이 지속되어 온 것 같다.

[20] 디오와 헤로디아누스는 마크리누스의 미덕과 악덕을 비교적 가감 없이 공평하게 기록해 놓았다. 그러나 『황제열전』에서 그의 삶에 대해 기록한 작가는 엘라가발루스 황제가 전임 황제를 깎아내리기 위해 고용한 어용작가들이 쓴 글을 그대로 베껴 놓았다.

맹까지도 의심했다. 병영 내에 그가 카라칼라 황제의 암살에 공모했다는 치명적인 비밀이 누설되어 떠돌자, 그 비열한 위선 때문에 암살죄는 더욱 나쁘게 생각되었고 경멸감에는 혐오감마저 더해졌다. 그러나 군대를 멀리한다는 것은 곧 피할 수 없는 몰락을 초래하는 것이었으므로 그에게는 그럴 용기도 없었다. 이런 여러 가지 곤경 속에서 마크리누스 황제는 보람도 없는 황제직을 계속 수행해야 했다. 게다가 카라칼라의 낭비와 방탕 때문에 국고는 바닥났고 사회는 혼란스러웠다. 카라칼라 황제가 자신이 저지른 일이 필연적으로 가져올 결과를 생각해 보았다면, 후계자에게 물려 줄 비탄과 재난이라는 어두운 전망을 생각하고 무척 만족했을 것이다.

군대 개혁을 시도하는 마크리누스

마크리누스 황제는 반드시 필요했던 군대의 개혁을 조심스럽고 신중하게 진행시켰다. 이것이 성공했다면 별다른 저항 없이 쉽게 로마 군대의 활기와 건강성을 회복할 수 있었을 것이다. 이미 군대에 복무하고 있던 병사들에게는 카라칼라 황제 시절에 누렸던 위험스러운 특권들과 높은 급여를 그대로 허용했지만, 새로 모집되는 병사들에게는 세베루스 황제 시대의 여전히 후하긴 하지만 좀 더 절제된 체계를 적용하면서 서서히 절제와 복종을 이끌어 낸다는 것이 마크리누스 황제의 계획이었다. 그러나 단 한 가지 치명적인 실수 때문에 이 현명했던 계획에는 차질이 생기게 되었다. 카라칼라 황제 시대에 동방에 모여 있던 수많은 병사들을 즉시 여러 속주들로 분산시키지 않았기 때문에, 즉위 후 겨울이 지나는 동안 병사들은 시리아로 집결해 그대로 남아 있었던 것이다. 병영 안에서 안락한 생활을 하던 병사들은 그들의 수와 힘을 의식하게 되었고, 서로 불만을 토로하다가 다시 한 번 혁명을 도모하기로 결심했다. 새 황제의 첫 번째 개혁 조치를 보고 고참 병사들은 이전의 혜택을 그대로 누릴 수 있다는 차별적인 대우를 반기는 대신 새 황제의 미래의 계획을 예감하고 경각심을 가졌다. 반면 못마땅하지만 어쩔 수 없이 군대에 입대한 신참 병사들은 해야 할 일은 점점 많아지는데도 탐욕스럽고 소심한 황제가 급여는 삭감해 버렸다고 불만을 품었다. 병사들의 불만은 점점 커지고 별다른 제재도 받지 않아서 반란 직전의 상황에까지 도달하게 되었다. 지엽적인 폭동이 빈발해 그들의 불만을 드러내 주었고 조그만 빌미라도 생기면 곧 대규모 혁명으로 발전할 태세였다. 이런 정신 상태에 있는 사람들에게 그 빌미란 곧 제공되기 마련이었다.

율리아 황후는 운명의 흥망성쇠를 모두 겪은 여인이었다. 미천한 신분에서 황후의 자리까지 올랐지만, 그 자리에 올라서는 높은 지위에 수반되는 모든 고통들을 맛보아야 했다. 그녀는 두 아들 중 한 아들의 죽음을 애통해 해야 했고, 다른 한 아들은 살아 있다는 것을 애통해 해야 했다. 현명했던 그녀로서는 이미 예견했던 일이었긴 했지만, 카라칼라 황제의 비참한 죽음은 어머니와 황후로서의 본능적인 감정들을 되살아나게 했다. 찬탈자 마크리누스가 세베루스 황제의 미망인인 그녀를 존중하여 정중하게 대접하기는 했지만, 그녀는 고뇌 끝에 일개 국민의 지위로 스스로 내려왔고 곧 자살을 선택함으로써 이런 모욕과 불안한 의존 상태로부터 스스로 벗어났다. 한편 안티오크의 궁전을 비우라는 명령을 받은 황후의 여동생 율리아 마이사는 20년 동안의 총애의 결실인 막대한 재산과 과부였던 두 딸 소아이미아스, 마마이아와 함께 에메사에 은거하게 되었다. 두 딸에게는 아들이 하나씩 있었는데, 그중 소아이미아스의 아들 바시아누스에게는 태양 신전의 제사장이라는 영예로운 직

율리아 황후의 죽음

21 람프리디우스에 따르면 알렉산데르 세베루스 황제는 29년 3개월 7일을 살았다. 그는 235년 3월 19일에 살해당했으므로, 205년 12월 12일에 태어났고 이 시기에는 13세였다고 추정할 수 있다. 그렇다면 손위 사촌이었던 바시아누스는 17세쯤 되었을 것이다. 이것이 바시아누스의 이때 나이를 14세로 기록한 헤로디아누스의 추정보다는 역사적 사실들에 더 잘 부합된다. 헤로디아누스는 엘라가발루스의 재임 기간도 실제보다 2년 늘여 잡았다.

책이 주어졌다. 그는 이 신성한 직책을 신중함에서 혹은 신앙심에서 받아들였겠지만, 결과적으로 이 직책은 이 시리아 청년을 로마 황제의 자리에 올려 놓는 계기가 되었다. 그 당시 에메사에는 수많은 군대가 주둔하고 있었는데, 엄격했던 마크리누스 황제가 병영에서 겨울을 나도록 명령을 내리자 병사들은 익숙하지 않은 고난을 겪으면서 복수심에 불타고 있었다. 이 병사들이 하루는 무리를 지어 태양 신전에 참배하러 갔다가 젊은 제사장의 우아한 복장과 용모를 보고 감탄하게 되었다. 그들은 젊은 제사장에게서 그들이 그리워하고 있던 카라칼라 황제의 모습을 보았으며, 적어도 보았다고 생각하고 싶어했다. 손자에 대한 군대의 애정이 커져 가는 것을 기쁘게 지켜보던 영리한 마이사는 손자의 장래를 위해 딸의 평판을 기꺼이 희생시켰다. 바시아누스가 살해된 카라칼라 황제의 사생아라는 암시를 넌지시 흘렸던 것이다. 밀정들을 시켜 재물을 나누어 주자 의심은 모두 사라졌고, 막대한 매수 자금은 바시아누스와 카라칼라 황제가 혈연 관계이며, 적어도 닮기는 했다는 점을 확인시키기에 충분했다. 드디어 에메사 주둔 군대는 카라칼라 황제의 피를 이어받았다는 점을 내세워 젊은 안토니누스(그는 이 명망 높은 이름을 사용해서 그 이름을 더럽혔다.)를 황제로 선언했다. 그리고 아버지의 죽음과 군대에 대한 탄압을 복수하기 위해 무기를 든 이 젊고 관대한 황제의 깃발 아래 전 군대가 집결할 것을 호소했다.21

서기 218년 5월

마크리누스의
패배와 죽음

여인들과 환관들의 음모가 신중하고도 신속하게 행동으로 옮겨지고 있는 동안에 마크리누스 황제가 명확한 행동을 취했더라면, 그때까지만 해도 미미한 세력에 불과했던 적을 충분

히 제압할 수 있었을 것이다. 그러나 그
는 불안과 안심이라는 극단적인 감정 상
태를 오가면서 아무런 행동도 취하지 않
고 안티오크에 틀어박혀 있었다. 반란의 기운이 시리아의 모든
병영들로 퍼져 나가 병사들은 연이어 군대를 이탈하여 상관을
살해하고22 반란군에 합류했다. 군대의 급여나 특권에 관한 법
률 개정이 지연되고 있는 것도 모두 마크리누스 황제의 무능력
탓으로 돌려졌다. 마크리누스 황제는 마침내 안티오크를 떠나
행군해서 점점 규모가 커지고 있던 젊은 황제 사칭자의 군대와
마주하게 되었다. 마크리누스 황제의 군대는 마지못해 출전했
으나, 전쟁의 열기가 달아오르자23 황제의 근위대는 거의 무의
식적으로 그들의 규율과 용맹이 뛰어나다는 점을 보여 주었다.
반란군의 대열이 흐트러지자 동양의 관습에 따라 전투에 참전
했던 바시아누스의 어머니와 할머니가 유개전차에서 뛰어내려
병사들의 동정심을 호소하고 떨어진 사기를 북돋웠다. 그 이후
로는 단 한 번도 남자답게 행동한 적이 없는 안토니누스도 이
중대한 위기 상황에서 영웅의 면모를 보여 주었다. 말에 올라
타고 흩어진 병사들을 다시 불러 모아 그 선두에 서서 칼을 빼
어 들고 적진의 한가운데로 돌진했던 것이다. 그때까지 여자들
에게 봉사하며 동양적인 부드러운 향락 속에서 지내 왔던 환관
간니스까지도 유능하고 경험 많은 지휘관의 재능을 유감없이
발휘했다. 전쟁의 향방은 여전히 가늠할 수 없었다. 마크리누
스 황제가 수치스럽게도 황급히 도망가 버리지 않았다면 그가
승리할 수도 있었을 것이다. 그의 비겁한 행동은 그의 삶을 겨
우 며칠 더 연장시켜 주고, 그의 죽음에 영원히 불명예의 낙인
을 찍었을 뿐이었다. 그의 아들 디아두메니아누스도 말할 필요
도 없이 같은 운명을 겪어야만 했다. 완강하게 싸웠던 근위대

서기 218년 6월

22 바시아누스가 내건 가장 위험스러운 공약은 상관의 머리를 가져오는 병사들에게 군대에서의 직위를 내릴 뿐 아니라 개인적인 영지까지 제공하겠다는 것이었다.

23 이 전투는 안티오크에서 22마일 정도 떨어진 임메라는 마을 근처에서 벌어졌다.

는 비열하게 자신들을 버린 황제를 위해 싸웠다는 점을 알게 되자 곧바로 항복을 선언했다. 서로 대항해 싸우던 로마 병사들은 함께 어울려 기쁨과 화해의 눈물을 흘렸고, 카라칼라 황제의 아들로 믿어지는 새로운 황제의 깃발 아래 함께 모였다. 그리고 동방 세계는 처음으로 아시아 출신의 황제가 탄생한 것을 열렬히 환영했다.

원로원에 서한을 보낸
엘라가발루스

마크리누스 황제는 시리아에서 카라칼라의 아들임을 내세워 황제를 사칭한 자에 의해 작은 소동이 일어났다는 사실을 원로원에 알렸었다. 원로원은 서둘러 그 반역자와 가족을 공적으로 선언하고, 거기에 현혹된 반란군이라도 즉시 본연의 임무로 돌아가면 사면하겠다는 조건을 달아 칙령을 발표했다. 안토니누스의 황제 선언에서 승리까지의 20일 동안(이렇게 짧은 시간 동안에 로마 제국의 운명이 결정되었다.) 수도와 속주들, 그 중에서도 특히 동방의 속주들은 희망과 공포가 교차하는 극도의 혼란에 휩싸여 있었다. 곳곳에서 소동이 벌어지고 시민들이 헛되이 피를 흘리며 죽어 갔다. 시리아에서 벌어지는 전투에서 누가 이기더라도 그가 제국을 통치하게 될 것이기 때문이었다. 젊은 승리자가 순종적인 원로원에 자신의 승리를 알리기 위해 쓴 그럴듯한 서신에는 미덕과 온화함을 가장한 말들이 가득 차 있었다. 그는 마르쿠스 황제와 아우구스투스 황제의 빛나는 모범을 통치의 대원칙으로 삼겠다고 썼다. 그리고 젊은 나이에 전쟁을 일으켜 아버지의 살해자에게 복수한 아우구스투스 황제와 자신이 너무나 비슷하다는 점에 긍지를 느낀다고도 썼다. 그는 안토니누스의 아들이자 세베루스의 손자라는 점을 강조하기 위해 마르쿠스 아우렐리우스 안토니누스라는 이름을 사용하면서 자신이 정당한 세습 황제임을 주장했다. 그러나 원로원이 칙령을 내려 위임하기 전에 호민관과 집정관직을 맡음으로써 로마인들의 미묘한 감정을 자극하기도 했다. 전통적인 체제에 대한 갑작스럽고 분별없는 침해는 아마도 시리아 궁정 대신들의 무지나 부하 군인들의 안하무인에서 비롯되었을 것이다.

새로운 황제는 경박한 오락과 여흥에만 관심을 쏟았기 때문에 시리아에서 이탈리아까지 오는 화려한 행군에만 여러 달이 걸렸다. 그는 황제가 된 후 첫 겨울을 니코메디아에서 보내고 수도로의 개선을 이듬해 여름까지 미루었다. 그러나 그의 초상화는 먼저 도착해서 그의 명령에 따라 원로원에 있던 승리의 여신 제단 옆에 놓여졌다. 이 초상화는 그의 용모나 자태를 정확하게 보여 주기는 했지만, 그것은 참으로 황제에 어울리지 않는 모습이었다. 그는 비단과 황금으로 만들어진 제사장복을 메디아식 혹은 페니키아식으로 느슨하게 흘러내리는 스타일로 입고 있었고, 머리에는 페르시아식의 높은 관을 썼으며, 어마어마하게 비싼 보석들로 장식된 수많은 목걸이와 팔찌를 착용하고 있었다. 눈썹에는 검은색을 칠했고 볼에도 하얗고 붉은색으로 화장을 하고 있었다. 근엄한 원로원 의원들은 한숨을 쉬면서 오랫동안 이탈리아 출신 황제의 폭정을 겪어 왔는데, 이제는 동양 전제 군주의 여성화된 사치 밑에서 몸을 낮추어야 한다고 한탄했다.

에메사에서는 엘라가발루스[24]라는 이름으로 태양신을 숭배했다. 거기에서는 태양신이 검은색 원뿔 모양의 돌의 형태로 하늘에서 신성한 에메사로 떨어졌다고들 믿고 있었다. 안토니누스는 이 수호신이 자신을 황제로 만들어 주었다고 믿었으

서기 219년, 엘라가발루스

엘라가발루스의 미신적 행위

[24] 이 이름은 시리아어로 신을 의미하는 엘라(Ela)와 창조를 의미하는 가발(Gabal)에서 나온 것으로 창조신이라는 의미를 띠고 있다. 태양에 붙이기에 적절하고 만족스러운 이름이라 할 수 있겠다.

며, 그렇게 믿을 만한 이유가 없는 것도 아니었다. 이 신에게 미신적 신앙과 감사를 표하는 것이 그가 통치 기간 중 행한 유일한 국무였다. 그의 광신과 허영의 유일한 목표는 에메사의 신이 다른 모든 신들 위에 군림하는 것이었다. 그에게 엘라가발루스라는 이름(그는 태양신의 제사장이자 가장 총애받는 자로서 이 신성한 이름을 사용했다.)은 제국의 그 어떤 위대한 이름보다 소중했다. 그가 로마 시내를 장엄하게 행진할 때는 거리에 금가루가 뿌려졌고, 화려하게 치장된 여섯 필의 백마가 끄는 전차에는 그 검은색 돌이 보석들로 둘러싸인 채 놓여졌다. 신앙심 깊은 황제는 손수 고삐를 잡고 신들의 호위를 받으며 신과 함께 하는 행복을 영원히 즐기려는 듯 머뭇거리며 천천히 말을 몰았다. 팔라티누스 언덕에 웅장한 신전이 세워졌고 여기서 엘라가발루스 신의 제사가 최대한 화려하고 장엄하게 치러졌다. 제단에는 가장 질 좋은 포도주들과 가장 진귀한 제물들, 가장 희귀한 향료들이 성대하게 차려졌다. 제단 주위에서는 시리아 처녀들로 구성된 가무단이 야만족의 음악에 맞추어 외설스러운 춤을 추었고, 정부와 군대의 엄숙한 대신들은 페니키아식 긴 옷을 입고 겉으로는 열렬한 신앙을 가장했지만 속으로는 분노를 느끼며 이 비열한 의식에 참배해야만 했다.

    광신도 황제는 태양신의 신전을 모든 종교 의식의 총본산으로 만들고자 안킬리아와 팔라디움,[25] 그리고 누마 신앙의 모든 성물들을 그곳으로 옮겨 놓으려고까지 했다. 또한 계급이 낮은 신들에게 여러 가지 직위를 부여해 에메사의 위대한 신을 모시게 했다. 그러나 높은 계급의 여신이 그의 침상에 모셔지지 않는 한 그 궁전은 완전하다고 할 수 없었다. 처음에는 팔라스 여신이 선택되었다. 그러나 부드럽고 섬세한 시리아 신이 전투적인 팔라스 여신을 무서워할지 모른다는 우려가 제기되었다.

[25] 엘라가발루스는 베스타 신전으로 침입해서 팔라디움으로 간주되는 신상을 가져왔다고 한다. 그러나 베스타 신전의 성처녀들은 자신들이 성스러운 거짓말을 해서 그 무례한 침입자에게 모조품을 넘겨 주었다고 자랑했다.

그러자 아프리카인들이 아스타르테라는 이름으로 찬미하는 달의 여신이 태양신에게 좀 더 어울리는 배필로 선택되었다. 이 여신상과 결혼 지참금 격으로 가져온 막대한 제물들이 카르타고에서 로마까지 화려하고 장엄한 의식과 함께 운반되었다. 그리고 이 두 신의 결혼식 날은 수도를 비롯한 제국 전체의 공공 축제일로 선포되었다.[26]

아무리 호색한이라 해도 이성을 지녔다면 자연이 정해 준 적절한 원칙들을 항상 존중하고, 감각의 만족을 추구할 때도 사교나 애정, 심미적인 요소나 상상력 등으로 부드럽게 채색하여 승화시키는 법이다. 그러나 엘라가발루스라는 이름의 황제는 젊음과 출신지, 갑작스러운 행운에 의해 타락한 때문인지 아무런 절제 없이 저열한 쾌락에만 몸을 맡겼고, 곧 그것에도 싫증을 내면서 혐오하게 되었다. 그때부터는 온갖 기교를 동원해서 그의 쾌락을 자극하고 도와 주어야 했다. 온갖 종류의 수많은 여자들, 포도주, 음식과 공들여 개발한 교태나 소스만이 그의 사라진 입맛과 성욕을 자극할 수 있었다. 새로운 교태나 음식의 소스를 개발하는 것이 이 군주가 발전시키고 후원한 유일한 분야인데,[27] 이것이 그의 치세 중의 유일한 업적이며 후세에까지 오명을 남기게 된 이유였다. 고상한 취미나 품위의 결핍은 변덕스러운 낭비로 보충했다. 엘라가발루스 황제는 국민들의 재산을 흥청망청 무절제하게 낭비했는데, 그 자신과 아첨꾼 무리들은 그것이 소심한 전임 황제들에게서는 찾아볼 수 없었던 호탕함을 보여 주는 것이라고 칭찬까지 했다. 계절과 기후의 질서를 교란하고,[28] 국민들의 감정이나 편견을 조롱하고, 자연과 인간의 기본적인 원칙들을 전복시키는 것이 그가 가장 즐거움을 느낀 오락이었다. 그는 수많은 첩들을 거느렸고

엘라가발루스의 방탕하고 여성적인 사치

[26] 제국의 모든 국민들은 신혼부부인 이 두 신에게 큰 선물을 해야만 했다. 그리고 국민들이 엘라가발루스 황제가 살아 있는 동안 바치기로 약속했던 선물은 그의 사후에도 마마이아에 의해 철저히 징수되었다.

[27] 새로운 소스를 개발하면 후한 상이 내려졌다. 그러나 소스가 맛이 없었을 때는 그것을 개발한 사람은 황제의 식탁에 어울리는 더 나은 소스를 개발할 때까지 그 소스만 먹도록 했다.

[28] 그는 바다에서 멀리 떨어진 곳이 아니면 결코 생선을 먹지 않았다고 한다. 그는 막대한 비용을 들여 많은 양의 생선을 해안 지방에서 가져온 다음 내륙 지방의 농부들에게 나누어주었다고 한다.

[29] 히에로클레스라는 사나이가 이런 영예를 누렸다. 그는 조티쿠스라는 경쟁자에게 약을 타서 그의 정력을 쇠하게 함으로써 그 자리를 지켰다. 조티쿠스는 부당한 재판을 받고 궁전에서 쫓겨났다. 그 외에도 무용수가 수도 총독에, 전차 기수가 경비 대장에, 이발사가 식량청 장관에 임명되었다.

[30] 사료를 좀체 의심하지 않는 『황제열전』의 작가조차도 엘라가발루스 황제의 악행들이 과장되었을 것이라는 의심을 하고 있다.

황후도 연이어 갈아 치웠다. 그중에는 베스타 신전에서 억지로 납치되어 온 성처녀도 있었지만, 그녀조차 무기력해진 그의 성욕을 만족시킬 수는 없었다. 로마 황제라는 자가 여자 옷을 입고 여자 흉내를 내기도 했다. 그는 왕홀(王笏) 대신 실꾸러미를 들고 다녔고, 수많은 남자 애인들에게 제국의 요직을 나눠 주기도 했다. 애인들 중 한 사람은 황제라는 칭호, 혹은 그 자신이 적절하게 이름 붙인 바에 따르면 '여황제의 남편'이라는 칭호와 함께 그에 따른 권력을 공공연하게 부여받기도 했다.[29]

품위를 경멸했던 로마의 폭군들

엘라가발루스 황제의 악행과 우행들은 상상이나 편견으로 훨씬 부풀려진 것일 수도 있다.[30] 그러나 로마인들 눈앞에서 펼쳐지고 엄숙한 동시대 역사가들에 의해 증명된 공적인 장면만으로 국한시켜 본다 해도, 이 시대의 말로 표현할 수 없는 오욕은 다른 어떤 시대나 어떤 나라를 능가한다. 동양 군주들의 방탕은 아무도 접근할 수 없는 후궁의 벽 뒤에 숨겨져 있었기 때문에 사람들의 눈에 띄지 않았다. 근대 유럽의 궁전에는 기사도 정신과 명예심이 있어 쾌락을 즐길 때도 품위와 예의를 지켰고 국민의 여론을 항상 존중했다. 그러나 로마의 부유하고 타락한 귀족들은 각 나라의 풍속에서 수집한 수많은 악행들을 모두 시도해 보고 만족을 얻으려고 했다. 처벌을 받을 염려도 없고 여론에도 관심이 없었던 그들은 순종적인 노예들과 식객들에 둘러싸여 아무런 제약을 받지 않고 살았다. 황제는 황제대로 모든 계급의 국민들을 무관심한 경멸감을 가지고 내려다보면서, 황제에 걸맞은 최고의 향락과 사치를 무제한으로 누렸다.

군대의 불만

최하등급의 인간은 자신들은 태연하게 저지르는 악행을 다른 사람이 저지르는 것은 참지 못하고, 나이나 성격, 지위 등의 구실을 붙여 그런 구분은 당연하다고 주장한다. 카라칼라 황제의 형편없는 아들을 황제 자리에 올려 놓은 방탕하고 오만한 병사들도 자신들의 수치스러운 선택을 부끄러워하게 되었다. 병사들은 그 괴물 같은 황제에게서 등을 돌리고 마마이아의 아들인 사촌 알렉산데르의 미덕을 기쁜 마음으로 지켜보게 되었다. 영악한 할머니 마이사는 엘라가발루스 황제가 자신의 악행 때문에 파멸을 피할 수 없을 것이라는 점을 알아채고는, 가족 중에서 확실한 대안을 마련해 놓았다. 그녀와 황제와의 관계가 아주 돈독했을 때, 알렉산데르를 양자로 맞이해서 부황제의 칭호를 주면 지상(地上)의 국무에 방해받지 않고 제사장으로서 신앙 생활에만 전념할 수 있다고 황제를 설득했던

<small>서기 211년, 부황제로 선언된 알렉산데르</small>

것이다. 온화하고 상냥했던 알렉산데르는 부황제의 자리에 오르자 곧 국민들의 애정을 얻었는데, 이것이 황제의 질투심을 불러일으켰다. 황제는 알렉산데르를 자신처럼 방탕한 생활로 끌어들이든지 죽여 버림으로써 위험한 경쟁을 끝내기로 마음 먹었다. 그러나 그의 계획들은 실패로 끝났다. 어리석게도 자기 입으로 계획을 발설해 무위로 돌아가기도 했고, 사려 깊은 어머니 마마이아가 아들 주변에 붙여 놓은 충직한 신하들에 의해 좌절되기도 했다. 다급해진 엘라가발루스는 우회적인 방법을 쓰지 않고 힘으로 제압하기로 결심했다. 즉 황제의 권한으로 사촌을 부황제에서 폐위한다는 명령을 내린 것이다. 원로원은 이 명령을 고분고분하게 받아들였지만 군대는 분노했다. 근위대는 알렉산데르를 보호하고 실추된 명예에 대해 보복하기로 맹세했다. 이에 겁을 먹은 엘라가발루스는 공약들을 내걸면서 목숨만 살려 줄 것과, 사랑하는 히에로클레스와 함께 있게만 해 줄 것을 눈물을 흘리며 애원했다. 근위대는 대장들이 알

31 엘라가발루스 황제의 재임 기간은 마크리누스 황제에게 승리한 날로부터 살해당한 222년 3월 10일까지 3년 9개월 4일이었다. 그러나 확실한 진품인 메달들에 호민관 5년째라고 새겨진 것에는 무엇이라고 답해야 할까? 발세키(Valsecchi)에 따르면 아마 마크리누스 황제의 찬탈 기록이 완전히 말소되어 카라칼라 황제가 죽은 날부터 그 아들이 제위를 이은 것으로 계산했던 것 같다.

32 이렇게 급하게 서두른 것은 황제를 사칭하는 자들의 출현을 경계하고, 그로 인해 군대가 분열되는 것을 방지하고자 한 목적도 있었다.

렉산데르의 안전과 황제의 행동을 감시할 권리를 갖게 되는 것으로 만족하고 그들의 정당했던 분노를 거두었다.

서기 222년 3월, 근위대의 폭동과 엘라가발루스의 죽음

이런 식의 협상이 오래갈 리는 없었고, 아무리 비열한 엘라가발루스라 해도 이런 굴욕적인 상황에서 제국을 통치할 수는 없었다. 그는 위험한 방법이기는 했지만 병사들의 성질을 시험해 보기로 했다. 알렉산데르가 암살당했다는 의혹을 흘려보았던 것이다. 이 소식을 들은 병사들은 격분했고, 그들의 분노와 흥분은 그 인기 있던 젊은이가 직접 눈앞에 나타난 후에야 겨우 가라앉았다. 병사들의 황제에 대한 경멸과 그 사촌에 대한 애정을 다시 한 번 확인한 엘라가발루스는 과감하게 폭동의 주모자 몇 명을 처형했다. 이 무모한 처벌은 곧 그의 총신들과 어머니, 그리고 그 자신의 죽음을 불러왔다. 분노한 근위대는 엘라가발루스 황제를 잔인하게 살해했고, 사지가 절단된 시체를 로마 시내로 끌고 다니다가 테베레 강에 던져 버렸다. 원로원은 그의 이름에 영원한 오명을 낙인 찍었으며, 그 낙인의 정당성은 후손들에 의해서도 입증되었다.31

알렉산데르 세베루스의 즉위

근위대는 엘라가발루스 황제의 방에서 그의 사촌 알렉산데르를 황제로 추대했다. 그는 전임 황제와 마찬가지로 세베루스 황제 가문과 친척이었으므로 알렉산데르 세베루스라는 이름을 사용했다. 그는 이미 미덕과 그가 처한 위험스러운 상황으로 인해 로마인들의 애정을 얻고 있었으므로, 원로원은 단 하루 만에 황제의 모든 칭호와 권력을 그에게 부여했다.32 그러나 알렉산데르는 겨우 열일곱 살의 겸손하고 말 잘 듣는 젊은이였기 때문에 통치권은 어머니 마마이아와 할머니 마이사 두 사람 수중에 들어가게 되었다. 알렉산데르가 즉위한 후 얼마 지나지 않아 할머니 마이사가 사망했기 때문에 그 후로는 마마이아 혼자서 아들 대신 제국을 섭정했다.

    어느 시대, 어느 나라에서나 좀 더 현명한 혹은 적어도 좀 더 힘이 센 남성이 공적인 권력을 차지했고, 여성은 가정 생활을 돌보는 일을 맡아 왔었다. 세습 군주제 국가, 그중에서도 특히 근대 유럽 국가들은 기사도 정신과 왕위 계승법 때문에 특별한 예외를 보여 주기도 했다. 즉 민간 부문이나 군사 부문을 막론하고 어떤 사소한 공직도 맡을 수 없을 것이라고 생각해 왔던 여성을 거대한 왕국의 군주로 승인하는 일이 종종 있었던 것이다. 그러나 로마 황제는 군대의 총지휘관이자 공화국의 최고행정관으로 간주되었기 때문에, 황제의 부인이나 어머니는 황후로서 아우구스타(Augusta)라는 칭호를 받기는 했지만 직접 국정에 참여한 일은 전혀 없었다. 사랑 없이 결혼했고 사랑하더라도 존경심이나 배려는 결여되어 있었던[33] 그녀들의 통치는 고대 로마인들에게 도저히 받아들일 수 없는 기묘한 일로 보였을 것이다. 그 대담했던 아그리피나 황후가 남편을 죽이고 아들을 황제로 만들었을 때, 그녀는 제국을 아들과 공동 통치하려는 야심을 가지고 있었다. 그러나 로마 제국의 위엄을 중요시하는 시민들이 그녀의 야심을 혐오했고, 세네카와 부루스가 교묘하면서도 확고하게 저지했기 때문에 그녀의 꿈은 실현되지 않았다. 이후의 황제들은 분별력에서건, 무관심에서건 국민들의 선입견을 거스르는 일은 최대한 자제하고자 했다. 그러나 제멋대로였던 엘라가발루스 황제는 원로원의 법률로 지켜져 오던 그런 관행을 무시하고 어머니 소아이미아스에게 집정관에 준하는 지위를 부여했고, 입법 기관인 원로원의 정식 의원으로서 입법안에 서명할 자격도 주었다. 좀 더 신중했던

세베루스의 어머니인 마마이아의 권력

[33] 감찰관이었던 메텔루스 누미디쿠스는 로마 시민들에게 행한 대중 연설에서 자연이 여성의 도움 없이도 살 수 있게 해 주었더라면, 남성들은 골치 아픈 동반자로부터 해방될 수 있었을 것이라고 한탄했다. 그리고 그는 개인적인 쾌락을 공적인 의무를 위해 희생할 준비가 되었을 때만 결혼을 하라고 권유하고 있다.

6장 175

34 헤로디아누스는 장인이 무죄였다고 기록해 놓았다. 반면 『황제열전』에는 그가 알렉산데르 황제를 살해하려는 음모를 꾸몄다고 기록되어 있다. 둘 중 어느 쪽이 진실이었는지는 말하기 힘들다. 그러나 디오는 어린 황후에 대한 마마이아의 잔인성과 질투를 정확하게 목격하고 기록해 놓고 있다. 알렉산데르 황제는 어린 아내의 혹독한 운명을 슬퍼했으나 감히 어머니에게 반대할 수는 없었다고 한다.

여동생 마마이아는 공연한 적의만 불러일으키는 이런 쓸데없는 특권들을 거절했으므로, 여성을 원로원에서 영구히 배제하고 이것을 어기는 여성은 목을 베어 지옥의 신들에게 헌납한다는 엄격한 법률이 제정되었다. 마마이아가 원한 것은 권력의 외양이 아니라 그 실체였다. 아들의 마음을 절대적이고 지속적으로 지배했던 그녀는 아들의 애정에 다른 경쟁자가 끼어드는 것을 참을 수 없었다. 알렉산데르 황제는 어머니의 동의하에 한 귀족의 딸과 결혼했다. 그러나 황제의 장인에 대한 존경과 황후에 대한 사랑은 마마이아의 애정, 혹은 이해관계와는 조화될 수 없는 것이었다. 장인은 반역죄로 몰려 간단하게 처형되었고, 황후는 불명예스럽게 궁전에서 쫓겨나 아프리카로 유배되었다.34

현명하고 온건한 정치

마마이아는 이와 같이 질투와 잔인성을 보여 주었고 간혹 탐욕을 드러내기도 했지만, 그녀의 섭정은 대체적으로 제국과 아들에게 다같이 이익이 되는 쪽으로 이루어졌다. 그녀는 원로원의 승인을 얻어 미덕과 지혜가 뛰어난 원로원 의원 열여섯 명으로 구성된 국가 자문위원회를 만들고, 중요한 국정은 그곳에서 토론을 거쳐 확정하도록 했다. 의장으로는 로마 법률을 잘 알고 존중하는 것으로 이름이 높았던 저명한 울피아누스가 선임되었다. 이 위원회를 통한 귀족 정치는 신중하고도 단호하게 진행되어 정부의 질서와 권위를 회복시켜 주었다. 그들은 먼저 폭군 엘라가발루스가 남긴 잔재인 외래의 미신과 사치를 수도에서 몰아냈다. 그 다음으로는 정부의 각 부처에 임명되었던 무가치한 인물들을 쫓아내고, 미덕과 능력을 겸비한 인물들로 그 자리를 채웠다. 학식과 정의감이 행정직에 임명되기 위한 유일한 조건이었고, 용맹과 규율에 대한 존중이 군사직을

위한 유일한 조건이었다.35

그러나 무엇보다도 마마이아와 현명한 자문위원회가 가장 관심을 기울였던 문제는 젊은 황제의 인격을 형성하는 일이었다. 로마 제국의 행복이나 불행은 궁극적으로 황제의 개인적인 자질에 달려 있기 때문이었다. 다행히 황제는 더 이상의 개간이 필요 없는 비옥한 토지와 같았다. 뛰어난 이해력을 타고났던 알렉산데르 황제는 미덕의 소중함과 학문의 즐거움과 노동의 필요성 등의 덕목을 곧 깨달았다. 타고난 성품이 온화하고 분별력이 있었기 때문에 열정이나 악행으로 빠져드는 일도 없었다. 어머니에 대한 변함없는 신뢰와 현명한 울피아누스에 대한 존경심은 이 경험 없는 젊은이를 아첨꾼들의 달콤한 유혹으로부터도 지켜 주었다.

알렉산데르 세베루스의 교육과 고결한 성품

그의 일상을 기록한 간결한 일기는 훌륭한 황제의 유쾌한 초상을 보여 주고 있는데, 이것은 풍속의 변화만 다수 고려한다면 현대의 군주들에게도 충분히 적용될 수 있는 모범을 제시해 준다. 알렉산데르 황제는 일찍 일어나서 맨 처음으로 개인적인 예배를 올렸다. 그의 개인 성소는 인간의 삶을 개선시키거나 개혁함으로써 후손들의 감사와 존경을 받는 영웅들의 초상들로 가득 차 있었다. 그러나 그는 인간을 위한 봉사가 신께 드리는 최고의 예배라고 생각했기 때문에 아침 시간의 대부분을 자문위원회에서 보냈다. 그곳에서 황제는 나이를 뛰어넘는 인내심과 분별력을 가지고 공적인 업무와 개인적인 일들을 세세히 논의했다. 업무에 지칠 때는 문학이 휴식처가 되어 주었는데, 황제는 매일 일정 시간을 할애해 그가 좋아했던 시와 역사와 철학을 공부했다. 베르길리우스와 호라티우스의 시들, 플

알렉산데르 세베루스의 일기

35 『황제열전』에 따르면 자문위원회는 법안을 통과시킬 때 다수의 유능한 법률가들과 경험이 풍부한 원로원 의원들을 함께 배석시켜 그들의 의견을 경청하고 기록해 두었다고 한다.

6장 177

라톤과 키케로의 국가론이 그의 취향을 형성하고 이해력을 넓혀 주었으며 그에게 인간과 국가에 대한 위대한 사상들을 불어넣어 주었다. 정신의 수양이 끝나면 신체의 수련이 이어졌다. 키가 크고 건장하고 활동적이었던 알렉산데르 황제는 모든 운동에서 동년배들보다 훨씬 뛰어났다. 운동 후에 목욕과 간단한 식사로 새로운 활력을 얻은 후에는 오후 업무에 들어갔다. 그때부터 로마인들의 주된 식사였던 저녁 식사 때까지는 비서관들과 함께 세계에서 제일 큰 제국의 황제 앞으로 온 수많은 편지들, 진정서들, 탄원서들을 읽고 답장을 썼다. 저녁 식사는 매우 검소하고 단순하게 차려졌다. 한번씩 만찬을 주최했을 때도 참석하는 사람들은 학식과 미덕을 겸비한 소수의 친한 벗들로 제한되었는데, 울피아누스는 거의 빠지지 않고 초대되었다. 그들의 대화는 화기애애하면서도 교훈적이었고, 여흥으로는 이따금씩 유쾌한 문학 작품을 낭송했다. 부유하고 사치스러운 로마인들은 만찬에 무용수, 희극 배우, 심지어 검투사까지 불러 흥을 돋우는 경우가 많았는데, 황제의 여흥은 시 낭송으로 대체되었던 것이다. 알렉산데르 황제의 복장은 평범하고 검소했으며, 태도는 정중하고 온화했다. 궁전은 일정 시간 동안 일반에게 공개되었는데, 그동안에는 엘레우시스의 밀교 의례에서처럼 "순수하고 죄 없는 양심을 가진 사람이 아니면 이 성역으로 들어오지 못한다."는 순찰꾼의 경고만이 들려올 뿐이었다.

서기 222~235년,
로마 세계의
전반적인 행복

단 한 순간도 악행이나 우행으로 빠진 적이 없는 이런 한결같은 생활 태도는 알렉산데르 황제의 통치가 정의롭고 지혜로웠다는 사실을 람프리디우스가 정리해 놓은 온갖 사소한 사건들보다도 더 잘 입증해 준다. 콤모두스 황제의 즉위 이후 40년 동안 로마 제국은 연이은 네 명의 폭군의 학정에 시달려 왔다. 그러나 엘라가발루스의 사망 이후 로마는 13년 동안 행복과 평온을 누릴 수 있었다. 카라칼라 황제와 그의 아들을 사칭한 엘라가발루스 황제가 만들어 놓은 과중한 세금에 시달리던 속주들은 국민의 사랑을 얻는 것만이 황제의 총애를 얻는 최선의 방법임을 경험을 통해 알게 된 행정관들의 선정 아래서 평화와 번영을 구가했다. 로마 시민들의 별 뜻 없는 사치에 대해서는 온건한 제재만이 가해지는 한편, 알렉산데르 황제의 온정적인 보살핌에 의해 생필품의 가격이나 이자는 꾸준히 내렸다. 사려 깊은 황제는 근로 계층이 좌절하지 않게 노력하면서, 대중의 욕구나 오락 역시 충족시켜 주려고 노력했던 것이다. 원로원의 권위와 자유도 회복되어서 덕망 높은 원로원 의원이라면 누구든지 공포심이나 수치심 없이 황제 앞에 나아갈 수 있었다.

안토니누스 피우스 황제와 마르쿠스 아우렐리우스 안토니누스 황제의 덕망으로 인해 고귀해진 이름 안토니누스는 방탕했던 베루스 황제에 의해 채택되어 그 아들인 잔인한 콤모두스 황제에게까지 계승되었다. 다시 이것은 세베루스 황제의 두 아들의 이름으로 사용되었고, 어린 디아두메니아누스를 거쳐 마침내 에메사의 제사장 엘라가발루스의 이름으로 사용되는 치욕을 겪었다. 그러나 알렉산데르 황제는 원로원의 간곡한 부탁에도 불구하고 이 이름의 명성을 빌리는 것을 당당하게 거절했다.36 대신 그는 행동을 통해서 두 안토니누스 황제 시대의 영광과 행복을 회복시키고자 부단히 노력했다.

알렉산데르 황제는 민간 부문의 통치에서 지혜와 권력을 잘 조화시켰으며, 국가적 행복을 느끼게 된 국민들은 사랑과 감사로 은혜에 보답했다. 그러나 좀 더 중요하고 반드시 필요

36 『황제열전』은 원로원과 알렉산데르 황제 사이의 논쟁을 원로원 회의록에서 발췌해서 기록해 놓았다. 논쟁은 로마가 알렉산데르 황제의 통치라는 축복을 누리게 된 지 1년 정도 지난 서기 223년 3월 6일에 벌어졌던 것 같다. 원로원은 안토니누스라는 명예로운 칭호를 제의하기 전에 알렉산데르 황제 스스로 그 이름을 취하지 않는지 기다렸다고 한다.

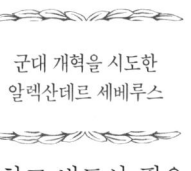

군대 개혁을 시도한 알렉산데르 세베루스

했지만 더 어려운 일이 남아 있었는데 군대의 개혁이 바로 그것이었다. 오랫동안 안하무인으로 행동하고도 무사했던 군대의 기질은 규율과 제약에는 참을 수 없고 사회의 안정이라는 축복에도 관심이 없는 지경이 되어 있었다. 황제는 자신의 계획을 실현하기 위해 군대에 대한 애정을 가장해서 보여 주면서 공포심은 철저히 감추었다. 황제는 다른 행정 부서에서 엄격하게 절약해서 모은 금과 은을 군대의 급여와 상여금으로 지급했다. 행군 때 17일분의 식량을 짊어져야 했던 가혹한 의무도 완화시켜주었다. 대신 공공 도로에 병참들을 세워 군수품을 공급했고, 적지에 들어서면 수많은 노새와 낙타들에 짐을 실어 오만하고 게으른 병사들을 뒤따르게 했다. 알렉산데르 황제는 병사들의 사치 풍조를 바로잡는 것은 불가능하다고 생각했으므로, 최소한 훌륭한 말이나 화려한 갑옷이나 금은으로 장식된 방패같이 군사적인 위용과 장식을 위한 사치로 관심을 돌리게 하려고 노력했다. 황제는 어렵고 힘든 일을 시켜야 할 때는 그들의 일을 함께 나누었고, 병들거나 부상당한 병사가 있으면 직접 방문했다. 또한 병사들의 복무 기록이나 황제의 감사의 뜻을 정확하게 기록해 두었으며, 기회가 있을 때마다 병사들의 복지가 제국의 복지와 가장 밀접하게 관련되어 있음을 강조하면서 그들에게 애정과 존경의 뜻을 표시했다.[37] 황제는 이런 온화한 방법들을 통해서 그 사나운 집단에 책임감을 불어넣고, 로마인들이 자신들보다 더 용감하고 힘이 센 수많은 나라들을 정복할 수 있었던 원동력이었던 로마군의 기강을 조금이라도 되살려보고자 애썼다. 그러나 그의 신중한 노력은 효과를 거두지 못했고, 그의 용기는 오히려 그의 죽음을 재촉했으며, 개혁의 시도는 치료하고자 하던 질병을 오히려 악화시킨 결과가 되어 버렸다.

[37] 알레산데르 황제는 '과인은 자신의 일보다 병사들의 복지를 더 깊이 생각한다. 국가의 안정이 바로 거기에 있기 때문이다.'라는 격언을 자주 사용했다고 한다.

근위대는 알렉산데르 황제가 어렸기 때문에 그를 사랑했다. 자신들이 폭군의 손아귀에서 구출해 황제의 자리에 앉혀 준 연약한 소년이었기 때문에 황제를 사랑했던 것이다. 황제도 그들에게 감사와 의무감을 느끼기는 했다. 그러나 그의 감사는 이성과 정의의 테두리 안으로 제한되었기 때문에, 근위대는 곧 엘라가발루스 황제의 악행보다도 알렉산데르 황제의 미덕과 선정에 더 큰 불만을 느끼게 되었다. 근위대장이었던 울피아누스는 법과 국민의 벗이었으므로 병사들의 적이며, 그의 간악한 충고 때문에 모든 개혁들이 진행되는 것으로 간주되었다. 사소한 사건을 계기로 근위대의 불만은 맹렬한 기세의 반란으로 돌변하여 로마에서는 3일 동안 내전이 벌어졌는데, 시민들은 감사의 마음에서 그 훌륭한 근위대장의 목숨을 보호하고 있었다. 그러나 몇몇 집들이 불타고 대화재의 위협마저 있자 겁을 먹은 시민들은 한숨을 쉬며 현명했지만 불운했던 울피아누스를 내어 줄 수밖에 없었다. 그는 황제의 궁전까지 추격당한 끝에 황제의 발 밑에서 무참히 살해되었다. 황제는 자의로 울피아누스를 감싸며 무자비한 병사들에게 용서를 구했지만 아무런 소용이 없었다. 정부가 이처럼 통탄할 만큼 허약했기 때문에, 살해당한 벗과 황제의 권위 실추에 대한 복수를 할 때도 참을성 있게 기다리면서 위장 전략을 사용해야만 했다. 반란의 주동자인 에파가투스는 이집트 총독이라는 명예로운 공직을 주어서 일단 로마에서 제거한 다음, 크레테 총독의 지위로 조금 강등시켰다가, 근위병들 사이에서 그의 인기가 시간과 부재로 인해 완전히 사라졌을 때 비로소 뒤늦은 처벌을 감행했던 것이다. 공평하고 덕망 있던 알렉산데르 황제 치하에서도 독단적인 군대는 그들의 참을 수 없을 정도의 무질서를 교정하려는 의도가

근위대의 폭동과
울피아누스의 살해

의심되는 사람이 있으면, 그가 아무리 황제의 굳은 신임을 받고 있다 해도 즉각 죽여 버리겠다고 위협했다. 역사가 디오 카시우스가 고대 로마군의 규율로 판노니아 군단을 지휘하려고 하자, 로마에 있던 병사들이 군대의 특권을 이용해서 개혁을 시도한 그의 목을 요구했다. 그러나 알렉산데르 황제는 병사들의 선동적인 요구에 응하지 않고, 오히려 그의 자질과 공적을 감안하여 그를 황제의 동료 집정관으로 승진시키고 급여를 황제 스스로 부담했다. 그러나 병사들이 집정관의 표장을 단 디오를 보면 피로써 복수하고자 할 것이 자명했으므로, 이런 우려에서 명목상의 국가 최고행정관은 황제의 충고로 로마에서 물러나 집정관 임기의 대부분을 캄파니아에 있는 별장에서 보냈다.

디오 카시우스의 위험

황제의 관대함이 군대의 방종을 더욱 부추기는 결과를 낳았다. 군단들도 근위대를 본받아서 똑같이 강경하고 사납게 군대의 특권을 주장했다. 알렉산데르 황제의 선정으로도 그 시대의 부패상에 대항하기에는 역부족이었던 것이다. 일리리쿰, 마우리타니아, 아르메니아, 메소포타미아, 게르마니아에서 연속적으로 반란이 발생했다. 황제의 장교들은 살해되고, 황제의 권위는 손상되었으며, 마침내 황제의 생명도 군대의 맹렬한 불만의 희생물이 되어 버렸다. 그 당시의 군대의 모습과 예외적으로 병사들이 의무와 복종심을 회복했던 특별한 경우를 잘 보여 주는 사건이 있어 여기에 소개하도록 하겠다. 알렉산데르 황제가 페르시아 원정(이것의 상세한 내용은 뒤에 다시 다루도록 하겠다.)을 위해 행군하다가 안티오크에 잠시 머물렀던 때의 일이다. 병사 몇 명이 여자 목욕탕에서 여자들과 함께 목욕

군단들의 폭동

을 하다가 발각되어 처벌받았는데, 이 일로 그들이 소속된 군단의 반란을 불러일으켰다. 알렉산데르 황제는 사열대에 올라 온화하지만 확고한 어조로 무장한 병사들을 향해 연설을 시작했다. 자신은 전임 황제에 의해 도입된 문란한 악행들을 바로잡고, 로마라는 이름과 로마 제국의 몰락을 방지하기 위해 군의 기강을 확실히 유지하겠다는 확고한 결심을 굳혔으며, 이것은 반드시 필요한 일이라는 것이 연설의 요지였다. 그의 조용한 훈시가 병사들의 소란으로 방해받자 황제는 대담하게 말했다.

38 율리우스 카이사르도 같은 단어로 병사들의 폭동을 진압한 적이 있다. 이것은 '병사'와 대비해서 사용될 때 경멸의 의미를 담고 있다. 병사보다 덜 명예로운 일개 시민의 지위로 강등시킨다는 의미이다.

페르시아인, 게르마니아인, 사마르티아인들과 전쟁터에서 마주칠 때까지 함성은 아껴 두어라. 너희들에게 먹을 것과 입을 것과 속주의 돈을 나눠 주는 황제이자 은인 앞에서는 입을 다물라. 입을 다물라, 그러지 않으면 나는 너희들을 병사라고 부르지 않고 시민[38]이라고 부르겠다. 그래도 로마의 법률을 부인하는 무리들이 가장 미천한 로마 구민으로 불릴 자격이 있다면 말이다.

황제의 위협은 군단의 분노를 더욱 자극해서 그들은 무기를 휘두르며 황제의 신변을 위협하기까지 했다. 황제는 더욱 담대하게 다시 말했다.

너희들의 용기는 전쟁터에서 더욱 고귀하게 사용될 수 있을 것이다. 너희들은 나를 죽일 수는 있겠지만 결코 겁주지는 못한다. 공화국의 가혹한 판결이 너희들의 죄를 처벌하고 나의 죽음에 복수해 줄 것이다.

그래도 병사들은 여전히 소란스러운 선동을 지속했다. 그때 황제는 큰 소리로 결정적인 판결을 내렸다.

시민들이여! 무기를 내려놓고 조용히 각자의 집으로 돌아가라.

병사들의 소동이 즉시 가라앉았다. 그들은 수치심과 비탄에 사로잡혀 판결의 공정성과 규율의 힘을 조용히 인정하며 무기와 군대의 표장을 내려 놓고 병영이 아닌 근처 여관으로 뿔뿔이 흩어졌다. 알렉산데르 황제는 그 후 30일 동안 그들이 후회하는 고무적인 광경을 기쁘게 바라보았다. 황제는 반란을 묵인한 장교들을 엄중히 다스려 처형한 후에야 병사들을 복직시켰다. 감사를 느낀 그 군단은 그 후 황제가 살아 있을 동안은 충성을 다했고, 죽은 후에는 그를 위해 복수를 해 주었다.

알렉산데르 세베루스의
통치와 성격의 결함

대중의 결심은 대개 한순간에 이루어진다. 변덕스러운 감정은 반란을 일으킨 병사들이 무기를 황제의 발 밑에 내려놓게도 하지만, 그것으로 황제의 가슴을 찌르게도 할 수 있는 것이다. 이 특별한 사건을 통찰력 있는 철학자의 눈으로 들여다보면 황제가 그토록 대담하게 병사들의 복종을 이끌어 낼 수 있었던 비밀을 밝혀 낼 수 있을 것이다. 혹은 공평한 역사가가 이 사건을 서술한다면 카이사르에 비견될 만한 이 행동의 의미를 단순히 그럴 수도 있었다거나 알렉산데르 황제의 평범한 상식에서 비롯되었다고 축소시킬 수도 있을 것이다. 이 온화한 황제의 능력은 어려운 상황에 처해서 제대로 발휘되지 못했던 것 같고, 순수하고 올바른 의도를 가지고 있었지만 행동은 단호하지 못했다. 엘라가발루스의 악덕과 마찬가지로 그의 미덕에도 고향 시리아의 나약함과 무기력함이 깃들어 있었다. 알렉산데르 황제는 자신의 고향을 수치스러워하며, 그의 조상이 로마 귀족 혈통이었다는 계보학자들의 아첨에 즐거워하기도 했다.39 어머니 마마이아의 자존심과 탐욕도 그의 영광스러운 치세에 일말의 그림자를 드리웠다. 그녀는 아들이 성숙한 어른이 되었을 때도 미숙한 어린 시절과 똑같이 절대적인 복종을 요구함으로써 그녀 자신과 아들인 황제를 웃음거리로 만들었다. 힘들었던 페르시아 원정은 군대의 불만을 자극했고, 전쟁에서의 패배는 총지휘관으로서나, 한 군인으로서도 황제의 평판을 떨어뜨렸다. 모든 이유가 준비되었고 모든 상황은 무르익어 혁명이 일어났는데, 이것은 다시 로마 제국을 긴 내분과 재앙 속으로 몰아넣게 되었다.

39 황제가 메텔루스 가의 후예라는 것이었는데, 이 선택은 탁월했다. 메텔루스 가는 12년이라는 짧은 기간 동안 일곱 명의 집정관을 배출하고 다섯 번의 개선식을 거행한 명문 집안이었다.

콤모두스 황제의 방탕한 폭정과 그의 죽음으로 촉발된 내전, 세베루스 가에 의해 도입된 새로운 정책들은 모두 군대의

제국의 재정에 대한 여담

위험스러운 힘을 증가시키는 데 기여했고, 이로 인해 로마인들의 가슴에 희미하게나마 여전히 남아 있던 법과 자유라는 이상은 완전히 말살되고 말았다. 지금까지 제국의 기초를 흔들어 놓았던 내부적인 변화들을 가능한 한 명료하게 설명해 보고자 했다. 황제 개개인의 성격과 승리, 법률과 악행과 행운들은 그 것이 로마 제국 쇠망사라는 큰 틀에 관련되는 한에서만 중요한 것이다. 로마 제국의 쇠망을 개괄하겠다는 목표를 염두에 둔다면 안토니누스 카라칼라 황제의 아주 중요한 칙령을 간과할 수 없다. 카라칼라 황제는 제국의 모든 자유로운 거주자들에게 로마 시민의 특권을 부여한다는 칙령을 내렸던 것이다. 그러나 그의 이런 무한한 관용은 자비로운 마음이 아니라 비열한 탐욕에서 나온 것이었다. 공화정 체제하의 승리의 시대로부터 알렉

⁴⁰ 좀 더 정확한 디오니시우스의 기록에 따르면 베이이는 로마에서 100스타디아, 즉 12.5마일 정도 떨어져 있었다고 한다. 전초 기지는 에트루스키 쪽으로 좀 더 떨어져 있었을 수 있다. 한편 나르디니는 일반적인 의견들과 두 대가의 권위에 의문을 제기하면서 베이이가 로마와 브라키아노 호수 중간쯤에 있던 이솔라라는 지점에 있었다고 주장했다.

⁴¹ 로마의 인구 조사에서는 재산과 권력, 세금 징수에 대한 조사가 함께 이루어졌다.

산데르 황제 치세까지의 제국의 재정에 관해 고찰해 보면 그 이유가 자연스럽게 설명될 것이다.

로마군 편성

투스카니에 있는 베이이 공격이 로마인들이 첫 번째로 시도한 중요한 정복 사업이었는데, 이 공격은 그 지역의 수비력보다는 공격자들의 미숙함 때문에 10년 동안이나 지속되었다. 로마에서 불과 20마일 떨어진 곳이었지만,⁴⁰ 여러 해 동안의 동계 작전은 특별한 격려와 지원이 필요한 일이었다. 원로원은 현명하게 병사들에게 정기적인 급여를 지급함으로써 불만의 소지를 미연에 방지했다. 재원은 시민들의 재산 정도에 따라 공평하게 징수한 세금으로 마련되었다.⁴¹ 베이이 정복 후 200년 이상 승리가 이어졌는데, 이 승리들은 로마 제국의 힘에는 도움이 되었지만 제국의 부에는 도움이 되지 못했다. 이탈리아의 여러 나라들은 군역을 바치는 것으로 세금을 대신했고, 포에니 전쟁에 동원된 수많은 육·해군들에게 지출된 비용은 오로지 로마 시민들이 부담해야 했다. 사기가 충전된(이것은 주로 자유에 대한 열정 때문이었다.) 로마 시민들은 곧 승리의 풍요로운 결실을 누릴 수 있을 것이라고 확신했기 때문에 무거운 세금을 자발적으로 기꺼이 부담했다. 그들의 기대는 좌절되지 않았다. 수년 내에 시라쿠사, 카르타고, 마케도니아, 아시아의 부가 승리와 함께 로마로 넘어왔다. 페르세우스 왕의 재물만 해도 200만 파운드 가량 되었고, 그 수많은 나라들의 주권자가 된 로마 시민들은 영원히 세금의 부담에서 해방되었다. 속주들에서 들어오는 세입이 증가되어 일상적인 군대와 정부의 비용을 충당하기에 부족함이 없었고, 남아도는 금은보화는 예기치 못한 국가적 비상 사태에 대비해서 사투르누스 신전에 보관했다.

로마 역사를 연구하는 데 있어서 아우구스투스 황제가 원로원에 남겼다고 전해지는 그 진귀한 목록을 잃어 버린 것보다 더 큰 손실은 없을 것이다. 노년의 아우구스투스 황제는 후세에 전달할 목적으로 제국의 세입과 세출을 매우 꼼꼼하고 정확하게 기록해서 원로원에 제출했다고 한다.42 이렇게 명확하고 총괄적인 계산서가 없어졌기 때문에, 우리는 화려한 역사적 장면에서 잠시 벗어나 보다 유용한 사항들을 이따금씩 기록하기도 한 고대 역사가들의 불완전한 정보에 의존할 수밖에 없다. 그들의 기록에 의하면 폼페이우스의 정복 후 아시아의 속주세는 5000만 드라크마에서 1억 3500만 드라크마(약 450만 파운드)로 올랐다고 한다. 프톨레마이오스 왕조의 나태했던 마지막 왕들 시대에서조차 이집트의 세입은 1만 2500탈렌트에 달했다고 한다. 이것을 영국 돈으로 환산하면 250만 파운드 이상인데, 로마의 속주가 된 이후에는 로마인들의 보다 경제적인 재정 정책과 에티오피아와 인도 간의 무역의 증가로 인해 훨씬 증가했다. 이집트가 무역으로 부유해졌다면 갈리아는 약탈을 통해 부유해졌는데, 이 두 속주가 바치는 세금은 거의 동일했다. 카르타고는 패배한 이후 50년 내에 1만 에우보에아 혹은 페니키아 탈렌트(약 400만 파운드)를 바칠 것을 명령받았는데,43 이것은 로마의 우월성을 승인한다는 약간의 증거금일 뿐이었고, 이 비옥한 아프리카 해안이 로마의 속주로 편입된 후 토지와 주민들에게 부과된 세금에 비하면 아무것도 아니었다.

에스파냐는 참으로 기구하게도 구시대의 페루, 멕시코와 같은 운명을 겪었다. 페니키아인들이 이 비옥한 서부의 대륙을 발견하고 원주민들을 제압한 후에, 원주민들은 자신들의 광산에서 외국인들을 위해 노동해야 했는데, 이것은 에스파냐

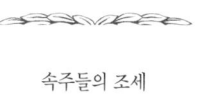

속주들의 조세

42 아피아누스 시대에는 이 목록이 존재했던 것 같다.

43 에우보에아, 페니키아, 알렉산드리아 탈렌트는 아테네 탈렌트의 두 배였다고 한다. 티레에서 카르타고로 같은 금액이 건네졌을 가능성이 크다.

44 페니키아인들은 카디즈 항을 기원전 1000년 즈음에 건설했다고 한다.

45 플리니우스는 이 사실과 함께 달마티아에 있던 은광에서 하루에 50파운드의 은을 생산했던 사실도 기록하고 있다.

46 리프시우스는 세입을 1억 5000만 골드크라운으로 계산해 놓았다. 그러나 그의 책은 박학다식과 독창성과 함께 매우 과열된 상상력을 같이 보여 주고 있다.

령 남미 국가들이 최근에 겪은 역사와 완전히 일치한다.44 페니키아인들은 에스파냐의 해안 지방만 약탈했다. 그러나 야심과 탐욕이 더 컸던 로마인과 카르타고인들은 내륙 지방까지 진격했는데, 그들이 발견한 것은 거의 대부분의 땅이 금·은·동의 보고라는 사실이었다. 기록에 의하면 카르타헤나 근처의 한 광산에서는 매일 2만 5000드라크마, 즉 1년에 30만 파운드의 은을 캐냈다고 한다. 또한 아스투리아, 갈리시아, 루시타니아 등의 속주에서는 연간 2만 파운드의 금을 속주세로 받았다고 한다.45

로마 제국에 짓밟힌 수많은 강대국들의 세금 문제를 일일이 추적하기에는 시간과 자료가 부족하다. 그러나 황량한 불모의 땅에까지 향해졌던 엄격한 감독의 예를 살펴본다면, 자연 자원이 풍부하고 사람들의 노력에 의해서도 부가 축적된 속주들에서의 세금 정책이 어떻게 진행되었을지 짐작할 수 있을 것이다. 아우구스투스 황제는 기아루스의 주민들로부터 과중한 세금의 3분의 1이라도 감면해 달라는 탄원서를 받은 적이 있었다. 그곳 주민들의 세금은 모두 합해 150드라크마, 영국 화폐로 약 5파운드에 지나지 않았다. 그러나 기아루스는 에게 해에 있던 작은 섬, 아니 오히려 바위라고 부르는 것이 적당한 곳으로, 물도 생필품도 부족했고 가난한 어부 몇 명만이 근근히 생계를 이어 가던 곳이었다.

세입의 양

이와 같이 다소 불확실하고 불충분한 자료를 근거로 한다 해도, 다음과 같은 사실들은 믿지 않을 수 없다. 첫째, (시대와 상황의 차이를 최대한 고려한다 해도) 로마 속주들로부터의 세입은 최소한 영국 화폐로 1500만에서 2000만 파운드에 달했을 것이다.46 둘째, 이같이 막대한 세입은 아우구스투스 황제가 제정해 놓은 절도 있는 정부의 모든 비용을 조달하기에 충분했을 것이다. 아우구스투스 황제의 궁정은 일개 원로원 의원의 가정 수준으로 검소했고, 군대의 예산은 정복의 야심이나 외부의 침략에 대한 경계 없이 국경을 방어하는 수준에서 책정되었다.

위의 두 가지 결론이 모두 개연성을 가지고 있음에도 불구하고, 두 번째 결론은 적어도 아우구스투스 황제의 언행에 의해서는 적극적으로 부정되었다. 그가 이 경우에 로마 제국의 국부로 행동했는지, 아니면 자유의 탄압자로서 행동했는지, 혹은 속주의 부담을 경감시키려고 했던 것인지, 아니면 원로원과 기사 계급의 부를 빼앗으려 했던 것인지는 결정을 내리기가 쉽지 않다. 어쨌거나 그는 정부의 통치권을 쥐자마자 세금이 부족하다는 점과 로마와 이탈리아 주민들도 공공의 부담을 공평하게 나누어야 한다는 점을 자주 역설했다. 그러나 그는 이 인기 없는 계획을 실현할 때는 신중하게 절차를 밟아 조심스럽게 진행했다. 관세가 먼저 도입되었고, 다음으로 물품 소비세를 제정하였으며, 마지막으로 그때까지 150년 이상이나 모든 세금을 면제받았던 로마 시민들의 동산 및 부동산에 대해 교묘하게 재산세를 부과함으로써 세금 징수 계획은 완성되었다.

> 아우구스투스가 제정한 로마 시민들에 대한 세금

1. 로마와 같은 거대한 제국에서는 분명히 화폐의 자연스러운 균형이 점진적으로 저절로 확립되었을 것이다. 이미 서술했던 것처럼 속주의 부가 정복자의 강력한 권력에 의해 수도 로마로 흡수되는 한편으로는, 그것의 상당한 부분이 교역과 기술의 긍정적인 영향력으로 인해 다시 근면한 속주들로 환원되었다. 아우구스투스 황제와 그 후계자들의 치세에는 수많은 통

> 관세

47 플리니우스는 인도산 물품은 로마에서 원가의 백 배에 팔렸다고 기록하고 있다. 이것은 관세의 규모를 짐작할 수 있게 해 주는데, 그 원가만 해도 80만 파운드에 달했기 때문이다.

48 고대인들은 다이아몬드를 세공하는 기술을 알지 못했다.

로를 통해 풍요와 사치의 집결지인 로마로 들어오는 모든 물품에 관세가 부과되었다. 그리고 법률이 어떤 형식으로 명문화되어 있었든 간에 세금을 내는 쪽은 속주의 상인들이 아니라 물품을 구매하는 로마인들이었다. 관세율은 물품 가격의 8분의 1에서 40분의 1까지 다양했는데, 그 비율은 일관된 정책에 의해 결정되었다. 사치품에는 일상용품보다 높은 관세가 매겨졌고, 제국 국민의 노동에 의해 재배되거나 제조된 물품은 아라비아나 인도와의 유해하고 평판이 좋지 않은 무역에 의한 물품보다 좋은 대우를 받았다.47 알렉산데르 세베루스 황제 시대에 관세 부과 대상이었던 동방의 물품들을 기록해 놓은 길고 다소 불완전한 목록이 지금도 남아 있는데, 그중에는 계피, 몰약, 후추, 생강, 온갖 종류의 향료들, 다양한 종류의 보석들도 포함되어 있다. 보석 중에서는 다이아몬드가 가장 비쌌고, 에메랄드를 가장 아름다운 보석으로 쳤다.48 또한 목록에는 파르티아산 가죽과 바빌로니아산 가죽, 면, 비단, 흑단, 상아와 거세된 환관까지 있었다. 이 중에서도 거세된 환관들의 수요와 가치는 제국이 쇠퇴해 감에 따라 점점 증가했다는 점이 흥미롭다.

물품 소비세

2. 내전 후에 아우구스투스 황제가 도입한 물품 소비세는 아주 적은 금액이었지만 모든 물품에 적용되었다. 소비세는 물품 가격의 1퍼센트를 넘기지는 않았다. 그러나 토지나 집과 같은 비싼 물건에서 너무나 많고 일상적으로 소비되기 때문에 겨우 가격이 형성되는 사소한 물건들에 이르기까지, 시장이나 공개 경매를 통해 유통되는 모든 물품에 소비세를 부가했다. 이런 직접세는 대중의 생활에 영향을 미치기 때문에 불만과 폭동의 원인이 되어 왔다. 그래서 국가 재원의 부족과 그 공급원을 잘 알고 있었던 황제는 칙령을 발표해서 군대를 유지하

는 것이 물품 소비세의 징수에 상당 부분 의존하고 있다고 호소해야 했다.⁴⁹

3. 아우구스투스 황제가 국내외의 적들로부터 정부를 보호하기 위해 군대를 상비군으로 바꾸기로 결심했을 때, 그는 병사들의 급여와 퇴역 병사들의 퇴직금을 지급하고 전쟁 비용을 충당하기 위한 특별 기금을 제정했다. 막대한 물품 소비세 세입을 이 용도로 전용했지만 그것만으로는 부족했다. 이 부족을 메우기 위해 황제는 모든 유산과 상속 재산에 대해 5퍼센트의 새로운 세금을 부과했다. 그러나 로마의 귀족들은 자유보다는 재산에 보다 집요한 애착을 보였다. 귀족들의 분노와 불만의 소리들이 들려왔지만 아우구스투스 황제는 평소와 다름없이 의연하게 대처했다. 그는 허심탄회하게 모든 문제를 원로원에 위임하고 더 편리하고 좋은 방법을 마련하여 나라에 봉사하라고 훈계했다. 원로원은 의견만 분분했고 아무 결론을 내리지 못했다. 황제가 원로원이 계속해서 고집을 꺾지 않으면 전면적인 토지세와 인두세를 도입할 것을 제의하겠다는 뜻을 넌지시 비추자, 그들은 할 수 없이 조용히 수락했다. 그러나 유산 상속세는 몇 가지 제한 조치를 두고 신중하게 부과되었다. 과세의 대상이 어느 정도의 가치, 아마 금화 쉰에서 백 닢 정도⁵⁰가 되지 않으면 세금을 부과하지 않았다. 상속자가 부계의 근친⁵¹일 경우에도 적용되지 않았다. 혈연에 의한 상속과 가난한 자의 재산이 이렇게 보호받자, 기대하지도 않은 재산을 물려받은 전혀 모르는 사람이나 먼 친척이 그 재산의 20분의 1을 국가의 복지를 위해 즐거운 마음으로 포기하는 것이 당연하다고 생각하게 되었다.

부유한 나라라면 상당한 액수가 될 것이 틀림없는 이와 같

유산 상속세

⁴⁹ 2년 후에 티베리우스 황제는 가난한 카파도키아 왕국을 합병하면서 소비세를 0.5퍼센트로 낮추었지만, 이 세율은 아주 짧은 기간 동안만 유지되었다.

⁵⁰ 이 수치는 추정에 의한 것이다.

⁵¹ 로마 법률에서는 오랫동안 모계 혈연으로는 상속이 인정되지 않았다. 이런 가혹한 법률은 인간적인 감정에 의해 서서히 효력을 잃어가다가 유스티니아누스 황제 시대에 이르러 완전히 철폐되었다.

52 플리니우스의 서간집을 참조하라. 그는 유산을 받을 때마다 죽은 자에 대한 존경심과 산 자에 대한 책임감을 표현했다. 그는 어머니에게서 상속권을 박탈당한 어떤 남자에게 유산을 물려 주는 등의 행동으로 자신의 말을 실천했다.

법률과 관습에 적합한 세금

은 세금은 로마인들의 상황과는 특히 잘 맞아떨어졌다. 현대와 같은 한사(限嗣) 상속법이나 계승 상속법의 구속을 받지 않은 로마인들은 자신의 의지나 변덕에 따라 마음대로 유언장을 작성했다. 여러 가지 이유 때문에 공화정 시대의 엄격한 애국자나 제정 시대의 방탕한 귀족들에게는 종종 아버지로서의 편애가 먹혀들지 않았다. 만약 아버지가 아들에게 재산의 4분의 1을 상속하면 아들은 법적 소송의 모든 근거를 상실했다. 그러나 자식이 없는 부유한 노인은 작은 독재자였고, 노쇠해져 갈수록 그의 힘은 더 커졌다. 법무관급과 집정관급 관리들도 종종 포함되어 있던 비굴한 무리가 그의 비위를 맞추고 탐욕을 채워 주고 어리석은 일들을 칭찬하고 정욕에 봉사하면서, 그의 죽음만을 초조하게 기다렸다. 아부하고 봉사하는 기술은 몹시 수지맞는 학문으로까지 형성되어 이것을 직업으로 하는 사람들이 특별한 명칭을 얻기도 했다. 풍자시의 생생한 묘사에 따르면 온 도시가 유산을 사냥하는 사람들과 그 목표물로 양분되어 있었던 것이다. 매일 불공평하고 터무니없는 유언장들이 간사한 자들의 지시로 수없이 작성되어 어리석은 자에 의해 서명되는 한편으로, 이성적인 존경심과 감사의 결과로 작성되는 유언장들도 없지는 않았다. 동료 시민들의 생명과 재산을 여러 번 보호해 준 키케로는 17만 파운드나 되는 유산을 받았다. 플리니우스의 친구들도 이 사랑스러운 웅변가에게 그에 못지 않은 감사와 관대함을 보여 주었던 것 같다.[52] 유언자의 동기가 무엇이었든지 국고는 차별 없이 유산의 20분의 1을 세금으로 징수했는데, 그렇게 두세 세대가 지나면 유언자의 전 재산이 서서히 국고로 귀속되었다.

　네로 황제 치세 초기의 황금 시절에 이 황제는 인기를 얻으려는 욕망과 자비를 베풀려는 맹목적인 충동에서 관세와 물품 소비세를 모두 철폐하려는 생각을 한 적이 있다. 현명한 원로원 의원들은 그의 넓은 아량에 찬사를 보내는 한편, 제국의 힘과 자원을 고갈시키는 결과를 가져올 그 같은 계획의 실현을 교묘하게 막았다. 이 환상과도 같은 꿈이 실현 가능한 것이었다면 트라야누스 황제나 두 안토니누스 황제가 국민에게 이런 특별한 은혜를 베풀 영광스러운 기회를 놓치지 않았을 것이다. 그러나 그들은 세금의 부담을 덜어 주는 것으로 만족했고 철폐하려는 시도는 하지 않았다. 그들은 온건하지만 정확한 법률로 세금 징수의 규칙과 방법을 확실하게 정해 놓고, 세금 징수원의 자의적인 법률 해석이나 시효가 지난 세금 청구를 비롯한 무례하고 원통한 횡포로부터 국민들을 보호하고자 노력했을 뿐이다. 다소 기이한 일로 보이지만, 모든 시대를 통해 가장 우수하고 현명한 속주의 총독들조차 소비세나 관세 같은 중요한 세금을 징수할 때는 세금 징수원을 이용하는 나쁜 방법을 사용했기 때문이다.[53]

카라칼라 황제의 감정이나 상황은 두 안토니누스 황제와는 아주 달랐다. 국민들의 복지에 무관심하고 그것을 혐오하기까지 한 카라칼라 황제는 자신이 부추긴 군대의 만족할 줄 모르는 탐욕을 채워 줘야 할 필요에 시달렸다. 아우구스투스 황제가 제정한 세제 중에 20분의 1 상속세가 가장 액수도 많았고 적용 대상도 광범위했다. 적용 범위가 로마와 이탈리아에만 한정되는 것이 아니었기 때문에, 로마 시민이 증가함에 따라 세입도 꾸준히 증가했다. 새로 로마 시민이 된 사람은 새로운 세금을 똑같이 적용받았지만[54] 시민이 됨으로써 얻게 되는 지위

황제들의 법규

카라칼라의 칙령

[53] 속주에서 바치는 속주세는 세금 징수원을 통해 걷지 않았다. 선정을 펼친 황제들은 체불된 속주세를 종종 탕감해 주었기 때문이다.

[54] 플리니우스는 새로 시민이 된 사람의 상황에 대해 아주 자세히 묘사해 놓았다. 트라야누스 황제는 그들에게 매우 유리하도록 법률을 제정해 놓았다.

55 일반적인 속주세였던 10아우레우스를 내던 사람은 3분의 1 아우레우스만 내면 되었다. 알렉산데르 황제의 명령으로 3분의 1 아우레우스에 해당하는 금화가 새로 주조되었다고 한다.

과세를 위해 모든 속주민들에게 시민의 자유를 부여함

와 특권들, 자신의 야심 앞에 열려 있는 영광과 행운의 전망 등으로 충분히 보상받았기 때문에 별 불만을 갖지 않았다. 그러나 카라칼라 황제의 방탕과 낭비하에서 시민이라는 우월적 지위가 갖는 혜택들은 차츰 사라졌고, 속주민들은 내키지도 않는데 로마 시민이라는 허울뿐인 이름을 얻는 대신 세금을 충실히 부담하라고 강요받았다. 이것으로도 모자랐던 세베루스의 탐욕스러운 아들은 온건한 전임 황제들이 충분하다고 생각했던 세금의 비율에도 불만을 품게 되었다. 그는 20분의 1이었던 상속세 비율을 10분의 1로 인상했다. 이렇게 해서 그의 치세 동안(사망 후에는 다시 20분의 1의 비율로 돌아갔다.) 제국의 방방곡곡이 그의 무정한 학정 밑에서 신음하게 되었다.

일시적인 조세 감소

모든 속주민이 이상하게도 로마 시민이 되어야 할 처지에 놓이자, 그들은 속주민으로서 부담하던 속주세는 법적으로 면제받을 것으로 생각했다. 그러나 카라칼라와 자칭 그의 아들이 맡은 정부에서는 그렇게 할 생각이 전혀 없었다. 속주민들에게는 새로운 상속세뿐 아니라 과거의 속주세까지 그대로 부과되었다. 이와 같은 견딜 수 없는 도탄 상태에서 속주민들을 구원해 준 이는 선정을 펼쳤던 알렉산데르 황제였다. 그는 속주세를 그가 즉위할 당시 금액의 30분의 1로 경감시켜 주었다.55 알렉산데르 황제가 왜 이렇게 사소한 금액을 남겨 두었는지 추측할 길은 없다. 그러나 완전히 뽑히지 않고 남아 있던 이 유해한 잡초는 다시 무성하게 자라나서 후대의 로마 제국에 치명적인 그늘을 드리우게 된다. 앞으로 이 로마 제국 쇠망사를 통해 우리는 토지세 및 인두세, 그리고 궁전과 군대와 수도에서 사용하기 위해 속주들에서 과도하게 공출한 곡물, 포도주,

기름, 육류 들에 대해 지나치게 자주 설명해야만 할 것이다.

로마와 이탈리아가 정치의 중심부로 존경받는 동안에는 국가의 정신은 예로부터의 시민들에 의해 잘 유지되었고, 새로 시민이 된 사람들도 무의식중에 그 정신을 받아들였다. 로마 군대의 주요 지휘관들은 고등 교육을 받아서 법률과 학문이 주는 혜택에 대해 충분히 알고 있고, 행정직과 군사직의 정해진 단계를 순차적으로 거치면서 그 자리에 오른 사람들이었다. 로마 제국의 첫 두 세기 동안 로마 군단이 절제와 복종심을 유지할 수 있었던 것에는 이들의 영향력과 모범이 어느 정도 기여했을 것이다.

> 로마의 보편적 자유의 결과

그러나 카라칼라 황제에 의해서 로마 체제의 최후의 보루가 무너지자, 시민이라는 지위가 주는 차별 대신 직업에 따른 차별이 생겨나기 시작했다. 이탈리아와 부근 속주에 사는 교양 있는 시민들만이 법률가와 행정관이 될 자격이 있었고, 군대의 고된 일은 변경 지대의 농부나 야만인들에게 맡겨졌다. 그들은 국가는 안중에도 없고 오로지 병영밖에 몰랐고, 학문이라고는 전쟁술밖에 몰랐으며, 법률은 물론이고 군사적 규율에 대해서도 거의 알지 못했다. 피비린내 나는 손과 야만적인 습성, 그리고 필사적인 결의를 지녔던 그들은 때로는 황제를 보호하기도 했지만, 그보다 훨씬 자주 제위를 전복시켰다.

7

THE DECLINE AND FALL
OF THE ROMAN EMPIRE

막시미누스 황제의 즉위와 폭정 · 아프리카와 이탈리아에서의 반란과 원로원의 권위 · 내전과 폭동 · 막시미누스 황제 부자, 막시무스 황제와 발비누스 황제, 고르디아누스 3대 황제의 횡사 · 필리푸스 황제의 찬탈과 100년제

　이 세상에 나타났던 다양한 정부 형태 중에서 가장 풍부한 조소거리를 제공하는 것은 세습 군주제인 것 같다. 아버지가 사망하면 국가라는 재산이 마치 가축 떼인 것처럼 세상 사람들은 물론 자기 자신조차도 잘 알지 못하는 어린 아들에게 그대로 계승된다. 또한 용감무쌍한 전사들과 탁월한 정치가들이 자신들이 타고난 주권을 간단히 포기하고, 요람에 누워 있는 황제에게 무릎을 꿇고 다가가 변함없는 충성을 맹세한다. 이와 같은 광경에 쓴웃음을 짓지 않을 수는 없을 것이다. 풍자와 열변은 이런 명백한 모순에 더욱 생생하고 강렬한 색채를 입혀 준다. 그러나 좀 더 곰곰이 생각해 보면 일반 대중의 감정과는 상관없이 계승의 법칙을 확립해 놓은 이 유용한 제도를 존중할 수도 있을 것이다. 다시 말하자면 대중이 직접 군주를 선출하는 이상적이기는 하지만 아주 위험하기도 한 사태를 저지하는 편리한 방책으로서 세습 군주제를 기꺼이 수용할 수도 있다는 말이다.

세습 군주제의 확실한 이점

은퇴 후에는 한가롭게 시원한 나무 그늘 밑에 앉아서, 공동체 전체의 자유롭고 공정한 투표를 거쳐 항상 최고 적임자에게 왕권을 부여하는 가상적인 정부의 형태를 공상해 볼 수도 있을 것이다. 그러나 경험은 이런 공상을 단번에 깨뜨리면서, 거대한 공동체에서는 결코 현명한 사람들이나 다수의 뜻대로 왕이 선출되지 않는다는 점을 가르쳐 준다. 군대는 공통된 정서로 결합되어 있으면서, 그 정서를 다른 국민들에게까지 강요할 수 있는 힘을 가진 유일한 집단이다. 그러나 이미 폭력과 굴종에 길들어 있는 병사들로는 법치 체제 혹은 시민정부 체제를 방어할 수 없다. 그들에게는 정의, 인류애, 정치적인 지혜에 대한 감각이 없고, 다른 사람의 그런 감각을 존중할 수 있는 식견도 없다. 오직 용맹만이 그들의 존경을 얻을 수 있고, 물질적인 혜택만이 그들의 표를 얻을 수 있다. 그러나 용맹은 가장 미개한 야만족에게서도 흔히 발견되는 것이고, 물질적인 혜택은 공적인 비용을 통해서만 주어지는 것이다. 더욱이 대담한 야심을 가진 경쟁자가 나타나 이 두 가지를 교묘하게 이용한다면, 오히려 군주를 파멸시킬 수 있는 손쉬운 방책이 되기도 한다.

로마 제국에 대재앙을 초래한 세습에 대한 욕구

출신 가문의 우월한 특권은 그것이 시대와 여론의 승인을 받았을 경우에는 인류가 가진 여러 가지 특권 중에서 가장 명백하고 자연스러운 특권이라 할 수 있다. 이렇게 승인된 권리는 파벌 형성의 가능성을 없애고, 안정적인 지위에 대한 자각은 군주의 잔인성을 누그러뜨린다. 이 개념이 확고하게 성립되어 있는 유럽의 전제 국가들에서는 평화로운 계승이 이루어진다. 이 개념이 부족한 아시아의 전제 군주들은 내전을 거친 후에야 아버지의 왕좌를 물려받게 되는 경우가 많다. 그러나 동양에서도 왕권을 둘러싼 경쟁은 대개 지배 가문의 왕자들 간에 벌어지고, 보다 운이 좋았던 경쟁자가 칼이나 활로 다른 형제들을 제거하고 나면 그보다 신분이 낮은 국민들의 질시는 더 이상 받지 않는다. 그러나 원로원의 권위가 무너져서 오히려 경멸의 대상이 되고 난 후의 로마 제국은 갖가지 혼란의 전시장이었다. 오래전부터 속주의 왕족이나 귀족들은 오만했던 공화정 시대 장군들의 개선 전차 앞에서 포로로 끌려왔다. 로마의 귀족 가문들도 황제들의 폭정 아래서 연이어 몰락했다. 그 황제들도 공화정이라는 형식의 구속을 받았기 때문에, 후손에게 제위를 물려주려는 시도는 거듭해서 실패로 돌아갔다.[1] 로마 국민들의 마음에 세습 군주라는 개념을 뿌리내리는 일은 불가능했다. 그들에게 황제가 될 권리는 출생으로 주어지는 것이 아니라 미덕으로 얻을 수 있는 것이었다. 그런데 이제 뻔뻔스러운 야심이 법과 관습이라는 유용한 제약에서 풀려 나와, 아무리 미천한 사람이라도 용맹을 갖추고 행운만 따른다면 군대에서 높은 지위에 오르는 일이 가능해졌고, 그 지위에서는 간단한 범죄만 저지르면 나약하고 인기 없는 황제로부터 제위를 빼앗아올 수 있었다. 알렉산데르 세베루스 황제의 죽음과 막시미누스 황제의 즉위 이후로 황제들은 아무도 자신의 자리가 안전하다고 생각하지 않았고, 변경 지대의 야만족 농부들조차 마음만 먹으면 자신도 그 존엄하고도 위험한 자리에 오를 수 있다고 생각하게 되었다.

사건이 일어나기 약 32년 전에 세베루스 황제는 동방 원정에서 돌아오는 길에 트라키아 속주에 머물면서, 둘째 아들 게타의 생일을 축하하기 위해 군사 경기 대회를 개최한 적이 있

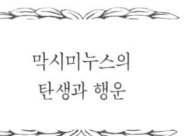
막시미누스의
탄생과 행운

[1] 그때까지 3대가 연이어 제위를 계승한 경우는 한 번도 없었고, 아버지를 이어 아들이 황제가 된 경우는 단 세 번 있었다. 황제들의 결혼은 이혼이 허용되고 실제로 많이 이루어졌음에도 불구하고 후손을 보지 못하는 경우가 많았다.

었다. 속주 주민들이 황제를 보려고 구름처럼 모여들었는데, 그중 기골이 장대한 한 젊은이가 거친 사투리로 레슬링 시합에 출전하게 해달라고 간청했다. 트라키아의 농부가 로마 병사를 때려눕히는 것은 군대의 자부심에 대한 모욕이라 해서 군대 내에서 가장 힘이 센 병사들과 시합을 시켰는데, 열여섯 명의 병사가 차례로 나가떨어졌다. 이 농부는 몇 가지 사소한 상을 받고 병사로 받아들여졌다. 그 다음 날 이 행운의 사나이는 그곳의 민속 무용 경연에서도 신병들 중에서 유독 두드러진 솜씨를 보여 주었다. 자신이 황제의 관심을 끌게 된 사실을 알게 되자 그 사나이는 순식간에 황제의 말을 따라잡아 도보로 그를 따랐는데, 한참 동안 빠르게 행군한 후에도 전혀 피로한 기색을 보이지 않았다. 세베루스 황제는 놀라서 "트라키아인이여, 이렇게 빠르게 행군하고도 레슬링을 할 수 있겠느냐?"라고 물었다. 그 지칠 줄 모르는 젊은이는 기꺼이 그렇게 하겠노라고 대답하고는 눈 깜짝할 사이에 가장 힘센 병사 일곱 명을 땅에 메쳤다. 그는 놀라운 힘과 용기에 대한 상으로 금메달을 수여받았고, 곧 황제를 호위하는 기병대로 임명되었다.

막시미누스의 군대 경력과 명예

이 사나이가 바로 막시미누스였다. 그는 제국의 영토 안에서 태어났지만, 본래는 혼혈 야만족 출신이었다. 아버지는 고트족이었고 어머니는 알라니족에 속했다. 그는 기회가 있을 때마다 힘에 버금가는 용기도 보여 주었고, 타고난 사나운 기질도 세상 물정을 알고 나자 많이 순화되어 적어도 표면적으로는 잘 드러나지 않았다. 세베루스 황제와 그 아들인 카라칼라 황제 치세에서 그는 백인대장까지 승진했고 두 황제의 신임과 총애를 받았다. 특히 세베루스 황제는 신하들의 장점을 잘 파악해서 중용했던 황제였다. 막시미누스는 이 두 황제에 대한 감사의 마음에서 카라칼라 황제를 암살한 마크리누스 황제 아래서는 공직을 맡지 않았다. 또한 명예를 지키기 위해 엘라가발루스 황제의 여성적인 구애도 거절했다. 알렉산데르 황제가 즉위하자 그는 다시 공직으로 돌아와 유용하고도 명예로운 자리를 맡게 되었다. 그는 제4군단의 군단 참모장교로 임명되었는데, 이 군단은 그의 지휘 아래 곧 전 군대 중 가장 기강이 잘 잡힌 군단이 되었다. 병사들은 그를 존경하고 찬미하면서 그들의 영웅에게 아이아스나 헤라클레스 같은 이름을 바쳤으며, 그는 계속해서 승진하여 군대의 최고 지휘관의 지위까지 올랐다.[2] 그에게 야만족의 흔적이 그토록 많이 남아 있지만 않았더라도, 아마 황제는 자신의 누이동생을 그의 아들과 결혼시켰을 것이다.

그러나 이 트라키아의 농부는 알렉산데르 황제의 총애에 충성심으로 보답하는 대신 야심을 불태웠다. 그는 최고 권력자의 존재를 인정할 수밖에 없는 자신의 지위가 자신의 능력에 비해 보잘것없다고 생각하게 되었다. 진정한 지혜는 갖추지 못했지만 이기적이고 교활한 꾀는 있었던 그는 황제가 군대의 애정을 잃었음을 알아채고 그들의 불만을 부추겨 자신에게 유리한 상황을 만들어 내기로 결심했다. 아무리 훌륭한 군주라 해도 내분이나 중상모략으로 그의 통치에 독소를 퍼뜨리거나, 군주의 미덕을 약간의 유사점이 있는 악덕으로 교묘하게 변모시켜 비난하기는 매우 쉽다. 군대는 막시미누스가 보낸 밀정들의 이야기에 기꺼이 귀를 기울였다. 병사들은 13년 동안이나 어머니와 원로원의 하수인에 불과한 소심하고 나약한 시리아인 황제 아래서 성가신 규율을 치욕스럽게 견디고 있었던 자신들을 수치스럽게 생각하게 되었다. 그들은 이제는 시민 정부라는 쓸데없는 허상을 버리고, 병영에서 교육받고 전쟁터

막시미누스의 음모

[2] 막시미누스는 기병대의 지휘를 맡으면서 전 군대의 신병 훈련을 책임지고 있었던 것 같다. 그의 업적이나 군인으로서의 승진 기록 같은 것은 자세하게 밝혀져 있지 않다.

에서 직접 싸우면서 제국의 영광을 지키는 한편, 제국의 부는 동료들과 나눌 줄 아는 진정한 군인 황제를 선출해야 할 시기라고 소리 높여 주장했다. 그 당시에는 황제의 지휘 아래 대규모 군대가 라인 강변에 주둔하고 있었다. 황제는 페르시아 전쟁에서 귀환한 직후에 다시 게르마니아 야만족들과 싸우기 위해 출정해야 하는 처지였다. 막시미누스는 여기서 신병들을 모집하고 훈련시키는 중요한 임무를 맡고 있었다. 그러던 어느 날, 막시미누스가 연병장으로 들어서자 갑작스러운 충동이었는지 계획된 음모였는지는 모르지만 병사들이 그를 황제라 부르며 환영했다. 병사들은 고집스럽게 거절하는 그의 목소리를 커다란 함성으로 지워 버리고, 알렉산데르 황제를 살해함으로써 반란을 완성시키고자 서둘렀다.

서기 235년 3월 19일, 알렉산데르 세베루스의 죽음

알렉산데르 황제의 죽음에 대해서는 여러 가지 의견이 분분하다. 황제가 막시미누스의 배신과 야심을 모른 채 죽었다고 가정하는 작가들은 황제가 병사들이 보는 앞에서 간단한 식사를 한 다음 숙소에 들었는데, 그날 7시경에 경비병 몇 명이 황제의 막사로 칩입해서 아무것도 모르는 덕망 높은 황제를 난자해 죽였다고 설명한다.[3] 좀 더 그럴듯한 또 다른 설명에 의하면 막시미누스는 사령본부로부터 수 마일 떨어진 곳에 주둔하던 대규모 파견 부대에서 황제로 추대되었는데, 그로서는 대규모 군대가 공개적으로 황제를 선언하는 것보다는 은밀하게 일을 추진하는 편을 선호했다고 한다. 그 당시 알렉산데르 황제는 군대에 희미하게나마 충성심을 일깨워 놓고 있었지만, 병사들의 마지못한 충성심은 막시미누스가 나타나자 곧 사라져 버렸다. 막시미누스는 군대의 벗이자 옹호자임을 선언했고, 그는 군단병들의 환호성 속에서 만장일치로 황제로 승인받았다.

[3] 『황제열전』에 나와 있는 전혀 신빙성이 없는 설명을 각색한 것이다. 그 설명에 따르면 황제의 광대가 실수로 막사 안으로 들어왔다가 잠들어 있던 황제를 깨우게 되자, 처벌이 두려워서 불만을 품고 있던 병사들에게 황제를 살해하도록 설득했다고 한다.

배신당하고 버림받은 마마이아의 아들은 적어도 군중 앞에서 비참하게 최후를 맞는 일은 피하고 싶다는 희망으로 막사로 돌아갔다. 그를 죽이기 위해 몇몇 대대장들과 백인대장들이 뒤따라 들어왔다. 알렉산데르 황제는 피할 수 없는 칼날을 남자답게 의연하게 받아들이는 대신 소용도 없이 눈물을 흘리고 애원함으로써 마지막 순간을 치욕스럽게 만들었고, 그의 결백과 비운이 응당 불러일으킬 만한 일말의 동정심마저도 경멸감으로 바꾸어 놓았다. 알렉산데르 황제는 어머니 마마이아의 오만과 탐욕이 파멸의 원인이라고 소리 높여 비난했는데, 그 어머니 역시 아들과 같은 운명을 맞았다. 황제의 충신들이 제일 먼저 군대에 희생되었고, 다른 사람들은 이후 찬탈자의 좀 더 계획적인 잔인성에 희생되었다. 가장 가벼운 처벌을 받은 사람들도 공직을 박탈당하고 궁정과 군대에서 불명예스럽게 퇴진해야 했다.

칼리굴라, 네로, 콤모두스, 카라칼라 같은 이전의 폭군들은 황제로 교육받았지만 오만과 사치와 아첨 때문에 타락한 방탕하고 미숙한 청년들이었다.[4] 그러나 막시미누스의 잔인성은 전혀 다른 원인, 즉 경멸에 대한 두려움에서 비롯되었다. 막시미누스의 지지 기반은 그의 군사적인 자질을 사랑한 군대였다. 그러나 그는 자신의 미천한 출신과 야만스러운 용모, 민간의 예술이나 제도에 대한 무지[5] 등이 불운했던 알렉산데르 황제의 우아한 모습과 극명하게 대조된다는 점을 의식하고 있었다. 그는 자신이 미천한 신분이었을 때 오만한 로마 귀족의 저택에서 무례한 노예들에게 문전박대당했던 일들을 기억해 냈다. 그를 가난에서 구원해 주고 야심을 실현하도록 도와 준 몇몇 친구들 또한 기억해 냈다. 그러나 이 트라키아인을 쫓아낸 자나

막시미누스의 폭정

[4] 네 명 중에 가장 나이가 많았던 칼리굴라도 제위에 올랐을 때 불과 스물다섯 살이었다. 카라칼라는 스물세 살에 제위에 올랐고, 콤모두스는 열아홉 살에, 네로는 겨우 열일곱 살에 제위에 올랐다.

[5] 막시미누스는 학문 용어로서 고등교육의 주요한 부분을 차지하고 있었던 그리스어를 전혀 몰랐다고 한다.

6 헤로디아누스는 막시미누스의 악행들을 특히 강도 높게 비난하고 있다.

7 막시미누스의 부인은 여성다운 자애를 갖춘 인물이었는데, 때때로 현명한 충고를 통해 이 폭군을 진리와 인간애의 길로 이끌기도 했다고 한다. 그 시대의 메달들을 보면 이 자비로운 황후의 이름이 파울리나였던 것을 알 수 있다. 그녀는 막시미누스보다 먼저 죽었다.

그를 보호해 준 자는 그의 미천한 출신을 알고 있다는 점에서 똑같은 죄를 범하고 있었다. 이 죄로 인해 많은 사람들이 처형되었는데, 그는 은인들도 함께 처형함으로써 비열한 배은망덕이라는 지울 수 없는 역사를 피로 쓴 셈이 되었다.6

음험하고 잔인했던 막시미누스는 특히 출신이 좋고 자질이 뛰어났던 신하들에 대한 의심과 경계를 늦추지 않았다. 음모에 대한 소문이 들려오면 그의 잔인성은 끝도 없이 무자비하게 발휘되었다. 그의 목숨을 노린 음모가 발각되었거나 혹은 단지 의심되었던 일이 있었는데, 집정관급 원로원 의원 마그누스가 그 주모자로 지목되었다. 막시미누스는 한 사람의 증인도 출석시키지 않고 단 한 번의 재판도 거치지 않고 변명의 기회도 주지 않은 채, 마그누스와 가상적인 공모자 4000명을 즉각 처형해 버렸다. 이탈리아를 비롯한 제국 전역은 밀정들과 밀고자들로 들끓었다. 아주 사소한 고발만 접수되어도, 속주를 통치하고 군대를 지휘하고 집정관과 개선장군의 명예를 얻었던 로마의 귀족들이 사슬에 묶여서 황제 앞에 끌려 나왔다. 재산 몰수나 추방이나 단순한 처형은 막시미누스의 자비심이 발휘된 흔치 않은 경우였다. 죽은 짐승의 가죽에 싸여 꿰매진 채 꼼짝 못하고 죽은 사람들도 있었고, 맹수 우리에 던져진 사람들도 있었으며, 곤봉으로 맞아 죽은 사람들도 있었다. 3년의 통치 기간 동안 그는 이탈리아나 로마를 한 번도 방문하지 않았다. 라인 강변에서 때로는 도나우 강변으로 옮기기도 했던 그의 병영이 법과 정의의 모든 원칙을 짓밟고 오직 칼의 힘으로만 지지되었던 그 냉혹한 전제 정치의 산실이었다.7 막시미누스는 귀족 출신이거나, 우아한 교양을 갖추었거나, 민간 통치에 대한 지식이 있는 사람들은 단 한 사람도 곁에 두지 않았다. 로마 황제의 궁전은 또다시 노예와 검투사들의 우두머리의 시대,

즉 그 야만적인 권력으로 공포와 혐오의 인상만을 남긴 과거의 궁정으로 되돌아간 것이다.[8]

8 그는 스파르타쿠스나 아테니온과 비교되곤 한다.

막시미누스 황제의 잔인성이 저명한 원로원 의원이나 변덕스러운 운명에 자신을 내맡긴 궁정과 군대의 대담한 반역자들에게만 국한되었다면, 대다수의 국민은 그들의 고통에는 무관심하거나 오히려 그것을 즐겼을지도 모른다. 그러나 병사들의 만족할 줄 모르는 욕심으로 더욱 부추겨진 황제의 탐욕은 마침내 공공 재산까지 넘보게 되었다. 로마 제국의 모든 도시들은 시민용 곡물을 구매하거나 운동 경기나 대중 오락의 경비를 지원하기 위해 독립적인 재원을 확보해 두고 있었다. 그런데 황제의 단 한 번의 칙령으로 이 막대한 재원이 황제의 국고로 몰수되었다. 신전들은 금과 은으로 된 값비싼 제물들을 빼앗겼고, 신이나 영웅, 황제의 동상들도 녹여져 화폐로 주조되었다. 이런 불경스러운 명령에 반란과 학살이 수반되지 않았을 리는 없다. 국민들은 평시인데도 전시처럼 도시가 잔인하게 약탈되는 것을 보느니 차라리 죽음으로써 제단을 지키겠다는 각오로 곳곳에서 분연히 일어났다. 이 신성 모독적인 약탈의 몫을 나눠 가질 병사들까지도 부끄러워했다. 그들은 웬만한 폭력에는 무뎌졌음에도 불구하고, 이번 행위에 대해 당연히 쏟아질 친구들과 친지들의 비난을 두려워했다. 로마 전역에 분노의 목소리가 드높아졌고 로마 국민들은 공동의 적에 대한 복수를 소리 높여 요구했다. 마침내는 개인적인 탄압 사건이 계기가 되어 평화로웠던 비무장 속주 하나가 반란을 일으키게 되었다.

속주들에 대한 억압

그 당시 아프리카 속주의 재무관은 막시미누스 황제에게 참으로 잘 어울리는 자로서, 그는 부자에게 벌금을 물리고 재

서기 237년 4월, 아프리카에서의 반란

산을 몰수하는 것이 제국의 세입을 늘리는 가장 좋은 방법이라고 생각했다. 그는 속주의 몇몇 부유한 청년들에게 불리한 판결을 내렸는데, 이 판결이 집행된다면 청년들은 세습 재산의 대부분을 잃을 판국이었다. 이런 극단적인 상황에 처해서 그들은 자포자기하는 마음으로 닥쳐올 파멸을 받아들이거나 저지할 수 있는 행동을 취하기로 결심했다. 그 탐욕스러운 재무관으로부터 간신히 3일간의 유예 기간을 받은 청년들은 그들의 영지에서 수많은 노예들과 농부들을 끌어 모았다. 노예와 농부들은 맹목적으로 주인의 명령에 따라 곤봉이나 도끼 같은 조야한 무기들로 무장했다. 음모의 주모자들은 재무관과의 접견 장소에 들어가 옷자락에 감춰 두었던 단검으로 그를 찔러 죽인 후에, 그들의 오합지졸 반란군의 도움을 받아 티스드루스[9]라는 작은 마을을 점령하고 반란군의 깃발을 내걸었다. 그들은 막시미누스에 대한 국민들의 증오에 희망을 걸고, 현명하게도 그 폭군에 맞서 이미 로마 국민들의 존경과 사랑을 받고 있으며 그들의 명분에 힘을 실어 줄 수 있는 권위와 덕망을 갖춘 인물을 황제로 추대하기로 결정했다. 그들이 선택한 인물은 그 당시 아프리카 총독이었던 고르디아누스였다. 고르디아누스는 이 위험한 제의를 진심으로 거절했으며, 자신의 길고 무고했던 삶을 시민들의 피로 더럽히는 일 없이 평화롭게 끝내게 해 달라고 눈물로 호소하기까지 했다. 그러나 고르디아누스는 협박에 못 이겨 결국 황제 자리를 수락하고 말았는데, 사실 이것이 막시미누스의 질시와 잔인성에서 벗어날 수 있는 유일한 방법이기도 했다. 폭군들의 논리에 따르면 황제로 추대될 만큼 존경받는 인물은 이미 신중하게 반란을 도모한 것이며, 그러므로 처형당하는 것이 마땅했기 때문이었다.

고르디아누스의 가문은 로마 원로원 가문 중에서도 가장 저

[9] 카르타고에서 남쪽으로 150마일 가량 떨어진 곳에 있는 비자키움의 비옥한 지역이다. 이 지역은 아마도 고르디아누스가에 의해 식민도시로 발전했는데, 그곳에는 지금도 완전한 상태로 남아 있는 훌륭한 원형극장이 있다.

명한 가문에 속했다. 부계 쪽으로는 그라쿠스 가의 후손이었고 모계 쪽으로는 트라야누스 황제 가문의 후손이었다. 거대한 영지 덕분으로 그는 명문가의 위엄을 유지할 수 있었고, 그 긍지와 위엄을 누리는 한편 고상한 취미와 자비로운 성격을 유감없이 발휘하고 있었다. 고르디아누스 가문은 일찍이 대(大)폼페이우스가 살았던 로마의 대저택을 몇 대째 소유하고 있었다.[10] 그 저택은 당대의 회화들로 장식되어 있었고, 고대 해상에서의 승전을 기념하는 트로피들을 소장하고 있는 것으로도 유명했다. 프레네스테 가도에 있었던 별장은 매우 넓고 아름다운 목욕탕, 길이가 100피트에 이르는 세 개의 넓은 방, 네 가지 종류의 진기하고 값비싼 대리석[11]으로 만들어진 200개의 기둥이 떠받치고 있던 현관 등으로 유명했다. 그는 개인 비용으로 수백 마리의 맹수와 수백 명의 검투사들이 나오는 대중 공연을 개최하기도 했는데,[12] 이것은 일개 신하의 분수를 넘어선 것처럼 보이기도 했다. 다른 행정관들은 기껏해야 로마의 몇몇 엄숙한 축제들을 후원하는 데 그쳤지만, 고르디아누스는 조영관(造營官)으로 있을 때는 매달 특정 행사를 후원했고 집정관으로 있을 때는 이탈리아의 주요 도시들로 범위를 넓혀 후원했다. 그는 카라칼라 황제와 알렉산데르 황제에 의해 두 번이나 집정관으로 선임되었다. 아마 폭군의 질투심은 불러일으키지 않고 선군의 존경은 얻는 특출한 재주를 가졌던 것 같다. 그는 긴 생애의 대부분을 로마에서 학문과 명예로운 삶을 즐기며 평화롭게 보냈다. 원로원이 건의하고 알렉산데르 황제가 승인해서 아프리카 총독으로 임명되기 전까지는[13] 군대를 지휘하거나 속주를 통치하는 일도 신중하게 거절했던 것 같다. 아프리카 속주민들은 알렉산데르 황제가 살아 있는 동안에는 훌륭한

두 고르디아누스의
성품과 즉위

[10] 폼페이우스의 유명한 저택은 삼두정치 당시 마르쿠스 안토니우스가 차지했었는데, 그의 죽음 후에 제국의 공공 재산이 되었다. 트라야누스 황제는 원로원 의원들에게 그 웅장하지만 쓸모없는 대저택을 사들이라고 종용했다. 이때 고르디아누스의 증조부가 이것을 사들인 것 같다.

[11] 이 네 종류의 대리석 이름은 각각 클라우디아누스, 누미디아누스, 카리스티아누스, 신나디아누스였다. 로마 대리석의 색상에 대한 기록은 별로 남아 있지도 않고 색상의 차이도 그렇게 분명하지 않았다. 아마 카리스티아누스는 바다 빛이었던 것 같고 신나디아누스는 하얀색 바탕에 자주색 반점이 찍혀 있었던 것 같다.

[12] 그는 500쌍의 검투사들을 제공한 일도 있었고 적을 때도 150쌍이 기본이었다. 로마의 대경기장에서 사용하도록 백 마리의 시칠리아산 말과 백 마리의 마케도니아산 말을 제공하기도 했다. 사냥 경기에 사용되는 동물은 주로 곰, 멧돼지, 황소, 수사슴, 고라니, 야생마 등이었다. 코끼리와 사자는 황제만이 제공할 수 있었다.

[13] 이것을 승인한 알렉산데르 황제의 친서를 보면 원로원의 권위에 대한 존중과 원로원이 선임한 고르디아누스에 대한 존경심이 잘 나타나 있다.

14 아들 고르디아누스는 스물두 명의 첩마다 서너 명씩의 자식을 남겼다. 문학적인 산물은 그보다는 적기는 했지만 무시할 만한 수준은 아니다.

총독의 통치 밑에서 행복하게 살았다. 고르디아누스는 야만적인 막시미누스 황제가 제위를 찬탈한 후에도 자신의 힘으로는 막을 수 없었던 속주민들의 고통을 조금이나마 경감시키려고 애썼다. 그가 마지못해 황제 자리를 받아들였을 때 그의 나이는 이미 여든이 넘었었다. 그는 행복했던 두 안토니누스 황제 시대를 경험했던 마지막 인물로서 자신의 행동을 통해서 그들의 미덕을 부활시키고자 노력했고, 그들의 미덕을 서른 권에 달하는 훌륭한 시로 남기기도 했다. 이 덕망 높은 총독과 함께 아버지의 부관으로서 아프리카로 따라갔던 아들도 황제로 추대되었다. 아들의 성격은 아버지와 마찬가지로 온화했지만 행실은 그렇게 깨끗하지 못했던 것 같다. 그에게는 스물두 명의 공식적인 첩과 6만 2000권의 장서를 보유한 도서관이 있었는데, 이것은 그의 취미가 퍽 다양했다는 점을 보여 준다. 그가 남긴 산물들을 보면 도서관뿐 아니라 첩들도 단순히 과시하기 위해서가 아니라 실제로 사용하기 위해 소유했던 것 같다.14 로마인들은 아들 고르디아누스의 모습에서 스키피오 아프리카누스의 모습을 보았고, 그의 어머니가 안토니누스 피우스 황제의 손녀라는 사실도 기쁜 마음으로 새삼 되새기면서, 그때까지 사치스럽고 나태한 사생활에 가려져 있던 미덕이 어디엔가 잠재되어 있을 것이라고 희망을 걸었다.

권력의 비준을 요구한 두 고르디아누스

고르디아누스 부자는 국민에 의한 황제 선출이라는 소동을 일단 진정시키고 난 후에 일단 궁정을 카르타고로 옮겼다. 그들 부자는 그들의 미덕을 존경한 아프리카 속주민들에게 열렬히 환영받았다. 사실 아프리카인들은 하드리아누스 황제의 방문 이후로 그때까지 로마 황제의 모습을 한 번도 본 적이 없었다. 그러나 이런 환영이 황제라는 칭호를 강화시켜 주거나 승인해 주는 것은 아니었다. 그들은 원칙적으로나 실리적으로나 원로원의 승인을 받아야했다. 속주의 귀족들로 구성된 대표단이 지체 없이 로마로 파견되었는데, 그들은 오랫동안 고통받으면서 인내해 온 아프리카 속주민들이 마침내 용기를 내어 행동에 나섰다고 자신들의 행위를 설명하고 정당화할 예정이었다. 그들은 새로운 황제들의 서신도 가지고 갔는데, 그 서신은 황제 칭호를 받아들일 수밖에 없었던 상황에 양해를 구하고, 원로원의 판단에 자신들의 운명을 전적으로 맡기겠다는 내용을 담은 정중하고도 공손한 것이었다.

원로원의 의향은 확실했고 이견도 없었다. 고르디아누스의 출신과 인척 관계는 로마의 최고 명문가들과 가깝게 연결

두 고르디아누스의
선출을 승인하는
원로원

되어 있었다. 원로원에는 그들에게 경제적인 도움을 받는 의원들도 많았고, 그들의 미덕 덕분으로 많은 벗들도 얻고 있었다. 그들의 온화한 통치로 민간 정부의 부활뿐 아니라 공화정 정부의 부활까지도 기대해 볼 수 있다는 달콤한 전망까지 펼쳐졌다. 군사정부의 공포 정치는 처음에는 원로원이 알렉산데르 황제의 죽음을 잊고 야만족 농부의 황제 즉위를 승인할 수밖에 없게 만들었지만, 이제는 정반대의 효과를 낳고 있었다. 그들은 그동안 억압받았던 자유와 인간으로서의 권리를 다시 주장하고 싶어졌다. 막시미누스 황제의 원로원에 대한 증오는 공공연하게 표명되었고 돌이킬 수도 없었다. 원로원의 공손한 복종도 그의 분노를 가라앉히지는 못했으며, 아무리 조심하고 또 결백하다 해도 황제의 의심에서 벗어날 수는 없었다. 또한 고르디아누스의 계획이 실패로 돌아간다면 첫 번째 희생물은 원로원이 될 것이 확실했기 때문에, 그들은 일신의 안전을 도모하기 위해서라도 그 계획에 동참할 수밖에 없었다. 이런 고려

15 비밀회의에는 집안의 노예나 서기도 철저히 배제되었고, 오직 원로원 의원들만이 참석할 수 있었다.

16 이 열변은 원로원 회의록에서 그대로 옮겨 온 것 같다.

들과 또 다른 개인적인 이유들이 집정관들과 행정관들만 참석한 사전 회의에서 논의되었다. 그들은 결심을 굳히자마자 카스토르 신전에 전 의원을 소집해서 고대의 형식에 따라서 비밀회의를 열었다.15 의원들에게 주의를 환기시키는 한편 그들이 발표할 칙령도 비밀에 부치기 위해서였다. 집정관이었던 실라누스가 말문을 열었다.

여기 모인 의원 여러분, 둘 다 집정관급 의원인데 한 명은 아프리카 총독이고 한 명은 그 부관인 고르디아누스 부자가 아프리카 속주민들의 동의를 얻어 황제를 선언했습니다.

그는 대담하게 말을 이어갔다.

우리는 티스드루스의 청년들에게 감사를 표해야 합니다. 우리를 그 악독한 괴물에게서 구원해 준 카르타고의 충성스러운 국민들에게도 감사를 표해야만 합니다. 왜 그렇게 조용하게, 왜 그렇게 소심하게 제 말을 듣고 계십니까? 왜 그렇게 걱정스러운 얼굴로 서로를 살피고 계십니까? 왜 주저하십니까? 막시미누스 황제는 국가의 적입니다. 그의 악행은 그와 함께 종말을 맞게 하고, 아버지 고르디아누스의 지혜와 행복을, 그 아들의 용맹과 절개를 오래도록 누리도록 합시다!16

막시미누스를 공적으로 선언하는 원로원

실라누스의 고귀한 열정이 생기 없던 원로원 의원들에게 활력을 불어넣었다. 만장일치로 고르디아누스 부자의 즉위가 승인되었다. 막시미누스 부자와 그 추종자들은 국가의 적으로 선포되었고, 그들을 제거할 용기와 행운을 가진 사람에게는 후한 보상금도 약속되었다.

 황제가 없는 로마에는 수도를 방위하기 위해서라기보다는 수도를 지배하기 위해 근위대의 분견대가 주둔하고 있었다. 근위대장이었던 비탈리아누스는 막시미누스 황제에게 충성을 다 바치는 인물로서, 폭군의 잔인한 명령들을 빈틈없이 수행하는 것은 물론 명령을 내릴 필요조차 없도록 미리 솔선해서 악행들을 저질렀다. 그를 제거하는 것만으로도 원로원의 권위와 의원들의 생명을 긴장과 위험 상태로부터 구할 수 있을 터였다. 계획을 공개하기에 앞서, 우선 재무관 한 명과 몇몇 지휘관들이 이 총신을 제거할 목적으로 급파되었다. 그들은 임무를 과감하고 성공적으로 수행하고는 피 묻은 단검을 들고 거리를 뛰어다니면서 시민과 병사들에게 혁명이 일어났음을 알렸다. 자유에 대한 희망과 열정은 토지나 현금으로 막대한 하사금을 내리겠다고 약속하자 더욱 불타올랐다. 막시미누스의 동상은 파괴되었고, 로마는 열광에 휩싸여 고르디아누스 부자와 원로원의 권위를 승인했으며, 이탈리아의 다른 도시들도 로마의 예를 따랐다.

> 원로원이 로마와 이탈리아에 대한 지배권을 차지함

 오랫동안 방종한 전제 정치와 군사정부의 횡포를 견디며 살아 온 원로원에도 새로운 활력이 솟아났다. 원로원은 정부의 통치권을 쥐고 의연하면서도 과감하게 자유의 명분을 무력으로 수호할 준비에 나섰다. 우선 알렉산데르 황제 시대에 자질을 인정받고 훌륭하게 복무한 집정관급 의원 중에 군대를 지휘하고 전쟁을 수행할 능력이 있는 스무 명을 선발해서 그들에게 이탈리아의 방위를 맡겼다. 이들 스무 명에게는 각자 맡은 부대에서 이탈리아 청년들을 모집해서 훈련시킬 권한이 주어

> 원로원이 내전에 대비함

졌고, 막시미누스의 침공에 대비해 항구와 가도들을 요새화할 임무도 부여되었다. 원로원 계급과 기사 계급 중에서 뛰어난 사람들을 선발해 구성한 사절단을 속주 총독들에게 급파해서 위급시에는 국가를 위해 지원군을 보내 줄 것을 부탁하고, 국민들에게는 로마 시민과 원로원의 오래된 우호 관계를 다시금 상기시켰다. 이 사절단은 모든 속주들에서 환영과 존중을 받았고, 전 국민이 원로원의 명분을 열렬히 지지했다. 이것은 막시미누스의 통치하에서 극심한 도탄에 빠진 국민들로서는 저항에 대한 두려움보다 학정에 대한 두려움이 더 컸다는 사실을 충분히 입증해 준다. 이런 우울한 진실을 자각하자, 몇몇 지도자들이 자신들의 이익을 위해 인위적으로 일으키는 내전에서는 찾아볼 수 없는 강한 분노가 일어났고 또 지속되었다.

서기 237년 7월 3일,
두 고르디아누스의
패배와 죽음

고르디아누스 부자의 명분이 이렇게 전 국민적인 호응을 얻고 있었지만, 정작 고르디아누스 부자는 이미 이 세상 사람이 아니었다. 허약한 카르타고 정부는 마우리타니아의 총독 카펠리아누스가 급습해 온다는 소식을 듣자 공포에 사로잡혔다. 카펠리아누스는 정예 병사들로 이루어진 소규모 부대와 대규모의 사나운 야만족 부대를 이끌고, 충성심은 강하지만 군사적으로는 허약하기 이를 데 없던 아프리카 속주를 공격했다. 소(小)고르디아누스가 소수의 근위병들과 평화롭고 사치스러운 카르타고에서 교육받은 훈련도 안 된 병사들을 이끌고 선두에 서서 적들과 싸웠다. 그러나 그 용기도 헛되게 그는 전장에서 명예롭게 죽음을 맞이하고 말았다. 대(大)고르디아누스는 패배의 소식을 듣자마자 자결하고 말았는데, 그의 통치 기간은 불과 36일이었다. 방어할 능력이 없었던 카르타고는 승리자들에게 성문을 열어 주었고, 아프리카 속주는 막대한 피와 재물

로 무자비한 막시미누스를 만족시켜 주어야 했던 그 하수인의 약탈과 잔혹 행위에 무방비로 노출되었다.[17]

고르디아누스 부자의 사망으로 로마는 예기치 않은 공포에 휩싸였다. 원로원은 일상적인 업무를 처리하기 위해서인 것처럼 위장하고 콘코르디아 신전에 모였다. 그들은 공포와 긴장 속에서 자신들과 국가에 닥친 위험에 대해서는 애서 생각하지 않으려고 했던 것 같다. 침묵과 공포가 회의장을 감싸고 있는 가운데 트라야누스 가문의 한 의원이 입을 열어 동료들을 무기력한 체념 상태에서 깨어나게 했다. 그는 신중한 지연책은 이미 그 힘을 잃었으며, 천성이 무자비한 막시미누스가 이번의 모욕적인 사건으로 더욱 광포해져 이미 군대를 이끌고 이탈리아로 진격하고 있을 것이라고 말했다. 또한 그들이 택할 수 있는 길은 전장에서 용감히 그에게 맞서거나 실패한 반란의 대가로 주어질 고문과 불명예스러운 죽음을 가만히 앉아서 기다리는 것, 둘 중의 하나밖에 없다고 강조했다. 그는 계속해서 말을 이어 나갔다.

서기 237년 7월 9일, 원로원이 막시무스와 발비누스를 황제로 선출

[17] 조시무스는 고르디아누스 부자가 항해 중에 폭풍을 만나 사망했다고 기록해 놓았다. 그는 역사에 너무 무지했거나 지나친 은유법을 쓴 것이다.

우리는 두 분의 훌륭한 황제를 잃었습니다. 그러나 우리가 스스로를 포기하지 않는 한 이 공화국의 희망이 고르디아누스 부자와 함께 영영 사라진 것은 아닙니다. 의원들 가운데는 황제가 될 만한 덕성과 능력을 갖춘 분이 많습니다. 두 분의 황제를 선출해서 한 분은 외적에 맞서 전쟁을 수행하도록 하고 다른 한 분은 로마에서 민간 행정을 돌보도록 합시다. 제가 감히 지명을 해 본다면, 저는 기꺼이 막시무스 의원과 발비누스 의원에게 표를 던지겠습니다. 의원 여러분, 저의 선택에 동의해 주시든지 아니면 그 대신 자질이 더욱 뛰어난 분을 지명해 주

18 이 회의가 열린 날짜는 명백하게 잘못 기록되어 있다. 이 날짜가 아폴리나리아 경기일과 우연히 겹쳤기 때문에 정확한 날짜를 추정할 수 있다.

19 발비누스는 에스파냐 귀족이자 그리스 역사가인 테오파네스의 양자였던 코르넬리우스 발부스의 후손이다. 발부스는 폼페이우스의 총애를 받아 로마 시민권을 획득했으며 키케로의 웅변에 힘입어 총애를 계속 유지했다. 카이사르와의 우정(발부스는 내전에서 카이사르를 위해 매우 중요한 비밀 임무를 수행했다.) 덕분에 그는 외국인 출신으로서는 처음으로 집정관과 제사장을 역임했다. 발부스의 조카는 가라만테족을 물리치기도 했다.

시기 바랍니다.

질시의 속삭임들이 다소 있었지만 모두가 공통으로 느끼는 우려 때문에 작은 불만들은 곧 가라앉았다. 황제 후보자들의 뛰어난 자질은 모두가 인정하는 바였다. 곧 회의장은 "막시무스 황제, 발비누스 황제 만세! 황제들은 원로원의 승인을 받았노라! 두 분의 통치 아래 공화국은 행복을 누리기를!" 등의 진심 어린 환호성으로 가득 찼다.18

막시무스와
발비누스의 성품

새로 선출된 황제들의 미덕과 평판은 로마인들의 장밋빛 희망을 뒷받침해 주었다. 그들은 서로 다른 방면에서 뛰어난 재능을 발휘했으므로, 이것은 각자가 맡은 전쟁과 평화라는 임무에 더욱 적합한 것처럼 보였고 서로간에 질투나 경쟁을 할 여지도 없어 보였다. 발비누스는 뛰어난 웅변가이자 유명한 시인이었고, 로마 제국의 대부분의 내부 속주들에서 공평무사한 행정을 펼쳐 존경받았던 현명한 행정관이었다. 그는 귀족 출신으로19 재산도 많고 성격은 온화했으며 베풀 줄도 알았다. 쾌락을 즐길 때도 품위를 잃지 않았고, 편안한 생활을 좋아하기는 했지만 업무 능력이 뒤떨어지는 것은 결코 아니었다. 막시무스는 좀 더 거친 인물이었다. 그는 출신은 미천했지만 스스로의 용맹과 능력으로 국가와 군대의 최고 공직까지 올랐다. 막시무스는 사르마티아와 게르마니아에 대한 승리, 엄격한 사생활, 로마 총독으로 재직할 당시에 보여 준 공명정대함 등으로 국민의 존경을 받았지만, 국민의 애정은 좀 더 온화했던 발비누스 쪽으로 기울어져 있었다. 두 황제는 모두 집정관을 지낸 경력이 있으며(발비누스는 두 번이나 집정관을 지냈다.), 원로원이 지명했던 스무 명의 장군에도 둘 다 포함되어 있었다.

막시무스는 60세였고 발비누스는 74세로, 나이로도 완숙한 경지에 이르렀고 경험도 풍부했다.

막시무스와 발비누스는 원로원으로부터 공평하게 집정관과 호민관의 직책과 국부라는 칭호와 대제사장의 직위까지 부여받은 후에, 로마의 수호신들에게 감사를 표하기 위해 카피톨리누스 언덕으로 올라갔다. 그러나 그 엄숙한 예식은 대중의 소요로 방해받게 되었다. 방자한 대중은 엄격한 막시무스를 좋아하지 않았고, 온화하고 인간적인 발비누스는 두려워하지 않았다. 유피테르 신전을 둘러싼 군중의 수는 점점 늘어났다. 그들은 황제의 선출에 대해서는 자신들에게도 고유한 권리가 있다고 고집스럽게 주장하며 목소리를 높였다. 그들은 겉으로는 정중함을 가장하면서, 원로원이 선출한 두 명의 황제 외에 나라를 위해 목숨을 희생한 고르디아누스 가문에 대한 감사의 표시로 그 가문의 한 사람을 추가로 황제로 모셔야 한다고 요구했다. 막시무스와 발비누스 황제는 근위병들과 기사 계급 청년들의 선두에 서서 소란스러운 군중 사이를 헤쳐 나가려고 했지만, 막대기와 돌로 무장한 군중은 오히려 그들을 신전 안으로 다시 몰아넣었다. 쌍방간에 싸움이 일어나면 쌍방 모두에게 치명적인 결과를 가져올 것이 확실할 때는 양보하는 것이 최선의 방법이었다. 그리하여 대(大)고르디아누스의 손자이자 소(小)고르디아누스의 조카인 열세 살에 불과한 소년이 부황제라는 칭호를 받고 대중 앞에 모습을 드러내게 되었다. 이런 손쉬운 양보로 소요는 곧 가라앉았고, 두 황제는 로마에서 평화롭게 승인받은 후에 그들 공동의 적으로부터 이탈리아를 방어할 준비에 착수했다.

로마와 아프리카에서의 혁명이 이렇게 놀라운 속도로 연이

> 로마에서 폭동 발생, 고르디아누스가 부황제로 선포됨

[20] 그 시대의 부주의한 작가들은 우리를 큰 혼란 속에 빠뜨린다. 1. 막시무스와 발비누스는 카피톨 대경기가 개최되던 기간에 사망했다. 이 경기는 분명히 서기 238년에 개최되었지만 개최된 달과 날짜에 대한 언급은 전혀 없다. 2. 원로원이 고르디아누스 3세를 황제로 선출한 날은 5월 27일이라고 알려져 있다. 그러나 이것이 같은 해 5월인지 다음 해 5월인지는 확실하지 않다. 티유몽(M. de Tillemont)과 무라토리(Muratori)의 저술은 각각 같은 해 혹은 다음 해였다고 대립되는 주장을 하면서 수많은 추정과 가설의 가능성만 열어 놓았다. 한 명은 그 시기에 일어난 사건들을 너무 길게 늘어 놓은 것 같고 다른 한 명은 너무 압축시켜 놓은 것 같은데, 두 가지 주장이 모두 이성적으로나 역사적으로 볼 때 타당성이 없다. 같은 해 5월에서 다음 해 5월 사이의 어디쯤으로 추정하는 것이 좋을 것이다.

막시미누스가 원로원과 원로원이 선출한 황제들을 공격할 준비를 함

어 진행되는 동안 막시미누스의 마음은 엄청난 분노로 들끓고 있었다. 그는 고르디아누스 부자의 반란 소식과 자신을 국가의 적으로 선포한 원로원의 칙령 소식을 듣고 인간이 아니라 맹수처럼 분노했다고 한다. 그 분노를 멀리 있는 원로원에 터트릴 수는 없었으므로, 그는 아들과 친구들과 감히 그에게 접근해 오는 모든 사람들의 생명을 위협하면서 분노를 쏟아 냈다고 한다. 고르디아누스 부자의 죽음이라는 반가운 소식이 있었지만, 곧 사면이나 화해의 희망을 버린 원로원이 막시미누스 자신도 그 명성을 익히 알고 있는 두 의원을 황제로 선출했다는 확실한 소식이 뒤따라 들려왔다. 복수만이 막시미누스에게 남은 마지막 위안이었으며 그 복수는 오직 무력에 의해서만 가능했다. 이미 알렉산데르 황제에 의해서 제국의 전 군단은 집결되어 있었다. 게르마니아와 사르마티아에 대한 전투에서 거둔 세 번의 승리로 로마 군대의 명성은 더욱 높아졌고, 기강은 더 확고해졌으며, 정복된 야만족 젊은이들을 병력으로 보충했기 때문에 병사들의 수도 더 늘어나 있었다. 막시미누스는 전쟁터에서 일생을 보낸 사람이었다. 엄정하고 객관적인 역사적 사실로 미루어 볼 때 그가 훌륭한 군인이었고 노련하고 유능한 군단장이었다는 점은 부정할 수 없다. 이런 성품의 황제라면 혁명이 자리를 잡도록 내버려 두는 대신 지체 없이 도나우 강변에서 테베레 강변으로 진군하는 편이 자연스러웠을 것 같다. 사기가 드높았던 그의 군대도 원로원에 대한 경멸과 이탈리아의 부에 의해 더욱 자극받아서 곧바로 손쉽고 전리품도 두둑이 챙길 수 있는 전투에 나섰어야 할 것 같다. 그러나 그 시기의 애매모호한 연대기에 따르면,[20] 외국과의 전쟁 때문에 이탈리아로의 진군은 다음 해 봄까지 연기되었다. 이와 같은 막시미

누스의 사려 깊은 행동에서 막시미누스의 야만적인 성품에 대한 묘사가 특정 집단의 이해에 의해 다소 과장되었을 수 있으며, 그의 성품이 성급했다 할 지라도 이성에 의해 제어되었다는 점을 알 수 있다. 막시미누스는 개인적인 복수에 앞서 제국의 적들을 물리치는 데 몰두했던 술라와 같은 고귀한 정신도 어느 정도 지녔던 것이다.

마침내 막시미누스의 군대가 대오도 정연하게 진군해서 율리아 알프스 산맥 기슭에 도착했을 때, 그들은 이탈리아 변경 지대가 너무 조용하고 황폐한 것을 보고 깜짝 놀랐다. 그들이 접근해오자 주민들은 마을과 촌락을 버리고 자취를 감췄다. 가축들도 모두 데리고 갔으며 식량은 없애 버리거나 불태워 버렸다. 다리들도 모두 파괴되었고, 침략자들이 머물 곳이나 먹을 것은 아무것도 남아 있지 않았다. 이것은 원로원 장군들의 현명한 명령에 의한 것이었다. 원로원의 계획은 전쟁을 지연시키면서 막시미누스의 군대가 기아에 허덕이게 만들어서, 소개된 마을의 주민과 물자를 집결시켜 놓은 이탈리아의 주요 도시들을 포위할 즈음이면 기력이 소진되어 더 이상 공격할 수 없게 만드는 것이었다. 첫 번째 공격의 대상은 아퀼레이아였는데 이 도시는 공격을 훌륭하게 막아냈다. 아드리아 만에서 흘러들어 오는 강물이 겨울 동안 쌓였던 눈이 녹으면서 엄청나게 불어났는데,[21] 이것이 막시미누스 군대에 예상치 못한 장애물로 작용했다. 마침내 커다란 통들을 모아 근근히 기묘하게 생긴 다리를 만들어서 반대편 강둑으로 건너간 군대는 아퀼레이아 인근의 아름다운 포도밭을 파헤치고 근교의 건물들을 파괴해서 그 목재로 도시를 공격할 때 사용할 병기와 망루 등을 만

서기 238년 2월, 막시미누스가 이탈리아로 진군함

아퀼레이아 포위 공격

[21] 무라토리는 눈이 녹아서 강물이 불어난 시기가 2월이 아니라 6~7월경이라고 생각했다. 알프스 산맥과 아펜니노 산맥 사이에서 일생을 보낸 그의 의견에는 물론 상당한 신빙성이 있다. 그러나 다음과 같은 점들도 고려되어야 한다. 1. 무라토리는 그해 겨울이 유난히 길었다는 기록에 의존하고 있는데, 그 대목은 라틴어 판에만 있고 헤로디아누스의 그리스어 원본에는 없다. 2. 막시미누스의 군대는 잦은 비에 시달렸다고 하는데 이것은 여름보다는 봄이었을 가능성을 시사하는 것이다. 또한 이 지방의 몇몇 지류들은 하나로 합쳐져서 베르길리우스가 그토록 시적으로 묘사한 티마부스 강이 된다는 점도 고려해야 한다. 이 강은 아퀼레이아 동부에서 약 12마일 떨어진 곳에 있다.

들었다. 오랫동안 평화와 안정이 지속되었기 때문에 거의 무너져 있던 성벽은 이 갑작스러운 위기 상황을 맞이하여 서둘러 복구되었다. 그러나 아퀼레이아의 가장 확고한 방어벽은 시민들의 한결같은 의지였다. 모든 계층의 시민들이 막시미누스의 무자비성과 자신들이 처한 위기 상황에 당황하지 않고 그 대신 단결하여 힘을 모았다. 시민들의 용기를 북돋우고 올바로 지도한 사람은 원로원이 임명한 스무 명의 장군 중 크리스피누스와 메노필루스 두 명이었다. 그들 휘하의 정규 병사들은 얼마 되지 않았지만 그들은 이 포위된 도시에 온 몸을 바쳤다. 막시미누스의 군대는 거듭해서 공격을 시도했지만 번번히 실패했고, 병기들도 불화살의 공격으로 불타 버렸다. 아퀼레이아 시민들의 사기는 높아져 갔고, 그들은 수호신 벨레누스가 비탄에 빠진 시민들을 보호하기 위해 인간의 모습으로 내려와 함께 싸운다고 생각하면서 승리를 확신했다.22

22 벨레누스는 켈트족의 신으로 로마 신화의 아폴론에 해당되며 원로원은 아폴론의 이름으로 감사를 올렸다. 병기를 만들기 위해 머리카락을 잘라 주었던 아퀼레이아의 여인들을 기념하기 위해 머리카락이 없는 베누스에게 바치는 신전도 지었다.

막시무스의 행동

한편 막시무스는 라벤나까지 진격해서 이 중요한 거점을 확보하는 동시에 전쟁 준비에 박차를 가하고 있었다. 그는 보다 이성적이고 정책적인 관점으로 아퀼레이아 시의 전투를 바라보고 있었다. 상식적인 사람이었던 막시무스는 일개 도시가 대규모 군대의 지속적인 공격을 감당해 낼 수 없다는 점을 잘 알고 있었다. 그가 걱정한 것은 아퀼레이아의 끈질긴 저항에 질려 버린 적군이 별 쓸모도 없는 그 도시에 대한 공격을 갑자기 중단하고, 곧바로 로마로 진격하지 않을까라는 점이었다. 그렇게 되면 제국의 운명과 자유라는 명분은 단 한 번의 결전으로 판가름이 날 것이었다. 무슨 수로 라인 강과 도나우 강변의 노련한 군단병들에게 대항할 수 있단 말인가? 막시무스 편에는 이탈리아의 온화하고 나약한 젊은이들 중에서 모집한 신병들로 구성된 몇몇 부대와 게르마니아인으로 구성된 보조군밖에 없었다. 게르마니아인들은 강건했지만 위기의 순간에 그들에게 의존하는 것은 오히려 더 위험하기조차 했다. 이런 우려가 지속되던 중에 적군 내부에서 음모가 발생하여 막시미누스를 단죄하는 사태가 발생해서, 분노한 막시미누스가 승리했다면 분명히 초래되었을 재앙으로부터 로마와 원로원을 구원해 주게 되었다.

아퀼레이아 시민들은 포위당한 도시들이 일반적으로 겪는 고통을 거의 겪지 않았다. 창고에는 풍부한 식량이 비축되어 있었고, 성벽 안에 있는 샘물들은 아무리 퍼내도 마르지 않고 깨끗한 물을 계속해서 제공해 주었다. 반면 막시미누스의 병사들은 변덕스러운 기후와 전염병과 기아의 공포에 시달려야 했다. 주위의 촌락들은 황폐화되었고, 강물은 시체로 가득 차고 피로 오염되었다. 군대 내부에 절망과 불만의 기운이 퍼져 가기 시작했다. 바깥세상과 차단되어 있었던 병사들은 제국 전체가 원로원의 명분을 승인했고, 자신들은 아퀼레이아의 견고한 성벽 밑에서 막시미누스에게 충성을 바치며 싸우다 전몰한 희생자로 남을 것이라고 쉽게 믿어 버렸다. 좌절감의 원인이 병사들의 소심함 때문이라고 생각한 막시미누스는 더욱 광포해져서 병사들을 사납고 잔인하게 몰아 부쳤는데, 이것은 공포를 불러일으키기는커녕 증오와 복수하겠다는 일념만 부추긴 셈이 되었다. 로마 근처 알바의 병영에 처자식을 두고 왔기 때문에 더욱 조바심을 냈던 근위대의 한 부대가 원로원의 칙령을 실행에 옮겼다. 근위대에게 버림받은 막시미누스는 자신의 막사 안에서 아들(그도 황제 칭호를 받고 있었다.), 근위대장 아눌리누스, 그 외에 그의 폭정을 앞장서서 도왔던 총신들과 함께 살해

> 서기 238년 4월, 막시미누스와 그의 아들의 죽음

23 막시미누스 황제의 통치 기간은 정확하게 규명되어 있지 않다. 다만 에우트로피우스는 3년과 며칠 동안이라고 명시하고 있다.

24 그의 신장은 8과 3분의 1 로마피트였다. 로마피트와 영국피트의 비율이 967 대 1000이므로 영국식 피트로 환산해도 8피트가 넘는 키다. 막시미누스 황제는 하루에 포도주 1암포라(약 7갤런)와 고기 30~40파운드를 마시고 먹을 수 있었다고 한다. 짐을 실은 마차를 옮길 수도 있었고, 주먹으로 말 다리를 부러뜨릴 수도 있었으며, 손바닥에 돌멩이를 놓고 주먹을 쥐면 돌멩이가 으깨졌고, 나무를 뿌리째 뽑아낼 수도 있었다는 등의 말이 전해진다.

당했다.23 아퀼레이아 시민들은 창끝에 매달린 그들의 머리를 보고 마침내 지루한 전투가 끝났음을 알게 되었다. 도시의 성문이 활짝 열리고 막시미누스의 굶주린 병사들에게 넉넉한 식량이 제공되었다. 그리고 전 군대는 원로원과 로마 시민, 그리고 합법적인 두 황제 막시무스와 발비누스에게 충성을 바칠 것을 엄숙히 선서했다. 이것이 일반적으로 전해지는 바에 따르면 문명인이기는커녕 단순한 한 인간으로서의 감정도 완전히 결여되어 있던 야수 같은 폭군의 당연한 운명이었다. 그의 신체도 정신에 어울리는 것이었다. 신장은 8피트를 넘었으며, 그의 비할 데 없는 힘과 식욕에 대한 거의 믿을 수 없는 이야기들이 전해지고 있다.24 그가 좀 덜 문명화된 시대에 태어났다면 아마도 전설이나 시를 통해 초자연적인 힘으로 인류를 파괴하던 무시무시한 괴물로 묘사되었을 것이다.

로마 세계의 환희

폭군이 죽었다는 소식은 4일 만에 아퀼레이아에서 로마로 전해졌다고 한다. 이 소식을 접한 로마 시민들의 기쁨은 말로 설명하는 것보다는 상상해 보는 편이 오히려 더 쉬울 것이다. 막시무스의 귀환은 개선 행렬로 이루어졌다. 발비누스와 고르디아누스 3세가 직접 마중을 나가 세 사람은 함께 이탈리아의 전 도시들에서 온 사절들을 대동하고 수도로 입성했다. 그들은 감사의 뜻에서 혹은 미신적 습관에서 바쳐진 수많은 선물을 받았고, 원로원과 국민들의 진심 어린 환호를 받았다. 원로원과 국민들은 이제 철의 시대가 지나고 황금 시대가 이어질 것이라고 애써 믿으려 했다. 두 황제의 행동은 그들의 기대에 부응했다. 그들은 정의롭게 통치했고, 막시무스의 엄격함과 발비누스의 관대함은 서로를 보완해 주며 조화를 이루었다. 막시미누스가 유산과 상속에 부과한 과도한 세금은 폐지되었거나 적어도 완화되었다. 군대의 기강은 회복되었고, 군사 폭정의 폐허 위에 민간의 제도를 부활시키고자 노력했던 행정관들은 원로원의 권고에 따라 현명한 법안들을 수없이 제정했다. 어느 날 두 황제가 자유롭게 사담을 나누던 중 막시무스 황제가 "로마를 괴물에게서 구출해 낸 보상으로 우리가 무엇을 기대할 수 있을까요?"라고 물었다. 발비누스 황제는 주저 없이 "원로원과 국민과 전 인류의 사랑이지요."라고 대답했다. 그러자 좀 더 통찰력이 있었던 막시무스 황제는 이렇게 말했다. "글쎄요. 제가 두려워하는 것은 병사들의 증오와 그들의 분노가 가져올 치명적인 결과랍니다." 얼마 뒤에 벌어진 사건에서 그의 염려는 너무나 정확했던 것으로 입증되고 만다.

막시무스가 공동의 적으로부터 이탈리아를 방어하기 위한 전쟁 준비에 한창이었을 때, 로마에 남아 있던 발비누스는 내전과 유혈 사태에 휩싸여 있었다. 원로원에는 불신과 질시의 분위기가 팽배했다. 의원들은 신전에서 회의를 개최할 때조차 무기를 공공연하게 혹은 은밀하게 휴대하고 다녔다. 한번은 원로원 회의가 한참 진행 중일 때 단순한 호기심에서였는지 불순한 동기를 가지고 있었는지는 모르지만, 두 명의 고참 근위병이 회의장으로 난입해 들어와서 승리의 여신 제단까지 접근했다. 집정관급 의원인 갈리카누스와 근위대장 출신 의원인 마이케나스가 이 무례한 침입을 분개해서 바라보고 있다가 밀정이라고 확신하고 단검을 빼어 들어 그자들을 제단 밑에서 찔러 죽였다. 그러고는 회의장 문 앞으로 나가 대중을 향해 경솔하게도 근위대는 폭군의 은밀한 추종자들이므로 모두 죽여야 한다고 외쳤다. 근위병들은 소동의 첫 번째 격랑을 무사히 피한 다음 병영에 은신해서, 부유한 귀족들 소유의 수많은 검투사들

로마에서의 폭동

까지 가세한 대중의 거듭되는 공격을 무사히 막아 냈다. 여러 날 동안 지속된 이 내전은 쌍방에 무한한 손실과 혼란을 초래했다. 그러던 중 근위대 병영에 물을 공급하던 수도관이 파괴되어 근위대는 극심한 고통에 빠지게 되었다. 그러자 근위대는 도시로 필사적인 출격을 감행해서 수많은 가옥들에 불을 지르고 시민들을 마구 살해했다. 발비누스는 실효도 없는 칙령을 내리고 믿을 수도 없는 휴전 협정을 내세워 쌍방을 화해시키고자 했다. 그러나 그들 상호간의 적의는 잠시 주춤했을 뿐, 다시 두 배의 폭력성을 띠고 불타올랐다. 군대는 원로원과 국민을 증오했을 뿐 아니라, 국민의 복종을 이끌어 낼 기개도 권력도 없는 허약한 황제를 경멸했다.

근위대의 불만

막시미누스가 사망한 후 막시무스는 지체 없이 아퀼레이아의 병영으로 달려갔는데, 그 폭군의 막강했던 군대는 자발적인 선택에 의해서라기보다는 상황에 내몰려 어쩔 수 없이 막시무스를 황제로 승인했다. 막시무스는 군대의 충성 서약을 받고 난 후에 최대한 온화하고 부드러운 말투로 연설을 시작했다. 그는 당면한 혼란 상태를 비난하기보다는 한탄하면서, 원로원은 지금까지의 군대의 행동 중에서 폭군을 저버리고 자발적으로 본연의 임무로 돌아간 일만을 기억할 것이라고 병사들을 안심시켰다. 막시무스는 훈계를 뒷받침하기 위해 후한 하사금을 약속하고 엄숙한 속죄 의식을 통해서 병영을 정화한 후에, 병사들이 감사하면서 새로운 황제들에게 복종하게 될 것이라 기대하며 군단병들을 각자가 속한 속주로 돌려보냈다. 그러나 오만한 근위대를 달랠 수 있는 방법은 없었다. 그들은 새로운 황제들이 로마로 입성한 개선 행진에는 참석했지만, 모든 대중이 열렬히 환영하는 중에도 부루퉁하게 낙담한 표정을 짓고 있던 그들의 모습은 자신들을 승리의 동반자가 아닌 승리의 대상으로 생각하고 있음을 웅변해 주었다. 막시미누스 휘하에서 근무했던 근위병과 로마에 주둔했던 근위병 등 근위대 전원이 병영에 집합했을 때, 그들은 자신도 의식하지 못하는 사이에 불만과 우려들을 서로 털어놓았다. 군대가 선택한 황제는 치욕스럽게 죽음을 맞았는데, 원로원이 선택한 황제는 제위에 앉아 있었다.25 오랫동안 불화를 빚어 왔던 민간 권력과 군사 권력이 내전을 벌였는데 민간 권력이 완전한 승리를 거둔 것이었다. 이제 병사들은 원로원에 대한 복종이라는 새로운 원칙에 적응해야만 했다. 그들은 원로원이 아무리 관대한 정책을 가장한다 할지라도, 규율이라는 이름으로 포장하고 국가를 위한 정책이라는 허울 좋은 명분을 내세우며 서서히 복수해 올 것이라고 생각하며 두려워했다. 그러나 그들의 운명은 여전히 그들 손에 달려 있었다. 무력한 공화국에 대한 쓸데없는 두려움만 극복할 수 있다면, 군대를 지배하는 자가 국가의 권력도 지배한다는 진리를 세상에 가르쳐 줄 수 있을 터였다.

25 이 말은 부주의하게도 환희에 겨운 원로원에서 나온 말인데, 군대 쪽에서 보면 악의적인 모욕으로 느껴졌다.

원로원은 두 명의 황제를 선출하면서 전시와 평시에 각각 적절하게 대응하기 위해서라는 이유를 내세웠지만, 최고 행정관 한 사람에게 집중될 권력을 분산시킴으로써 황제의 권력을 약화시키려는 은밀한 욕망을 품었을 수도 있다. 그들의 정책은 일단 실효를 거두기는 했지만, 시간이 흐르면서 황제들과 원로원 모두에게 치명적인 것으로 드러났다. 서로의 권력에 대한 질시는 성격상의 차이로 인해 더욱 심화되었다. 막시무스 황제는 발비누스 황제를 사치에 젖은 귀족이라 생각하며 경멸했고, 발비누스 황제는 막시무스 황제를 근본도 모르는 군인 출신이라고 무시했다. 그들의 불화는 겉으로 드러나지는 않았

막시무스와
발비누스의 죽음

지만 암암리에 묶이되고 있었다. 서로의 경멸을 의식하며 견제했던 그들은 서로 연합하여 근위대라는 공동의 적에 대한 엄격한 방어 조치를 마련하지 못했다. 그러던 중 전 도시가 카피톨 경기에 몰두한 사이, 궁전에는 거의 황제들 두 사람만이 남아 있었다. 그런데 황제들은 갑자기 한 무리의 암살단이 필사적으로 습격해 오고 있다는 보고를 받고 깜짝 놀랐다. 서로 멀리 떨어져 있는 숙소를 사용하고 있었던 황제들은 상대방의 상황이나 계획도 알지 못하고 서로 도움을 주고받는 일도 주저하면서, 탁상공론과 쓸데없는 상호 비방으로 이 중요한 순간을 허비했다. 근위대가 도착해서 이 공허한 논의에 종지부를 찍었다. 근위대는 이 원로원의 황제들을(그들은 경멸감과 적의에서 황제들을 이렇게 불렀다.) 체포해서 자의를 벗긴 다음 의기양양하게 로마의 거리들로 끌고 다녔다. 근위대는 서서히 잔인하게 고통을 주면서 이 불운한 황제들을 죽일 계획이었다. 그러나 충성스러운 게르마니아 출신 황제 근위병들이 황제를 구출하러 출동할지도 모른다는 우려 때문에, 그들은 고문을 그치고 황제들을 수천 번 난도질한 다음 대중의 모욕이나 동정을 받도록 그대로 길거리에 내버려두었다.

서기 238년 7월

단일 황제로 남게 된 고르디아누스 3세

불과 몇 달 동안에 여섯 명의 황제가 살해되었다. 군대는 비어 있는 제위를 채울 사람으로 이미 부황제의 칭호를 받고 있던 고르디아누스 3세를 생각해 냈다. 군대는 고르디아누스 3세를 병영에 데리고 가서 만장일치로 아우구스투스와 황제라는 칭호를 부여했다. 그의 이름은 여전히 원로원과 국민의 사랑을 받고 있었고, 아직 어렸기 때문에 병사들은 오랫동안 방종한 생활을 할 수 있을 것이었다. 로마와 속주들이 근위대의 선택을 받아들임으로써, 비록 로마 제국의 위엄과 자유는 심하게 훼손되었지만 로마의 심장부가 다시 한 번 내전의 공포에 휩싸이는 것은 피할 수 있게 되었다.26

고르디아누스 3세는 겨우 열아홉 살의 나이로 사망했으므로, 그의 삶에 대한 기록이 지금보다 훨씬 정확하게 남아 있다 해도 그것은 그의 교육에 관한 내용과 단순하고 미숙한 젊은이를 올바로 지도하거나 혹은 잘못된 길로 이끌었던 신하들의 행동에 관한 것에 그쳤을 것이다. 즉위하자마자 그는 어머니의 환관들 손에 맡겨졌는데, 그 환관들이란 엘라가발루스 황제 이후로 로마의 궁전에 자리 잡고 있었던 동방 출신의 해충 같은 무리였다. 그들의 간교한 음모에 의해서 아무것도 모르던 어린 황제와 억압받던 국민들 사이에는 두꺼운 장막이 드리워졌다. 순진했던 고르디아누스 3세는 철저히 기만당했고, 제국의 공직들은 비록 공개적인 방식을 취하기는 했지만, 황제도 알지 못하는 사이에 가장 쓸모없는 인간들에게 팔려 나갔다. 황제가 어떤 다행스러운 사건을 계기로 이 수치스러운 무리로부터 벗어나 오로지 황제의 영광과 국민의 행복만을 생각하는 한 신하에게 신임을 주게 되었는지는 전혀 알려져 있지 않다. 아마도 사랑과 학문에 대한 재능이 미시테우스라는 신하를 신임

서기 240년, 미시테우스의 관리

하도록 황제를 이끌었던 것 같다. 젊은 황제는 이 수사학의 대가의 딸과 결혼해서 장인을 제국의 최고위 공직에 임명했다. 두 사람이 주고받은 애정 어린 편지 두 통이 지금도 남아 있다. 미시테우스는 편지에서 덕망과 위엄을 보이면서 황제가 환관들의 횡포에서 벗어나게 된 것을 경축하고,27 그것의 의미를 황제가 자각하고 있는 것에 대해서는 더 큰 축하를 보냈다. 황제는 사랑스러운 당혹감을 드러내면서 자신의 지난 과오들을

26 퀸투스 쿠르티우스는 한 황제에게 격조 높은 찬사를 바치고 있는데, 이 찬사에는 황제의 즉위로 인해 수많은 전투의 햇불이 꺼지고 수많은 칼이 거두어졌으며 정부의 양분 체제도 종식되었다는 내용이 담겨 있다. 이 대목을 주도면밀하게 검토해 본 결과 이 황제는 고르디아누스 3세가 틀림없다는 결론을 내렸다. 그렇다면 퀸투스 쿠르티우스가 살았던 시대도 규명된다. 그의 단순 명료한 문체로 미루어 그가 초기 황제들 시대의 인물이라고 주장하는 사람들도 있지만, 그렇다면 퀸틸리아누스가 정확하게 작성해 놓은 로마 역사가들의 목록에 왜 그의 이름이 빠져 있는지가 설명되지 않는다.

27 이 두 편지에서 암시된 바에 따르면 환관들은 모종의 폭력에 의해 궁전 밖으로 쫓겨났던 것 같다. 어렸던 고르디아누스 3세는 그들의 치욕적인 퇴출에 찬동했다기보다는 단순히 승인만 해 주었던 것 같다.

²⁸ 이 동방 원정에는 철학자 플로티누스가 새로운 지식에 대한 호기심에서 동행했다. 그는 인도까지 진군할 기대를 품었다고 한다.

인정하고, 궁정의 부패한 무리의 끈질긴 술책으로 진실을 모르고 살아 왔던 군주의 불행을 적절하고 뛰어난 문장으로 한탄하고 있다.

~~~~~~
서기 242년,
페르시아 전쟁
~~~~~~

미시테우스는 일생을 학문을 연구하며 보냈고, 군대 생활은 전혀 해 보지 않은 인물이었다. 그러나 다양한 방면에 재능이 있었던 그는 근위대장으로 임명되어서도 상당한 추진력과 능력을 발휘하며 그 직무를 수행했다. 그러던 중 페르시아가 메소포타미아를 침공해 안티오크를 위협하는 사태가 벌어졌다. 황제는 장인의 권고에 따라 로마에서의 사치스러운 생활을 포기하고 야누스 신전의 문을 연 다음(이것이 로마 역사에 기록된 마지막 개문이었다.) 몸소 동방 원정에 나섰다. 황제가 몸소 대군을 이끌고 진격해 오자 페르시아군은 이미 점령했던 도시로부터 철수해서 유프라테스 강에서 티그리스 강까지 퇴각했다. 고르디아누스 3세는 기뻐하면서 이 첫 번째 승리를 원로원에 알렸는데, 그는 적절하게 겸손과 감사의 뜻을 담아 이 승리를 그의 장인이자 근위대장의 공으로 돌렸다. 미시테우스는 원정 기간 내내 군대의 안전과 규율을 면밀하게 감독했다. 병영에는 항상 넉넉한 식량을 공급했고, 변경 지대의 도시들에도 커다란 병참을 세워 식초, 베이컨, 볏짚, 보리, 밀 등을 가득 채워 둠으로써 위험한 결과를 낳을 수도 있는 병사들의 불평을 미리 차단했다.²⁸ 그러나 고르디아누스 3세의 상승하던 운도 미시테우스의 죽음과 함께 끝나고 말았다. 미시테우스는 이질로 죽었다고 기록되어 있지만, 독살이었을 가능성도 매우 크

~~~~~~
서기 243년,
필리푸스의 술책
~~~~~~

다. 그의 후임으로 근위대장에 임명된 필리푸스는 아랍 출신이었는데 젊었을 때는 노상강도였다는 말도 있다. 그렇게 미

천한 신분에서 제국의 최고위 공직에 오른 것으로 보아 그가 대담성과 능력을 갖춘 지도자라는 점은 입증되는 것 같다. 그러나 그의 대담성은 황제 자리에 오르려는 야심으로 발전했고, 그의 능력은 자신을 신임했던 황제를 보좌하는 대신 황제의 자리를 찬탈하는 방향으로 발휘되었다. 그가 교묘한 책략을 꾸며 인위적으로 식량을 부족하게 만들자 병사들은 동요하기 시작했고, 모든 책임을 어린 황제의 무능력 탓으로 돌렸다. 그 후에 이어진 은밀한 음모와 공개적인 소요의 단계를 정확하게 추적하기란 불가능하지만, 이것은 결국 고르디아누스 3세의 살해로 이어졌다. 고르디아누스 3세는 유프라테스 강과 아보라스라는 작은 강의 합류점 부근29에서 살해되었는데, 여기에는 그를 추모하는 묘비가 세워졌다.30 운 좋았던 필리푸스가 병사들의 투표에 의해 황제로 선출되었고, 원로원과 속주들은 재빨리 그에게 복종을 맹세했다.31

서기 244년 3월, 고르디아누스 3세가 살해당함

우리 시대의 유명한 저술가 한 명이 로마 제국의 군사정부에 대해 다소 상상력이 가미된 것 같기는 하지만 매우 뛰어난 묘사를 하고 있으므로 여기에 옮겨 보기로 하겠다.

그 당시 로마 제국이라고 불리던 것은 알제리의 귀족정치32와 유사한 변칙적인 공화국에 불과했다. 알제리에서는 군부가 실권을 쥐고 데이라고 불리는 행정관을 마음대로 임명하고 면직시킨다. 일반적으로 볼 때 군사정부는 어떤 면에서는 군주정보다 공화정에 가깝다고 볼 수 있다. 그렇다고 병사들이 불복종과 반란을 통해서 통치에 참여했다고는 말할 수 없다. 황제들이 병사들에게 행한 연설은 결국 그 이전에 집정관이나 호민관이 시민들 앞에서 행했던 연설과 다를 바가 없지 않았을까?

29 페르시아 제국과 로마 제국의 국경 지대에 있는 키르케시움이라는 작은 마을에서 약 20마일 떨어진 지점이다.

30 비문은 필리푸스 황제와 인척 관계가 있었다는 리키니우스 황제의 명령으로 지워졌으나, 묘지의 형태는 율리아누스 황제 시대까지 남아 있었다.

31 이때 보스트라 출신인 필리푸스의 나이는 약 사십 세 정도였다.

32 알제리의 정부 형태에 귀족정치라는 이름을 부여하는 것이 적절한가? 모든 군사정부는 절대 군주제와 무질서한 민주주의의 양극단을 오갈 뿐이다.

33 『황제열전』은 이 대목에 있어서는 도저히 있을 법하지 않은 일을 서술하고 있다. 필리푸스 황제가 전임 황제의 처형을 명령했다면 어떻게 후에 고르디아누스 3세를 신으로 승격시킬 수 있었겠는가? 공개적으로 처형을 명했다면 원로원에 보내는 편지에서 전임 황제의 죽음과는 전혀 무관하다고 구구절절이 변명할 수 있었을까? 필리푸스 황제는 비록 야심만만한 찬탈자임에는 틀림없지만 결코 미친 폭군은 아니었다.

병사들은 정해진 장소에서 정규적인 집회를 열지도 않았고, 그들의 논의는 매우 짧았으며, 행동은 갑작스러웠고, 냉철한 사고를 거친 후에 결정을 내리지도 않았다. 그럼에도 불구하고 그들은 절대적인 지배력을 가지고 제국의 운명을 결정짓지 않았던가? 황제는 오로지 병사들의 사적인 이익을 위해 선출된 폭력 정부의 행정관에 지나지 않았다.

군대가 고르디아누스 3세의 근위대장이었던 필리푸스를 황제로 선출했을 때 고르디아누스 3세는 단독 황제로 남아 있고 싶다고 요청했지만 받아들여지지 않았다. 그러자 필리푸스와 권력을 똑같이 나누어 가지겠다고 요청했지만 군대는 그 요청도 들어 주지 않았다. 황제는 부황제의 지위로 강등되는 것에까지 동의했지만 그 역시 받아들여지지 않았다. 그는 적어도 근위대장으로 임명될 수 있기를 원했지만 그것도 거부당했다. 마지막으로 그는 목숨만 살려달라고 애원했다. 이런 일련의 판단을 내리는 데 최고 행정권을 행사한 것은 바로 군대였다.

이 의심스러운 서술은 몽테스키외도 인용한 적이 있는데, 이것을 쓴 역사가에 따르면 이 논의가 진행되는 동안 내내 우울한 표정을 짓고 있었던 필리푸스는 자신에게 은혜를 베풀어 준 죄 없는 어린 황제의 목숨을 살려 주고 싶어했다고 한다. 그러나 황제의 죄 없고 순진한 모습이 오히려 로마 국민의 동정심을 불러일으켜 위험한 사태가 발생할 수 있다는 데 생각이 미쳤다. 그러자 필리푸스는 황제의 애원을 뿌리치고 즉시 체포해서 자의를 벗기고 처형할 것을 명령했다. 잠시 후에 이 매정한 판결은 그대로 실행되었다.33

동방에서 로마로 귀환한 필리푸스 황제는 범죄의 기억을 씻고 국민의 애정을 얻기 위해 100년제 축제를 최대한 성대하고 장엄하게 거행했다. 아우구스투스 황제가 제정했거나 혹은 부활시킨 후로,[34] 100년제는 클라우디우스 황제, 도미티아누스 황제, 세베루스 황제에 의해 개최되었고 이번이 다섯 번째였다. 이번에는 로마 건국 1000주년을 기념하는 의미도 있었다. 100년제는 미신을 잘 믿는 국민들의 마음에 엄숙하고 깊은 존경심을 불러일으키도록 솜씨 좋게 진행되었다. 100년제가 개최되었던 주기는[35] 인간의 수명보다 더 긴 기간이었다. 이 축제를 이미 한 번 보았던 사람도 없었고, 앞으로 한 번 더 보겠다고 자신할 수 있는 사람도 없었다. 테베레 강변에서 3일 밤 동안 제물을 바치는 신성한 의식이 거행되었고, 수많은 램프와 횃불로 환하게 밝혀진 마르스 광장은 음악과 춤으로 떠들썩했다. 노예들과 이방인들은 이 국가적인 행사에서 철저히 배제되었다. 양친 부모가 살아 계신 귀족 가문의 처녀 총각 스물일곱 명씩으로 구성된 합창단은 자비로운 신들에게 현 세대에는 축복을 내려 주시고 다음 세대에는 희망을 주시기를 빌었다. 그들은 고대 신탁 신앙에 따라 현재의 미덕과 행복, 그리고 로마 시민의 제국이 영원히 유지되게 해 달라고 찬송가 형식으로 기원했던 것이다. 필리푸스 황제가 제공한 화려한 공연과 오락들은 대중의 눈을 현혹했고, 신앙심이 깊었던 사람들은 엄숙한 종교 의식에 빠져들었다. 다만 사려 깊은 몇몇 사람들만이 걱정스러운 마음으로 과거의 역사와 미래의 제국의 운명에 대해 생각해 볼 뿐이었다.

　　로물루스가 한 무리의 양치기들과 불량배들을 이끌고 테베레 강변의 언덕에 요새를 세우고 나라를 건설한 후 1000년의 세월이 흘렀다.[36] 첫 4세기 동안에 로마인들은 가난과 부단

필리푸스의 통치

[34] 그 이전에 개최되었던 경기에 대한 설명은 역사적으로 규명할 수 있는 시기였음에도 불구하고 매우 부정확하고 모호하므로 제정 혹은 부활이라는 두 가지 대안을 제시했다. 100년제를 본뜬 천주교의 50년제는 보니파키우스 8세에 의해 고안되었는데, 그는 단지 고대의 의식을 부활시키는 것일 뿐이라고 가장했다.

[35] 100년 혹은 110년에 한 번씩 개최되었다. 바로와 리비우스는 100년이라고 기록하고 있다. 하지만 좀처럼 실수가 없는 시빌은 110년이라고 기록하고 있다. 클라우디우스 황제와 필리푸스 황제는 신탁에 대해 그다지 맹목적인 존경을 보내지는 않았다.

로마 제국의 쇠퇴

[36] 로마의 건국을 기원전 754년으로 추정한 바로의 견해가 일반적으로 받아들여진다. 그러나 로마 건국 초기의 역사에 관해 참조할 수 있는 연대기가 워낙 부족하다 보니 아이작 뉴턴(Isaac Newton) 경은 건국 시기를 기원전 627년으로 추정하기도 했다.

7장　229

히 싸우면서 전쟁과 정부라는 유용한 기술들을 터득했다. 이 기술들을 부지런히 사용하고 운도 따라서 로마인들은 다음 3세기 동안 유럽, 아시아, 아프리카의 수많은 나라들을 정복하고 제국을 건설했다. 그 다음 3세기는 겉으로 볼 때는 번영의 시대였지만 내부적으로는 쇠퇴해 가던 시기였다. 서른다섯 개 부족으로 이루어진 병사들과 행정관들과 입법가들의 나라는 점차 하나의 거대한 인류 집단으로 용해되었고, 로마의 이름은 받아들였지만 그 정신은 계승하지 못한 수백만의 예속적인 속주민들과도 뒤섞여 버렸다. 변경 지대의 야만족 중에서 모집된 용병들로 이루어진 군대만이 독립성을 유지하고 또 남용하던 유일한 집단이었다. 군대의 반란에 의해 시리아인, 고트인, 아랍인이 로마 황제로 선출되어 속주들 뿐 아니라 스키피오 가문의 고향인 로마에까지 전제적인 권력을 행사했다.

　로마 제국의 영토는 여전히 대서양에서 티그리스 강까지, 아틀라스 산맥에서 라인 강과 도나우 강까지 뻗어 있었다. 무지한 사람들의 눈에는 필리푸스 황제도 하드리아누스 황제나 아우구스투스 황제와 다를 바 없는 막강한 권력을 가진 군주로 보였다. 그러나 로마 제국과 정부의 형태는 그대로였지만, 그 신선한 활력과 건강성은 이미 사라지고 없었다. 국민들의 근면한 노동은 오랜 억압과 약탈로 인해 침체되고 소진되었다. 다른 모든 미덕이 사라져 버린 후에 군대의 기강만이 홀로 제국을 떠받치고 있었는데, 그마저 황제들의 야심에 의해 부패하거나 그들의 유약함에 의해 이완되었다. 항상 요새보다는 군대의 존재 자체로 지켜지던 국경 지대의 철통 같은 방위도 의식하지 못하는 사이에 서서히 약화되었고, 아름다운 속주들도 로마 제국의 쇠퇴를 곧 알아채게 된 야만족들의 야심과 약탈에 무방비로 노출되어 있었다.

아르타크세르크세스에 의한 군주정 복고 후의 페르시아 정세 · 그의 성격과 원칙

타키투스는 때때로 로마 역사에서 벗어나 게르마니아나 파르티아의 국내 정세를 논하면서 아름다운 에피소드를 많이 들려 주었다. 아마도 온갖 부도덕과 고통으로 점철된 무대로부터 독자들의 주의를 잠시라도 돌리고 싶었던 것이리라. 아우구스투스 황제 시대로부터 알렉산데르 세베루스 황제 시대에 이르기까지 로마 제국의 적은 폭군이나 군대의 형태로 로마의 중심부에 자리 잡고 있었다. 라인 강과 유프라테스 강 너머의 변방에서 발생하는 반란들은 로마의 번영에 거의 영향을 미치지 못했다. 그러나 군대가 황제의 권력과 원로원의 법률과 군대의 기강마저 무너뜨려 로마를 혼란스러운 무정부 상태로 몰아넣자, 국경 지대에서 호시탐탐 기회를 엿보던 북부와 동부의 야만족들이 쇠퇴하고 있는 제국의 속주들을 과감하게 공격하기 시작했다. 처음에는 단지 성가신 침략 정도에 지나지 않던 것이 점점 가공할 만한 공습으로 바뀌어 갔다. 서로가 오랫동안

북부와 동부의 야만족

[1] 고대 연대기에 따르면 아시리아인, 메디아인, 페르시아인, 마케도니아인들은 니누스 왕의 즉위부터 안티오쿠스 왕이 로마에 패배할 때까지 1995년 동안 아시아를 지배했다. 니누스 왕은 기원전 2184년에 즉위했고 안티오쿠스 왕은 기원전 189년에 패배했다. 알렉산데르 황제가 바빌론에서 발견한 천측(天測)에 의하면 니누스 왕의 즉위는 50년쯤 이전에 일어난 일로 되어 있다.

전쟁의 참화를 겪은 끝에, 승리한 침략자들이 로마 제국의 각 속주에 자리 잡게 되었다. 이 중요한 사건에 대한 이해를 돕기 위해 한니발과 미트리다테스의 복수라는 명분을 걸고 싸웠던 이들 민족의 성격과 그 세력 및 계획에 대해서 살펴보기로 하겠다.

아시아의 변혁

유럽의 숲에는 소수의 유목 미개인들만이 은신하고 있던 머나먼 고대에도 아시아의 주민들은 이미 도시를 형성하고 모여 살면서 광대한 제국의 지배 아래 예술과 사치와 전제 정치를 경험하고 있었다. 동방 세계는 아시리아가 지배했는데,[1] 니누스 왕과 세미라미스(삼무라마트) 여왕이 확립한 왕권을 허약한 후계자들이 이어받으면서 몰락했다. 그 뒤를 메디아와 바빌로니아가 이어받아 동방의 권력을 양분했지만 곧 페르시아의 군주들에게 자리를 물려주었다. 페르시아 군주들은 아시아라는 좁은 지역에 만족하지 못했다. 그래서 키루스 왕의 후손인 크세르크세스 왕은 200만 명의 사람들을 이끌고 그리스를 침공했다. 그러나 그리스의 명예를 지키는 임무를 위임받은 필리푸스의 아들 알렉산드로스 대왕은 3만 명의 정예 병사들만으로 페르시아군을 무찔렀다. 이렇게 확립된 마케도니아의 동방 지배력도 셀레우코스 왕조에 의해 무너졌다. 그러나 셀레우코스 왕조는 치욕적인 협상을 통해 타우루스 산맥 서쪽 지역을 로마에 양도했으며, 비슷한 시기에 스키타이 지방의 이름 없는 유목 민족인 파르티아인들에 의해 상(上)아시아의 모든 지역에서 쫓겨났다. 그러나 인도에서 시리아 국경 지대까지 뻗어 있었던 막강한 파르티아 왕국도 아르타크세르크세스에 의해 무너졌다. 아르타크세르크세스는 사산 왕조라는 새로운 왕조를 창시했는데, 이 왕조는 훗날 아랍인의 침공으로 무너질 때까지 페르시아를 지배했다. 이후에 로마에 치명적으로 작용할 이 위대한 혁명은 알렉산데르 세베루스 황제 4년, 즉 서기 226년에 일어났다.²

원래 아르타크세르크세스는 파르티아의 마지막 왕인 아르타바누스 5세의 군대에 복무하면서 높은 명성을 얻었다. 그러나 뛰어난 자질을 가진 사람에게 으레 주어지곤 하는 보상으로 추방을 명령받자 반란을 일으킨 것 같다. 그의 출신은 보잘것없는데, 이것이 정적들에게는 중상모략의 빌미를 제공하고 추종자들에게는 아첨의 기회를 제공했다. 적들의 중상모략을 믿는다면 아르타크세르크세스는 무두질하는 사내의 아내가 일반 병사와 눈이 맞아 태어난 사생아이다.³ 반면 추종자들은 그가 페르시아 고대 왕가의 후손인데, 그가 속한 일족이 시간이 지나고 불행이 겹치면서 일반 시민의 지위까지 추락한 것이라고 주장했다. 이런 의미에서 그는 왕국의 정당한 계승자로서 왕위를 이어받을 권리가 있다고 주장하면서, 다리우스 왕의 사망 후 5세기가 넘도록 학정 아래 신음해 온 페르시아인들을 구원하려는 고귀한 위업에 도전했다. 파르티아인들은 대규모 전투에서 세 번 패배했는데, 마지막 패배에서 아르타바누스 5세가 전사하자 왕국의 기상은 영원히 꺾이고 말았다. 아르타크세르크세스는 코라산의 발크에서 열린 대규모 집회에서 엄숙하게 왕권을 승인받았다. 아르사케스 왕가의 왕자들 중 좀 더 젊었던 두 왕자는 굴욕적인 지방 태수 자리에 만족해야 했다. 그들보다 나이가 많았던 한 왕자는 당장의 필요보다는 과거의 영광을 더 생각해서 수많은 부하들을 데리고 친척인 아르메니아 왕에게로 가서 은신하고자 했다. 그러나 이 망명자들로 이루어진 작은 군대는 엄중하게 경계 중이었던 승리자 측에 발각되어

아르타크세르크세스에 의해 복구된 페르시아 군주정

2 셀레우코스 왕조 538년의 일이다. 이 중대한 사건을 에우티키우스는 콤모두스 10년에 일어난 일로 기록한 반면, 코레네의 모세스는 필리푸스 황제 시대로 기록해 놓기도 했다. 정확하지 못한 과거의 기록을 너무나 충실히 베꼈던 암미아누스 마르켈리누스는 4세기 중엽까지도 아르사케스 왕조가 페르시아 왕위를 이어 간 것으로 기록해 놓았다.

3 무두질하는 사내의 이름은 바베크(Babec)였고 병사의 이름은 사산(Sassan)이었다. 아르타크세르크세스 왕은 바베크라는 이름에서 바베간(Babegan)이라는 성을 물려받았고, 병사의 이름인 사산을 따서 그의 후손들은 사산 왕조라고 불리게 되었다.

4 하이드(Hyde)와 프리도(Prideaux)는 페르시아 전설을 연구하고 상상을 보태서 매우 그럴듯한 이야기를 완성하고, 조로아스터가 다리우스 히스타스페스와 동시대에 살았다고 주장했다. 그러나 거의 같은 시기에 살았던 그리스 저술가들은 조로아스터가 그들의 시대보다 수백 년, 심지어는 수천 년 전에 살았다는 점에 동의하고 있다.

5 이 고대어는 젠드라고 불렸다. 주석서의 언어인 펠비는 훨씬 현대적이기는 했지만 그것 역시 수세기 전부터 사용되지 않던 언어였다. (이것이 사실이라면) 이 점만으로도 당크틸(M. d'Anquetil)이 유럽으로 들여와 프랑스어로 번역한 조로아스터교의 저술들이 얼마나 오래된 것인지를 충분히 입증해 준다.

저지당했다. 이제 승리자는 대담하게도 페르시아의 이중 왕관을 쓰고 아르타바누스 5세가 쓰던 왕 중의 왕이라는 칭호도 사용했다. 그러나 이 화려한 명칭은 아르타크세르크세스의 허영심을 만족시키는 대신 그의 사명감을 일깨워 주었고, 그는 키루스 왕 시대의 페르시아 제국과 종교를 웅장하고 화려하게 부활시키겠다는 야망을 가슴속에서 불태웠다.

조로아스터교의 개혁

1. 페르시아가 오랫동안 마케도니아와 파르티아의 지배하에 있던 동안, 유럽과 아시아의 여러 나라들은 서로의 미신과 종교를 받아들여서 모두 타락시키고 있었다. 아르사케스 왕조는 마기(magi) 사제 집단의 예배(조로아스터교)를 드렸지만, 다양한 우상 숭배를 혼합해서 그것을 타락시켰다. 페르시아의 고대 예언자이자 철학자인 조로아스터(자라투스트라)는[4] 동방에서 여전히 숭배되었지만, 경전 젠드아베스타의 폐어(廢語)와 신비주의적 언어[5] 때문에 일흔 개의 교파로 나뉘어 논쟁을 벌이고 있었다. 그들은 모두 제각각의 관점으로 조로아스터교의 기본적인 교리를 설명했지만, 그 예언자의 신성한 사명이나 기적을 믿지 않는 사람들에게는 모두 똑같은 조롱의 대상이 될 뿐이었다. 신앙심이 깊었던 아르타크세르크세스는 대규모 종교회의를 통해 확실한 결론을 내려서 우상 숭배를 억제하고 여러 종파들을 통합하고 비신도들을 논파하려는 목적으로 전국에 있는 마기를 소집했다. 오랫동안 경멸받고 무시당해 온 마기는 이 소집을 열렬히 환영했고, 지정된 날짜에는 무려 8만 명이 모여들었다. 그러나 이렇게 혼란스러운 회의가 이성적으로 진행되거나 올바로 운영될 리가 없었다. 페르시아 종교회의에 모인 마기의 수는 4만 명으로 줄어들었고 점차적으로 4000명, 400명, 40명까지 줄어들었다가 마침내는 학식과 신심이 가장

높은 7명만이 남았다. 이 중에서 젊지만 신앙이 깊었던 성직자인 에르다비라프가 동료들로부터 최면용 포도주 세 잔을 받아 마시고 곧바로 깊은 잠에 빠져들었다. 그는 긴 잠에서 깨어나자마자 왕과 신도들에게 자신이 천상으로 올라가 신과 단독으로 회담을 가졌다고 이야기했다. 이 초자연적인 증거로 인해 모든 의심들은 사라졌고, 조로아스터교의 교조가 정확하고 권위 있게 확정되었다. 페르시아의 이 유명한 종교에 대해 간략하게 개괄해 보면 그 나라의 특성을 이해할 수 있을 뿐 아니라 전시나 평시에 로마 제국과 맺은 관계를 설명하는 데도 도움이 될 것이다.6

6 이 부분은 주로 당크틸이 번역한 『젠드아베스타』와 하이드의 논문 등을 참고했다. 그러나 이 예언자의 의도적인 모호함, 동양의 은유적인 서술법, 불완전한 프랑스어와 라틴어 번역 때문에 페르시아 신학을 개괄하는 데 많은 실수와 이설이 있었음을 고백해야만 하겠다.

조로아스터교의 대원칙은 그 유명한 이원론이다. 이것은 도덕적·육체적 악의 존재를 자비로운 창조자이자 세상의 지배자가 가진 선의 속성과 조화시키고자 한 대담하고도 무모한 동양 철학 체계라고 볼 수 있다. 조로아스터의 저술에는 그 안에 우주가 내재하고 또 그로 인해 우주가 존재한 최초의 근원적 존재가 무한한 시간으로 명명되어 있다. 그러나 이 무한한 존재는 자의식과 도덕적 완벽성을 소유한 실체라기보다는 형이상학적인 추상에 가깝다. 그리스 철학의 카오스와 상당히 유사한 이것의 맹목적이거나 이성적인 작용에 의해서 우주의 두 가지 활동 원리가 되는 오르마즈드와 아리만이라는 신들이 탄생했다. 이들은 둘 다 창조의 능력을 소유했지만, 각각 불변의 성질을 가지고 서로 다른 방향으로 그 능력을 사용했다. 선의 원칙은 영원한 빛 속에 싸여 있는 반면 악의 원칙은 영원한 어둠 속에 묻혀 있다. 선하고 현명한 오르마즈드는 선한 인간을 창조해서 그의 아름다운 세상을 행복의 요소들로 가득 채워 놓았다. 그의 사려 깊은 섭리 덕분에 행성들의 운행이나 계절의

페르시아의 신학, 두 개의 원칙

7 조로아스터교도의 후예인 파르시(Parsee)와 사더(Sadder)는 오르마즈드를 제일의 전지전능한 신으로, 아리만은 하위의 반항적인 신으로 해석하기도 한다. 아마 이슬람교도들의 비위를 맞추기 위해 신학 체계를 재정비한 것 같다.

8 프리도는 마기들이 나중에는 신전을 사용했다고 생각하는데, 여기에도 어느 정도 신빙성이 있다.

질서, 자연 현상의 적절한 배합 등도 지켜졌다. 그러나 아리만의 악은 이미 오래전에 오르마즈드의 알을 깨고 오르마즈드가 창조한 조화로운 세계에 침입했다. 그 치명적인 침입 이후로 선과 악은 아주 세세한 부분까지도 서로 혼합되어 함께 움직이게 되었다. 그 결과 가장 유용한 식물에 가장 무서운 독이 생겨났고, 홍수·지진·대화재 등이 자연의 부조화를 입증하고, 인간이라는 작은 세계도 악과 불행으로 영원히 흔들리게 되었다. 그리하여 세상의 모든 인류가 악의 사슬에 매인 포로가 되어 끌려 다니는 가운데, 신심 깊은 페르시아인만이 그들의 벗이자 보호자인 오르마즈드에 대한 예배를 잊지 않으면서 그의 광명의 깃발 아래 모여 마지막 날에 함께 승리의 영광을 누릴 것을 확신하며 싸우고 있다는 것이다. 그 결정적인 순간이 오면 지혜로운 선이 오르마즈드를 도와 경쟁자 아리만의 흉포한 악을 물리치게 해 줄 것이다. 그러면 굴복한 아리만과 그 추종자들은 원래 자리인 어둠으로 되돌아가고, 선이 우주의 영원한 평화와 조화를 유지하게 된다.7

종교적인 숭배

조로아스터교의 신학은 이방인들은 물론 신도들조차도 잘 이해하지 못했다. 그러나 조금만 연구해 보면 이 신학이 철학적으로 매우 단순하다는 사실에 놀라게 된다. 헤로도투스[8]는 이렇게 말했다.

페르시아인들은 신전, 제단, 조각상의 사용을 거부하면서 신들의 모습이 인간과 유사하다고 생각하는 나라들의 어리석음을 비웃는다. 가장 높은 산의 정상이 그들이 제사를 지내는 장소이고, 기도와 찬송이 그들의 주된 예배 양식이며, 그들은 천상의 세계를 가득 채우고 있는 최고신에게만 예배를 드린다.

다신교도였던 헤로도투스는 그들이 유일신을 주장하면서도 땅, 물, 불, 바람, 태양, 달 등을 숭배한다고 비난했다. 그러나 페르시아인들은 이 같은 혐의를 지속적으로 부인하면서 이런 오해를 불러일으킨 자신들의 모호한 태도를 변명해 왔다. 그들은 우주의 여러 요소들, 그중에서도 특히 불, 빛, 해를 미트라로 칭하며 숭배했는데, 그 이유는 이 요소들이 신 혹은 자연이라는 유일신의 가장 순수한 상징이자 가장 고귀한 산물이고 또한 가장 강력한 대리물이라고 생각했기 때문이라는 것이다.[9]

종교가 인간의 마음에 깊고 지속적인 인상을 남기려면 헌신적인 실천을 결합시킴으로써 무조건적인 복종을 이끌어 내야 하고, 인간의 마음에서 내리는 명령과 유사한 도덕적 의무를 주입시킴으로써 존경을 얻어야 한다. 조로아스터교는 전자는 풍부하게 제공했고 후자도 충분히 지니고 있었다. 페르시아인들은 사춘기에 이르면 신의 보호를 상징하는 신비스러운 띠를 매었는데, 이 순간부터 그들은 아무리 사소한 행동을 할 때라도 기도나 외침, 또는 무릎 꿇기를 통해 신의 허락을 받아야 했다. 어떤 경우를 막론하고 이것을 이행하지 않는 사람은 도덕적 의무를 저버린 사람만큼이나 중한 죄인으로 취급받았다. 한편 아리만의 박해로부터 벗어나 오르마즈드와 함께 영원한 축복 속에 살고 싶어하는 조로아스터교 신도들에게 정의, 자비, 자선 등의 도덕적 의무는 필수적으로 요구되었다. 그 영원한 축복의 세계에서는 선행과 신앙심에 정확하게 비례해서 각자의 행복의 정도가 정해지기 때문이었다.[10]

그러나 조로아스터교에는 주목할 만한 특징이 몇 가지 있다. 자라투스트라는 예언자로서의 모습을 버리고 입법자의 모습

의식과 도덕적 의무

농업의 장려

[9] 조로아스터교도들이 아무리 진지하게 그 차이를 주장해도, 폭군들과 이슬람교도들은 한결같이 불을 우상으로 숭배하는 자들이라는 오명을 그들에게 씌웠다.

[10] 아주 작은 부분까지도 도덕적인 계율로 정해졌다. 그것에 수반된 의식은 사소하면서도 끝이 없었다. 예를 들어 신앙심이 깊은 페르시아인들은 손톱을 깎을 때나 그 성스러운 띠를 맬 때마다 열다섯 번 무릎을 꿇고 기도해야 했다.

으로 개인적·사회적인 행복에 많은 관심을 나타내기도 했는데, 이것은 저열하고 망상적인 미신에서는 좀처럼 찾아볼 수 없는 특징이다. 자라투스트라는 독실한 신앙을 얻기 위해 흔히 행하는 단식이나 독신 생활을 신이 주신 가장 큰 선물을 거부하는 죄악이라 하여 혐오하고 경멸했다. 조로아스터교의 성자는 아이를 낳고 유용한 식물을 심고 해로운 짐승들을 죽이고 페르시아의 건조한 땅에 물을 끌어 오고 농사를 지음으로써 스스로의 구원을 완성해야 한다. 젠드아베스타 경전에는 여타의 불합리한 요소들을 상쇄시켜 줄 만한 현명하고 유익한 교훈이 하나 적혀 있다.

주의 깊고 부지런하게 땅을 경작하는 사람은 1만 번의 기도를 반복해서 얻을 수 있는 것보다 훨씬 많은 종교적인 선행을 비축하게 된다.

해마다 봄이 되면 원시 시대의 평등한 인간 관계를 재현하면서 당대의 인간 관계를 다시 생각해 보려는 목적으로 축제가 열렸다. 위풍당당한 페르시아의 왕들도 평소의 거만함을 벗고 보다 진정한 위대성을 보여 주면서 가장 비천하지만 동시에 가장 유용한 농부들과 격의 없이 어울렸다. 그날에는 농부라면 누구나 왕이나 지방 태수의 식탁에서 함께 식사를 할 수 있었다. 왕은 그 자리에서 그들의 청원을 듣거나 불만을 묻고 동등한 입장에서 그들과 대화를 나누었다. 그는 진심은 아니었을지 모르지만 사실대로 다음과 같이 말하곤 했다.

여러분의 노동으로 나는 살아갈 수 있고 나의 보호로 여러분들도 평온을 누릴 수 있습니다. 그러므로 우리는 서로 꼭 필요한 존재들이니 형제처럼 사랑하며 조화롭게 살아갑시다.

이런 성격의 축제는 부유하고 전제적인 제국에서는 분명 연극적인 행사로 전락했을 것이다. 그러나 이것은 적어도 왕이 직접 참여할 만한 가치가 충분한 희극이었고, 때로는 젊은 군주의 마음에 유용한 교훈을 심어 주기도 했다.

자라투스트라가 모든 교리에서 변함없이 이런 고귀한 성격을 유지했다면, 그의 이름은 누마나 공자와 같은 대접을 받았을 것이고, 그의 사상 체계는 당연히 우리의 신학자나 철학자들의 찬사를 받았을 것이다. 그러나 이성과 열정이, 열렬한 신앙과 이기적인 동기가 혼합되어 있는 이 잡다한 체계에서는 유용하고 숭고한 진실이 속되고 위험스러운 미신 때문에 빛을 잃는 경우가 많았다. 성직자인 마기의 수도 너무 많아서 앞에서 이미 지적한 것처럼 한 종교회의에 무려 8만 명이 모일 정도였다. 마기의 세력은 엄격한 수련을 통해 더욱 확대되었다. 정연한 위계 질서가 페르시아 전역에 확립되어 있었는데, 발크에 거주한 대(大)마구스는 조로아스터 교회의 우두머리이자 자라투스트라의 합법적인 후계자로 간주되었다. 마기는 재산도 상당히 많았다. 메디아의 비옥한 토지를 많이 소유하고 있었던 것은 그렇다 치더라도,[11] 그들은 페르시아인들의 재산과 노동에 대해서도 세금을 징수했다.[12] 마기와 이해관계를 같이 했던 그 예언자는 이렇게 말했다.

너희들의 선행이 나뭇잎보다, 빗방울보다, 하늘의 별보다, 바닷가의 모래보다 많다고 해도 성직자의 인정을 받지 못하면 아무 소용이 없다. 구원으로 이끌어 주는 인도자인 성직자의

조로아스터교의 위세

[11] 암미아누스는(그를 믿을 수 있다면) 두 가지 특이한 사실을 알려 주고 있다. 첫째는 마기의 가장 비밀스러운 원칙들은 인도의 브라만에서 나왔다는 것이고, 둘째는 마기가 하나의 계급이었을 뿐 아니라 하나의 부족이자 가족이기도 했다는 점이다.

[12] 십일조에 대한 규정은 자라투스트라의 율법과 모세의 율법 사이의 특이한 유사성을 보여 주는 대목이다. 이것을 달리 설명할 방법이 없는 사람들은 후대의 마기가 이런 유용한 조항을 자라투스트라의 저술에 삽입해 넣었다고 가정할 수도 있을 것이다.

13 플리니우스는 마술이 종교, 의학, 천문학이라는 세 겹의 사슬로 인류를 얽어 매고 있다고 관찰한 바 있다.

14 흄(Hume)은 『종교사』에서 가장 정교하고 철학적인 종교가 항상 가장 배타적이라는 뛰어난 지적을 한 바 있다.

15 크세르크세스 왕은 마기의 충고에 따라 그리스 신전들을 파괴했다.

인정을 받으려면 그에게 너희들이 가진 재물과 토지와 돈의 10분의 1을 성실하게 바쳐라. 성직자가 만족한다면 너희의 영혼은 지옥의 고통에서 벗어나 이 세상의 칭찬과 내세의 행복을 보장받게 될 것이다. 성직자들은 신앙의 스승으로서 모든 것을 알고 또 모든 인간을 구원하기 때문이다.

맹목적인 신앙과 존경을 설파하는 이런 편리한 교리는 순진한 젊은이들의 마음에 그대로 주입되었다. 교육자이기도 했던 마기에게 왕족을 포함한 모든 젊은이들의 교육이 위임되었기 때문이다. 철학적인 재능이 뛰어났던 페르시아 성직자들은 동양 철학의 비밀을 유지하면서 계속 연구해 나갔고, 탁월한 지식 혹은 기술로 인해 초자연적인 마술에도 정통했다는 평판을 얻고 있었다. 마술, 즉 매직(magic)이라는 명칭도 바로 마기(Magi)에서 비롯된 것이다.[13] 그들 중 보다 적극적인 성격의 소유자들은 궁전과 도시로 진출해서 세상과 어울렸다. 아르타크세르크세스의 통치는 마기의 조언에 힘입은 바가 크다고 한다. 또한 왕은 정치적인 목적에서였는지 진정한 신앙심에서였는지는 알 수 없지만, 이 성직자 집단이 예전과 같은 권세와 영광을 누릴 수 있도록 해 주었다.

박해의 정신

마기의 첫 번째 조언은 그들 신앙의 배타적인 풍조[14]와 고대 왕들의 실천[15]과 스스로의 편협한 열정으로 촉발된 종교 전쟁에서 희생된 입법자 자라투스트라의 선례에도 잘 부합되는 것이었다. 아르타크세르크세스는 칙령을 내려 조로아스터교의 예배를 제외한 다른 모든 예배를 엄격하게 금지했다. 파르티아인들의 신전과 신격화된 파르티아 왕들의 동상이 무참하게 파괴되었다. 아리스토텔레스의 검(동양에서는 그리스의 다신교와 철학을 이렇게 불렀다.)도 간단히 부러졌다. 종교 박해의 불꽃은 곧 보다 완강했던 유대교와 그리스도교에까지 미쳤고,16 같은 페르시아인이고 같은 조로아스터교를 믿는다 해도 이단자들은 용서하지 않았다. 경쟁자를 허용하지 않는 오르마즈드의 권위는 반항을 허용하지 않은 아르타크세르크세스의 전제 정치에 의해 한층 강화되었다. 이리하여 곧 이단이나 분파라고 말할 수 있는 세력은 전 제국을 통틀어 8만 명 정도의 미미한 규모로 줄어들었다. 이런 종교 박해의 정신은 조로아스터교의 불명예라고 볼 수 있겠지만 내분을 일으키지는 않았고, 오히려 페르시아 전역의 여러 이민족들을 열렬한 신앙으로 결합시킴으로써 새 왕국을 강화시키는 결과를 가져왔다.

2. 아르타크세르크세스는 용맹과 지도력으로 파르티아 고대 왕족으로부터 동방의 패권을 빼앗았다. 그러나 그에게는 광대한 페르시아 전역을 일관되고 활력 있게 통치해야 할 보다 어려운 과제가 남아 있었다.

국왕 권위의 확립

관용적인 정책을 사용했던 약체 정권 아르사케스 왕조는 왕국의 주요 공직과 지방의 통치권을 세습적인 형태로 아들과 형제들에게 나누어 주었다. 비타크사에라고 불리던 열여덟 명의 강력한 지방 태수들은 왕의 칭호를 사용하는 것까지 허용되었다. 말하자면 왕은 수많은 속왕들을 명목상으로 지배하는 데 만족하면서 공허한 권력을 누렸던 셈이다. 산악 지역의 야만족들이나 상(上)아시아의 그리스 도시들17조차도 자신들의 영역 안에서는 왕의 존재를 인정하지도 그에게 복종하지도 않았다. 파르티아 제국은 비록 명칭은 달랐지만 이후 유럽 전역에 퍼져 나갔던 봉건 체제를 그대로 실현하고 있었던 것이다.18 그러나 이 적극적인 정복자는 잘 훈련된 수많은 병사들을 이끌고 페르시아의 모든 지방을 시찰했다.

16 수치스러운 죽음을 당한 마네스는 그리스도교도이자 이교도일 뿐 아니라 마기이기도 했다고 추정된다.

17 그리스 식민도시들은 매우 많았다. 셀레우코스는 서른아홉 개의 도시를 건설하고 자신이나 친지의 이름을 붙였다. 셀레우코스 왕조가 서기 196년까지 508년간 이어졌다는(아직도 동양의 그리스도교도들은 셀레우코스 왕조력을 사용하기도 한다.) 사실이 파르티아 제국 안의 그리스 식민도시의 메달들에서 확인된다.

18 현대의 페르시아인들은 그 시대를 왕들의 시대라고 부른다.

[19] 에우티키우스는 티그리스 강의 메세네 섬의 포위 공격에 대해 말하고 있는데, 이것은 니수스와 스킬라의 이야기와 비슷한 점이 많다.

[20] 세게스탄의 왕들은 오랫동안 저항하면서 독립을 유지했다. 로맨스 문학에는 고대를 배경으로 하면서도 당대의 사건이 삽입되는 경우가 많은데, 세게스탄의 루스탄 왕의 무공에 대한 로맨스도 이 시기의 실제 역사와 접목되었을 가능성이 크다.

[21] 인도양을 따라 자스크(카펠라) 곶에서 고아델 곶까지 펼쳐져 있는 게드로시아, 혹은 마크란 해안은 대체로 페르시아 왕국의 영토로 간주되지 않는다. 알렉산데르 황제 시대는 물론 그 후로도 오랫동안 그곳에는 이크티오파기 야만족들, 혹은 예술에 대해 무지하고 군주의 존재도 인정하지 않았으며 불모의 사막으로 인해 다른 세계와 차단되어 있던 어부들이 소수 거주했을 뿐이다. 12세기에 이르러 타이즈(프톨레마이오스가 테사라고 언급했던 곳 같다.)라는 작은 마을에 아라비아 상인들이 자주 드나들면서 발전하게 되었다. 지난 세기에는 페르시아 전체가 세 개의 왕국으로 분할되었는데, 그중 하나는 이슬람교 국가이고 나머지 둘은 우상을 숭배했던 독립국이었다.

대담하고 사나운 반란들이 진압되고 강력한 요새들이 함락되자[19] 지방 주민들은 그의 권위를 두려워하며 평화적으로 그의 권위를 인정하기에 이르렀다. 완강하게 저항한 우두머리는 처형당했지만 그 추종자들은 관대한 처벌을 받았다.[20] 기꺼이 항복하는 자는 명예와 부로 보상받았다. 그러나 신중했던 아르타크세르크세스는 자신을 제외하고는 어느 누구도 왕의 칭호를 사용하지 못하게 했으며, 자신과 국민 사이에 그 어떤 중간 권력도 허용하지 않았다.

페르시아의 세력 범위와 인구

지금의 페르시아와 거의 동일한 크기였던 그의 왕국은 사면이 바다나 큰 강으로 둘러싸여 있었다. 유프라테스 강, 티그리스 강, 아라스 강, 옥수스 강, 인더스 강, 카스피 해, 페르시아 만이 그것이다.[21] 지난 세기에 페르시아에는 554개의 도시와 6만 개의 마을과 4000만 인구가 있었다고 추산되었다. 사산 왕조와 사파비 왕조의 통치를 비교해 보고 마기와 이슬람교의 정치적인 영향력을 비교해 본다면, 아르타크세르크세스의 왕국에도 적어도 같은 수의 도시와 마을과 인구가 있었다고 추정해 볼 수 있다. 그러나 페르시아는 모든 시대에 걸쳐 해안에는 항구가 부족했고 내륙 지방에는 물이 부족했기 때문에 농업과 무역에 매우 불리했었다는 점을 기억해야 한다. 그래서 도시나 인구를 계산할 때 국가적인 허영심에서 흔히들 사용하는 비열한 수단을 사용했던 것 같다.

파르티아 제국과 로마 제국 사이의 전쟁

야심만만했던 아르타크세르크세스는 지방 태수들의 반란을 진압한 후에 곧 이웃 나라들을 위협하기 시작했다. 이웃 나라들은 그 이전의 역대 왕들이 오랫동안 나태하게 지내는 동안 페르시아를 침략하기도 했지만 아무런 보복을 받지 않았다.

그는 우선 사나운 스키타이인들과 유약한 인도인들에게 간단하게 승리했다. 그러나 로마인들은 과거의 패전의 경험과 현재의 힘을 고려했을 때 모든 군사력을 총동원해야 할 막강한 적이었다. 트라야누스 황제의 승리 이후로는 로마인들의 용맹과 온건 정책의 결실로 40년 동안 평화가 지속되었다. 마르쿠스 황제의 즉위로부터 알렉산데르 황제의 치세에 이르는 기간 동안 로마 제국과 파르티아 제국은 두 번의 전쟁을 벌였다. 아르사케스 왕조하의 파르티아는 전 병력을 쏟아 부어 로마군의 일부와 싸웠지만 결과는 대부분 로마군의 승리로 끝났다. 마크리누스 황제는 불안정한 지위와 나약한 기질 때문에 200만 파운드 정도를 들여 평화를 사야 했지만, 마르쿠스 황제, 세베루스 황제와 그의 아들은 아르메니아, 메소포타미아, 아시리아의 많은 곳에 전승비를 세웠다. 그들의 승리를 섣불리 불완전하게 서술하다 보면 보다 중요한 페르시아 내의 혁명들에 대해 뜻하지 않게 소홀해질 우려가 있기 때문에, 셀레우키아와 크테시폰이라는 큰 도시들이 거듭해서 입은 전쟁의 참화에 대해서만 언급하기로 하겠다.

티그리스 강 서쪽, 고대 바빌론에서 북쪽으로 약 45마일 떨어진 곳에 위치한 셀레우키아는 마케도니아인들의 정복 이후 상(上)아시아의 수도가 된 곳이었다. 마케도니아 제국이 멸망한 후에도 셀레우키아는 오랫동안 그리스 식민지의 특징들, 즉 예술, 군사적 미덕, 자유에 대한 사랑을 유지하고 있었다. 독립적인 공화국의 형태를 취했던 이곳은 300명의 귀족으로 이루어진 원로원의 통치를 받았고, 시민의 수는 60만 명이었다. 성벽은 견고했고, 공화국 내에서 계급 간의 조화가 유지되었던 한에는 파르티아인들의 위세 따위는 무시하고 있었다. 그러나

셀레우키아와
크테시폰의 도시들

22 아우룬그제베 왕의 병영을 따라 델리에서 카슈미르까지 따라갔던 베르니에라는 사람은 이 거대한 움직이는 도시를 매우 상세하게 묘사해 놓았다. 기병 근위대만 해도 3만 5000명이었고 보병 부대도 1만 명에 달했다고 한다. 병영에는 총 15만 마리의 말, 노새, 코끼리와 낙타 5만 마리, 소 5만 마리가 있었고, 사람은 30~40만 명이나 되었다고 한다. 델리 전체가 왕의 궁전을 따랐다고 해도 과언이 아니었으며, 화려하고 장려한 궁전의 규모 덕분에 그 많은 사람들과 동물들이 충분히 먹고살 수 있었다고 한다.

23 콰드라투스는 셀레우키아 시민들이 먼저 신의를 저버렸다고 주장하면서 로마인들을 변호하고자 했다.

내분이 격렬해지면 성문 바로 앞에서 대기하고 있는 그들 공동의 적에게 원조를 요청하는 위험을 무릅쓰기도 했다. 파르티아 왕들은 인도의 무굴 군주들처럼 스키타이인 선조들로부터 이어져 내려온 전원 생활을 즐겼다. 왕의 병영에는 티그리스 강 동쪽, 셀레우키아에서 불과 3마일 떨어진 곳에 위치한 크테시폰의 들판에 세워지는 경우가 많았다. 사치와 전제 정치에 봉사하는 수많은 신하들이 왕의 병영으로 몰려들자 이 조그만 마을은 어느새 거대한 도시로 팽창하게 되었다.22 마르쿠스 황제 시대에 로마 장군들이 크테시폰과 셀레우키아까지 진출한 적이 있었다. 로마군은 그리스 식민지였던 셀레우키아에서는 우군으로 받아들여졌고, 파르티아 왕의 주거지였던 크테시폰은 적군으로서 공격했다. 그러나 결국에는 두 도시 모두 같은 운명에 처하게 되었다. 셀레우키아는 약탈과 방화로 초토화되었고 30만 명의 주민들이 학살됨으로써 로마군의 영광스러운 승리에 오점을 남겼다.23 이미 이웃의 강력한 경쟁자 때문에 쇠퇴해 가고 있던 셀레우키아는 이 일로 완전히 멸망하고 말았다. 그러나 크테시폰은 그 후 약 33년에 걸쳐 충분히 힘을 회복한 다음 세베루스 황제의 포위 공격에는 완강하게 저항했

서기 165년

서기 198년

었다. 그러나 이 도시도 결국 기습 공격을 받아 몸소 병사들을 이끌었던 왕은 급하게 도망가는 신세가 되었다. 10만 명의 포로와 막대한 전리품이 지친 로마 병사들에게 보상으로 주어졌다. 이런 불행을 겪긴 했지만 크테시폰은 바빌론과 셀레우키아의 뒤를 이은 동방의 거대 수도로 계속 남아 있었다. 페르시아 왕들은 여름에는 엑바타나(하마단)에 체류하며 메디아의 산에서 불어오는 서늘한 바람을 즐겼지만, 겨울에는 따뜻한 기후

의 크테시폰을 선호하여 그 곳에 머물렀기 때문이었다.

  로마인들은 이들 공격에서 승리하기는 했지만, 그로부터 실제적이고 항구적인 이익을 얻지는 못했다. 또한 제국의 속주들과 멀리 떨어져 있을 뿐더러 중간에는 넓은 사막도 가로놓여 있는 이 외딴 정복지를 계속 유지하려고 애쓰지도 않았다. 반면 오스로에네 왕국의 합병은 별로 화려한 승리는 아니었지만 보다 실제적인 이익을 가져다 주었다. 이 작은 왕국은 유프라테스 강과 티그리스 강 사이, 즉 메소포타미아 북부에서 가장 비옥한 영토를 차지하고 있었다. 수도 에데사는 유프라테스 강에서 20마일 정도 떨어진 곳에 위치했고, 주민들은 알렉산데르 황제 시대 이후로 그리스인, 아랍인, 시리아인, 아르메니아인 등의 혼혈 인종으로 구성되어 있었다.24 위험한 두 강대국 사이에 끼어 있던 허약한 오스로에네 왕국은 마음속으로는 파르티아의 명분에 이끌리면서도 더 강했던 로마 제국에 마지못해 속국의 예를 갖추고 있었는데, 이 사실은 오늘날까지 남아 있는 그 시대의 메달들에서도 확인된다. 마르쿠스 황제는 파르티아와의 전쟁이 종결된 후에 그들의 의심스러운 충성을 보다 확실하게 확보해 두는 편이 낫겠다는 판단을 내렸다. 오스로에네의 몇몇 지역에 요새가 건설되었고, 견고한 요충지였던 니시비스에는 로마 수비대를 상주시켰다. 오스로에네 왕은 콤모두스 황제 사후의 혼란을 틈타 예속의 굴레를 벗어 버리려고 시도했지만, 세베루스 황제는 강경 정책으로 그들의 종속을 더욱 확고하게 만들었고, 카라칼라 황제는 신의를 저버리고 간단하게 이곳을 정복해 버렸다. 에데사의 마지막 왕인 아브가루스는 포박되어 로마로 압송되었고, 그의 왕국은 로마의 속주로

로마인들의
오스로에네 정복

서기 216년

24 안티오크의 세련된 시민들은 에데사 시민들을 잡종 야만족이라고 불렀다. 그러나 시리아의 3대 방언 중 가장 순수하고 우아한 아르메니아 방언이 에데사에서 통용되었다는 칭찬도 있다.

8장 245

25 오스로에네 왕국은 왕국을 세운 오스로에스 왕으로부터 마지막 왕인 아브가르 왕까지 353년간 지속되었다.

26 크세노폰은 『키루스의 교육(Cyropoedia)』 서문에서 키루스 제국의 범위에 대해 명확하고도 훌륭하게 설명하고 있다. 또한 헤로도투스는 다리우스 히스타스페스 왕이 분할해 놓은 페르시아 제국의 스무 개의 거대한 사트라프(통치 구역)에 대해 상세하고 흥미롭게 기술하고 있다.

전락했으며, 수도는 식민도시가 되었다. 이리하여 로마인들은 파르티아 왕국이 몰락하기 10년 전에 이미 유프라테스 강 건너편에 확실하고 영구적인 기지를 구축하게 되었던 것이다.25

서기 230년, 아시아의 속주들을 요구하고 로마에 전쟁을 선포한 아르타크세르크세스

아르타크세르크세스의 목적이 유용한 변경 지대를 방어하거나 확보하는 것으로 국한되었다면, 그가 일으킨 전쟁은 분별력 있고 영광스러운 것으로 평가받았을 것이다. 그러나 이 야심만만한 페르시아 왕은 자신의 목적이 훨씬 광범위한 정복에 있다는 점을 공공연하게 천명했다. 그는 자신의 원대한 포부를 무력뿐 아니라 논리로도 뒷받침할 수 있다고 자신했다. 그는 키루스 왕이 프로폰티스 해에서 에게 해에 이르는 아시아 전역을 정복했고 그 후계자들은 오랫동안 그 지역을 지배해 왔다고 주장했다. 카리아와 이오니아 지역도 키루스 왕의 제국에 속해서 페르시아 태수의 통치를 받았고, 에티오피아 국경 지역까지의 이집트 전역도 페르시아의 통치 아래 있었다.26 오랜 기간에 걸친 로마 제국의 찬탈로 그들의 권리는 중단되었지만 결코 소멸된 것은 아니었다. 이런 논리로 무장한 아르타크세르크세스는 출생에서 비롯된 권리와 전쟁에서의 승리 덕분으로 페르시아의 왕관을 쓰게 되자마자, 곧바로 자신의 첫 번째 임무는 과거 왕국의 영토와 영광을 회복하는 일이라고 생각했다. 그리하여 대왕(아르타크세르크세스가 알렉산데르 황제에게 사절단을 파견했을 때 그는 오만하게 스스로를 이렇게 칭했다.)은 로마인들은 대대로 이어져 온 자신의 영토에서 즉각 물러나 아시아 제국을 페르시아에 양도하고 유럽을 차지하는 것으로 만족하라고 명했다. 이런 오만한 명령은 아름답고 건장한 400명의 페르시아 사절단에 의해 전해졌다. 사절단은 훌륭한 말과 화려한 군장과 멋진 의복으로 군주의 긍

지와 위대성을 유감없이 과시했다. 이런 사절단은 협상을 제의하기 위한 것이 아니라 오히려 전쟁을 선언하기 위한 것이었다. 알렉산데르 세베루스 황제와 아르타크세르크세스는 각각 로마 군대와 페르시아 군대를 소집해서 친히 이 중대한 전쟁을 지휘하기로 결심했다.

당시에 대한 기록 중 가장 권위 있는 것은 황제 자신이 원로원에서 행한 연설인데, 그것을 믿는다면 알렉산데르 세베루스 황제의 승리는 과거에 알렉산드로스 대왕이 페르시아에서 거둔 승리에 필적하는 눈부신 것이었다. 아르타크세르크세스 왕의 군대는 완전무장한 120만 기병, 등에 망루를 올려 궁수들을 가득 태운 코끼리 700마리, 전차 1800대로 구성되었다. 일찍이 동양에서 유사한 예조차 찾아볼 수 없었고 로맨스[27]에서조차 상상되지 않았던 이 막강한 군대는 이 대전투에서 완전히 패배했고, 로마의 알렉산데르 황제는 자신이 용감한 군인이자 현명한 지휘자임을 훌륭하게 입증했다. 아르타크세르크세스는 그의 용맹 앞에서 도망가기에 급급했고, 이 대승리로 인해 로마는 막대한 전리품과 메소포타미아 지역의 정복이라는 결실을 얻었다. 이것이 허황하고 믿을 수 없는 황제의 연설 내용이다. 아무래도 이 내용은 황제의 허영심에서 시작되어 수치심도 없는 비굴한 아첨꾼들에 의해 장식되고, 멀리 떨어져 있어 상황을 잘 알 수 없는데다가 온순하고 굴종적이기까지 했던 원로원에 의해 아무 이의 없이 받아들여진 것이 너무도 분명해 보인다. 우리는 알렉산데르 황제의 군대가 페르시아에 어떤 형태로든 승리를 거두었다는 것을 믿기는커녕, 이렇게 찬란한 가상적인 승리 보고가 실제로는 무엇인가 불명예스러운 것을 은폐하려는 시도가 아니었을까 의심하고 싶어진다.

서기 233년,
알렉산데르 세베루스의
가상의 승리

[27] 다리우스의 아르벨라 전투에는 전차 200대가 동원되었다. 루쿨루스에게 패배한 티그라네스 2세의 대군에는 완전무장한 말은 1만 7000마리밖에 없었다. 안티오코스 왕은 로마군과 싸울 때 코끼리 54마리를 동원했다. 인도와의 잦은 전투와 협상 때는 코끼리 150마리를 동원한 적도 있었다. 그러나 인도의 가장 강력한 군주라 해도 700마리의 코끼리를 동원한 적이 있었는지는 의문으로 남는다. 대몽고는 3~4000마리의 코끼리를 소유하고 있다고 추정되었지만, 타베르니에르는 보다 정확한 조사를 통해, 짐을 실을 수 있는 코끼리 500마리와 전투용 코끼리 8~90마리밖에 확보할 수 없었음을 밝혔다. 포루스 왕이 전투에 동원한 코끼리 수에 대해서 그리스 작가들은 다양한 의견을 내놓지만, 퀸투스 쿠르티우스는 이 경우만큼은 공정하고 정확하게 크기와 힘이 뛰어난 코끼리 85마리였다고 밝히고 있다. 코끼리가 아주 많고 또 존중받는 시암(타이)에서도 한 부대의 9개 대대에 각각 코끼리 18마리면 충분하다고 생각되었다. 그래서 전투에서는 총 162마리의 코끼리가 동원되었는데 때로는 그 두 배가 동원되기도 했다.

28 코레네의 모세스는 이 메디아 침공에 대해 묘사하면서, 아르메니아의 코스로에스 왕이 아르타크세르크세스 왕을 무찌르고 인도 국경까지 추격했다고 기록하고 있다. 그러나 코스로에스 왕의 무공은 과장된 것이다. 그는 로마에 의존적인 동맹국의 왕으로 처신했을 뿐이다.

이 의심은 알렉산데르 황제의 미덕에는 존경심을 표했지만 그의 결점도 솔직하게 언급한 당대의 한 역사가의 권위에 힘입어 한층 확실해진다. 그는 이 전쟁을 위한 훌륭한 작전 계획에 대해 묘사해 놓았다. 세 개 군으로 구성된 로마 군대가 각각 다른 길을 통해 동시에 페르시아를 침공하기로 되어 있었다. 그러나 사전에 아주 잘 계획된 이 작전은 실제로는 제대로 수행되지도 성공하지도 못했다. 제1군은 유프라테스 강과 티그리스 강을 운하로 연결시킨 합류점으로 나아가기 위해 바빌론의 습 지대에 들어서자마자 수많은 적의 포위 공격을 받고 패배했다. 제2군은 아르메니아 왕 코스로에스와의 동맹28도 있었고 길게 이어진 산악 지대로 인해 페르시아 기병이 쉽게 접근할 수 없는 길을 택했으므로 메디아의 중심부까지 무사히 진출할 수 있었다. 이 용감한 군대는 인근 지역을 약탈하면서 아르타크세르크세스의 군대를 상대로 몇 번의 승리를 거둠으로써 알렉산데르 황제의 자존심을 어느 정도 만족시켜 주었다. 그러나 이 승리의 군대도 퇴각할 때는 다소 경솔했거나 적어도 불운했다. 산악 지대를 되돌아 나오는 과정에서 험한 길과 혹독한 겨울 날씨 때문에 수많은 병사들이 사망했다. 이 두 군대가 페르시아 영토의 남쪽과 북쪽 끝으로부터 중앙부로 침공해 들어가는 사이, 알렉산데르 황제가 이끄는 주력 부대는 왕국의 중심부로 곧바로 진격해 이들의 공격을 지원하기로 되어 있었다. 그러나 경험 없는 젊은이였던 황제는 어머니의 충고를 따랐는지 겁이 많아서였는지는 모르겠지만 용감한 군대와 눈앞에 보이던 승리까지도 저버리고 말았다. 그는 메소포타미아에서 무기력하고 불명예스럽게 여름을 보내고 난 후에 질병으로 줄어들고 실망으로 분노한 군대를 이끌고 안티오크로 퇴각했다. 아르타크세르크세스의 행동은 이와는 아주 달랐다. 그는 메디아의 구릉 지대에서 유프라테스 강 유역의 습 지대까지 신속하게 이동하면서 모든 전투를 몸소 지휘했다. 그의 용감한 결단력과 유능한 지휘력에는 행운까지 더해졌다. 그러나 경험 많은 로마 군단과 벌인 몇 번의 힘겨운 교전에서 이 페르시아 군주는 정예 부대를 잃었으며, 승리를 거두었을 때도 전력의 약화를 막을 수는 없었다. 알렉산데르 황제의 부재와 사망으로 인한 혼란이라는 유리한 상황도 아르타크세르크세스의 야심을 성취시켜 주지 못했다. 그는 의도한 대로 아시아에서 로마인들을 몰아내기는커녕, 메소포타미아의 작은 속주 하나조차 탈환할 수 없었다.

아르타크세르크세스의 통치는 파르티아 왕국이 최후로 멸망한 후로 14년밖에 지속되지 않았다. 하지만 이 시기는 동방의 역사에서는 물론 로마사에서도 아주 중요한 위치를 차지한다. 그는 제국을 상속받은 군주가 아니라 정복을 통해 왕위에 오른 군주답게 대담하고 용감했던 것 같다. 그가 제정한 법률은 페르시아 왕국의 마지막 시기까지 민정과 종교 정책의 토대로 존중되었다.[29] 그가 남긴 말들 중 일부가 지금까지 전해지는데, 그 중 다음의 내용은 그가 정부의 본질에 대해 깊은 통찰력을 갖추고 있었다는 점을 입증해 준다. 아르타크세르크세스는 이렇게 말했다.

서기 240년,
아르타크세르크세스의
성품과 교훈

군주의 권위는 군사력에 의해 방어되어야 하고, 군사력은 세금에 의해서만 유지될 수 있다. 모든 세금은 결국 농업에 기반하는 것인데, 농업은 공평하고 온화한 보호 없이는 결코 융성할 수 없다.[30]

[29] 호스로우 1세는 아르타크세르크세스의 법률을 모든 지방 태수들에게 하달하면서 통치의 원칙으로 삼을 것을 명했다.

[30] 고대 전설의 시대와 중세의 긴 암흑 시기를 거치고 난 다음, 근대 페르시아 역사가들은 사산 왕조를 진실하고 참된 왕조로 간주하기 시작했다.

아르타크세르크세스는 그의 새로운 왕국과 로마에 대한 야심찬 계획을 아들인 샤푸르에게 물려주었다. 샤푸르 1세 역시 위대한 아버지에게 어울리는 훌륭한 군주였다. 그러나 이 계획은 페르시아가 감당하기에는 너무나 원대했기 때문에 두 나라가 오랫동안 소모적인 전쟁을 벌이면서 서로 반목하는 결과를 낳았을 뿐이었다.

페르시아의 군사력

오래전부터 문명화되었고 또 그만큼 부패했던 페르시아인들이 이후 세계의 주인으로 등장하는 북방의 야만족들에게서 발견되는 군사적 독립성과 불굴의 용맹을 갖추었을 것이라고 기대할 수는 없었다. 그리스나 로마, 또는 근대 유럽의 합리적인 군대의 토대가 된 전쟁술은 동방에서는 거의 발달하지 않았다. 페르시아인들은 수많은 사람들을 일사불란하게 움직이게 해 주는 기동술에 대해서 알지 못했다. 그들은 요새를 구축하거나 포위하거나 방어하는 기술도 역시 알지 못했다. 그들은 훈련보다는 개인적인 용맹에 의존했고, 용맹보다는 병사들의 수에 더 의존했다. 보병 부대는 약탈을 미끼로 급하게 끌어 모아서 반무장시킨 기개 없는 농부들로 구성되었는데, 그들은 패배했을 때뿐 아니라 승리했을 때도 쉽사리 흩어지고 마는 오합지졸이었다. 왕과 귀족들은 병영에까지 후궁의 사치와 방탕을 끌어들였다. 페르시아의 군사 작전은 여자들과 환관들, 말과 낙타 등의 별 소용없는 행렬로 방해받는 일이 많았고, 성공적으로 전투를 이끌고 있던 중에 예기치 못한 기근으로 군대가 분산되거나 자멸하는 경우도 많았다.

페르시아의 우수한 기병

그러나 페르시아 귀족들은 비록 사치와 전제에 깊이 물들어 있었지만 개인적인 용맹과 국가적 긍지만은 강하게 지켜 나갔다. 그들은 일곱 살이 되면 거짓말을 않을 것과 활쏘기와 말타기를 배웠다. 페르시아인들이 활쏘기와 말타기에 매우 뛰어났다는 점은 널리 인정되었다.[31] 특히 기량이 우수한 젊은이들은 황제의 감독 아래 궁전 바로 앞에서 교육받았고, 길고 힘든 사냥을 통해 인내심과 복종심을 습득하도록 엄격하게 훈련받았다. 각 지방에서도 태수들이 유사한 군사 훈련소를 운영하고 있었다. 봉건적 형태의 토지 보유라는 개념을 자연스럽게 받아들였던 페르시아 귀족들은 전시에 봉사한다는 조건으로 왕으로부터 토지와 저택을 하사받았다. 그들은 전쟁이 일어나 소집되면 곧바로 말에 올라타 당당하고 용감한 신하들을 이끌고 출정하여, 아시아에서 가장 건강한 노예들과 가장 용감한 모험가들 중에서 신중하게 선발한 대규모 근위대와 합류했다. 경기병과 중기병으로 구성된 이들 군대는 맹렬한 공격력이나 신속한 행동력에서 실로 막강한 위용을 자랑했는데, 이들은 순식간에 하늘을 뒤덮는 구름처럼 돌격해 쇠퇴해 가는 로마 제국의 동방 속주들을 위협하곤 했다.

[31] 지금도 페르시아인들은 말타기 기술이 가장 뛰어난 민족으로, 그들의 말은 동양에서 가장 훌륭한 것으로 평가된다.

야만족의 침입이 시작될 때까지의 게르마니아 정세, 데키우스 황제 시대 · 서기 248년

페르시아의 정부와 종교는 로마 제국의 쇠망과 관련되기 때문에 살펴볼 가치가 있었다. 군대와 말, 가축 떼와 가족들을 이끌고 카스피 해에서 비스툴라 강까지, 페르시아의 변경 지대에서 게르마니아의 변경 지대까지 펼쳐져 있는 광대한 들판을 유랑하고 다닌 스키타이 부족이나 사르마티아 부족에 대해서도 때때로 언급할 기회가 있을 것이다. 그러나 처음에는 서로마 제국에 저항하다가 이어서 침략하고 마침내 제국을 전복시킨 호전적인 게르만족이 이 책에서는 보다 중요한 위치를 차지하며, 우리의 주목과 관심을 끌 만한 보다 강력하고 친근하기까지 한 이유를 가졌다고 할 수 있다. 근대 유럽에서 가장 문명화된 나라들이 게르마니아의 숲 속에서 비롯되었고, 그 야만족들의 조악한 제도에서 근대 법률과 풍속의 최초의 원칙들이 발견된다. 사실에 대한 연구에 철학을 접목시킨 최초의 역사가였던 타키투스는 소박하고 독립적이었던 원시 게르만족을 통찰력 있는 안목과 유려한 문장으로 상세하게 묘사한 바 있다.

1 오늘날 스웨덴 학자들은 발트 해의 수면이 매년 0.5인치 가량 낮아지고 있다는 데 동의하는 것 같다. 그렇다면 20세기 전에는 스칸디나비아의 평지는 수면 아래 있었고 고지대는 수면 밖으로 솟아 나와 다양한 형태의 수많은 섬들을 이루었을 것이다. 이것이 발트 해를 둘러싼 나라들에 대한 멜라, 플리니우스, 타키투스의 견해였다.

타키투스의 간결하면서도 표현력이 풍부한 묘사는 수많은 고대 연구자들의 연구를 촉발했고, 현대 사상가들의 재능과 통찰력에도 커다란 자극을 주었다. 이 중요하고도 방대한 주제는 이미 여러 번 훌륭하게 논의되었기 때문에 독자들에게는 친숙한 주제가 되었지만 작가들에게는 상당히 쓰기 어려운 주제가 되었다. 그래서 게르마니아의 야만족들이 로마 제국의 가장 강력한 적이 되게 만들어 준 그곳의 기후와 풍속과 제도의 가장 중요한 요인들만 고찰한다기보다는 반복하는 정도로 만족하기로 하겠다.

게르마니아의 세력 범위

고대 게르마니아의 영토는 로마에 예속된 라인 강 서부 지역을 제외하고도 유럽의 3분의 1 이상을 차지하고 있었다. 오늘날 독일의 거의 전 국토와 덴마크, 노르웨이, 스웨덴, 핀란드, 리보니아, 프러시아, 폴란드의 대부분에 걸친 광대한 영토에 게르만족에 속하는 여러 부족들이 살고 있었다. 그들의 용모와 풍습과 언어는 그들이 한 민족에 속한다는 사실을 보여 주었고, 서로 놀라울 만한 유사성을 유지하고 있었다. 고대 게르마니아는 서쪽으로는 라인 강에 의해 갈리아 속주와 구분되었고, 남쪽으로는 도나우 강에 의해 일리리쿰 속주와 구분되었다. 다키아 속주, 즉 오늘날의 헝가리 쪽은 도나우 강 유역에서 시작되는 카르파티아 산악 지대가 뒤덮고 있었다. 동쪽의 국경은 게르만족과 사르마티아족이 서로 두려워하며 대치했기 때문에 정확하게 구분되지 않았고, 두 나라의 적대적이거나 우호적인 부족들이 함께 섞여 사는 경우가 많았다. 고대인들은 멀리 떨어져 있어 잘 알지 못했던 북유럽에 대해서는 발트 해와 스칸디나비아 반도, 혹은 여러 섬¹ 너머에 얼어붙은 대양이 있다고 불완전하게 묘사해 놓았을 뿐이다.

일부 뛰어난 작가들은 고대의 유럽은 현재보다 훨씬 추웠을 것이라고 추정했는데, 게르마니아의 기후에 대한 고대의 기록들은 이런 가설을 완벽하게 뒷받침해 준다. 얼어붙는 혹한이나 영원한 겨울의 나라 같은 표현에는 신경 쓸 바가 못 된다. 온대 지방인 그리스나 아시아에서 태어난 웅변가들의 감정이나 표현을 온도계의 정확한 눈금으로 환산할 방법이 없기 때문이다. 대신 좀 더 확실한 두 가지 예를 들어 보기로 하겠다. 1. 로마의 속주들을 둘러싸고 있던 라인 강과 도나우 강은 완전히 결빙되어서 막대한 하중도 충분히 견뎌 낼 수 있었다. 게르만족이 겨울을 틈타 로마를 침공할 때면 아무런 위험이나 우려 없이 수많은 병사와 기병대와 군수품을 실은 무거운 짐마차 등을 넓고 견고한 얼음 다리를 통해 운반했다.[2] 반면 현대에는 이와 비슷한 예를 전혀 찾아볼 수 없다. 2. 북쪽의 야만족들이 황량한 생활에서 유일한 위안으로 삼은 유용한 동물인 순록은 혹독한 추위를 견딜 수 있을 뿐 아니라 체질상 추위를 필요로 하는 동물이다. 순록은 북극에서 위도 10도 정도 떨어져 있는 스피츠베르겐 제도에서 발견되고 라플란드나 시베리아의 빙설 속에서도 즐겁게 살고 있을 것으로 추정되지만, 발트 해 이남의 나라들에서는 번식은커녕 생존할 수도 없다. 카이사르 시대에는 고라니, 들소와 함께 순록도 현재의 독일과 폴란드의 많은 지역을 뒤덮고 있던 헤르시니아 산림 지대[3]의 토종 동물이었다. 현대에 이루어진 개발이 추위가 완화된 이유를 충분히 설명해 준다. 태양빛을 차단했던 거대한 산림 지대가 점진적으로 벌채되었다. 습 지대에서는 물이 배수되었고, 토지의 경작에 비례해서 공기는 점점 따뜻해졌다. 현대의 캐나다가 고대의 게르마니아와 똑같은 상태다. 캐나다는 프랑스와 영국에서 가

게르마니아의 기후

[2] 도나우 강변에서는 식탁의 포도주도 얼어붙었다고 한다. 이 사실은 트라키아 지방의 극심한 추위를 경험한 병사들과 학자들도 확인해 준 바 있다.

[3] 호기심이 강했던 게르만족들 중 몇몇은 60일이 넘도록 이 지대를 탐험했지만 이 숲의 정확한 경계를 알 수 없었다고 한다.

4 킴브리족은 방패를 썰매 삼아 눈 덮인 산을 내려오는 것을 오락으로 즐겼다고 한다.

5 로마군은 모든 기후에서 전쟁을 치렀는데, 훈련과 규율 덕분에 대부분 건강과 활력을 유지할 수 있었다. 적도에서 극지방에 이르는 모든 나라에서 생존하고 번식할 수 있는 유일한 동물은 인간이다. 이런 점에서 인간과 가장 유사한 동물은 돼지라고 볼 수 있다.

장 온난한 지역과 같은 위도 상에 위치하지만 혹독하게 춥다. 이 나라에는 순록이 많고, 땅은 항상 두꺼운 눈으로 덮여 있으며, 센 강과 템스 강이 전혀 얼지 않는 계절에도 세인트로렌스 강은 정기적으로 결빙된다.

기후가 원주민들에게 끼친 영향

고대 게르마니아의 기후가 그곳 원주민들의 심신에 미친 영향을 과장하기는 쉽지만, 확인하기는 쉽지 않다. 많은 저술가들이 정확한 증거도 없이 북방의 혹한이 장수와 생식력에 좋은 영향을 미쳐서 그곳 여자들은 온대 지방의 여자들보다 아이를 많이 낳고 전체적으로 볼 때도 다산(多産) 경향이 있다고 추측하고, 더 나아가 그것을 기정사실로 받아들인다. 보다 확실하게 주장할 수 있는 것은 게르마니아의 추운 기후가 원주민들의 크고 남성적인 체구를 형성해서, 그들은 대체로 남부 유럽인들보다 키가 컸고, 인내가 요구되는 노동보다는 격렬한 활동에 적합했으며, 체력과 정신력의 상호 작용에 의해 선천적인 용맹성을 갖추었다는 점이다. 로마 군대의 용맹마저 얼어붙게 만들었던 동계 작전 시의 혹독한 추위는 북쪽의 건장한 원주민들에게는 거의 느껴지지도 않았다.4 그러나 그들은 여름의 무더위는 참지 못했기 때문에 이탈리아의 태양 광선 아래서는 병들고 무기력해져서 흩어졌다.5

게르만족의 기원

지구상에서 사람이 전혀 살지 않았던 큰 땅덩어리를 찾거나, 어떤 지역의 최초의 주민이 누구였는지를 역사적으로 확실하게 증명하기란 불가능하다. 그러나 아무리 이성적인 사람이라도 거대한 국가의 요람기를 탐구해 보려는 열망을 억누르기 힘든 것처럼, 호기심 많은 인간은 어렵고 해결되지 않는 과제에 온갖 노력을 기울이며 기력을 소진해 버린다. 타키투스는 게르만 혈통의 순수성과 그 지역의 배타적인 측면을 고려해서 그 지역의 야만족들을 인디게나이(Indigenae), 즉 그 땅의 원주민이라고 불렀다. 이미 정치적인 사회를 형성하고 있었던 외래의 식민도시 주민들이 고대 게르마니아의 원주민이 아니었다는 점은 어느 정도 확실하다.6 한편 헤르시니아 산림 지대를 방랑하던 여러 야만 부족들이 서서히 결속되면서 게르마니아라는 이름과 민족이 탄생하게 되었다는 점 또한 확실하다. 그 야만인들이 자신들이 거주하던 지역에서 갑자기 자연발생적으로 생겨났다는 주장은 무모한 추론이며, 종교적으로도 불경하고 이성적으로도 뒷받침되지 않는다.

전설과 추측

그러나 이런 합리적인 의문은 대중의 허영심과는 잘 맞지 않다. 모세에 의한 세계 역사를 믿는 민족들은 노아의 방주를 그리스·로마인들이 트로이 전쟁을 이용한 것과 동일한 방식으로 이용했다. 즉 공인된 사실이라는 좁은 기반 위에 막대하지만 조잡한 신화와 전설들을 쌓아 올려서, 원시 타타르족뿐 아니라 원시 아일랜드인들7까지도 야벳의 아들 하나를 지목하면서 그로부터 선조들의 혈통이 이어져 내려왔다고 주장했던 것이다. 지난 세기에는 학식은 높았지만 무엇이든 쉽게 믿었던 고대학자들이 많았는데, 그들은 희미하게 전해 내려오는 전설과 구전, 혹은 판독이나 어원학에 의지해서 노아의 후손들을 바벨탑으로부터 세상 끝까지 확산시켰다. 이 그럴듯한 고증학자들 중에서도 가장 흥미로운 인물은 스웨덴 웁살라 대학의 루드베크(Olaus Rudbeck)8 교수였다. 이 열렬한 애국자는 역사나 전설에서 유명한 것은 모두 자기 나라와 관련이 있다고 생각했다. 그는 고대 그리스의 알파벳과 천문학과 종교가 스웨덴(이 지역은 고대 게르마니아의 상당 부분을 차지하고 있었다.)에서

6 갈리아인들의 이주는 도나우 강을 따라 진행되어 그리스와 아시아 지역에 정착했다. 타키투스는 게르마니아에서 갈리아인의 흔적을 지닌 부족은 단 하나밖에 발견할 수 없었는데, 그나마 아주 미미한 부족이었다.

7 키팅(Keating)에 따르면 노아의 아들인 야벳의 아들인 마고그의 아들인 파타클란의 아들인 프라만트의 아들인 스루의 아들인 에스라의 아들인 세아라의 아들인 거인 파르톨라누스가 세상이 생긴 지 1978년째 되는 해의 5월 14일에 먼스터 해안에 정착했다. 그는 아일랜드 땅에 정착하는 원대한 계획에는 성공했지만 행실이 단정치 못한 아내 때문에 가정생활은 매우 불행했다. 화가 난 그는 아내가 매우 사랑한 사냥개를 죽이는 지경에까지 이르렀다. 이것은 키팅 박사가 지적한 것처럼 아일랜드에 알려진 여성의 부정과 부도덕의 최초의 사례이다.

8 '아틀란티카(Atlantica)'라는 제목의 그의 저술은 지금은 구해 볼 수가 없다. 대신 베일(Bayle)이 이 저술에서 가장 재미있는 발췌문을 두 개 제공해 준다.

9 타키투스는 '남녀 모두 비밀 문서를 주고받는 법도 몰랐다.'고 기록해 놓았다. 룬 문자의 기원에 관련된 불명료한 논쟁을 벌이는 것보다는 타키투스의 확실한 권위에 만족하는 편이 나을 것이다. 스웨덴의 학자이자 철학자인 셀시우스(Celsius)는 룬 문자가 로마 문자를 조판하기 쉽게 곡선을 직선으로 바꾼 것에 불과하다는 의견을 피력했다. 룬 문자가 새겨진 비문 중 가장 오래된 것이 3세기의 기록으로 추정되고, 룬 문자에 대해 언급한 최초의 작가가 6세기 말에 살았던 베난티우스 포르투나투스였다는 점도 추가로 언급할 수 있을 것이다.

유래했다고 주장했다. 그에 의하면 플라톤의 아틀란티스와 히페르보레오스족의 나라(북방정토), 헤스페리데스의 정원과 포추니트 제도, 심지어 엘리시온 낙원까지도 모두 이 축복받은 지역(그 나라 사람의 눈에는 당연히 그렇게 보였다.)의 희미하고 불완전한 복사본에 불과했다. 그토록 자연의 사랑을 받은 지역이 대홍수 이후 오랫동안 버려져 있었을 리는 없었다. 박학다식한 루드베크 교수에 의하면 노아의 가족들은 몇 년 사이에 여덟 명에서 2만 명으로 불어났다. 그런 후에 그들은 세상을 다시 일으키고 인류를 널리 퍼트리기 위해 각 지역으로 흩어졌다. 게르마니아 또는 스웨덴 분견대(잘못 기억하지 않았다면 야벳의 아들 고메르의 아들인 아스케나즈가 이 분견대를 지휘했다.)는 이 위대한 사업을 수행하는 데 남다른 근면성을 보여 주었다. 이 북방의 꿀벌들은 유럽, 아프리카, 아시아의 대부분의 지역에 그 무리를 분봉하였고, (그의 은유를 빌린다면) 그 피는 말단에서 심장으로 다시 환류했다.

문맹인 게르만족

그러나 게르마니아의 고대학자들이 공들여 만들어 놓은 이런 체계는 의심할 수 없이 확실하고 반론의 여지가 없게 결정적인 하나의 사실에 의해서 순식간에 무너져 내린다. 타키투스 시대의 게르만족은 문자를 사용할 줄 몰랐는데,9 문자의 사용은 문명인과 지식과 사고력이 없는 야만인을 구분하는 주요 잣대라 할 수 있다. 문자의 인위적인 도움이 없다면 인간의 기억에 새겨진 관념들은 곧 사라져 버리거나 변질되고, 고귀한 정신의 기능도 모범이나 재료를 공급받지 못하여 차차 그 능력을 잃게 되며, 판단력은 쇠퇴해 무디어지고, 상상력은 침체하거나 제멋대로 치닫게 된다. 이 중요한 진실을 보다 완전하게 이해하기 위해 문명 사회 내의 지식인과 문맹의 농부 사이의 엄청난 거리를 생각해 보기로 하자. 지식인은 독서와 명상을 통해 자신의 경험을 확장하고 먼 시대나 나라에서도 간접적으로 살 수 있지만, 농부는 한 지역에 뿌리박혀 수십 년이라는 한정된 시간을 살 뿐이며 정신의 작용은 함께 일하는 소와 거의 다를 바가 없다. 이와 같은 개인적인 차이는 나라 간에 적용했을 때도 똑같이, 심지어 더 크게 나타난다. 어떠한 형태로든 문자나 저술이 없었다면 어느 민족도 역사나 연대기를 기록할 수 없었고, 추상적인 학문도 발전시키지 못했으며, 인간 생활에 유용한 기술도 일정 수준에 도달시키지 못했을 것이라고 감히 말할 수 있다.

고대 게르만족은 비참할 정도로 기술을 갖추지 못했다. 여기에 고결한 단순성이라는 이름으로 위엄을 부여하는 사람들도 있지만, 그들은 대체로 무지와 가난 속에서 삶을 영위해 갔다. 현재 독일에는 2300개 정도의 도시가 있다. 그러나 고대 지리학자인 프톨레마이오스에 따르면 훨씬 광대한 영토를 소유했던 고대 게르마니아에는 도시라고 이름 붙일 만한 곳이 아흔 개를 넘지 않았다고 하는데, 그나마 우리의 관념으로 보면 도시라는 명칭에 도저히 어울리지 않는 곳들이었다. 전사들이 갑작스러운 공격을 물리치기 위해 마을을 비운 동안 여자들과 아이들과 가축들을 보호하기 위해 숲 한가운데에 허술하게 요새를 만들어 둔 정도였던 것으로 짐작된다. 타키투스는 그의 시대에 게르마니아에는 도시가 없었다는 점을 주지의 사실로 언급하면서, 게르만족은 로마의 도시들을 안전한 장소가 아니라 오히려 감금의 장소로 여겨 경멸했다고 단언했다.[10] 그들의 집은 서로 인접해 있거나 함께 모여 마을을 이루지 않았다.[11] 그들은 들판이나 숲이나 강을 끼고 있어 마음이 끌리는 장소에

예술과 농업에
무지한 게르만족

[10] 게르만족이 쾰른 성에 로마의 속박을 벗어나서 고대의 자유로운 풍습을 다시 취하도록 명했을 때, 그들은 최우선적으로 식민도시의 벽부터 허물 것을 주장했다.

[11] 슐레지엔의 제멋대로 흩어진 마을들은 그 길이가 수 마일에 달했다.

12 타키투스 시대 140년 후에는 라인 강과 도나우 강 부근에 좀 더 규칙적인 형태를 갖춘 마을들이 생겨났다.

각각 독립적으로 집을 지었는데,[12] 이 초라한 가옥에는 돌이나 벽돌이나 타일은 전혀 사용되지 않았다. 그들의 집은 다듬지 않은 목재로 뼈대를 만들고 짚으로 지붕을 엮은 다음, 꼭대기에 연기가 빠져나갈 수 있는 구멍을 뚫어 놓은 나지막한 원형 오두막에 지나지 않았다. 매서운 추위가 몰아칠 때도 건장한 게르만족은 동물의 가죽으로 만든 겉옷 한 벌로 만족했다. 좀 더 북쪽에 살았던 부족들은 모피로 만든 옷을 입었고, 여자들은 조악한 아마 옷을 스스로 만들어 입었다. 게르마니아 숲에 풍부했던 갖가지 사냥감들은 주민들에게 식량을 제공해 주었을 뿐 아니라 신체 단련에도 도움을 주었다. 아름답지는 않았지만 대단히 실용적이었던 가축 떼는 가장 중요한 재산이었다. 게르만족은 땅에서는 아주 적은 양의 곡식을 수확했을 뿐이고, 과수원이나 인공 목초지에 대해서도 전혀 알지 못했다. 또한 게르만족의 소유지는 매년 경작지를 새로 분배하는 제도로 인해 완전히 바뀌었는데, 이 이상한 제도는 분쟁을 피하는 방법이었을 수는 있으나 대부분의 영토를 경작하지 않은 채 황폐화시키는 결과를 낳았으므로 이들로부터 농업의 발전을 기대할 수는 없었다.

금속 사용에 무지한 게르만족

게르마니아에서 금·은·철은 극도로 부족했다. 후에 브라운슈바이크와 작센의 군주들이 은 광맥에 주목하여 막대한 부를 쌓게 되지만, 고대의 야만족들에게는 풍부한 은 광맥을 찾아낼 기술도 끈기도 없었다. 지금은 유럽 전역에 철을 공급하는 스웨덴도 고대에는 자신들의 풍부한 자원에 대해 알지 못했다. 당시의 게르만족이 사용하던 무기는 이에 대한 좋은 증거가 된다. 그들은 철의 가장 가치로운 사용처로 여겼을 것이 틀림없는 무기류에도 철을 거의 사용하지 않았다. 전시나 평시의 다양한 교류에 의해 라인 강과 도나우 강 국경 부근에 로마 동전(거의 은화였다.)이 도입되기도 했지만, 그보다 먼 지역의 부족들은 화폐의 사용에 대해서 전혀 몰랐고, 교역은 제한된 물물 교환으로 만족했으며, 자신들의 조잡한 토기를 로마인들이 족장이나 사절단에게 선물한 은식기류와 동일한 가치를 지닌 것으로 생각했다. 사고력이 있는 사람들에게는 이런 주요한 사실의 열거가 기타 부차적인 세부 사항들에 대한 지루한 설명보다 더 많은 도움이 될 것이다. 문자가 인간의 생각을 표현하기 위해 발명된 것처럼, 화폐는 인간의 욕구와 재산을 표현하는 도구로 널리 자리 잡았다. 이 두 가지 수단은 인간의 능력과 열정에 보다 능동적인 에너지를 제공함으로써 그것들이 상징하는 목표, 즉 지식이나 부를 증대시키는 데 공헌해 왔다. 금과 은의 사용은 상당 부분 허구적인 점도 있지만, 철을 불과 인간의 솜씨로 제련하고 가공했을 때 농업과 그 밖의 기술들이 그것으로부터 얻을 수 있는 다양한 도움들은 일일이 열거하는 것조차 불가능하다. 다시 말하자면 화폐는 인간의 산업 활동의 가장 보편적인 자극제이며 철은 가장 유용한 수단인데, 화폐에 의해 자극받지 않고 철의 도움을 받지 않았더라면 인간이 어떻게 조야한 야만 상태에서 벗어날 수 있었을지는 상상하기조차 어렵다.[13]

13 멕시코와 페루인들은 화폐나 철을 이용하지 않고도 상당한 기술의 발전을 이루었다고들 한다. 그러나 그들의 예술과 기념물들은 상당히 과장된 측면이 있다.

지구상의 각 지역에 살고 있는 야만족들에 대해 생각해 보면 무기력한 나태함과 미래에 대한 무관심이라는 공통 분모를 찾을 수 있을 것이다. 문명 상태에서는 인간의 모든 능력이 사용되고 또 확장되며, 상호 의존이라는 거대한 연쇄 사슬에 의해 사회 구성원들이 서로 연결되고 결속된다. 사회의 구성원들은 대부분 지속적이고 유용한 노동에 종사한다. 운이 좋아

게르만족의 나태함

노동의 필요에서 해방된 선택받은 소수도 이익이나 명예를 추구하거나, 소유지나 지식을 개발하거나, 사회생활의 의무를 이행하고 쾌락을 즐기거나 심지어 악행까지도 저지르면서 시간을 보낸다. 그러나 게르만족에게는 다양한 인간 활동의 원천이 되는 사회생활이 없었다. 집과 가족을 돌보고 땅과 가축을 관리하는 일은 노인들과 아이들, 여자들과 노예들에게 맡겨졌다. 여가 시간을 활용할 기술이라고는 전혀 갖추지 못한 게으른 전사들은 잠자고 먹는 동물적인 욕망을 만족시키는 것으로 매일매일을 보냈다. 그러나 인간 본성의 경이로운 다양성 덕분에 (그들의 본성을 깊숙이 탐구한 한 작가의 언급에 의하면), 이 야만족들은 가장 나태한 동시에 또 가장 활동적인 종족이었다. 그들은 게으름을 피우는 것은 좋아했지만 고요한 평화 상태는 극도로 싫어했다. 나태한 정신은 스스로의 무게를 견디지 못하고 새롭고 강력한 자극을 열망하게 되었고, 전쟁과 위험만이 그들의 사나운 기질에 들어맞는 유일한 오락이었다. 전쟁을 소집하는 나팔 소리는 게르만족에게는 고맙기 그지없는 복음이었다. 그 소리를 들으면 게르만족은 나태한 무기력 상태에서 깨어나 적극적인 행동에 나섰으며, 강렬한 육체 활동과 격렬한 감정을 통해 자신의 존재감을 생생하게 느낄 수 있었다. 이 야만족들은 지루한 평화 시에는 무절제하게 도박과 음주에 빠져 살았는데, 이 두 가지는 도박은 걱정을 부추기고 술은 이성을 마비시킨다는 서로 다른 방법을 취하기는 했지만 똑같이 생각해야 하는 고통을 덜어 준다는 공통점을 가지고 있었다. 그들은 식탁에 앉아 도박과 음주에 빠져 밤낮을 보내는 것을 명예롭게 생각했으며, 이런 자리들이 친구나 친척의 피로 더럽혀지는 경우도 많았다. 그들은 이른바 명예 채무(도박에서 쓰이던 이 용어를 오늘날까지 물려주고 있다.)는 낭만적인 충실성을 발휘하여 반드시 갚았다. 자포자기하여 주사위에 자신의 자유와 목숨까지도 건 도박사는 운명의 결정에 순종하여 상대가 행운을 잡았다는 것을 알게 되면 자기보다 약한 상대라 할 지라도, 그에게 결박당해 매를 맞은 다음 노예가 되어 먼 곳으로 팔려가는 것까지 감수했다.[14]

14 게르만족은 도박 기술을 로마인들에게서 배웠던 것 같다. 그러나 도박 성향은 전 인류에 보편적으로 내재하는 것이다.

밀이나 보리에서 아주 간단한 기술로 추출해 낸 강한 맥주는 부패하면(타키투스는 특히 이 점을 강조하고 있다.) 어느 정도 포도주와 비슷한 맛을 내는데, 이것으로도 게르만족의 조야한 유흥을 도와 주기에 충분했다. 그러나 이탈리아와 갈리아의 질 좋은 포도주를 한 번이라도 맛본 사람들은 좀 더 맛있는 술을 갈망하게 되었다. 그러나 그들은 라인 강과 도나우 강변에 포도를 이식하려고 하지 않았고(이후에는 매우 성공적으로 토착화에 성공했지만), 무역에 유리한 그 상품을 노동과 산업으로 확보하려고 노력하지도 않았다. 무력으로 약탈할 수 있는 것을 노동으로 생산한다는 것은 게르마니아인의 정서와 어울리지 않았다. 독한 술에 대한 갈망 때문에 자연이나 기술 덕분에 독하고도 맛있는 술을 생산했던 지방들을 종종 침략하기도 했다. 켈트족에게 조국을 팔아넘겼던 그 토스카나 사람도 온대지방에서만 생산되는 맛있는 과일과 질 좋은 포도주를 미끼로 켈트족을 이탈리아로 끌어들였던 것이다. 마찬가지로 16세기의 내전 기간 동안 보조군으로 프랑스에 투입된 독일군을 유혹했던 것도 샹파뉴와 부르고뉴에서 생산되는 풍부한 포도였다고 한다. 우리의 악덕 중에서 가장 저속한 것에 속하지만 가장 위험하다고는 할 수 없는 음주는 야만 사회에서는 때때로 전투나 전쟁, 혹은 혁명의 이유가 되기도 했다.

독한 술에 대한 게르만족의 취향

고대 게르마니아의 기후는 샤를마뉴 대제 이후 10세기에 걸

주민들의 상태

친 노력으로 크게 완화되었고 토지도 비옥해졌다. 지금은 100만 명의 농부와 기술자들을 넉넉하게 먹여 살릴 수 있는 토지가 고대에는 10만 명의 게으른 전사들의 기본적인 필수품도 제공해 줄 수 없었다.[15] 게르만족은 거대한 숲은 사냥이나 즐기는 곳으로 내버려 두었고, 대부분의 토지를 목초지로 사용했으며, 나머지 얼마 안 되는 땅에서 조잡한 수준의 경작을 하면서 수많은 주민들을 먹여 살리기에는 토지가 너무 척박하고 메말랐다고 한탄만 하고 있었다. 기근이 되풀이될 때마다 농업 기술의 필요성을 통감하기는 했지만, 젊은이들의 3분의 1이나 4분의 1을 국외로 이주시키는 임시 방편으로 재난을 모면하기에만 급급했다. 문명화된 사람들이 잘 개량된 토지에 머무는 이유는 재산을 소유하고 향유할 수 있다는 믿음 때문이다. 그러나 게르만족은 그들이 가장 소중히 여기는 재산, 즉 무기와 가축과 여자를 몸에 지니고 또 데리고 다니면서 광대한 침묵의 숲을 기꺼이 포기하고 약탈과 정복에의 무한한 희망만을 불태웠다. 여러 종족들의 저장고였던 이 지역에 거주한, 혹은 적어도 거주한 것으로 여겨지는 인구 수는 피정복자들의 두려움에 의해 증폭되었고 후세는 그것을 그대로 믿었다. 이렇게 과장된 사실로부터 카이사르와 타키투스 시대에 유럽의 북방에 거주한 인구가 지금 그곳에 거주하는 인구보다 훨씬 많았다는 견해가 서서히 정착되었고 저명한 작가들도 그 견해를 지지했다. 그러나 인구에 관한 연구가 보다 진지하게 이루어지면서 현대의 학자들은 그 가정이 잘못되었을 뿐 아니라 실로 불가능하다고 믿기에 이르렀다. 마리아나와 마키아벨리는 고대의 인구가 더 많았다는 견해를 지지했지만, 로버트슨이나 흄은 그것에 반대했다.

[15] 스위스의 헬베티 부족국가에는 남녀노소를 모두 합해 36만 8000명의 인구가 있었다. 오늘날에는 보 지방(레만 호 근방의 작은 지역으로 산업보다는 점잖은 분위기로 유명하다.)의 인구만 해도 11만 2591명에 이른다.

전쟁을 좋아했던 게르만족은 도시도 문자도 기술도 화폐도 가지지 못했지만, 이런 야만 상태에 머무는 보상으로 자유로운 삶을 즐겼다. 그들은 가난했기 때문에 자유를 확보할 수 있었다. 인간의 욕망과 소유야말로 전제 정치를 허용하는 가장 강력한 원인이기 때문이다. 타키투스는 이렇게 말했다.

게르만족의 자유

> 수이오네스족(스웨덴의 스베아르족)은 부를 존중한다. 그래서 그들은 절대 군주에게 복종한다. 군주는 백성들에게 다른 게르마니아 부족들처럼 자유롭게 무기를 사용할 권리를 주지 않는 대신 백성들을 시민이나 자유민이 아닌 노예로서 안전하게 보호해 준다. 수이오네스족과 이웃한 시토네스족은 노예 상태보다 더 비참한 지경으로 떨어져 여성 군주에게 복종한다.[16]

이런 예외적인 경우들을 언급하면서 이 위대한 역사가는 정치의 기본적인 원칙을 제대로 이해하고 있다. 다만 어떤 경로를 통해 부와 전제 정치가 먼 북쪽 지방까지 침투해서 로마 속주와의 국경 지대에서는 그토록 사나운 기세로 타올랐던 불길을 잠재울 수 있었는지, 또한 훗날에는 불굴의 기개와 투지를 보여 준 덴마크인과 노르웨이인의 조상들이 게르마니아의 자유라는 위대한 특성을 어떻게 그토록 순순히 포기할 수 있었는지는 의문으로 남는다.[17] 발트 해 연안의 몇몇 부족들은 인간으로서의 권리를 포기하지 않는 범위 내에서 왕의 권위를 인정하기도 했다. 그러나 게르마니아의 대부분의 지역에서 정부의 형태는 민주 정체였는데, 다만 보편적이고 실제적인 법률에 의해서라기보다는 가문이나 용맹, 혹은 웅변술이나 미신 등에 의해 제어되는 경향이 있었다.

16 프라인슈미우스(Freinshemius)(자신의 저서의 증보판을 리비우스와 스웨덴의 크리스티나 여왕에게 바친 적이 있다.)는 북방 국가의 여왕들을 그렇게 가볍게 표현한 로마인들에게 분노하는 것이 마땅하다고 생각한다.

17 미신이 전제 정치의 모태가 되었다고 가정해 볼 수는 없을까? 오딘의 후예들(1060년까지도 이 종족은 사라지지 않았다.)은 1000년이 넘는 기간 동안 스웨덴을 통치했다고 전해진다. 웁살라 신전은 오랫동안 종교와 제국의 산실이었다. 1153년에는 왕의 근위대를 제외하고는 아무도 무기를 사용하거나 소유할 수 없게 한 특이한 법률이 시행되기도 했다. 이 조치가 고대의 제도를 부활시킨다는 명목으로 취해졌을 가능성은 없을까?

부족 회의

시민 정부는 최초의 단계에서는 상호 보호를 위한 자발적인 연합의 성격을 띤다. 의도한 목적을 이루기 위해서는 각 구성원이 사사로운 의견과 행동을 자제하고 다수의 판단에 따르는 것이 절대적으로 필요하다. 게르마니아 부족들은 이 원시적이지만 자유주의적인 정부 형태에 만족했다. 자유민인 부모에게서 태어난 소년은 성년이 되면 부족 회의에 소개되어 엄숙하게 창과 방패를 수여받은 후에, 그 군사 공화국의 온전한 구성원으로 받아들여졌다. 부족 전사들의 회의는 정해진 기간 동안 혹은 비상 사태가 발생했을 때 소집되었다. 공적인 범죄에 대한 재판, 행정관의 선출, 전쟁이나 평화에 대한 중대한 결정들이 이곳에서 독자적으로 이루어졌다. 이런 중대 사항들이 주요 족장들로 이루어진 소규모 회의에서 미리 토의되고 준비되는 경우도 물론 있었다. 즉 지도자들이 미리 숙고한 후에 설득을 하면 나머지 사람들은 결정을 내리고 실행에 옮기는 식이었는데, 게르만족의 결정이란 대부분의 경우 성급하고 폭력적이었다. 야만족들은 자유란 당면한 열정을 충족시키는 것이고 용기는 닥쳐올 결과를 생각하지 않는 것으로 간주했기 때문에, 정의나 정책을 고려한 발언은 분노와 경멸로 일축하면서 불만스러운 야유로 그런 소심한 충고에 대한 혐오의 뜻을 표시했다. 반면 선동적인 연설가가 나서서 미천한 일개 동포가 외국이나 국내에서 받은 모욕을 되갚아 주자고 제의하거나, 동포들에게 민족의 명예를 지킬 것을 촉구하거나, 위험과 영광으로 가득한 모험에 나설 것을 주장하면 창과 방패를 두드리면서 열렬한 찬성의 뜻을 표시했다. 게르만족은 항상 무장을 하고 회의에 참석했기 때문에, 당파심이나 독한 술에 취해 흥분한 나머지 광포한 군중으로 돌변해 자신들의 난폭한 결정을 관철시키기 위해 무기를 사용할 위험이 항상 도사리고 있었다. 우리는 아직도 폴란드의 의회는 피로 얼룩지는 경우가 많으며, 수적으로 우세한 다수당이 폭력적이고 선동적인 소수당에 굴복하는 일이 흔히 발생한다는 사실을 기억해 낼 수 있다.[18]

[18] 우리 영국의 옛 의회에서조차 투표 수가 아니라 무장한 동료들의 수로 법안을 통과시킨 귀족들이 있었다.

부족의 장군은 위험이 닥쳤을 때 선출되었는데, 위기 상황이 확대되고 심화되면 몇몇 부족들이 협력하여 한 사람의 장군을 선출하기도 했다. 가장 용감한 전사가 동포들을 이끌고 전장으로 나가도록 지명되었는데, 이 지도자는 명령을 내리는 대신 몸소 모범을 보임으로써 동포들을 지휘했다. 이때 장군은 제한적이기는 하지만 특별한 권한을 부여받았다. 그러나 그의 권한은 전쟁이 끝나면 소멸되었고, 평시의 게르마니아 부족들은 공동의 최고 지도자의 개념을 일체 인정하지 않았다. 그러나 부족 총회에서는 각 지방의 족장을 선출해서, 각각의 지역 내에서 분쟁에 대한 재판권이라기보다는 조정권 같은 것을 행사하도록 했다. 이 족장을 선출할 때는 개인적인 자질뿐 아니라 출신 가문도 매우 중요시되었다. 각각의 족장은 친위대와 백 인으로 구성된 자문단을 거느렸는데, 이들 중 뛰어났던 자들은 상당한 지위와 명예를 누리던 것으로 보여서, 로마인들은 때때로 그들에게 왕이라는 칭호를 붙이기도 했다.

족장의 권한

이 족장들의 권한의 두 가지 경우를 비교해 살펴보면 그것만으로도 게르마니아 풍속의 전체적인 체계를 파악할 수 있다. 그들은 해당 지역의 토지에 대해 절대적인 권한을 쥐고 매년 토지를 새롭게 분배했다. 반면 그들은 개인을 사형에 처하거나 구금하거나 심지어 태형에 처할 권한조차 갖지 못했다. 개인의 권리에 대해서는 그토록 집착하면서 소유에 대해서는 무관심했던 게르마니아 부족들은 틀림없이 기술이나 산업에 대한 관넘이 없었던 대신 개인적인 명예나 독립성에 대한 숭고한 관념으로 한껏 고무되어 있었을 것이다.

자발적인 참전

게르만족은 스스로 부과한 의무만을 존중했다. 따라서 아무리 미천한 일개 병사라도 족장의 권위쯤에는 얼마든지 저항할 수 있었다.

가문이 좋은 청년들은 명망 높은 수령의 충성스러운 부하로 손꼽히지 않는 것을 수치로 여기면서 그에게 용맹을 다해 봉사했다. 부하들 간에는 수령으로부터 제일가는 신임을 받기 위한 경쟁 의식이, 수령들 간에는 용맹스러운 부하들을 좀 더 많이 확보하기 위한 경쟁 의식이 팽배해 있었다. 충성스럽고 용감한 젊은이들에게 항상 둘러싸여 있는 것이 수령의 자랑이요 힘의 원천이었는데, 이들은 평시에는 수령의 위용을 높여 주는 장식품이 되어 주었고 전시에는 든든한 보호막이 되어 주었다. 이런 뛰어난 영웅의 명성은 자기 부족의 좁은 울타리를 넘어 퍼져 나갔다. 그러면 다른 부족들은 선물과 사절을 보내면서 동맹을 호소했는데, 동맹을 맺게 되면 그들의 군사적 명성만으로도 승리를 보장받는 경우가 허다했다. 위기 상황에서 수령의 용맹성이 부하에게 뒤진다면 그것은 수령의 수치였고, 수령의 용맹성에 필적하지 못하는 것은 부하의 수치였다. 수령이 사망한 전투에서 살아남는 것은 씻을 수 없는 오명이었다. 전투에서 수령을 보호하고 자신들의 전리품으로 수령의 영광을 더욱 빛나게 하는 것이 부하들에게 주어진 가장 신성한 의무였다. 수령들은 승리를 위해 싸우고 부하들은 그 수령을 위해 싸웠다. 고국에 오랫동안 평화가 지속되어 나태해졌을 때는 훌륭한 전사들은 먼 곳에서 벌어지는 전투로 원정에 나서 자발적으로 위험에 노출되어 불굴의 정신을 단련하고 명성을 쌓았다. 전사에게 어울리는 선물들, 즉 용맹스러운 군마와 피에 젖은 승리의 창 같은 것이 부하들이 수령에게서 바라는 선물의 전부였다. 한편 조악하지만 양은 많은 식탁이 수령이 부하들에게 제공할 수 있고 또 부하들도 기꺼이 받아들이는 유일한 봉급이었다. 이 식탁을 위한 재료는 전쟁과 약탈, 혹은 동포들의 아낌없는 기부를 통해 공급되었다.

이와 같은 제도는 뜻하지 않게 몇몇 부족들을 약체화시킬 수도 있었겠지만, 전체적으로 볼 때는 게르만족의 일반적인 특성을 더욱 강화시켰고, 야만족들의 보편적인 특징인 충성과 용맹, 환대와 예의와 같은 미덕들은 더욱 무르익게 만들었다. 이런 미덕들은 오랜 시간이 흐른 후 기사도 시대에 이르러 더욱 현저하게 드러나게 된다. 한 독창적인 작가는 수령이 용감한 부하들에게 나누어 준 명예로운 선물에서 봉토의 첫 싹을 찾아볼 수 있다고 지적했다. 야만족 주군들은 로마 속주를 정복한 다음 가신들에게 신하로서의 복종과 군사적 봉사를 조건으로 토지를 나누어 주었다. 그러나 이런 조건은 고대 게르만족의 원칙과는 잘 부합되지 않았다. 그들은 서로 선물을 주고받는 것은 좋아했지만, 그것에 의무나 조건 따위는 부과하지도 받아들이지도 않았다.

기사도 시대에는, 더 정확히 말하자면 로맨스의 시대에는 모든 남자들은 용감하였고 모든 여자들은 정숙하였다.

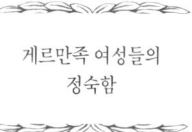
게르만족 여성들의 정숙함

이 중에서도 특히 정숙함은 용기보다 체득하고 유지하기가

19 간통을 저지른 여자는 온 마을을 끌려 다니며 매를 맞았다. 부나 미모로도 동정심을 불러일으키거나 두 번째 남편을 구할 수는 없었다.

훨씬 어려운 덕목이지만, 고대 게르만족의 부녀자들은 거의 예외 없이 정숙했다고 한다. 일부다처제의 풍습은 부족장들을 제외하고는 일체 없었으며, 족장들의 경우에도 부족을 더 많이 증식시키려는 목적에서만 행해졌다. 이혼은 법률보다는 관습에 의해 금지되었다. 간통은 희귀하고도 용서받을 수 없는 범죄로 취급되었으며, 단순한 유혹 행위조차도 선례가 있었다거나 상류 사회의 풍습이라는 따위의 이유로 정당화되지 않았다.19 타키투스의 저술을 읽어 보면 그가 야만족 부인네의 정절과 로마 귀부인의 방탕한 행실을 비교하면서 상당히 재미있어 한다는 사실을 쉽게 알아챌 수 있다. 하지만 그의 저술에서 게르만족 부부간의 신의와 정절이 진실이거나 적어도 진실인 것 같다는 점을 보여 주는 뚜렷한 증거 역시 얼마든지 찾아볼 수 있다.

정숙함의 대략적인 요인들

문명의 발달이 인간의 사나운 열정들을 순화시키는 데 공헌한 것은 확실하지만, 정절이란 미덕의 최대의 적은 부드럽고 상냥한 마음이므로 그 미덕에는 그다지 공헌하지 못한 것 같다. 문명화된 생활은 남녀간의 교류를 세련되게 하는 동시에 타락시키기도 했다. 추잡한 정욕이 감상적인 정열이라는 이름으로 고상해지거나, 더 정확하게 표현하자면 위장될 때가 가장 위험하다. 우아하고 고상한 옷과 자태는 아름다움에 광채를 더하고 상상력을 통해 관능을 자극한다. 호화로운 여흥과 한밤의 무도회와 음탕한 볼거리들은 마음 약한 여성들을 유혹하고 또 일탈의 기회를 제공해 준다. 그러나 세련되지 못한 야만족 부인네들은 가난, 고독한 환경, 힘든 가사 노동 등에 시달리느라 그런 위험에서는 완전히 벗어나 있었다. 사방이 개방되어 있어 모든 사람의 눈에 노출되어 있었던 게르만족의 오두막이 페르시아 후궁의 벽과 자물쇠와 환관들보다 더 확실하게 부부간의 정절을 지켜 주는 보호막 역할을 했다. 여기에 좀 더 존경할 만한 이유를 하나 더 추가할 수 있다. 게르만족은 여성을 신뢰하고 존중했으며, 중요한 일이 생기면 항상 함께 의논했고, 여성의 마음속에는 인간의 경지를 뛰어넘는 신성한 지혜가 들어 있다고 굳게 믿었다. 바타비아 전쟁의 벨레다 같은 운명의 해독자들은 여신의 이름으로 사나운 게르만족의 마음을 지배했다. 다른 여성들도 여신의 이름으로 추앙받은 것은 아니지만 전사들의 동등하고 자유로운 동반자로 존중받았으며, 결혼식 자체도 노동과 위험과 영광의 생활을 연상시켰다.[20] 게르만족이 대규모 공습을 벌일 때 병영에는 수많은 여성들도 함께 주둔했는데, 그녀들은 무기가 맞부딪치는 요란한 소음에도, 수많은 형태의 파괴와 살상에도, 남편과 아들의 명예로운 부상에도 흔들리지 않고 담대한 태도를 유지했다. 사기가 저하된 게르만 전사들이 죽음보다 예속을 훨씬 두려워하는 여성들의 결사적인 모습 때문에 다시 한 번 적을 향해 돌진하는 경우도 많았다. 그래도 전투가 돌이킬 수 없는 패배로 끝났을 때는 자신들뿐 아니라 자녀들까지도 제 손으로 죽임으로써 승리자의 능욕으로부터 스스로를 구원하는 방법도 잘 알고 있었다.[21] 이와 같은 성격을 지닌 여주인공은 확실히 찬탄할 만하지만, 반면 그들은 아름답지도 않았고 사랑에 대해서도 둔감했다. 그녀들은 남성의 강인한 미덕과는 기꺼이 경쟁했지만 여성의 매력의 대부분을 차지하는 매혹적인 부드러움은 기꺼이 포기했다. 자부심이 강했던 게르만족 여성들은 명예를 지키는 데 방해가 되는 나약한 감정들은 모두 억압했는데, 그녀들에게 최고의 명예란 바로 정절이었다. 이 기개 있는 여성들의 정서와 품행은 그 민족의 일반적인 특징의 원인이며 결과요, 또한 그 증거라고

[20] 결혼 선물은 소의 멍에와 말과 무기였다.

[21] 튜턴족의 부인들은 아이들을 죽이고 자신들도 자결하기 전에 베스타 성전의 성처녀들의 노예로 받아들여진다면 항복하겠다는 제의를 했다고 한다.

간주될 수 있을 것이다. 여성의 용기란 그것이 아무리 열광적으로 찬양되고 습관으로 굳어지더라도 한 시대나 나라를 특징짓는 남성적 용맹의 희미하고 불완전한 모방이 될 수 있을 뿐이다.

종교

게르만족의 종교적인 체계(야만족들의 조야한 사상에 종교라는 이름을 붙일 수 있다면)는 그들의 욕구와 두려움과 무지에서 비롯되었다.[22] 그들은 태양·달·불·땅 같은 가시적인 자연 대상들과 중요한 인간사를 관장한다고 믿어지는 가상적인 신들을 숭배했다. 그들은 점술이라는 다소 우스꽝스러운 기술에 의해 신들의 의지를 알아 낼 수 있으며, 그것을 위해서는 인간 제물이 가장 귀중하고도 신들이 좋아하는 제물이라고 믿고 있었다. 게르만족이 신을 신전 안에 가두어 놓거나 인간의 형상으로 재현하지 않았다는 점에서 그들의 종교관을 성급하게 칭찬하는 사람들도 있다. 그러나 게르만족이 건축술에 미숙했고 조각술은 전혀 몰랐다는 점을 생각해 보면, 이런 신중한 견해는 탁월한 이성이 아니라 기술의 부족에서 비롯되었다는 점을 쉽게 알 수 있다. 게르만족의 신전은 수 세대에 걸쳐 숭배받으며 신성시되어 온 깊고 오래된 숲이었다. 그들은 숲의 비밀스러운 그늘에 보이지 않는 신들이 살고 있다고 믿었는데, 그 숲들은 공포나 숭배의 대상을 명확하게 보여 주지 않음으로써 오히려 더 강한 종교적 외경감을 불러일으켰다.[23] 성직자들은 무식하고 문맹이었지만, 자신들의 이해관계에 적합한 인상을 유지하고 강화시켜 줄 모든 종류의 술책들을 경험을 통해 잘 알고 있었다.

무지했던 야만족들은 법적인 제약이라는 유용한 개념을 생각할 수도 채택할 수도 없었던 반면, 미신에 근거한 맹목적인

---

[22] 이 불명확한 주제에 대해서 타키투스는 단 몇 줄을 할애했을 뿐이고 클루베리우스는 무려 124쪽을 할애했다. 타키투스는 게르마니아에서 그리스와 로마의 신들을 발견했다. 클루베리우스는 그의 경건한 조상들이 해와 달과 불의 표상 아래서 삼위일체를 경배했다고 믿었다.

[23] 루카누스가 그토록 숭엄하게 묘사한 성스러운 숲은 마르세유 인근에 있다. 그러나 게르마니아에는 이와 비슷한 숲이 아주 많았다.

공포 앞에서는 속수무책으로 굴복했다. 게르만 성직자들은 자신들에게 유리한 이런 민족성을 이용하여 세속적인 사항에 대해서까지 족장들도 감히 행사하지 못했던 사법권을 행사했다. 그래서 자존심 강한 전사들까지 인간의 권력이 아니라 전쟁의 신의 직접적인 명령에 의하여 부과된다고 생각하면서 교도(矯導)의 채찍을 기꺼이 감수했다. 민간 정책에서의 결함도 종교적 권위의 개입으로 보완되는 경우가 많았다. 종교적 권위는 주로 부족 총회에서 소란을 방지하고 질서를 유지하기 위해서 사용되었지만, 때로는 민족의 복지 향상 같은 보다 큰 관심사로 확대되기도 했다. 오늘날의 메클렌부르크와 포메라니아 근방에서는 때때로 장엄한 행렬 의식이 치러졌는데, 이 행렬에서는 땅을 상징하는 미지의 신이 두꺼운 베일에 덮여서 소가 끄는 수레에 놓여 운반되었다. 땅의 여신의 원래 주거지는 루겐 섬이지만 이런 방식으로 숭배자들이 거주하는 이웃의 부족들을 방문하는 것이었다. 여신의 순시 기간 동안 전쟁은 중지되고 분쟁도 연기되었으며, 게르만족은 무기를 내려놓고 평화와 조화라는 축복을 잠시나마 맛보았다. 11세기의 성직자들이 자주 선언했지만 별 효과는 없었던 신의 휴전이라는 개념은 명백히 이 고대 게르만의 관습을 모방한 것이다.

평시에 종교의 효과

그러나 종교는 게르만족의 사나운 열정을 순화시키기보다는 오히려 더 불타오르게 하는 역할을 했다. 성직자들은 욕심이나 광신에서 부당하고 무모하기 그지없는 모험을 신의 승인을 받았다거나 승리가 보장되어 있다고 신성화하면서 부추기는 경우가 많았다. 전쟁터의 최전선에는 미신의 작은 숲들에서 오랫동안 숭배받아 온 성스러운 군기가 놓였으며,24 적군 포로

전시에 종교의 효과

24 이 군기라는 것은 야수의 머리에 불과했다.

들은 무시무시한 저주와 함께 전쟁과 우레의 신에게 제물로 바쳐졌다. 대부분이 전사들이었던 게르만족에게는 비겁함이야말로 가장 큰 죄악이었다. 용감한 전사는 군신의 총애를 받을 자격이 있었고, 방패를 빼앗긴 불운한 전사는 동포들의 종교 회의나 부족 회의에서도 똑같이 추방되었다. 북쪽의 몇몇 부족은 윤회 사상을 믿었던 것 같고, 다른 몇몇 부족은 만취한 상태로 영생하는 조잡한 천국 같은 것을 상상하고 있었다. 전쟁터에서 일생을 보내고 장렬하게 전사하는 것이 현세에서나 내세에서의 행복한 미래를 보증하는 최선의 준비라는 점에는 모두가 동의했다.

음유시인들

성직자들은 공허하게 영원불멸을 약속했지만, 음유시인들은 어느 정도 깊이 있게 이 주제를 논의했다. 음유시인이라는 이 특이한 인간 집단이 켈트족·스칸디나비아족·게르만족의 고대사를 연구하는 사람들에게 주목을 받아 온 것은 지극히 당연하다. 그들의 재능과 특성, 또 그들의 중요한 역할에 대한 존경 등에 대해서는 이미 충분히 설명되어 왔다. 그러나 그들이 청중의 가슴에 불러일으킨 전쟁과 영광에 대한 열정은 쉽게 표현할 수 없고, 상상하는 것조차 쉽지 않다. 문명인들에게 시에 대한 취미는 영혼의 열정이라기보다는 공상적인 오락에 지나지 않는다. 그러나 조용히 물러나 앉아 호메로스나 타소가 묘사한 전투 장면을 정독하다 보면, 자신도 모르게 그 허구의 세계로 빨려 들어가 잠시나마 가슴속에서 군사적인 열정이 불타오르는 것을 느낄 수 있다. 그러나 평온한 마음이 고독한 연구에서 얻을 수 있는 감정이란 얼마나 맥없고 또 냉정한 것인가! 음유시인들이 고대 영웅들의 영광을 노래한 때는 전투가 한창 벌어지고 있을 때나 승리의 축하연이 베풀어질 때였다.

그들이 찬양하는 영웅들이란 바로 흥분과 기쁨에 도취된 채 기교는 없으나 열정으로 가득 찬 노래를 듣고 있는 호전적인 족장들의 조상들이었다. 전쟁터라는 장소와 위험을 목전에 둔 상황은 영웅시의 효과를 더욱 고조시켰고, 그것이 불러일으키는 열정과 명예욕, 죽음에 대한 경시 등은 게르만족의 불변의 정서가 되었다.25

이상이 고대 게르만족의 상황과 풍속이다. 그들의 기후, 학문·기술·법률의 부족, 명예·기사도·종교에 대한 관념, 자유에 대한 열정, 평화를 싫어하고 모험을 갈망하는 정신 등이 모두 이 군사적인 영웅들로 이루어진 민족을 형성하는 데 기여했다. 그러나 이 무서운 야만족은 바루스 장군의 패배로부터 데키우스 황제 치세까지의 250년이 넘는 긴 기간 동안 사치와 굴종에 빠져 있는 로마의 속주들을 침략하지 않았음은 물론이고, 어떤 형태의 군사적인 위협도 가하지 않았다. 무기와 훈련이 부족해서 진군할 수 없었고, 그들의 사나운 열정도 고대 게르마니아의 내부적인 분열로 인해 다른 방향으로 분산되었기 때문이다.

게르만족의 발전을 저해했던 요인들

1. 철을 지배하는 국가는 곧 황금을 지배하게 된다고 누군가 지적한 적이 있는데, 이것은 독창적이고도 진실이 담겨 있는 말이다. 그러나 게르마니아의 야만 부족들에게는 이 두 가지 귀중한 금속이 모두 없었기 때문에, 자신들의 힘으로 서서히 이 두 가지를 획득하는 수밖에 없었다. 게르마니아 병사들의 외양을 보면 철의 결핍이 극명하게 드러난다. 그들은 철제 검이나 긴 창은 거의 사용하지 않았다. 그들의 무기인 프라메아에(그들의 언어로 이렇게 불렀다.)는 끝에 좁고 날카로운 철

무기의 부족

25 고전 독자들은 페아키아 궁정에서 낭송된 데모도쿠스의 시와 티르테우스가 쓰러져 가던 스파르타인들에게 불러일으킨 열정을 기억할 것이다. 그리스인들과 게르만족이 같은 사람들은 아니다. 그러나 고대 연구가들이 비슷한 상황은 자연스럽게 비슷한 풍습을 만들어 낸다는 점만 기꺼이 인정했더라면 많은 수고를 덜 수 있었을 것이다.

9장 275

26 이 점은 주로 말에 탄 채 전투에 임했던 사르마티아족과 명확하게 구별되는 부분이다.

이 대어져 있는 투창이었는데, 필요할 때는 이것을 먼 거리에서 던지기도 하고 근접 공격에서는 상대방을 찔러 죽이는 데도 사용했다. 게르마니아 기병대는 이런 창과 방패 하나로 만족했다. 보병대는 이 외에 추가로 수많은 화살을 휴대했다가 믿을 수 없을 만큼 놀라운 힘으로 그것들을 던졌다. 군장을 갖추었다고 해 봐야 헐거운 망토 같은 것이 전부였다. 방패는 나무나 버들가지로 만들었는데, 거기에 여러 가지 색깔을 입힌 것 외에는 아무런 장식도 없었다. 족장들이라 해도 흉갑이나 투구를 써서 구별되는 경우가 거의 없었다. 게르마니아의 말들은 아름답지도 빠르지도 않았고, 로마의 조련된 말들과 같은 교묘한 기동술을 보여 주지도 못했지만, 몇몇 부족들은 명성이 드높은 기병대를 보유하고 있었다. 그러나 전체적으로 보았을 때 게르만족의 주된 군사력은 보병대였는데,26 이들은 부족이나 가문에 따라 여러 개의 열을 지은 종대로 편성되었다. 무장도 제대로 하지 않은 전사들은 전투가 지연되어 지치는 것을 참지 못했기 때문에 대오도 무시하고 제멋대로 소리를 지르며 적진을 향해 돌진했다. 이들은 때로는 타고난 용맹으로 로마 용병들의 인위적이고 강제된 용맹을 제압하기도 했다. 그러나 이 야만족들은 전 병력을 첫 번째 교전에 쏟아 부었으며, 군대를 재집결시키거나 후퇴하는 법은 알지 못했다. 그래서 반격은 곧 패배를 의미했고 패배는 대개 전멸로 이어졌다. 로마 병사들의 완전무장과 규율과 훈련, 기동 대형과 요새화된 병영과 군사 병기들을 생각해 보면, 벌거벗은 것과 다름없었던 이 야만족들이 오로지 용맹만으로 강력한 로마 군단 및 수많은 보조군들과 맞섰다는 것 자체가 실로 놀라운 일이다. 로마군의 용맹이 사치에 물들어 쇠약해지고, 로마군의 규율이 불복종과 반란으로

규율의 결핍

이완되기 전까지는 이런 교전은 너무나도 불평등한 것이었다. 로마군이 이 야만족들을 보조군으로 채용한 것은 명백하게 위험한 조치였다. 게르만족에게 점차 전술과 전략을 가르쳐 주게 될 것이기 때문이었다. 엄선된 소수만이 로마 군대에 받아들여졌고 엄격한 예방 조치가 취해졌지만, 키빌리스의 반란으로 인해 로마인들은 위험이 가상적인 것만은 아니며 예방 조치도 항상 충분하지는 않았다고 생각하게 되었다. 네로의 죽음 이후 이어진 내전 기간 동안 적들조차도 한니발이나 세르토리우스[27]에 비견했던 이 유능하고 대담한 바타비아인은 자유와 야망을 성취하기 위해 대담한 계획을 세웠다. 브리타니아와 이탈리아의 전쟁에서 높은 명성을 쌓은 바타비아 출신 여덟 개 대대가 그의 군기 아래 모여들었다. 그는 이 게르만 군대를 이끌고 갈리아 지방으로 진출해 트레브와 랑그르라는 강력한 도시들을 제압하여 자기편으로 끌어들였다. 또한 로마 군단들을 무찌르고 그들의 요새화된 병영까지 파괴했는데, 이 과정에서 그는 로마 군대에 복무하면서 익힌 군사적 기술을 로마 군대를 대상으로 사용했다. 완강한 항쟁 끝에 결국에는 제국의 군사력에 항복했지만, 이때도 키빌리스는 명예로운 조약을 맺어 자신과 동포들의 안전을 확보했다. 바타비족은 여전히 라인 강의 섬들을 점유하면서,[28] 로마 제국의 속국이 아니라 동맹국의 지위를 유지했던 것이다.

2. 고대 게르마니아의 여러 부족들이 서로 연합해서 통합된 노력을 기울였다면 그 힘은 천하무적이었을 것이다. 게르만족은 무기를 손에 쥘 나이만 되면 그것을 사용하고 싶어한 민족이었으므로 게르마니아의 넓은 영토를 감안하면 전사들이 적어도 100만 명에 이르렀을 것이다. 그러나 이 사나운 무리들

게르마니아의 내분

[27] 키빌리스도 그들처럼 애꾸눈이었다.

[28] 옛 라인 강의 두 지류 사이에 있는 섬들을 말한다. 바타비아국과 면해 있던 이 섬들은 자연 현상과 인간의 기술로 인해 많은 변모를 겪었다.

29) 그러나 4~5세기경에는 프랑크족의 한 부족으로 언급되었다.

은 민족적인 중대한 계획을 위해 제휴하거나 그 계획을 실행하기는커녕 다양한 종류의 내분에만 휩쓸려 있었다. 게르마니아는 마흔 개 이상의 독립적인 나라들로 나누어져 있었는데, 각각의 나라는 여러 부족들이 아주 느슨하고 불안정하게 연합해 있는 상태에 불과했다. 게르만족은 쉽게 흥분했고, 해를 입거나 모욕을 당하면 용서할 줄 몰랐고, 일단 분개하면 무자비하게 피를 보고야 말았다. 사냥이나 주연 같은 떠들썩한 모임에서 발생하곤 하는 사소한 언쟁도 전 민족적인 분노를 일으키기에 충분했고, 주요 수령들 간의 개인적인 불화는 그 추종자들과 동맹국으로까지 확산되었다. 무례한 자를 벌하거나 약한 자를 약탈하는 것이 모두 전쟁의 명분이 되었다. 그래서 게르마니아에서도 가장 강력했던 나라들은 자신들의 영토를 광대한 황야로 이루어진 변경 지대로 둘러싸고 싶어했다. 이웃 나라와의 국경 지대에 광대한 황야를 유지하면 자신들의 가공할 군사력을 과시하는 동시에, 예기치 못한 침략으로부터 스스로를 보호할 수도 있기 때문이었다. 타키투스는 이렇게 말했다.

로마의 정책에 의해 조장된 내분

브룩테리족은 이웃 부족에 의해 완전히 절멸되었다.29) 그들의 무례함이 이웃 부족을 자극했는지, 혹은 약탈에 대한 욕심을 불러일으켰는지, 그도 아니면 로마 수호신들 덕택이었는지는 모르지만 말이다. 6만 명이 넘는 야만족들이 로마군에 의해서가 아니라 서로 싸우다가 바로 우리 눈앞에서 좋은 구경거리를 제공하며 죽어 갔다. 로마의 적인 이 부족들이 서로에 대한 적의를 영원토록 유지하게 하소서! 우리는 이제 번영의 정점에 도달하였고, 이 야만족들의 불화 외에는 더 이상 바랄 것이 없습니다.

타키투스의 애국심의 발로였는지는 모르지만, 인도주의적 관점에서는 다소 유감스러운 이런 발언은 로마인들의 변함없는 정책을 표현한 것이다. 로마인들은 이 야만족들과 싸우는 것보다 서로를 분열시키는 것이 더욱 안전한 방편이라고 생각했다. 게다가 이 야만족에게 이긴다 해도 아무런 명예도 이익도 얻을 수 없었다. 로마의 돈과 회유책이 게르마니아의 심장부까지 스며들어 갔다. 라인 강과 도나우 강에 인접해서 가장 성가신 적이기도 했지만 동시에 가장 유용한 우방이 될 수도 있는 나라들을 회유하기 위해, 온갖 유혹의 술책이 겉으로는 위엄을 가장한 채 행해졌다. 명예와 권력을 소유한 수령들은 사소한 선물에 우쭐해졌고, 권력의 표시나 사치의 도구로서 그것을 기꺼이 받아들였다. 내분이 일어나면 약한 쪽에서는 변방 속주의 총독과 은밀하게 내통해서 힘을 강화하고자 했다. 게르만족 사이의 모든 분쟁은 로마의 음모에 의해 조장되고 촉진되었다고 해도 과언이 아니다. 또한 전 민족의 통일이나 이익을 위한 모든 계획은 개인적인 질시나 이익이라는 보다 강력한 이해관계 앞에서 모두 수포로 돌아갔다.30

마르쿠스 안토니누스 황제 치세에 로마인들을 공포로 몰아넣었던 게르만족의 대연합에는 라인 강 하구에서 도나우 강 하구에 이르는 지역에 거주했던 모든 게르마니아 부족들과 사르마티아인들까지 포함되어 있었다.31 이 갑작스러운 동맹이 필요에 의해서 성립되었는지, 아니면 이성 혹은 감정에 의해 성립되었는지는 알 수 없지만, 적어도 그들이 로마 황제의 나태함 때문에 유혹을 느꼈거나 혹은 로마 황제의 야심 때문에 분노한 것은 아니었던 것은 확실하다. 이 위험한 상황에 처해 마르쿠스 황제는 일생일대의 결단력과 주의력을 발휘해야 했

마르쿠스 안토니누스에 맞선 일시적인 동맹

30 이런 경향의 흔적들은 타키투스나 디오의 저술에서도 찾아볼 수 있고, 인간의 본성을 생각해 보면 훨씬 많은 경우를 추론해 볼 수 있다.

31 마르쿠스 황제는 궁정의 값비싼 가구들을 팔아야 했고, 노예들과 도적떼들까지 병사로 징병해야 했다.

32 라인 강변의 식민도시였던 마르코만니는 보헤미아와 모라비아 지역을 차지하고 있었는데, 한때는 마로보두스 왕의 통치 아래 강력한 군주국을 확립하기도 했다.

33 위턴(Wotton)은 그 열 배인 50마일 밖으로 철수시켰다고 주장했다. 그의 논리는 그럴듯했지만 결정적인 것은 아니다. 요새의 방책을 위해서는 5마일이면 충분했다.

다. 그는 공격 요충지들에 유능한 장군들을 배치했고, 도나우 강 상류의 중요한 속주들에서는 몸소 군대를 지휘했다. 승부가 나지 않는 전쟁이 오랫동안 지속되고 난 후, 마침내 야만족들의 기개는 수그러들었다. 이 전쟁에서 주도적인 역할을 한 콰디족과 마르코만니족[32]은 가장 가혹한 처벌을 받았다. 그들은 자국 영토였던 도나우 강 연안에서 5마일 밖으로 철수해야 했고,[33] 가장 뛰어난 젊은이들을 로마에 넘겨주어야 했다. 젊은이들은 곧 먼 섬나라인 브리타니아로 보내져서 볼모로 잡힌 채 로마군 병사로 혹사당했다. 콰디족과 마르코만니족의 잦은 반란에 화가 난 마르쿠스 황제는 그들의 나라를 하나의 속주로 편입시키려고 결심했지만, 그 자신의 죽음으로 말미암아 이 계획은 실패로 돌아갔다. 어쨌거나 로마 제국의 첫 두 세기 동안 유일하게 결성되었던 이 막강한 대연합도 완전히 해체되어 게르마니아에 그 어떤 흔적도 남기지 못했다.

게르만 부족들의 차이점

이 개괄적인 장에서는 게르마니아의 일반적인 풍속에 대해서만 살펴보았을 뿐이고, 카이사르 시대, 타키투스 시대, 혹은 프톨레마이오스 시대에 거대한 게르마니아 영토를 채우고 있었던 수많은 부족들을 따로 구분해서 설명하지는 않았다. 로마 제국의 역사를 기술해 가는 과정에서 고대 부족이나 새로운 부족들이 계속해서 등장할 것이므로, 여기서 이 부족들의 기원과 상황과 특징에 대해 간단하게 언급하고 넘어가겠다. 근대 국가는 법률과 정부에 의해 내부적으로 결속되어 있고, 기술이나 농업에 의해 국토와 연결되어 있는 항구적으로 고착된 사회. 그러나 게르만 부족은 야만족 전사들이 자발적으로 결합한 불안정한 연합에 지나지 않았다. 정복이나 이주가 이어지면서 한 지역 내에서도 그 주민들은 빈번히 바뀌었다. 방어나 공격을 목적으로 몇 개의 부족이 모이게 되면 그 연합체에 다른 이름을 붙였다가, 연합체가 해체되면 오랫동안 잊고 있었던 원래의 이름을 다시 사용했다. 승리한 부족이 패배한 부족에게 자신들의 이름을 사용하도록 강요하는 경우도 많았다. 때로는 인기 있는 지도자의 군기 아래 각지에서 군중이 자발적으로 몰려드는 경우가 있었는데, 이런 경우에는 그 병영이 곧 그들의 나라가 되었고, 어떤 모험을 감행하게 되면 이 군중의 무리에 하나의 명칭이 부여되곤 했다. 이 사나운 침략자들 사이의 구분이나 명칭은 그들 내부에서도 끊임없이 변화했으므로, 로마 제국의 국민들은 어리둥절해서 혼동하는 경우가 많았다.

　전쟁이나 국정의 운영은 역사의 중요한 주제지만, 이 복잡한 문제에 관심을 갖는 사람의 수는 사회적 조건에 따라 매우 다르게 나타난다. 거대한 군주국에서는 수백만의 백성들이 평화롭고 묵묵하게 자신이 맡은 유용한 일에 종사한다. 따라서 역사를 기술하는 작가나 독자의 관심은 궁정이나 수도, 정규군대나 전쟁터가 된 지역 등에 국한되었다. 그러나 자유롭고 미개한 나라에서는 내전이라도 벌어지면 소규모 공화국[34]이라는 상황 때문에 그 사회의 거의 모든 구성원이 행동에 나서야 하고, 그 결과 모든 사람이 주목을 받게 된다. 여기에 더해 게르만족의 불규칙한 이합집산과 끊임없는 이동이 우리의 상상력을 현혹시켜서 그들의 인구 수를 상당히 늘려 생각하게 만들었던 것 같다. 수많은 왕과 전사들과 나라들의 이름을 열거하다 보면, 우리는 같은 대상이 이름만 바뀌어 계속 반복될 수 있다는 점과 아주 화려한 호칭들이 시시한 대상에게까지 남용되는 경우가 많았다는 점을 잊어 버리게 되는 것이다.

[34] 아테네의 시민이 고작 2만 1000명이었고 스파르타의 시민도 3만 9000명을 넘지 않았다는 사실을 의심해야 하는 것일까?

10

THE DECLINE AND FALL
OF THE ROMAN EMPIRE

데키우스 황제, 갈루스 황제, 아이밀리아누스 황제, 발레리아누스 황제 및 갈리에누스 황제 · 야만족의 대규모 침입 · 30인의 참주들 · 19인의 실존 참주들

    필리푸스 황제가 거행한 100년제로부터 갈리에누스 황제의 사망에 이르기까지의 20년 동안은 치욕과 불운의 시대였다. 이 불운한 시기 동안, 로마 제국의 모든 속주는 매 순간 야만족의 침입과 군인 출신 참주들에게 시달렸으며, 황폐화된 제국은 붕괴라는 치명적인 최종 단계에 접어드는 것처럼 보였다. 이 시대는 혼란스러운데다 믿을 만한 기록마저 부족하여 명료하고 일관성 있는 역사 서술 맥락을 유지하려는 역사가들의 작업을 어렵게 만들기도 한다. 언제나 간략할 뿐 아니라 종종 애매모호하기도 하며 때로는 상호 모순적이고 불완전한 단편적 기록들에 둘러싸인 역사가로서는 이것들을 수집하여 비교하고 추측할 수밖에 없다. 자신이 추측한 내용들을 결코 사실로 간주해서는 안 되겠지만, 인간의 본성과 그 격렬하고 억제되지 않는 정열의 확실한 작용에 대한 지식이 있다면 때로는 사료의 부족을 메워 주기도 한다.

서기 248~268년

¹ 데키우스의 출생지가 판노니아의 작은 마을, 부발리아라는 것이 우연이 아니라면, 그가 데키가 출신이라는 추측과는 상호 모순되는 것처럼 보인다. 데키 가는 600여 년에 걸쳐 귀족 신분으로 승격했지만, 초창기에는 그들도 단지 능력 있는 평민으로 거만한 귀족들과 집정관직을 공유했던 1세대에 지나지 않았다.

필리푸스 황제

예를 들어 연이은 황제 암살 사건들로 군신간의 신의로 맺어진 유대 관계가 완전히 느슨해졌으리라는 점, 필리푸스의 장군들도 모두 주군의 선례를 모방하고 싶어했으리라는 점, 그리고 빈번하게 발생하는 폭력적인 혁명에 익숙해진 지 오래인 군대가 변덕을 부려 가장 미천한 하급 병사를 언제라도 황제로 옹립할 수 있었을 것이라는 점 등을 어렵지 않게 추측할 수 있다. 역사적 사실로서 덧붙일 수 있는 것은 서기 249년 여름에 모에시아 주둔 군단들 사이에서 필리푸스 황제에 대한 반란이 일어났고, 마리누스라는 하급 장교가 황제로 선택되었다는 사실 정도에 불과하다. 필리푸스 황제는 몹시 당황했다. 그는 모에시아 군단의 반역이 대규모 내란의 도화선이 될까봐 우려했다. 자신의 죄상과 당면한 위험을 의식하고 당황한 그는 이 사

서기 249년, 반란, 승리 그리고 데키우스 황제의 통치

실을 원로원에 알렸다. 처음에는 불안 그리고 어쩌면 불만 때문에 불길한 침묵만이 흘렀다. 마침내 의원들 가운데 한 사람인 데키우스가 자신의 명문 혈통다운 용기를 발휘하여, 황제보다도 더 대담한 면모를 과감히 드러냈다. 그는 이 사건 전체를 성급하고 경솔한 소요 사태로 일축하면서, 필리푸스의 경쟁자인 마리누스가 그를 옹립한 그 무리의 변덕 때문에 며칠 안에 몰락하게 될 허깨비에 지나지 않는다고 주장했다. 곧이어 이 예언이 실현되자 필리푸스는 이 유능한 조언자를 매우 존중하게 되었고, 데키우스야말로 마리누스의 피살 이후에도 불온한 기운이 즉각 진정되지 않는 군대에 평온과 기강을 회복시켜 줄 수 있는 유일한 인물이라 여기게 되었다. 데키우스는 한동안 관록 있는 지도자를 분노와 의구심에 휩싸인 병사들 앞에 내세우는 것이 위험한 일임을 황제에게 넌지시 설명했던 것 같

다. 그리고 그의 예언은 다시 한 번 적중했다. 모에시아 군단은 그들의 재판관인 데키우스에게 공범이 되기를 강요했던 것이다. 그들은 그에게 죽음과 제위 가운데 한 가지를 선택하도록 했다. 이 결정적인 조치가 취해진 이후 그의 행보는 피할 수 없는 것이었다. 그는 군대를 이끈다기보다는 차라리 따라서 이탈리아 국경선까지 갔으며, 이곳에서 자신이 중용했던 막강한 경쟁자를 격퇴하기 위해 전군을 규합하여 진격해 온 필리푸스 황제와 마주쳤다. 수적으로는 황제의 군대가 우세했다. 그러나 반란군은 노련한 군인들로 구성된 군대인데다 유능하고 경험 많은 지도자의 지휘를 받고 있었다. 필리푸스는 전투 중에 전사했거나 며칠 뒤 베로나에서 처형된 것으로 보인다. 공동 통치자였던 그의 아들은 로마에서 근위대에 의해 처형되었다. 그리고 승리를 거둔 데키우스는 그 당시의 야심가가 일반적으로 바랄 수 있는 것보다 훨씬 더 유리한 상황 속에서 만장일치로 원로원과 속주들의 승인을 받았다. 전하는 바에 의하면 그는 마지못해 아우구스투스의 칭호를 수락한 직후, 필리푸스에게 친서를 보내어 결백과 충성을 다짐하면서 이탈리아에 도착하는 즉시 황제 자리를 내놓고 충실한 신하의 자리로 되돌아갈 것을 엄숙하게 맹세했다고 한다. 그 맹세는 진실이었을 것이다. 그러나 자신이 처한 운명적인 상황 속에서 그는 누군가를 용서하거나 용서받는다는 것이 거의 불가능한 처지였다.

데키우스 황제는 우선 몇 달 간은 평화를 회복하고 정의를 집행하는 일에 헌신하였는데, 이때 마침 고트족들이 침입하여 도나우 강 유역으로 진군하게 되었다. 이것은 후에 로마의 세력을 약화시키고, 카피톨리누스를 약탈하고, 갈리아, 에스파냐, 이탈리아를 지배한 이 위대한 민족이 역사상 최초로 언급

서기 250년, 고트족을 향해 진군하는 데키우스

되는 중요한 사건이었다. 서로마 제국의 멸망에서 그들이 매우 주목할 만한 역할을 담당했기에 고트족이라는 이름은 부적절한 것임에도 불구하고 미개하고 호전적인 야만인을 지칭하는 일반적인 통칭으로 자주 사용되고 있다.

고트족의 기원

6세기 초 이탈리아 정복 이후, 현재의 위대성에 사로잡힌 고트족은 매우 자연스럽게 과거와 미래의 영광에 대한 기대에 빠져 들게 되었다. 그들은 조상들의 명성을 보존하고, 자신들의 업적을 후세에 전하고자 했다. 라벤나 궁전의 수석 장관이던 학자 카시오도루스는 『고트 민족사』에서 정복자들의 이러한 성향을 만족시켜 주었다. 이 책은 열두 권으로 구성되어 있었지만 현재는 요르다네스의 불완전한 축약본으로만 남아 있다. 이 저자들은 이 민족의 불운에 대해서는 매우 교묘하게 줄여서 서술하면서, 그 성공적인 무용(武勇)을 찬양했고, 게다가 스키타이인들에게 돌려져야 할 아시아 지역에서의 승리의 영광까지도 자신들의 업적인 양 꾸며댔다. 야만족들에 관한 불확실하지만 유일한 기록인 옛 노래들에 근거하여 그들은 고트족 최초의 발상지는 광대한 스칸디나비아 섬 또는 반도라고 추론했다. 이탈리아 정복자들도 북쪽 끝에 있는 이 나라를 모르지는 않았다. 오래된 혈족 관계라는 인연은 근래의 우호 관계에 의해서 강화되었다. 그리고 스칸디나비아의 한 왕은 그의 여생을 라벤나의 평화롭고 우아한 궁전에서 보낼 수 있도록 자신의 왕위를 기꺼이 포기하기도 했다. 민중의 허영에 찬 솜씨에서 비롯된 것으로는 볼 수 없는 많은 유적들이 옛날 고트족들이 발트 해 너머 여러 지역에 거주했다는 것을 입증해 준다. 지리학자인 프톨레마이오스 시대로부터 스웨덴 남부 지역은 이 민족 가운데 그다지 모험심이 강하지 않은 일부 잔류자들이 계속 점유했던 것으로 보이며, 이 광활한 지역은 심지어 오늘날에도 동, 서 고틀란드로 나뉘어 있다. (9세기에서 12세기까지인) 중세에 그리스도교가 서서히 북쪽으로 전파되고 있는 동안 고트인과 스웨덴인들이 동일한 왕국 내에서 때로는 적대적이기까지 했던 서로 다른 두 집단을 형성하고 있었다. 이 둘 가운데 후자의 이름이 널리 알려져 왔지만, 그렇다고 전자의 이름이 완전히 사라져 버린 것은 아니다. 스웨덴인들은 자신들의 군사적 명성만으로도 충분히 만족할 수 있었을 것처럼 보이지만, 실제로는 어느 시대에나 고트인들의 군사적 영광에 대한 권리까지도 자신들의 것이라 주장했다. 로마 교황청과 반목하던 시기에 카를 12세는 자신의 승승장구하는 군대가 과거에 이미 이 세계를 지배하는 여왕(로마)을 제압했던 용감한 조상들보다 못하지 않다고 넌지시 말하기도 했다.[2]

고트족의 종교

스웨덴인과 고트인의 가장 중요한 도시이던 웁살에는 11세기 말까지도 유명한 신전이 하나 남아 있었다. 이것은 스칸디나비아인이 해적질로 포획한 황금으로 장식되어 있었고, 전쟁의 신, 풍요의 여신, 그리고 뇌신(雷神)이라는 세 주신의 투박한 조각상을 모신 신성한 곳이었다. 9년마다 거행되었던 대축제에서는 모든 종류의 동물이(인간 또한 예외가 아니었다.) 아홉 마리씩 산 제물로 바쳐졌고, 피가 흐르는 제물의 사체들은 신전 부근의 신성한 숲에 매달리게 되었다.[3] 이처럼 야만적인 미신에 관해 오늘날 남아 있는 유일한 흔적들은 『에다(Edda)』에 담겨 있다. 일종의 신화 체계인 『에다』는 13세기 무렵 아이슬란드에서 편찬되었으며, 덴마크와 스웨덴의 학자들에 의해 그들의 옛 전통 가운데서도 가장 귀중한 유산으로서 연구되었다.

[2] 오스트리아인들이 구스타프 아돌프에 대항하기 위해 로마 교황청의 도움을 요청했을 때, 그들은 언제나 이 정복자를 알라리크의 계승자라고 불렀다.

[3] 웁살의 이 신전은 1075년 즉위한 스웨덴 왕 잉고에 의해 파괴되었고, 약 80년 후에는 그 폐허 위에 그리스도교의 대성당이 건립되었다.

법령과 전쟁의 신 오딘의 죽음

『에다』의 수수께끼 같은 모호성에도 불구하고, 우리는 오딘이라는 이름 밑에 두 존재, 즉 전쟁의 신과 스칸디나비아의 위대한 입법가가 혼동되어 있음을 손쉽게 알아 볼 수 있다. 북구의 마호메트인 후자는 그 지역 풍토와 사람들에게 적합한 종교를 창시했다. 오딘은 불굴의 용기, 능란한 화술, 그리고 가장 노련한 마술사라는 명성으로 발트 해 양안의 수많은 부족들을 정복했다. 길고 성공적이었던 자신의 일생 동안 전파했던 이 신앙을 그는 자살로써 확증해 주었다. 불명예스러운 질병과 노쇠의 시기가 가까워짐을 우려한 그는 전사에게 어울리는 방식대로 죽기로 결심했다. 스웨덴인과 고트인들로 이루어진 엄숙한 집회에서 그는 스스로 아홉 군데의 급소를 찔러, (자신의 꺼져 가는 목소리로 주장했듯이) 전쟁의 신의 궁전에서 영웅들과의 향연을 준비하기 위해 서둘러 가 버렸다.

오딘에 관한 듣기 좋지만 불확실한 가설

오딘의 출생지 및 본거지는 아스가르드(As-gard)라는 이름으로 알려져 있다. 이 이름이 비슷한 의미를 지닌 단어들인 아스부르그(As-burg) 또는 아스오프(As-of)와 유사하다는 점 때문에 하나의 유쾌한 역사적 가설이 발생했다. 오딘은 미트리다테스 왕이 죽고 폼페이우스의 군대가 북방 민족을 예속시키겠다고 위협하기까지 마이오티스 호 연안에 거주했던 야만족의 족장이었다고 한다. 오딘은 격렬하게 분노하면서도 저항할 수 없는 힘에 굴복할 수밖에 없었기에 자신의 부족을 아시아 사르마티아의 변경 지역에서 스웨덴으로 이끌고 갔다. 그는 이 접근하기 어려운 자유의 피난처에서 먼 후일에라도 사그라지지 않는 자신의 복수심을 만족시킬 수 있도록 하나의 종교와 민족을 우선 형성해 내겠다는 위대한 구상을 펼쳤다. 군인다운 열광으로 무장한 불요불굴의 고트족들이 북극권 인근 지역에서 무리 지어 나타날 때, 인류의 압제자들을 응징할 수 있으리라고 믿었다.[4]

그처럼 여러 세대를 거듭하면서 고트족들이 스칸디나비아에서 유래한 전통을 희미하게나마 보존할 수 있었다고 하더라도, 문자를 갖고 있지 않던 이 야만족들에게 이주 시기와 상황에 관한 명확한 설명을 기대해서는 안 될 것이다. 발트 해를 건너는 것은 쉽고도 자연스러운 시도였다. 스웨덴의 주민들은 노가 달린 커다란 선박을 충분히 소유하고 있었고, 카를스크로네에서 포메라니아와 프로이센의 가장 가까운 항구들까지의 거리는 기껏해야 100마일 정도에 불과하다. 여기에서 우리는 마침내 확고하고 역사적인 근거에 도달하게 된다. 고트족은 이르면 적어도 서력 기원[5]이 시작될 무렵, 그리고 늦어도 두 안토니누스 황제 시대에는 비스툴라 강어귀 쪽에, 즉 훨씬 나중에 토른, 엘빙, 쾨니히스베르크, 단치히 같은 상업 도시들이 건설된 그 비옥한 지방에 자리를 잡았다.[6] 고트족들의 서쪽 지역에는 반달족의 수많은 부족들이 오데르 강 유역 및 포메라니아와 메클렌부르크 연안을 따라 퍼져 있었다. 풍습, 피부색, 종교 및 언어의 현저한 유사성은 반달족과 고트족이 본래 하나의 거대한 민족이었음을 보여 주는 듯했다.[7] 후자는 다시 동고트족(오스트로고트), 서고트족(비시고트) 및 게피다이족으로 나누어졌던 것으로 보인다.[8] 반달족이 세분화되어 있었다는 것은 헤룰리, 부르군트, 롬바르드 및 그 밖의 다양한 소국들의 각기 독립적인 이름에 의해 보다 확실하게 드러나는데, 이들 중 대다수가 후에 강력한 왕국으로 발전했다.

안토니누스 황제 시대에 고트족은 여전히 프로이센 지방에

스칸디나비아로부터 프로이센으로의 고트족의 이동

[4] 마치 한 편의 서사시를 보는 듯한 오딘의 이 경이로운 여행을 믿을 만한 근거가 있는 역사적 사실로 수용하기는 힘들다. 이 이야기 속의 고트족과 로마인들 간의 대립은 비록 주목할 만한 것이기는 하지만, 단 하나의 단서로부터 추론된 것일 뿐이다. 『에다(Edda)』에 수록된 확실한 의견과 대다수 유능한 비평가들의 판단에 따르면, 아스가르드란 아시아 사르마티아의 실제 도시를 나타낸다기보다는 신들의 신비로운 거주지에 대한 가공의 명칭, 즉 스칸디나비아의 올림푸스 산에 해당하는 곳이라고 할 수 있을 것이다. 예언자가 자신의 새로운 종교를 고트족에게 공포했을 때, 그들은 이미 스웨덴 남부 지역에 자리 잡고 있었다.

[5] 우리가 마르세유 출신의 피테아스의 항법을 확실히 신뢰한다면, 고트족들이 적어도 기원전 300년에 발트 해를 건넜으리라는 것을 인정해야만 한다.

[6] 튜턴족 기사들의 군대를 따라갔던 독일계 이주민들에 의해서였다. 프로이센의 정복과 개종은 이들에 의해 13세기에 완성되었다.

[7] 이 견해에 대해서는 플리니우스와 프로코피우스조차도 의견의 일치를 보았다. 그들은 각기 멀리 떨어진 다른 시대에 살았으며, 진리를 탐구하

는 방식에 있어서도 상반되는 수단을 취하는 사람들이었다.

8 오스트로와 비시, 즉 동고트족과 서고트족은 스칸디나비아의 원거주지 위치에 따라 붙은 이름이었다. 이후 남진하며 정착할 때에도 그들은 이러한 이름뿐 아니라 그에 상응하는 동일한 상호 관계를 유지했다. 그들이 처음 스웨덴에서 출발했을 때, 이주민단은 세 척의 배에 나누어 탔다. 무거운 돛단배였기 때문에 뒤처졌던 세 번째 배와 후에 하나의 민족으로 융성하게 되었던 그 배의 선원들은 게피다이, 즉 늑장을 피우는 사람들이라는 이름을 얻게 되었던 것이다.

9 고트족은 아마도 호박 무역을 통해서 철을 확보했던 것 같다.

10 헤룰리와 우레군트, 즉 부르군트가 특히 언급될 수 있다. 마르코만니 전쟁은 부분적으로는 야만족들의 쇄도 때문에 발생한 것이었는데, 그들은 보다 많은 북부 야만족들의 군대에 밀려 도망쳤다.

프로이센에서 우크라이나로의 이동

자리 잡고 있었다. 알렉산데르 세베루스 황제의 치세 무렵에 로마의 속주 다키아는 이미 고트족의 빈번하고 파괴적인 침입에 의해 그들이 근접했다는 것을 실감하고 있었다. 그러므로 대략 그 70년 사이에 발트 해로부터 흑해에 이르기까지 고트족의 제2차 이주가 있었음이 분명하다. 그러나 이것을 초래한 원인은 정착하지 않는 야만인들의 행동을 촉발시킨 다양한 동기들 가운데 숨겨져 있을 것이다. 전염병이나 기근, 승리나 패배, 신들의 신탁이나 용감한 지도자의 웅변 가운데 어느 하나만으로도 고트족의 군대를 좀 더 따뜻한 남쪽으로 내몰기에 충분했다. 호전적인 종교의 영향을 제외하더라도, 고트족의 수적 우세와 기질은 가장 위험한 모험들까지도 감당할 수 있을 만한 것이었다. 둥근 방패와 단검을 사용했기 때문에 백병전에서 막강했고, 세습 국왕들에 대한 남자다운 복종은 그들의 회의에 보기 드문 화합과 안정을 가져다 주었다.[9] 그리고 당대의 영웅이자 이탈리아의 테오도릭의 10대조인 저 유명한 아말라는 개인적인 능력의 탁월성뿐 아니라, 고트족이 반신반인(半神半人)으로 숭배했던 안세스족의 후손이라는 출생의 특전 또한 최대한 이용했다.

행군 중에 늘어나는 고트족

이 위대한 모험의 명성은 게르마니아의 모든 반달족 국가의 가장 용감한 전사들까지도 자극시켰고, 몇 년 후에는 그들 중 대다수가 고트족이라는 공동의 기치하에서 싸우게 되었다.[10] 이주민들은 최초의 이동으로 프리펙 강 유역에 도달했는데, 고대인들은 일반적으로 이 강이 보리스테네스 강의 남쪽 지류라고 생각했다. 폴란드와 러시아의 대평원을 가로지르는 이 커다란 강줄기의 굴곡은 그들의 이동 경로를 결정해 주었을 뿐 아니라, 수많은 가축 떼에게 신선한 물과 목초지를 지속적으로 공급해 주었다. 그들은 자신들의 용기를 믿고 어떤 세력이 자신들의 행진을 방해하든지 개의치 않으면서 미지의 강줄기를 따라갔다. 처음으로 나타난 것은 바스타르나이족과 베네디족이었는데, 두 부족의 젊은이들 가운데 가장 건장한 사람들이 선택이나 강요에 의해서 고트족 군대에 편입되었다. 바스타르나이족은 카르파티아 산맥의 북쪽에 살고 있었고, 바스타르나이족과 핀란드의 야만인들을 갈라놓고 있던 거대한 땅은 베네디족에 의해 영유되고 있었다기보다는 차라리 황폐화되고 있었다고 할 수 있다. 바스타르나이족은 마케도니아 전쟁에서 명성을 떨쳤고, 후에는 페우키니, 보라니, 카르피 등 막강한 부족들로 분열되었지만 본래는 게르만족에서 파생되었다. 또한 보다 정확한 근거에 의하면, 중세에 매우 유명해졌던 베네디족은 사르마티아인의 혈통을 지녔다고 할 수 있다.[11] 그러나 이 불안정한 변경 지역에서는 가장 엄밀한 관찰자조차도 당황하게 할 만큼 혈통과 풍속이 마구 뒤섞여 있었다.[12] 흑해 부근으로 진출하게 되면서, 고트족은 보다 순수한 사르마티아 종족인 야지게스 족, 알라니족 및 록솔라니족과 마주치게 되었는데, 아마도 이들은 보리스테네스 강과 타나이스 강어귀를 바라본 최초의 게르만 인들이었을 것이다. 게르마니아인과 사르마티아인의 특징을 살펴본다면, 이 인류의 2대 민족이 대체로 정착식 가옥인지 이동식 천막인지, 꼭 끼는 옷인지 헐렁한 옷인지, 일부일처제인지 일부다처제인지, 군사력의 주축을 보병으로 구성하는지 기병으로 구성하는지, 그리고 무엇보다도 튜턴계 언어를 사용하는지 아니면 이후의 정복에 의해 이탈리아의 변경 지역에서 일본 인근 지역까지 보급되었던 슬라브계 언어

게르마니아인과 사르마티아인의 차이

[11] 세 개의 위대한 부족인 베네디족, 슬라비족 및 안테스족은 동일 민족에서 파생되었다.

[12] 타키투스야말로 이런 칭호를 받을 자격이 있을 것인데, 심지어 신중하게 결론을 미루어 두는 경우조차도 그의 부지런한 연구 활동을 입증한다.

13 벨(Bell)은 페테르부르크에서 콘스탄티노플에 이르는 여행을 하면서 우크라이나를 횡단했다. 코사크 사람들이 점유하고 있는 이곳은 여전히 자연 그대로의 상태로 남아 있기 때문에, 오늘날 이 지방의 모습은 과거를 그대로 재현하고 있다.

를 사용하는지에 따라 구별되었다는 것을 알 수 있을 것이다.

우크라이나

이제 고트족은 우크라이나 지방을 영유하게 되었다. 매우 광대하고 보기 드물게 비옥한 이 지방은 선박의 항행이 가능한 강들이 교차하는 곳으로, 이 강들은 어느 쪽에서든 보리스테네스 강으로 흘러 들어갔고 곳곳에 거대하고 울창한 떡갈나무 숲이 산재했다. 사냥감과 물고기가 풍부했고, 고목나무의 구멍과 바위틈에는 무수한 벌집이 있었는데, 이 야만스러운 시대에도 꿀은 귀중한 교역 품목이었다. 아울러 살 오른 가축, 온화한 기후, 모든 종류의 곡물에 적합한 토양, 무성한 초목 등 이 모든 것들이 자연의 너그러움을 드러내며 인간의 손길을 기다리고 있었다.[13] 그러나 고트족은 이 모든 유혹을 물리치고, 여전히 게으르고 빈곤하며 약탈을 되풀이하는 일상을 고수했다.

로마 속주들에 침입하는 고트족

고트족의 새로운 정착지와 동쪽으로 이웃하고 있던 스키타이계 유목민들은 고트족에게 무기를 들도록 할 만한 요소가 전혀 없었다. 이 유목민들과 싸운다고 해도 고트족이 얻을 수 있는 것은 승리 그 자체일 뿐 아무런 실질적 혜택이 없었다. 반면 서쪽의 로마 영토가 보여 주는 가능성은 훨씬 더 매력적이었다. 다키아의 평야는 부지런한 일꾼들이 재배한 풍성한 수확물로 뒤덮여 이 호전적인 민족이 거둬 주기를 기다리고 있었다. 트라야누스 황제가 정복한 이곳을 그 후계자들이 계속 점유하고 있었던 것은 실질적인 이득을 위해서라기보다는 국가적인 위신을 위해서였을 뿐이기 때문에, 실제로는 이 지역을 약화시키는 원인이 되었을 가능성이 크다. 이 새롭고도 불안정한 다키아 속주는 야만인들의 탐욕에 저항할 만큼 강하지도 못했고, 그 탐욕을 만족시켜 줄 만큼 풍요롭지도 못했다. 멀리 떨어져 있는 드니에스테르 강 유역을 로마 세력권의 경계선으로 간주하는 동안, 도나우 강 하류의 요새들은 보다 방만하게 방어되고 있었으며, 모에시아 지방의 주민들은 어리석게도 자신들은 야만족 침략자들이 도달하기 어려운 먼 거리에 있다고 생각하면서 방비를 게을리 하고 있었다. 필리푸스 황제 치세 중의 고트족의 잦은 침입이 결정적으로 그들의 착각을 일깨워 주었다. 이 사나운 민족의 왕, 즉 지도자는 다키아 속주를 무시하고 가로질렀으며, 그의 전진을 저지할 만한 저항에 한 번도 부딪히지 않은 채 드니에스테르 강과 도나우 강마저 넘었다. 군기가 해이해진 로마 군대는 자신들이 배치되어 있던 가장 중요한 주둔지들을 버렸을 뿐 아니라, 처벌받을 것을 두려워하며 대다수가 고트족의 군기 아래로 투항했다. 마침내 수많은 야만족들이 마르키아노폴리스의 성벽 아래 나타났다. 트라야누스 황제가 자신의 누이에게 경의를 표하여 건설했던 이 도시는 그 당시에는 하(下)모에시아의 수도였다. 주민들은 거액의 배상금을 지불하고 생명과 재산을 구하는 데 동의했고, 침략자들은 부유하지만 허약한 나라를 상대로 한 최초의 승리에 만족했다기보다는 오히려 더욱 고무된 채 사막으로 철수했다. 머지않아 데키우스 황제에게 고트족의 왕인 카니바가 더 많은 군대를 이끌고 두 번째로 도나우 강을 건넜다는 정보가 전달되었다. 아울러 카니바의 무수한 파견대들이 모에시아 속주 전역을 유린하고 있으며, 게르만족과 사르마티아족으로 구성된 7만 명의 주력 부대는 가공할 공세를 취할 수 있는 병력이기에 로마 황제의 진두 지휘와 병권 행사가 요청된다는 정보도 전달되었다.

데키우스는 고트족이 트라야누스 황제의 수많은 전승 기념

~~~~~~
서기 250년,
고트족 전쟁의 여러 사건들
~~~~~~

건립 도시 가운데 하나인 야트루스 강가의 니코폴리스 앞까지 진군한 것을 목도했다.[14] 그가 접근하자 그들은 포위 공격을 중지했다. 그러나 이것은 단지 알렉산드로스 대왕의 아버지가 트라키아의 하이모스 산기슭에 건설한 도시이며 보다 중요한 점령지가 될 필리포폴리스를 포위 공격하러 가려는 의도에서 비롯된 것이었다. 데키우스는 강행군으로 험준한 지방을 통과하여 그들을 추격하였다. 그러나 그가 고트족의 후위와 상당한 거리를 두고 있다고 생각하고 있을 때, 카니바가 추격하는 로마군의 허를 찔렀다. 로마군 진영은 불시에 기습을 받아 약탈당했으며, 처음으로 황제는 무장도 변변치 않은 야만인들 군대의 면전에서 허둥지둥 도망을 쳐야했다. 필리포폴리스는 오랫동안 저항했지만 구원군이 없어 함락당할 수밖에 없었다. 이 거대한 도시가 약탈당할 때 무려 10만 명의 사람들이 학살당했다고 한다. 포로로 사로잡힌 많은 주요 인물들이 이 약탈의 귀중한 전리품이 되었고, 선제 필리푸스의 형제인 프리스쿠스는 수치스럽게도 로마의 적인 야만족의 비호하에 황제로 즉위했다. 그러나 그 지루한 포위 공격에 시간을 허비하는 동안 데키우스는 용기를 되찾아 군기를 회복하고 새로이 병력을 보충할 수 있었다. 그는 동족의 승리에 동참하고자 서둘러 달려오던 카르피족과 다른 게르만족의 몇몇 무리를 격파하고, 산악 지대의 통로들은 용감하고 충성스럽기로 정평이 난 장교들에게 맡겼으며,[15] 도나우 강가의 요새들을 수리하고 강화하여, 고트족의 전진이나 퇴각 그 어느 쪽도 저지하기 위한 경계 활동을 펴는 데 주력했다. 전세의 호전에 고무된 그는 결정적인 일격을 가해 자신과 로마군의 영광을 회복할 기회를 몹시 기다렸다.[16]

데키우스는 격렬한 전란 속에서 분투하는 동시에, 전쟁의

[14] 이곳은 지금도 니코프라고 불리고 있다. 제방이 축조되어 있는 작은 강줄기는 도나우 강으로 흘러 들어간다.

[15] (후에 크나큰 영광에 둘러싸여 통치하게 되었던) 클라우디우스는 200명의 트로이 사람들과 100마리의 살찐 말 및 160마리의 여윈 말, 60명의 크레타인 궁수들 그리고 1000명의 잘 무장된 신병들과 더불어 테르모필라이에 배치되었다.

[16] 이 전쟁에 대한 일반적인 평가들을 살펴보는 과정에서, 고트족 역사가 요르다네스와 그리스인 역사가 조시무스의 상반된 편견들을 손쉽게 발견할 수 있다.

소용돌이 가운데서도 침착하고 신중하게 안토니누스 시대 이래로 위대한 로마의 쇠퇴를 그처럼 급속도로 재촉한 보다 총체적인 원인들을 고찰하고 있었다. 그는 곧 공공의 미덕, 예로부터 전해 온 원칙 및 풍속 그리고 짓밟힌 법의 위엄을 회복하지 않고서는 로마의 위대성을 항구적인 기반 위에 복구하는 것이 불가능하다는 점을 깨달았다. 이처럼 숭고하지만 달성하기는 어려운 계획을 수행하기 위해서, 그는 우선 유명무실하던 감찰관직을 부활시키기로 결심했다. 이 직책은 원래 형태 그대로 유지되는 동안에는 국가의 존속에 크게 기여했었으나, 역대 황제들이 그 권리를 침해하면서 점차로 등한시되어 왔다.17 군주의 호의로 권한을 부여할 수는 있지만 오직 국민의 존경만이 권위를 수여한다는 것을 깨달은 데키우스는 감찰관의 인선을 원로원의 공정한 투표에 맡겼다. 만장일치의 투표로, 더 정확히 말하자면 환호로 발레리아누스가 이 영예로운 직위의 최적임자로 선포되었다. 그는 나중에는 황제가 되었는데, 그 당시에는 데키우스 군대의 요직에 복무하고 있었다. 원로원의 결정이 황제에게 전달되자 곧 그는 진중에서 대회의를 소집하고 감찰관 내정자를 임명하기에 앞서, 그에게 이 고귀한 직책의 어려움과 중요성에 관해 알려 주었다. 황제는 이 뛰어난 신하에게 이렇게 말했다.

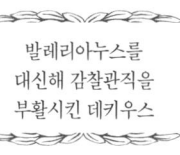

발레리아누스를 대신해 감찰관직을 부활시킨 데키우스

17 베스파시아누스와 티투스가 마지막 감찰관들이었다. 겸손한 트라야누스 황제는 자신이 마땅히 받을 만한 명예까지도 거부했고, 그가 남긴 선례가 안토니누스 시대까지 하나의 관례로 정착되어 있었다.

축하하오, 발레리아누스. 원로원과 로마 공화국의 전적인 찬성을 얻었음을 축하하오! 인류의 검열관이자 우리 풍습의 심판관인 이 직위를 수락하기 바라오. 원로원 의원직을 계속 수행할 만한 자격이 있는 사람들을 가려내고, 기사 계급에게 옛날의 영광을 되돌려 주며, 국고 세입을 개선하되 국민의 부담을 경감해 주기 바라오. 가지각색의 수많은 시민들을 질서정연하게 계층별로 분류하고 로마의 군사력, 재정, 덕목, 자원을 정확하게 살피도록 하시오. 그대의 결정 사항은 법률과 같은 효력을 지니게 될 것이오. 군대, 궁정, 재판관들, 그리고 제국의 고관들 모두가 그대의 직권에 복속될 것이오. 집정관,[18] 수도의 장관, 대제사장, 그리고 (순결이 더럽혀지지 않은) 베스타 성전의 수석 성처녀를 제외하고는 어느 누구도 예외가 없을 것이오. 엄격한 처사를 두려워하지 않아도 될 소수의 사람들조차도 로마 감찰관의 존중을 받기를 간절히 열망할 것이오.

[18] 그러나 이러한 면제 조항에도 불구하고 폼페이우스는 집정관직 수행 도중에 법정에 섰다. 사실상 이것은 특이할 뿐 아니라 명예롭기까지 한 경우였다.

실행 불가능하고 효과가 없는 계획

이처럼 광범위한 권한을 부여받은 공직자는 단순한 정무관이라기보다는 황제의 동료처럼 보였을 것이다. 발레리아누스가 시기와 의심의 표적이 될 이러한 영달을 두려워한 것은 당연한 일이었다. 그는 놀라울 정도로 책임이 막중하다는 점과 자신의 능력이 부족하다는 점, 그리고 당대의 부패상이 치유 불가능한 것이라는 점 등을 겸손하게 진술했다. 그는 감찰관직은 황제의 위엄과 분리할 수 없으며, 일개 신하의 보잘것없는 힘으로는 그처럼 거대한 권한의 무게와 책임을 감당할 수 없다는 것을 넌지시 언급했다. 전쟁이라는 임박한 대사건으로 인해 곧 이 그럴듯하지만 실행 불가능한 계획은 실현되지 못했으며, 발레리아누스는 위기를 모면할 수 있었고 데키우스 황제 또한 이것이 실현되었다면 맛보았을지 모를 실망에서 벗어날 수 있었다. 감찰관이 국가의 도덕성을 유지할 수는 있겠지만, 결코 회복시킬 수는 없다. 국민의 마음속에 자리한 명예와 미덕에 대한 예리한 감각, 여론에 대한 깊은 존중심, 그리고 국가의 풍속을 위하여 싸울 수 있게 해 주는 일련의 유용한 선입견들의 지원을 받지 못한다면 그러한 공직자가 자신의 권위를 유익하게, 심지어 효과적으로 행사한다는 것은 불가능한 일일 것이다. 이러한 원칙들이 소멸된 시대에, 감찰관의 재판권은 한낱 공허한 겉치레로 전락하거나 성가신 압제의 불공정한 도구로 전환될 것이 틀림없었다.¹⁹ 국가의 악을 근절하는 것보다는 고트족을 정복하는 것이 더 손쉬운 일이었다. 그러나 데키우스는 이 손쉬운 일을 하는 와중에 자신의 군대와 생명을 잃어 버리게 되었다.

> ¹⁹ 예컨대 풍속을 개선하고자 했던 아우구스투스 황제의 시도들 또한 그 예외가 아니었다.

이제 고트족은 로마 군대에 의해 사면에서 포위된 채 추격당하고 있었다. 고트족의 정예 부대는 장기간의 필리포폴리스 포위 공략전에서 궤멸되었고, 황폐화된 토지는 수많은 야만족의 잔존 부대를 위한 식량을 더 이상 제공할 수가 없었다. 이처럼 궁지에 몰린 고트족은 기꺼이 모든 전리품과 포로들을 포기하더라도 안전하게 퇴각하도록 허락받을 수 있기만을 바랐을 것이다. 그러나 승리를 확신한 황제는 이 침략자들을 응징하여 북방 민족들에게 유익한 공포심을 안겨 주어야겠다고 결심하고, 어떠한 화해 조건에도 귀를 기울이려 하지 않았다. 진취적인 기상을 지닌 야만족은 노예가 되기보다는 죽음을 선택했다. 포룸 테레브로니라는 모에시아의 한 외진 도시가 결전장이 되었다. 고트군은 3열 횡대로 정렬하여 서 있었고, 선택에 의해서든 우연에 의해서든 제3선의 전방은 늪 지대로 엄호되어 있었다. 전투 초반에, 전도유망한 청년으로 이미 황제의 영예를 나누어 갖고 있던 데키우스의 아들이 아버지가 고통스럽게 지켜보는 가운데 화살에 맞아 죽었다. 황제는 혼신의 용기를 끌어 모아 당황한 군대에게 군인 한 사람의 죽음이 공화국에 그리 대수로운 일은 아니라고 훈계했다. 전투는 격렬했다.

데키우스와 그의 아들의 패배와 죽음

[20] 로마군과 게르만족 간에 있었던 비슷한 종류의 전투에 대한 타키투스의 묘사를 인용하는 위험을 감수하였다.

[21] 새 황제가 1월에 즉위한 것을 볼 때, 이 부자는 서기 251년 말에 살해된 것으로 보인다.

[22] 『황제열전』은 이 부자에게 아우구스투스 황제와 디오클레티아누스 황제 사이에 통치했던 몇 안 되는 선정을 베푼 황제들 가운데서도 매우 명예로운 지위를 수여한다.

그것은 슬픔과 분노에 힘입은 필사적인 싸움이었다. 마침내 고트군의 제1선이 무너져 내렸고, 이를 지원하러 달려 온 제2선도 같은 운명을 맞았다. 유일하게 온전한 상태를 유지하던 제3선은 늪 지대의 통로를 지킬 준비를 하고 있었다. 오만한 적군이 경솔하게도 이곳을 탈취하려 했기 때문이었다.

여기서 그날의 전세가 반전되어, 모든 것이 로마군에게 불리해졌다. 이 늪지의 진흙은 깊어서, 서 있으면 빠져 들어갔고, 나아가려 하면 미끄러졌다. 갑옷은 무겁고 물은 깊었다. 이처럼 불편한 상황에서는 무거운 투창을 휘두를 수도 없었다. 반면 야만족은 늪지에서의 전투에 익숙한데다, 키가 크고 창이 길어서 먼 거리에서도 적을 해치울 수가 있었다.[20]

이 늪지에서 무기력한 전투를 벌인 후에 로마군은 돌이킬 수 없는 참패를 당했으며, 황제의 시신조차 찾을 수 없었다. 이것이 데키우스의 최후였는데, 이때 그의 나이 50세였다. 전시에는 적극적이고 평화시에는 온후했던 이 유능한 군주는[21] 그의 아들과 더불어 살아 있는 동안뿐 아니라 죽는 그 순간에도 고대의 미덕의 가장 훌륭한 본보기에 견줄 만한 인물이었다.[22]

서기 251년 12월, 황제로 선출된 갈루스

이 치명적인 타격은 아주 잠시 동안이나마 로마 군단들의 오만한 콧대를 꺾어 놓았다. 그들은 제위 계승권을 관장하는 원로원의 결정을 참을성 있게 기다렸다가 순순히 복종한 것 같다. 데키우스 황제를 추도하는 적절한 배려의 차원에서 황제의 칭호는 생존한 그의 유일한 아들인 호스틸리아누스에게 부여되었으나, 보다 실질적인 권한과 더불어 동일한 지위가 갈루스에게도 주어졌다. 갈루스의 경험과 능력이 어린 군주와 궁지에 빠진 제국의 후견인이라는 커다란 책무를 감당하기에 충분한 것으로 보였기 때문이다. 새 황제가 해야 할 첫 번째 일은 일리리쿰 지방의 여러 속주들을 승승장구하는 고트군의 견디기 힘든 압박으로부터 구해 내는 것이었다.

갈루스 황제는 침략의 풍성한 결과물, 즉 막대한 전리품뿐 아니라 좀 더 수치스럽게는 최상의 가치와 자질을 지닌 수많은 포로들까지도 그들의 수중에 남겨 두는 데 동의했다. 그는 고트족의 분노를 진정시키고, 그들이 그토록 바라는 귀향을 원만히 추진하도록 그들 진영에 모든 편의를 제공했다. 그는 심지어 이후로 다시는 로마 영토를 침범하지 않는다는 조건으로 해마다 거액의 금품을 지불하겠다는 약속까지 했다.

서기 252년

스키피오 일족이 활약하던 시대에는 지구상의 가장 부유한 왕들까지도 상승일로인 로마 공화국의 보호를 갈구했기 때문에, 로마가 그들에게 베풀어 주는 것이라면 아무리 하찮은 선물이라도 기뻐했다. 상아 의자, 자주색의 조잡한 의상, 하찮은 접시 조각, 또는 약간의 구리 동전 등을 예로 들 수 있을 것이다.23 온 세계의 부가 로마에 집중된 후에는 황제들은 동맹국들에게 항상 적절한 선심을 정기적으로 베풀어서 로마의 위대함은 물론 그 정책까지도 과시했다. 그들은 야만족들의 궁핍함을 덜어 주고, 공적을 포상했으며, 충성심에 보답해 주었다. 이러한 자발적인 하사품은 두려움에서가 아니라 순전히 로마인들의 관대함 또는 감사하는 마음에서 비롯된 것으로 이해되었다. 따라서 선물과 보조금은 우방과 탄원자들에게는 후하게 분배되었지만, 이를 부채로 여기는 것은 단호하게 거부하였다.

매년 공물을 납부함으로써 평화를 손에 넣었던 갈루스

23 부유한 이집트 왕도 셀라(상아 의자), 토가(로마식 긴 겉옷), 그리고 무게 5파운드의 황금 파테라(접시)를 기꺼이 감사해 하며 받아들였다. 그리고 영국 돈 18파운드 정도의 가치가 있는 무게의 동전은 외국 사절단에게 주어지던 통상적인 선물이었다.

대중의 불만

그런데 승리를 거둔 적에게 해마다 공납금을 바치기로 약정한 것은 영락없이 수치스러운 조공 조항처럼 보였던 것이다. 로마인들은 아직 야만족과의 이러한 불평등한 조약을 받아들이는 데 익숙하지 못했다. 따라서 불가피한 양보를 통해서 나라는 구했는지 모르지만, 이 군주는 거국적인 경멸과 혐오의 대상이 되었다. 마침 맹위를 떨치던 전염병에서 비롯된 호스틸리아누스 황제의 죽음조차도 갈루스 황제의 개인적인 범죄로 인식되었다. 심지어 그를 의심하는 사람들에게는 선제의 패배까지도 이 악의적인 후계자의 불성실한 진언 탓으로 여겨졌다. 그의 재위 첫 해 제국이 향유했던 평온은 국민의 불만을 달래주기보다는 오히려 부추기는 결과를 가져왔다. 전쟁의 불안이 사라지자 이내 평화 조약의 수치가 더욱 심각하고 절실하게 느껴졌던 것이다.

서기 253년, 아이밀리아누스의 승리와 반란

로마인들은 자신들이 명예를 희생시켰음에도 불구하고 평화조차도 확보되지 않았다는 것을 알았을 때 한층 더 분노했다. 제국의 부와 허약성에 관한 위험한 비밀이 온 세계에 폭로되었던 것이다. 동족의 성공에 고무되었으면서도 동족이 맺은 의무 조항에 구속받을 생각은 없는 새로운 야만족 무리가 일리리쿰의 여러 속주를 가로지르며 약탈의 흔적과 그에 대한 공포를 멀리 로마의 성문까지 퍼뜨렸다. 무기력한 황제가 포기한 것처럼 보이는 제국의 방위는 판노니아 및 모에시아의 총독인 아이밀리아누스가 맡게 되었다. 그는 흩어진 군대를 규합하고 스러져 가던 군대의 사기를 진작시켰다. 야만족들은 뜻밖의 공격을 받고, 추격당하며 패주하다가 도나우 강 너머로 쫓겨났다. 승리를 거둔 지도자는 공납금으로 모아 두었던 돈을 상여금으로 분배했으며, 병사들은 전장에서 환호하며 그를 황제로 추대했다. 국민 복지에는 무관심한 채 이탈리아에서의 환락에만 빠져 있던 갈루스는 야심만만한 그의 대리인의 승전, 반란 및 신속한 진격에 관한 소식들을 거의 동시에 보고받았다. 그는 스폴레티움 평원까지 나가 아이밀리아누스와 대치했다. 양군이 서로를 볼 수 있게 되었을 때, 갈루스 군의 병사들은 주군의 불명예스러운 행동과 그의 적수의 위용을 비교해 보게 되었다. 그들은 아이밀리아누스의 용맹스러움에 감탄하는 동시에, 모든 탈영병들에게 봉급을 대폭 인상해 주겠다는 그의 관대함에 매료당했다. 갈루스와 그의 아들 볼루시아누스가 살해되자 내란은 종식되었고, 원로원은 정복자의 권리를 법적으로 승인했다. 아이밀리아누스가 원로원에 보낸 편지들은 겸손과 자부심이 뒤엉켜 드러난 것이었다. 그는 원로원에게 민간 행정은 그들의 지혜에 맡기고, 자신은 원로원이 임명하는 장군이라는 신분에 만족하면서, 짧은 시일 내에 로마의 영광을 회복하고, 제국을 북쪽과 동쪽의 모든 야만족들로부터 구해 낼 것이라고 안심시켰다. 원로원의 박수갈채로 그의 자부심은 한껏 추켜세워졌다. 그리하여 그를 승리자 헤라클레스와 복수의 신 마르스의 이름과 속성을 지닌 인물로 묘사해 놓은 메달들이 지금도 남아 있게 되었다.

서기 253년 5월, 버림받고 살해당한 갈루스

설사 새 황제가 제아무리 능력이 있다 해도, 이처럼 화려한 공약을 실현시키기에는 시간이 부족했다. 그의 승리에서 몰락까지는 4개월이 채 걸리지 않았다. 그는 갈루스를 격파했지만, 갈루스보다 더 막강한 경쟁자의 압박으로 인해 파멸했던 것이다. 불운한 갈루스는 갈리아와 게르마니아 주둔 군단들을

발레리아누스가 갈루스의 죽음에 복수하고 황제로 승인됨

24 양위 무렵, 보다 더 믿을 만하게는 사망 당시 그는 약 70세였던 것으로 보인다.

25 막시미누스에 대항한 원로원의 영광스러운 투쟁에서 발레리아누스는 매우 용기 있게 처신했다.

26 빅토르의 구별에 따르면, 아우구스투스가 원로원으로부터 받았던 황제(Imperator)의 칭호를 발레리아누스는 군대로부터 받았던 것으로 보인다.

구원군으로 불러오기 위해 이미 감찰관이라는 명예로운 직위로 알려져 있던 발레리아누스를 파견했었다. 발레리아누스는 열과 성을 다해 이 임무를 수행했다. 그러나 너무 늦게 도착해서 자신의 주군을 구할 수 없게 되자 그는 복수를 결심했다. 여전히 스폴레티움 평원에 포진해 있던 아이밀리아누스의 군대는 그의 고결한 인격은 물론이고 훨씬 우세한 병력에 두려움을 느꼈다. 이제 그들은 합법적 원칙이 없을 뿐 아니라 개인적인 애착까지도 상실하게 되었고, 바로 얼마 전에는 자신들의 편파적으로 선택했던 바로 그 황제의 피로 순식간에 자신들의 손을 물들이고 말았다. 이 죄를 범한 것은 군인들이었지만, 그 이익을 차지한 것은 발레리아누스였다. 발레리아누스는 사실상 내란을 통해서 황제의 자리를 차지했으면서도, 이런 혁명의 시대에는 보기 드물게 어느 정도 결백할 수 있었다. 이것은 그가 강제 퇴위당한 전임자들에게 은혜를 입거나 신하의 의무를 지고 있지 않았기 때문이다.

서기 253년 8월

발레리아누스의 품성

발레리아누스가 민중의 변덕이나 군대의 소요 사태가 아니라 로마 세계의 전폭적 지지로 황제의 자리에 올랐을 때의 나이는 대략 60세였다.24 국가의 고위직들을 역임하며 서서히 승진하는 동안, 그는 덕망 높은 황제들의 총애를 받을 만한 자격이 있었고, 스스로를 폭군의 적이라고 공언했었다.25 그는 귀족 출신인데다 품성이 온후하고 흠잡을 데 없으며, 학식, 분별력, 경험을 고루 갖춘 인물이어서 원로원과 국민들의 존경을 받았다. 그리고 (한 고대 저술가의 견해에 따르면) 설사 사람들이 자유로이 지배자를 선택할 수 있었다 해도, 그들의 선택은 거의 틀림없이 발레리아누스로 낙찰되었을 것이다.26 어쩌면 이 황제의 진가는 그의 명성에 미칠 만한 것은 아니었을지도 모른다. 아마도 노령으로 인한 무기력과 냉담이 그의 능력이나, 적어도 그의 정신에 영향을 미쳤을 것이다. 자신의 노쇠를 깨닫고 있던 그는 보다 젊고 활동적인 공동 황제와 황제의 권한을 분담하기로 약속했다.27 당시의 비상 시국은 군주보다는 장군을 요구하고 있었고, 그 또한 로마 감찰관으로서의 경험을 통해 군사적 공적에 대한 보상으로서 누구에게 황제의 권리를 부여해 주어야 할지를 잘 알고 있었을 것이다. 그러나 발레리아누스는 그의 치세를 확립하고 그에 대한 기억을 사랑스러운 것으로 만들 수 있는 현명한 선택을 하는 대신에 오직 사사로운 애정이나 허영심에만 끌려, 곧 이 최고의 지위를 자신의 아들인 갈리에누스에게 부여했다. 갈리에누스는 아직 젊고, 공인의 신분이 아니어서 세상에 그다지 알려지지 않았기에 아직까지는 그의 나약한 결함들이 드러나지 않은 상태였다. 이 부자의 공동 통치는 약 7년간 지속되었고, 갈리에누스의 단독 통치는 약 8년간 계속되었다. 그러나 이 기간은 일련의 혼란과 재난이 이어지던 시기였다. 이때 로마 제국은 동시에, 사방에서 외부 침입자들의 마구잡이식 공격과 내부 황위 찬탈자들의 거센 야심에 시달리고 있었기 때문에, 확실하지도 않은 연대기적 방식을 따르기보다는 좀 더 자연스러운 주제별 배열 방식을 따름으로써 보다 질서정연하고 명쾌한 서술을 시도하고자 한다. 발레리아누스 황제와 갈리에누스 황제 치세 중 로마의 가장 위험한 적은 프랑크족, 알레만니족, 고트족 그리고 페르시아인이었다. 그 밖에 불분명하고 생소한 이름으로 독자의 기억을 어렵게 하고 주의를 산만하게 할 뿐인 군소 부족들의

서기 253~268년, 발레리아누스와 갈리에누스 치세의 전반적인 불행

야만족들의 침입

27 빅토르의 기록과 메달들을 볼 때, 갈리에누스가 253년 8월 무렵 제국을 공동 통치하고 있었다는 티유몽(M. de Tillemont)의 추론은 상당히 정확한 것으로 보인다.

28 아마 대략 고르디아누스 황제 치세 중일 것이다.

모험담은 이 네 개 부족을 다루는 과정에서 함께 살펴보고자 한다.

프랑크족의 기원과 연맹

1. 프랑크족의 후예들은 유럽에서 가장 크고 선진 문명화된 나라들 중 하나를 형성하게 되면서, 문자가 없었던 선조들의 과거를 밝혀 내는 데 자신들의 학식과 독창성을 총동원해 왔다. 황당무계한 구전 설화들에 뒤이어 조직적인 공상 체계도 등장했다. 그들은 자신들의 기원에 관한 희미한 흔적이나마 드러내 줄 것 같은 모든 이동 경로와 장소들을 엄밀히 조사했다. 판노니아, 갈리아, 북부 게르마니아 지역이 이 유명한 전사 집단을 배출한 것으로 여겨졌다. 마침내 가장 합리적인 비평가들은 이 이상화된 정복자들에 관한 가공의 이주설을 배격하고, 간단명료하다는 점에서 그 진실성을 납득하기 쉬운 하나의 견해에 암묵적으로 동의하게 되었다. 이들은 대략 240년경[28] 라인 강 하류 및 베제르 강 유역의 옛 주민들이 프랑크족이라는 이름 아래 하나의 새로운 연합체를 형성했다고 생각한다. 오늘날의 베스트팔렌 전역, 헤세의 백작령, 그리고 브룬슈비크와 루네부르크의 공작령은 접근하기 어려운 늪 지대에 살면서 로마 군대에 도전했던 카우키족, 아르미니우스의 명성을 자랑하는 케루스키족, 빈틈없고 용맹한 보병 부대로 인해 막강했던 카티족 그리고 군사력과 명성에 있어서 이들 보다는 못했던 몇몇 기타 부족들의 옛 거주지였다. 자유에 대한 사랑은 게르만족들 공통의 가장 중요한 열정이었고, 자유를 향유할 수 있다는 것은 그 무엇보다도 소중한 것이었으며, 이 '향유한다' 는 표현이야말로 그들에게는 가장 기분 좋은 말이었다. 그들은 프랑크(Franks), 즉 자유민(Freemen)이라는 명예로운 이름을 가질 자격이 있었기에, 이를 당연한 것으로 받아들이고 지켜 나갔

다. 그리고 이 명칭이 연합체 내의 몇몇 부족들 고유의 이름을 완전히 소멸시켜 버린 것은 아니지만 감춰지도록 만들었다.[29] 이 연맹의 최초의 조약들은 암묵적인 동의와 상호 이익의 기반 위에 성립되었으며, 관습과 경험을 통해서 점차 공고해져 갔다. 프랑크족의 연맹체는 모든 주가 각기 독립적인 주권을 유지한 채, 최고 수뇌나 대표자 회의의 권위를 인정하지 않고, 공통의 목적을 위해서는 연맹 주들과 협의하는 헬베티(스위스) 연맹과 비교해 볼 수 있을 것이다. 그러나 이 두 연맹의 근본 원리는 전혀 다른 것이었다. 스위스인들의 현명하고 공정한 정책은 200년간의 평화라는 보상을 주었다. 그러나 프랑크족의 평판은 변덕스러운 기질, 약탈 욕구 그리고 가장 엄숙한 조약까지도 무시하는 태도로 인해 더렵혀졌다.

[29] 이후의 시대에서는 때때로 이 옛 명칭들 가운데 상당수가 언급되기도 한다.

로마인들은 하(下)게르마니아 지방 사람들의 대담한 용맹을 오랫동안 경험하여 알고 있었다. 이들이 힘을 연합하여 갈리아 지방이 보다 가공할 침략의 위협을 받게 되자, 제위의 후계자이며 공동 통치자인 갈리에누스의 출정이 요구되었다. 황제와 그의 어린 아들 살로니누스가 트레브의 궁전에서 제국의 위용을 과시하는 동안, 포스투무스 장군이 황제의 군대를 훌륭하게 지휘하고 있었다. 포스투무스는 비록 나중에 발레리아누스 황제 일가를 배신하기는 했지만, 제국의 중요한 대의에 대해서는 항상 충실했다. 황제 송가와 메달들에 적혀 있는 믿을 수 없을 정도로 과장된 표현들은 그가 장기간에 걸쳐 수많은 승리를 거듭했다는 것을 희미하게나마 알려 주고 있다. 많은 전승 기념물과 여러 칭호들이 포스투무스의 명성을 (그러한 증거가 입증될 수 있는 것이라면) 증명해 주는데, 그는 거듭하여 게르만족의 정복자나 갈리아의 구원자라고 불

프랑크족의 갈리아 침입

30 아우소니우스 시대(4세기 말)에 일레르다 또는 레리다는 매우 황폐한 상태였는데, 이것은 아마도 이 침략의 결과였던 것으로 보인다.

리고 있는 것을 볼 수 있다.

프랑크족의 에스파냐 약탈

그러나 오늘날 우리가 분명하게 알고 있는 사실상 단 한 가지 사실로 인해 이처럼 허세와 아첨으로 점철된 기념물들의 가치가 대부분 크게 손상된다. 라인 강은 비록 '속주들의 방벽'이라는 그럴듯한 이름으로 불렸지만, 프랑크족을 부추겼던 대담한 모험 정신 앞에서는 불완전한 장벽에 불과했다. 그들의 신속한 약탈이 남긴 참상은 라인 강에서 피레네 산맥에까지 이르게 되었고, 이 산맥조차도 그들을 멈춰 세우지는 못했다. 그때까지 한 번도 게르만족의 침입을 걱정해 본 적이 없었던 에스파냐는 이들을 저지할 수 없었다. 갈리에누스 황제 치세의 대부분에 해당하는 12년 동안에 이 풍요로운 지역은 감당할 수 없을 정도로 파괴적인 전투의 무대가 되고 말았다. 이 평화로운 속주의 번창하던 수도, 타라고나는 철저히 유린당해 거의 완전히 파괴되었다. 5세기의 저술가 오로시우스의 시대가 되어서도, 웅장했던 도시들의 폐허 속에 무너진 오두막집들이 산재해서, 그때까지도 야만족들의 횡포가 어느 정도였는지를 전해 주고 있었다.30 황폐화된 이 지역에 더 이상 약탈할 만한 것이 없게 되자, 프랑크족은 에스파냐의 몇몇 항구에 정박되어 있던 선박들을 빼앗아 마우리타니아로 건너갔다. 멀리 떨어져 있던 이 속주는 이름, 풍속, 피부색 등 모든 것이 이곳 아프리카 연안 지역에는 알려진 적이 없었기 때문에 마치 별천지에서 내려온 듯 여겨지는 이 야만족들의 광포함에 경악했다.

수에비족의 기원과 명성

2. 오늘날 루사체 후작령이라고 불리는 엘베 강 넘어 상(上)작센 지방에는 예로부터 수에비족의 미신의 무시무시한 본거지인 성스러운 숲이 자리 잡고 있었다. 그 성역에 들어간

자는 누구든 예종과 탄원의 자세로 최고신의 임재를 고백해야 했다. 존넨발트, 즉 셈노네스족의 숲을 신성시하게 된 데는 신앙심뿐 아니라 애국심 또한 크게 기여했다. 일반적으로 게르만족이 이 신성한 장소에서 처음으로 생명을 부여받았다는 믿음이 널리 퍼져 있었다. 수에비족의 혈통을 자랑으로 여기는 수많은 부족들이 정해진 시기에 그곳에 대표를 보냈고, 야만적인 의식과 인신 공양을 통해서 자신들이 동일한 혈통에서 나왔다는 기억을 지속시켰다. 수에비족의 이름은 오데르 강 유역에서 도나우 강 유역에 이르는 게르마니아 내륙 지방에 널리 퍼져 있었다. 그들은 긴 머리를 정수리에서 거친 매듭으로 모아 땋는 특이한 방식으로 다른 게르만족들과 구별되었다. 그들은 적의 눈에 자신들의 지위가 보다 높고 무시무시한 것으로 보이도록 하는 장신구를 즐겨 착용하였다. 게르만족들은 군사적인 명성에 관해서라면 질투심이 강했지만, 그들도 모두 수에비족의 무용이 뛰어나다는 것은 인정하고 있었다. 대군을 동원하여 독재관 카이사르에 맞선 바 있는 우시페테스 부족과 텐크테리 부족조차도 불사의 신들도 대적할 수 없을 정도의 무력을 갖춘 이 부족에게 패하여 달아났던 것은 치욕으로 여기지 않았다.

카라칼라 황제 치세에, 수많은 수에비족 무리가 식량을 구하거나 약탈을 자행하거나 또는 영광을 얻기 위해서 마인 강 유역 및 인근 로마 속주들에 출몰했다.

> 알레만니라는 이름으로 불린 혼성 집단인 수에비족

지원자로 급거 구성되었던 이 무리가 점차 연합하여 하나의 거대하고 항구적인 종족이 되었다. 이 종족은 여러 다른 부족들로 구성되었기 때문에, 다양한 혈통과 공통적 특성인 용맹성을 의미하는 알레만니(Alemanni), 즉 모든 사람들(Allmen)이라는 이름을 가지게 되었다.[31] 로마인들은 곧 이들의 수많은 적대적 침략을 통해서 그

[31] 이 어원은 (학자들의 상상력을 즐겁게 하는 어원들과는 상이하게) 초기 역사가인 아시니우스 콰드라투스에 의해 보존되었다.

32 수에비족은 카이사르와도 이러한 방식으로 맞서 싸웠다. 이 전략은 정복자인 카이사르의 칭찬을 받았을 정도였다.

용맹성을 느끼게 되었다. 알레만니족은 주로 말을 타고 싸웠다. 그러나 이들의 기병대는 가장 용감하고 적극적인 젊은이들로 선발, 구성된 경보병대와 함께 혼성 배치될 때 더욱더 막강해졌다. 이 경보병대는 잦은 훈련을 통해 장거리 행군을 하거나 신속하게 돌격을 감행할 때나 다급하게 후퇴할 때에도 기병들과 보조를 맞출 수 있도록 훈련이 되어 있었다.32

갈리아와
이탈리아를 침입함

그러나 호전적인 알레만니족도 알렉산데르 세베루스의 방대한 군비에는 경악했으며 용맹성과 사나움에 있어서 그들과 맞먹는 야만족 출신인 그의 후계자의 병력에는 당황할 수밖에 없었다. 그러나 여전히 제국의 변경 지대에 출몰하고 있던 그들은 데키우스 황제 사후 발생한 전국적인 혼란을 더욱 가중시켰다. 그들은 갈리아의 풍요로운 속주들에 심각한 타격을 가하여, 처음으로 미약해진 이탈리아의 위엄을 가려 주던 장막을 걷어 버렸다. 수많은 알레만니족 부대가 도나우 강을 건너고 라에티아 알프스를 넘어 롬바르디아 평원으로 진출하고 마침내 라벤나에까지 진격하게 되자, 이 야만족들은 로마의 목전에서 자신들의 승전기를 펼쳐 보였다. 모욕과 위험에 직면하게 되자 비로소 원로원은 옛 미덕의 불꽃을 어느 정도나마 되살리

원로원과 평민들에
의해 로마에서 격퇴당함

게 되었다. 두 황제는 각기 멀리 떨어진 전선에, 즉 발레리아누스 황제는 동방 그리고 갈리에누스 황제는 라인 강 유역에 출전 중이었다. 로마인들이 희망을 걸고 의지할 수 있는 것은 원로원뿐이었다. 이러한 비상 시국에 원로원 의원들은 공화국의 방위 임무를 재개하여 수도 방위를 위해 남겨져 있던 근위대를 재정비했으며 평민들 가운데 건장한 자원자들을 입대시켜 근위대 병력을 확충했다. 갑자기 자신들보다 수적으로 훨씬

우세한 군대가 등장하자 놀란 알레만니족은 전리품을 가득 싣고 게르마니아로 후퇴했는데, 전쟁을 좋아하지 않던 로마인들은 이 후퇴를 보고 자신들이 승리했다고 생각했다.

수도가 야만족들로부터 구출되었다는 보고를 받은 갈리에누스는 원로원의 용기에 대하여 기뻐하기보다는 오히려 불안해했다. 그런 용기가 언젠가는 외부의 침략으로부터 뿐만 아니라 내부의 전제 정치로부터도 공화국을 구출하도록 원로원을 부추길 수도 있기 때문이었다. 갈리에누스가 소심하고 배은망덕한 인물이라는 점은 국민에게 공포한 칙령에서 잘 드러난다. 여기에서 그는 원로원 의원들이 군사 활동을 하는 것뿐 아니라 심지어는 군단의 병영에 접근하는 것조차도 금지시켰다. 그러나 그의 두려움은 근거 없는 것이었다. 타고난 본성으로 돌아간 부유하고 사치스러운 귀족들은 자신들을 군무에서 배제시킨 이러한 치욕적인 면제 조치를 오히려 일종의 특혜로 받아들였다. 더구나 그들은 목욕탕, 극장 및 별장에서의 향락에 탐닉할 수만 있다면, 제국에 관련된 보다 위험한 책무들은 농민과 병사들의 거친 손에 기꺼이 넘겨주었다.

> 원로원 의원들의 군역을 면제한 갈리에누스

좀 더 무시무시한 양상을 띠었지만 동시에 로마인들에게는 좀 더 영예로운 사건이기도 했던 알레만니족의 또 한 차례의 침입은 동로마 제국의 한 역사가에 의해 기록된 바 있다. 밀라노 근처의 한 전투에서 이 호전적인 종족의 30만 대군이 갈리에누스가 몸소 진두 지휘한 단 1만 명의 로마군에 의해 격파되었다고 한다. 그러나 이 믿기 어려운 승리는 아마도 역사가의 경솔한 기록 탓이거나, 황제의 부관들 중 한 사람의 전과 보고가 얼마간 과장되었기 때문일 가능성이 크다. 갈리에누스

> 알레만니족과 동맹을 맺은 갈리에누스

33 승리자 중 한 사람은 그를 마르코만니의 왕이라 불렀고, 다른 사람은 게르만족의 왕이라 부르기도 했다.

는 이탈리아를 게르만족의 횡포에서 지키기 위해 종전과는 판이한 성격의 무기를 사용했다. 그는 수에비족의 한 지파인 마르코만니족 왕의 딸인 피파를 아내로 삼았다. 이 부족은 종종 그들이 수행한 전쟁이나 정복에 있어서 알레만니족과 혼동되기도 했다.33 갈리에누스는 피파의 아버지에게 이 동맹의 대가로 판노니아의 광대한 정착지를 주었다. 세련되지 않은 미인의 타고난 매력이 변덕스러운 황제의 애정을 끌어내었고, 정책적인 유대는 사랑의 굴레로 더욱 견고하게 결합되었다. 그러나 오만한 편견에 찬 로마는 여전히 로마 시민과 야만인 간의 이 신성 모독적인 결합을 결혼이라 부르기를 거부했고, 이 게르만족 공주에게 갈리에누스의 첩이라는 모욕적인 오명을 덮어씌웠다.

고트족의 침입

3. 지금까지는 스칸디나비아 또는 적어도 프로이센 지역에서 보리스테네스 강어귀에 이르기까지 고트족의 이동을 살펴보았으며, 나아가 보리스테네스 강에서부터 도나우 강에 이르기까지 승승장구하던 군대의 자취를 추적해 보았다. 발레리아누스 황제와 갈리에누스 황제 치세 중 (마지막으로 언급했던 강인) 도나우 강 접경 지역은 게르만족과 사르마티아족의 침입에 끊임없이 시달렸지만, 로마인들은 전보다 훨씬 성공적으로 이 지역을 방어해 냈다. 로마 군대는 전쟁터인 이 지역 속주들에서 건장한 병사들을 얼마든지 확충할 수 있었으며, 이들 일리리쿰의 소작농들 가운데 몇몇은 장군의 지위에 올라 재능을 발휘하기도 했다. 도나우 강 유역에 끊임없이 출몰하던 야만족의 유격대들이 때때로 이탈리아와 마케도니아의 국경 지대까지 침투하기도 했지만, 대개는 황제의 부관들에 의해 전진이 저지되거나 퇴로가 차단되었다. 그러나 호전적인 고트족

의 대공세는 이미 그 흐름을 완전히 다른 경로로 전환하고 있었다. 새로 우크라이나 지방에 정착한 고트족은 곧 흑해 북부 연안의 지배자가 되었는데, 바로 이 흑해의 남쪽으로는 소아시아의 온난하고 풍요로운 속주들이 위치해 있었고, 이들은 야만족 정복자를 유혹할 만한 온갖 요소를 갖추고 있으면서도 그에 저항할 만한 수단은 전혀 지니지 못한 상태였다.

보리스테네스 강 유역은 고대인들에게는 케르소네수스 타우리카라는 이름으로 알려졌던 크림 타르타리 반도의 좁은 관문[34]에서 고작 60마일밖에 떨어져 있지 않았다. 절묘한 기교로 옛 이야기들을 각색했던 에우리피데스가 자신의 가장 감동적인 비극 작품의 무대로 삼았던 곳도 바로 이 황량한 해안 지대였다. 여신 다이아나에게 드리던 피비린내 나는 희생 제의, 오레스테스와 필라데스의 도착, 그리고 야만족의 호전성에 대한 미덕과 종교의 승리와 같은 내용들은 이 반도의 원주민이던 타우리족이 해안 지대에 자리 잡고 있던 그리스 식민지들과의 점진적인 교류를 통해 어느 정도는 야만적인 풍습에서 벗어나 교화되어 있었다는 역사적인 사실을 보여 준다. 마이오티스 호를 흑해와 이어 주는 해협에 수도를 둔 소왕국인 보스포루스는 퇴보한 그리스인들과 반쯤 문명화된 야만인들로 구성되어 있었다. 펠로폰네수스 전쟁 시대부터 독립국이었던 이 나라는 결국은 야심 찬 미트리다테스 왕에 의해 합병되었고, 이후 그의 다른 영토와 더불어 로마군의 압박으로 쇠퇴하게 되었다.[35] 아우구스투스 황제 치세 이래로, 역대 보스포루스의 왕들은 미약하나마 쓸모 있는 제국의 동맹자들이었다.[36] 이들은 뇌물, 병력, 그리고 지협을 가로질러 구축된 빈약한 방벽을 이용하여, 떠돌아다니는 사르마티아족 약탈자들로부터 이 지역의 진입로를

고트족의 보스포루스 해협 정복

[34] 폭이 대략 1리그 정도이다.

[35] 초기 보스포루스 왕들은 아테네와 동맹을 맺었다.

[36] 이 관계는 아그리파의 무력 사용으로 변화되었다. 로마군은 한때 행군하여 사흘이면 타나이스에 이를 수 있는 거리까지 진격했던 적도 있었다.

37 아리안은 국경 수비대가 피티오스에서 동쪽으로 44마일 거리인 디오스쿠리아스 또는 세바스토폴리스에 있었다고 적고 있다. 그 당시 파시스의 수비대는 겨우 보병 400명으로 구성되어 있었다.

효과적으로 방어하고 있었다. 이 지역은 그 특수한 위치와 편리한 항구들로 인해 흑해 및 소아시아 지역 모두를 내려다볼 수 있는 요충지였다. 정통성 있는 왕의 세습으로 왕권이 유지되는 동안은, 이들도 주의 깊게 그리고 성공적으로 자신들의 책임을 다하였다. 그러나 내분과 비어 있던 왕위를 차지한 찬탈자들의 두려움이나 사리사욕으로 인해 고트족을 보스포루스의 심장부로 불러들이게 되었다. 이 정복자들은 비옥한 토양의 풍부한 미개간지와 함께 병력을 아시아의 해안 지대로 수송하기에 충분한 해군력까지 차지하게 되었다. 흑해를 항해하는 데 사용되던 선박들은 매우 특이한 구조를 지니고 있었다. 철재는 전혀 쓰지 않고 목재로만 만든 가볍고 바닥이 평평한 배들로, 때로는 폭풍우에 대비하기 위해 완만한 지붕을 덮기도 했다. 고트족은 이 떠다니는 집을 타고, 강제로 동원되었기에 능력과 충성심이 모두 의심스러운 선원들의 안내를 받아 미지의 바다로 겁 없이 나갔던 것이다. 그러나 약탈에 대한 기대가 모든 위험의 가능성을 떨쳐 버리게 했고, 타고난 대담한 기질이 지식과 경험에서만 얻을 수 있는 보다 합리적인 자신감을 대신해 주었다. 이처럼 대담한 정신을 지닌 전사들은 겁 많은 안내인들에게 종종 불만을 터뜨렸을 것이 틀림없는데, 안내인들은 출항을 감행하기 전에는 바다가 잔잔한지를 확인하고 싶어했고, 출항 후에도 좀처럼 육지를 시야에서 놓치지 않으려 했기 때문이다. 적어도 이러한 점은 항해술에 있어서 어쩌면 옛 보스포루스 주민들 못지않은 현대 투르크인들의 관습도 마찬가지이다.

고트족의 선단은 키르카시아 해안을 좌측에서 통과하여 처음으로 피티우스 앞바다에 나타났다.[37] 로마 속주들의 경계선

해군력을 획득한 고트족

끝에 위치한 이 도시는 편리한 항구를 갖추었을 뿐 아니라 견고한 성벽으로 방비되어 있었다. 이곳에서 고트족은 변경 요새의 힘없는 수비대로부터 뜻밖의 완강한 저항에 부딪히게 되었다. 고트족은 격퇴되었다. 뜻밖의 실패는 고트족의 이름이 주는 공포심을 감소시켰을 것으로 보인다. 우수한 고급 장교인 수케시아누스가 변경 지역을 지키고 있는 한 고트족의 노력은 모두 허사였다. 그러나 그가 발레리아누스 황제에 의해 좀 더 명예롭기는 하지만 중요하지는 않은 자리로 물러나게 되자 곧 고트족은 피티우스 공략을 재개했고, 이 도시를 파괴함으로써 지난날 자신들의 치욕스러운 기억까지도 지워 버렸다.

고트족의 제1차 해군 원정

흑해 동쪽 끝을 돌아 피티우스에서 트레비존드까지의 항로는 대략 300마일 정도이다. 이 항로를 따라 가던 고트족은 아르고 호(號)의 모험으로 유명해진 콜키스 왕국에 접근하기도 했으며, 성공을 거두지는 못했지만 심지어 파시스 강어귀의 부유한 신전을 약탈하려 한 적도 있었다. 옛 그리스의 식민지로서 '1만 명의 피난처'로 유명한 트레비존드는 아낌없이 베풀던 하드리아누스 황제 덕분에 부와 번영을 누렸다. 안전한 항구 하나 없던 이 해안 지대에 그가 인공 항구를 조성했던 것이다. 이 도시는 규모가 크고 인구도 많았으며, 이중으로 둘러친 성벽은 고트족의 맹공조차 막아 낼 수 있을 것처럼 보였다. 더구나 수비대는 평소 병력에 1만 명이 증원되어 한층 강화되어 있었다. 그러나 부족한 군기와 경계심을 보완해 줄 만한 장점은 전혀 가지고 있지 않았다. 트레비존드의 수많은 수비병들은 방탕과 사치에 빠진 채, 난공불락으로 보이는 자신들의 요새를 지키려 하지 않았다. 고트족은 곧 이 수비대가 무기력하고 나

트레비존드를 포위 공격해서 점령한 고트족

태하다는 것을 알아채고, 나뭇단을 높이 쌓아 올린 후 야음을 틈타 성벽을 넘어 칼을 들고 무방비 상태인 도시로 밀어닥쳤다. 대대적인 양민 학살이 뒤따랐지만 이와 동시에 겁에 질린 병사들은 반대편 성문으로 탈출하고 있었다. 가장 신성한 신전들과 웅장한 건물들도 이 대대적인 파괴에 휘말리게 되었다. 고트족의 수중에 떨어진 전리품은 어마어마했다. 안전한 보관 장소로 여겨지던 트레비존드에 여러 이웃 지방의 재물이 맡겨져 있었기 때문이다. 의기양양해진 야만인들이 광대한 폰투스 전역을 아무런 저항도 받지 않고 휩쓸고 다녔기 때문에 포로의 수도 엄청났다. 트레비존드에서 거둔 엄청난 전리품들은 항구에 정박되어 있던 수많은 선박에 가득 실렸다. 해안 지역의 건장한 젊은이들은 사슬에 묶여 노를 젓게 되었다. 첫 번째 해상 원정의 성공에 만족한 고트족은 의기양양하여 보스포루스 왕국에 건설한 새로운 본거지로 돌아갔다.

고트족의 제2차 원정은 더욱 많은 인원과 선박을 동원하여 시작되었다. 그러나 이들은 전과는 다른 항로로 나아갔다.

고트족의 제2차 원정

황폐화된 폰투스 지역은 무시한 채 흑해 서부 연안을 따라 나가며 보리스테네스 강, 드니에스테르 강 및 도나우 강의 넓은 어귀 앞을 통과했다. 고트족은 여러 척의 어선들을 나포하여 함대 규모를 늘리기도 하면서, 흑해의 물을 지중해로 내보내는 통로인 동시에 유럽과 아시아 두 대륙을 갈라놓는 지점인 좁은 해협으로 다가갔다. 칼케돈의 수비대는 유피테르 우리우스 신전 부근의 이 해협 입구를 내려다볼 수 있는 곳에 주둔하고 있었다. 두려워했던 이 야만족의 침입 규모가 미미한 것이어서, 병력 수에서는 이 부대가 고트족 군대를 능가하고 있었다. 그러나 그들이 고트족을 능가했던 것은 오로지 수적인 면뿐이었다. 그들은 다급하게 유리한 진지를 버리고, 무기와 재물이 가득 비축되어 있던 칼케돈까지 정복자들의 손아귀에 내주고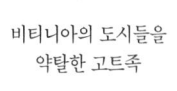
비티니아의 도시들을 약탈한 고트족

말았다. 고트족이 다음 전쟁터로 바다나 육지, 유럽이나 아시아 중 어디를 택할지 망설일 때, 어느 변절한 도망병이 한때 비티니아 왕국의 수도였던 니코메디아를 풍요롭고 손쉬운 정복 대상으로 지목해 주었다. 그는 칼케돈의 주둔지에서 불과 60마일 떨어진 그곳까지 행군을 선도하고 불가항력적인 이 공격을 지휘했을 뿐 아니라 전리품까지 분배받았다. 고트족은 배신자를 혐오했지만 그들에게 보상하는 정책이 필요하다는 것은 알고 있었다. 때때로 니코메디아와 번영을 겨루거나 그 번영을 모방했던 니케아, 프루사, 아파메아, 키오스 등의 여러 도시들도 똑같은 재난에 휘말리게 되었고, 이 재난은 불과 몇 주 만에 비티니아 속주 전역으로 걷잡을 수 없이 확대되었다. 300년간 평화를 누린 이 아시아의 온순한 주민들은 무기 사용 훈련을 그만둔 채 위험에 대한 두려움마저 잊고 있었다. 옛 성벽은 무너져 내려 있었고, 이 부유한 도시들의 세입은 모두 목욕탕, 신전, 극장의 건설에 충당되고 있었다.

　키지쿠스가 미트리다테스 왕의 맹공을 잘 견뎌 냈던 시절에,[38] 이곳은 현명한 법률과 갤리선 200척을 보유한 해군력, 무기·전투용 병기·곡물을 저장하는 세 개의 창고로 유명했다. 이곳은 여전히 부와 사치의 중심지였지만, 프로폰티스 해의 작은 섬의 다리 두 개만으로도 아시아 대륙과 연결되는 위치에 자리 잡고 있다는 점을 제외하고는 예전의 힘은 아무것도 남아 있지 않았다. 막 프루사를 약탈하고 난 고트족은 이 도시를 파괴하기 위해 18마일 떨어진 곳까지 진격해왔지만, 키지쿠스의

고트족의 후퇴

[38] 미트리다테스 왕은 갤리선 400척과 보병 15만 명, 그리고 수많은 기병을 동원하여 이곳을 포위 공격했다.

[^39] 신켈루스는 이 원정을 시작한 것이 헤룰리족이었다고 전한다.

파멸은 운 좋게 발생한 한 사건으로 인해 지연되었다. 마침 계절이 우기에 접어들어, 올림푸스 산의 모든 샘물의 집결지인 아폴로니아테스 호의 수위가 매우 높아졌고, 이 호수에서 시작되는 린다쿠스라는 작은 강이 넓고 급격하게 불어나 고트족의 전진을 가로막았던 것이다. 함대가 정박해 있었을 해안 도시인 헤라클레아로 후퇴하는 고트족 뒤로는 비티니아에서 빼앗은 약탈물들을 실은 수레의 행렬이 길게 이어졌고, 그들이 불 지른 니케아와 니코메디아가 화염에 휩싸여 있었다. 고트족의 퇴각을 확정지었다는 어느 미심쩍은 전투에 관한 몇몇 불확실한 기록들도 있다. 그러나 절기상 추분이 다가옴에 따라 서둘러 돌아갈 수밖에 없었기 때문에, 아무리 완벽한 승리라 해도 그다지 중요한 의미를 지니지는 못했을 것이다. 5월 이전이나 9월 이후에 흑해를 항해하는 것은 오늘날의 투르크인들조차도 더할 나위 없이 무분별하고 어리석은 일로 간주하고 있다.

고트족의 제3차 원정

고트족이 보스포루스의 여러 항구에서 준비한 제3차 원정대가 500척의 범선으로 구성되었다는 사실은[^39] 그들의 군사력을 과대평가하도록 만들기도 한다. 그러나 현명한 스트라보가 지적했듯이 폰투스와 스키타이 지방의 야만족들이 사용한 해적선이 한 척에 스물다섯 명이나 서른 명 이상은 태울 수 없었다는 점을 감안한다면, 이 대원정에 참가할 수 있었던 전사도 기껏해야 1만 5000명 정도였다고 확신해도 좋을 것이다. 흑해 해역만으로는 참을 수 없게 되자, 그들은 항로를 킴메리아 보스포루스에서 트라키아 보스포루스로 돌렸다. 거의 해협 중간쯤에 도달했을 때 갑자기 해협 입구로 밀려나기도 했지만, 다음 날 불어온 순풍 덕에 몇 시간 만에 호수라고 할 만큼 잔잔한 프로폰티스 해로 들어섰다. 그들은 키지쿠스라는 작은 섬에 상륙하자마자 이 오래되고 웅장한 도시를 폐허로 만들었다. 고트족은 좁은 헬레스폰투스 해협을 통해 다시 이곳을 빠져나가 다도해, 즉 에게 해에 흩어져 있는 수많은 섬들 사이를 누비고 다녔다. 그리스 해안 지대뿐 아니라 아시아 해안 지대까지 선박을 이끌고 가서 수많은 침입을 감행하려면 포로와 도망병들의 도움이 꼭 필요했을 것이다. 마침내 고트족 함대는 아테네에서 5마일 떨어진 페이라이에우스 항에 닻을 내렸는데, 이때 아테네는 강력한 방어를 위한 준비를 하고 있었다. 황제의 명에 따라 고트족에 대비하여 여러 해안 도시들을 요새화하는 작업에 종사하고 있던 기술자들 가운데 한 사람인 클레오다무스가 술라 시대 이래로 썩어 무너졌던 옛 성벽들을 보수하는 일을 이미 시작했던 것이다. 그의 솜씨를 다한 노력도 헛되이 야만족이 이 시와 예술의 발상지의 지배자가 되고 말았다. 그러나 정복자들이 약탈과 방탕에 빠져 있는 동안, 페이라이에우스 항에 빈약한 수비대와 함께 정박해 있던 그들의 함대는 덱시푸스라는 용사에게 뜻밖의 습격을 받았다. 덱시푸스는 약탈당하는 아테네에서 기술자인 클레오다무스와 함께 빠져나온 후, 병사와 농부를 비롯한 지원자들로 급히 의용군을 모아 조국이 당한 재난을 다소나마 되갚았던 것이다.

> 보스포루스 해협과 헬레스폰투스 해협을 통과한 고트족

그러나 이 전과는 아테네의 쇠퇴기에 한 줄기 빛을 던져 주었는지는 모르지만, 북쪽에서 온 침입자들의 불굴의 용기를 약화시키기는커녕 오히려 그들의 성질을 더욱 돋우는 결과를 초래했다. 그리스 전역에서 동시에 큰 불길이 치솟았다. 지난날에는 각자 서로를 상대로 저 유명한 전쟁을 수행했던 테베와 아르고스, 코린토스와 스파르타였지만 이제는 전쟁터에 군대

> 그리스를 약탈하고 이탈리아를 위협한 고트족

40 이 헤룰리족 부대는 오랫동안 충성을 다했으며 상당한 명성을 날렸다.

41 도나우 강 유역에서 지휘를 하고 있던 클라우디우스만이 적절하게 판단하여 용기 있게 대응했다. 동료들은 그가 얻은 명성을 시샘했다.

를 출정시키기는커녕 자신들의 허물어진 요새조차 방어하기 어려운 형편이었다. 전쟁의 소용돌이는 육지와 바다에 걸쳐 수니움 곶의 동쪽 끝에서 에피루스의 서쪽 해안 지대까지 퍼져 나갔다. 고트족은 이미 이탈리아가 눈에 보이는 곳까지 진격해 있었고, 이처럼 절박한 위험이 닥쳐오자 나태한 갈리에누스 황제도 환락의 꿈속에서 깨어나게 되었다. 황제가 무장을 하고 나타나자 그의 존재만으로도 적의 기세가 꺾이고 전력이 분열되었던 것처럼 보인다. 헤룰리족의 족장인 나울로바투스는 명예로운 조건부 항복을 받아들여, 자기 부족의 대부대를 이끌고 로마군에 참여하였다. 심지어 그는 이전에는 한 번도 야만인의 손에 의해 더럽혀진 적이 없었던 집정관급 직위까지 부여받았다.[40] 위험하고 고생스럽기만 한 지루한 항해에 염증이 나 있던 대다수의 고트족은 도나우 강을 돌파해 우크라이나에 있는 자신들의 정착지로 돌아갈 목적으로 모에시아 지방에 침입해 들어갔다. 로마 장군들 사이에 불화가 일어나 야만족들에게 탈출로가 열리지 않았다면, 이 무모한 시도는 파멸을 피할 수 없었을 것이다.[41] 이 파괴적인 무리의 나머지 잔당들은 배를 타고 헬레스폰투스와 보스포루스 해협을 거쳐 되돌아갔다. 이들은 도중에 트로이 해안 지대를 약탈했지만, 호메로스에게서 부여받은 트로이의 불후의 명성이야말로 고트족의 정복에 대한 기억보다도 더 오래 지속될 것이다. 이들은 흑해 유역에 들어서 안전하게 되자마자 하이모스 산기슭에 가까운 트라키아의 안키알루스에 상륙하여 쾌적하고 건강에 이로운 온천에 몸을 담그고 오랜 노고에서 비롯된 피로를 풀었다. 이제 남은 것이라고는 짧고 쉬운 항해뿐이었다. 이상이 고트족의 해상 원정 가운데 최대 규모였던 제3차 원정대가 맞이한 가지각색의 운

고트족의 분열과 후퇴

명이라 할 것이다. 이처럼 대담한 모험에서 1만 5000명의 전사로 구성되었던 최초의 부대가 어느 정도의 손실과 분열을 경험했는지를 가늠하기란 어려운 일이다. 그러나 이들의 병력 수는 전투, 난파, 그리고 무더위의 영향으로 점차 줄어드는 것과 동시에 한편으로는 약탈의 기치 아래 모여든 강도의 무리와 탈영병들, 그리고 자유와 복수를 위한 멋진 기회를 갈망하는 게르만족이나 사르마티아족 출신의 도망노예 무리에 의해서 끊임없이 보충되었다. 이러한 원정들에서 가장 영예롭고 위험한 몫을 담당했던 것은 고트족이었다. 그러나 고트족의 깃발 아래 싸웠던 다른 부족들은 때로는 이름이 알려진 것도 있지만, 때로는 당시의 불완전한 역사 기록 속에서 혼동되어 있는 경우도 있었다. 다만 이 야만족의 함대가 타나이스 강어귀에서 출범한 것처럼 보였기 때문에, 이 잡다한 혼성 집단에 종종 스키타이인이라는 막연하지만 익숙한 통칭이 붙게 되었다.

인류가 겪은 총체적인 재난이라는 측면을 다룰 때, 제아무리 고귀한 인물의 죽음과 유명한 건축물의 파괴라 할지라도 무심하게 간과하는 경향이 있다. 그러나 에페수스에 있던 다이아나 신전만은 잊을 수가 없다. 일곱 번이나 거듭된 재난을 겪으면서도 그때마다 더욱 빛나는 모습으로 복구되었던 이 신전이 고트족의 제3차 해상 침입으로 결국은 전소되고 말았던 것이다. 이 신성하고 장엄한 건축물은 그리스의 예술과 아시아의 부가 상호 작용하여 세워진 것이었다. 127개의 이오니아식 대리석 원주가 이 신전을 받치고 있었는데, 독실한 군주들이 헌납한 이 기둥들의 높이는 각각 60피트에 달했다. 제단은 프락시텔레스의 훌륭한 조각 작품들로 장식되어 있었다. 프락시텔레스가 선택한 조각의 주제는 이 지역에서 사랑받던 전

에페수스 신전의 파괴

설들 가운데서도 라토나 여신의 신성한 아이들의 탄생, 키클롭스를 죽인 뒤의 아폴론의 은신, 그리고 패배한 아마존족에 대한 바쿠스의 관용과 같은 것이었다. 그러나 에페수스 신전의 길이는 로마의 성 베드로 성당의 3분의 2 정도인 425피트에 불과했다.[42] 이 신전은 그 밖의 치수에 있어서도 저 근대 건축의 걸작품에 비해서는 한참 뒤떨어지는 것이었다. 양팔을 펼친 형태인 십자가는 고대 이교도의 직사각형 신전보다도 훨씬 큰 폭을 필요로 한다. 따라서 가장 대담한 고대 예술가일지라도 판테온 신전과 같은 크기를 지닌 돔을 세우라는 제안에는 깜짝 놀랐을 것이다. 그러나 다이아나 신전은 당시로는 세계적인 불가사의 가운데 하나로 경탄의 대상이었다. 페르시아, 마케도니아, 로마로 이어진 제국들은 모두 이 신전의 존엄성에 경의를 표하고 그 장려함을 더욱 배가시켰다.[43] 그러나 발트 해에서 온 원시적인 야만인들에게 격조 높은 예술에 대한 심미안이 있을 리 없었고, 오히려 이들은 이국의 미신이 초래하는 관념적인 공포심을 혐오했다.[44]

아테네에서 고트족의 행동

이러한 침입에 관해서는 또 한 가지 상황 설명이 언급되곤 하는데, 이것은 최근의 어떤 궤변가가 공상으로 꾸며 낸 것이라는 의심의 여지만 없다면 주목해 볼 만한 가치가 있다. 이 이야기에 따르면 고트족이 아테네를 약탈하면서 도서관의 모든 장서들을 모아 그리스 학문의 화형식을 거행하려는 찰나에, 그들 가운데 좀 더 세련된 식견을 지닌 한 족장이 나서서 그리스인들이 학문 연구에 빠져 있는 한은 결코 군사 훈련에 전념할 리가 없다는 심원한 논리로 이 계획을 단념시켰다고 한다. 현명하게도 이 조언자는 (이 이야기가 사실이라는 전제하에) 무지한 야만인들에게 통할 법한 논리로 이들을 설득했던 것이다.

---

[42] 성 베드로 성당의 길이는 로마식 도량형으로 840뼘(Roman Palm)이며, 한 뼘은 영국식 도량형인 인치로 9인치에 조금 못 미치는 길이이다.

[43] 로마의 정책으로 인해 일종의 피난처인 이 성소 자체의 규모는 축소되었지만, 지속적으로 부여된 특권 덕분에 신전 주위에는 두 개의 스타디움이 더 건설되기도 했다.

[44] 이들은 그리스의 신들에게 어떠한 희생 제의도 바치지 않았다.

이처럼 가장 문명화되고 강대한 국가에서는 각 분야의 천재가 모두 비슷한 시기에 등장했으며, 학문의 시대는 대개 군사력과 승리의 시대이기도 했다.

4. 페르시아의 새 군주인 아르타크세르크세스와 그의 아들인 샤푸르 1세는 (우리가 이미 살펴보았듯이) 아르사케스 왕가와 싸워 승리를 거둔 바 있었다. 이 오래된 왕가의 여러 군주들 가운데 아르메니아 왕 호스로우만이 목숨을 부지하면서 독립도 유지해 냈다. 그는 자기 나라의 자연 지리적인 이점, 도망병과 불평분자들이 끊임없이 모여들었다는 점, 로마와의 동맹 관계, 그리고 무엇보다도 그 자신의 용기에 힘입어 스스로를 방어해 낼 수 있었다. 그는 30년에 걸친 전쟁 기간 동안 전투에서는 결코 굴복하지 않았지만 결국 페르시아 왕인 샤푸르가 보낸 밀정들에 의해서 암살되고 말았다. 왕권의 자주성과 존엄성을 고수하려는 아르메니아의 애국적인 태수들은 정당한 후계자인 티리다테스의 편에 서서 로마의 보호를 간청했다. 그러나 이 호스로우 왕의 아들은 아직 어렸고, 동맹국들은 멀리 떨어져 있었으며, 페르시아 왕은 막강한 군대를 진두 지휘하여 국경을 향해 진격해 왔다. 국가의 장래 희망인 어린 티리다테스는 어느 충성스러운 신하에 의해서 구출되었지만, 아르메니아는 어쩔 수 없이 27년간이나 페르시아 왕국의 속령으로 남아 있게 되었다. 이처럼 손쉬운 정복에 고무된 샤푸르 왕은 로마의 재난과 쇠퇴를 기화로 삼아 카레와 니시비스의 강력한 수비대를 항복시켰고 유프라테스 강 양안 지대를 유린하며 공포를 퍼뜨렸다.

중요한 국경 지방을 상실하고 원래부터 충실했던 동맹국이 몰락한데다 샤푸르 왕의 야망이 빠르게 달성되어 가는 것을 보

페르시아의 아르메니아 정복

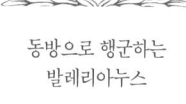
동방으로 행군하는
발레리아누스

며 로마는 큰 위기감은 물론 깊은 모욕감마저 느끼게 되었다. 발레리아누스 황제는 부하 장군들의 빈틈없는 경계로 라인 강과 도나우 강의 안전을 충분히 확보할 수 있다고 자부했지만, 유프라테스 강의 방어를 위해서는 고령에도 불구하고 자신이 몸소 행군에 나서야겠다고 결심했다. 그가 소아시아를 통해 진군하는 동안은 마침 고트족의 해상 원정이 주춤한 상태여서, 고통받던 이 지역도 표면적인 것에 불과했지만 일시적으로나마 평온을 누리고 있었다. 그는 유프라테스 강을 건너 에데사 성벽 부근에서 페르시아의 왕과 충돌했는데, 결국 샤푸르 왕에게 패하여 포로로 사로잡혔다. 이 엄청난 사건의 세부적인 내용은 모호하고 불완전한 기록으로 남아 있을 뿐이다. 그러나 우리에게 주어진 희미한 단서를 참조해 볼 때, 이 로마 황제가 연달아 수많은 경솔한 행동과 과실을 저질렀고 그로 인해 재난을 자초했다는 것을 알 수 있다. 그는 근위대장인 마크리아누스를 맹목적으로 신임했다.[45] 그런데 이 무능한 신하는 자신의 주군을 오직 억압받는 로마 국민들에게만 막강할 뿐 로마의 적들에게는 경멸당할 만한 인물로 만들어 놓았다. 그의 부적절하고 잘못된 조언으로 인해 황제의 군대는 용기와 군사 기술이 모두 아무 소용이 없는 처지에 놓이게 되었다. 페르시아군을 정면 돌파하려던 로마군의 격렬한 시도는 완패로 끝나고 말았으며, 월등한 병력으로 로마군 진영을 포위한 샤푸르 왕은 기아와 질병이 갈수록 맹위를 떨쳐 자신의 승리를 확실히 굳혀 줄 때까지 느긋하게 기다리고만 있었다. 머지않아 로마군 내부에서는 변덕스러운 불평분자들이 이 모든 재난의 원인이 발레리아누스 황제에게 있다고 비난을 하게 되었고, 불온한 소요

서기 260년,
포로가 된 발레리아누스

[45] 마크리아누스는 그리스도교인들에게 적대적이었기 때문에, 그들은 마크리아누스를 마술사로 고발하기도 했다.

사태를 일으켜 즉각적인 항복을 요구하기에 이르렀다. 로마군은 치욕스럽게도 퇴각을 허가받기 위해 막대한 양의 금을 내겠다는 제안까지 했다. 그러나 자신이 우세하다고 확신한 페르시아 왕은 이 제안을 단호히 거부했다. 그는 사신들을 억류한 다음 전투 대형을 갖춰 로마군의 방벽 바로 아래까지 진격하여 로마 황제와의 직접 협상을 주장했다. 발레리아누스는 자신의 생명과 위엄을 적의 신의에 내맡겨야만 하는 처지로 전락하였다. 회담은 예상했던 대로 끝을 맺었다. 황제는 포로가 되었고 겁에 질린 그의 군대는 무기를 버리고 항복했다. 이러한 승리의 순간에 샤푸르는 자기 과시와 정책 실천이라는 차원에서 공석이 된 제위에 완전히 자기 마음대로 좌우할 수 있는 후계자를 앉히려고 마음먹게 되었다. 로마의 제위를 더럽힐 인물로 안티오크 출신의 미천한 망명자인 키리아데스가 선택되었다. 포로가 된 군대는 내키지는 않았지만 승자인 페르시아 왕의 결심을 환호하며 인정할 수밖에 없었다.

46 추측을 제시할 뿐인 안티오크의 약탈 시점을 암미아누스 마르켈리누스는 갈리에누스 황제 치세라고 명확하게 지적한 바 있다.

노예의 처지가 된 황제는 조국을 배신하는 행위를 자행하며 주인의 환심을 사기 위해 애썼다. 그의 인도로, 샤푸르는

시리아, 킬리키아 그리고 카파도키아를 침략한 샤푸르

유프라테스 강을 건넌 다음 칼키스를 거쳐 동방의 중심 도시로 향했다. 어느 현명한 역사가의 기록대로라면, 페르시아 기병대의 이동이 매우 신속했기 때문에46 안티오크는 많은 시민들이 어리석게도 한가로이 극장에서 공연물을 관람하고 있다가 기습적으로 점령당했다고 한다. 안티오크의 화려한 건물들은 공공 용도인 것은 물론 개인 소유인 것까지 모두 약탈당하거나 파괴되었고, 수많은 주민들이 학살당하거나 포로로 끌려갔다. 파괴의 물결을 잠시나마 멈춰 세운 것은 에메사 신전의 대제사장의 결단력이었다. 그는 신관의 복장을 하고 투석기만으로 무

47 깊은 계곡마다 학살당한 사람들로 메워졌다고 한다. 많은 포로들이 짐승처럼 물가로 내몰려 익사했고 상당수는 식량 부족으로 사망했다.

장한 채 수많은 열광적인 농민들의 선두에 서서 조로아스터교도의 더러운 손으로부터 자신의 신과 재산을 지켜 냈던 것이다. 그러나 타르수스를 비롯한 여러 다른 도시들이 파괴된 것을 볼 때, 이 보기 드문 경우를 제외하고는 애석하게도 시리아와 킬리키아 지역을 정복하는 페르시아군의 앞길을 가로막는 사태가 거의 없었다는 점이 증명된다. 타우루스 산의 좁은 통로는 기병대를 주력으로 하는 침략군이 매우 불리한 전투를 할 수밖에 없는 곳이었는데 그 이점조차 살리지 못했다. 샤푸르는 카파도키아의 수도인 카이사레아를 포위하도록 허락받은 것이나 다름없었다. 이 도시는 비록 제2의 도시지만 40만 가량의 주민이 살고 있는 것으로 추정되었던 곳이다. 이곳을 지휘했던 데모스테네스는 황제의 명령에 따라서라기보다는 자발적으로 조국을 지키려 했던 인물이었다. 그는 오랫동안 카이사레아의 파멸을 지연시켰다. 그러나 한 의사의 배신으로 마침내 도시가 함락되자, 그를 생포하는 데 전력을 다하라는 지시를 받고 있던 페르시아군을 뚫고 탈출했다. 이 영웅적인 지휘관은 그의 불굴의 용기를 예로써 대우해 줄 수도 있고 엄벌에 처할 수도 있는 적의 세력권에서 벗어났다. 그러나 수많은 동포 시민들은 대량 학살에 휘말려 희생되었고, 샤푸르는 지금도 이 포로들을 마음 내키는 대로 무자비하게 다뤘다는 비난을 받고 있다.[47] 물론 그의 행위가 상당 부분 민족적인 증오심이나 상처 입은 자존심 그리고 어찌해 볼 도리가 없게 된 복수심에서 비롯되었다는 점을 고려해야만 할 것이다. 그러나 아르메니아에서는 관대한 입법자의 면모를 보였던 바로 그 군주가 로마인들에게는 엄격한 정복자의 모습을 드러냈다는 것은 대체로 틀림없는 사실이다. 그는 로마 제국 내에 항구적인 근거지를 마련하는 것은 단념하고 있었기 때문에, 이 지방의 사람들과 재화를 페르

시아로 운반하면서 자신이 지나간 자리를 황량한 불모지로 만드는 데만 열중했다.[48]

동방의 여러 지역이 샤푸르의 명성에 벌벌 떨고 있던 당시에 그는 가장 위대한 왕에게도 부끄럽지 않을 선물을 받게 되었는데, 그것은 가장 진귀하고 값진 물건들을 실은 기다란 낙타 행렬이었다. 이 화려한 공물에는 팔미라의 가장 고귀하고 부유한 원로원 의원들 가운데 한 사람인 오다이나투스가 보낸 공손하면서도 비굴하지 않은 한 통의 편지가 첨부되어 있었다. 이 오만한 승자는 "이 오다이나투스라는 자가 누구인가?"라고 말한 후 선물들을 유프라테스 강에 던져 버리라고 명령했다. "자신의 군주에게 이처럼 무례하게 편지를 써 보낸 이 자는 누구인가? 그자가 처벌을 가볍게 해 주기를 바라고 있거든, 양손을 뒤로 묶어 짐의 옥좌 아래 꿇어 엎드리게 하라. 만일 주저한다면 그자의 머리와 온 종족과 나라에 즉시 파멸이 밀어닥치도록 할 것이다." 절망적인 궁지에 몰리게 되자 이 팔미라인의 영혼 속에 잠재되어 있던 모든 힘이 작용하기 시작했다. 그는 샤푸르를 만나게 되지만 무장을 한 채였다. 그는 시리아의 촌락과 사막의 천막촌에서 모은 소규모 부대에 자신의 기백을 불어넣은 후[49] 페르시아군 주변에 출몰하면서 그들의 퇴로를 끈질기게 공격하고 보물을 일부분 빼앗아 갔는데, 무엇보다도 귀한 보물인 대왕의 애첩 몇 명을 빼앗아 가기도 했다. 결국 샤푸르는 무척 당황한 채 서둘러 유프라테스 강을 건너 되돌아갈 수밖에 없었다. 오다이나투스는 바로 이 공적을 토대로 이후 자신의 명성과 번영을 쌓아 갈 수 있었다. 한 페르시아인에게 유린당했던 로마의 위엄이 팔미라의 한 시리아인, 즉 아랍인에 의해서 지켜졌던 것이다.

샤푸르와 싸운
오다이나투스의
배짱과 승리

[48] 조시무스는 샤푸르가 전리품보다는 점령지를 택했다면 아시아의 지배자로 남을 수 있었을 것이라고 주장한다.

[49] 그가 유목 민족들 사이에서 매우 강한 세력을 형성하고 있었기 때문에, 프로코피우스와 존 말랄라(John Malala)는 그를 사라센인(아랍인)의 왕이라고 부르기도 한다.

50 발레리아누스가 겪은 불운에 대하여 이교도 역사가들은 안타까워했으며 그리스도교 역사가들은 모욕을 가했다. 동방의 역사는 마호메트 이전에는 기록으로 보존된 적이 거의 없었기 때문에. 근대 페르시아인들은 그들 민족에게 매우 영광스러운 사건인 샤푸르의 승리에 대해서도 전혀 알지 못한다.

51 이 편지들 가운데 한 통은 아르메니아 왕인 아르타바데스에게서 온 것으로 되어 있다. 그러나 아르메니아가 당시 페르시아의 주(province)였다는 점을 고려할 때, 이 왕과 왕국 그리고 편지는 모두 꾸며 낸 것이 분명하다.

발레리아누스의 처리

흔히 증오나 아첨을 표현하는 통로에 지나지 않는 역사의 목소리는 대체로 샤푸르가 정복자의 권리를 오만하게 남용했다고 비난한다. 황제의 자주색 의복을 입은 채 사슬에 묶인 발레리아누스가 구경거리를 제공하는 몰락한 귀인의 모습으로 군중 앞에 내세워진데다 페르시아 왕은 말에 올라탈 때면 이 로마 황제의 목을 발판으로 삼았다는 기록이 전해진다. 동맹국들이 그에게 운명이 변화무쌍함을 명심하고 로마가 국력을 되찾을지 모르니 고귀한 신분의 포로들을 모욕의 대상이 아닌 평화를 위한 볼모로 삼으라고 거듭 충고했지만, 샤푸르는 여전히 완고한 태도를 유지했다. 발레리아누스가 수치심과 비통함의 무게를 견디다 못해 사망하자, 샤푸르는 시체의 피부 속에 짚을 채워 넣어 인간의 형상과 흡사하게 만든 후 이것을 페르시아의 가장 유명한 신전에 오랫동안 보존하도록 했다. 이것은 허영심에 찬 로마인들이 세우곤 했던 놋쇠와 대리석으로 만든 가공의 전승 기념물보다 훨씬 더 실감나는 승리의 기념물이었을 것이다.50 이 이야기는 교훈적이며 감상적이지만 그 진실성에 의문이 제기된 적은 매우 드물었다. 동방의 군주들이 샤푸르에게 보낸 것이라며 지금까지 남아 있는 편지들은 분명히 위조 문서들이다.51 그리고 아무리 경쟁자의 시체에 대해서라 할지라도 왕권 수호에 빈틈이 없던 이 군주가 그처럼 공개적으로 왕의 위엄을 손상시키는 일을 했을 리는 없었을 것이다. 불운한 발레리아누스가 페르시아에서 어떠한 대접을 받았건 간에, 적어도 적의 수중에 떨어졌던 이 유일한 로마 황제가 절망적인 포로 신세로 살다 죽었다는 것만은 틀림없는 사실이다.

오랫동안 초조해 하며 공동 통치자인 아버지의 엄격한 감시를 견뎌왔던 갈리에누스 황제는 아버지의 불운에 관한 정보를 보고받고 남몰래 기뻐하며 냉정한 태도로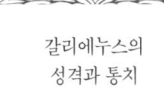
공언했다. "나는 내 아버지도 언젠가 죽
을 수밖에 없는 인간임을 알고 있었다.
그분이 용감한 사람답게 행동하셨으니 만족할 따름이다." 로
마 전역이 군주의 죽음을 슬퍼하고 있을 때, 한편에선 비굴한
신하들이 그 아들의 이처럼 잔인한 냉담성을 더할 나위 없이
영웅적이고 스토아 학파의 금욕주의자다운 의연한 태도라고
추켜세우고 있었다. 갈리에누스가 제국의 유일한 주권자가 되
자마자 주저 없이 드러내 보인 경솔하고 변덕스러운 성격을 상
세히 묘사하기는 어렵다. 그는 시도하는 모든 분야마다 강렬한
천재성을 발휘하여 성공을 거두었다. 그러나 그의 천재성은 판
단력이 결여된 것이었기 때문에 모든 분야를 시도해 보면서도
전쟁과 정치라는 중요한 분야는 제쳐 두었다. 그는 호기심을
끌지만 쓸모는 없는 몇 가지 학문에 정통했고, 즉흥 연설에 능
한 웅변가이자 고아한 시인, 솜씨 좋은 원예가, 뛰어난 요리사
였지만 동시에 가장 한심한 군주이기도 했다. 친히 처리해야
할 국가적인 위급 사태에 당면하여서도 철학자인 플로티누스
와의 대화에 빠져 있거나,52 시시하고 방탕한 쾌락으로 시간을
낭비하거나, 그리스의 밀교에 입문할 준비를 하거나, 아니면
아테네의 아레오파구스에 한 자리를 차지할 수 있기를 간청하
고 있었다. 그의 사치스럽고 화려한 생활은 일반 서민들이 겪
는 빈곤을 모욕하는 것이었고, 짐짓 점잔 빼는 태도로 웃음거
리가 된 개선식들은 국민들에 더욱 깊은 수치심을 느끼도록 만
들었다. 거듭되는 침입과 패배, 그리고 반란에 관한 소식마저
도 무심히 웃는 낯으로 보고받았다. 심지어는 짐짓 경멸하는
투로 잃어 버린 속주의 몇몇 특산품을 골라 언급하며, 이집트
의 아마포나 갈리아의 아라스 천이 공급되지 않는다고 로마가

갈리에누스의
성격과 통치

52 그는 플라톤의 공화국을 그대로 실현해 보는 실험의 일환으로 플로티누스에게 폐허가 된 도시인 캄파니아를 하사하려 했다고 한다.

망하기라도 하겠느냐는 경솔한 질문을 던지기도 했다. 그러나 갈리에누스의 일생에도 모욕을 당해 격분한 직후에 갑자기 용맹한 군인이나 잔인한 폭군의 면모를 보여 주는 순간들이 아주 잠깐씩이나마 존재하곤 했다. 그러나 유혈 사태에 염증을 느끼거나 저항으로 지치게 되면, 그는 어느 틈에 타고난 온순하고 나태한 성격으로 되돌아갔다.[53]

> 53 이러한 특이한 성격이 상당 부분 우리에게도 전해져 내려왔다고 생각한다. 곧바로 그의 뒤를 이은 후계자의 치세는 짧지만 분주한 시기였는데, 콘스탄티누스 가문이 중용되기 이전에 글을 쓴 역사가들은 갈리에누스의 성격을 왜곡하여 묘사할 만한 별다른 이해관계를 가지고 있지 않았을 것이다.
>
> 54 폴리오는 이 숫자를 완전히 채워야 한다는 강박적인 갈망을 표현한 바 있다.

30인 참주들

국가의 통치가 이처럼 방만한 사람의 손에 쥐어져 있던 당시에 로마 제국의 여러 속주에서 수많은 찬탈자들이 일어나 이 발레리아누스의 아들에 대항하기 시작했던 것은 놀라운 일이 아니다. 로마의 참주들과 아테네의 30인의 참주들을 비교해 보는 것은 아마도 상당히 절묘한 착상이었을 것이다. 따라서 로마의 황제 시대 역사를 다루는 작가들은 이 유명한 숫자를 그대로 선택했고, 이것은 점차 일반적인 명칭으로 용인되기에 이르렀다.[54] 그러나 어느 측면에서 살펴보아도 이러한 비교는 무의미하고 불완전하다. 한 도시를 공동으로 억압했던 30인회의와 광대한 제국 전역에 걸쳐 단속적으로 봉기와 몰락을 거듭했던 개별적인 경쟁자들의 불확실한 명단 사이에서 어떤 유사성을 발견할 수 있을 것인가? 황제의 칭호를 부여받은 여자들

실제로는 열아홉 명이었다

과 아이들까지 셈에 포함시키지 않는다면 30이라는 숫자 또한 채울 수 없다. 비록 혼란스럽기는 했지만 갈리에누스의 통치 기간에는 오직 열아홉 명의 제위 참칭자들이 나왔을 뿐이다. 즉 동방의 속주들에서는 키리아데스, 마크리아누스, 발리스타, 오다이나투스, 제노비아가, 갈리아와 서부 속주들에서는 포스투무스, 롤리아누스, 빅토리누스와 그의 어머니인 빅토리아, 마리우스 및 테트리쿠스가 나타났다. 일리리쿰과 도나

우 강 유역에서는 인게누우스, 레길리아누스, 아우레올루스, 폰투스에서는 사투르니누스,[55] 이사우리아에서는 트레벨리아누스, 테살리아에서는 피소, 아카이아에서는 발렌스, 이집트에서는 아이밀리아누스, 그리고 아프리카에서는 켈수스가 나타났다. 이들 각 개인의 삶과 죽음에 관한 불분명한 기록들을 일일이 설명한다는 것은 교훈은 물론이고 재미도 줄 수 없는 고되기만 한 작업일 것이다. 여기서는 시대적 상황과 이들의 습성, 주장, 동기, 나아가 이들의 찬탈이 가져온 파괴적인 결과들을 가장 잘 보여 주는 몇 가지 일반적인 특성들을 살펴보는 것으로 만족하려 한다.

[55] 그가 통치했던 지역은 다소 불확실하다. 그러나 폰투스에도 한 사람의 참주가 있었음은 분명하고, 그 외의 다른 모든 참주들의 영토는 이미 확실히 밝혀진 상태이다.

잘 알려져 있다시피 고대인들이 참주라는 저 불쾌한 명칭을 사용할 때 이것은 흔히 최고 권력을 불법적으로 강탈하는 것을 의미할 뿐 그 권력을 남용하는 것과는 아무 상관이 없었다. 갈리에누스 황제에 맞서 반기를 들었던 참주들 가운데 몇 사람은 미덕의 훌륭한 본보기들이었고 또 거의 대부분은 상당한 용기와 능력을 지닌 사람들이었다. 이들은 자신이 지닌 장점 덕분에 발레리아누스의 총애를 입어 점차로 로마 제국의 가장 중요한 지휘관의 자리까지 올라가게 되었다. 황제의 칭호를 취했던 장군들은 탁월한 통솔력과 엄격한 규율로 휘하 부대의 존경을 받았거나, 전쟁터에서 보여 준 용맹과 승리로 칭송받았거나, 또는 솔직하고 관대하기 때문에 사랑받았던 사람들이었다. 승리를 거둔 전쟁터가 바로 이들이 추대되는 현장이 되는 경우가 많았고, 심지어 이 모든 황제 후보자들 가운데 가장 경멸할 만한 인물이었던 대장장이 마리우스조차도 대담한 용기, 비할 데 없는 힘, 꾸밈없는 정직성으로 단연 두각을 나타냈던 사람이었다. 그가 얼마 전까지만 해도 비천한 직종에 종사했다

참주들의 성격과 공적

56 원로원은 감격적인 순간에 내려진 갈리에누스의 허가를 기회로 삼아 이용했던 것으로 보인다.

〰〰 참주들의 모호한 혈통 〰〰

는 사실로 인해 그의 등극이 조롱거리가 된 것은 사실이지만, 농민으로 태어나 사병으로 입대한 대부분의 경쟁자들에 비해 그의 출신이 더 미천한 것은 아니었다. 혼란한 시대에 활동적인 천재라면 누구나 날 때부터 자신에게 할당된 자리를 찾아내려 노력하는 법이며, 전반적인 전쟁 상태 속에서 군사적인 자질은 영예롭고 고귀한 자리로 나가기 위한 수단이 되기 마련이다. 열아홉 명의 참주 가운데 원로원 의원은 테트리쿠스 한 사람뿐이었고 귀족도 피소 한 사람뿐이었다. 칼푸르니우스 피소의 혈관 속에는 28대를 거쳐 내려온 누마 왕의 피가 흐르고 있었고, 또한 모계로는 크라수스와 대(大)폼페이우스 조각상을 자기 집안에 진열할 권리를 주장할 만한 자격이 있었다. 그의 조상들은 공화국이 수여할 수 있는 온갖 명예를 거듭 누렸으며, 로마의 모든 오래된 가문들 가운데 카이사르의 폭정에서 살아남은 것도 칼푸르니우스 가뿐이었다. 나아가 피소의 개인적인 품성은 명문가 출신이라는 점을 한층 빛내 주었다. 스스로 명령을 내려 피소를 살해한 찬탈자 발렌스조차 비록 적이라 해도 피소의 고결함은 존경했어야 했다고 깊이 자책하며 고백한 바 있었다. 비록 피소는 갈리에누스에 맞서 싸우다 죽었지만, 원로원은 황제의 관대한 허락을 받아 그처럼 고결했던 반역자를 추모하는 기념물을 제작하기로 선포하였다.56

〰〰 참주들이 반란을 일으킨 요인들 〰〰

발레리아누스의 부하 장군들은 이 아버지에게는 감사를 표하기도 하고 존경하기도 했다. 그러나 사치스럽고 나태한 그의 아들은 섬길 가치가 없다고 생각했다. 이제 로마 세계의 황제 자리는 충성심이라는 원칙에 의해 뒷받침되기는커녕 오히려 이런 군주에 대한 반역이야말로 애국심이라고 생각되기 쉬운 지경에 이르렀다. 그러나 이 찬탈자들의 행동을 공평하게 검토해 보면, 이들이 야심 때문이라기보다는 두려움 때문에 반역을 저지르도록 내몰리는 경우가 훨씬 더 많았다는 점이 분명해질 것이다. 그들은 잔인할 정도로 지독한 갈리에누스의 의심을 두려워했으며, 그와 동시에 변덕스러운 휘하 부대의 폭력성도 두려워했다. 이 무시무시한 군대의 지지를 받아 황제의 자리에 오를 만한 사람이라고 서둘러 선포되기라도 한다면, 그들은 확실히 파멸할 운명에 놓이게 되었다. 따라서 아무리 신중한 사람일지라도 황제의 통치권을 잠시나마 향유하고자 했을 것이며, 사형 집행인의 손을 기다리기보다는 차라리 운명을 건 싸움을 하려 했을 것이다. 군인들이 아우성치며 내켜하지 않는 희생자들에게 군주의 권위를 상징하는 기장을 바쳤을 때, 남몰래 자신에게 닥쳐올 운명을 슬퍼하는 경우도 종종 있었다. 자신이 황제로 등극하던 바로 그 날 사투르니누스는 "너희들은 잃었노라, 유능한 지휘관을 잃었노라. 그리고 매우 비참한 황제를 만들었노라."라고 말했다

사투르니누스의 우려는 거듭된 혁명의 경험에 의해 정당성이 입증되었다. 갈리에누스의 치세 아래서 출현했던 열아홉 명의 참주들 가운데 평온한 삶을 누리거나 자연스러운 죽음을 맞이한 사람은 한 사람도 없었다. 피로 얼룩진 황제의 자주색 의복을 입는 바로 그 순간부터 자신의 지지자들에게 이전에 그들이 반란을 일으키도록 만들었던 것과 똑같은 공포와 야망을 불어넣게 되었던 것이다. 내부의 음모와 군대의 폭동 그리고 내전에 둘러싸인 그들은 위기에 봉착해 전전긍긍하며 길든 짧든 불안에 떨다가 결국에는 파멸하기 마련이었다. 그러나 이처럼 타의에 좌우될 수밖에 없던 군주들도 각기 휘하 부대나 속

참주들의 변사

주가 아첨하며 제공하는 온갖 명예를 얻을 수는 있었다. 단지 그들의 주장은 반역에 기초한 것이어서 법률이나 역사의 승인을 절대 받을 수가 없을 뿐이었다. 이탈리아 본토와 로마 시 그리고 원로원은 일관되게 갈리에누스의 대의명분을 지지했고, 오직 그만을 로마 제국의 군주로 생각했다. 이 황제는 사실상 겸허하게 오다이나투스의 승전 무공을 인정하기도 했는데, 그것은 그가 발레리아누스의 아들인 자신에게 언제나 정중한 태도를 유지하여 이러한 명예로운 특별 대우를 받을 만한 자격이 있기 때문이었다. 로마인들의 거국적인 박수갈채 속에 갈리에누스의 동의를 얻은 원로원은 이 용감한 팔미라인에게 아우구스투스의 칭호를 수여했다. 나아가 그에게 동방에 대한 통치권까지도 위임한 것처럼 보였지만, 사실 그는 독자적인 방식으로 이미 이 지역을 점유하고 있었고 나중에는 이 지역을 마치 사적인 상속물처럼 저 유명한 미망인 제노비아에게 남겨주었다.57

57 이 용감한 팔미라인과 함께 한 공동 통치는 갈리에누스가 재위 기간에 행한 일들 가운데 가장 좋은 평가를 받은 것이었다.

참주들에 의한 권력 찬탈의 치명적인 결과들

인류의 총체적인 재난 가운데서도 냉정함을 유지할 수 있는 철학자가 있다면, 그 냉담한 철학자에게는 오두막에서 옥좌로 다시 옥좌에서 무덤으로 이어지는 이 급속하고 끊임없는 변천 과정이 한낱 웃음거리에 불과할 수도 있었을 것이다. 이처럼 타의에 좌우될 수밖에 없는 황제들이 옹립되어 권력을 누리다가 죽음을 맞이하는 과정은 그들의 신하와 지지자들 모두에게 똑같이 파멸을 안겨다 주는 것이었다. 군대에게는 즉각적으로 이 치명적인 옹립에 대한 응분의 보상이 주어졌는데, 이것은 피폐한 국민들로부터 쥐어 짜낸 막대한 기부금으로 충당되었다. 그들은 자신들의 성품이 아무리 고결하고 의도가 아무리 순수하다 할지라도, 자신들이 탈취한 지위를 유지하기 위해서는 결국 빈번하게 약탈과 잔혹 행위를 자행할 수밖에 없다는 냉엄한 필연성을 깨닫게 되었다. 그들이 몰락할 때면, 휘하 부대와 속주들도 여기에 휘말리게 되었다. 일리리쿰에서 황제를 사칭하고 나섰던 인게누우스를 진압한 후 갈리에누스가 대신들 가운데 한 사람에게 보낸 매우 잔인한 내용의 명령서가 지금도 남아 있다. 온순한 듯하지만 사실은 냉혹한 이 군주는 여기에서 다음과 같이 말하고 있다.

무기를 들고 나섰던 자들을 모조리 없애 버리는 것만으로는 충분치 못하네. 전투를 통해서만이라도 그 정도 효과는 거둘 수 있었을 것이니. 모든 연령대의 남성은 절멸시켜야만 하며, 다만 어린아이와 노인을 처형할 때는 짐의 평판을 지킬 수 있는 방법을 강구하도록 하게. 짐에 대항하여, 발레리아누스의 아들이며 수많은 군주들의 아버지이자 형제인 짐에 대항하는 말을 한 마디라도 입 밖에 냈거나 그러한 생각을 품었던 자들은 모두 죽여 버리게.[58] 인게누우스가 황제인 양 행동했던 자임을 잊지 말고 그를 찢어 죽여 잘게 조각내도록 하게. 짐이 그대에게 짐의 손으로 친히 글을 써 보내는 것은 그대에게 짐의 감정을 느끼도록 하기 위함이네.

국가의 공식적인 군사력이 사적인 싸움에 소모되고 있는 동안 무방비 상태의 속주들은 온갖 침략자들에게 노출되어 있었다. 아무리 용감한 찬탈자들이라 할지라도 난처한 상황에 빠지면 공통의 적과도 수치스러운 조약을 맺거나, 감당하기 힘들 정도의 공물을 바쳐서라도 야만족의 중립 상태나 도움을 매수하고 나아가 로마 제국의 심장부에까지 호전적이고 독자적인 부족들을 끌어들일 수밖에 없었다.[59]

[58] 갈리에누스는 큰아들 살로니우스에게 카이사르와 아우구스투스의 칭호를 모두 부여했다. 살로니우스가 찬탈자인 포스투무스에게 콜로뉴에서 살해당한 후에는 갈리에누스의 둘째 아들이 형의 칭호와 지위를 계승했다. 갈리에누스의 형제인 발레리아누스도 로마 제국을 공동 통치했으며, 황제의 다른 몇몇 형제들과 누이들, 조카들 및 질녀들이 수많은 황실 일가를 형성하고 있었다.

[59] 레길리아누스는 자신의 군대에 록솔라니족의 몇몇 부대를 고용했고, 포스투무스는 프랑크족의 주력 부대를 고용했다. 프랑크족이 에스파냐에 처음 소개되었던 것은 아마도 보조군의 성격을 띠고서였을 것이다.

이상이 발레리아누스 황제와 갈리에누스 황제 치세하에서 야만족들과 참주들이 만들어 낸 상황이었다. 이들은 각 속주들을 해체하고 제국 자체까지도 다시는 빠져나오는 것이 불가능할 정도의 처참한 굴욕과 파멸의 상태로 전락시켰다. 자료가 빈약하기는 했지만 가능한 한 이 재난의 시기에 발생한 전반적인 사건들을 차례대로 따라가서 명쾌하게 밝히고자 노력했다. 그런데도 여전히 몇 가지 개별적인 사실들이 소개되지 못한 채 남아 있다. 시칠리아 섬의 소요 사태, 알렉산드리아에서 일어난 폭동, 마지막으로 이사우리아족의 반란이 그것이다. 이것들이 지금까지 언급한 끔찍한 상황을 설명해 줄 보다 설득력 있는 실마리를 제공해 줄 수 있을 것이다.

<small>시칠리아의 소요</small>

1. 수많은 비적단이 무사히 성공적으로 번창하면서 각 지역의 사법권을 회피하기는커녕 오히려 공공연하게 도전하는 것을 볼 때면, 공동체의 최하층조차도 통치권이 극도로 약화되었다는 사실을 느끼고 악용한다는 점을 쉽게 추론해 낼 수 있다. 시칠리아 섬은 그 지리적 위치로 인해 야만족으로부터 보호될 수 있었을 뿐 아니라 자체 군대로 무장을 하지 않은 무방비 속주라는 점에서는 찬탈자를 지원할 필요도 없었다. 한때 번영을 누렸을 뿐 아니라 여전히 비옥한 이 섬에 재난을 불러온 사람들은 미천한 노동자들이었다. 한동안 노예와 농민들로 이루어진 방자한 무리가 약탈을 자행하며 이 지방을 통치했는데, 이들은 그 이전 시대의 노예 전쟁에 대한 기억을 상기시켰다. 농민들은 약탈의 희생자이거나 아니면 공범이었기 때문에, 시칠리아의 농업은 몰락할 수밖에 없었다. 더욱이 주요한 농경지는 대개 로마의 부유한 원로원 의원들의 사유지였고, 이들은 종종 옛 공화국의 관할 영역이던 공유지까지도 농장 영내로 편

입시켰기 때문에, 이러한 개인적인 손해로 인해 수도 로마가 받은 영향이 고트족이나 페르시아인들이 그 모든 점령지들에 입혔던 피해보다도 더 막심했을 가능성도 있다.

2. 알렉산드리아 건설의 토대가 된 것은 필리푸스의 아들이 구상하고 동시에 완성해 낸 뛰어난 계획이었다. 아름답게 규격화된 형태를 지닌 이 위대한 도시는 오직 로마 시에만 뒤질 뿐이었는데, 그 둘레는 15마일에 달했고 30만 명의 자유시민과 적어도 같은 수의 노예들이 살고 있는 곳이었다. 수익성이 좋은 아라비아 및 인도와의 교역품들이 알렉산드리아 항구를 거쳐 로마 제국의 수도와 속주들로 흘러 들어갔다. 이곳 사람들은 게으름을 몰랐다. 유리 제품을 불어 만드는 일에 종사하는 사람들이 있는가 하면, 아마포를 짜는 데 종사하는 사람들도 있고 또 파피루스 종이를 제조하는 데 종사하는 사람들도 있었다. 남녀노소할 것 없이 모두가 근면하게 각자의 직업에 종사했으며, 맹인이나 절름발이조차도 자신들의 형편에 맞는 직업을 가지고 있었다. 그러나 여러 민족이 뒤섞여 있던 알렉산드리아 시민들은 허영심 많고 변덕스러운 그리스인의 기질과 미신을 잘 믿으며 고집 센 이집트인의 기질을 함께 가지고 있었다. 고기나 콩류가 일시적으로 부족하다거나 평상시 건네는 인사말을 잊었다든가 공중목욕탕에서 순서를 착각했다든가, 심지어는 종교적인 논쟁을 벌였다든가 하는60 지극히 사소한 이유에도 달래기 어려운 맹렬한 기세로 화를 내는 이 수많은 사람들 속에서 그러한 기질은 언제든지 충분히 폭동을 일으킬 만한 요소가 되었다.61 발레리아누스가 포로로 사로잡혀 있고 그 아들은 게으름을 피우게 되자 법의 권위가 약화된 상황에서, 알렉산드리아 시민들은 열정적이고 제어할 수 없는 분노

알렉산드리아의 폭동

60 일례로 신에게 바칠 고양이를 신성 모독적인 방식으로 죽이는 것에 대한 논쟁을 들 수 있다.

61 이 장기간에 걸친 끔찍한 폭동도 처음에는 신발 한 켤레를 두고 어느 병사와 시민 사이에 벌어진 말다툼에서 비롯되었다.

에 스스로를 내맡겼고, 불운한 이 지역 전체가 내란의 무대가 되었다. 그리고 이 내란은 (짧은 기간의 수상쩍은 휴지기가 몇 번 있기는 하지만) 12년 이상 계속되었다. 피폐해진 도시의 몇몇 구역들 사이에는 모든 교통이 단절되었고 모든 거리가 피로 더럽혀졌으며, 견고한 건물은 모두 요새로 개조되었다. 이 폭동은 알렉산드리아의 상당 부분이 복구할 수 없을 정도로 파괴되고 나서야 비로소 진정되었다. 이집트의 역대 왕들과 철학자들의 거주지로서 궁전과 박물관이 자리 잡고 있던 드넓고 장대한 브루키온 지구는 이때 이미 오늘날과 같은 황량하고 적막한 상태에 놓이게 되었는데 한 세기가 넘게 지난 후에도 그 모습 그대로 묘사되고 있었다.

이사우리아인들의 반란

3. 소아시아의 작은 속주인 이사우리아에서 황제를 사칭했던 트레벨리아누스가 일으킨 보잘것없는 반란은 뜻밖에 주목할 만한 결과를 가져왔다. 왕을 자처하던 이 허장성세는 곧 갈리에누스 휘하의 한 장교에 의해 깨지고 말았지만 용서받기를 포기한 그의 추종자들은 황제에 대한 신하로서의 의무뿐만이 아니라 로마 제국에 대한 국민으로서의 의무까지도 분연히 떨쳐 버렸다. 나아가 그들은 결코 완전히 떨쳐 버릴 수 없었던 원래의 야만적인 생활 양식으로 갑작스럽게 되돌아가 버렸다. 넓게 뻗은 타우루스 산맥의 한 지맥인 울퉁불퉁한 바위산이 접근하기 어려운 이들의 은신처를 지켜 주었다. 비옥한 계곡의 경작지에서 생필품을 조달했고, 습관화된 약탈을 통해 사치품을 입수했다. 따라서 이사우리아인은 로마 제국의 한복판에 있으면서도 오랫동안 거친 야만 민족으로 남아 있었다. 그다음 황제들 또한 무력이나 책략 그 어느 것으로도 그들을 복종시킬 수가 없었기 때문에 이 적대적이고 독립적인 장소를 견고한 요

새망으로 둘러싸게 되었고 그 결과 자신들의 무기력함을 인정해야만 했다. 그런데 때로는 이것으로도 이 내부의 적이 감행하는 습격을 저지하기에 충분치 못하다는 것이 드러나기도 했다. 점차 자신들의 영토를 해안 지대로 넓혀 가던 이사우리아인은 마침내 킬리키아의 서부 지방 및 산악 지대를 장악하기에 이르렀다. 이 지역은 전에는 대담한 해적 집단의 본거지였는데, 공화정 시대의 로마 당시에는 이들을 소탕하기 위해 대(大)폼페이우스의 지휘하에 거의 전 병력을 투입해야만 했던 적도 있었다.

기아와 페스트

인간은 너무나 어리석게도 천지만물의 질서를 인간의 운명에 결부시켜 생각하는 경향을 지니고 있어서, 역사적으로 암울했던 이 시기에도 여러 차례에 걸친 홍수나 지진, 보기 드문 유성군, 불가사의한 암흑 상태와 그밖에 꾸며 내거나 과장된 수많은 기이한 현상들이 발생했다는 기록들이 전해 온다. 그러나 당시에 보다 심각했던 재난은 장기간에 걸친 대(大)기근이었다. 이것은 당장 수확 가능한 농작물과 장래의 수확에 대한 기대를 모두 일소해 버린 약탈과 억압의 필연적인 결과였다. 기근이 들면 음식이 부족하고 불결하기 때문에 거의 언제나 전염병이 뒤따르게 마련이다. 그러나 250년에서 265년까지 로마 제국의 모든 속주와 도시 그리고 거의 모든 가정을 연달아 휩쓸었던 그 맹렬한 전염병에는 분명히 또 다른 원인들이 있었을 것이다. 이로 인해 한동안은 로마 시에서만도 매일 5000명이 죽었으며, 야만족의 침입을 모면했던 여러 도시들조차 주민이 완전히 절멸되기도 했다.

이처럼 인류가 겪은 재난에 대해 추측해 보는 우울한 작업에 도움이 될 만한 한 가지 진기한 상황이 알려져 있다. 당시

62 이 사실은 디오니시우스의 서한집에서 발췌한 것인데, 그는 이 고난의 시기에 알렉산드리아의 주교였던 인물이다.

63 많은 구역의 경우에 14세에서 80세 사이에서는 1만 1000명, 그리고 40세에서 70세 사이에서는 5365명으로 기록된 것이 발견되었다.

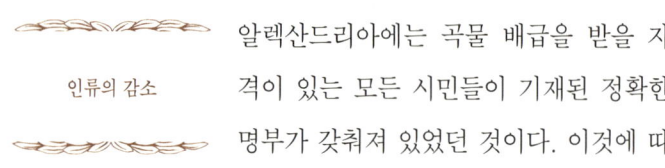

인류의 감소

알렉산드리아에는 곡물 배급을 받을 자격이 있는 모든 시민들이 기재된 정확한 명부가 갖춰져 있었던 것이다. 이것에 따르면 40세에서 70세 사이의 옛 인구 수는 갈리에누스의 치세 이후까지 살아남은 14세에서 80세까지의 배급 신청자의 총수와 맞먹는 것이었음을 알 수 있다.62 이처럼 근거가 확실한 사실을 가장 정확한 사망자 목록에 적용해 보면 알렉산드리아 시민의 절반 이상이 사망했다는 것을 분명히 입증할 수 있다. 나아가 이러한 유추를 다른 지방에까지 과감히 확대해 보면 전쟁과 전염병 그리고 기근으로 인해 불과 몇 년 사이에 인류의 절반이 사망했음을 짐작할 수 있게 된다.63

11

THE DECLINE AND FALL
OF THE ROMAN EMPIRE

클라우디우스 황제의 치세 · 고트족의 패배 · 아우렐리아누스의 승리, 개선, 사망 · 제노비아의 성격

　　비참했던 발레리아누스와 갈리에누스의 치세하에서 로마 제국은 군인과 참주, 야만족들에게 시달려 거의 붕괴 지경에 이르렀다. 제국을 구출해 낸 것은 일리리쿰 지역 출신으로 몇몇 호전적인 위대한 군주들이었다. 대략 30년 이내에 클라우디우스, 아우렐리아누스, 프로부스 및 디오클레티아누스와 그의 동료 황제들은 제국 안팎의 적들에게서 승리를 거두었으며, 군기를 확립하여 변경 지대의 방어력을 재건했다. 이들은 로마 세계를 부흥시킨 사람들이라는 영광스러운 칭호로 불릴 자격이 있었다.

　　나약한 참주가 제거된 후 여러 영웅들에게 출세의 길이 열렸다. 분노한 국민들은 모든 재난을 갈리에누스의 탓으로 돌렸고, 실제로 상당 부분이 그의 방종한 태도와 경솔한 통치 행위의 결과였다. 대개 명예심이 공적인 미덕의 결핍을 보완해 주기 마련인데 그는 이런 도의심마저 없었다. 그가 이탈리아

> 이탈리아를 침입한 아우레올루스가 패하고 밀라노에서 포위 공격을 받음

[1] 베르가모에서 13마일, 밀라노에서 32마일 떨어져 있는 폰스 아우레올리를 말한다. 1703년에는 이 부근에서 프랑스군과 오스트리아군 사이에 카사노의 격전이 벌어지기도 했다.

본토의 소유권을 영유할 수 있는 한 야만족의 승리나 속주의 상실, 장군의 반란 같은 문제들은 쾌락에 빠진 그의 평화로운 일상을 어지럽힐 수 없었다. 결국에는 상(上)도나우 강 지역에 주둔하던 대부대가 자신들의 지휘관인 아우레올루스에게 황제의 자의를 입히게 되었다. 라에티아의 산악 지대로 제한된 시시한 통치 행위를 하찮게 여긴 그는 알프스를 넘어 밀라노를 점령하고 로마를 위협했으며, 나아가 이탈리아의 통치권을 놓고 갈리에누스에게 도전하기까지 했다. 황제가 이러한 모욕에 분노하고 위험에 직면하여 겁먹게 되자, 때때로 나태한 기질을 뚫고 나타나곤 했던 그의 잠재력이 갑자기 발휘되었다. 가까스로 호사스러운 궁정 생활을 떨쳐내고 그는 무장을 하고 군대의 선두에 나서서 포 강 너머로 진격하여 자신의 경쟁자와 대적했다. 아다 강에 놓여 있는 한 다리는 다소 와전된 폰티롤로(Pontirolo)[1]라는 이름으로 지금까지도 그 명성을 유지하고 있는데, 이곳은 그 전투에서 양측 군대 모두에게 가장 중요한 목표 고지였던 것이 분명하다. 이 라에티아의 찬탈자는 참패를 당하고 중상을 입은 후에 밀라노로 후퇴했다. 즉시 이 대도시에 포위 공격이 가해졌으며, 성벽은 옛 사람들이 사용했던 온갖 병기들로 난타당했다. 자기 군대의 병력을 믿을 수 없을 뿐 아니라 외부 원군에 대한 희망조차 가질 수 없던 아우레올루스는 성공하지 못한 반란의 숙명적인 결말을 이미 예상하고 있었다.

그는 마지막 수단으로 포위 공격자들의 충성심을 교란시키려 했다. 그는 상대 진영에 비방하는 글들을 뿌려, 군대에게 자신의 쾌락을 위해 국민의 행복을 희생시키고 극히 사소한 혐의에도 귀한 신하들의 생명마저 빼앗아 버리는 비열한 지배자

서기 268년

를 버리라고 호소했다. 아우레올루스의 책략은 적진의 주요 장교들 사이에 우려와 불만을 퍼뜨렸다. 그리하여 근위대장 헤라클리아누스와 명성 높은 고위 장교인 마르키아누스, 달마티아 수비대라는 대부대를 이끌던 케크로프스가 모의를 하게 되었다. 그들은 갈리에누스를 죽이기로 결의했다. 이들은 그에 앞서 밀라노에 대한 포위 공격을 끝낼 수 있기를 바랐지만, 잠시라도 지체할 경우 발생할지 모를 엄청난 위험 때문에 자신들의 대담한 목적을 서둘러 실행할 수밖에 없었다. 밤이 늦었지만 황제가 여전히 연회석상의 쾌락을 이어 가고 있던 어느 밤, 아우레올루스가 전군을 진두 지휘하여 필사적인 출격을 감행했다는 급보가 전해졌다. 갈리에누스도 개인적인 용기라면 결코 부족하지 않은 사람이었기에, 비단 침상에서 벌떡 일어난 후 갑옷을 걸치거나 근위병을 불러 모을 새도 없이 말에 올라 공격 예상 지점을 향해 전속력으로 달려갔다. 그는 이내 공공

서기 268년 3월, 갈리에누스의 죽음

연한 적군 혹은 은밀한 반역자들에게 에워싸였고, 밤중에 벌어진 이 소동 가운데 알 수 없는 한 손이 던진 치명적인 창에 찔리고 말았다. 숨을 거두기 전 마음속에 솟아오른 애국심 덕분에 갈리에누스는 합당한 후계자를 지명할 수 있었다. 당시에 파비아 인근 지역에서 파견 군대를 지휘하고 있던 클라우디우스에게 황제를 상징하는 모든 표장들을 인도하라는 것이 그의 마지막 요구였다. 이 소식은 부지런히 전달되었고, 이미 클라우디우스를 제위에 앉히기로 합의했던 공모자들은 기꺼이 이 명령에 복종했다. 처음에 황제가 사망했다는 소식을 들었을 때 로마군은 얼마간의 의심과 분노를 표명했지만, 병사들에게 금화 스무 닢씩의 상여금이 주어지자 곧 의심이 걷혔으며 분노도 진정되었다. 나아가 그들은 새로운 군주의 옹립을 승인하고 그

의 능력도 인정했다.

클라우디우스 황제의 품성과 즉위

클라우디우스의 출신은 매우 불확실한데, 비록 나중에 그를 추켜세우는 몇몇 꾸며 낸 이야기로 윤색이 되긴 했어도[2] 비천한 가문 태생이라는 것을 드러내기에는 충분한 것이었다. 도나우 강에 인접한 속주들 가운데 한 곳에서 태어났으며 젊은 시절을 군대에서 보냈고 겸손하면서도 용기 있는 태도로 데키우스 황제의 총애와 신임을 이끌어 냈다는 것을 알 수 있을 뿐이다. 원로원과 국민들은 이미 그를 가장 중요한 임무를 맡길 수 있을 만큼 탁월한 무관이라고 여기고 있었고, 일개 군단 참모장교라는 하위직에 방치한 발레리아누스의 무심함을 비난한 적도 있었다. 그러나 오래지 않아 황제는 클라우디우스의 재능을 알아보았다. 그를 일리리쿰 변경 지대의 총군단장으로 선포하고 트라키아, 모에시아, 다키아, 판노니아 및 달마티아의 전군에 대한 통수권을 부여했을 뿐 아니라, 이집트 군단장에 임명하고 아프리카 식민지 총독직으로 취임시켰으며, 집정관직을 주기로 확실히 약속했다. 여러 차례 고트족에게 승리를 거두게 되면서 그는 원로원으로부터 조각상을 세울 수 있는 명예를 부여받을 자격을 갖추게 되었을 뿐 아니라 갈리에누스의 질투심 어린 불안까지 자극하게 되었다. 군인이 이처럼 방탕한 군주를 존경하기란 불가능한 일이었으며 경멸감을 숨기는 것도 쉬운 일이 아니다. 클라우디우스가 무심코 입 밖에 낸 몇 마디가 참견하기 좋아하는 사람들로 인해 황제의 귀에 전달되기도 했다. 황제가 자신이 신뢰하는 어느 장교에게 보낸 한 통의 답장은 그 자신의 품성과 당시의 시대적 특성을 매우 생생한 모습으로 보여 준다.

[2] 터무니없게도 어떤 사람들은 그가 고르디아누스 2세의 사생아라고 추측했다. 또 다른 사람들은 다르다니아 속주 출신이라는 점을 들어 그가 다르다노스족과 고대 트로이 왕가의 혈통이라고 추측하기도 했다.

짐에게 그대의 최근 보고[3]에 담겨 있던 정보보다 더 심각한 근심을 안겨 주는 일은 없다네. 어떤 자가 악의적인 비방으로 짐의 친구이자 부모라 할 수 있는 클라우디우스의 마음이 짐으로부터 멀어지도록 했다는 것이었지. 그대가 충성심을 중요하게 생각한다면, 그의 분노를 달래기 위해 모든 수단을 강구해야 할 것이네. 단 교섭을 할 때는 은밀히 해야 할 것이네. 그리고 이 사실이 다키아 주둔군에 알려지지 않도록 하게. 그들은 이미 충분히 자극받은 상태니까, 이런 소식은 그들의 분노를 더 불타오르게 할지도 모르네. 짐 자신도 그에게 몇 가지 선물을 보냈다네. 그가 그 선물들을 기꺼이 받아들이도록 그대가 신경을 써 주기 바라네. 무엇보다도 짐이 그의 경솔한 언행을 이미 알고 있다는 사실을 그가 의심하지 않도록 해 주기 바라네. 짐의 분노에 대한 두려움으로 그가 목숨을 건 결심을 하도록 내몰릴 수도 있다네.

군주가 자신의 불만에 찬 신하에게 화해를 간청하는 비굴한 편지와 함께 전해진 선물들은 상당한 액수의 돈과 화려한 의상 한 벌, 그리고 은과 금으로 된 값비싼 접시 한 벌로 이루어졌다. 이런 책략으로 갈리에누스는 일리리쿰을 관할하는 이 장군의 분노를 달래고 불안을 해소시켰다. 그리하여 나머지 통치 기간 중에 클라우디우스의 막강한 군사력은 언제나 자신이 경멸하는 바로 이 군주를 위해서만 동원되었다. 결국 실제로는 그도 갈리에누스의 피로 더럽혀진 황제의 자리를 공모자들로부터 받아들였지만, 그 자신이 그들의 막사에서 벌어진 회합에 참여하지는 않았다. 따라서 그가 공모자들의 행위에 박수갈채를 보냈다 할지라도, 거기에 대한 사전 지식은 없었다고 생각해도 무방하다. 제위에 올랐을 때, 클라우디우스의 나이는 대

[3] 일명 노토리아(Notoria)라고 하는 것으로 황제가 각 속주에 퍼져 있던 프루멘타리, 즉 비밀 요원들로부터 전달받던 정기적인 공식 급송 문서였다. 이에 관해서는 앞으로 설명하게 될 것이다.

략 54세였다.

아우레올루스의 죽음

밀라노에 대한 포위 공격은 여전히 계속되고 있었다. 아우레올루스는 곧 자신의 술책이 통해 오히려 더 단호한 적수가 등장했을 뿐이라는 점을 알게 되었다. 그는 클라우디우스 황제와 동맹과 분권에 관한 조약을 교섭하고자 시도했다. 이 대담한 황제는 이렇게 응답했다.

> 그에게 전하라. 그따위 제안은 갈리에누스에게나 했어야 했다고. 아마도 그라면 그따위 제안도 끈기 있게 들어 주고 자기 자신만큼이나 비열한 자를 동료로 맞아들였겠지.

이처럼 단호히 거절당하여 마지막 노력마저 실패하게 된 아우레올루스는 이 도시와 그 자신을 정복자의 재량에 맡길 수밖에 없었다. 군사 법정은 그에게 사형을 언도했고, 클라우디우스도 잠시 약하게 반대한 후 곧 형 집행에 동의했다. 새로운 군주를 위한다는 점에서는 원로원의 열성 또한 누구 못지않게 열렬했다. 그들은 진지한 열의를 표출하며 클라우디우스의 옹립을 승인했다. 나아가 전임 황제는 그들 계급의 개인적인 적이기도 했기 때문에, 정의라는 명목하에 그의 친구와 가족들에게 가차 없는 복수를 가했다. 황제는 원로원이 징벌이라는 불쾌한 임무를 수행하도록 내버려 두고, 자신은 대사면령을 중재하는 데서 오는 즐거움과 공을 차지했다.[4]

클라우디우스의 관대함과 정의

클라우디우스의 진면목은 이런 과시적인 온정적 조치에서보다는 오직 양심의 명령만을 따른 것처럼 보이는 사소한 사건에서 잘 드러난다. 갈리에누스 황제 시대에는 여러 속주에서

[4] 사람들은 갈리에누스가 천벌을 받기를 소리 높여 기원했다. 원로원은 그의 친척과 하인들을 게모니아 계단 꼭대기에서부터 아래로 굴려 떨어뜨리라고 판결했다. 세무를 담당했던 한 고약한 관리는 심문을 받는 중에 눈알이 빠지는 고문을 당하기도 했다.

빈번하게 발생했던 반란으로 거의 모든 사람이 반역죄에 연루되어 있었고 거의 모든 사유지가 몰수될 상황에 처해 있었다. 갈리에누스는 종종 반역에 연루된 신하들의 재산을 부하 장교들에게 나누어 주어 자신의 관대함을 과시하곤 했다. 클라우디우스가 즉위한 직후 한 노파가 그의 발 아래에 엎드려 전임 황제의 어느 부하 장군에게 자기 가문의 세습 재산에 대한 양도권이 부여되어 있다고 하소연한 일이 있었다. 이 장군이란 바로 클라우디우스 자신이었는데, 그 또한 당대의 혼탁한 상황에서 완전히 벗어나 있지는 못했던 것이다. 황제는 이 비난에 부끄러워하기는 했지만 그의 공정함을 기대했던 노파의 신뢰를 받을 만한 자격이 있는 사람이었다. 자신의 과오를 고백하는 동시에 즉각적이면서도 충분한 손해 배상을 해 주었던 것이다.

클라우디우스는 제국의 옛 영광을 되찾으려는 힘겨운 과업에 착수했는데, 이 과업을 실행하는 데 우선적으로 필요한 것은 군대 내에 질서와 복종의 정신을 되살리는 것이었다. 경험 많은 지휘관의 권위로, 병사들의 군기가 해이해지는 바람에 장기간에 걸쳐 연달아 소요 사태가 발생했고 그 결과는 결국 군인들 자신이 체험했던 바 그대로라는 점을 그들에게 지적해 주었다. 또한 폭정으로 피폐해지고 절망으로 나태해진 국민은 수많은 군인들에게 사치품은커녕 생존 물자조차도 더 이상 공급할 수 없을 것이라는 점과 옥좌에 앉아 떨고 있는 군주들은 거슬리는 신하라면 누구라도 즉시 제거하여 자신들의 안위를 도모하려 할 것이기 때문에 각 개인이 당면할 위험성도 군대 내의 전제(專制)와 비례하여 배가한다는 점을 설명해 주었다. 황제는 오직 자신들의 피를 대가로 치르고 나서야 만족하게 될 군인들의 불법적이고 변덕스러운 행동이 끼치는 해악에 대해

군대 개혁을 시도한 클라우디우스

자세히 설명해 주었다. 선동적인 황제 옹립은 대개가 내전으로 이어졌고, 이 내전에서는 전쟁터에서든 아니면 승자의 잔인한 학대를 받아서든 여러 부대의 젊은이들이 생명을 잃었다는 점을 상세히 알려 주었다. 또한 고갈된 국고의 상태, 여러 속주의 황폐화, 로마인의 명성에 가해진 치욕 그리고 승리에 자만하고 있는 탐욕스러운 야만족에 관해서 가장 생생한 방식으로 묘사해 주었다. 그리고 그가 로마군 병력을 동원하여 최초로 맞서고자 마음먹은 것은 바로 이들 야만족이라는 것을 선언했다. 얼마 동안은 테트리쿠스가 서쪽을 지배하고 심지어 제노비아조차도 동방에 대한 통치권을 유지했을지도 모른다. 이런 찬탈자들은 그의 개인적인 적들이기도 했지만 제국을 구해 내기까지는 개인적인 분노에 몰두할 엄두를 낼 수 없었다. 제국의 붕괴가 임박해 있어서 만약 적절한 시기에 막아 내지 못한다면 군대와 국민들 모두가 궤멸될 것이기 때문이었다.

서기 269년,
고트족의 로마 제국 침입

고트족의 깃발 아래 모여 싸웠던 게르마니아와 사르마티아의 여러 부족들은 이미 지금까지 흑해에서 출정했던 어떤 부족보다도 더 막강한 군사력을 집결시킨 상태였다. 그들은 흑해로 흘러드는 커다란 강들 가운데 하나인 드니에스테르 강 유역에 2000, 아니 심지어 6000척이라고도 하는 일단의 함대를 조직해 놓았다. 아무리 믿을 수 없을 만큼 엄청난 수치라 해도 이 숫자로는 외형상 32만 명에 달하던 야만족 군대를 수송하기에는 부족했을 것이다. 이들 고트족의 진정한 군사력이 어느 정도였든지 간에, 이 원정에서 보여 준 위력과 성과는 그 엄청난 준비 작업에는 못 미쳤다. 원정대가 보스포루스 해협을 통과할 때 미숙한 키잡이들은 맹렬한 해류를 이겨 내지 못했을 뿐 아니라 많은 배가 좁은 해협에 몰려들자 여러 척이 서로 충돌하거나 해안에 좌초했다. 이 야만족들은 몇 번이나 유럽이나 아시아 쪽의 해안 지대에 상륙하려 했다. 그러나 광활한 평야 지대는 이미 약탈당한 상태였고 습격 대상으로 삼았던 요새 도시들로부터도 치욕과 손실만 입은 채 격퇴당했다. 함대 내에 낙담과 불화의 기운이 피어올랐으며 몇몇 족장들은 배를 몰고 크레타 섬이나 키프로스 섬으로 가 버리기도 했다. 그러나 보다 꾸준히 항로를 따라가던 주력 부대는 마침내 아토스 산기슭 부근에 정박한 다음 마케도니아의 모든 속주 중에서 가장 부유한 수도인 테살로니카를 급습했다. 그러나 맹렬하지만 무모한 용기를 과시했던 이 공격은 클라우디우스가 신속하게 접근해 오면서 중단되었다. 그는 제국에 남아 있는 모든 병력을 진두지휘하여 용맹한 군주의 모습을 드러내기에 적합한 전쟁터로 서둘러 달려왔다. 전투를 벌이고 싶어 조바심을 내고 있던 고트족은 즉시 진지를 해체하고 테살로니카에 대한 포위 공격을 중단한 다음, 아토스 산기슭에 함대를 남겨 둔 채 마케도니아 구릉 지대를 넘어 이탈리아의 최종 방어선을 돌파하기 위해 밀어닥쳤다.

이 기억할 만한 사건을 앞두고 클라우디우스가 원로원과 국민에게 보낸 편지 원문 한 통이 지금까지도 전해 온다.

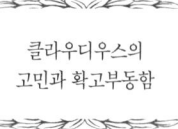
클라우디우스의
고민과 확고부동함

원로원 의원 여러분, 32만 명의 고트족이 로마의 영토로 침입해 왔음을 알립니다. 짐이 그들을 무찌른다면, 짐의 노고는 여러분의 감사로 보답받을 것입니다. 그러나 짐이 실패한다면 짐이 갈리에누스 황제의 후계자라는 점을 기억해 주기 바랍니다. 제국 전역은 약화되고 소진되어 있는 상태입니다. 짐은 온당하게도 갈리에누스를 경멸해 반란을 일으킨 발레리아누스,

인게누우스, 레길리아누스, 롤리아누스, 포스투무스, 켈수스 등 그외 많은 사람들을 본받아 싸울 것입니다. 그러나 우리 군대는 단창과 투창, 방패가 부족합니다. 게다가 제국의 군사력은 갈리아와 에스파냐에서는 테트리쿠스에 의해 찬탈당한 상태이며, 부끄럽게도 인정하는 바이지만 동방의 궁수 부대는 제노비아의 기치 아래 복무하고 있습니다. 그러므로 이제 성취하고자 하는 이 일은 분명 중대한 일이 될 것입니다.

이 편지에 드러나는 비장할 정도의 굳은 결의는 이 영웅이 자신에게 닥친 위험을 잘 알고 있지만 자기 운명에는 무관심하며, 여전히 자기 마음속으로부터 다져진 희망을 이끌어내고 있다는 점을 보여 준다.

고트족에 맞서 승리한 클라우디우스

그 결과는 그 자신의 기대와 세상의 예상을 모두 뛰어넘는 것이었다. 여러 차례에 걸친 괄목할 만한 승리를 통해 그는 이 야만족 무리로부터 제국을 구해 낼 수 있었고 나아가 후대에 '고트족을 정복한 클라우디우스'라는 영광스러운 이름을 떨치게 되었다. 불규칙하게 벌어졌던 전쟁인데다 역사가들의 기록마저 불완전하기 때문에 그의 공적을 순차적인 경과에 따라 설명하기는 힘들다. 그러나 상상력을 동원한다면, 이 주목할 만한 비극을 3막으로 나눠 볼 수 있을 것이다. 1. 결전은 다르다니아에 위치한 도시인 나이수스에서 벌어졌다. 처음에 로마군은 수에서 압도당했을 뿐 아니라 불운까지 겹쳐 당황하면서 지고 말았다. 황제가 지략을 써서 적절한 시기에 투입할 원군을 마련해 놓지 않았다면, 그들은 파멸을 피할 수 없었을 것이다. 황제의 명에 따라 사전에 차지하고 있던 으슥하고 험준한 산악 지대의 여러 통로에서 대규모 파견 부대가 나타나 승리에 취해 있던 고트족의 후방을 갑자기 습격했다. 게다가 클라우디우스의 활약이 이 유리한 기회를 더욱 효과적으로 만들었다. 그는 군대의 사기를 되살리고 전열을 재정비한 다음 사방에서 야만족들을 압박해 갔다. 나이수스 전투에서만 5만 명이 살육되었다고 한다. 야만족의 여러 대부대는 짐마차를 이동 요새로 삼아 퇴각을 엄호하며 이 살육의 현장으로부터 후퇴했다기보다는 차라리 도주했다고 할 수 있다. 2. 클라우디우스는 아마 군대의 피로나 불복종같이 다루기 힘든 곤경에 처하는 바람에 이날 하루 만에 고트족을 궤멸시키지 못했던 것으로 추정된다. 전쟁은 모에시아와 트라키아, 마케도니아의 여러 속주로 확대되었고, 군사 작전은 육상과 해상 양쪽에서 진격과 습격, 지리멸렬한 교전 등 다양한 형태로 진행되었다. 로마군이 패배할 경우, 그것은 대개 그들 자신의 비겁함이나 무모함에서 빚어진 일이었다. 그러나 황제가 탁월한 지략가이고, 전 국토에 대해 완벽한 지식을 지녔으며, 장교를 배치하거나 작전을 수립할 때도 현명하게 선택했다는 점은 대부분의 경우 황제의 군대에 성공을 보장해 주었다. 수많은 승리의 산물인 막대한 전리품의 대부분은 가축과 노예들이었다. 고트족 젊은이들 가운데 엄선된 자들로 구성된 한 무리는 황제의 군대에 편입되었으며, 그 나머지는 노예로 팔려 나갔다. 그리고 여자 포로의 수가 엄청났기 때문에 모든 병사들이 각기 자기 몫으로 두 명에서 세 명의 여성을 손에 넣을 수 있었다. 이러한 정황으로 보건대 침략자들은 약탈뿐만 아니라 정착을 하려는 의도를 지녔던 것으로 보인다. 해상 원정인데도 가족들을 동반했기 때문이다. 3. 나포나 침몰로 함대를 잃어 버린 고트족은 퇴로마저 차단당했다. 로마군은 여러 개의 초소를 하나의 원이 되도록 교묘히 배치한 후 굳건히 방어하며 점차 하나의 중심점을 향해 다가가 결국에는 하이무스 산에서도 가장 접근하기 어렵다는 지점으로 야만족들을 몰아넣었다. 그런데 이곳은 안전한 피난처이기는 했지만 생존 수단은 거의 없는 곳이었다. 황제의 군대에게 포위된 채 혹독한 겨울을 나는 동안, 갇혀 있던 사람들의 수는 굶주림과 전염병, 탈주, 그리고 살육으로 계속해서 감소하였다. 봄이 돌아왔지만 무모하고 필사적인 한 개 부대를 제외하고는 무기를 들고 나타난 사람이 아무도 없었다. 드니에스테르 강 어귀에서 승선했던 그 거대한 무리의 잔당은 이들뿐이었던 것이다.

서기 270년

그처럼 수많은 야만족을 전멸시키다시피 했던 전염병은 마침내 승자들에게도 치명적인 결과를 초래했다. 짧지만 영광스러웠던 2년간의 치세 후에 클라우디우스는 시르미움에서 신하들의 눈물과 탄성 가운데 숨을 거두었다. 그는 임종 직전 병마에 시달리면서도 정부와 군대의 주요 인사들을 모아 놓고, 부하 장군들 가운데 한 사람인 아우렐리아누스를 제위에 오를 최적격자이자 자신은 오직 그 시작만을 맡았던 저 위대한 계획을 실행할 최적임자로 천거했다. 클라우디우스는 미덕과 용기, 상냥함, 정의감, 자제력, 그리고 명예와 조국에 대한 사랑으로 인해 로마의 제위에 빛을 더한 몇 안 되는 황제들의 명단 가운데 자리하고 있다. 그러나 이런 여러 가지 미덕은 콘스탄티누스 대제 시대의 궁중 작가들에 의해서 특히 열성적으로 찬양되었는데, 콘스탄티누스는 바로 클라우디우스의 형인 크리스푸스의 증손자였다. 이 아첨꾼들은 클라우디우스를 지상에서 그처럼 급하게 빼앗아 간 신들이 그의 재능과 애국심에 대한 보답으로 제국의 통치권을 그의 가문

서기 270년 3월, 아우렐리아누스를 계승자로 천거하고 사망한 클라우디우스

에 영원히 부여했다고 거듭 말하는 데 길들여져 있었다.

이런 신탁에도 불구하고 플라비우스 (그들은 이 가명(家名)을 즐겨 사용했다.) 가문이 번영기를 맞이하는 것은 20년 이상 지연되었을 뿐 아니라 클라우디우스 황제의 등극은 결국 동생인 퀸틸리우스의 파멸에 직접적인 원인으로 작용했다. 퀸틸리우스는 고인이 된 황제가 애국심을 발휘함으로써 그 자신에게 선고된 일개 시민으로의 신분 하강을 견딜 만큼의 자제심이나 용기를 지니지 못했던 것이다. 그는 잠시도 지체하거나 재고하지 않고 상당한 군사력을 통솔하고 있던 아퀼레이아에서 황제를 사칭하고 나섰다. 그의 재위 기간은 17일에 불과했지만, 이 사이에 그는 원로원의 승인을 받아 냈을 뿐 아니라 군대의 반란까지 겪었다. 그는 도나우 강 유역의 대군이 용맹으로 명성이 높은 아우렐리아누스에게 황제의 권력을 부여했다는 소식을 듣자 곧 이 경쟁자의 명성과 재능을 감당하지 못해 낙담했다. 결국 그는 자신의 혈관을 자르도록 명령함으로써 현명하게도 이 감당 못할 경쟁에서 스스로 물러났다.

퀸틸리우스의 시도와 몰락

이 책을 집필하는 전반적인 의도에 따르자면 역대 황제의 즉위 이후의 행적을 일일이 설명할 여지는 없으며, 즉위 이전의 사적인 인생에서 겪은 흥망성쇠의 경과까지 더듬어 볼 여유는 더군다나 없다. 따라서 여기에서는 다만 아우렐리아누스의 아버지가 시르미움 지역에 살면서 부유한 원로원 의원 아우렐리우스의 소유지인 작은 농장을 빌려 경작했던 소농민이었다는 사실 정도만을 설명해 두고자 한다. 용맹한 그의 아들은 일반 병사로 군에 입대했는데, 이후 백인대장, 군단 참모장교, 군단장, 군영총감, 대장 또는 당시 불리던 대로는 변경 지역의

아우렐리아누스의 태생과 군 경력

11장 351

5 테오클리우스는 그가 어느 하루 만에 자기 손으로 직접 마흔여덟 명의 사르마티아인을 죽였고, 연이어 벌어진 몇몇 전투에서는 모두 950명을 죽였다고 주장한다. 병사들은 이러한 영웅적인 무용을 동경했기에 조잡한 군가로 그를 찬양했다.

군주 등의 직책으로 승진을 거듭했다. 그리고 마침내 고트 전쟁 기간 동안에 기병대 대장이라는 중요한 직책을 맡게 되었다. 어느 직책을 맡든지, 그는 비할 데 없는 용기5와 엄격한 규율 그리고 뛰어난 지도력으로 단연 두각을 나타냈다. 그는 발레리아누스 황제에게서 집정관직을 부여받았으며, 그 당시의 과시적인 표현법에 따른 일리리쿰의 구원자, 갈리아의 탈환자, 스키피오 일족의 맞수와 같은 칭호까지 수여받았다. 트라야누스 황제와 같은 혈통을 이어받아 최고의 재능과 지위를 겸비한 원로원 의원 울피우스 크리니투스는 발레리아누스의 천거로 이 판노니아 출신 농부를 양자로 삼았을 뿐 아니라 자신의 딸을 아내로 주기까지 했다. 게다가 그는 자신의 풍부한 재산으로 아우렐리아누스가 그때까지 지켜 왔던 명예롭지만 빈곤한 삶에서 벗어나게 해 주었다.

아우렐리아누스의 성공적 통치

아우렐리아누스의 통치 기간은 불과 4년 9개월가량 지속되었을 뿐이지만 그 짧은 기간에도 불구하고 매 순간순간이 기억할 만한 업적들로 충만했다. 그는 고트 전쟁에 종지부를 찍었고 이탈리아로 쳐들어온 게르만족을 응징했으며, 갈리아와 에스파냐, 브리타니아를 테트리쿠스의 손아귀에서 탈환했다. 나아가 유린당한 제국의 폐허 위에 제노비아가 건설한 동방의 저 오만한 군주국까지 멸망시켰다.

아우렐리아누스의 엄격한 규율

그의 군대가 이처럼 연이어 성과를 올렸던 것은 규율에 관해서라면 아주 사소한 조항까지도 신경을 썼던 아우렐리아누스의 엄격한 태도 덕분이었다. 그가 제시한 여러 가지 군대 규정이 휘하 하급 장교들 가운데 한 사람에게 보낸 매우 간결한 한 통의 편지에 열거되어 있음을 볼 수 있는데, 여기에서 그는 이 장교에게 군단 참모장교가 되고 또한 목숨을 부지하기를 원한다면 이 규정들을 실행하라고 명령하고 있다. 도박과 음주, 점술은 엄격하게 금지되었다. 아우렐리아누스는 휘하 병사들이 절도 있고, 검소하며, 근면하기를 원했다. 갑옷은 항상 빛이 날 정도로 손질해 두어야 하고 무기는 예리하게 갈아 두며 군복과 군마는 즉시 사용할 수 있도록 준비해 두어야 했다. 병영 내에서는 금욕과 금주를 실행해야 하며 곡물 경작지에 피해를 입혀서는 안 되고 양이나 닭 한 마리 혹은 포도 한 송이조차 훔쳐서는 안 되었다. 또 지주들에게 소금이나 기름, 목재를 무리하게 요구해서도 안 되었다. 황제는 계속하여 이렇게 말하고 있다.

국가의 급여만으로도 그대들이 생활하기엔 충분하다. 재물은 적에게서 빼앗은 전리품으로 모으는 것이지 지역 주민들의 눈물로부터 모으는 것이 아니다.

다음과 같은 한 가지 실례만으로도 아우렐리아누스가 엄격할 뿐 아니라 심지어는 무자비하기까지 했다는 것을 보여 주기에 충분하다. 병사들 가운데 한 사람이 묵고 있던 집주인의 아내를 유혹하여 농락한 일이 있었다. 유죄를 선고받은 이 비열한 병사는 좌우에서 억지로 끌어당겨 휘어진 두 그루의 나무 사이에 묶였고, 묶인 두 나무 사이가 갑자기 절단되면서 사지가 갈기갈기 찢겨 나갔다. 이런 몇 가지 본보기는 병사들을 깜짝 놀라게 하여 유익한 효과를 가져왔다. 아우렐리아누스의 처벌은 끔찍한 것이었지만, 그 때문인지 똑같은 위반 행위에 대해 한 번 이상 처벌을 가할 필요는 거의 없었다. 그리고 그의 품행이야말로 이러한 군율에 정당성을 부여해 주었다. 따라서 불온했던 군대도 군율 준수가 몸에 배고 통솔자로서도 손색이 없는 이 지배자를 두려워하게 되었다.

고트족과 협상을
체결한 아우렐리아누스

한편 클라우디우스 황제가 사망하자 약해졌던 고트족의 사기가 되살아났다. 하이무스 산의 여러 관문과 도나우 강 유역을 지키던 군대마저 내전에 대한 우려로 철수하고 나자, 남아 있던 고트족과 반달족 무리들은 이 호기를 놓치지 않았다. 우크라이나의 정착지를 포기하고 강을 건너온 새로운 무리가 그들의 파괴적인 동족으로 구성된 기존 군대와 합류하면서 고트족의 병력은 더욱 증대되었다. 이 연합한 무리들은 결국 아우렐리아누스와 마주치게 되었고, 유혈이 낭자할 뿐 결과를 알 수 없던 전투는 밤이 찾아들면서 겨우 끝났다. 고트족과 로마군은 모두 20년에 걸친 전쟁 기간 동안 각자 견뎌야 했거나 서로에게 가했던 수많은 재난으로 지칠 대로 지쳐 버렸기 때문에, 마침내 영구적이며 쌍방에 이로운 조약을 맺기로 합의했다. 이것은 야만족들이 진정으로 갈망했던 것이었을 뿐 아니라 로마군 또한 기꺼이 승인한 것이었다. 빈틈없는 아우렐리아누스는 이처럼 중요한 문제의 결정을 군대의 표결에 맡겼다. 고트족은 로마군에 기병으로만 구성된 2000명 규모의 보조군을 제공하기로 약속하고 그 대신 안전하게 후퇴하게 해 줄 것과 도나우 강 유역에 이르기까지 황제의 감독 하에 자신들이 비용을 부담하는 방식으로 정기적인 시장을 열게 해 줄 것을 요구했다. 이 조약은 매우 충실하게 준수되었다. 일례로 500명으로 구성된 일단의 무리가 약탈을 목적으로 진지에서 벗어나자, 이 야만족의 왕 혹은 장군이 죄를 범한 무리의 지도자를 체포하여 창을 던져 죽임으로써 그를 자신들이 맺은 계약의 존엄성에 바치는 희생 제물로 삼기도 했다. 그러나 그들이 이처럼 평화를 유지하고자 노력하게 된 데는 아우렐리아누스가 취한 예방 조치, 즉 고트족 족장들의 아들, 딸들을 볼모로 잡아 두었던 일이 큰 도움이 되었던 것 같다. 황제는 청년들은 자신의 곁에 두고 무예를 연마하도록 했으며, 처녀들은 자유로운 로마식 교육을 받게 한 후 고위 관료들과 결혼을 시켜 두 민족 간에 점진적으로 친밀하고 애정이 넘치는 관계가 형성되도록 만들었다.6

그러나 평화를 정착시킨 가장 중요한 조건은 조약 속에 명시되어 있는 것이라기보다는 오히려 암묵적인 것이었다. 아우렐리아누스는 다키아로부터 로마 군대를 철수시키고, 이 광활한 지역을 고트족과 반달족에게 암암리에 넘겨주었다. 그는 이 남자다운 결단으로 제국의 변경을 축소함으로써 확고한 이익을 얻을 수 있다고 확신하고 외견상의 치욕 정도는 무시해 버렸다. 다키아의 로마인들은 어차피 경작이나 방어가 불가능했던 외딴 지역을 떠나게 된 것에 불과한데다, 이 결단으로 도나우 강 남쪽 지대에 세력과 인구를 보태 주는 결과를 낳았던 것이다. 거듭되는 야만족의 침입으로 황무지로 변하였던 비옥한 영토가 그들의 노력으로 풍부한 수확을 내놓게 되었고, 이 새로운 다키아 속주 또한 여전히 트라야누스 황제의 정복에 대한 기억을 간직하고 있었다. 그러나 옛 다키아 속주 지역에도 수많은 주민들이 그대로 거주하고 있었는데, 이들은 고트족의 우두머리보다는 고향을 떠나는 것을 더 두려워했다.7 이 변질된 로마인들은 로마에 대한 충성심은 버렸을 지라도 자신들의 지배자들에게 최초로 농업이라는 개념과 여러 가지 유용한 기술 및 문명 생활의 이기를 소개해 줌으로써 제국에 계속 이바지했다. 그리하여 도나우 강을 낀 양안 사이에 상업과 언어의

고트족에게 다키아를 양도한 아우렐리아누스

6 아우렐리아누스는 부하 장군인 보노수스를 이 고트족 처녀들 중 한 사람과 결혼시켰다. 그리하여 보노수스는 고트족과 함께 주연을 즐길 수 있게 되었을 뿐 아니라 그들의 비밀까지 정탐할 수 있게 되었다.

7 왈라키아 지방 사람들은 아직도 라틴어의 흔적을 간직하고 있으며, 대대로 자신들이 로마인의 후예라는 사실을 자랑으로 삼아 왔다. 그들은 야만족들에게 둘러싸여 살았으면서도 그들과 뒤섞이지 않았다.

8 그러나 반달족은 테이스 해로 흘러 들어가는 마리시아 강과 크리시아 강(즉 마로스 강과 케레스 강) 사이 지역에서 잠시나마 독립을 유지했었다.

교류가 점차로 자리 잡게 되었다. 게다가 다키아는 독립국가가 된 후에도 종종 북방 야만족의 침입을 막아 주는 로마 제국의 가장 견고한 방벽이 되었다. 이해관계를 분별하게 되면서 이들 정착 야만족들은 로마의 동맹자로 편입되었는데, 이처럼 영구적인 이해관계가 진실하며 유익한 우정으로 무르익는 것은 흔히 볼 수 있는 일이다. 옛 로마의 속주였던 자리에 들어차서 서서히 하나의 커다란 민족으로 융합되어 간 각양각색의 이주민들은 여전히 고트족의 뛰어난 명성과 권위를 자부하고 있었으며, 자신들이 스칸디나비아에서 발원했다는 가공의 명예에 대한 권리 또한 주장했다. 동시에 자신들의 종족 이름이 우연이긴 하지만 운 좋게도 게타이족의 이름과 유사하다는 점 때문에, 경솔하게 남을 잘 믿는 고트족들 사이에, 자신들의 조상이 먼 옛날에 이미 다키아 지역에 정착했고 자몰키시스의 명령을 받아 세소스트리스 왕과 다리우스 왕의 승승장구하던 군대를 저지하기도 했다는 터무니없는 주장이 퍼지기도 했다.8

알레만니족과의 전쟁

아우렐리아누스가 엄격하면서도 온화한 행동 방식으로 일리리쿰변경 지역을 재건하는 동안 알레만니족이 평화 조약을 위반하는 사태가 벌어졌다. 이 평화 조약은 본디 갈리에누스가 매수하거나 클라우디우스가 강요하여 맺어졌기 때문에 알레만니족의 참을성 없는 젊은이들의 분노를 샀던 것이었고 결국 이들은 별안간 무기를 들고 나섰던 것이다. 4만 명의 기병대와 그 두 배나 되는 보병대가 출정하였다. 최초에 이들이 탐냈던 목표물은 라에티아의 변경에 위치한 몇몇 도시에 불과했다. 그러나 성과를 올려 기대감에 부풀자 알레만니족은 도나우 강에서 포 강으로 빠르게 진격하면서 그 일대를 유린하기에 이르렀다.

황제는 이 야만족의 침입과 후퇴에 관한 소식을 거의 동시에 보고 받았다. 그는 정예 부대를 모은 다음 조용하면서도 민첩하게 헤르시니아 숲 가장자리를 따라 진격해 갔다. 한편 이탈리아에서 약탈품을 잔뜩 노획한 알레만니족은 도나우 강에 도착했지만, 로마군이 자신들의 귀로를 차단하기 위하여 강 건너편의 유리한 지점에 매복하고 있다는 것은 짐작조차 못하고 있었다. 아우렐리아누스는 야만족의 치명적인 방심 상태를 한껏 이용하고자 상대 병력의 절반쯤은 아무런 방해도 받지 않고 낌새도 채지 못한 채 강을 건너도록 내버려 두었다. 그리고 그들이 갑작스러운 상황에 깜짝 놀란 틈을 타 손쉬운 승리를 거뒀는데, 그의 능란한 지휘로 더욱더 유리한 상황이 전개되었다. 그는 전군을 반원형으로 배치한 후 양끝의 두 개 부대를 도나우 강 건너편으로 진격했다가 불시에 중심점을 향하여 선회하게 함으로써 게르만군의 후방을 에워쌌다. 당황한 야만족은 사방으로 눈길을 돌렸지만 절망스럽게도 어디에서나 보이는 것은 이미 지나쳐 온 황폐한 들판과 깊고도 빠른 물살, 승기를 잡은 무자비한 적군의 모습뿐이었다.

서기 270년 9월

이처럼 곤경에 빠진 알레만니족은 더 이상 화평을 청하는 것을 부끄럽게 여기지 않았다. 아우렐리아누스는 로마군 진영 선두에 서서 로마군의 위대성과 기강을 과시하는 온갖 군사 의식을 동원하여 적의 사절을 맞았다. 각 군단은 무장을 하고 질서 정연하게 정렬하고 엄숙히 침묵하고 있었다. 지위를 나타내는 기장을 부착한 고위 지휘관들은 말을 타고 황제의 옥좌 양편에 늘어서 있었다. 이 옥좌 뒤편에는 황제와 그의 전임 황제들의 신성한 조각상[9]과 황금빛 독수리 문장 및 금박 문자로 새겨진 각 군단의 호칭이 은으로 빛나는 긴 창 끝에 매달려 높이

[9] 클라우디우스 황제의 조각상이 여기에 포함되어 있었던 것은 분명하다. 그러나 이러한 존경의 표시가 어느 정도로 확대되었는지를 가늠하기는 어렵다. 카이사르와 아우구스투스까지였다면 이것은 매우 장엄한 광경이었을 것이 틀림없다. 전 세계에서 가장 긴 역대 황제의 계보가 될 것이기 때문이다.

들어 올려져 있었다. 아우렐리아누스가 자리에 앉자, 그의 남성다운 기품과 위엄 있는 풍채를 본 야만족들은 이 정복자의 지위뿐 아니라 인물 그 자체를 경외하게 되었다. 적의 사절들은 말 없이 땅에 꿇어 엎드렸다. 그들에게 일어나서 말을 해도 좋다는 허락이 떨어졌다. 그들은 통역의 도움으로 자신들의 배신 행위를 변명하고 공적을 과장했으며 운명의 변화무쌍함과 평화 조약의 이점을 자세히 설명했다. 게다가 적절치 못한 시점에 대담하게도 자신들이 로마에 제공하는 동맹 관계의 대가로서 막대한 보상금까지 요구했다. 황제의 대답은 단호하고 오만했다. 그는 그들의 제안을 무시했고 그들의 요구에 분노했다. 그리고 전쟁 기술만큼이나 평화 협상의 원칙도 모른다며 이 야만인들을 꾸짖었다. 결국 황제는 자신의 무조건적인 자비심에 의탁하거나 아니면 가장 혹독한 분노가 퍼부어지기를 기다리는 양자택일이 있을 뿐이라며 그들을 쫓아 보냈다. 아우렐리아누스가 멀리 떨어져 있는 속주를 고트족에게 내주기는 했지만, 이처럼 불성실한 야만족을 믿고 용서한다는 것은 위험한 일이었다. 그들의 막강한 군사력이 이탈리아 본토까지도 끊임없이 공포에 휩싸이도록 만들고 있었기 때문이다.

알레만니족의 이탈리아 침입

이 회담 직후에 판노니아에서 뜻밖의 비상 사태가 발생하여 황제가 그곳으로 갈 수밖에 없었던 것 같다. 그는 무력으로든 아니면 좀 더 확실한 식량 보급 차단 작전으로든 알레만니족 궤멸을 완수하라며 부하 장군들에게 그 책무를 위임했다. 그러나 궁지에 몰렸을 때 발휘되는 적극성이 때로는 성공을 확신할 때 나타나는 나태함을 이기는 법이다. 도나우 강과 로마군 진영 돌파가 불가능하다는 것을 알게 된 야만족은 방비가 다소 허술한 로마군 후위를 돌파한 다음 다른 진로를 따라 놀라울 정도로 부지런하게 이탈리아의 산악 지대로 되돌아갔다. 전쟁이 완전히 종결되었으리라 여겼던 아우렐리아누스는 알레만니족이 탈출했으며 이미 밀라노 지역에서 파괴를 자행했다는 굴욕적인 보고를 받았다. 각 군단에게 대규모 병력이지만 가능한 한 신속하게, 보병대와 기병대가 거의 같은 속도로 움직이며 신속히 도주하는 적을 추격하라는 명령이 하달되었다. 며칠 후에는 황제 자신이 보조군 중의 (반달족 볼모와 기병들이 속해 있던) 정예 부대와 도나우 강 유역 전투에 참가하고 있던 근위대 전 병력을 진두 지휘하여 이탈리아 본토를 구원하기 위해 진격했다.

알레만니족의 경장비군은 이미 알프스 산맥에서 아펜니노 산맥까지 퍼져 있었기 때문에, 아우렐리아누스와 부하 장교

마침내 아우렐리아누스에게 정복당한 알레만니족

들이 수많은 이들 파견 분대를 발견하여 공격, 추격하기 위해서는 끊임없는 경계 활동을 펼 수밖에 없었다. 이처럼 산만하게 전투가 전개되었음에도 불구하고 세 차례에 걸친 대규모 전투가 기록으로 남아 있는데, 이 전투에서는 양군의 주력 부대가 서로 격렬하게 맞서 싸웠다고 한다. 결과는 각양각색이었다. 플라켄티아 부근에서 벌어진 제1차 전투에서 로마군은 너무 엄청난 타격을 입었기 때문에, 극단적으로 아우렐리아누스의 편을 드는 어느 저술가의 표현에 의하면 제국이 당장 해체될까 우려되었다고 한다. 교묘하게 숲을 따라 정렬하고 있던 야만족은 저녁 어스름 속에 갑자기 나타나 오랜 행군으로 지치고 혼란한 로마군을 공격했다. 이 맹렬한 돌격은 저항하기 힘든 것이었다. 그러나 무시무시한 살육전이 있고 나서 마침내는 끈기 있고 단호한 황제가 군대를 재정비하였고 로마군의 명예도 어느 정도는 회복하였다. 제2차 전투는 움브리아의 파노 부

¹⁰ 파노 부근에 있는 작은 강, 아니 차라리 급류라 할 수 있는 메타우루스 강은 역사가 리비우스와 시인 호라티우스가 남긴 기록에 의해 불후의 명성을 부여받았다.

¹¹ 이것은 페자로에서 발견된 어느 비문에 기록되어 있는 내용이다.

¹² 그는 말하기를, 사람들은 여러분이 여러 신들이 계시는 신전이 아니라 그리스도교의 교회에 모여 있다고 생각할 것이라고 했다.

근에서 벌어졌는데, 이곳은 500년 전 한니발의 동생이 치명적인 결말을 맞이했던 바로 그 장소였다.[10] 그때까지는 승리를 거두고 있던 게르만족은 무방비 상태인 세계의 여왕(로마)을 약탈하려는 계획을 가지고 아이밀리아 가도와 플라미니아 가도를 따라 진격해 왔던 것이다. 그러나 로마의 안전에 주의를 기울이고 있던 아우렐리아누스는 그들의 후위를 열심히 추격하여 마침내 이 장소에서 그들에게 다시는 회복할 수 없을 정도로 철저한 패배를 안길 결정적인 기회를 포착하였다.[11] 여기에서 도주했던 패잔병들은 제3차이자 마지막인 파비아 부근의 전투에서 완전히 궤멸되었고 드디어 이탈리아는 알레만니족의 침입에서 해방되었다.

미신적인 의식들

미신의 최초의 근원은 공포이다. 새로운 재난이 일어날 때마다 벌벌 떠는 많은 사람들은 이 눈에 보이지 않는 적의 분노를 면하기를 빌지 않을 수가 없다. 로마 제국이 가장 기대를 걸고 있는 것은 아우렐리아누스의 용맹과 지휘 방식이었지만, 야만족이 로마 성문에 나타날지도 모른다고 시시각각 걱정하면서 시민들이 엄청나게 당황하게 되자 원로원은 포고를 내려 시빌 신탁서에서 조언을 받을 것이라고 말했다. 종교적인 동기 혹은 정책적인 목적 때문에 황제 자신조차도 이 이로운 조치를 실시하라고 권하면서 원로원의 뒤늦은 대처를 꾸짖었고[12] 나아가 신들이 요구하신다면 비용이 얼마든, 어떤 동물이든, 또 어떤 민족의 포로든 다 제공하겠다고 제안했다. 이처럼 너그러운 제안에도 불구하고, 로마 시민의 죄를 피로써 속죄하기 위한 인신 공양은 없었던 것으로 보인다. 시빌 신탁서는 청년 및 처녀들로 구성된 합창대를 동반한 흰 옷을 입은 사제들이

서기 271년 1월

무리 지어 행진할 것과 로마와 인근 지역에 정화 의식을 거행하고 희생 제물을 바치는 것과 같은 무해한 의식들만을 명령했다. 그리고 이러한 의식만 행하면 그 강력한 영향력으로 야만족들은 이 의식들이 거행된 신성한 땅을 지나갈 수 없게 될 것이라고 했다. 그 자체로는 아무리 유치하다 해도 전쟁에서 승리하는 데는 이러한 미신적인 방법들이 도움이 되었다. 파노의 결전에서 알레만니족이 아우렐리아누스의 편에서 싸우는 망령의 군대를 보았다고 생각했다면, 황제도 이 가공의 증원군에게서 실질적이고 효과적인 도움을 받았다고 할 수 있다.

 그러나 이러한 관념적인 방벽에 대한 신뢰 여부와는 별개로, 로마인들은 과거의 경험과 미래에 대한 불안으로 보다 거대하고 실질적인 성채를 건설하게 되었다. 일찍이 로물루스의 후계자들은 로마의 일곱 언덕을 13마일 이상이나 되는 성벽으로 둘러쌌었다.[13] 이 거대한 성벽은 형성 초기 단계인 국가의 국력과 인구 수에는 어울리지 않는 것처럼 보일 수도 있다. 그러나 로마의 영원한 적인 라티움의 여러 부족들의 빈번한 기습 침입에 맞서기 위해서는 넓은 목초지와 경작지를 확보해 둘 필요가 있었다. 로마의 위용이 높아져 감에 따라 도시와 거주민이 점차로 팽창하여 비어 있던 공간을 메웠고 쓸모 없게 된 성벽을 뚫고 나가 마르스 광장까지 뒤덮었으며, 마침내 온 사방에서 국도를 따라 길고 아름다운 교외 지역으로까지 뻗어나갔다. 아우렐리아누스가 시작하여 프로부스의 통치 기간에 마무리된 새 성벽의 길이는 사람들이 추정하는 바에 따라서는 50마일 정도라고 과장되기도 했지만, 정확한 측량에 의하면 대략 21마일로 줄어든다. 이것은 위대하지만 우울한 사업이었는데, 왜냐하면 수도를 방어한다는 것 자체가 제국의 쇠퇴를 은연중

로마의 요새화

[13] 개념을 확실히 하기 위해서 다음과 같은 사항들을 언급해 두고자 한다. 오랫동안 카일리우스 언덕은 떡갈나무 숲이었고 비미날리스 언덕은 버드나무가 우거져 있었다. 4세기에 아벤티누스 언덕은 사람이 살지 않는 외딴 곳이었다. 아우구스투스 황제 시대까지 에스퀼리누스 언덕은 위생 상태가 좋지 못한 매장터였다. 그리고 고대인들이 퀴리날리스 언덕에 대하여 언급한 수많은 잘못된 표현들을 보건대 이곳도 오랫동안 건물이 세워지지 않았던 곳이었음을 알 수 있다. 일곱 언덕 가운데 부근에 계곡이 있는 카피톨리누스 언덕과 팔라티누스 언덕만이 로마 사람들의 초창기 거주지였다. 이 주제만 다뤄도 한 편의 긴 학술적인 논문이 나올 것이다.

14 그의 경쟁자는 롤리아누스 혹은 아일리아누스라고 하는 자였다. 단 이 두 개의 이름이 모두 동일한 사람을 나타낸다는 것을 전제로 한다.

에 드러내는 것이었기 때문이다. 번영기에는 각 군단의 병력에 변경의 주둔지를 믿고 맡겼으며, 야만족의 침략에 대비하여 제국의 본거지를 요새화할 필요가 있으리라고는 의심조차 해 본 적이 없었다.

두 명의
제위 찬탈자를 진압한
아우렐리아누스

고트족에 대한 클라우디우스의 승리와 알레만니족에 맞선 아우렐리아누스의 성공으로 이미 로마 군대는 야만족에 대하여 예전의 우월한 위치를 되찾을 수 있었다. 이제 이 용맹한 황제들 중 후자인 아우렐리아누스에게 남겨진 과업은 국내의 참주들을 응징하고 분할된 제국의 여러 지역을 다시 하나로 묶는 것이었다. 원로원과 국민들로부터 승인을 받기는 했지만 그의 통치 범위는 이탈리아, 아프리카, 일리리쿰 및 트라키아의 변경까지로 제한되어 있었다. 갈리아, 에스파냐, 브리타니아 그리고 이집트, 시리아, 소아시아는 여전히 두 명의 반역자에게 점령당한 상태였다. 그토록 길었던 참주들의 명단 가운데 이들만이 그 지위에 따르는 온갖 위험을 모면하고 지금까지 살아남았고, 게다가 로마의 치욕을 더 완벽한 것으로 만들기라도 하려는 듯 경쟁 상대가 될 이 참주들은 모두 여성이었다.

갈리아에서의 제위
찬탈자들의 출몰

갈리아 지역에서는 여러 군주들이 연이어 급속하게 일어섰다 몰락했다. 포스투무스의 엄격한 덕성은 오히려 그의 파멸을 재촉했을 뿐이었다. 그는 멘츠에서 황제를 사칭하고 나섰던 경쟁자를 제압한 후에도, 휘하 군대가 모반을 일으킨 이 도시를 마음껏 약탈하도록 허용하지 않았다. 그리하여 결국 그 재위 7년째 되던 해에 그들의 좌절된 탐심의 희생양이 되고 말았다.14 반면 그의 친구이자 공동 황제였던 빅토리누스의 죽음은 그에 비해 비열한 이유에서 비롯되었다. 이 군주의 빛나는 업적은 방탕한 정열에 의해 훼손되었다. 그는 사회적인 규범, 아니 심지어는 사랑의 규칙조차도 거의 고려하지 않은 채 마음대로 강간을 자행했다. 그는 질투심에 찬 남편들의 공모로 콜로뉴에서 살해되었다. 만일 그들이 무고한 그의 아들을 살려 주기만 했다면, 그 복수는 훨씬 더 정당하게 여겨졌을 것이 분명하다. 이처럼 용맹스러운 수많은 군주들이 살해된 후에 한 여성이 오랜 시간 동안 갈리아의 사나운 군단들을 지배하고 있었다는 것은 다소 놀라운 일이며, 하물며 그녀가 불운한 빅토리누스의 어머니였다는 것은 더욱더 기이한 일이었다. 빅토리아는 자신의 술책과 재물을 이용하여 마리우스와 테트리쿠스를 연이어 제위에 즉위시켰을 뿐 아니라 그녀에게 종속된 이 두 사람의 이름을 내세워 마치 남자처럼 정력적으로 통치했다. 그녀의 이름을 새긴 동화, 은화, 금화가 주조되었다. 또 그녀는 아우구스타 및 군대의 어머니라는 칭호를 사칭했다. 그녀의 권력은 생명이 다할 때야 비로소 소멸되었지만 아마도 생명 그 자체는 배은망덕한 테트리쿠스에 의해 단축되었던 것 같다.

이 야심만만한 여성 후원자의 부추김을 받아 테트리쿠스가 황제의 기장을 제 것으로 삼았을 당시, 그는 평화로운 아퀴타니아 속주의 총독이었는데, 그의 품성과 교육 과정을 볼 때 오히려 이 일이 그에게 더 적합한 것이었다. 그는 4년 내지 5년 동안 갈리아, 에스파냐, 브리타니아를 다스렸지만 방자한 군대의 주인인 동시에 노예이기도 했다. 그는 군대를 두려워했고 군대는 그를 경멸했다. 마침내 용맹스럽고 운 좋은 아우렐리아누스가 구원의 전망을 보여 주었다. 그는 황제에게 자신의 우울한 처지를 밝히고 불행한 경쟁자인 자신을 구원하러 서둘러

테트리쿠스의 통치와 패배

서기 271년 여름

와 주기를 간청했다. 이 은밀한 편지 왕래가 병사들의 귀에 들어갔다면 테트리쿠스의 생명은 대가를 치러야 했을 것이고, 그가 스스로를 적에게 내주는 자기 반역적 행위를 저지르지 않았다면 서방의 통치자 자리에서 물러날 수도 없었을 것이다. 그는 내전 상황으로 가장한 다음 아우렐리우스와 맞서기 위해 군대를 이끌고 출정했다. 그는 군대를 가장 불리한 방식으로 배치하고 자신의 의도를 적에게 알린 다음 전투가 시작되자 심복 부하 몇 사람만 데리고 탈영했다. 반군은 군단장의 예기치 않은 배신 행위로 혼란에 빠져 당황했지만 필사적인 용기를 발휘하여 스스로를 방어하였다. 그러나 결국 샹파뉴 지방의 샬롱 부근에서 벌어진 이 피로 얼룩진 기억할 만한 전투에서 마지막 한 사람까지도 갈기갈기 찢겨 죽었다. 프랑크족과 바타비족으로 구성된 보조군도 승자의 강요에 의해서든 아니면 설득에 의해서든 라인 강을 다시 건너 퇴각했기 때문에 전반적으로 평온이 회복되었다. 그리고 아우렐리아누스의 통치권은 안토니누스의 성벽으로부터 헤라클레스의 기둥까지로 인정되었다.

클라우디우스 황제의 치세 중에, 오툉 시가 홀로 누구의 도움도 없이 갈리아 반군에 맞서 싸우겠다고 공언한 적이 있었다. 7개월에 걸친 포위 공격 끝에 반군은 이미 식량 부족으로 황폐화된 이 불운한 도시로 돌격하여 약탈을 자행했다. 이와는 반대로 리옹은 아우렐리아누스의 군대에게 불만을 품고 완강하게 저항했다. 리옹이 받은 처벌에 대한 기록은 읽을 수 있지만[15] 오툉이 받은 보상에 대해서는 아무런 기록도 전해지지 않는다. 바로 이런 것이 내전의 수칙이라 할 수 있을 것이다. 즉 피해는 철저하게 기억하지만 은혜는 가장 중요한 것조차 잊어버리게 마련이었던 것이다. 보복을 감행하면 이익이 남지만, 사의를 표하는 것은 비용이 드는 일이다.

[15] 오툉은 디오클레티아누스 황제 시대까지도 재건되지 못했다.

아우렐리아누스는 테트리쿠스를 포로로 잡고 그의 영토를 확보하자 곧바로 팔미라와 동방의 여왕인 제노비아를 공격했다.

서기 272년, 제노비아의 성격

근대 유럽에서는 제국의 지배권이라는 부담을 영예롭게 감당해 낸 몇몇 빛나는 여성들이 배출되었고, 오늘 이 시대에도 그러한 뛰어난 인물들이 없는 것은 아니다. 그러나 세미라미스 여왕이 세웠다는 확실치 않은 업적을 제외한다면, 제노비아는 아마도 자신의 뛰어난 자질로 아시아의 풍토와 풍습이 여성에게 강요하던 예속적 상태에서 오는 나태함을 극복해 낸 유일한 여성일 것이다. 그녀는 자신이 이집트의 마케도니아 왕가의 혈통이라고 주장했는데, 미모로 보자면 조상인 클레오파트라와 대등했고, 정숙함[16]과 용기라는 면에서 보자면 그녀를 훨씬 능가했다. 제노비아는 가장 용기 있는 여성일 뿐 아니라 가장 사랑스러운 여성으로 평가받았다. 그녀의 피부색은 거무스름했다.(숙녀에 대해 이야기할 때는 이처럼 사소한 일도 중요하다.) 치아는 진주처럼 하얗고, 크고 검은 눈동자는 보기 드

제노비아의 아름다움과 학식

문 정열의 불꽃을 발하였지만 지극히 매력적인 감미로운 기질과 잘 섞여 있었다. 목소리는 우렁차면서도 조화로운 것이었다. 남자 못지않은 지력은 꾸준한 연마로 강화되고 돋보이게 되었다. 그녀는 라틴어를 모르지 않았지만, 무엇보다 그리스어와 시리아어, 이집트어를 완벽하게 구사했다. 자기 자신을 위해서 동양 역사에 관한 개요집을 작성하기도 했으며 탁월한 학자인 롱기누스의 지도 아래 호메로스와 플라톤의 흥미진진한 대목들을 능숙하게 비교하기도 했다.

이 뛰어난 여성은 오다이나투스와 결혼했는데, 그는 평민 신분에서 동방의 지배자로 성공한 인물이었다. 그녀는 곧 이

---

[16] 그녀는 후계자를 낳을 목적을 위해서가 아니라면 남편의 포옹조차 허용하지 않았다. 그녀는 기대가 좌절되면, 그 후의 수개월 동안은 실험을 거듭했다.

영웅의 지지자이자 반려자가 되었다. 오다이나투스는 전쟁 틈틈이 정열적으로 사냥 활동을 하는 데서 즐거움을 찾고 사자, 표범, 곰 같은 사막의 맹수들을 열심히 추적했는데, 이처럼 위험한 오락을 즐기는 데 있어서는 제노비아의 열정 또한 그에 못지않았다. 그녀는 체질적으로 피로에 강한데다 덮개를 씌운 마차를 타는 것을 경멸했기에 때로는 군대의 선두에 서서 몇 마일씩이나 도보로 행군하기도 했다. 오다이나투스가 거둔 성과의 많은 부분은 그녀의 비길 데 없는 분별력과 용기 덕분이었다. 저 페르시아의 대왕(샤푸르 1세)을 두 번씩이나 크테시폰의 성문까지 추격했던 그들의 눈부신 승리는 부부 모두의 명성과 권력의 토대가 되었다. 그들이 지휘하는 군대와 구원해 준 여러 속주는 이 무적의 지배자들 이외에 어떤 다른 군주도 인정하지 않았다. 로마의 원로원과 국민들은 포로로 사로잡힌 황제의 원수를 갚아 준 이 이방인을 존경했으며 발레리아누스 황제의 냉담한 아들조차 오다이나투스를 자신의 합법적인 공동 황제로 받아들이지 않을 수 없었다.

제노비아의 용기

아시아 지역에서 고트족 약탈자들을 쫓아 낸 다음 이 팔미라의 왕은 시리아의 에메사로 되돌아갔다. 전쟁에서는 무적이었던 그도 결국 이곳에서 내부의 반역으로 생명을 잃게 되었는데, 그가 매우 좋아하던 오락인 사냥이 죽음의 원인 아니면 적어도 계기가 되었던 것 같다. 언젠가 조카인 마이오니우스가 감히 백부보다 먼저 창을 던진 일이 있었다. 그는 자신의 과실에 대해 주의를 받았음에도 불구하고 또다시 똑같은 무례한 행동을 저질렀다. 오다이나투스는 군주로서 그리고 사냥꾼으로서 분노했다. 그는 야만족들이 치욕의 증거로 사용하는 방식을

남편의 죽음에 복수하는 제노비아

따라 그에게서 말을 빼앗고, 이 무분별한 젊은이에게 짧은 금고형을 내렸다. 죄는 곧 잊혀졌지만 형벌은 잊혀지지 않았다. 마이오니우스는 대연회석상에서 몇몇 대담한 동료들과 함께 자신의 백부를 암살했던 것이다. 게다가 비록 제노비아 소생은 아니지만 오다이나투스의 아들로 온순하고 나약한 기질을 지닌 젊은이인 헤로데스마저 살해했다.[17] 그러나 마이오니우스는 이 유혈이 낭자한 행위로 단지 복수의 기쁨을 누릴 수 있을 뿐이었다. 그는 아우구스투스의 칭호를 사칭할 틈조차 없이 제노비아에 의해 그녀의 남편의 영전에 희생 제물로 바쳐졌다.[18]

서기 250년

오다이나투스의 충실한 지지자들의 도움으로 제노비아는 곧 비어 있던 옥좌를 차지했고 남자 못지않은 분별력을 발휘하여 팔미라와 시리아 및 동방 지역을 5년 이상이나 통치했다. 오다이나투스의 권한은 원로원이 단지 개인적인 영예로서만 부여했던 것으로 그의 사망과 동시에 종결되었다. 그러나 원로원과 갈리에누스 황제를 모두 무시했던 이 호전적인 미망인은 그녀와 맞서 싸운 로마 장군들 가운데 한 사람을 휘하 군대와 명성을 모두 잃고 유럽으로 후퇴하게 만들기도 했다. 대개 사소한 열정으로 자신의 치세를 혼란으로 몰고 가는 다른 여성들의 경우와는 달리, 제노비아의 견실한 통치는 정책이라는 매우 현명한 실천 원칙에 따라 수행되었다. 그녀는 용서하는 것이 유리하다면 분노를 가라앉힐 수 있었고, 처벌할 필요가 있다면 동정의 목소리를 눌러 버릴 수도 있었다. 철저한 근검절약으로 탐욕스럽다는 비난을 받기도 했지만, 타당한 경우에 대해서라면 언제나 배포가 크고 너그러웠다. 인접 국가인 아라비아와 아르메니아, 페르시아는 그녀와 대적하는 것을 두려워하여 동

제노비아의 동방과
이집트 통치

[17] 오다이나투스와 제노비아는 종종 그에게 적의 전리품에서 고른 보석이나 장신구 등의 선물을 보냈는데, 그는 매우 기뻐하며 이 선물들을 받았다고 한다.

[18] 어떤 사람들은 제노비아가 남편의 죽음에 관련이 있다는 부당한 의심을 하기도 한다.

11장 367

맹국이 되기를 자청했다. 이 미망인은 유프라테스에서 비티니아의 변경 지대에 이르렀던 오다이나투스의 영토에 인구가 조밀하고 비옥한 이집트 왕국이라는 선조의 유산을 더하였다. 클라우디우스 황제도 그녀의 재능을 인정하고 있었기 때문에, 그가 고트 전쟁을 수행하던 동안에는 그녀가 동방에서 제국의 존엄성을 주장하고 나서도 기꺼이 감수했다. 그러나 제노비아의 행동에는 어느 정도 이중적인 측면이 있었다. 즉 그녀는 로마 제국에 대해 독립적이고 적대적인 군주 국가를 건설하려는 의도를 품고 있었던 것으로 보인다. 그녀는 로마 황제들의 대중적인 방식과 여러 아시아 궁정의 위풍당당한 과시성을 혼합하여 신하들에게 키루스의 후계자들(페르시아의 역대 왕들)이 받았던 것과 같은 숭배를 강요했다. 그녀는 세 아들에게[19] 로마식의 교육을 실시했고, 종종 황제의 자주색 의복을 입은 모습으로 이들을 군대 앞에 내놓기도 했다. 그녀는 스스로 왕권을 차지하고 동방의 여왕이라는 화려하지만 확실하지는 않은 칭호를 사용했다.

서기 272년, 아우렐리아누스의 원정

아우렐리아누스가 오로지 여성이라는 점 하나 때문에 경멸의 대상이 되었던 적에게 맞서기 위해 아시아로 건너가자, 제노비아의 병력과 술책으로 동요하고 있던 비티니아 속주도 황제를 대면하고는 다시 복종하게 되었다. 그는 군대를 진두지휘하여 진격하면서 안키라의 항복을 받아들였고 이어서 끈질긴 포위 공격을 벌이던 끝에 한 시민의 배신 행위 덕분에 티아나에도 입성하게 되었다. 모질기는 하지만 관대하기도 한 아우렐리아누스는 이 배신자를 분노한 병사들의 처분에 내맡기는 한편 미신적인 존경심에서 철학자인 아폴로니우스의 동포인 이곳 시민들을 관대하게 처우했다.[20] 안티오크 시민들은 황제가

[19] 티모라우스와 헤레니아누스, 바발라투스. 위의 두 아들은 전쟁 전에 이미 죽었다고 생각된다. 아우렐리아누스 황제가 아르메니아의 작은 속주의 왕으로 봉했던 것은 막내아들이었다. 그의 메달이 지금까지도 남아 있다.

[20] 보피스쿠스는 아우렐리아누스가 쓴 출처가 확실한 편지 한 통을 제시하면서, 그의 견해는 불확실한 것이라는 점까지 지적해 주었다. 티아나의 아폴로니우스는 예수 그리스도와 비슷한 시기에 태어났다. 그러나 그의 제자들이 아폴로니우스의 생애를 너무나 비사실적인 방식으로 기록했기 때문에, 그가 과연 현자인지 사기꾼인지 아니면 광신자인지를 알아 낼 수 없는 난처한 지경이다.

접근해 오자 도시를 버리고 달아났는데, 황제는 이들에게 이로운 칙령을 내려 도망자들을 불러 모았고 선택이라기보다는 필요에서 팔미라의 여왕 편에 가담했던 모든 사람들에게 대사령을 내려 주었다. 이러한 행동에서 드러난 예기치 않은 너그러움은 시리아인들의 마음을 흡족하게 해 주었고, 로마군이 에메사의 성문에 이르기까지 그들에 대한 공포심을 잠시나마 잊게 해 주었다.

21 정확히는 임마라고 불리는 장소에서 벌어졌다.

서방 황제가 수도 100마일 이내로 접근하는 것을 빈둥거리며 앉아서 허용했다면 제노비아는 자신에게 부여된 명성을 받을 만한 인물이 아니었을 것이다. 이 동방 국가의 운명은 두 번의 큰 전투에서 결정되었다. 첫 번째 전투는 안티오크 부근에서 벌어졌고,21 두 번째 전투는 에메사 부근에서 벌어졌다는 점을 제외하면 이 두 전투는 거의 모든 상황에 있어서 좀처럼 서로 구별될 수 없을 만큼 비슷했다. 팔미라의 여왕은 두 번 다 친히 나서서 군대의 사기를 진작시켰으며, 자신의 명령을 실행하는 일은 이집트 정복에서 이미 군사적인 재능으로 유명해졌던 자브다스에게 위임했다. 제노비아의 대부대는 대부분이 가벼운 차림의 궁사 보병과 완전히 철갑으로 둘러싸인 중기병으로 구성되어 있었다. 따라서 무어인과 일리리쿰인들로 구성된 아우렐리아누스의 기병대는 적 기병대의 육중한 돌격을 감당할 수가 없었다. 로마군은 진짜로 혼란에 빠진 건지 아니면 그런 척만 한 건지는 알 수 없지만 어쨌든 달아나기 시작했다. 팔미라군이 열심히 추격하자 로마군은 산발적인 전투로 쉴 새 없이 팔미라군을 괴롭혔고, 결국 잘 꿰뚫어지지는 않지만 너무 육중해서 다루기도 힘든 중무장 차림의 이 기병대를 쳐부쉈다. 그러는 동안에 화살을 다 써 버리고 근접 공격에 대

안티오크와 에메사 전투에서 팔미라인들을 쳐부순 아우렐리아누스

22 이곳은 플리니우스의 계산에 따르면, 셀레우키아에서 537마일 그리고 시리아의 가장 가까운 해안으로부터는 203마일 거리였다.

해서 무방비 상태로 남겨진 경보병대는 로마군의 칼날에 벌거벗은 양 옆구리를 고스란히 드러내게 되었다. 아우렐리아누스는 평소에는 상(上)도나우 강 지역에 주둔하며 알레만니족과의 전쟁에서 이미 그 용기를 엄격히 시험받았던 노련한 부대들을 선택해 데려왔던 것이다. 에메사에서의 패배 이후 제노비아는 새로 제3의 군대를 모으는 것이 불가능함을 알게 되었다. 이집트의 변경 지대에 이르기까지 그녀의 제국에 복종했던 여러 나라들이 승자의 깃발 아래로 합류했다. 게다가 황제는 이집트 전역을 장악하기 위해 부하 장군들 가운데 가장 용감한 프로부스를 파견한 상태였다. 오다이나투스의 미망인에게 최후의 보루는 팔미라뿐이었다. 그녀는 이 수도의 성벽 안으로 들어가 격렬한 저항을 하기 위한 모든 준비를 마쳤고 여장부다운 대담함으로 자신의 통치가 끝나는 순간이 곧 생명이 다하는 순간이라고 선언했다.

팔미라 왕국 아라비아의 불모의 사막 지대 한복판에서도 몇몇 경작지가 모래의 대양 위에 뜬 섬처럼 치솟아 있는 경우가 있다. 타드모르 또는 팔미라라는 이름 자체가 라틴어는 물론이고 시리아어로도 그 의미에 있어서, 이 온난한 지대에 그늘과 신록을 제공하는 야자나무 숲을 뜻하는 것이었다. 공기가 맑았고 값을 헤아릴 수 없는 샘물로 적셔지는 토양은 곡식뿐 아니라 과일까지도 생산할 수 있었다. 이곳은 이처럼 보기 드문 이점을 지닌 장소였을 뿐 아니라 페르시아 만과 지중해 사이에서 양쪽에 모두 가까운 편리한 거리에 위치해 있었기 때문에,22 곧 대상들이 빈번하게 드나들면서 풍부한 인도 상품들 가운데 상당한 분량을 유럽의 여러 나라로 운반하였다. 팔미라는 서서히 부유하고 독립적인 도시로 발전했고, 로마와 파르티아를 상호 통상 이익으로 연결해 주면서 겸허하게 중립 상태를 지키도록 묵인되어 왔다. 그러나 트라야누스 황제의 승리 이후로 마침내 이 소국은 로마의 품에 안기게 되었고 종속적이긴 하지만 영광스러운 로마 식민지로서 150년 이상 번영해 왔다. 오늘날 남아 있는 몇 안 되는 비문으로 판단해 보건대 부유한 팔미라인들이 그리스식의 신전과 궁전, 주랑을 건설했던 것은 바로 이 평화로운 시기였는데 수 마일에 걸친 지역에 산재한 그 잔해는 지금도 여행객들이 호기심을 가질 만한 가치가 있다. 오다이나투스와 제노비아의 등극은 그들 나라에 새로운 광채를 더해 주었던 것으로 보인다. 잠시나마 팔미라는 로마의 경쟁 상대로 나섰던 것이다. 그러나 이 경쟁은 치명적인 것이었고 결국 번영의 시대는 한 순간의 영광에 희생되었다.23

23 지난 세기가 끝날 무렵 알레포에서 온 몇몇 영국인 여행객들이 팔미라의 폐허를 발견했다. 그 이래로는 우드(Wood)와 도킨스(Dawkins) 같은 사람들이 좀 더 훌륭한 방식으로 우리의 호기심을 만족시켜 주고 있다.

    에메사에서 팔미라 사이의 사막을 가로질러 진격하면서 아우렐리아누스 황제는 아랍인들의 쉴 새 없는 공격에 시달렸다.

아우렐리아누스에게 포위 공격당하는 팔미라

기민하고 대담한 강도들로 구성된 이 민첩한 무리는 기습 공격 기회만을 노렸으며 로마군의 느린 추격 정도는 쉽게 따돌렸기 때문에 아우렐리아누스로서도 자신의 군대, 특히 군용 물자를 언제나 지켜 낼 수 있는 것은 아니었다. 그러나 팔미라를 포위 공격하는 것은 훨씬 더 힘들지만 또한 그만큼 중요한 일이기도 했다. 친히 정력적으로 공격을 밀어붙이던 황제 자신이 창에 맞아 부상을 입기도 했다. 아우렐리아누스는 자신이 쓴 편지에서 다음과 같이 말하고 있다.

    로마 국민들은 짐이 한 사람의 여성을 상대로 벌이고 있는 전쟁에 대해 경멸조로 말하고 있다. 그것은 그들이 제노비아의 인물됨과 위력을 알지 못하기 때문이다. 그녀가 준비해 놓은 돌이나 화살, 그외 모든 종류의 투척할 수 있는 무기들을 일일이 열거하는 것이 불가능할 정도다. 성벽의 어느 부분에도 둘 내지 셋 정도의 쇠뇌가 있고, 이런 병기들에서 발사되는 무기로 화공을 감행하고 있다. 징벌에 대한 공포로 그녀는 목숨을 걸 정도의 용기를 발휘하고 있다. 그러나 짐은 지금도 여전히 그간 짐이 행한 모든 일에 호의를 보였던 로마의 수호신들의 가호를 믿는다.

그러나 실제로는 신들의 가호와 포위 공격의 결과를 확신하지 못했던 아우렐리아누스는 유리한 항복 조건을 제시하는 것이 보다 더 현명하다고 판단하고 여왕에게는 명예로운 퇴위를, 시민들에게는 예전부터의 특권을 조건으로 제시했다. 그러나 이러한 제안은 완강하게 거부당했을 뿐 아니라 거절에 더하여 모욕까지 받았다.

제노비아와 팔미라의
정복자가 된
아우렐리아누스

제노비아가 단호할 수 있었던 것은 가까운 시일 내에 로마군이 식량 부족으로 사막을 건너 되돌아갈 수밖에 없으리라는 희망과 동방의 군왕들, 특히 페르시아 왕이 본래부터의 맹방을 지키기 위해 무기를 들고 나설 것이라는 합리적인 기대에 근거한 것이었다. 그러나 아우렐리아누스는 자신의 운과 불굴의 인내력으로 이 모든 장애물을 극복해 냈다. 이 무렵 일어난 샤푸르의 죽음이 페르시아 궁정을 혼란에 빠뜨렸을 뿐 아니라 팔미라를 구하려 했던 소수의 원군마저 황제의 무력이나 후한 뇌물 공세로 저지당했던 것이다. 시리아의 각 지역으로부터 보급대가 정기적으로 연이어 도착했을 뿐만 아니라 이에 더하여 프로부스 장군이 승리를 거둔 군대를 이끌고 이집트 점령지로부터 돌아왔다. 제노비아가 도망치기로 결심한 것은 바로 이때였다. 그녀는 단봉 낙타들 가운데 가장 빠른 단봉 낙타를 타고[24] 팔미라에서 60마일 정도 떨어진 유프라테스 강가까지 도망쳤으나, 결국 아우렐리아누스의 경기병대의 추격을 받아 붙잡혔으며 포로로 황제 앞으로 끌려왔다. 그 후 얼마 안 가 수도도 함락되었는데, 뜻밖에도 관대하게 대우받았다. 금, 은, 비단, 보석류 같은 재보는 물론이고 무기와 말, 낙타는 모두 승리자에게 인도되었다. 아우렐리아누스는 불과 600명의 궁사로 구성된 수비대만을 남기고 에메사로 돌아갔고, 얼마 동안은 그곳에서 이 기억할 만한 전쟁을 끝낸 시점에서의 상벌 처리 문제에 전념했다. 이 전쟁의 승리로 로마는 발레리아누스 황제가 포로로 잡힌 사건 이래 충성의 맹세를 저버렸던 여러 지역들을 다시 한 번 복종시키게 되었다.

서기 273년

이 시리아의 여왕이 아우렐리아누스의 면전에 끌려 나왔을 때, 그는 어찌 감히 로마의 황제들에 맞서 무기를 들었는지를 엄하게 추궁했다. 제노비아의 대답은 존경심과 결연함이 동시에 표현되도록 세심하게 배합된 것이었다.

제노비아의 태도

> 저로서는 아우레올루스나 갈리에누스 같은 자들은 로마 황제로 존중할 가치가 없다고 생각했기 때문입니다. 오직 폐하만이 정복자요 군주로 인정할 수 있는 분입니다.

그러나 여성의 강인함은 대개 인위적인 것이어서 한결같이 지속되기가 힘든 법이다. 제노비아의 용기 또한 재판을 받는 자리에서 무너져 내렸다. 그녀는 즉각 처형할 것을 큰 소리로 부르짖는 병사들의 성난 외침 앞에 벌벌 떨었으며, 평소 자신

[24] 낙타는 무거운 짐을 나르는 짐승이지만, 아시아와 아프리카의 원주민들은 신속성이 요구되는 경우라면 언제나 낙타와 동일한 종류이거나 아니면 적어도 비슷한 종류인 이 아라비아산 단봉 낙타를 이용했다고 한다. 아랍인들은 가장 빠른 말로도 8일에서 10일 정도 소요되는 거리를 단봉 낙타로는 하루 만에 갈 수 있다고 주장하기도 했다.

이 본보기로 삼았던 클레오파트라의 고결한 포기, 즉 자살이라는 선례 또한 잊어 버린 채 수치스럽게도 자신의 명성과 지지자들을 희생시켜 목숨을 부지했다. 그녀는 조언자들이 여성이라는 취약성을 이용했다며 자신이 저지른 완강한 저항이라는 죄상을 모두 그들의 탓으로 돌리고, 황제의 무자비한 복수심이 그들의 머리로 향하게 만들었다. 롱기누스 또한 그녀가 두려움 때문에 희생시킨 수많은 무고한 사람들 가운데 포함되었다. 그러나 그 명성은 그를 배신한 여왕이나 그를 처형한 압제자의 명성보다 더 오래 살아남았다. 롱기누스의 천재성과 학식이 학문적 소양이 없는 이 흉포한 군인을 감동시킬 수는 없었지만, 자신의 영혼을 고양시키고 조화롭게 만들 수는 있었다. 그는 한 마디 불평도 하지 않은 채, 불행한 여왕을 불쌍히 여기고 고통받는 동료들에게 위안의 말을 건네며 조용히 사형 집행인의 뒤를 따라갔다고 한다.

팔미라의 반란과 몰락 동방 정복에서 돌아오던 아우렐리아누스는 이미 유럽과 아시아를 가르는 해협들을 건넌 상황에서, 팔미라인들이 그가 남겨 두었던 총독과 수비대를 학살하고 다시 한 번 반란의 기치를 세웠다는 보고를 받고 분노했다. 그는 잠시도 지체하지 않고 다시 한 번 시리아를 향해 진격했다. 안티오크는 그의 신속한 접근에 깜짝 놀랐으며 무력한 팔미라는 황제의 억누를 수 없는 분노의 무게를 느끼게 되었다. 아우렐리아누스 자신이 쓴 편지 한 통이 전해지는데, 여기에서 그는 당시의 무시무시했던 처형이 무장 봉기한 자들에게만 국한된 것이 아니라 노인과 여성, 아이들 그리고 농민들까지 포함한 것이었다고 시인하고 있다. 그런데 비록 주된 관심이 태양신의 신전을 복구하는 데 집중되어 있었던 것 같기는 하지만, 어쨌든 그는 살아남은 팔미라인들에 대해서는 어느 정도의 연민을 드러내어 도시를 재건하여 머물러 살도록 허용하기도 했다. 그러나 파괴하기는 쉽지만 복구하기는 어렵기 마련이다. 상업과 예술 그리고 제노비아의 본거지였던 이 도시는 점차 별 볼일 없는 소도시, 시시한 요새로 전락하다가 결국에는 보잘것없는 촌락으로 몰락했다. 오늘날 30 내지 40세대로 구성된 팔미라 시민들은 장엄했던 신전의 넓은 안뜰에 흙으로 만든 오두막을 세워 놓고 살고 있다.

지칠 줄 모르는 아우렐리아누스 황제가 마지막으로 처리해야 할 또 한 가지 일이 기다리고 있었다. 팔미라가 반란을

이집트의 피르무스의
반란을 진압한
아우렐리아누스

일으킨 동안 나일 강 유역에서 봉기한 미천하지만 위험한 어느 반역자를 진압하는 일이었다. 스스로 뽐내며 자신을 오다이나투스와 제노비아의 맹우라고 불렀지만, 사실 피르무스는 이집트의 부유한 상인에 지나지 않는 인물이었다. 그는 인도와 교역을 하는 과정에서 각기 홍해의 양쪽 연안 지대에 위치하고 있어서 상(上)이집트로 진출하기가 쉬웠던 사라센인 및 블레미에스족과 매우 친밀한 관계를 맺게 되었다. 그는 이집트인들의 자유에 대한 희망을 자극하여 성난 군중의 선두에 서서 알렉산드리아에 난입했다. 이곳에서 스스로 황제를 사칭하면서 동전을 주조하고 칙령을 공포했으며 군대를 모아 일으켰다. 심지어 파피루스 교역에서 나오는 이익만으로도 군대를 유지할 수 있다며 자랑스레 호언장담을 했다. 아우렐리아누스의 접근에 맞서기에는 이러한 군대의 방어력은 매우 미약한 것이었기에 피르무스가 패하여 사로잡힌 후 고문당하던 끝에 처형되었다는 사실은 이야기할 필요조차 없어 보인다. 이제 아우렐리아누스는 3년도 채 걸리지 않아서 로마 세계의 전면적인 평화와 질서를 회복시켰다는 점에서 원로원과 국민들 그리고

자기 자신에게 축하를 보낼 수 있게 되었다.25

서기 274년,
아우렐리아누스의
승리

로마 건국 이래 아우렐리아누스보다 더 당당하게 개선식을 치를 만한 자격이 있는 장군은 없었으며 또한 어떤 개선식도 이보다 더 큰 자부심으로 성대하게 거행되었던 적은 없었다. 코끼리 20마리, 위풍당당한 호랑이 4마리, 북방과 동방, 그리고 남방 등 모든 지역에서 모아 온 200마리 이상의 진귀한 동물들로 그 화려한 행렬이 시작되었다. 원형경기장에서 벌어질 잔인한 오락에 몸 바쳐야 할 검투사 600명이 그 뒤를 이었다. 이어서 아시아의 재화와 정복당한 여러 나라의 무기와 깃발, 시리아 여왕의 멋진 접시와 의상이 엄격하게 좌우 대칭으로 혹은 교묘하게 기교를 부린 혼란스러운 방식으로 배열되었다. 화려하거나 진기한 의상을 차려 입어 눈에 잘 띄는 에티오피아, 아라비아, 페르시아, 박트리아, 인도, 중국 등 지구상의 먼 지역에서 온 사절들 또한 로마 황제의 명성과 권세를 과시해 주었다. 또한 황제는 자신이 받은 선물들, 특히 감사의 뜻으로 여러 도시에서 보내 온 선물들 가운데서 수없이 많은 황금관을 대중의 눈앞에 공개했다. 어쩔 수 없이 개선식에 참석해야 했던 고트인, 반달인, 사르마티아인, 알레만니인, 프랑크인, 갈리아인, 시리아인, 이집트인 등 긴 포로의 행렬은 아우렐리아누스 황제의 승리를 입증해 주었다. 각 민족은 고유한 표찰로 구분되었는데 일례로 무장을 한 채 사로잡힌 고트족의 여성 병사 열 명에게는 아마존이라는 호칭이 부여되었다.26 그러나 사람들은 이 잡다한 포로들의 무리에는 신경도 쓰지 않은 채 시선을 테트리쿠스 황제와 동방의 여왕에게만 고정시켰다. 테트리쿠스는 자신이 멋대로 황제의 직분을 수여했던 그의 아들과 함께 갈리아식 바지와27 노란색 상의, 자주색 겉옷을 입

25 사치를 부렸다는 실례로서 그가 유리 창문을 달았다는 것을 들 수 있다. 그는 힘과 식욕이 놀랄 정도로 왕성했고 용기와 민첩성 또한 두드러진 인물이었다. 아우렐리아누스의 편지에서 피르무스가 여러 반역자들 중 마지막 반역자였다는 사실과 따라서 테트리쿠스는 이미 진압된 상태였다는 타당한 결론을 추론해 낼 수 있다.

26 야만족들의 경우 여성들이 남편의 옆에서 싸우는 경우가 종종 있었다. 그러나 구세계건 신세계건 간에 아마족 사회가 존재했다는 것은 거의 불가능한 일일 것이다.

27 이탈리아에서는 그때까지도 브라카이, 즉 반바지나 바지를 착용하는 것이 갈리아식의 야만적인 풍습이라고 생각했다. 그러나 로마인들은 바지 착용에 대하여 상당한 사고의 진전을 이뤄 내었다. 폼페이우스와 호라티우스의 시대에는 다리와 허벅지를 파스키아, 즉 끈으로 둘러싸는 것이 건강 상태가 나쁘고 나약하다는 의미로 간주되었다. 트라야누스 황제 시대에 이 풍습은 사치를 부릴 수 있을 정도로 부유한 사람들에게로 한정되었다. 그러다가 점차로 매우 가난한 사람까지 이 풍습을 받아들이게 되었다.

고 있었다. 제노비아의 아름다운 몸에는 황금 족쇄가 채워졌다. 한 노예가 목을 감은 황금 사슬을 떠받치고 있었으며 그녀는 견딜 수 없을 정도로 무거운 보석들 때문에 거의 기절할 지경이었다. 그녀는 한때 자신이 로마의 성문에 입성하면서 타기를 바랐던 바로 그 장대한 전차 앞을 걸어가야만 했다. 그 뒤에는 두 대의 다른 전차, 즉 오다이나투스와 페르시아 왕의 좀 더 호사스러운 전차가 따르고 있었다. (전에는 어느 고트족 왕이 사용했던) 아우렐리아누스의 개선 전차는 이 기억할 만한 의식을 맞이하여 네 마리의 수사슴 혹은 네 마리의 코끼리가 끌고 있었다.[28] 원로원과 국민, 군대 가운데 가장 저명한 사람들이 이 장대한 행렬의 끝을 장식했다. 거짓 없는 진실한 환희, 경탄, 감사로 인해 군중의 환호성은 더욱 커져 갔다. 그러나 테트리쿠스가 등장하자 원로원 의원들의 만족감은 먹구름이 낀 듯 흐려졌다. 아무리 오만한 황제라 할지라도 한때는 로마인이고 정무관이었던 사람에게 군중 앞에서 이처럼 공개적으로 모욕을 가해야만 하는가라는 낮은 불만의 목소리가 솟아오르는 것을 억누르지 못했다.

그러나 아우렐리아누스가 자신의 불운한 경쟁자들을 처우하면서 아무리 자기만족에 빠져 있었다고 할지라도, 옛 정복

테트리쿠스와 제노비아에 대한 아우렐리아누스의 처우

자들이 좀처럼 발휘한 적이 없는 관대한 온정으로 그들을 대한 것 또한 사실이다. 자신의 제위나 자유를 방어하려 했으나 성공하지 못한 군주들은 개선 행렬이 카피톨리누스 언덕에 오르자마자 감옥에서 교살되는 일이 다반사였다. 반면 패배하여 반역죄를 선고받은 이 두 찬탈자들은 부유하고 명예로운 휴식으로 여생을 보내도록 허락받았다. 황제는 제노비아에게 수도에서 20마일 정도 떨어진 티부르에 있는 멋진 별장 한 채를 주었

[28] 아마도 수사슴일 가능성이 더 높다. 아우렐리아누스의 메달에 새겨진 코끼리는 단지 동양에서 거둔 승리를 상징하는 것에 지나지 않는 듯하다.

다. 이 시리아의 여왕은 서서히 일개 로마 귀부인이 되어 갔으며 딸들을 모두 귀족 가문에 시집 보내기까지 했다. 그리하여 그녀의 혈통은 5세기까지도 끊어지지 않았다. 테트리쿠스와 그의 아들은 지위와 재산 모두를 원상태로 회복했다. 그들은 카일리우스 언덕에 장엄한 대저택을 세웠는데 완공되자 곧 황제를 만찬에 초대했다. 저택에 들어선 황제는 이 부자의 기이한 일생을 재현한 한 폭의 그림을 보고 놀라기는 했지만 동시에 즐거워했다. 그들이 갈리아의 왕관과 왕홀을 황제에게 바치고, 그 대신 황제의 손에서 원로원 의원의 신분을 나타내는 장신구를 건네받고 있는 것이 묘사되어 있었기 때문이었다. 그 후에 테트리쿠스는 루카니아의 지방 행정관으로 임명되기도 했다. 또 이내 이 퇴위한 군주를 우정과 대화를 나눌 만한 상대로 인정했던 아우렐리아누스는 그에게 알프스 이북 지역을 통치하는 것보다는 이탈리아의 한 지방을 관리하는 편이 더 매력적이지 않느냐고 허물없이 묻기도 했다. 테트리쿠스의 아들은 오랫동안 원로원의 유력한 의원으로 있었는데, 아우렐리아누스 황제에 의해서 뿐만 아니라 그의 후계자들에 의해서도 그보다 더 높이 평가받은 로마 귀족은 아무도 없었다.

아우렐리아누스의 영광과 신앙심

개선식의 화려한 행렬은 너무나 길고 다채로웠다. 그래서 새벽에 시작되었음에도 불구하고 그 느릿느릿하고 장엄한 행렬은 저녁 아홉 시가 되어서야 비로소 카피톨리누스 언덕에 오르게 되었고, 황제가 궁전으로 돌아간 것은 이미 어둠이 깔린 후였다. 축제는 극장 공연, 대경기장에서의 각종 시합, 맹수 사냥, 검투사들의 결투, 나아가 모의 해전으로 이어졌다. 군대와 국민들에게는 두둑한 상여금이 배급되었고, 로마 시에 유익하면서도 잘 어울리는 것으로 기부된 몇몇 공공 시설은 아우렐리아누스의 영광을 영원히 전하게 되었다. 동방에서 거둔 전리품 가운데 상당 부분이 로마의 여러 신들에게 봉헌되었으며, 그 덕분에 카피톨리누스 언덕 위의 유피테르 신전은 물론 다른 모든 신전들까지도 그가 신앙심을 과시하기 위해 바친 봉헌물로 찬란하게 빛나게 되었다. 태양신 신전에만도 1만 5000파운드가 넘는 황금이 헌납되었다.[29] 이 태양신 신전은 퀴리날리스 언덕 중턱에 황제의 명으로 건설된 웅장한 건물로 개선식 직후 아우렐리아누스가 자신의 생명과 행운의 근원으로 숭배하던 바로 그 신에게 헌납한 것이었다. 그의 어머니가 태양신을 모신 작은 사원의 하급 여사제였기 때문에, 빛의 신에 대한 특유의 신앙심은 이 운 좋은 농부 출신 황제가 어린 시절부터 받아들여 온 일종의 정서였다. 게다가 그가 승진할 때마다, 재위 기간 중 승리를 거둘 때마다 느끼던 감사의 마음으로 인해 이 미신적 신앙은 더욱 강화되었다.

[29] 그는 이 신전 안에 팔미라에서 가져온 벨루스 신상과 태양신 신상을 안치했다. 이 신전은 그의 재위 4년째에 헌납되었지만, 실제로는 그가 즉위하자마자 공사가 시작되었음이 거의 확실하다.

아우렐리아누스 황제의 군대는 제국 내부와 외부의 적들을 모두 격파했다. 그의 엄격함 덕분에 범죄와 파벌 싸움, 간계와 범죄에 대한 묵인, 무능하고 압제적인 정부의 만연과 같은 것들이 로마 세계에서 근절되었다고 확신해도 좋을 것이다. 그러나 부패의 진행은 교정보다 훨씬 더 빠르다는 점을 곰곰이 생각해 보고, 나아가 공공연한 혼란 속에 방치되었던 몇 년간이 아우렐리아누스 황제의 군인다운 통치에 할당되었던 몇 달보다 훨씬 길었다는 점을 상기한다면, 평화로웠던 몇 안 되는 짧은 휴지기만으로 개혁이라는 험난한 사업을 하기에는 매우 불충분했다는 것을 인정해야만 한다. 동전의 순도를 회복하려던 시도조차 무시무시한 반란의 발발로 중단되었다. 황제의 고뇌가 그의 사적인 편지들 가운데 한 통에 잘 표출되어 있다.

로마에서 폭동을 진압한 아우렐리아누스

틀림없이 신들이 짐의 일생은 싸움의 연속이어야만 한다고 명한 것 같네. 성 내에서 발생한 소란이 이제는 매우 심각한 내전으로 발전했다네. 짐이 믿고 재정 업무를 맡겼던 노예인 펠키시무스의 선동으로 조폐창의 직공들이 폭동을 일으켰다네. 결국 그들은 진압되었지만, 그 과정에서 본래 다키아에 주둔하고 있거나 도나우 강가의 진지에 머무르고 있어야 할 7000명의 병사들이 살해되었네.

다른 여러 역사가들도 모두 이 일을 사실로 확인시켜 줄 뿐 아니라, 나아가 이 일이 아우렐리아누스의 개선식 직후에 일어났고 카일리우스 언덕에서 결전이 벌어졌다는 점, 조폐창의 직공들이 동전에 불순물을 섞었고, 황제가 악화를 국고에 반납하도록 명령받은 사람들에게 그 대신 양화를 교환해 줌으로써 국가의 신용을 회복했다는 점 등을 부언하기까지 한다.

폭동에 대한 고찰

이러한 비상 조치를 언급하는 정도에서 만족할 수도 있겠지만 이것만으로는 모순되고 믿을 수 없는 것처럼 보이는 부분이 너무 많다는 것을 모른 체할 수가 없다. 화폐의 가치 저하는 사실 갈리에누스 황제의 통치 시기에나 있었을 법한 일이다. 또 그러한 부패의 앞잡이들이라면 아우렐리아누스의 단호한 처벌을 두려워했을 법도 하다. 그러나 거기에서 얻는 이익은 물론이고 범죄 행위 그 자체 또한 소수의 사람들에게만 한정되어 있었을 것이 틀림없기 때문에, 도대체 어떤 술책으로 국민들이 황제에 대항하여 무장 봉기하도록 했는지 이해하기가 쉽지 않다. 그들은 황제를 배신하기도 했지만 동시에 일반 국민에게도 손해를 입혔기 때문이다. 틀림없이 이러한 악당들도 폭정하의 밀고자나 다른 관리들과 마찬가지로 대중의 증오를 받았을 것이고, 화폐 개혁 그 자체는 황제의 명으로 트라야누스 광장에서 행해진 오래된 채무 증서의 소각, 파기와 마찬가지로 대중적으로 인기 있는 조치였을 것이라고 기대하는 것은 당연한 일이기 때문이다. 물론 상업에 관련된 원칙들조차 충분히 이해되지 못하던 시대에는 아무리 바람직한 목적이라 해도 거칠고 분별없는 방식으로 인해 악영향을 받았을 가능성이 있다. 그러나 이런 성격의 일시적인 불만이 심각한 내전을 일으키고 지속시키기란 좀처럼 불가능한 일이다. 토지나 생필품에 과도한 세금이 반복적으로 부과되었다면, 조국을 버리지 않을 것이며 버릴 수도 없는 사람들을 마침내 분노하게 만들었을지도 모른다. 그러나 이 경우는 모든 면에서 사정이 전혀 다르다. 어떤 조치를 취해서든 정당한 통화 가치를 회복시키려는 노력이었던 것이다. 일시적인 불만은 영구적인 이익에 의해 곧 사라질 것이며, 손실은 수많은 사람들이 함께 부담할 것이다. 만일 소수의 부유한 사람들이 눈에 띌 정도로 재산의 감소를 겪게 되면 그들은 재물은 물론이고 동시에 그것을 소유함으로써 획득했던 사회적 지위와 중요성도 상실하게 된다. 아우렐리아누스가 이 반란의 진짜 원인을 아무리 숨기려한다 해도, 그의 화폐 개혁은 이미 불만을 품고 있던 어느 강력한 당파에게 단지 미약한 구실을 제공한 것에 불과하다. 비록 자유는 없어진 상태였지만 로마는 파벌 싸움으로 분열되어 있었다. 평민 출신인 황제는 일반 국민들에게는 언제나 특별한 애정을 표시했던 반면 원로원, 기사 계급, 근위대와는 끊임없이 알력을 빚고 있었다.[30] 원로원의 권위와 기사 계급의 재력, 근위대의 무력, 이 삼자간의 은밀하고 견고한 공모가 없었더라면 그들 또한 도나우의 노련한 여러 군단들을 상대로 전투를 벌일 만한 세력을 과시할 수는 없었을 것이다. 도나우의 각 군단들은 용

[30] 이러한 상황은 아우렐리아누스가 이집트에서 돌아오기 전에 이미 최고조에 달해 있었다.

11장 381

맹한 군인 출신 황제의 지휘 아래 서방과 동방 정복을 달성한 군대였던 것이다.

<small>아우렐리아누스의 잔인성</small>

이 반란의 원인 혹은 목적을 조폐창의 직공들에게 전가할 수 있는 가능성은 거의 없다. 그런데 이 반란의 원인 혹은 목적이 무엇이었든지 간에, 아우렐리아누스는 승자의 입장을 무자비한 기세로 십분 활용하였다는 것을 알 수 있다. 그는 천성적으로 가차 없는 엄격한 성격이었다. 농민 출신 군인인 그의 정신력은 쉽사리 동정심의 영향을 받지 않았다. 고문하거나 처형하는 장면도 아무런 감정의 동요 없이 견뎌 낼 수 있었다. 어릴 때부터 무예 연마로 훈련되어 있어서 일개 시민의 생명 따위에는 거의 가치를 두지 않았으며, 아무리 사소한 위반 사항에 대해서도 군대식으로 엄벌에 처했고, 나아가 군대 내에서의 이런 엄격한 규율을 일반 행정 차원으로 그대로 옮겨 와 실천했다. 그의 정의에 대한 사랑은 종종 맹목적이고 사나운 열정으로 나타났다. 일단 자기 자신 혹은 국가의 안전이 위험에 빠졌다고 여겨질 때면, 그는 증거에 관한 규칙이나 형벌의 적정성 따위는 무시했다. 로마인들이 그의 노고에 대한 보답으로 일으킨 이 명분 없는 반란은 자존심 강한 그를 격분시켰다. 더욱이 수도 로마의 최고 명문가들이 이 은밀한 공모에 참여하는 죄를 저질렀거나 혹은 그런 의심을 받고 있었다. 성급한 복수심은 피를 부르는 고소 고발로 이어졌고 이것은 황제의 조카들 가운데 한 사람에게도 치명적인 결과를 가져왔다. (당시의 한 시인의 표현을 사용하자면) 사형 집행인들은 피로에 지쳤고 감옥은 대만원이었으며 슬픔에 잠긴 원로원은 가장 뛰어난 의원들의 죽음이나 부재 상태를 한탄했다고 한다. 아우렐리아누스의 잔인성 못지않게 원로원이 불쾌하게 여겼던 것은 그의 자부

심이었다. 문민 제도의 견제를 몰랐거나 참지 못한 까닭에 그는 무력이 아닌 다른 수단으로 권력을 유지하는 것을 경멸했고, 자신이 구원하고 제압한 제국을 승자의 당연한 권리로서 지배하는 것이라 여겼다.

역대 로마 군주들 가운데서도 가장 현명했던 어느 황제는 자신의 전임자인 아우렐리아누스 황제의 재능은 제국의 통치보다는 군대의 통솔에 훨씬 더 적합한 것이었다고 평가하기도 했다. 황제는 천성과 경험에 의해 더욱 배가된 자신의 특성을 스스로 잘 알고 있었기 때문에, 개선식 이후 몇 달이 지나자 다시 한 번 전쟁터로 나갔다. 군대가 그 침착하지 못한 기질을 외부의 전쟁에서 발휘하게 한다는 것은 시의 적절한 방편이었다. 발레리아누스 황제에게 가한 모욕으로 크게 고무된 페르시아 왕은 여전히 아무런 응징을 받지 않은 채로 위엄이 손상된 로마에 공공연히 맞서고 있었다. 황제는 수적인 측면보다는 군기와 용기라는 측면에서 훨씬 막강한 군대를 이끌고 유럽과 아시아를 가르는 해협들까지 진격해 갔다. 그런데 거기에서 그는 아무리 강력한 군대도 절망에서 비롯된 필사적인 저항에 부딪히면 제대로 방어를 할 수는 없다는 것을 알게 되었다. 그는 자신의 서기관들 중 한 사람을 직무상 부당 이득을 취득했다는 죄목으로 책망했었다. 황제가 쓸데없이 위협만 하는 사람이 아니라는 것은 잘 알려진 사실이었다. 범인에게 남겨진 마지막 희망은 군대의 몇몇 중요한 장교들을 자신과 같은 위기, 아니 적어도 자신과 같은 공포 상태로 끌어들이는 것뿐이었다. 그는 황제의 필적을 교묘하게 위조한 후 그들에게 자신들의 이름이 대상으로 올라 있는 긴 목록의 처형 명단을 보여 주었다.

아우렐리아누스의 동방 진군과 암살

서기 274년 10월

그들은 이 속임수를 의심하거나 검토해 보지도 않고 자신들의 목숨을 부지하기 위해서 황제를 암살하기로 결의했다. 아우렐리아누스는 비잔티움에서 헤라클레아로 진군하는 도중에, 황제를 가까이서 모시는 자신들의 직책상 애초에 그를 에워쌀 자격이 있는 이 공모자들로부터 갑작스러운 공격을 받았다. 황제는 잠시 저항했지만 곧 자신이 언제나 사랑하고 신뢰했던 장군인 무카포르의 손에 살해되고 말았다. 군대는 그의 죽음을 유감으로 여기고, 원로원으로부터는 지독한 미움을 받으면서 죽었지만, 아우렐리아누스는 일반적으로 군인답고 운 좋은 군주이자 퇴화했던 제국을 살린 가혹하기는 했지만 유능했던 개혁가로 인정받고 있었다.

서기 275년 1월

12

아우렐리아누스 황제 사후 군대와 원로원의 동향 · 타키투스 황제, 프로부스 황제 및 카루스 황제 부자의 치세

로마 황제들이 처한 상황은 매우 불행했다. 그들의 행적이 어떠했든 그 운명은 모두가 동일했다. 평생 쾌락에 탐닉했든 덕스러웠든, 가혹했든 관대했든, 나태했든 영광스러웠든 불시에 죽음을 맞이했다는 점에서는 모두 마찬가지였다. 거의 모든 치세가 반역과 살인이라는 혐오스러운 일이 되풀이되면서 막을 내렸다. 그러나 아우렐리아누스 황제의 죽음은 의외의 결과를 낳았다는 점에서 주목해 볼 만한 것이다. 군대는 승승장구했던 이 황제를 칭송했고 애도했을 뿐 아니라 원수까지 갚아주었다. 배신자인 비서관의 술책이 드러나자 그를 처형했던 것이다. 기만당했던 공모자들은 진실로 후회했는지 겉으로만 후회하는 척했는지는 알 수 없지만 어쨌든 상처 입고 쓰러진 황제의 장례식에 참석했고, 군대가 만장일치로 동의한 결의안에도 복종했다. 그 결의안은 한 통의 편지에 잘 나타나 있다.

> 황제 선택을 둘러싼
> 군대와 원로원
> 사이의 다툼

용감하고 축복받은 군대가 로마 원로원과 시민 여러분께. 한 사람의 범죄와 여러 사람의 과실이 우리에게서 고(故) 아우렐리우스 황제를 빼앗아 갔습니다. 존경하는 원로원 의원 여러분! 원컨대 그분을 신들의 반열에 올려놓으시고 여러분의 판단에 따라 황제의 자주색 의복을 입을 후계자를 지명해 주시기 바랍니다. 다만 자신의 죄악과 불운으로 우리에게 손실을 입혔던 사람은 어느 누구도 우리 위에 군림할 수 없을 것입니다.

로마 원로원은 또 한 명의 황제가 자신의 군대 진영 내에서 암살당했다는 소식을 듣고도 조금도 경악하지 않았다. 오히려 그들은 남몰래 아우렐리아누스의 파멸을 기뻐했다. 그러나 집정관이 전체 의원들 앞에서 군대의 겸손하고 예의 바른 청원을 전달했을 때, 이들은 기뻐하면서도 한편으로 놀라지 않을 수 없었다. 그들은 두려움과 어쩌면 존경심에 의해서 강요된 그러한 명예를 고인이 된 군주의 영전 앞에 아낌없이 퍼부었다. 그들은 제국의 충성스러운 군대에도 감사하는 답장을 보내어 군대가 보여 준 원로원의 합법적인 황제 선출권에 대한 적절한 인식을 호의로서 기꺼이 받아들이겠다고 했다. 그러나 이처럼 아첨하는 듯한 호소에도 불구하고, 신중한 원로원 의원들은 군대의 변덕 앞에 자신들의 안전과 위엄을 드러내 놓기를 거부했다. 군대의 권력은 사실상 그들의 성실성을 보증해 주는 것이다. 군대를 지배할 수 있는 사람이라면 좀처럼 진의를 숨길 필요가 없기 때문이다. 그러나 이처럼 성급한 참회로 80년에 걸쳐 뿌리박힌 습관이 단번에 교정될 것이라고 액면 그대로 믿고 기대해도 괜찮을 것인가? 만일 병사들이 기존에 몸에 익은 선동적인 체질로 되돌아간다면, 그들의 오만함으로 인해 원로원의 위엄은 더럽혀질 것이고 원로원이 선임한 새 황제에게도 치명적 결말이 초래될 것이었다. 이와 같은 이유에서 원로원은 오히려 새 황제 선출을 군대의 투표에 일임한다는 포고령을 내렸다.

뒤이어 벌어진 논쟁은 인류 역사상 가장 분명히 입증되었으면서도 동시에 가장 믿기 어려운 사건들 가운데 하나다. 군대는 마치 권력 행사에 싫증이 난 것처럼 또 다시 원로원 의원들 중 한 사람을 황제로 선출해 달라고 간청했다. 원로원은 여전히 거절을 고수했고 군대는 자신들의 요구 사항을 고집했다. 쌍방간의 제안은 각기 적어도 세 번씩 재촉 또는 거부되었다. 양자가 집요한 겸양으로 상대방이 추천하는 사람을 황제로 맞이하겠다는 결론에 이르는 동안 어느새 8개월이 지나가 버렸다. 평온한 무정부 상태가 지속된 이 놀라운 시기 동안 로마 세계는 군주도 없고 찬탈자도 없고 게다가 반란도 없는 채로 남아 있었다. 아우렐리아누스가 임명했던 장군과 행정관들은 가기 평상시 지무를 계속 수행했으며, 이 제위 공백기를 통틀어 직위에서 파면된 중요 인사는 아시아 지역의 속주 총독뿐이었다고 한다.

> 서기 275년, 8개월의 평화로운 황제 공위 기간

신빙성은 매우 낮지만 이와 어느 정도 비슷한 사건이 로물루스 사후에도 일어났었던 것으로 추정된다. 로물루스는 그 생애와 성격에 있어서 아우렐리아누스와 상당한 유사성을 지녔다. 사비네족의 한 철학자가 선출되기까지 제위는 12개월 동안 비어 있었고, 국가의 평화 또한 여러 계급의 일치단결에 의해 동일한 방식으로 지켜졌다. 그러나 로물루스와 누마의 시대에는 대중의 무력이 귀족의 권위에 의해 통제되었고 자유의 균형도 소규모의 고결한 공동 사회 안에서 쉽게 유지되었다. 이 초창기와는 확연히 다르게 로마 제국의 쇠퇴기는 제위 공백기에 복종과 화합을 기대할 수 없게 만드는 온갖 조건을 갖추고 있었다. 거대하고 소란스러운 수도, 광대한 제국의 판도, 전제 정치하에서의 노예적인 평등, 40만 명의 용병 부대, 잦은 혁명 체험 등이 그것이다. 그러나 이 모든 유혹에도 불구하고 아우렐리아누스의 규율과 명성은 군 지휘관들의 치명적인 야심뿐만 아니라 군대의 선동적인 기질도 여전히 잘 억제했다. 주요 군단들은 보스포루스 해협 양안의 각 주둔지에 계속 머물렀고, 황제군 깃발은 로마와 여러 속주의 세력이 약한 부대들을 완전히 압도했다. 일시적이지만 고결한 열의가 군대의 사기를 진작시킨 듯했다. 소수의 진정한 애국자들만 나온다면 제국의 옛 영광과 활력을 회복하는 유일한 방편으로 되살아난 군대와 원로원 간의 우호 관계를 한층 발전시킬 수도 있을 정도였다.

서기 275년 9월 25일, 원로원을 소집한 집정관

아우렐리아누스가 살해된 후 8개월이 지난 무렵인 9월 25일에 집정관이 원로원 회의를 소집해 제국이 처한 불확실하고 위태로운 상황을 보고했다. 그는 병사들의 불확실한 충성심이 어느 순간 어떤 사건으로 달라질지 모른다는 점을 넌지시 설명했다. 그러면서 동시에 설득력 있는 말투로 황제 선출을 더 이상 지연할 경우 따라올 여러 가지 위험을 설명했다. 그는 이미 게르만족이 라인 강을 건너 갈리아의 가장 강력하고 부유한 몇몇 도시들을 점령했다는 보고를 받았다고 말했다. 야심만만한 페르시아 왕은 동방을 끊임없이 불안에 떨게 했고, 이집트와 아프리카, 일리리쿰은 국내외의 무력 위협에 노출되어 있었다. 변덕스러운 시리아는 심지어 신성한 로마법의 지배를 받기보다는 차라리 여자의 지배를 받는 것을 택할지도 몰랐다. 그러고 나서 집정관은 수석 원로원 의원인 타키투스에게 비어 있는 제위에 적합한 후보자를 선출하는 이 중요한 당면 과제에 대한 의견을 요청했다.

우발적인 유명세보다 인간적인 장점을 더 높이 평가한다면, 타키투스의 혈통은 왕들의 혈통보다도 더 고귀한 것이라 할 수 있다. 그는 자신이 인류 최후의 세대까지도 가르칠 작품을 쓴 현명한 역사가의 혈통을 이어받았다고 주장했다.[1] 타키투스 의원의 나이는 그 당시 75세였다. 흠 없는 그의 긴 일생은 부와 명예로 장식되어 있었다. 그는 두 번이나 집정관직을 받았고[2] 200 내지 300만 파운드에 이르는 풍부한 세습 재산을 우아하고 절제된 방식으로 향유했다.[3] 헛되이 어리석은 행동만 일삼던 엘라가발루스 황제에서부터 유능하고 엄격했던 아우렐리아누스 황제에 이르기까지, 그가 존경하거나 혹은 꾹 참고 견뎌 내야 했던 많은 군주들을 경험함으로써 황제라는 고귀한 지위에 따르는 책무와 위험, 유혹에 대해 올바른 평가를 내릴 수 있었다. 또한 저 불멸의 명성을 지닌 조상에 대한 부지런한 연구를 통해서는 로마의 정치 체제와 인간 본성에 관한 지식을 얻을 수 있었다.[4] 국민들은 이미 타키투스를 로마 제국의 가장 훌륭한 시민으로 지목하고 있었다. 이처럼 듣기 싫은 소문이 들려오자 그는 캄파니아에 소유한 여러 별장 중 하나에 은거하려 했다. 그는 바이아이에서 즐거운 은둔 생활로 2개월을 보낸 후에야 마지못해 집정관의 부름에 따라 명예로운 원로원직에 복귀하여 이 중요한 시점에 조언을 함으로써 제국을 돕게 되었던 것이다.

그가 일어나 말을 하려 하자 의사당 곳곳에서 그를 아우구스투스 및 황제의 칭호로 맞이하였다.

타키투스의 품성

황제로 선출된 타키투스

[1] 이 가계도에 제기되는 유일한 이의는 이 역사가가 코르넬리우스라고 불렸다는 점뿐이다. 그러나 남부 제국(Lower Empire) 시대에는 한 사람의 성(姓)은 무척 여러 가지였을 뿐 아니라 변하기도 쉬웠다.

[2] 그는 서기 273년에는 집정관이었다. 그러나 여러 해 전, 아마도 발레리아누스 황제 치하에서는 보결 집정관이었음이 분명하다.

[3] 옛 기준에 따르자면 이 총액은 로마 은화로 84만 파운드에 맞먹는 것이었다. 로마 은화로 1파운드는 영국 은화인 스털링으로 3파운드 정도의 가치에 해당한다. 그러나 타키투스 시대에 이 동전은 이미 무게와 순도가 많이 감소된 상태였다.

[4] 그는 즉위한 후 해마다 이 역사가의 사서를 열 부씩 필사하여 공공 도서관에 비치하도록 명령했다. 로마의 도서관은 오래전에 사라졌지만 타키투스가 쓴 가장 귀중한 책은 한 권의 필사본으로 잘 보존되어 베스트팔리아의 한 수도원에서 발견되었다.

타키투스 아우구스투스여, 신들이 그대를 지켜 주시기를, 우리는 그대를 우리의 군주로 선출하고 제국과 세계를 그대의 감독하에 맡깁니다. 원로원의 권위로 제국을 인수하십시오. 이것은 그대의 지위와 행동, 태도에 합당한 것입니다.

소란스러운 환호성이 가라앉자마자 곧 타키투스는 이 위험한 명예를 정중히 사양하고, 그들이 군인다운 활력에 넘치던 아우렐리우스의 후계자로 자신 같은 노쇠한 인물을 선출했다는 데 놀라움을 표시했다.

자리에 모이신 원로원 여러분! 이 사지가 갑옷의 무게를 견디고 병영에서 군사 훈련을 실행하기에 적합하다고 보십니까? 온갖 기후와 군대 생활의 어려움이 섬세한 관리에 의해서 겨우 생명을 부지하고 있는 이 허약한 육체를 곧 덮쳐 올 것입니다. 이미 다 소진되어 버린 저의 체력으로는 원로원 의원직조차 다하기 어려운 형편입니다. 그러니 전쟁과 통치라는 힘든 일은 더더욱 힘에 부치는 일입니다. 군대가 평온과 은거의 그늘 안에서 나날을 보냈던 이 노쇠한 사람을 존경하리라 기대하십니까? 여러분은 제가 원로원의 호의를 유감으로 여길 만한 이유를 발견하기를 바라십니까?

제위를 받아들인 타키투스

타키투스의 이 저항은 아마도 진심이었을 원로원의 애정 어린 완강함에 부닥치게 되었다. 500명의 목소리가 일제히 뒤섞여서 열변을 토하며 누마와 트라야누스, 하드리아누스, 그리고 두 명의 안토니누스에 이르기까지 많은 위대한 로마 군주들이 인생의 노령기에 제위에 등극했음을 되풀이해 말했다. 그리고 그들이 선택하려는 대상은 육체가 아니라 정신이며, 군인이 아니라 군주라고 했다. 게다가 그들이 기대하는 것은 그가 자신의 지혜로 군대의 용맹을 인도해 주는 것뿐이라고 했다. 이처럼 두서없지만 집요한 권유는 원로원에서 타키투스 다음으로 중요한 인물이었던 메티우스 팔코니우스의 좀 더 체계적인 연설에 의해서 논리적으로 보강되었다. 그는 의원들에게 완고하고 변덕스러운 젊은 황제들의 악덕으로 인해 지금까지 로마가 견뎌 내야 했던 재난들을 상기시킨 다음, 덕망 있고 경험 많은 원로원 의원을 선출한 것을 축하했다. 그리고 어쩌면 이기적인 것이었을지 모르지만 남자답게 자유로이 타키투스에게 말하기를 그가 선출된 이유를 염두에 두어야 하며, 그 자신의 가문에서가 아니라 제국 전체에서 후계자를 구해야 할 것이라고 권고했다. 모든 의원들이 팔코니우스의 연설을 환호로써 지지했다. 이렇게 선출된 황제는 결국 조국의 권위에 복종했고 동료 의원들의 자발적인 충성의 맹세를 받아들였다. 원로원의 판단은 로마 국민과 근위대의 동의로 더욱 확실하게 승인되었다.

 타키투스의 통치 방식은 그의 생애와 원칙에 어울리는 것이었다. 원로원에 감사해 마지않는 종복으로서, 이 국민의 의회는 법의 입안자이며 자신은 그 신하라고 생각했다. 그는 황제의 오만과 국내의 불화, 군대의 폭동이 정치 체제에 입힌 상처를 치유하고, 적어도 아우구스투스 황제의 정책과 트라야누스 황제 및 두 안토니누스 황제들의 선정으로 보존되었던 옛 로마의 면모를 회복하기 위해 애썼다. 타키투스를 황제로 선출함으로써 원로원이 되찾았던 중요한 특권 몇 가지를 요약해 보는 것도 헛되지는 않을 것이다. 1. 그에게 황제의 칭호를 줌으

원로원의 권위

로써 원로원 의원 가운데 한 사람에게 군대에 대한 전반적인 지휘권과 변경의 여러 속주들에 대한 통치권을 부여한 것. 2. 당시의 호칭을 따라 부르자면, 집정관단의 명단을 확정한 것. 그들은 열두 명으로 구성되었는데, 두 명씩 짝을 지어 조마다 두 달 동안 정무를 담당하여 1년의 임기를 채움으로써 이 오래된 직책의 권위를 나타냈다. 집정관을 지명하는 원로원의 권위는 동생인 플로리아누스를 위한 황제의 변칙적인 요청조차 배려하지 않을 정도로 독립적이고 자유롭게 행사되었다. 타키투스는 애국자다운 진심 어린 감탄에서 다음과 같이 환호했다. "원로원은 자신들이 선출한 군주의 성격을 잘 이해하고 있도다." 3. 여러 속주의 총독을 임명하고 모든 행정관에게 민정 관할권을 수여한 것. 4. 수도 총독이라는 중간 직책을 통하여 제국의 모든 법정으로부터의 상소를 접수한 것. 5. 원로원이 찬성한 황제의 칙령에 대해서도 자체적으로 포고령을 내리도록 함으로써 칙령에 설득력과 정당성을 부여한 것. 6. 이러한 몇 가지 행정 분야에 더하여 재정 분야에서 실시되었던 몇 가지 감찰 활동을 언급할 수 있다. 심지어 엄격한 아우렐리아누스 황제 치세에서도 공공 사업에 쓰여야 할 국고 수입의 일부를 자기들 마음대로 전용하는 일이 있었기 때문이었다.

원로원의 기쁨과 확신

지체 없이 몇 통의 회람 문서가 트레브, 밀라노, 아퀼레이아, 테살로니카, 코린토스, 아테네, 안티오크, 알렉산드리아, 카르타고 등 제국의 모든 주요 도시로 발송되었는데, 이것은 그들의 복종을 요구하고 로마 원로원의 옛 권위를 회복시켜 준 행복한 혁명에 대하여 알려 주기 위한 것이었다. 그 편지들 가운데 두 통이 지금까지 남아 있다. 또한 이 일에 관하여 원로원 의원들이 주고받았다는 사적인 편지들 가운데 매우 진귀한 파편 두 조각이 남아 있다. 그들은 엄청난 기쁨과 무한한 희망을 드러내고 있다. 원로원 의원 중 한 사람은 자신의 친구에게 다음과 같이 말하고 있다.

> 게으름은 던져 버리게나. 바이아이와 푸테올리에서의 은둔 생활에서 벗어나게. 로마로 돌아와 원로원에 참여하게. 로마는 번창하고 있으며 제국 전체 또한 번성하고 있다네. 로마군, 진실로 로마인다운 군대 덕분에 마침내 우리는 바라마지않던 우리의 정당한 권위를 되찾았네. 상소를 경청하며, 속주의 총독을 임명하고, 황제들을 선출할 수 있게 되었다네. 아마도 그들을 제지할 수도 있겠지. 현명한 사람들에게는 한 마디면 족한 법이네.[5]

5 이 원로원 의원은 황소 백 마리를 희생 제물로 바치고 공개적인 주연을 베풀어 이 행복한 복귀를 축하했다.

그러나 이러한 원대한 기대는 빗나가게 되었다. 군대와 속주가 로마의 사치스럽고 나약한 귀족들에게 오랫동안 복종한다는 것은 사실상 불가능한 것이었다. 가볍게 건드린 것에 불과했지만, 그러자 곧 그들의 자부심과 권력이라는 지지대가 없는 구조물은 무너져 내렸다. 스러져 가던 원로원은 갑자기 광채를 발하여 한순간 타오른 다음 영원히 소멸되어 버렸다.

지금까지 로마에서 일어난 모든 일은 여러 군단의 보다 실질적인 힘에 의해 비준되지 않는다면 일종의 극장 공연물에 불과할 뿐이었다. 타키투스는 자유와 야망에 대한 꿈을 즐기고 있던 원로원 의원들을 남겨 둔 채 트라키아의 병영으로 향했고, 거기에서 근위대장에 의해서 그들 자신이 요청했고 원로원이 선출한 군주로 전군에 소개되었다. 근위대장이 말을 마치자, 곧 황제가 병사들에게 우아하고 적절한 연설을 하

서기 276년, 군대의 승인을 받은 타키투스

기 시작했다. 그는 급여와 상여금의 명목으로 후하게 재물을 배급함으로써 그들의 탐욕을 만족시켜 주었다. 그리고 비록 노령으로 인해 군사적인 공적을 세우는 것은 어렵겠지만 자신이 제공할 조언은 용감한 아우렐리아누스의 후계자, 즉 로마의 장군이 되기에 부족하지는 않을 것이라고 힘차게 선언함으로써 그들의 존경을 차지했다.

타키투스에게 격퇴당한 알라니족

고인이 된 황제가 제2차 동방 원정을 준비하면서 동시에 마이오티스 호 부근에서 천막을 치고 사는 스키타이 종족의 일족인 알라니족과 협상을 벌인 적이 있었다. 선물과 보조금이라는 미끼에 넘어간 이들 야만족은 경기병으로 구성된 대군을 이끌고 페르시아를 침략하기로 약속했다. 그들은 약속에 충실했다. 그러나 로마의 변경 지대에 도착했을 때, 아우렐리아누스는 이미 사망한 상태였고, 페르시아 전쟁 계획은 적어도 일시 보류된 상태였다. 게다가 제위 공백기 동안 로마 장군들은 어정쩡한 권한을 행사했을 뿐이어서, 그들을 맞아들일 것인지 혹은 대적할 것인지에 대한 어떠한 준비도 하지 않았다. 알라니족은 이러한 처우를 성실하지 못한 배신 행위로 간주하고 분노했으며, 자신들의 무용에 의지하여 징벌과 보복을 가했다. 그들은 타타르족 특유의 신속성을 발휘하여 이동했기 때문에, 순식간에 폰투스, 카파도키아, 킬리키아, 갈라티아 등 여러 속주로 퍼져 나갔다. 보스포루스의 반대쪽 해안에서 도시와 촌락이 불타고 있다는 것을 알아차린 로마 군단들은 장군들에게 자신들을 이끌고 나아가 침입자들에게 맞서라고 재촉했다. 타키투스의 지휘는 그의 나이와 지위에 어울리는 것이었다. 그는 이 야만족에게 제국의 위력을 과시하는 동시에 제국의 신의를 보장해 주었다. 아우렐리아누스가 그들과 맺었던 계약이 꼼꼼하게 이행되자 진정이 된 대다수의 알라니족은 약탈품과 포로들을 양도하고 파시스 강 너머 자신들의 사막 지대로 조용히 물러났다. 평화를 거부한 잔당들에 대해서는 로마 황제가 친히 출정하여 전투를 벌였고 승리했다. 그는 용감하고 경험 많은 베테랑으로 구성된 군대의 도움을 받아 단 몇 주 만에 아시아의 여러 속주를 스키타이족의 침략이라는 공포스러운 상황에서 구해 냈다.

그러나 타키투스의 영광은 짧은 기간 지속되었을 뿐이다. 그는 캄파니아의 온화한 은거지에서 카프카즈 산기슭으로, 그것도 한겨울에 끌려 나간데다, 익숙하지 않은 군대 생활의 어려움으로 더욱 쇠약해져 갔다. 육체의 피로는 마음의 근심으로 더욱 악화되었다. 잠시 동안은 병사들의 국가적 미덕에 대한 열정이 성난 이기심을 억제했다. 그러나 그들은 곧 두 배나 격렬하게 폭발했고, 병영 내에서는 물론이고 심지어는 나이 많은 황제의 막사에서까지 난동을 부렸다. 그의 관대하고 온화한 성격은 경멸을 불러일으킬 뿐이었다. 그는 도저히 진정시킬 수 없는 파벌 싸움과 도저히 만족시킬 수 없는 여러 가지 요구에 끊임없이 고통받았다. 국가적 혼란 상태를 조정하는 것에 대해 그가 어떤 달콤한 기대를 품고 있었든 간에, 이내 타키투스는 방자한 군대가 미약한 법의 구속력 따위는 무시한다는 것을 확신하게 되었다. 그의 마지막 순간은 고뇌와 실망으로 인해 재촉되었다. 병사들이 이 무고한 군주의 피로 자신들의 손을 더럽혔는지는 확실하지 않다.6 다만 그들의 오만함이 황제의 죽음의 원인이었다는 것만은 확실하다. 그는 겨우 재위 6개월 20여 일 만에 카파도키아의 티아나에서 숨을 거두었다.7

타키투스 황제의 죽음

서기 276년 4월

6 에우트로피우스와 아우렐리우스 빅토르는 그가 죽었다고만 밝힌다. 빅토르 2세는 열병 때문이었다고 부언한다. 반면 조시무스와 조나라스는 그가 병사들의 손에 살해되었다고 주장한다. 보피스쿠스는 앞의 두 가지 설명을 모두 언급하는데 아마도 둘 사이에서 망설였던 것 같다. 그러나 물론 이처럼 삐걱거리는 견해들은 쉽게 조정될 수 있는 것이다.

7 역사가인 두 명의 빅토르에 따르면, 그는 정확히 200일간 통치했다고 한다.

> 제위 찬탈과
> 타키투스의 동생
> 플로리아누스의 죽음

타키투스의 두 눈이 다 감기기도 전에 그의 동생인 플로리아누스는 원로원의 승인을 기다리지도 않고 황제의 자리를 성급하게 찬탈함으로써 자신이 통치자로서 적합하지 않다는 것을 스스로 폭로하고 말았다. 아직까지도 군대와 속주에 영향을 미치고 있었던 로마의 정치 체제에 대한 존경심은 그들에게 플로리아누스의 무모한 야심을 비난하게 할 정도는 되었지만, 직접 대적할 마음을 불러일으킬 정도로 강한 것은 아니었다. 동방 군대의 장군인 용맹한 프로부스가 대담하게 일어나 원로원의 복수를 해 주겠다고 나서지 않았다면, 불만은 헛된 속삭임으로 사라져 버렸을 것이다. 그러나 이 싸움은 여전히 대등하지 못한 것이었다. 아무리 유능한 지휘관이라 해도 이집트와 시리아의 나약한 군대를 이끌고 압도적인 군사력을 지닌 유럽의 군단들을 상대로 싸워 승리하리라는 희망을 갖기는 어려웠다. 유럽 군단들은 타키투스의 동생을 지지하는 것처럼 보였던 것이다. 그러나 운이 좋을 뿐 아니라 적극적인 프로부스는 이 모든 장애물을 극복해 냈다. 플로리아누스의 병사들은 비록 강인하고 노련했지만 추운 지방의 기후에만 익숙했기 때문에 여름이면 건강을 해칠 정도인 킬리키아의 타는 듯이 뜨거운 열기 속에서 병에 걸려 쇠약해졌다. 빈번한 탈영으로 병력수가 감소했으며 산악 지대의 좁은 길목에 대한 방어도 허술해졌다. 이내 타르수스가 성문을 열었고, 플로리아누스의 병사들 또한 곧 그들 자신조차 경멸했던 군주를 쉽사리 희생 제물로 바침으로써 제국을 내전으로부터 구원해 냈다. 그들이 플로리아누스에게 황제의 칭호를 누릴 수 있도록 허락했던 기간은 단지 3개월 정도에 불과했다.

> 7월

제위를 둘러싸고 끊임없이 격변이 벌어지자 세습권에 대한 모든 관념은 완전히 지워졌고, 불운한 황제의 가문에서도 황제의 후계자들에 대한 질투심으로 흥분하지 않게 되었다. 타키투스와 플로리아누스의 자녀들은 평민의 신분으로 좌천되어 일반 국민 대중과 섞여 살도록 묵인받았다. 가난은 사실상 그들의 결백을 입증하는 또 하나의 추가적인 보호 장치가 되었다. 타키투스가 원로원에 의해 황제로 선출되었을 때 그는 자신의 풍부한 세습 재산을 국고에 바쳤는데, 이는 외견상으로는 그럴 듯한 관대한 행동이지만, 사실은 제국을 자신의 후손들에게 전해 주려는 의도를 명백히 드러내는 행동이었다. 몰락한 그들의 상태를 위안해 주는 것은 오로지 한때 잠시나마 위대했던 가문에 대한 추억과 아득히 먼 훗날에 대한 희망, 즉 그들을 기쁘게 한 터무니없는 예언에서 언급된 후손에 대한 희망뿐이었다. 이 예언에 의하면 천 년 후에는 타키투스 가계에서 군주가 나타나 원로원의 보호자이자 로마의 복구자, 그리고 전 세계의 정복자가 되리라는 것이었다.[8]

8 그는 파르티아인, 페르시아인, 사르마티아인에게 재판관을 보낼 것이며 타프로바나에 주 장관을, (카사우본과 살마시우스의 추정에 따르면 브리타니아를 의미하는) 로마 섬에 총독을 보낼 것이라고 했다.

일리리쿰의 농민 계급은 이미 클라우디우스와 아우렐리아누스를 배출하여 쇠약해져 가는 제국에 건네주었는데, 프로부스의 등극으로 다시 한 번 영광을 누릴 권리를 얻었다. 20년도 더 전에 발레리아누스 황제가 특유의 통찰력으로 한 젊은 병사의 전도유망한 재능을 발견하고, 군대 규칙으로 규정된 나이보다 어린 그에게 군단 참모장교의 지위를 수여했던 적이 있다. 이 군단 참모장교는 곧 사르마티아인의 대군을 상대로 승리를 거두고, 더욱이 그 와중에 발레리아누스의 근친의 생명을 구함으로써 황제의 선택을 정당화시켜 주었다. 게다가 그는 황제의 손에서 직접 목걸이, 팔찌, 창, 깃발을 비롯해 옛 로마인

프로부스의 품성과 즉위

9 『알렉산드리아 연대기』에 따르면 사망 당시에 50세였다고 한다.

때부터 성공적으로 무용을 선보인 사람들에게 주기로 되어 있는 모든 명예로운 상을 받을 만한 자격이 있는 인물이었다. 프로부스는 제3군단 그리고 그 후에는 제10군단의 지휘를 맡게 되었는데, 매번 승진할 때마다 자신이 차지한 지위에 필요한 것 이상의 능력을 보여 주었다. 아프리카, 폰투스, 라인 강, 도나우 강, 유프라테스 강, 나일 강 등 차례로 이르는 곳마다 개인적 무용과 전투 지휘 방식을 드러내 보일 수 있는 멋진 기회들을 얻었다. 아우렐리아누스는 그의 덕으로 이집트를 정복할 수 있었을 뿐 아니라 때로는 자신의 군주의 잔인성까지도 제지하고 나서는 그의 진실한 용기에서 도움을 받기도 했다. 타키투스는 자신의 부족한 군사적 재능을 부하 장군들의 능력으로 보완할 수 있기를 바랐다. 이런 이유에서 그는 프로부스를 동방 여러 속주의 최고 지휘관으로 임명하고, 일반적인 경우보다 다섯 배나 많은 급여를 제공했을 뿐 아니라 집정관직을 주기로 약속하고 개선식을 거행할 희망까지 안겨 주었던 것이다. 프로부스가 황제의 자리에 올랐을 때, 그의 나이는 대략 44세 정도였는데,9 이때 그는 명성이 드높았고 군대의 사랑을 받았으며 몸과 마음에서 원숙한 활력이 흘러넘치고 있었다.

원로원에 경의를 표하는 프로부스

이미 공인된 재능과 플로리아누스에 대한 군사적 승리로 인해 그에게는 단 한 명의 적이나 경쟁자도 남아 있지 않았다. 그러나 그의 고백을 믿을 수 있다면, 그는 제위를 바라기는커녕 정말로 마지못해 받아들였다고 한다. 프로부스는 한 통의 개인적인 편지에서 다음과 같이 말하고 있다.

그러나 엄청난 선망의 대상이자 위험으로 가득한 이 칭호를 버리는 것은 더 이상 나의 힘으로 결정할 수 있는 일이 아니

오. 병사들이 나에게 부과한 이 직분을 계속해서 수행해야만 하오.[10]

원로원에 대한 예절 바른 태도 또한 애국자로서의 감정 혹은 적어도 말투를 잘 드러내 주고 있다.

원로원 의원 여러분! 여러분이 같은 지위에 있는 사람을 선출해 아우렐리아누스 황제의 뒤를 계승하도록 했을 때, 여러분은 자신들의 공명정대함과 지혜에 어울리는 방식으로 행동했습니다. 왜냐하면 여러분이야말로 세계의 합법적 주권자들이며 조상으로부터 물려받은 권력이 여러분의 후손에게로 전해 내려갈 것이기 때문입니다. 플로리아누스가 마치 개인적인 유산이라도 되는 것처럼 형의 제위를 찬탈하는 대신 여러분이 자신에게 호의를 베풀지, 아니면 다른 사람에게 호의를 베풀지 결정해 주기를 기다렸다면 얼마나 행복한 일이었겠습니까. 현명한 병사들이 그의 경솔한 행동을 처벌했습니다. 그리고 나에게 아우구스투스의 칭호를 제공했습니다. 그러나 나는 나의 권리와 재능에 대한 판단을 여러분의 자비 앞에 모두 맡기는 바입니다.[11]

[10] 이 편지는 근위대장에게 보낸 것이었다. 프로부스는 (유능한 직무 수행을 조건으로) 그에게 이 고위직을 계속 맡기겠다고 약속했다.

[11] 이 편지의 날짜는 틀림없이 잘못 적힌 것이다.

집정관이 이 정중한 편지를 읽었을 때, 원로원 의원들은 프로부스가 자기를 낮춰 이미 차지한 황제의 자리를 겸손히 간청했다는 점에 만족감을 감출 수가 없었다. 그들은 깊이 감사하는 마음으로 그의 미덕과 공적, 그리고 무엇보다도 겸양의 자세를 찬양했다. 결의안은 단 한 사람의 반대표도 없이 즉각적으로 통과되었다. 여기에서 그들은 동방 군대의 황제 선출을

서기 276년 8월

비준했을 뿐 아니라 아울러 그에게 황제의 직위에 따르는 모든 세부적인 것들, 즉 카이사르와 아우구스투스의 호칭과 국부라는 칭호, 하루 동안 세 건의 동의안을 원로원에 제출할 수 있는 권리,[12] 최고 제사장, 호민관의 권한, 속주 총독들에 대한 지휘권 등을 수여했다. 이러한 서임 방식은 비록 황제의 권력을 증대시키는 것처럼 보이기는 했지만, 옛 공화국의 정치 체제를 보여 주는 것이었다. 그리고 프로부스의 치세는 이처럼 공정한 시작과 잘 상응하였다. 원로원은 제국의 민간 행정을 지도할 수 있게 되었다. 그들의 이 충실한 장군은 로마군의 명예를 더욱 드높였으며, 때로는 그들의 발 아래에 황금 왕관이나 야만족에 대한 전승 기념물과 같은 수많은 승리의 산물을 갖다 놓기도 했다. 그러나 그는 이처럼 그들의 허영심을 만족시켜 주면서도 남몰래 그들의 나태함과 허약함을 경멸했던 것이 틀림없다. 갈리에누스의 굴욕적인 칙령을 언제든지 폐기할 수 있는 권한을 갖고 있었음에도 불구하고 스키피오 일족의 자랑스러운 후계자들인 원로원 의원들은 자신들이 모든 군직에서 배제되는 것을 묵인했다. 이내 그들은 무력을 거부하는 사람들은 주권도 포기해야 한다는 것을 경험했다.

[12] 원로원이 프로부스에게는 마르쿠스 안토니누스 황제에게 베풀었던 만큼 많은 호의를 보이지 않았다는 점은 기이한 일이다.

야만족들에 대한 프로부스의 승리

아우렐리아누스의 군사력은 사방에서 로마의 모든 적을 압도적으로 분쇄했다. 그러나 그가 사망하자 그들은 다시 기운을 얻어 전보다 더 격렬해졌으며 병력 수도 증대되었다. 적극적인 활력이 넘치는 프로부스가 다시 한 번 그들을 격파했다. 그는 대략 6년간의 짧은 치세 중에 고대 영웅들에 필적할 만한 명성을 얻었으며, 로마 세계의 모든 속주에서 평화와 질서를 회복했다. 위험스러운 라에티아의 변경마저도 매우 견고하게 방어해서 한 명의 적도 생각할 수 없는 상태로 만들었다. 이리저리 이동하기를 좋아하던 사르마티아족들의 병력을 쳐부쉈으며, 이들 야만족은 그의 무력에 놀라서 약탈 행위를 그만둘 수밖에 없었다. 고트족은 이처럼 용맹한 황제와 동맹 관계를 맺고자 애썼다. 그는 이사우리아족을 본거지인 산악 지대로 찾아가 공격했으며 몇몇 강력한 성채를 포위 공격으로 빼앗은 다음, 독립을 시도하여 제국의 위엄을 깊이 손상시켰던 국내의 적 하나를 영원히 제압했다고 은근히 자부했다. 그러나 상(上)이집트에서 찬탈자 피르무스가 일으킨 소란은 완전하게 가라앉지 않았고, 블레미에스족과의 동맹 관계 체결로 강해진 프톨레마이스와 코프토스는 여전히 제국의 외딴곳에서 저항을 계속하고 있었다. 이 도시들과 보조군을 보내 그들을 도운 남방의 여러 야만족에 대한 응징은 페르시아의 궁정까지도 깜짝 놀라게 했다고 한다. 페르시아의 대왕은 프로부스에게 우호 관계를 맺기를 청했지만 허사였다. 그의 치세를 두드러지게 한 공적은 대부분 황제 자신의 개인적인 무용과 지휘로 달성되었는데, 그의 생애를 기술한 작가조차도 어떻게 그처럼 짧은 시간 안에 단 한 명의 인간이 그토록 멀리 떨어진 전쟁터에도 몸소 나설 수 있었는지에 대하여 놀라움을 표시할 정도였다. 그 밖의 전투들은 부하 장군들이 지휘하도록 위임했는데, 그들을 현명하게 선택한 것 또한 그의 영광에 적지 않게 기여했다. 카루스, 디오클레티아누스, 막시미아누스, 콘스탄티우스, 갈레리우스, 아스클레피오다투스, 안니발리아누스를 비롯해 나중에 제위에 올랐거나 황제를 보필한 많은 지휘관들이 아우렐리아누스와 프로부스의 휘하 군대에서 엄한 훈련을 받은 사람들이었다.

그러나 프로부스가 제국을 위해 수행했던 가장 중요한 임무는 갈리아를 구출하고 게르만족들의 압제에 시달리면서도 번

> 서기 277년,
> 게르만족의 침입으로부터
> 갈리아를 구한 프로부스

영하던 도시 일흔 개를 탈환한 것이었다. 아우렐리아누스 황제가 죽은 이래로 이 야만족들은 아무런 제지도 받지 않은 채 그 넓은 지역을 마음껏 유린하고 있었다. 수많은 침입자 무리들 가운데 어느 정도 분명하게 구별할 수 있는 것으로는 프로부스가 무용을 발휘하여 연달아 격파해 낸 대부대, 아니 차라리 민족이라 할 만한 세 개의 무리가 있었다. 그는 프랑크족을 그들이 살던 늪 지대로 다시 몰아냈다. '자유'라는 용맹스러운 명칭으로 알려진 이 연합체는 흘러 나가지 못한 라인 강의 고인 물이 가로질러 흐르거나 거의 흘러넘치다시피 하는 해안 지대의 평탄한 지방을 일찍부터 점유하고 있었다. 그들의 동맹에는 프리지아족과 바타비족의 몇몇 부족들까지 가담하고 있었다. 또 프로부스는 반달족의 유력한 부족이던 부르군트족도 격파했다. 그들은 오데르 강 유역에서 센 강 유역까지 약탈품을 찾아 헤매고 다녔던 부족이다. 그들은 약탈품을 모두 반환하는 대신 아무 방해 없이 조용히 퇴각하도록 허락만 해 준다면 매우 운이 좋은 것이라고 생각했다. 그런데 그들은 그러한 합의 조건마저 회피하려 했다. 그들에게 가해진 처벌은 즉각적이고 혹독한 것이었다. 그러나 갈리아에 들어온 모든 침입자들 가운데 가장 막강한 것은 리기아족이었다. 이들은 멀리 떨어진 폴란드와 실레지아 변경 지대의 넓은 영역을 지배하고 있었다. 리기아 종족 내에서는 아리이족이 그 수와 흉포성에 있어서 제일가는 부족이었다. (타키투스는 그들에 대하여 다음과 같이 설명했다.)

아리이족은 나름의 술책과 주변 상황을 이용하여 그들의 야만성에 대해 사람들이 선천적으로 느끼는 공포심을 더욱 증대시키려 한다. 그들의 방패는 검은색인데 몸까지 검게 칠한다. 전투를 벌일 때도 한밤중의 가장 칠흑같이 어두운 시간을 선택한다. 그들의 군대는 마치 장례용 차일을 뒤집어쓴 것 같은 모습으로 진격한다. 그처럼 기이하고 악마 같은 모습을 견뎌 낼 수 있는 적은 거의 없다. 전투가 벌어지면 모든 감각 기관들 가운데 눈이 가장 먼저 정복당하는 것이다.

그러나 뛰어난 무력과 규율을 갖추고 있던 로마군은 이 끔찍한 유령 같은 무리들조차 손쉽게 무찔렀다. 리기아족은 가장 중요한 전투에서 패배했고, 족장들 가운데 가장 명성이 드높던 셈노마저 프로부스 황제의 수중에 포로로 잡혔다. 용감한 민족을 절망에 빠뜨리는 것을 원치 않았던 현명한 황제는 명예로운 항복을 승인해 주었고, 고향으로 무사히 돌아가도록 허용해 주었다. 그러나 그들이 진격하여 전투를 벌이고 결국 귀환하는 과정에서 입은 손실이 이 종족의 세력을 크게 약화시켰기 때문에, 리기아족의 이름은 게르마니아의 역사나 제국의 역사에 그 뒤로 두 번 다시 등장하지 않는다. 전해지는 바에 의하면 갈리아를 구출하는 과정에서 무려 40만 명의 침입자들이 희생되었다고 한다. 갈리아 구출은 로마인들에게 상당한 수고를 요했고 야만족 한 두(頭)당 금화 한 닢씩을 주었던 황제에게는 엄청난 지출을 초래했다. 그러나 무인의 명성은 인류에 대한 대량 학살을 토대로 확립되기 마련이므로 이 피비린내 나는 청구서는 병사들의 탐욕에 의해서 실제보다 배가되었을 것이고, 프로부스의 관대해 보이고 싶어 하는 허영심에 의해서 별다른 엄밀한 검토 없이 받아들여졌다.

막시미누스 황제의 원정 이래로 로마의 장군들은 자신들의 야심을 제국의 변경 지역을 끊임없이 공격했던 게르만족에 대

> 게르마니아로
> 전쟁을 확대하는
> 프로부스

해서 방어전을 치르는 정도로만 제한하고 있었다. 그런데 보다 용감한 프로부스는 갈리아에서 승리를 거두고자 라인 강을 건넜고 무적의 독수리 깃발은 엘베 강과 네카르 강 유역에서도 휘날렸다. 그는 이 야만족들이 자신의 본거지에서 전쟁의 참화를 경험하지 않는 한, 어떠한 방법으로도 평화를 바라게 만들 수는 없을 것이라고 굳게 확신했다. 최근의 민족 이동에서 실패하여 지칠 대로 지친 게르만족들은 황제의 친정에 깜짝 놀랐다. 가장 중요한 아홉 명의 왕들이 황제의 막사로 찾아와 그의 발 아래 꿇어 엎드렸다. 이 게르만인들은 승자가 요구한 조약을 겸손하게 받아들였다. 프로부스는 그들이 각 속주로부터 빼앗아 간 물건들과 포로를 모조리 다 반환할 것을 가차 없이 요구했다. 또 감히 약탈품을 조금이라도 은닉하려는 구제 불능인 강도에 대해서는 그들 자신이 책임지고 처벌할 것을 요구했다. 야만족들의 유일한 재산인 곡물, 가축, 말 등으로 꾸려진 상당히 많은 공물은 프로부스가 게르만족 영역의 경계선상에 새로 배치한 수비대를 위한 것이었다. 그는 심지어 게르만족에게 일체의 군사 활동을 포기하도록 강요하고, 그들 사이의 분쟁과 치안은 각기 제국의 법정과 군사력에 맡기도록 강요하려는 생각까지 갖고 있었다. 그러나 이처럼 유용한 목적을 달성하기 위해서는, 강한 군사력의 지지를 받는 제국 총독이 상주할 필요가 있었다. 그러므로 프로부스는 이처럼 원대한 계획은 당분간 연기하는 것이 좀 더 이로울 것이라고 판단했다. 이 계획은 사실상 견고한 효용성을 지녔다기보다는 외견상으로만 그럴듯했던 것이다. 그처럼 엄청난 노력과 비용을 들여서 게르마니아를 속주로 강제 편입시킨다 해도, 로마인들은 기껏해야 그들보다도 더 사납고 적극적인 스키타이족 야만인들을 상대로 지켜 내야 하는 전보다 더욱 광범위해진 국경선을 얻게 될 뿐이었다.

프로부스는 호전적인 게르마니아의 원주민들을 속주민의 지위로 강제 편입시키는 대신 그들의 침입에 대비해 강력한 방벽을 건설하는 미봉책으로 만족했다. 오늘날 슈바벤 지구로 알려진 이 지방은 아우구스투스 시대 이래로 고대 주민들의 집단 이동으로 황무지로 방치되어 있었다. 그러나 비옥한 토양은 곧 이웃한 갈리아의 여러 속주로부터 새로운 이주민단을 끌어들였다. 필사적으로 재물을 찾아 방랑하는 기질이 있는 모험가 패거리가 소유권이 불확실했던 이 지역을 점거한 다음 10분의 1세를 납부함으로써 제국의 주권을 인정했다. 새로운 속주민을 보호하기 위해 국경 수비대의 방어선도 라인 강에서 도나우 강으로 점차 연장되었다. 이러한 방위 형태가 실행되기 시작한 것은 하드리아누스 황제 치세 무렵으로, 각 수비대는 숲과 방어용 울타리로 이루어진 참호의 보호를 받으며 서로 연결되어 있었다. 프로부스 황제는 이처럼 조잡한 방벽 대신에 매우 높은 석벽을 건설했으며, 적당한 간격으로 여러 개의 망루를 세워 이것을 강화했다. 이 석벽은 도나우 강 유역의 노이슈타트와 라티스본 인근 지방으로부터 여러 개의 언덕과 계곡, 강, 늪 지대를 가로질러 네카르 강가의 빔프펜에 이르기까지 뻗어 있었고, 200마일에 이르는 굴곡진 코스를 거친 후 마침내 라인 강 유역에서 끝이 났다. 유럽의 여러 속주를 보호하는 두 개의 강을 연결하는 이 중요한 방벽은 야만족들, 특히 알레만니족이 아주 쉽게 제국의 심장부로 침투하는 통로였던 그 빈 공간을 봉쇄한 것처럼 보였다. 그러나 중국에서 브리타니아에 이르기까지 세계 여러 나라가 겪었던 경험은 그처럼 광대한 국토를

라인 강에서 도나우 강까지 성벽을 건설한 프로부스

요새화하려는 시도 자체가 헛된 것임을 드러내 주고 있다. 능동적인 적은 공격 지점을 다양하게 선택할 수 있기 때문에, 결국에는 취약한 지점 또는 무방비한 순간을 찾아낼 것이 틀림없다. 방어하는 쪽의 경계심과 병력은 분산되기 마련이고, 아무리 빈틈없는 군대라 해도 맹목적인 공포심의 영향은 매우 큰 것이어서 단 한 지점이라도 돌파당하면 그 순간 전 방어선이 무너져 내리는 법이다. 프로부스가 세운 방벽의 운명도 이러한 일반론을 확인시켜 준다. 방벽은 그가 죽은 지 불과 몇 년 만에 알레만니족에 의해 무너져 내렸다. 여기저기 흩어져 있는 성벽의 잔해는 당시에는 일반적으로 악마의 힘이 작용한 결과라고 생각되었지만, 지금은 단지 슈바벤 농민들의 경탄을 자아낼 뿐이다.

야만족들의 이주와 정착

프로부스가 패배한 게르마니아의 여러 종족들에게 부과한 실리적인 강화 조건들 가운데는 그들 가운데서 가장 용감하고 건장한 젊은이들 1만 6000명으로 구성된 보충병을 로마군에 제공해야 한다는 의무 조항이 있었다. 황제는 그들을 모든 속주에 분산 배치했고, 위해를 가할 수도 있는 이 지원군을 각기 50~60명의 소부대로 나누어 로마군 사이에 편입시켰다. 즉 제국이 야만족으로부터 조력을 이끌어 냈다는 사실이 실감은 되지만 직접 눈에 띄지는 않도록 현명하게 실행했던 것이다.[13] 이제 그들의 도움은 필수적이었다. 유약해진 이탈리아 본토와 국내의 여러 속주는 더 이상 병역의 부담을 감당할 수가 없었다. 강건한 기풍을 지닌 라인 강과 도나우 강의 변경 지대는 아직까지는 군 복무를 감당할 만한 심신을 지닌 사람들을 배출했지만, 끊임없이 이어지는 전쟁으로 점차 그 수가 감소했다. 결혼을 하는 사람이 드물어지고 농업이 황폐화되면서 그 영향

---

[13] 그는 하나의 누메루스에 쉰에서 예순 명의 야만족들을 편입시켰다. 누메루스란 병단(corps)을 지칭하던 그 당시 용어로, 정확한 구성 인원에 대해서는 알려진 바가 없다.

이 인구 증가의 원리에까지 미쳤다. 그리하여 당대의 인구 수가 감소했을 뿐 아니라 다음 세대에 대한 희망까지도 사라졌다. 현명한 프로부스는 야만족 포로나 도망병들로 구성된 새 이주민단으로 피폐해진 변경 지대를 충원하려는 탁월하게 실리적인 계획을 구상했다. 그들에게 토지와 가축, 농기구를 주는 동시에 제국에 봉사하는 병사들을 육성하도록 온갖 장려책을 실시했다. 그는 브리타니아의 케임브리지셔로 많은 반달족을 강제 이주시켰다. 탈출이 불가능했기 때문에 그들은 자신들의 처지에 적응할 수밖에 없었고, 그 후 이 섬에서 일어난 몇몇 분란에서 자신들이 매우 충실한 제국의 종복임을 입증했다. 또한 엄청난 숫자의 프랑크족과 게피다이족이 도나우 강과 라인 강 유역으로 강제 이주당했다. 자신들의 고향에서 내쫓긴 바스타르나이족 10만 명은 트라키아에 기꺼이 정착했으며, 이내 로마의 풍습과 정서에 동화되었다. 그러나 프로부스의 기대는 여러 차례 빗나가기도 했다. 성급하고 나태한 야만족들은 느릿느릿하게 진행되는 농사일을 견디기가 힘들었다. 압제에 맞서 일어서는 것으로 표출되곤 했던 그들의 자유에 대한 억누를 수 없는 갈망은 그들 자신과 속주 모두에 있어서 치명적이었던 몇 차례의 경솔한 반란을 불러일으켰다. 그 후에도 후임 황제들이 몇 번이나 반복해 보았지만, 이처럼 인위적인 충원 시도로는 갈리아와 일리리쿰의 중요한 변경 지대에 예전의 활력을 회복시킬 수 없었다.

새로운 정착지를 버리고 국가의 평온을 어지럽힌 야만족들 가운데 고향으로 돌아갈 수 있었던 자들은 매우 소수였다. 잠시 동안은 무장을 한 채 제국 안을 떠돌아다닐 수 있었겠지만, 결국에는 용맹한 황제의 군사력에 의해 궤멸되고 말았다.

프랑크족의 대담한 계획

그러나 경솔했지만 결국 성공을 거둔 어느 프랑크족 무리는 상당히 주목할 만한 결과를 가져오기도 했다. 따라서 이 사건에 대해서만큼은 지적하지 않고 지나쳐서는 안 될 것이다. 그들은 프로부스가 알라니족에 대비하여 변경 지역을 강화하려는 목적으로 폰투스 해안 지대에 자리 잡게 만들었던 사람들이었다. 흑해의 어느 항구에 정박하고 있던 함대가 이 프랑크족의 수중에 떨어졌다. 그러자 그들은 미지의 바다를 통해 파시스 강어귀에서 라인 강어귀까지의 항로를 헤쳐 나가기로 결정했다. 그들은 보스포루스와 헬레스폰투스 해협을 손쉽게 빠져나간 다음 지중해를 따라 순항하면서 복수에 탐닉했고, 아시아와 그리스, 아프리카의 무방비한 여러 해안 지역에 빈번히 상륙하여 약탈을 저질렀다. 부유한 도시인 시라쿠사는 지난날에는 아테네와 카르타고의 해군을 그 도시의 항구에서 침몰시키기도 했지만, 이번에는 얼마 되지도 않는 야만족들에게 약탈을 당했고, 벌벌 떨던 주민 대부분이 학살당했다. 이 프랑크족은 시칠리아 섬에서 헤라클레스의 기둥으로 나아간 후, 대양으로 빠져나가 에스파냐와 갈리아 연안을 항해했다. 그 다음 의기양양해진 그들은 영국 해협을 통과하는 항로로 나가 마침내 바타비족 또는 프리지아족의 해안 지대에 무사히 상륙함으로써 이 놀라운 항해를 끝마쳤다. 그들이 거둔 성공은 동족들에게 바다의 이점을 알려 주었으며 동시에 그 위험성을 무시하도록 만들었다. 그리고 이 성공적인 사례는 모험심이 충만한 그들에게 부와 영광에 이르는 새로운 길을 보여 준 셈이었다.

동방에서 사투르니누스의 반란

프로부스의 빈틈없는 경계와 정력적인 활동에도 불구하고, 광대하고 더욱이 확대되기까지 한 영토의 모든 지역을 동시에 복종시킨다는 것은 거의 불가능했다. 속박에서 벗어난 야만족은 내란을 일으킬 호기를 잡았다. 갈리아를 구원하기 위해 진격했을 때, 황제는 동방 군대의 지휘권을 사투르니누스 장군에게 위임했다. 유능하고 노련한 인물이던 이 장군은 군주의 부재, 알렉산드리아 시민들의 변덕, 친구들의 집요한 권유, 그 자신의 두려움 등에 의해서 반란을 일으키도록 내몰렸다. 그러나 황제로 등극한 바로 그 순간부터 그는 제국을 차지하리라는 희망이나 심지어는 자신의 생명을 보존하리라는 희망조차도 가질 수 없었다. 그는 다음과 같이 말한 바 있다.

아! 제국은 유능한 신하 한 사람을 잃었네. 일시적인 경솔함이 여러 해 동안 세운 수훈을 무효로 만들어 버렸네.

그리고 계속해서 다음과 같이 말한다.

그대들은 군주의 고통을 알지 못한다. 머리 위에는 언제나 검이 매달려 있다네. 군주는 자신의 근위병들마저 두려워하며 동료도 믿지 못한다네. 움직이거나 쉬는 것을 선택하는 것도 더 이상 군주의 뜻대로 되지 않는다네. 또한 나이나 덕성, 품행 그 어떤 것도 질투심에서 비롯되는 비난에서 보호해 줄 수 없다네. 이렇게 나를 제위에 올려놓았으니, 그대들은 나에게 근심 가득한 일생과 때 이른 죽음이라는 운명을 안겨 준 셈이네. 다만 남아 있는 유일한 위안은 나 혼자서 죽게 되지는 않을 것이라는 확신뿐이네.[14]

그러나 이 예언의 전반부는 프로부스의 승리로 입증이 되었지만 후반부는 프로부스의 관대한 조치에 의해 빗나갔다. 이 온화한 군주는 심지어 불운한 사투르니누스를 병사들의 분노

[14] 이 불운한 연설자는 카르타고에서 수사학을 공부한 적이 있었다. 그러므로 갈리아인이었을 가능성보다는 무어인이었을 가능성이 더 높다.

15 게노에서 해안의 알벤구에 출신인 프로쿨루스는 자신의 노예 2000명을 무장시켰다. 그의 재산은 막대했지만 모두 약탈로 모은 것이었다.

로부터 구해 주려 하기도 했다. 프로부스는 이 찬탈자에게 그의 인격을 매우 높이 평가하는 군주의 자비심을 믿으라고 여러 번 권유했다. 황제는 심지어 그가 반역을 저질렀다는 믿을 수 없는 소식을 처음 전해 준 사람을 악의적인 밀고자로 처벌했을 정도였다. 그의 지지자들이 완강히 불신하며 말리지만 않았다면, 사투르니누스는 아마도 이 관대한 제안을 기꺼이 받아들였을 것이다. 경험 많은 사투르니누스에 비해 그 지지자들은 죄를 더욱 무겁게 생각했고, 기대는 한층 낙관적이었다.

서기 280년, 갈리아에서 보노수스와 프로쿨루스의 반란

사투르니누스의 반란이 동방에서 진압되자마자, 서방에서는 갈리아에서 보노수스와 프로쿨루스가 반란을 일으켜 새로운 문제가 야기되었다. 이들 두 무관에게는 각기 두드러진 장점이 있었는데, 보노수스는 술과의 싸움에서, 그리고 프로쿨루스는 여성 편력에서 각기 무용을 뽐냈다. 그러나 그들 중 어느 누구도 용기나 능력이 없었던 것은 아니다. 그리고 두 사람 모두 프로부스의 탁월한 능력 앞에 몰락하게 될 때까지는 처벌이 두려워 사칭하고 나섰던 존엄한 황제의 지위를 명예롭게 유지했다. 프로부스는 이번에도 여느 때와 다름없는 온정을 가지고 승자의 권리를 행사하여, 두 사람의 무고한 가족들에게는 생명은 물론 재산까지도 보존하게 해 주었다.[15]

서기 281년, 프로부스 황제의 승리

프로부스는 이제 자신의 군사력으로 모든 국내외의 적들을 진압했다. 관대하지만 한결같은 그의 통치는 회복된 국가의 평온을 더욱 공고히 했고, 각 속주 어디에도 과거의 혼란을 상기시키는 적대적인 야만인이나 참주 심지어는 강도조차 남아 있지 않았다. 황제가 로마를 다시 방문하여 자신의 영광과 국가 전체의 행복을 축하해야만 할 시기였다. 프로부스의 무용

을 찬양하는 개선식은 그의 행운에 어울리게 성대하게 거행되었다. 최근에 아우렐리아누스의 전리품들에 감탄했던 국민들은 똑같은 기쁜 마음으로 그의 영웅적인 후계자의 전리품들을 바라보았다. 원형경기장에서 벌어진 비인간적인 오락을 위해 무려 600명에 가까운 검투사들이 준비되어 있는 상태에서도 80여 명의 검투사들이 보여 준 필사적인 용기는 이 의식을 설명하면서 빼놓을 수 없는 부분이다. 시민들의 오락을 위해 자신들의 피를 흘릴 가치가 없다고 생각한 그들은 감시인들을 살해하고 갇혀 있던 곳에서 빠져나와 로마의 거리 곳곳을 피와 혼란으로 가득 차게 했다. 그들은 완강하게 저항한 끝에 결국 정규군에 의해 진압되어 죽임을 당했다. 그러나 그들은 적어도 명예로운 죽음을 맞이했고 또한 정당한 복수를 했다는 만족감을 얻었다.

프로부스 황제의 병영에 적용되던 규율은 아우렐리아누스 황제의 규율보다는 덜 가혹한 것이었다. 그러나 매우 엄격했다는 점에서는 마찬가지였다. 아우렐리아누스가 병사들의 군율 위반 행위를 가차없이 엄격하게 처벌했다면, 프로부스는 각 군단이 끊임없이 유용한 노동을 하도록 만들어서 위반 행위 자체를 방지했다. 이집트에서 전투를 지휘하고 있었을 때, 프로부스는 그 풍요로운 나라의 번영과 이익을 위해서 수많은 대규모 공사를 실시했다. 로마에 매우 중요한 나일 강의 항로가 개선되었을 뿐 아니라 많은 신전과 교량, 주랑, 궁전이 병사들의 손으로 건설되었다. 그들은 번갈아 건축가, 기술자, 그리고 농민으로서 각자의 일을 수행했다. 전하는 바에 의하면, 한니발은 자신의 군대를 게으름이라는 위협적인 유혹으로부터 보호하기 위해 아프리카 연안 지대를 따라 거대한 올리브 농원을

프로부스의 규율

16 다른 고대 사가들에 의해서는 언급된 적이 없는 한니발의 이 정책은 그의 생애에 관한 기록과 모순된다. 그는 아홉 살 때 아프리카를 떠나서 마흔다섯 살에 돌아갔기 때문이다. 그리고 그 직후 자마 전투에서 전군을 잃었다.

17 그는 도미티아누스의 금지령을 폐지하고 갈리아인들과 브리타니아인들, 판노니아인들에게 포도나무를 심도록 전면 허용해 주었다.

조성하도록 했다고 한다.16 프로부스 또한 그와 비슷한 방침으로 갈리아와 판노니아의 구릉 지대를 풍성한 포도밭으로 뒤덮게 만들었다. 그 가운데 두 곳의 대규모 포도밭은 전적으로 병사들의 노력으로 개간되고 식목되었다고 한다.17 그 가운데 하나는 알마 산이라는 곳으로 프로부스가 태어난 지방인 시르미움 부근에 위치해 있었다. 그는 이곳에 대해 특별한 애정을 가지고 있었을 뿐 아니라 넓고 쓸모없는 늪 지대를 경작지로 전환하여 이곳 사람들의 감사를 받기 위해 노력했다. 이러한 일에까지 투입되었던 군대는 아마도 로마 국민들 가운데 가장 용감할 뿐 아니라 유용한 사람들이었을 것이다.

프로부스의 죽음

그러나 마음에 드는 계획을 실행할 때에는 제아무리 뛰어난 인물도 자기 의도의 정당성을 확신하며 적당한 한도를 잊기가 쉽다. 프로부스 또한 사나운 군단병들의 인내심과 기질을 충분히 고려하지 않았다. 군인이라는 직업에서 비롯되는 여러 가지 위험은 방탕하고 나태한 생활로만 보상이 되는 것처럼 보인다. 그런데 병사로서의 의무가 농민으로서의 노동에 의하여 끊임없이 가중된다면, 결국에는 견딜 수 없는 부담으로 지쳐 버리거나 아니면 오히려 분연히 일어나 그 부담을 떨쳐 버리게 될 것이다. 프로부스의 경솔함이 군대의 불만을 불타오르게 했다고 한다. 군대의 이익보다는 인류의 이익에 좀 더 주의를 기울이고 있었기 때문인지, 황제는 전 세계의 평화를 확립함으로써 상비군과 용병 제도를 완전히 폐지하고 싶다는 헛된 희망을 표시했던 것이다. 이 부주의한 말이 치명적이었다는 것이 입증되었다. 한여름의 몹시 무더운 어느 날, 그가 병사들에게 시르미움의 늪 지대 배수 작업이라는 비위생적인 노동을 심하게 재촉했다. 그러자 피로를 견딜 수 없었던 병사들이 갑자기 연장을 내던지고 격렬한 폭동을 일으켰다. 위험에 직면했음을 알아차린 황제는 작업 진척 과정을 관찰하기 위해 세운 높은 망루로 피신했다.[18] 망루는 즉시 넘어뜨려졌고, 무수한 칼끝이 동시에 불운한 프로부스의 가슴을 찔렀다. 군대의 분노는 곧 가라앉았다. 게다가 그들은 자신들의 치명적인 경솔함을 한탄하기까지 한 다음, 자신들이 죽인 황제의 가혹함은 잊은 채 명예로운 기념비를 세워 그의 미덕과 승리에 대한 기억을 영원히 보전했다.

서기 282년 8월

프로부스가 죽은 후 비탄과 회한에 빠져 있으면서도, 군대는 만장일치로 근위대장 카루스를 황제의 자리에 가장 적합한 인물로 선언했다. 이 군주에 관한 모든 상황은 잡다하게 뒤섞여 확실하지가 않다. 카루스는 자신이 로마 시민이라는 것을 자랑스럽게 여겼다. 그리고 자신이 순수한 혈통이라는 사실과 전임 황제들이 외국 출신이거나 심지어 야만족 출신이라는 점을 즐겨 비교하였다. 그러나 당시의 호사가들은 그런 주장을 인정하기는커녕 그와 그의 부모가 일리리쿰이나 갈리아 또는 아프리카 출신일 것이라는 등 잡다한 가설을 내놓았다.[19] 비록 군인이었지만, 그는 학문적인 교육을 받았다. 또한 원로원 의원이었지만, 군대의 최고위직을 부여받았다. 문무 관직이 확실하게 구별되기 시작했던 시대에도, 카루스는 이 두 가지를 모두 겸비했던 것이다. 그는 자신을 총애하고 높이 평가하여 은혜를 베풀어 주었던 프로부스를 암살한 자들에게 엄한 처벌을 내렸다. 그럼에도 불구하고 그는 그에게 가장 큰 이익을 안겨준 바로 그 행위의 공범일지도 모른다는 의심을 모면할 수가 없었다. 적어도 황제로 등극하기 이전의 카루스는 덕망 있고

카루스의 등극과 품성

[18] 이것은 쇠로 덮어씌운 이동 망루였던 것으로 보인다.

[19] 그러나 이 모든 가설이 절충될 수도 있을 것이다. 그는 일리리쿰의 나르본느에서 태어났다. 에우트로피우스는 이 도시를 동일한 이름을 가진 갈리아의 보다 유명한 도시와 혼동하기도 했다. 카루스의 아버지는 아프리카인이고 어머니는 로마 귀족이었을지도 모른다. 그는 수도에서 교육받았다.

유능하다는 평이 자자하였다.[20] 그러나 그의 준엄한 기질은 어느새 침울하고 잔인하게 변질되었다. 따라서 카루스에 대해 충분히 알지 못 하는 전기 작가들은 그를 로마의 여러 폭군 가운데 한 사람으로 분류해야 하는가를 놓고 상당히 망설였다. 카루스는 황제의 자리에 올랐을 때 대략 60세 정도였고, 두 아들 카리누스와 누메리아누스는 이미 장년기에 이르러 있었다.

[20] 프로부스는 카루스의 남다른 재능에 대한 정당한 보상으로, 국가가 경비를 부담하여 기마 자세의 동상과 대리석 궁전을 지어 줄 것을 원로원에 요구한 바 있었다.

원로원과 대중의 감정

원로원의 권위는 프로부스와 더불어 소멸되었다. 병사들은 후회하기는 했지만, 아우렐리아누스의 불운한 죽음 이후에 공언했던 것과 같은 민간 권력에 대한 충실한 존중 의사를 표명하지는 않았다. 그들은 원로원의 승인 따위는 기대하지도 않은 채 카루스를 옹립했으며, 이 새 황제도 냉담하고 거만한 편지로 자신이 비어 있던 제위에 올랐다는 것을 알리는 데 그쳤다. 온화했던 전임자와는 완전히 상반되는 그의 태도는 새로운 치세에 상서로운 조짐은 아니었다. 권력과 자유를 빼앗긴 로마인들은 특권이라도 행사하는 것처럼 저마다 멋대로 불만을 속삭였다. 그러나 축하하거나 아첨하는 목소리가 잠잠했던 것은 아니었다. 지금까지도 카루스 황제의 즉위에 관하여 쓴 한 편의 전원시가 남아 있는데, 이것은 재미있지만 한편으로 경멸스럽기도 하다. 두 명의 목동이 한낮의 더위를 피해 파우누스 신의 동굴 속으로 숨는다. 그들은 가지를 펼치고 있는 너도밤나무에서 최근에 쓰여진 일련의 문자들을 발견한다. 이 전원의 신은 일련의 예언적인 시구 속에서 그처럼 위대한 군주 치세하의 제국에 약속된 더없는 행복에 대해 묘사하고 있었다. 파우누스 신은 쇠퇴하고 있는 로마 세계의 무게를 양어깨에 짊어지고 전쟁과 내분을 일소하고, 순수하고 안전했던 황금 시대를 다시 한 번 재건할 이 영웅의 도래를 환호하며 맞이한다는 것이다.

이 멋진 소품이 군대의 동의를 얻어, 오랫동안 보류되었던 페르시아 원정을 준비하고 있던 그 노련한 장군의 귀에까지는 도달하지 못했을 것이다. 아득히 먼 곳으로 원정을 떠나기에 앞서 카루스는 자신의 두 아들, 카리누스와 누메리아누스에게 부황제의 칭호를 수여했다. 게다가 카리누스에게는 황제와 거의 동등한 권한을 부여한 다음, 이 젊은 군주에게 우선은 갈리아에서 일어난 몇몇 소란을 진압하고, 그 후에는 로마에 계속 머물면서 서방의 여러 속주들에 대한 통치를 맡으라고 지시했다. 일리리쿰의 안전은 사르마티아족의 기억할 만한 패배로 확립되었는데, 이때 전쟁터에 남겨진 야만족의 시체는 1만 6000구에 이르렀으며, 포로의 수는 2만 명에 달했다. 승리와 명성에 대한 기대로 고무된 늙은 황제는 한겨울에도 트라키아와 소아시아의 여러 나라를 거쳐 진군을 계속하여, 마침내 작은아들인 누메리아누스와 함께 페르시아 왕국의 국경 지대에 도착했다. 거기서 그는 높은 산꼭대기에 진을 치고 병사들에게 이제 막 침공하려는 적의 부유함과 풍족함을 보여 주었다.

> 사르마티아족을 격퇴하고 동방으로 진군하는 카루스

아르타크세르크세스의 후계자인 바흐람은 소아시아의 오지에서 가장 호전적인 종족인 세게스탄족을 정복했을 정도였지만, 로마군의 접근에는 겁을 먹고서 평화 협상으로 그들의 진격을 지체시키려 했다. 사절 일행은 해 질 녘에 병영에 들어섰는데, 마침 이때 로마군은 간단한 식사로 허기를 달래고 있던 중이었다. 이 페르시아인들은 로마 황제를 배알하기를 요청했다. 그들은 마침내 풀밭에 앉아 있는 한 군인에게 안내되었다. 상한 베이컨 한 조각과 딱딱한 완두콩 몇 알이 그의 저녁

> 서기 283년, 페르시아 사절을 접견한 카루스

식사의 전부였다. 자주색의 거친 모직 옷 한 벌만이 그의 존엄성을 나타내 주었다. 회담 또한 궁정식의 고상함을 무시한 채 진행되었다. 카루스는 대머리를 감추기 위해 썼던 두건을 벗은 후, 사절 일행에게 그들의 지배자가 로마의 우월성을 인정하지 않는다면 자기 머리에 머리카락이 없는 것처럼 페르시아를 즉시 숲이 없는 상태가 되게 해 주겠다고 장담했다. 술책을 부리기 위해 예정대로 행동한 기미가 엿보이기는 하지만, 또한 이 장면에서는 카루스의 평소 습관과 갈리에누스의 뒤를 이은 군인 출신 군주들이 이미 로마 병영에 회복시켜 놓았던 엄격함과 간소함이 드러나기도 한다. 대왕의 사절 일행은 벌벌 떨면서 돌아갔다.

카루스의 승리와
이상한 죽음

카루스의 협박은 결코 빈말이 아니었다. 메소포타미아를 유린하고 자신의 앞길을 막는 것은 무엇이든 분쇄하면서 (저항도 하지 않고 항복했던 것으로 보이는) 셀레우키아와 크테시폰이라는 대도시들의 지배자가 되었고, 승승장구하는 군대를 티그리스 강 너머로까지 전진시켰다. 그는 침공의 호기를 잡았던 것이다. 페르시아의 평의회는 파벌 싸움으로 혼란해져 있었고, 대부분의 페르시아군은 인도의 국경 지대에서 지체하고 있었다. 로마와 동방 속주들은 이처럼 유리한 상황에 대한 소식을 받고 크게 기뻐했다. 아첨과 기대가 페르시아의 몰락, 아라비아의 정복, 이집트의 복종, 여러 스키타이족 국가의 침입으로부터의 영원한 해방 등을 생생한 색채로 그려냈다. 그러나 카루스의 치세는 예언의 허망함을 폭로하도록 예정되어 있었다. 그러한 예언들은 퍼지자마자 카루스의 죽음으로 반박되었다. 그처럼 모호한 부분이 많았던 이 사건은 황제의 비서관이 수도 총독에게 보냈던 한 통의 편지로 설명하는 것이 가장 적절할 듯싶다.

우리의 경애하는 카루스 황제께서 병으로 앓아누워 계셨는데, 마침 그때 무서운 폭풍우가 진지에 불어 닥쳤습니다. 칠흑 같은 어두움이 하늘을 온통 뒤덮어서 서로의 얼굴을 더 이상 분간할 수 없는 지경이었습니다. 끊임없이 번쩍이는 번개로 인해 그런 대혼란 속에 어떤 일이 일어났는지 전혀 알 수가 없었습니다. 엄청난 뇌성이 울린 직후, 저희는 갑자기 황제께서 돌아가셨다는 외침을 들었습니다. 격렬한 비탄에 빠진 시종들이 황제의 막사에 불을 질렀던 것 같습니다. 이런 사정으로 카루스 황제께서 번개에 맞아 돌아가셨다는 소문이 퍼졌던 것입니다. 그러나 저희들이 진상을 밝힐 수 있었던 한도 내에서 보자면 황제께서 돌아가신 것은 병으로 인한 자연스러운 결과였습니다.

제위 공백으로 인한 어떠한 소란도 발생하지 않았다. 포부가 큰 장군들의 야심은 서로에 대한 두려움으로 인해 견제되

> 두 명의 아들 카리누스와 누메리아누스가 카루스를 계승함

었고, 동생 누메리아누스와 현장에 없던 형 카리누스가 함께 만장일치로 로마 황제로 승인되었다. 국민들은 카루스의 후계자들이 아버지의 뜻을 이어, 페르시아인들이 냉정을 되찾을 여유를 주지 않은 채 수사와 에크바타나의 궁전까지 칼을 들고 진격할 것이라고 기대했다. 그러나 병력과 기강 면에서는 우세했지만 당시 로마군은 가장 절망적인 미신에 사로잡혀 당황하고 있었다. 카루스 황제의 죽음에 대한 억측을 막기 위해 실행된 모든 술책에도 여론을 불식시키기는 불가능했다. 여론의 힘이란 억누를 수 없는 것이다. 종교적인 공포심을 가지고 있던

21 벼락이 내리친 장소들은 벽으로 둘러싸였고, 사람이나 물건은 신비스러운 의식과 함께 매장되었다.

옛 사람들은 벼락을 맞았던 장소들이나 사람들을 특별히 신에게 헌납된 것으로 여겼다.21 티그리스 강을 로마 군대의 운명적인 한계로 정해 주었던 어느 신탁이 상기되었다. 카루스의 운명과 자신들에게 닥친 위험에 놀란 군대는 젊은 누메리아누스에게 신들의 의지에 복종하여 자신들을 이처럼 불길한 전쟁터에서 데리고 나가 달라고 큰 소리로 요구했다. 이 나약한 황제는 그들의 완강한 편견을 불식시킬 수 없었고, 페르시아인들은 승승장구하던 적의 돌연한 퇴각에 놀랐다.

서기 284년,
카리누스의 결함

전대 황제의 불가사의한 죽음에 대한 정보는 머지않아 페르시아의 변경에서 로마로 전해졌고, 속주들뿐만 아니라 원로원도 카루스의 두 아들의 즉위를 축하했다. 그러나 이 운 좋은 젊은이들은 옥좌를 차지하는 것을 마치 당연한 것인 양 손쉽게 해 주는 출신 가문이나 재능에 있어서는 전혀 우월하지 않았다. 그들은 평민 신분으로 태어나고 교육받았으며, 아버지의 등극으로 일거에 왕자의 신분으로 올라선 데 불과했다. 그리고 그 후 대략 16개월 만에 일어난 아버지의 죽음으로 그들은 광대한 제국이라는 뜻밖의 유산을 받았다. 이처럼 급속한 영달을 침착하게 유지하기 위해서는 상당한 미덕과 사려분별이 필요했다. 그런데 형인 카리누스는 이 두 자질이 일반적인 경우보다도 더 부족했다. 그는 갈리아 전쟁에서는 어느 정도의 개인적인 용기를 드러냈지만, 로마에 도착하는 순간부터는 수도의 향락에 빠져 행운을 남용했을 뿐이다. 나약하지만 잔인했고, 쾌락에 탐닉했지만 심미안은 부족했다. 게다가 허영심에는 영향을 받기가 몹시 쉬웠지만, 국민의 평가에는 무관심했다. 불과 몇 달 만에 연달아 아홉 명의 처와 결혼했다가 이혼했고, 더욱이 그들 대부분은 임신 상태였다. 또한 그는 이처럼 합법적인 바람기에도 불구하고, 그 자신과 로마의 최고 명문가들에 불명예를 안겨 준 온갖 부정한 욕망에 탐닉할 여유까지 가졌다. 카리누스는 이전의 자신의 미천한 신분을 기억하거나 현재의 행동을 비난하는 사람들은 모두 집념 어린 증오심을 가지고 대했다. 그는 아버지가 미숙한 젊음을 이끌어 주도록 그의 주변에 두었던 친구들과 조언자들을 모조리 추방하거나 처형했다. 또한 몹시 비열한 복수심을 가지고 자신에게 잠재해 있던 황제로서의 위엄을 충분히 존중하지 않았던 학우들과 친구들을 박해했다. 카리누스는 원로원 의원들에 대해서는 거만하고 제왕다운 태도를 즐겨 취하고, 종종 그들의 재산을 로마 시민들에게 분배해 줄 계획이라고 단언했다. 그는 쓰레기 같은 자들을 자신의 총신, 심지어는 대신으로도 발탁했다. 궁전뿐 아니라 심지어 황제의 식탁에까지도 가수, 무희, 창녀를 비롯하여 그 밖의 모든 잡다한 악덕과 우행의 추종자들로 가득 차 있었다. 그는 문지기 가운데 한 사람에게[22] 수도의 행정권을 위임하기도 했다. 또 키리누스는 자신이 처형한 근위대장의 자리에 방종한 쾌락의 추종자 가운데 한 명을 대신 앉힌 적도 있었다. 똑같이 아니 심지어는 좀 더 파렴치한 또 다른 총신에게는 집정관직을 부여하기도 했다. 위조 기술이 보기 드물게 뛰어났던 심복 비서관 한 사람은 황제의 승낙을 얻어 서류에 대신 서명함으로써 게으른 황제를 지루한 임무에서 구해 주었다고도 한다.

페르시아 전쟁에 착수했을 때, 카루스 황제는 정책뿐 아니라 애정에서 비롯된 동기를 가지고 맏아들에게 서방 군대와 서방 속주들을 일임함으로써 가문의 번창을 보장하고자 했다. 그러나 얼마 가지 않아 카리누스의 행실에 대해 전달받은 정보로 그는 수치심과 후회에 휩싸였다. 이에 그는 엄격한 정의를

[22] 칸켈라리우스(Cancellarius). 매우 비천한 어원을 가진 이 단어는 보기 드문 행운으로 유럽 군주국들의 국가 최고 관직의 칭호로 승격되었다.

23 디오클레티아누스의 치세는 카리누스의 평판과는 상반되는 것이었음이 분명한 오랜 번영의 시기였다.

실현함으로써 제국을 안심시키고 동시에 자식이라기엔 부끄러운 아들의 자리에 당시 달마티아 총독이었던 용감하고 덕망 높은 콘스탄티우스를 지명하려는 결심을 숨기지 않았다. 그러나 콘스탄티우스의 등용은 잠시 동안 연기되었다. 그리고 아버지의 죽음으로 꺼려하거나 체면을 차릴 필요가 없어지자마자 카리누스는 도미티아누스 황제의 잔인성까지 더해져 엘라가발루스 황제를 떠올리게 하는 방종한 언행을 로마인들 앞에 드러내었다.

로마의 경기들을 찬양하는 카리누스

역사로 기록하거나 시로 찬양할 수 있었던 카리누스 통치의 유일한 공적은 자신과 동생의 이름으로 개최한 극장, 대경기장, 원형경기장에서의 로마식 유흥들이 보기 드물게 장대했다는 것뿐이었다. 그 뒤 20년도 더 지나서 디오클레티아누스의 신하들이 자신들의 검소한 군주에게 통이 컸던 전임자의 평판과 인기에 대해 이야기했을 때, 디오클레티아누스도 카리누스의 치세가 실로 향락적인 치세였음은 인정했다. 그러나 현명한 디오클레티아누스로서는 당연히 경멸했을 이러한 헛된 낭비를 로마 국민들은 놀라고 기뻐하며 즐겼다. 프로부스나 아우렐리아누스 황제의 화려한 개선 행렬이나 필리푸스 황제의 100년제 같은 이전 시대의 화려한 구경거리들을 기억하고 있던 나이 많은 시민들조차도 탁월하게 호화롭다는 점에서는 카리누스가 개최한 행사들이 그것들을 모조리 능가하고 있음을 인정했다.

로마의 구경거리

그렇기 때문에 카리누스가 보여 준 화려한 구경거리들이 그처럼 세세하게 관찰되어 낱낱이 설명되었는지도 모른다. 역사는 전임자들의 것들에 대해서도 짐짓 생색나는 기록을 해 두었다. 맹수를 사냥하는 의도가 허영심에서 비롯된 것이고 그 실행 자체가 잔인한 것이라고 아무리 비난한다 할지라도, 맹수 사냥 그 자체에 국한하자면 로마 시대 이전이나 그 후로나 그처럼 엄청난 기교와 경비가 국민들의 오락을 위해 아낌없이 쓰여졌던 적은 결코 없었다고 인정해야만 할 것이다. 프로부스의 명령으로 뿌리째 뽑힌 막대한 수량의 커다란 나무들이 대경기장의 한복판으로 이식되었던 적이 있다. 이 넓고 울창한 숲은 즉시 각기 1000마리씩의 타조, 수사슴, 암사슴, 야생 멧돼지로 가득 채워졌다. 그리고 이러한 갖가지 사냥감들은 모두 떠들썩하고 성급한 군중들에게 제공되었다. 그 다음 날에는 각각 100마리의 수사자와 암사자, 200마리의 표범, 300마리의 곰을 학살하는 참극이 일어났다. 고르디아누스 2세가 개선식을 위해서 준비했거나 그의 후계자가 백년제에서 선보였던 동물들은 수적인 면보다는 그 희귀성으로 주목받았다. 20마리의 얼룩말들이 로마 시민들의 눈앞에 그 우아한 자태와 아름다운 무늬를 뽐냈다. 사르마티아와 에티오피아의 평원 위를 떠돌아다니는 가장 크고 순한 동물들인 10마리의 고라니와 같은 수의 기린이 열대 지역의 가장 무자비한 맹수들인 30마리의 아프리카 하이에나와 10마리의 인도 호랑이와 좋은 대조를 이루기도 했다. 나일 강의 코뿔소와 하마[24] 그리고 32마리의 당당한 코끼리 떼는 자연이 이 거대한 네 발 짐승들에게 부여한 남을 해칠 줄 모르는 강한 힘으로 사람들을 감탄시켰다. 군중들이 넋을 잃고 놀라서 이 화려한 구경거리를 쳐다보는 동안 박물학자는 고대 세계의 모든 지역으로부터 로마의 원형경기장으로 운반되어 온 수많은 종(種)들의 형태와 특성을 실제로 관찰했을지도 모른다. 그러나 학문적 진보를 가져올지도 모르는 우발적인 이익만으로는 그처럼 멋대로 국가의 재산을 남용한 것을 완전히 정당화할 수는 없다. 제1차 포에니 전쟁 때 단 한 번

[24] 카리누스도 하마를 보여 주었다. 아우구스투스가 일찍이 서른여섯 마리나 선보였던 악어는 후대의 구경거리들 속에서는 찾아볼 수가 없다.

의 예외가 있었는데, 이때 원로원은 현명하게도 이러한 대중 오락을 국가의 이익과 결부시켰다. 끝이 무딘 창만 든 소수의 노예들에게 카르타고군이 패배했을 때 포획된 엄청난 수의 코끼리들을 대경기장에서 몰고 다니게 했다. 이 유용한 구경거리는 로마 병사들에게 그 거대한 짐승들이 별것 아니라는 인상을 주는 데 도움을 주어서, 그들은 더 이상 전쟁터에서 코끼리와 맞닥뜨리는 것을 두려워하지 않게 되었다.

맹수 사냥이나 전시는 세계의 지배자로 자처하는 국민에게 어울릴 만큼 장대하게 행해졌고, 이러한 여흥에 사용된 건물 또한 로마의 위대성을 나타내기에 부족함이 없었다. 후대 사람들은 '거대한' 이라는 형용사가 잘 어울리는 티투스의 원형경기장의 장엄한 폐허를 보고 탄복하며, 또 앞으로도 오랫동안 탄복할 것이다. 이것은 80개의 아치 위에 세워지고 구조상 4층으로, 높이는 140피트, 길이 560피트, 폭 467피트의 타원형 건물이었다.25 이 건물의 외벽은 대리석으로 덮였고 많은 조각상으로 장식되었다. 내부를 형성하는 거대한 오목형 경사면은 60 내지 80열의 좌석으로 빙 둘러 채워졌다. 이 좌석들도 마찬가지로 대리석으로 만들어졌으며 쿠션을 깔았는데, 8만 명 이상의 관중을 여유 있게 수용할 수 있었다.26 (그 이름으로 특징이 매우 적절히 지적되었던) 경기장의 64개 출구는 엄청난 인파를 토해 내곤 했는데, 로마인은 적절하게도 출구를 가리켜 '구토(Vomitory)'라고 불렀다. 입구와 통로, 계단은 매우 절묘한 솜씨로 설계되어서 원로원의 의원이든, 기사 신분이든, 평민 신분이든 간에 각자가 아무런 혼란 없이 자신의 지정석에 도달할 수 있었다. 관객들의 편의와 만족에 도움이 되는 것이라면 어떤 것도 빠진 것이 없었다. 경우에 따라 머리 위로 끌

---

25 옛사람들은 높이를 많이 과장했다. 칼푸르니우스에 따르면 그 높이가 거의 하늘에 닿을 정도였고, 암미아누스 마르켈리누스에 따르면 인간의 시야를 능가할 정도였다고 한다. 그러나 수직으로 500피트까지 솟아 있는 이집트의 거대한 피라미드에 비하면 이 건축물의 높이는 시시한 것에 불과하다.

26 빅토르의 다른 사본들에 따르면, 7만 7000명 내지 8만 7000명의 관람객이라고 기록되어 있기도 하다. 그런데 마페이(Maffei)는 노천석이 3만 4000석에 불과했다고 말한다. 나머지 좌석은 위쪽의 지붕으로 덮인 관람석에 포함되었다.

원형경기장

어내릴 수 있는 거대한 덮개를 이용해 햇빛과 비를 막았다. 공기는 여러 개의 분수 장치에 의해 끊임없이 정화되었고, 상쾌한 향기가 흥건하게 스며 있었다. 건물의 중앙부, 즉 무대에는 매우 고운 모래가 뿌려져 있었고, 연이어 다른 모양으로 변했다. 한순간 헤스페리데스의 정원처럼 땅에서 솟아났다가 그 다음에는 갑자기 트라키아의 암석과 동굴 지대로 변하는 것처럼 보이는 식이었다. 지하에 묻은 관으로 쉴 새 없이 물을 공급했기 때문에, 방금 전까지 평지로 보이던 곳이 갑자기 많은 군함으로 뒤덮이거나 심해의 괴물들로 가득 찬 넓은 호수로 바뀌기도 했다. 로마 황제들은 이런 장면들을 연출하는 데서 부와 관대함을 과시했다. 이 원형경기장의 모든 집기가 은이나 금, 또는 호박으로 되어 있었다는 기록이 여러 곳에서 발견된다. 어느 시인은 화려한 명성에 끌려 수도로 온 한 목동의 입장을 취해 카리누스가 베푼 여흥을 묘사하면서 맹수들을 막기 위한 그물이 황금 철사로 되어 있고 주랑도 모두 금박을 입혔으며 관객들을 신분에 따라 분리시키는 칸막이에는 아름다운 보석들이 멋진 모자이크로 박혀 있었다고 말한다.

  이처럼 번쩍이는 구경거리의 한가운데에서, 카리누스 황제는 자신의 번영을 확신하며 국민들의 환호, 조신들의 아부 그리고 본래의 자질을 잃고 황제의 신적인 미덕이나 찬양하는 신세로 전락한 여러 시인들의 찬가를 즐겼다. 그러나 같은 시간 로마에서 900마일이나 떨어진 먼 곳에서는 그의 동생이 숨을 거두었다. 그리고 갑작스러운 반란으로 카루스 가의 황제의 권한은 남에게 넘어갔다.

서기 284년 9월

  카루스의 두 아들은 아버지의 죽음 이후 한 번도 서로 만나지 못했다. 새로운 정세로 인해 필요했던 이들 간의 협의는 아

27 그는 설교조의 시를 많이 썼던 네메시아누스를 물리치고 모든 상을 차지했다. 원로원은 누메리아누스를 위해 동상을 건립했는데, 거기에는 '가장 강력한 웅변가에게 바칩니다.' 라는 다의적인 비문이 새겨져 있다.

페르시아에서 군대와 함께 돌아온 누메리아누스

마도 동생이 귀환할 때까지 연기되었던 것 같다. 로마에는 페르시아 전쟁의 영광스러운 승리를 기념하기 위해 두 젊은 황제를 위한 개선식이 거행될 것이라는 포고가 이미 내려져 있었다. 그들이 제국의 통치권이나 여러 속주들을 서로 나눠 가지려 했는지는 확실치 않다. 그러나 그들의 결합이 그리 오래 지속되었을 가능성은 거의 없다. 권력에 대한 질투심이 서로의 상반된 성격으로 인해 더욱 불타올랐을 것이 틀림없다. 가장 부패했던 시대에조차 카리누스는 살아 있을 가치도 없는 인물이었지만, 누메리아누스는 좀 더 행복한 시대에서였다면 통치할 자격이 있는 인물이었다. 상냥한 태도와 온화한 미덕이 알려지자 곧 그는 국민들의 관심과 애정을 얻었다. 누메리아누스는 시인과 웅변가로서의 뛰어난 소양을 가지고 있었는데, 이것은 가장 비천하거나 고귀한 사람들까지도 돋보이게 할 뿐 아니라 존귀하게 만드는 자질들이었다. 다만 그의 웅변은 비록 원로원의 절찬을 받긴 했지만, 키케로를 본보기로 삼았다기보다는 오히려 현대의 변론가들이 보여 주는 미사여구 나열 형태를 벗어나지 못했다. 그러나 아직 시상(詩想)의 고갈이 문제되지 않던 이 시대에, 그는 당대의 가장 유명한 시인들과 상을 다툴 정도였고, 그러면서도 경쟁자들과는 여전히 친구 관계를 유지했다. 이런 사실은 그의 선량한 마음과 탁월한 재능을 증명하는 것이다.[27] 그러나 누메리아누스의 재능은 능동적인 것이라기보다는 차라리 관조적인 것이었다. 아버지의 등극으로 은거하던 곳에서 나올 수밖에 없게 되었지만, 그는 기질적으로도 추구하는 바에 있어서도 군대를 지휘하는 데는 적격이 아니었다. 그의 몸은 페르시아 전쟁에서 겪은 고생으로 몹시 쇠약해졌다. 무더운 기후 탓에 안질에 걸려 긴 퇴각 과정 중에도 홀로 어두운 막사나 가마 안에 틀어박혀 있을 수밖에 없었다.[28] 민정은 물론 군정을 비롯한 모든 정무는 근위대장인 아리우스 아페르에게 일임되었다. 아페르는 중요한 직책에서 오는 권력과 누메리아누스의 장인이라는 명예를 겸비한 인물이었다. 황제의 막사는 가장 믿을 만한 측근들에 의해 엄중히 호위되었고, 그 수십 일 동안 아페르가 모습을 드러내지 않는 황제가 내렸다는 명령을 군대에 전달하였다.[29]

[28] 적어도 아버지의 죽음으로 끊임없이 울고 있었기 때문이라는 보피스쿠스의 지적보다는 좀 더 타당한 원인으로 보인다.

[29] 아페르는 페르시아 전쟁 동안 이미 카루스를 배반하려는 의도를 가지고 있었던 게 아닌가 생각된다.

누메리아누스의 죽음

티그리스 강 유역으로부터 느린 행군을 거듭하며 귀환하던 로마 군대가 트라키아의 보스포루스 강 유역에 도착한 것은 카루스 황제가 죽은 지 8개월쯤 지난 무렵이었다. 각 군단은 아시아의 칼케돈에 머물렀던 반면, 황실은 프로폰티스 해를 건너서 유럽의 헤라클레아로 갔다. 그런데 곧 황제가 죽었으며, 더 이상 살아 있지 않은 군주의 이름으로 주제넘게 황제의 권한을 여전히 행사하고 있는 것은 그의 야심 많은 대신이라는 소문이 군대 안에 퍼졌다. 처음에는 은밀하게 속삭이는 소리에 불과했던 것이 결국에는 떠들썩한 소란으로 발전해 갔다. 참을성 없는 병사들은 이처럼 어중간한 상태를 더 이상 지속시킬 수 없었다. 그들은 돌연한 호기심으로 황제의 막사에 난입했으나 결국 누메리아누스의 시체만 발견했다. 황제의 건강이 점차 쇠약해지고 있었다는 사실은 병사들에게 그가 자연사했다고 믿게 해 줄 수 있었을지도 모른다. 그러나 은폐 그 자체가 죄의 증거로 판단되었고, 결국 자신의 황제 선출을 확실히 하기 위해 아페르가 취했던 모든 조치가 그의 파멸의 직접적인 원인이 되었다. 그러나 군대는 몹시 분노하고 슬퍼하면서도 한 가지 정규적인 절차를 준수했다. 이 절차는 갈리에누스 황제의 군인 출신 후계자들에 의해서 군기가 얼마나 확고하게 회복되었던가를 입증하는 것이었다. 칼케돈에서 전군 회의를 열기로 정하고, 포로이자 죄수인 아페르를 사슬에 묶어 데리고 갔다. 병영 한복판에 연단이 설치되고 장군들과 군단 참모장교들의 대군사위원회가 소집되었다. 그들은 곧 군사들 앞에서 디오클레티아누스가 사랑하는 선제의 뒤를 잇고 그의 원수를 갚을 최적임자로 선출되었다고 선언했다.

서기 284년 9월 17일, 디오클레티아누스 황제의 선출

장차 황제가 될 이 후보자의 운명은 그 시점에서의 그의 선택과 행동에 달린 것이었다. 자신의 처지가 상당한 의심을 받을 수도 있는 것임을 알고 있던 디오클레티아누스는 단상에 올라 눈을 들어 태양을 바라보며 만물을 주관하는 신 앞에 자신의 결백을 엄숙히 선서했다. 그러고나서는 군주와 재판장의 어조를 취하여 아페르를 사슬에 묶어 단상 앞으로 데려오라고 명령했다. 그는 "이 자는 누메리아누스 황제의 살인범이다."라고 말했다. 그리고 아페르가 위험한 변명을 늘어놓을 틈도 주지 않고 칼을 뽑아 이 불운한 근위대장의 가슴에 찔러 넣었다. 그의 죄목은 매우 결정적인 증거로 뒷받침되었던 만큼 아무런 이의 제기 없이 승인되었다. 군대는 거듭되는 환호로써 디오클레티아누스 황제의 정당성과 권위를 인정했다.

카리누스의 패배와 죽음

디오클레티아누스의 주목할 만한 치세를 언급하기에 앞서, 누메리아누스의 비열한 형 또한 처벌받고 퇴위당했다는 사실을 지적하는 것이 적절할 것이다. 카리누스는 제국에 대한 자신의 합법적 권리를 유지할 충분한 병력과 재력을 소유하고 있었다. 그러나 그의 개인적인 악덕은 출신과 지위의 모든 이점을 능가할 정도였다. 아버지의 가장 충실했던 신하들도 그 아들의 무능력을 경멸했으며 잔혹할 정도의 오만함을 두려워

했다. 국민들의 마음은 그의 경쟁 상대에게 기울어졌고, 원로원조차 폭군보다는 찬탈자를 선택하고 싶어했다. 디오클레티아누스의 술책은 전반적인 불만을 더욱 자극했다. 겨울 동안 여러 가지 은밀한 음모와 공공연한 내전 준비가 추진되었다. 봄에는 동방 군대와 서방 군대가 도나우 강 부근에 위치한 모에시아의 작은 도시인 마르구스의 평원에서 맞붙었다. 아주 최근에야 페르시아 전쟁에서 돌아온 동방 군대는 영광을 차지하기 위해 건강과 병력을 대가로 치른 상태여서, 충분한 전력을 지닌 서방의 유럽 군단들과 맞서 싸울 수 있을 만한 상태가 아니었다. 군의 전열이 무너져 내리자, 잠시 동안 디오클레티아누스는 황제의 자리와 생명을 모두 단념하기도 했다. 그러나 휘하 병사들의 용맹 덕분에 카리누스가 차지하고 있던 우세는 부하 장교들의 배신 행위로 급격히 상실되었다. 자기 아내를 농락당한 한 장교가 복수의 기회를 포착하여, 일격에 그 간음자의 피로 내전을 종시시켰던 것이다.

서기 285년 5월

13

THE DECLINE AND FALL
OF THE ROMAN EMPIRE

디오클레티아누스 황제와 세 명의 동료 황제 막시미아누스, 갈레리우스, 콘스탄티우스의 통치 · 질서와 평온의 전면적인 회복 · 페르시아 전쟁과 승리 및 개선 · 새로운 통치 방식 · 디오클레티아누스 황제와 막시미아누스 황제의 퇴위

서기 285년, 디오클레티아누스의 등극과 품성

디오클레티아누스 황제의 통치가 어떤 전임자의 통치보다도 훌륭했던 것과는 달리, 그의 출신은 누구보다도 비천하고 불확실했다. 지금까지 고귀한 신분이라는 관념적 특권 대신 재능과 힘에 대한 강력한 요구가 우위를 차지했던 적이 여러 차례 있었지만, 아직까지는 자유민과 노예 사이에 명확한 경계선이 그어져 있었다. 디오클레티아누스의 부모는 로마의 원로원 의원인 아눌리누스의 집에서 노예로 일했고, 그 또한 어머니의 출신지로 추정되는 달마티아 속주의 작은 도시에서 따온 이름 이외에 어떤 다른 이름으로도 명성을 떨치지 못했다.[1] 그러나 그의 아버지는 가족의 자유 시민권을 획득했고 얼마 후엔 같은 처지의 사람들이 흔히 하는 대로 서기직을 얻게 되었던 것 같다. 야심만만한 아들 디오클레티아누스는 호의적인 신탁에 고무되어서든 아니면 자신의 뛰어난 재능을 자각해서든 직업 군인의 길을 따라 장래를 추구했다. 그가 책략과 우연한 사건들

---

[1] 이 도시는 일리리쿰의 작은 부족에서 따온 도클리아(Doclia)라는 이름으로 불렸던 것으로 보인다. 그리고 이 운 좋은 노예의 원래 이름은 도클레스(Docles)였을 것이다. 처음에는 이것을 그리스식 운율에 맞춰 디오클레스(Diocles)로 늘였다가, 결국에는 로마식 위엄을 갖춘 디오클레티아누스(Diocletianus)라는 이름으로 늘였던 것이다. 그는 또한 발레리우스(Valerius)라는 명문가의 이름을 사칭하기도 했다.

에 의해서 마침내 신탁을 실현시키고 자신의 재능을 세상에 과시하기까지의 점진적인 이행 과정을 살펴보는 것은 매우 흥미로운 일이다. 디오클레티아누스는 모에시아 속주의 총독에 이어서 집정관, 그리고 결국엔 궁정 수비대의 주요 지휘관직으로 승진을 거듭했다. 그는 페르시아 전쟁에서 능력을 발휘해 두각을 나타냈다. 게다가 누메리아누스가 죽은 후에는 경쟁자들의 승인과 판단에 힘입어 노예 출신인 그가 황제의 자리에 가장 적합한 인물로 선포되기에 이르렀다. 종교적인 열성에서 비롯된 적의를 지닌 사람들은 그의 동료 황제인 막시미아누스의 야만적인 잔혹성을 비난하면서 또 한편으로는 디오클레티아누스 황제의 개인적인 용기에도 의혹을 제기하였다. 일반 국민들에게 용맹한 군주들의 지속적인 호의를 입었을 뿐 아니라 군대의 존경까지 받았던 이 운 좋은 군인이 비겁했다고 믿게 만드는 것은 쉬운 일이 아니었다. 그러나 이런 중상모략도 상대의 가장 취약한 부분을 찾아서 공격한다면 충분히 효과적인 것이다. 디오클레티아누스의 용기는 자신의 책무를 수행하거나 특별한 사건들을 처리하는 데 결코 부족함이 없었다. 그러나 그는 위험과 명성을 추구하고 술책을 경멸하며 동료들의 충실성을 대담하게 시험해 보는 것과 같은 영웅이 갖춰야 할 담대하면서도 너그러운 정신을 지니지는 못했던 것으로 보인다. 그의 재능은 화려하기보다는 실용적이었다. 그에게는 경험과 인간을 연구하면서 개발된 강인한 정신력, 일을 처리하는 재치와 응용력, 인색하지 않으면서도 검약하고 온화하면서도 엄격할 줄 아는 현명함, 군인다운 솔직함으로 위장하여 감정을 억제하는 심오한 능력, 목표를 추구하는 일관성, 방법을 바꿀 줄 아는 융통성, 그리고 무엇보다도 자신의 야심을 달성하고 정의와 공공의 이익이라는 그럴듯한 구실로 윤색하기 위해서는 다른 사람들뿐 아니라 자기 자신의 감정까지도 억제하는 탁월한 능력이 있었다. 아우구스투스와 마찬가지로 디오클레티아누스도 새로운 제국의 창설자라고 생각할 수 있다. 카이사르의 양자와 마찬가지로 그도 군인으로서보다는 정치가로서 두각을 나타냈다. 자신의 목적을 정책을 통해 달성할 수 있을 때면 이 두 황제 가운데 어느 누구도 무력을 사용하지 않았다.

디오클레티아누스의 승리는 그의 독특한 유화 정책 때문에 더욱 주목할 만한 것이었다. 사형, 추방, 재산 몰수 같은 통상적인 처벌이 어느 정도 절제되고 공정하게 부과되기만 해도 정복자의 그런 관대한 조치에 박수갈채를 보내는 데 익숙했던 로마 사람들은 이미 전쟁터에 불길이 꺼져 종식된 내전이 처리되는 과정을 경탄하며 바라보았다. 디오클레티아누스는 카루스 황제 일가의 재상이었던 아리스토불루스를 그대로 신임하며 받아들였고, 자신에게 반기를 들었던 사람들의 생명과 재산, 지위까지도 존중해 주었는가 하면 심지어 카리누스 황제의 수많은 신하들까지도 각자의 지위를 유지할 수 있도록 해 주었다. 책략에 능한 이 달마티아인이 이처럼 온정을 베풀었던 것은 빈틈없는 의도에서 비롯된 것이라고 할 수 있다. 사실 이처럼 구제받은 신하들 가운데 상당수는 은밀한 배신 행위로 이미 그의 은총을 산 사람들이었다. 물론 나머지 신하들 가운데는 불운한 주군에 대해 보인 충성심을 높이 사서 구제해 준 경우도 있었다. 뛰어난 통찰력을 지닌 아우렐리아누스와 프로부스, 카루스와 같은 전임 황제들이 등용하여 정부 및 군대의 각 부처에 배치한 인재들을 제거하는 것은 그 후계자인 디오클레티아누스 자신의 이익을 도모하는 것이기는커녕 공공의 이익에도 해가 되는 일이었을 것이다. 그러나 로마 세계 사람들에게

> 디오클레티아누스의 관용과 승리

는 이러한 행동이 새로운 치세에 대한 밝은 전망을 제시하는 것으로 비춰졌고, 황제 자신도 모든 덕망 높은 전임자들 가운데서도 마르쿠스 안토니누스 황제의 자비로운 정신을 본받기를 열렬히 원한다고 선언하여 짐짓 국민들의 호의적인 선입관이 사실인 양 확인해 주었다.

서기 286년 4월,
막시미아누스와의 제휴

그의 치세 중에 단행된 첫 번째 중요한 조치는 그의 온건함과 성실성을 잘 나타내 주었다. 마르쿠스의 전례를 본받아 막시미아누스를 공동 통치자로 선정하여 처음에는 카이사르, 그리고 나중에는 아우구스투스의 칭호를 부여했다.2 그러나 선택 대상뿐만 아니라 선택 동기도 그가 숭배하던 선제의 경우와는 전혀 다른 성격의 것이었다. 마르쿠스는 방종한 젊은이에게 황제의 자리를 부여함으로써, 사실은 국가의 행복을 대가로 개인적인 감사의 빚을 갚았다. 반면 디오클레티아누스는 친구이자 동료 군인인 막시미아누스를 통치에 합류시킴으로써, 국가적 위기에 처할 경우 동방과 서방을 동시에 방어하려 했다. 막시미아누스는 농민 출신으로, 아우렐리아누스처럼 시르미움 지방에서 태어났다. 글을 모르고,3 법률에 대해 무관심했으며, 촌스러운 생김새와 예의범절의 소유자였다는 점은 그의 영달이 극에 달했을 때도 여전히 비천한 출신임을 드러내 주었다. 전쟁은 그가 자인하는 유일한 기술이었다. 막시미아누스는 오랜 군복무 기간 동안 제국의 여러 변경 지역에서 두각을 나타냈다. 비록 그의 군사적 재능이 지휘보다는 복종에 적합한 것이었고 완벽할 정도로 유능한 지휘 솜씨를 터득하지도 못했던 것 같지만, 그는 자신의 용기와 지조, 경험으로 아무리 힘든 일일지라도 수행할 수 있는 능력이 있었다. 또한 막시미아누스의 결점들조차 그의 후원자에게는 매우 쓸모가 있었다. 연민도

2 막시미아누스가 부황제와 황제의 명예를 받은 것이 언제인지에 대해서는 현대의 학자들 사이에 의견이 분분하다. 여기에서는 성실하고 정확하게 여러 가지 이유와 논란을 고찰했던 티유몽(M. de Tillemont)의 견해를 따랐다.

3 막시미아누스 앞에서 했던 어느 연설에서, 마메르티누스는 이 영웅이 한니발과 스키피오의 행동을 본받았지만 과연 그들의 이름을 들어 본 적이 있었을지에 대한 의구심을 표명한 바 있다. 이 연설문을 통해서 막시미아누스가 학자로서보다는 군인으로 여겨지기를 더 원했을 것이라는 점을 어느 정도 추측할 수 있다. 이러한 방식에서 보면 종종 아첨하는 말이 진실한 말로 해석될 수도 있는 것이다.

느낄 줄 모르고 결과도 겁내지 않는 그는 이 책략에 능한 군주가 제안하는 동시에 부인해 버리는 어떤 잔인한 행위라도 처리해 주는 편리한 하수인이었다. 예방이나 복수를 위해 어떤 피비린내 나는 숙청이 제안되면, 디오클레티아누스는 즉각적으로 적당한 중재에 나서서 결코 처벌할 의사가 없었던 나머지 소수를 구해 주고, 엄격한 공동 통치자의 가혹한 처사를 점잖게 나무랐다. 그리고 도처에서 사람들이 그들의 상반되는 통치 방침을 황금 시대와 철의 시대로 대비하는 것을 즐겼다. 이런 성격 차이에도 불구하고, 두 황제는 평민 신분일 때 맺었던 우정을 옥좌에 올라서도 그대로 유지했다. 막시미아누스는 오만하고 사나운 기질로 인해 나중에는 그 자신과 국가의 평안에 파멸을 불러왔지만, 디오클레티아누스의 천재성을 존중하고 야수적 폭력성에 대한 이성의 우위도 솔직히 인정했다.[4] 두 황제는 자존심 또는 미신 때문에 각기 디오클레티아누스는 요비우스(Jovius), 막시미아누스는 헤르쿨리우스(Herculius)라는 경칭을 가지고 있었다. (매수된 웅변가들의 말에 따르면) 만물을 주관하는 현명한 유피테르가 세상을 운행하며 헤라클레스는 지상의 괴물들과 폭군들을 추방했다는 것이다.

그러나 요비우스와 헤르쿨리우스의 전지전능한 힘조차도 국가 행정의 짐을 감당하기에는 역부족이었다. 현명한 디오클레티아누스는 사방에서 야만족의 맹공을 받고 있는 제국이 어느 곳에서나 대규모 군대와 황제를 필요로 한다는 것을 깨달았다. 이런 생각으로 그는 자신의 거대한 권력을 다시 한 번 분할해서, 능력이 입증된 두 명의 장군에게 한 단계 낮은 카이사르라는 칭호를 주어 각기 동일한 몫의 주권을 부여하기로 결심했다. 부황제의 지위를 부여받은 두 사람

[4] 여러 편의 찬양문 가운데 막시미아누스를 칭찬하여 낭독된 연설문들과 그를 조롱하기 위해 그의 적들에게 아첨하는 또 다른 연설문들이 발견되는데, 이러한 현격한 대조를 통해서도 얼마간의 정보를 이끌어 낼 수 있다.

서기 292년 3월, 두 명의 부황제 갈레리우스와 콘스탄티우스와의 제휴

⁵ 콘스탄티우스의 손자인 율리아누스는 자기 가문이 호전적인 모에시아인에서 유래했다고 자랑하고 있다. 다르다니아인들은 모에시아의 경계 지역에 살았다.

⁶ 갈레리우스는 디오클레티아누스의 딸인 발레리아와 결혼했다. 엄밀히 말해 콘스탄티우스의 아내인 테오도라는 막시미아누스의 아내의 딸에 불과했다.

⁷ 이런 분할은 관할지가 4분되어 있던 것과 일치한다. 그러나 에스파냐가 막시미아누스의 속주가 아니었다는 데는 의심의 여지가 있다.

은 원래 직업이 목동이어서 아르멘타리우스라는 별명이 붙은 갈레리우스와 창백한 얼굴빛 때문에 클로루스라는 별명이 붙은 콘스탄티우스였다. 갈레리우스의 고향과 혈통, 태도에 대해서는 헤르쿨리우스에 대해 설명하면서 이미 대강의 묘사가 이뤄진 셈이다. 비록 많은 면에서 이 연장자보다 탁월한 미덕과 능력을 소유했지만, 그는 종종 어린 막시미아누스라고 불렸다. 콘스탄티우스의 출신은 동료 황제들에 비해서는 미천하지 않았다. 아버지인 에우트로피우스는 다르다니아에서 가장 유력한 귀족의 한 사람이었고, 어머니는 클라우디우스 황제의 조카딸이었다.⁵ 콘스탄티우스는 젊은 시절을 군대에서 보냈지만, 타고난 기질이 온화하고 상냥해서 오래전부터 세상 사람들로부터 최종적으로 도달했던 지위인 황제의 자리에 어울리는 사람으로 인정받고 있었다. 가족의 결합으로 정치적 결합의 유대를 강화하기 위해서 두 황제는 각기 부황제의 아버지 역할을 맡았다. 즉 디오클레티아누스는 갈레리우스의, 그리고 막시미아누스는 콘스탄티우스의 양아버지가 되었다. 그리고 그들에게 아내와 이혼하도록 강요한 다음, 각자의 딸을 자신의 양자와 결혼시켰다.⁶ 이들 네 명의 군주가 광대한 로마 제국의 영토를 분할했다. 갈리아와 에스파냐,⁷ 브리타니아의 방위는 콘스탄티우스가 맡았다. 갈레리우스는 일리리쿰의 각 속주를 보호하기 위해 도나우 강 유역에 상주했다. 이탈리아와 아프리카는 막시미아누스의 관할 구역으로 간주되었고, 디오클레티아누스 자신의 몫으로는 특별히 트라키아, 이집트 및 아시아의 여러 부유한 나라들을 남겨 두었다. 각자는 자신의 관할 구역 안에서 주권자였지만, 그들의 통합 권력은 제국 전체에 미쳤다. 또 이들은 조언이나 직접 대면으로 동료 황제를 도와 줄

네 명의 황제의 통치 지역과 조화

준비가 되어 있었다. 두 부황제는 높은 지위에 있으면서도 두 황제의 권위를 존중했고, 세 명의 손아래 군주들은 자신들에게 행운을 안겨 준 공동의 아버지에게 변함없는 감사와 순종을 표명했다. 그들 사이에는 서로의 권력에 대한 의심과 질투가 끼어들 여지가 거의 없었다. 이처럼 유례없이 만족스러운 결합은 음악의 합창에 비유되어 왔는데, 이 화음은 지휘자의 절묘한 솜씨로 조정되고 유지되는 것이었다.

이처럼 중요한 조치가 실행된 것은 막시미아누스와의 공동 통치로부터 약 6년이 지난 후인데, 그 사이에도 몇 가지 주목할 만한 사건들이 없었던 것은 아니다. 그러나 여기서는 명료한 이해를 돕기 위해 우선 디오클레티아누스의 보다 완벽한 통치 형태에 대해 설명하고, 그 후에 의심스러운 연대기적 순서보다는 차라리 사건의 당연한 논리적 순서에 따라서 그의 치세 중에 취해진 여러 조치들을 기술하고자 한다.

일련의 사건들

막시미아누스가 세운 최초의 공적은 서투른 역사가들에 의해서 불과 몇 마디로 언급되어 있을 뿐이지만, 그 희소성을 고려하면 인류 풍속의 역사에 마땅히 기록될 만한 가치가 있다. 그는 바가우다이(Bagudae)[8]의 이름 아래 대반란을 일으켰던 갈리아의 농민들을 진압했다. 이것은 14세기에 연이어 프랑스와 영국을 괴롭힌 일련의 농민 반란과 매우 유사했다. 손쉬운 해결책으로 봉건 제도와 관련하여 설명되기도 하지만, 이들 농민 집단의 대부분은 켈트계 야만인들로부터 유래된 것으로 보인다. 카이사르가 갈리아를 정복했을 때, 이 거대 종족은 이미 세 개의 계급 즉 승려, 귀족, 평민으로 나뉘어 있었다. 승려 계급은 미신으로, 귀족 계급은 무력으로 지배했지만, 제일 하

서기 287년, 갈리아 농민들의 상태

[8] (반란군 병사라는 의미인) '바가우다이'라는 일반적인 명칭은 갈리아에서 5세기까지 존속했다. 일부 평자들은 '소란스러운 집회'라는 의미를 지닌 켈트어 바가드(Bagad)에서 그 유래를 찾기도 한다.

9 이 헬베티아인은 자기 방어를 위해서 1만 명의 노예 무리를 무장시킬 수 있었다.

급인 평민 계급은 전체 평의회에서 아무런 비중도 권리도 없었다. 부채에 시달리거나 위해를 당할까 봐 두려워한 평민들이 강력한 족장의 보호를 간청한 것은 매우 당연한 일이었다. 이로 인해 이 족장은 그들의 신체와 재산에 대해 그리스나 로마에서 주인이 노예에 대해 행사했던 것과 동일한 절대적인 권리를 얻게 되었다.9 대다수의 갈리아인들은 점차 예속 상태로 전락하여 귀족들의 소유지에서 끊임없는 노동을 강요당했고, 나아가 족쇄의 무게나 그에 못지않게 잔인하고 강제적인 법률의 속박에 의해서 토지에 얽매이게 되었다. 갈리에누스 치세에서 디오클레티아누스 치세까지 갈리아를 뒤흔들었던 일련의 반란 기간 동안 이들 예속 농민들의 상황은 특히 비참했다. 그들은 주인, 야만족, 군대, 조세 징수원 등이 동시에 뒤섞인 사중의 폭정에 시달렸다.

갈리아 농민들의 반란

그들의 인내심은 마침내 절망에 이르렀다. 억누를 수 없을 정도로 격분한 그들은 농기구를 무기로 들고 사방에서 봉기했다. 농부는 보병이 되었고, 목동은 기병이 되었다. 황폐한 촌락은 모두 불태워졌으며, 이 농민들이 입힌 피해는 흉포한 야만족들이 입힌 피해와 맞먹는 것이었다. 그들은 인간의 타고난 권리를 요구했지만, 그 방식은 매우 야만적이고 잔인한 것이었다. 복수를 두려워한 갈리아의 귀족들은 요새화된 도시로 피하거나 아니면 아예 이 광대한 무질서의 현장에서 달아나 버렸다. 농민들은 제멋대로 세력을 휘둘렀고, 대담한 지도자 두 명은 어리석고 경솔하게도 황제를 사칭했다. 그들의 세력은 로마 정규군의 도착과 더불어 곧 소멸했다.

갈리아 농민들에 대한 응징

로마군은 훌륭한 기강과 통합된 병력으로 이 방자하고 사분오열된 무리에게서 손쉬운 승리를 거뒀다. 무장한 채 발견된 농민들은 가차 없는 보복을 받았고 공포에 질린 잔당들은 각자의 거주지로 되돌아갔다. 자유를 얻으려던 그들의 노력은 결국 실패함으로써 예속 상태를 더욱 공고히 하는 데 기여했을 뿐이었다. 이러한 민중의 열정적인 경향은 너무나 강하고 한결같은 것이어서 자료가 매우 부족함에도 불구하고 과감히 이 전쟁의 상세한 내용들까지 기술했다. 그러나 주모자인 아일리아누스와 아만두스가 그리스도교도라고 믿는다거나[10] 이 반란이 루터의 시대에 일어났던 것과 마찬가지로 인간의 타고난 자유를 강조하는 그리스도교의 자비로운 교리가 남용되어 일어난 것이라고 말할 수는 없다.

막시미아누스는 갈리아를 농민들의 손에서 탈환했지만, 곧 카라우시우스의 찬탈 행위로 브리타니아를 잃고 말았다. 일찍이 프로부스 황제 치세하에서 프랑크족이 무모하지만 성공적이 모험을 감행했던 이래로 그들의 대담한 동족들은 가벼운 쌍돛 범선으로 소함대를 여럿 구성한 다음 배를 타고 대양에 인접한 여러 속주들을 쉴 새 없이 약탈했다.[11] 그들의 종잡을 수 없는 침입을 격퇴하기 위해서는 해군을 창설할 필요가 있었고, 이 현명한 조치는 신중하고 활기차게 추진되었다. 황제는 영국 해협에 연한 겟소리아쿰, 즉 불로뉴 항을 로마 함대의 근거지로 선택하고, 카라우시우스에게 지휘를 맡겼다. 그는 메나피족 출신으로 비천한 가문에서 태어났지만 오랫동안 뛰어난 키잡이이자 용감한 군인으로 두각을 나타내고 있었다. 그러나 이 새로운 해군 제독의 성실성은 그의 능력에 부합하지 않는 것이었다. 그는 게르만족 해적단이 자신들의 항구에서 출발하여 나갈 때는 통과를 묵인했지만, 귀항할 때는 맹렬히 공격하여 그

서기 287년, 브리타니아에서 카라우시우스의 반란

[10] 실제로 이 사실은 7세기 무렵의 것으로 보이는 「성 바볼리누스의 생애」라는 매우 권위가 미약한 문서에 근거를 둔 것이다.

[11] 아우렐리우스 빅토르는 그들을 게르만인이라고 부른다. 반면 에우트로피우스는 그들에게 색슨인이라는 이름을 부여한다. 에우트로피우스는 그 다음 세기에 살았던 인물로서 자기 당대의 용어를 사용한 것으로 보인다.

12 이 당시 브리타니아는 안전했기 때문에 방비가 허술했다.

13 웅변가인 에우메니우스는 브리타니아 정복의 중요성을 강조하여 콘스탄티우스의 영광을 찬양하고자 했다. 그러나 조국에 대한 특별한 애정에도 불구하고, 4세기 초의 영국이 이 모든 찬양을 받을 만한 가치가 있었다고 생각하기는 어렵다. 불과 150여 년 전에는 도저히 고정적인 세금을 지불할 수 없는 곳이었다.

들이 획득한 약탈품의 상당 부분을 자기 몫으로 가로채 버렸다. 이 일로 카라우시우스의 부유함은 죄의 증거로 생각되었고, 막시미아누스는 재빨리 그를 사형에 처할 것을 명령했다. 그러나 이 교활한 메나피인은 황제의 엄격한 조치를 예견하여 자신을 보호했다. 그는 두둑한 상여금을 뿌려 휘하 함대를 자신의 운명 속으로 끌어들이고 야만인들까지 자기편으로 확보했다. 불로뉴 항에서 출범하여 브리타니아로 건너가서 이 섬을 지키고 있던 정규 군단과 보조군을 설득하여 자신들을 받아들이게 한 다음, 대담하게도 황제의 자주색 의복을 입고 황제의 칭호를 사칭함으로써 이미 손상되어 버린 황제의 판결과 군사력에 더욱 공공연하게 도전했다.12

브리타니아의 중요성

이리하여 브리타니아가 제국으로부터 분리되어 나가자, 로마인들은 그 중요성을 실감하면서 이곳의 상실을 진심으로 슬퍼했다. 그들은 사면에 여러 곳의 편리한 항구가 있는 이 멋진 섬의 온화한 기후, 곡물 생산이나 포도 재배에 모두 적합한 토양의 비옥함, 풍부하게 매장된 귀중한 광물 자원, 수많은 양 떼로 뒤덮인 무성한 목초지, 맹수나 독사가 없는 숲 등을 찬양했고 과장하기도 했다. 무엇보다도 그들 스스로 이런 정도의 속주라면 하나의 독립 왕국이 될 자격이 있다고 고백할 정도였던 브리타니아의 막대한 세수를 잃게 된 것을 애석하게 여겼

카라우시우스의 힘

다.13 카라우시우스는 이곳을 7년 동안이나 점유했고, 그의 용기와 능력으로 뒷받침되었던 이 반란에는 행운도 계속 따랐다. 이 브리타니아 황제는 칼레도니아인에 맞서 국경 지대를 방어하는 한편, 대륙으로부터 수많은 숙련된 장인들을 초청하여 지금도 남아 있는 온갖 동전에 자신의 심미안과 부유함을

과시했다. 프랑크족의 영토 주변에서 태어난 그는 그들의 복장과 풍습을 모방하여 비위를 맞춤으로써 이 막강한 종족과 우호 관계를 맺고자 했다. 그는 프랑크족의 가장 용감한 젊은이들을 휘하 육군이나 해군에 배속시키는 한편, 이런 유용한 동맹 관계에 대한 보답으로 이 야만인들에게는 육군 및 해군의 군사 기술에 관한 귀한 지식을 전수했다. 카라우시우스는 불로뉴 항과 그 인접 지방을 점유하고 있었다. 카라우시우스의 함대는 의기양양하게 영국 해협을 장악하고 있었을 뿐 아니라 센 강과 라인 강 어귀를 지배하고 있었고, 대담하게도 대서양 연안까지 약탈하고 다녔으며 마침내 헤라클레스의 기둥 너머로까지 그의 무시무시한 이름을 퍼뜨렸다. 장래에 바다의 제왕이 될 운명인 브리타니아는 그의 지배하에서 이미 해상 세력으로서의 자연스럽고 존경할 만한 지위를 차지하고 있었다.14

카라우시우스는 불로뉴 함대를 장악함으로써 황제로부터 추격과 복수의 수단을 박탈한 셈이었다. 더욱이 엄청난 시간과 노력을 들여 새로운 함대를 완성하기는 했으나,15 바다에 익숙하지 못하던 황제의 군대는 찬탈자의 노련한 수병들로 인해 쉽게 당황하고 패배할 수밖에 없었다. 이런 실망스러운 결과 때문에 곧 평화조약이 체결되었다. 당연한 결과로 카라우시우스의 대담한 기질에 겁을 먹게 된 디오클레티아누스와 동료 황제는 이 반역을 저지른 신하에게 브리타니아의 주권을 양도하고 황제의 명예까지 나눠 줄 수밖에 없었다.16 그러나 두 명의 부황제가 영입되자 로마 군대는 새로운 힘을 회복했다. 막시미아누스가 몸소 라인 강을 지키는 동안, 용감한 공동 통치자인 콘스탄티우스가 브리타니아 전쟁을 지휘하게 되었다. 그가 처음으로 한 일은 요충지인 불로뉴 항을 공략하는 것이었

서기 289년, 황제들에게 인정받은 카라우시우스

14 수많은 카라우시우스의 메달이 여전히 남아 있기 때문에 그는 골동품 수집가들의 호기심의 대상이 되기도 하며, 그의 생애와 행적은 상당히 정확하게 조사되어 있다. 특히 스터켈리(Stukely)는 이 자칭 브리타니아 황제에 대해 상당히 두터운 책을 썼다. 여기에서도 그의 자료들을 참조하기는 했지만, 공상에 가까운 대부분의 억측들은 무시했다.

15 마메르티누스가 첫 번째 찬양시를 낭독했던 무렵이 바로 막시미아누스가 해군의 출진 준비를 마친 시점이었다. 이 웅변가는 이 시에서는 막시미아누스의 확실한 승리를 예고했다. 그러나 두 번째 찬양시에서는 이 원정에 대해 침묵을 지킴으로써 성공을 거두지 못했다는 것을 미루어 짐작하게 할 뿐이었다.

16 아우렐리우스 빅토르와 에우트로피우스의 기록들, 그리고 온갖 메달들을 통해 일시적이나마 화해가 성립되었음을 알 수 있다. 그러나 여기에서는 이 조약의 구체적인 내용을 그대로 옮기지는 않겠다.

다. 항구로 들어가는 길목을 가로지르는 거대한 방파제를 쌓아 올려 구원에 대한 희망을 완전히 차단해 버렸다. 이들은 완강하게 저항한 끝에 항복하고 말았고, 카라우시우스군 해상 전력의 대부분이 포위군의 수중에 떨어지게 되었다. 콘스탄티우스는 이후 3년 동안 브리타니아를 정복하기에 충분한 규모의 함대를 준비하면서 한편으로는 갈리아 연안 지역을 확보하고 프랑크족의 영토까지 침공하여 찬탈자가 강력한 동맹 세력들의 원조를 받지 못하도록 했다.

서기 292년

준비가 다 끝나기 전에 콘스탄티우스는 카라우시우스가 죽었다는 보고를 받았다. 그리고 그의 죽음은 승리에 대한 확실한 전조로 여겨졌다. 카라우시우스의 부하들은 그가 보여준 반역이라는 선례를 그대로 모방했다. 그를 살해한 것은 그의 막료였던 알렉투스였다. 이 암살자는 카라우시우스의 권력과 당면한 위험까지도 그대로 계승했다. 그러나 그는 카라우시우스와는 달리 권력을 행사하거나 위험을 물리칠 만한 능력을 전혀 지니지 못했다. 알렉투스는 공포에 질린 채 무기, 군대, 군함으로 뒤덮인 대륙 쪽의 맞은편 해안만을 바라보았다. 콘스탄티우스가 현명하게도 병력을 분산시켜 적의 주의력과 저항력까지도 분산시키려 했기 때문이다. 공격은 마침내 주력 함대에 의해 감행되었다. 이 함대는 뛰어난 능력을 지닌 아스클레피오도투스의 지휘 하에 센 강어귀에 집결해 있었다. 당시의 항해술은 매우 불완전한 것이었지만, 로마군은 폭풍우가 몰아치는 날 옆바람을 맞으며 출범을 감행했다. 이처럼 대담한 로마군의 용기는 이후 많은 웅변가들의 찬양을 받았다. 기상 상

서기 294년, 카라우시우스의 죽음

서기 296년, 콘스탄티우스의 브리타니아 재탈환

태조차 이들의 모험에 유리했다. 로마군은 짙은 안개를 틈타 그들을 공격하기 위해 와이트 섬 부근에 정박 중이던 알렉투스의 함대를 피한 다음, 무사히 서부 해안 지대에 상륙했다. 이것은 브리타니아인에게도 해군력이 우세하다고 해서 언제나 외부의 침입으로부터 나라를 보호할 수 있는 것은 아니라는 점을 확실히 깨닫게 했다. 아스클레피오도투스는 황제군을 상륙시키자마자 모든 선박에 불을 질렀다. 다행히 이 원정이 성공했기 때문에 그의 행위는 영웅적인 것으로 널리 찬양되었다. 찬탈자는 런던 부근에 포진한 채 불로뉴 함대를 직접 지휘하는 콘스탄티우스의 맹렬한 공격을 기다리고 있었다. 그러나 새로운 적의 급습으로 즉시 서쪽으로 갈 수밖에 없었는데, 오랫동안 너무나 무모한 강행군을 계속했기 때문에 결국에는 매우 지치고 낙담한 소규모 부대로 로마군의 전 병력과 맞서게 되었다. 이 전투는 알렉투스의 참패와 죽음으로 곧 종결되었다. 흔히 그러하듯이 단번의 전투가 이 커다란 섬의 운명을 결정했다. 켄트 해안 지대에 상륙했을 때, 콘스탄티우스는 그 일대가 투항한 사람들로 뒤덮인 것을 보았다. 그들은 일제히 환호했다. 이 정복자가 지닌 미덕을 고려한다면 그들이 10년간의 이탈 후에 브리타니아가 다시 로마 제국의 품으로 돌아가게 된 것을 진심으로 기뻐했으리라고 생각해도 무방할 것이다.

원래 브리타니아는 내부의 적을 제외하고는 두려워할 만한 적이 전혀 없었다. 총독들이 충성을 다하고 군대가 규율을 지키는 한 스코틀랜드나 아일랜드의 벌거벗은 야만족들의 침입은 이 속주를 방어하는 데 결코 큰 영향을 미칠 수 없었다. 대륙의 평화를 유지하고 제국과 경계선을 이루는 중요한 강들을 방어하는 것이 훨씬 더 어렵고 중요한 문제였다. 동료 황제

변경 지역 방어

들과의 회의를 주도하던 디오클레티아누스의 정책은 야만족들 사이에 불화를 조장하고 제국 주변의 요새들을 강화하여 국가의 평온을 도모하는 것이었다. 그는 동방에서는 이집트로부터 페르시아 영토에 이르기까지 일렬로 방어진을 구축하고 각 진지마다 충분한 수의 상비군을 배치했다. 이 진지들에는 지휘관들을 각각 배치하여 통솔하였으며, 안티오크, 에메사, 다마스쿠스에 새로 생긴 병기고로부터 온갖 종류의 무기를 공급받았다. 또한 황제는 널리 알려진 용맹스러운 유럽 야만족들에 대해서도 주의 깊게 경계하고 있었다. 라인 강 어귀에서 도나우 강 어귀에 이르는 모든 옛 진지와 도시, 성채를 부지런히 재건했고 취약한 지점에는 능숙하게 새로운 성채를 건설했다. 변경 수비대에게는 엄중한 경계 태세를 갖추도록 하고 길게 이어진 방어선을 견고하고 빈틈없게 만들기 위해 모든 방책을 다 강구했다. 이처럼 훌륭한 방벽이 돌파되는 일은 좀처럼 없었기 때문에 야만족들은 종종 실망으로 인한 분노를 서로를 향해 겨눴

야만족들의 불화

다. 고트족, 반달족, 게피다이족, 부르군트족, 알레만니족은 파괴적인 싸움으로 서로의 힘을 소진시켰다. 누가 이기든 간에 그들은 로마의 적을 정복하는 셈이었다. 디오클레티아누스 시대의 국민들은 이런 피비린내 나는 구경거리를 즐겼을 뿐 아니라 이제 내전의 참화를 입는 것은 야만족들뿐이라는 사실에 서로를 축하할 정도로 기뻐했다.

황제들의 처신

디오클레티아누스의 이런 정책에도 불구하고 20년의 치세 기간 동안 수백 마일에 달하는 변경을 따라 한결같은 평온을 유지한다는 것은 불가능했다. 때로는 야만족들이 내분을 잠시 멈추기도 했고 또 때로는 수비대의 경계 태세가 느슨해져 강하

고 기민한 야만족들에게 돌파를 허용한 적도 있었다. 속주들이 침입을 받을 때마다 디오클레티아누스는 언제나 짐짓 혹은 진실로 침착하고 위엄 있게 처신했으며 자신이 개입할 만한 가치가 있는 경우를 제외하고는 직접 출정하는 것을 삼갔다. 결코 자신의 신체와 명성을 불필요한 위험에 노출시키지 않았고, 온갖 현명한 수단을 동원하여 성과를 올렸으며, 승리의 결과를 화려하게 과시했다. 싸우기가 힘들거나 결과가 의심스러운 전쟁에서는 거칠고 용감한 막시미아누스를 활용했다. 이 충실한 군인은 자신의 승리를 은인의 현명한 조언이나 상서로운 영향력 덕분으로 돌리는 것으로 만족했다. 그러나 두 황제는 두 명의 부황제를 입양한 후에는 힘이 덜 드는 자리로 물러났고, 두 명의 양자에게 도나우 강과 라인 강의 방어를 일임했다. 빈틈없는 갈레리우스는 로마 영토에서 야만족 군대를 격파해야 할 만큼 궁지에 몰린 적이 한 번도 없었다. 용감하고 적극적인 콘스탄티우스는 갈리아를 알레만니족의 맹렬한 침략에서 구해냈다. 또한 그가 랑그르와 빈도니사에서 거둔 승리는 상당히 위험한 상황에서 재능을 발휘하여 거둔 전과였다. 콘스탄티우스가 소수의 근위병만을 거느리고 넓은 평원 지대를 가로질러 가다가 갑자기 훨씬 많은 수의 적군에 둘러싸이게 되었다. 간신히 랑그르로 퇴각했지만 깜짝 놀란 시민들이 성문을 열어 주기를 거부했기 때문에 부상당한 군주는 한 가닥 밧줄에 묶여 성벽으로 끌어올려졌다. 그러나 그가 곤경에 처했다는 소식을 듣자 곧 로마군이 사방에서 그를 구조하기 위해 서둘러 달려왔다. 콘스탄티우스는 저녁이 되기 전에 알레만니족 6000명을 살육하여 자신의 명예심과 복수심을 만족시켰다.17 당시의 전승 기념비들을 보면 사르마티아와 게르마니아의 야만족들에게 거

부황제들의 용기

17 히에로니무스, 오로시우스, 에우트로피우스와 그의 책을 그리스어로 번역한 파이아니우스 등이 기록한 6만 명보다는 에우세비우스의 그리스어 텍스트에 나오는 6000명이라는 인원 수가 더 합당한 것 같다.

둔 몇 차례의 승리에 관해서도 희미한 자취를 발견할 수 있지만, 더 이상 그러한 지루한 조사를 하는 것은 재미도 없고 교훈도 주지 못할 것이다.

야만족들에 대한 처리

디오클레티아누스와 공동 통치자들은 피정복민들을 처리하면서 프로부스 황제가 채택했던 방식을 그대로 모방했다. 처형을 면하는 대신 노예가 되기로 한 야만족 포로들은 속주민들에게 분배되어 전쟁의 참화로 인해 인구가 감소한 여러 지방으로(갈리아에서는 아미앵, 보베, 캉브레, 트레브, 랑그르, 트로이에 지방이 특별히 명기되어 있다.) 보내졌다. 그들은 양치기나 농부로서는 쓸모 있게 활용되었지만, 군대에 편입시켜야 할 필요가 있을 때를 제외하고는 무기의 사용은 금지당했다. 또한 황제들은 로마의 보호를 간청하는 야만인들에게는 노예보다는 조금 나은 조건을 붙여 토지를 보유하도록 허용했다. 그들은 카르피족, 바스타르나이족, 사르마티아족의 몇몇 이주민단에게는 정착지를 주기도 했고, 다소 위험할 정도로 은혜를 베풀어 어느 정도까지는 각 민족의 풍습과 독립성을 유지하도록 허용하기도 했다.[18] 속주민들에게는 얼마 전까지만 해도 공포의 대상이었던 야만족들이 이제는 자기들의 토지를 경작하고, 가까운 시장으로 가축을 몰고 가고, 노동력을 제공하여 국가의 부를 쌓는 데 기여한다는 것은 매우 우쭐하며 기뻐할 만한 일이었다. 그들은 백성들과 군인들을 강력하게 결합시킨 이 성공적 조치에 기뻐하며 황제들을 축하했다. 그러나 그들은 은혜를 입어 무례해지거나 억압 때문에 자포자기한 수많은 은밀한 적들이 제국의 심장부로 들어오게 되었다는 것을 깨닫지 못하고 있었다.

두 명의 부황제가 라인 강과 도나우 강 유역에서 용맹을 떨

[18] 트레브 근처에 사르마티아족의 정착지가 있었는데, 이곳은 이 게으른 야만족들에 의해 버려졌던 것으로 보인다. 하(下)모에시아 지역에는 카르피족의 도시가 있었다.

치고 있을 무렵, 로마 제국의 남부 변경에서는 두 황제의 친정을 요청할 만한 일이 생겼다. 나일 강에서 아틀라스 산까지 아프리카 전체가 무장 봉기한 것이었다. 무어족 계열의 다섯 개 나라가 연합체를 형성하고 평화로운 속주들을 침공하기 위해 사막으로부터 출격했다. 카르타고에서는 율리아누스가, 알렉산드리아에서는 아킬레우스가 각기 황제를 사칭했다.[19] 심지어 블레미에스족까지도 상(上)이집트로 침공을 재개하거나 계속하고 있었다. 아프리카 서부 지역에서 막시미아누스가 올린 공적에 관해서는 거의 아무런 기록도 보존되어 있지 않다. 그러나 그 결과를 보면 막시미아누스 군대의 진격은 매우 신속하고 결정적인 것이었던 것으로 보인다. 그는 마우리타니아의 사나운 야만족을 격파하고 본거지인 산악 지대로부터 일소해 버렸다. 이곳은 접근하기 힘든 곳이었기 때문에 그들은 자신감으로 부풀어올라 법을 무시하며 약탈과 폭력을 자행했던 것이다. 한편 디오클레티아누스도 알렉산드리아에 대한 포위 공격을 필두로 이집트에서 전쟁을 개시했다. 그는 우선 이 대도시 전역에 나일 강의 물을 공급하던 수도를 끊었다. 그 다음 포위당한 적의 출격에 대비하여 병영을 철저하게 방어하게 한 후, 신중하고 맹렬한 공격을 거듭했다. 8개월에 걸친 포위 공격 끝에 무력과 화력으로 황폐해진 알렉산드리아가 정복자에게 관용을 베풀어 달라고 간청했지만 결국 가장 가혹한 징벌을 받게 되었다. 수천 명의 시민들이 무차별적인 학살의 현장에서 비명횡사했고, 황제를 거역한 이집트인들 가운데 사형이나 적어도 유형을 모면한 사람은 거의 없었다. 부시리스와 코프토스의 운명은 알렉산드리아의 운명보다 훨씬 더 슬픈 것이었다.

아프리카와 이집트 전쟁

서기 296년, 이집트에서의 디오클레티아누스

[19] 이 패배 이후 율리아누스는 스스로를 단검으로 찌른 다음 곧바로 불 속으로 뛰어들었다.

전자는 옛 도시로 유명했기 때문에, 후자는 인도 교역의 통로로 부유했기 때문에 자부심이 무척 강했는데 디오클레티아누스의 무력과 가혹한 명령으로 완전히 파괴되었다.[20] 이집트인의 성격이 친절에는 무감각하고 두려움에는 극도로 민감하다는 것이 이러한 처벌을 내린 이유였는데, 이 이유가 아니고서는 도저히 정당화될 수 없을 정도의 가혹한 처벌이었다고 한다. 알렉산드리아가 일으킨 여러 차례의 반란은 때때로 로마 자체의 평온과 존립까지도 위태롭게 했다. 피르무스의 찬탈 행위가 있었던 이래로 상(上)이집트 속주는 끊임없이 반란을 일으키며 에티오피아의 야만인들과 동맹 관계를 맺어 왔다. 메로에 섬과 홍해 사이에 흩어져 있던 블레미에스족은 인구 수가 매우 적었을 뿐 아니라 기질이 온화하고 무기도 조잡하며 방어용에 지나지 않았다. 그러나 국가적 무질서 상태일 때면, 고대인들이 기형적인 외모에 놀라 인간 사회에서 거의 추방하다시피 했던 이 야만족은 로마의 적들 가운데 자리를 잡았다. 이집트인들의 동맹자들은 이처럼 비열한 무리들이 대부분이었다. 제국의 관심이 좀 더 중대한 전쟁에 집중되면 그들은 또 다시 지긋지긋한 침략을 감행하여 속주들의 평온을 깨뜨렸던 것이다. 디오클레티아누스는 블레미에스족에게 적당한 적을 제공해 주려는 의도를 가지고, 누비아 지방의 노바타이족을 설득하여 리비아 사막의 오래된 본거지를 떠나도록 한 후, 시에네와 나일 강의 큰 폭포들이 위치한 곳 위쪽에 있는 광대하지만 소출이 적은 지역을 맡겨 그곳에 거주하도록 했다. 다만 여기에는 그들이 제국의 국경을 존중할 뿐 아니라 방어할 것이라는 조건이 붙어 있었다. 이 조약은 오랫동안 존속했다. 그리스도교의 확립으로 종교적인 예배에 대해 좀 더 엄격한 관념이 도입될 때까지, 이 조약은 매년 엘레판티네 섬에서 엄숙한 희생

[20] 에우세비우스는 두 도시의 멸망이 이보다 몇 년 전이며, 이때도 이집트는 로마에 대한 반란을 일으킨 상태였다고 기록하고 있다.

제의에 의해 비준되었다. 그리고 이곳에서는 야만족들뿐 아니라 로마인들까지 모두 똑같이 가시적이거나 비가시적인 우주의 여러 신들을 숭배했다.

 디오클레티아누스는 지금까지의 이집트인들의 죄를 징벌하는 것과 동시에 앞으로의 안전과 행복을 위해 여러 가지 현명한 법규를 제정해 주었다. 이 법규들은 후대 황제들의 치세 아래서도 확고히 실행되었다.21 그가 공표한 칙령들 가운데 매우 주목할 만한 칙령 한 가지는 질투심 많은 폭군이 저지른 행위의 결과로서 비난받기보다는 현명하고 인간적인 행위로서 칭찬받을 만한 가치가 있는 것이다. 그는 "금과 은을 만들어 낸다는 감탄할 만한 기술에 관해 다루고 있는 모든 옛 책들에 대해서" 부지런히 검토하도록 한 후, "사정없이 이 책들을 불태워 버렸다. 확신하건대 이집트인이 부유해지면 제국에 대하여 반란을 일으키는 데 더욱 자신감을 갖게 되지 않을까 염려했던 것이다." 그러나 만약 디오클레티아누스가 이 귀중한 기술이 진짜라고 확신했다면, 그 기록을 말살하기는커녕 국가의 수입을 증대시키는 것으로 전용했을 것이다. 그가 분별력을 발휘하여 그처럼 과장되고 진위가 모호한 주장이 얼마나 어리석은 것인지를 깨닫고, 백성들이 이성과 재산을 그처럼 해로운 것을 추구하는 데 낭비하지 않도록 보호하는 것이 좀 더 바람직하다고 여겼기 때문이라고 보아야 할 것이다. 대체로 피타고라스, 솔로몬, 헤르메스가 쓴 것으로 간주되었던 이 옛 책들은 그보다 한참 후대에 종교를 빙자한 능숙한 사기꾼들이 쓴 것일 뿐이었다. 그리스인들은 화학을 이용하거나 남용하는 데 무관심했다. 플리니우스가 인류의 모든 발견, 기술, 실수를 쌓아 놓은 그 방대한 기록 속에도 금속의 변성(變性)에 대한 언급은

21 디오클레티아누스는 알렉산드리아 시민들을 위한 국가 곡물 배급량을 200만 메디미니, 즉 약 10만 쿼터로 고정시켰다.

연금술에 관한 책들을 금지한 디오클레티아누스

단 한 번도 없다. 디오클레티아누스의 고발이야말로 연금술 역사상 발생한 최초의 믿을 만한 사건이다. 이후 아랍인들이 이집트를 정복하면서 이 공허한 과학이 전 세계로 퍼져 나갔다. 인간 내면의 탐욕에 잘 영합하는 것이었기 때문에, 유럽에서와 마찬가지로 중국에서도 동일한 열정으로 연구되었지만 결과 또한 동일했다. 중세의 암흑기에는 기이한 이야기라면 무조건 환영받았고, 게다가 문예 부흥기에는 희망을 가질만한 새로운 활기가 솟아서, 좀 더 그럴듯한 사기술이 제시되기도 했다. 그러다가 경험에 근거를 둔 철학이 마침내 연금술 분야를 추방해 버렸다. 인간이 아무리 부를 원한다 해도 현재는 단지 상업과 공업이라는 보다 소박한 수단으로 부를 추구하는 데 만족하고 있다.

페르시아 전쟁

이집트 진압에 이어진 것이 페르시아 전쟁이다. 이 강력한 국가를 정복하고 아르타크세르크세스의 후계자들에게 로마 제국의 우위를 인정하도록 해야만 하는 일이 디오클레티아누스의 치세를 위해 남아 있었다.

아르메니아인 티리다테스

이미 살펴보았듯이 발레리아누스의 치세하에서 아르메니아는 페르시아인의 배신과 무력에 의해서 정복되었으며, 호스로우 왕이 암살된 후 왕국의 어린 후계자인 아들 티리다테스는 충성스러운 지지자들에 의해 구출되어 로마 황제들의 보호하에 교육을 받았다. 티리다테스는 망명 생활에서 아르메니아의 왕좌에 앉아서는 결코 얻을 수 없었을 여러 가지 이익을 얻었다. 즉 일찍부터 인간의 역경과 로마의 규율에 대하여 배울 수 있었던 것이다. 그는 젊었을 때부터 용맹스러운 행동으로 두각을 나타냈으며, 온갖 무술 훈련은 물론이고 심지어는 그다지

명예로울 것도 없는 올림피아 경기에서도 비할 데 없는 힘과 기교를 과시했다.22 그는 이러한 자질들을 은인인 리키니우스를 보호하기 위해서 영웅적으로 발휘했다.23 프로부스의 죽음을 초래한 난동 중에 리키니우스도 매우 절박한 위험에 노출되었다. 격분한 병사들이 그의 막사로 밀고 들어왔을 때 이 아르메니아의 왕자가 온몸으로 그들을 제지했다. 티리다테스는 이 보은 행위 덕분에 곧이어 왕위에 복귀할 수 있었다. 리키니우스는 어떤 지위에 있든지 언제나 갈레리우스의 친구이자 동료였다. 갈레리우스는 부황제 직위에 오르기 훨씬 전부터 디오클레티아누스의 주목과 존중을 받고 있었다. 티리다테스는 디오클레티아누스 치세 3년째에 아르메니아 왕국을 부여받게 되었다. 이 조치는 정당할 뿐 아니라 편리한 방책이기도 했다. 네로 황제의 치세 이래로 언제나 제국의 보호하에서 아르사케스 왕가의 젊은 세대에게 주어졌던 이 중요한 영토를 페르시아 왕의 찬탈로부터 구출해 낼 때가 되었던 것이다.

서기 282년

티리다테스가 아르메니아의 국경 지대에 나타났을 때, 거짓 없는 기쁨과 충성으로 가득 찬 환성이 울려 퍼졌다. 26년 동안 이 나라는 외국의 지배하에서 물심양면으로 고통을 겪었다. 페르시아의 왕들은 자신들의 새 점령지를 웅장한 건축물들로 장식했지만, 그런 기념 건조물들은 국민들의 부담으로 세워진 것이기 때문에 예속 상태의 상징물로서 증오의 대상이 되고 있었다. 반란이 일어날 것을 염려하여 매우 가혹한 예방 조치들이 취해졌다. 억압은 모욕 때문에 더욱 가중되었고, 게다가 국민의 증오심을 감지하자 그것을 더욱 강하게 만들 뿐인 온갖 조치가 취해졌다. 배화교의 편협성에 대해서는 이미 언급한 바

서기 286년, 티리다테스가 아르메니아 왕위에 복귀함

22 티리다테스의 힘과 그가 받은 교육에 관해서는 코레네의 모세스가 쓴 『아르메니아 역사』를 참조하면 된다. 티리다테스는 야생 황소 두 마리의 뿔을 잡아 손으로 꺾어 버릴 수도 있었다고 한다.

23 빅토르 2세의 기록대로 리키니우스가 서기 323년에 60세에 불과했다면, 그는 티리다테스의 보호자와 동일 인물일 가능성이 거의 없다. 그러나 (에우세비우스와 같은) 더 뛰어난 권위자들에 의하면 리키니우스는 그 당시에 이미 매우 고령이었고, 그 16년 전에 흰머리가 난데다 갈레리우스와 동년배인 사람으로 묘사되고 있다. 리키니우스는 대략 서기 250년경에 태어났을 것이다.

24 이 조각상들은 발라르 사케스에 의해 세워진 것이다. 그는 기원전 130년 무렵에 아르메니아를 다스렸던 아르사케스 가문의 초대 왕이었다.

25 『중국 지리』뿐 아니라 『아르메니아 역사』에도 제니아(Zenia) 또는 제나스탄(Zenastan)이라고 나와 있다. 이 나라의 특징으로는 비단 생산과 수많은 토착민, 어떤 다른 국민보다도 평화를 사랑하는 마음 등이 지적되고 있다.

26 당시 중국을 다스리고 있던 제7대 왕조의 초대 황제인 부디(Vou-ti)는 소그디아나의 한 주인 페르가나와 정치적 관계를 맺고 있었으며, 로마의 사절을 맞아들이기도 했다고 한다. 그 당시에 중국인들은 카슈가르에 수비대를 두었으며, 트라야누스 황제 시대 무렵에 중국 장군들 가운데 한 사람은 카스피 해까지 진군했다고 한다.

있다. 정복자들은 신격화된 역대 아르메니아 왕들의 조각상과 해와 달의 성상들을 산산조각 냈다. 그리고 바가반 산꼭대기에 세운 제단 위에 오르무즈의 성화가 꺼지지 않고 타오르도록 보존했다.24 이처럼 극심한 모욕을 받아 분노한 국민이 자신들의 독립과 종교, 세습 군주를 위해서 열성적으로 무기를 들고 일어서는 것은 당연한 일이었다. 이 세찬 물결은 모든 장애물을 무너뜨렸고, 페르시아의 수비대도 이 격류 앞에서는 물러났다. 아르메니아의 귀족들은 티리다테스의 깃발 아래로 달려와 각기 지난날의 공로를 주장하고 장래의 충성을 다짐하면서, 새 왕에게 외국인의 지배하에서 멸시를 받아 누리지 못했던 온갖 명예와 보상을 달라고 간청했다. 군대의 지휘권은 아르타바스데스에게 주어졌다. 그의 아버지가 어린 티리다테스를 구출했을 뿐 아니라 그의 가족은 이 고결한 행동 탓에 몰살당하기까지 했기 때문이었다. 아르타바스데스의 동생은 어느 주의 총독 자리를 얻었다. 군의 최고 직책 중 하나는 태수인 오타스에게 주어졌는데, 그는 남다른 자제력과 인내력을 지닌 인물로서 폭력적인 손길을 피해 외딴 요새에서 보호하고 있던 누이와 막대한 재물을 모두 왕에게 바친 사람이었다. 아르메니아 귀족들 사이에 한 사람의 동맹자가 나타났는데, 그는 무시할 수 없을 정도의 재물을 지닌 사람이었다. 이름은 맘고였고, 스키타이족 출신이었다. 그의 권위를 인정하고 따르는 유목민들은 불과 몇 년 전까지만 해도 그 당시 소그디아나 부근까지 영토를 확장했던 중국의25 주변 지대에서 야영을 하고 있었다.26 맘고는 중국 황제의 노여움을 샀기 때문에, 자신을 따르는 무리들과 함께 옥수스 강 유역으로 물러나서 샤푸르 1세의 보호를 간

민중과 귀족들의 반란

맘고 이야기

청했다. 중국 황제는 도망자를 인도할 것을 요구하면서 통치자의 권리를 강력히 주장했다. 페르시아 왕은 손님을 환대하는 관습을 이유로 내세우면서, 맘고를 서방의 변경 지역으로 추방하겠다고 약속함으로써 간신히 전쟁을 피했다. 페르시아 왕이 설명한 바에 따르면, 이것은 사형만큼이나 무서운 처벌이었다. 유배지로 선정된 것이 아르메니아였는데, 이 스키타이 유목민들은 넓은 구역을 할당받아 계절에 따라 야영지를 이리저리 옮기면서 가축을 먹일 수도 있었다. 그들은 티리다테스의 침공을 저지하기 위해 동원되었다. 맘고는 자신들이 페르시아 왕으로부터 받은 은혜와 손해를 저울질 해 본 끝에 그의 편을 들지 않기로 결정했다. 맘고의 세력은 물론이고 재능도 잘 알고 있던 아르메니아 왕은 그를 극진한 예로써 대접하고, 신임함으로써 자신의 복위에 크게 공헌한 용감하고 충실한 신하를 얻게 되었다.

얼마 동안 운명은 진취적이고 용감한 티리다테스에게 호의를 베푸는 것처럼 보였다. 그는 아르메니아 전역에서 가문과 조국의 적들을 쫓아냈을 뿐 아니라 복수를 해 가면서 아시리아의 심장부로 군대를 이끌고 가 침략을 단행했다. 티리다테스의 이름을 망각에서 구해 낸 역사가는 일종의 민족적 열망을 담아 그의 용맹을 찬양하고 참다운 동방의 낭만 정신을 발휘하여 그의 무적의 팔 아래 쓰러진 거인들과 코끼리들을 묘사하고 있다. 또 다른 기록을 보면 페르시아 왕국이 혼란스러운 상태에 빠져 있어서, 아르메니아 왕이 그 덕을 봤다는 것을 알 수 있다. 페르시아에서는 야심가인 두 형제가 왕위를 놓고 다투고 있었는데, 호르무즈는 지지 세력을 이끌고 싸우다가 패하자, 위험하게도 카스피 해 연안에 사는 야만족들에게 도움을 요청

아르메니아를 재탈환한 페르시아인들

27 사캐족은 스키타이계 유랑민인데, 그들은 옥수스 강과 사르다리야 강의 수원을 향해서 야영지를 설치했다. 겔리족은 카스피 해를 따라서 길란에 거주했다. 그리고 딜레미테스라는 이름으로 페르시아 왕국을 오랫동안 괴롭혔다.

28 락탄티우스가 디오클레티아누스의 행동을 비겁했다고 보는 이유를 쉽게 이해할 수 있을 것이다. 율리아누스는 자신의 연설문에서 디오클레티아누스가 제국의 전 병력과 함께 남아 있었다고까지 말하고 있는데, 이것은 너무 과장된 표현인 것 같다.

했다.²⁷ 그러나 내전은 한쪽이 승리를 거둬서였든지 아니면 양측이 화해를 해서였든지 곧 종식되었고, 전국적으로 페르시아 왕으로 인정을 받게 된 나르세스는 자신의 모든 힘을 외적을 상대하는 데 기울였다. 그 후로 전쟁은 완전히 균형이 깨어졌고, 용맹한 영웅인 티리다테스도 페르시아 왕국의 군사력에 저항할 수가 없었다. 티리다테스는 두 번째로 왕위에서 쫓겨나, 다시 한 번 로마 제국의 궁정으로 피신했다. 나르세스는 반란이 일어났던 이 지역에서 곧 자신의 권위를 회복한 후 로마인들이 반역자들과 도망자들을 보호해 주는 것을 소리 높여 비난하면서 동방 정복의 열의를 다졌다.

서기 296년,
페르시아와 로마의 전쟁

로마 황제들은 정책적으로나 명예를 위해서나 아르메니아 왕의 대의명분을 저버릴 수 없었기 때문에 페르시아 전쟁에서 제국의 힘을 발휘하기로 했다. 디오클레티아누스는 여느 때처럼 침착한 위엄을 갖추고 안티오크에 주둔지를 설치하고 나서 이곳에서 군사 작전을 수립하고 지휘했다.²⁸ 이 중요한 목적을 위해서 용감무쌍한 갈레리우스가 군대의 지휘를 맡기

갈레리우스의 패배

로 하고, 도나우 강 유역에서 유프라테스 강 유역으로 옮겨 왔다. 양군은 곧 메소포타미아 평원에서 맞닥뜨렸다. 처음 두 번의 전투는 승패가 확실하지 않았다. 세 번째 교전은 좀 더 결정적인 것이었다. 로마군은 참패를 당했는데, 그것은 성급한 갈레리우스가 소규모 부대를 이끌고 페르시아의 대군을 공격했기 때문이었다. 그러나 전투 지역의 지형을 고려하면 그가 패배한 데는 또 다른 이유가 있었다는 것을 알 수 있다. 갈레리우스가 격파당한 지역은 크라수스가 전사하고 열 개 군단이 궤멸했던 기억이 남아 있는 바로 그 장소였다. 카레의 구릉 지

대에서 유프라테스 강에 이르기까지 60마일 이상에 걸쳐 있는 이 평원은 낮은 언덕 하나도, 나무 한 그루도, 신선한 샘물 한 군데도 없는 평탄한 불모의 사막이었다. 강건한 로마 보병도 열기와 갈증에 허덕여서 설사 전열을 유지한다 할지라도 승리할 가망이 없는데, 하물며 전열까지 흐트러지고 나니 곧바로 절박한 위기에 빠지게 되었다. 이런 상황에서 그들은 점차 우세한 병력의 적군에게 포위되고 야만족 기병대의 빠른 공격에 시달리다가 결국 화살에 맞아 궤멸하였다. 아르메니아 왕은 이 전투에서 무용으로 두각을 나타내어 국가적 불운 속에서도 개인적인 영광을 얻었다. 그가 추격을 받으며 유프라테스 강까지 도주했을 때, 말이 부상을 당해 의기양양한 적으로부터 벗어나는 것이 불가능해 보였다. 이와 같은 궁지에 몰리자 티리다테스는 눈 앞에 보이는 유일한 피난처를 기꺼이 선택했다. 그는 말에서 내려 강물로 뛰어들었다. 갑옷은 무거웠고 강은 깊었으며 폭은 적어도 반 마일은 되는 지점이었다. 그러나 강인하고 민첩한 그는 무사히 강 반대편에 도착했다. 로마 장군인 갈레리우스의 도주 상황에 관해서는 알려진 바가 없다. 그러나 그가 안티오크로 돌아왔을 때, 디오클레티아누스는 그를 다정한 친구이자 공동 통치자로서가 아니라 분노한 군주로서 맞이했다. 아직 황제의 자주색 의복을 입고는 있지만 자신이 저지른 잘못과 패배의 자책감 때문에 평소에는 극도로 오만했던 갈레리우스도 디오클레티아누스 황제의 전차를 1마일이나 걸어서 따라가며 모든 신하들 앞에서 자신의 치욕을 드러내 보일 수밖에 없었다.

디오클레티아누스는 자신의 개인적인 분노를 마음껏 터뜨리고 최고 권력자의 위엄을 강력히 발휘하고 나자 곧 이 부황

서기 297년, 갈레리우스의 제2차 전투

제의 탄원을 받아들여 로마군의 명예뿐 아니라 그 자신의 명예

29 이런 이유로 페르시아 기병대는 적으로부터 60스타디아 떨어진 곳에 병영을 설치했다.

까지도 회복할 수 있는 기회를 허락했다. 제1차 원정에 참가했던 나약한 아시아 군인들 대신에 제2차 원정군은 일리리쿰 변경 지역의 노련한 고참병들과 신병들로 편성했으며 게다가 상당수의 고트족 보조 부대까지 황제의 군대에 편입시켰다. 갈레리우스는 2만 5000명의 정예군을 이끌고 다시 한 번 유프라테스 강을 건넜다. 그러나 이번에는 군대를 탁 트인 메소포타미아의 평원에 드러내는 대신에 아르메니아의 산악 지대를 통해서 진격했다. 이곳에서는 주민들도 그를 열렬히 환영했고, 지형 또한 기병이 이동하기에는 불편한 만큼 오히려 보병을 이용한 작전에 더 유리했다. 로마군은 불운을 겪은 후 군기가 확립되어 있었던 반면 승리에 도취해서 우쭐대던 페르시아군은 군기가 해이해져 있다가 전혀 예상하지 못하던 순간에 갈레리우스의 적극적인 작전에 따른 기습 공격을 받았다. 갈레리우스는 기병 두 명만 거느리고 남몰래 적진의 상황과 위치를 정찰해 두었다. 기습 공격, 특히 야간 기습 공격은 대체로 페르시아군에게는 치명적인 것이었다.

갈레리우스의 승리

그들은 군마가 도망치는 것을 막기 위해 묶어 놓을 뿐 아니라 대개 쇠고랑까지 채워 두었다. 비상 사태가 일어나면 페르시아 병사는 침구를 정리하고, 말고삐를 채우고, 갑옷을 입은 후에야 말에 오를 수 있었다.29

이번에는 갈레리우스의 맹렬한 공격이 페르시아군 진영에 혼란과 경악을 불러일으켰다. 약간의 저항 끝에 끔찍한 대량 학살이 벌어졌고 대혼란 속에 부상당한 왕은(나르세스는 군대를 직접 지휘하고 있었다.) 메디아 사막을 향해 달아났다. 정복자는 나르세스와 태수들의 호화스러운 천막에서 막대한 전리품을 얻었다. 용감한 로마군이 그들의 우아한 사치품들을 보고 얼마나 촌스러운 무지를 드러냈는지를 보여 주는 한 가지 일화가 있다. 어떤 병사가 진주가 가득 든 반짝거리는 가죽 주머니 하나를 차지했다. 그는 주머니는 조심스럽게 간직했지만, 내용물은 던져 버렸다. 아무 쓸 데도 없는 물건은 값도 전혀 안 나가리라고 판단했던 것이다. 나르세스가 입은 손실은 훨씬 더 애처로웠다. 군대를 따라왔던 여러 아내와 누이들, 자녀들이 이 패배로 포로가 되었다. 그러나 갈레리우스는 비록 성품은 알렉산데르 대왕과 거의 닮은 점이 없었지만, 이번 승리 후에는 다리우스 왕의 가족에게 보여 주었던 저 마케도니아 왕의 관대한 행동을 본받았다. 나르세스의 아내와 아이들을 폭행과 약탈을 당하지 않도록 안전한 장소로 옮겨 놓은 다음, 각자의 나이, 성별, 왕족으로서의 신분에 따라, 관대한 적이라면 당연히 취해야 할 정중하고 친절한 태도로 대우했다.30

[30 페르시아인들은 무력뿐 아니라 도덕성에 있어서도 로마인의 우위를 인정했다. 그러나 그들 자신의 기록 속에서는 이러한 적에 대한 존경과 감사는 거의 발견되지 않는다.]

페르시아 왕실 포로들에 대한 갈레리우스의 태도

동방 세계가 걱정스럽게 이 대전투의 결과를 기다리고 있는 동안 디오클레티아누스 황제는 시리아에 강력한 감시 부대를 집결시켜 놓고 먼 후방에서 로마군 위력의 근원을 과시하면서 앞으로의 비상 사태에 대비해 자신이 직접 나서는 것은 삼가고 있었다. 승전보를 듣자 곧 그는 자신이 직접 조언을 하여 갈레리우스의 오만을 억제하려는 의도를 가지고 국경 지대를 향해 짐짓 생색을 내면서 진격해 갔다. 니시비스에서 있었던 두 로마 군주 간의 회견에서는 상호 존경과 존중의 말이 오고 갔다. 갈레리우스가 상대에 대한 존경을 표시했다면 디오클레티아누스는 상대에 대한 존중을 표시했다. 그 후 얼마 지나지

평화 협상

않아 그들이 페르시아 대왕의 사신을 접견한 것도 이 도시에서 였다. 나르세스는 최근의 패배로 위력, 아니 적어도 그 기세가 꺾여 있었으며, 로마군의 진격을 막을 수 있는 유일한 방법은 즉시 강화 조약을 맺는 것뿐이라고 생각하고 있었다. 그는 자신의 총애와 신임을 받는 신하 아파르반을 파견하면서 강화 조약을 교섭하거나 아니면 차라리 정복자가 강요하는 어떠한 조건이라도 수락하도록 일임했다. 아파르

페르시아 사절의 연설 반은 회담을 시작하면서, 가족에 대한 관대한 처우에 감사한다는 왕의 뜻을 전하고 그 고귀한 포로들을 석방해 줄 것을 간청했다. 그는 나르세스의 명성을 떨어뜨리지 않는 범위 안에서 갈레리우스의 무용을 찬양하면서, 자기 종족의 모든 군주들보다 뛰어난 페르시아 왕에게 승리한 갈레리우스의 우월성을 인정하는 것은 수치가 아니라고 생각한다고 말했다. 페르시아의 대의명분은 여전히 정당한 것이지만, 그럼에도 불구하고 자신은 이번 분쟁을 두 황제의 결정에 일임한다는 권한을 부여받았다고 하면서, 번영의 절정에 있는 두 황제가 운명의 변화무쌍함을 염두에 두리라 확신한다고 말했다. 아파르반은 발언을 마무리하면서, 동방의 우화를 예로 들어 로마와 페르시아 두 나라는 세계의 두 눈과 같아서 어느 한 쪽 뽑히면 세계는 불구가 될 것이라고 했다.

"과연 페르시아인다운 일이로다." 갈

갈레리우스의 회답 레리우스는 분노로 온몸을 떨면서 이렇게 대답했다.

운명의 변화무쌍함을 상세히 설명하면서 짐에게 태연하게 중용의 미덕을 강론하다니 과연 페르시아인다운 일이로다. 저 불운한 발레리아누스 황제께 그들이 어떤 온건함을 베풀었는

지 상기하도록 하라. 그들은 그분을 속여서 패배시키고 오만 무례하게 대했도다. 그들은 그분이 생을 마칠 때까지 수치스러운 포로 신세로 억류했다가, 돌아가신 후에도 그 시신을 영원히 모욕하지 않았던가.

그러나 갈레리우스는 여기서 말투를 부드럽게 하면서, 굴복하여 엎드린 적을 다시 짓밟는 것은 결코 로마인의 관습이 아니며, 이번 경우에도 페르시아의 가치보다는 오히려 자신들의 위엄을 생각해야 할 것이라고 넌지시 말해 주었다. 그는 아파르반을 물러가도록 하면서도 나르세스가 곧 황제들의 자비로 항구적인 평화와 처자식의 송환을 실현시킬 수 있는 조건을 통보받게 될 것이라는 희망을 안겨 주었다. 이 회담에서는 갈레리우스의 성미가 격렬하다는 것은 물론 디오클레티아누스의 탁월한 지혜와 권위를 존경하고 있었다는 것도 엿볼 수 있다. 야심 많은 갈레리우스는 동방을 정복하여 페르시아를 일개 속주의 지위로 격하시키려 했다. 반면 현명한 디오클레티아누스는 아우구스투스 황제와 두 안토니누스 황제들의 온건 정책을 고수하여 이런 호기를 틈타 명예롭고 유리한 강화를 맺음으로써 전쟁을 성공적으로 종식시키고자 했다.

<small>디오클레티아누스의 중용</small>

두 황제는 그 후 얼마 지나지 않아 약속을 이행하여 비서관 중 한 사람인 시코리우스 프로부스를 보내 그들의 최종 결정을 페르시아 궁정에 알렸다. 프로부스는 강화 사절로서 온갖 정중하고 우호적인 예우를 받았으나 페르시아 측은 긴 여행 뒤에는 휴식이 필요하다는 구실로 프로부스의 접견을 하루하루 미뤘다. 그는 페르시아 왕의 더딘 행동을 기다리기만 하다가

<small>강화 조약의 체결</small>

31 그는 수미움의 총독이었다. 이 주는 아라라트 산 동쪽에 있었다.

마침내 메디아의 아스프루두스 강 부근에서 알현을 허락받았다. 나르세스 왕이 이처럼 접견을 지연시킨 속셈은 비록 강화를 진심으로 원하기는 하지만, 그동안 군대를 모아 보다 큰 세력과 위압감을 가지고 협상에 임하려는 데 있었다. 이 중요한 회담에는 대신 아파르반과 근위대장, 그리고 아르메니아 변경의 어느 군단장,31 이렇게 오직 세 사람만이 배석했다. 사신이 전한 최초의 조건은 니시비스를 쌍방간의 교역 장소, 즉 예전에 부르던 방식 그대로 부르자면, 두 제국 간의 교역 중심지로 지정하자는 것으로 당장에는 매우 이해하기 힘든 조건이었다. 통상에 대한 약간의 규제로 국가의 세입을 늘리려는 로마 황제들의 의도를 이해하는 것은 어렵지 않다. 그러나 니시비스는 로마의 영토 안에 위치해 있어서 로마가 이미 수출입을 마음대로 통제하고 있었기 때문에 이러한 규제는 외국과의 조약의 대상이라기보다는 차라리 국내법의 대상이었다. 이런 규제를 보다 유효한 것으로 만들기 위해서 아마 페르시아 왕 측으로부터 몇 가지 약속을 얻어 내려 한 모양이다. 그러나 그 조건은 나르세스의 이익이나 위엄에 크게 반하는 것처럼 보였기 때문에 그로서는 동의할 수가 없었다. 나르세스가 동의하기를 거절한 조건은 이것 하나뿐이었기 때문에 로마도 더 이상 그 조건을 고집하지는 않았다. 로마 황제들은 교역이 자연스러운 통로로 이루어지도록 놓아 두거나 자신들의 권위로 정할 수 있는 규제 조치로만 만족할 수밖에 없었다.

조약의 조항들

이 어려운 문제가 해결되자 즉시 두 나라 간에 엄숙한 강화 조약이 체결, 비준되었다. 로마 측에는 매우 빛나는 성과였지만 페르시아 측에는 불가피한 결과물이었을 뿐인 이 조약의 조건들은 좀 더 자세히 살펴볼 만한 가치가 있을 것이다.

로마가 수행한 전쟁은 대개 완전한 승리로 종식되었든가 아니면 글을 전혀 모르는 야만인들을 상대로 한 것이었기 때문에 로마 역사상 이와 같은 성격의 조약 체결은 거의 없었던 것이다. 1. 두 나라 사이의 국경선은 아보라스 강, 즉 크세노폰이 부르던 대로 하면 아라크세스 강으로 정했다.32 이 강은 티그리스 강 부근에서 발원하여 니시비스에서 몇 마일 하류에 있는 미그도니우스 지류와 합류한 다음 싱가라 성벽 밑을 돌아, 디오클레티아누스의 배려로 강력하게 요새화된 변경 도시인 키르케시움에서 유프라테스 강으로 흘러들었다. 로마는 이 조약으로 수많은 전쟁의 원인이었던 메소포타미아 지방을 양도받았으며, 페르시아는 이 광대한 지역에 대한 일체의 권리를 상실했다. 2. 페르시아인들은 로마인들에게 티그리스 강 너머의 다섯 개 주도 양도했다. 이 다섯 개 주는 원래 위치부터가 매우 유용한 방벽이었는데, 곧 군사 기술적인 보완으로 방어력이 더욱 향상되었다. 로마가 획득한 다섯 개의 주 가운데 강 북쪽에 위치한 네 개의 주인 인틸리네, 자브디케네, 아르자네네, 모크소에네는 유명하거나 면적이 넓은 지역은 아니었지만, 티그리스 동쪽의 카르두에네는 넓은 산악 지대로서, 아시아의 여러 전제 왕국에 둘러싸인 한복판에서도 오랫동안 용맹스럽게 자유를 지켜 온 카르두키아족의 옛 본거지였다. 그리스군 1만 명이 7일간의 고통스러운 행군과 전투 끝에 겨우 횡단할 수 있었던 곳도 바로 이 지방이었다. 이 유례없는 퇴각 행렬을 이끌었던 그리스군 지도자의 기록에 따르면 그들은 페르시아 대왕의 군사력보다도 오히려 카르두키아족의 화살 공격에 더 많은 고통을 겪었다.33 그들의 후예인 쿠르드족은 이름이나 풍습이 거의 그대로인데도, 터키 황제의 명목상의 주권을 인정하고 있다. 3. 로마의 충실한 조력자인 티리다테스도 조상들이 물려

32 지리학자인 프톨레마이오스는 실수로 싱가라의 위치를 아보라스 강에서 티그리스 강으로 이동시켜 놓았다. 이로 인해 표트르 대제는 아보라스 강 대신에 티그리스 강을 지정하는 실수를 저지르게 되었을지도 모른다. 이 경계선은 로마의 변경을 가로지르는 것이었지만, 티그리스 강의 물길을 따라 결정된 것은 아니었다.

33 카르두키아족의 활 길이는 3큐빗, 화살 길이는 2큐빗이었다. 그들은 짐수레에 실은 돌을 한 번에 굴려 떨어뜨리기도 했다. 그리스군은 이 험준한 지역에서 무척 많은 마을을 발견했다고 한다.

준 왕위로 복귀했으며, 황제의 패권 또한 완전하게 확립되었다. 아르메니아의 영토는 메디아의 신타 요새까지 확대되었는데, 이 영토 확장은 너그러운 조치라기보다는 정당한 조치였다. 앞서 언급했던 티그리스 강 너머 다섯 개 주 가운데 처음 네 개 주는 원래 아르메니아 영토로 파르티아인이 빼앗아 갔던 곳이다. 따라서 로마인들은 이곳을 차지하게 되자, 찬탈자들에게서 빼앗은 광활하고 비옥한 아트로파테네 지방을 티리다테스에게 줌으로써 약속했던 대로 충분한 보상을 했던 것이다. 현재의 타우리스와 같은 장소에 있었던 것으로 보이는 이 지방의 가장 중요한 도시에는 티리다테스가 자주 와서 머물기도 했다. 그는 이 도시에 많은 건물과 요새를 지으면서 메디아의 화려한 수도를 모방했기 때문에 이 도시는 때로는 에크바타나라는 이름으로 불리기도 했다. 4. 이베리아 지방은 토양이 척박하고, 주민들은 미개했다. 그러나 그들은 무기 사용에는 익숙해서, 로마 제국과 그들보다 훨씬 사납고 막강한 야만인들을 격리시켜 주는 역할을 했다. 그들은 코카서스 산맥의 협곡들을 장악하고 있었기 때문에, 그들의 선택 여부에 따라 약탈을 감행하기 위해 비옥한 남쪽 지방으로 침투하려던 사르마티아의 여러 유목 부족들이 이곳을 통과하거나 아니면 이곳에서 되돌아가야만 했다. 로마 황제들이 페르시아 왕으로부터 이베리아 왕의 지명권을 양도받음으로써 아시아에서 로마의 세력은 더욱 강해지고 확실해졌다. 동방은 이후 40년 동안 평온을 누리게 되었으며 두 경쟁국 간의 강화 조약은 티리다테스가 죽을 때까지 엄격하게 준수되었다. 그러나 그가 사망할 무렵 생각과 기질이 다른 새로운 세대가 로마 제국의 통치권을 계승하게 되면서, 나르세스의 손자는 콘스탄티누스 일가의 황제들을 상대로 저 유명한 장기전을 벌이게 되었다.

고통받는 제국을 참주와 야만족들로부터 구출하는 힘든 작업을 막 완성한 것은 일리리쿰 출신의 농민 황제들이었다. 디오클레티아누스는 재위 20년째 되던 연초에, 로마에서 성대한 개선식을 거행하여 자신의 군사적 성공뿐 아니라 기억에 남을 만한 이 시대를 경축했다. 이날 그 영광을 함께 한 것은 그와 동등한 권력을 지닌 공동 통치자인 막시미아누스 한 사람뿐이었다. 두 명의 부황제가 직접 싸워 승리한 것이었지만, 고래의 엄격한 처세훈에 따라 그들의 공적은 자신들의 아버지인 황제들의 후광 덕분으로 돌려졌다.[34] 디오클레티아누스와 막시미아누스의 개선식은 어쩌면 아우렐리아누스나 프로부스의 경우에 비해 성대하지는 않았을지 모르지만, 우세한 명성과 행운을 보여 주는 몇 가지 사실로 인해 위엄을 갖출 수 있었다. 아프리카와 브리타니아, 라인 강, 도나우 강 및 나일 강이 각각의 전리품을 제공했지만, 가장 눈부신 광채를 더해 준 장식품은 보다 진기한 성격의 것, 즉 중요한 정복이 뒤따른 페르시아 전쟁의 승리였다. 여러 강과 산, 속주들을 재현한 그림들이 황제의 전차 앞을 지나갔다. 포로로 잡힌 페르시아 대왕의 여러 아내와 누이, 자녀들의 초상화는 국민들의 허영심을 만족시키는 새롭고 기분 좋은 구경거리였다.[35] 후대 사람들이 볼 때, 이 개선식은 한 가지 별로 명예롭지 못한 특징으로 주목을 받고 있다. 이것은 로마인들이 본 마지막 개선식이었다. 이 시기 이후로 얼마 지나지 않아 로마 황제들은 정복을 중단했고, 로마는 더 이상 제국의 수도라 할 수 없게 되었다.

로마가 세워진 장소는 오래된 의식들과 가공의 여러 가지 기적들로 인해 신성하게 여겨지던 곳이었다. 이곳에 신들이

서기 303년 11월 20일, 디오클레티아누스와 막시미아누스의 개선식

황제가 없는 로마

[34] 20년 재위 축제 때 갈레리우스는 도나우 강의 자신의 주둔지를 지키고 있었던 것으로 보인다.

[35] 에우트로피우스는 이 초상화들이 개선식에 포함되었다고 적고 있다. 실제 사람들은 나르세스에 돌려보냈기 때문에 전시할 수 있었던 것은 초상화뿐이었다.

임재해 있다는 믿음이나 영웅들에 대한 기억은 이 도시 곳곳을 생기 있게 만들어 주는 것이었고, 세계 제국의 수도로서의 운명이 카피톨리누스 언덕에 약속되어 있었다.36 로마 출신의 로마인들은 이 기분 좋은 환상의 힘을 실감하며 공언했다. 이러한 환상은 조상 대대로 내려온 것으로, 아주 어린 시절부터 일종의 습관처럼 굳어진 것이었고 어느 정도는 정치적인 효용 가치 때문에 보존되어 왔다. 통치의 형식과 장소는 긴밀하게 결합되어 있어서 후자를 옮기면 전자가 파괴될 것이라고 생각되었다.37 그러나 수도의 종주권은 정복지가 확장됨에 따라 점차 사라졌고, 여러 속주들이 동등한 수준으로 성장했으며, 피정복 민족들은 로마에 대한 편파적인 애정 없이도 로마 시민의 이름과 권리를 얻게 되었다. 그러나 오랜 기간 동안 로마가 그 위엄을 보존할 수 있었던 것은 예로부터 내려오는 정치 체제와 관습의 영향 때문이었다. 역대 로마 황제들은 비록 아프리카나 일리리쿰 출신이라고 해도 제2의 고향인 로마를 자기 권력의 본거지이자 광활한 영토의 중심지로서 존중해 왔다. 그들은 전쟁이라는 비상 사태가 발생하면 국경 지역으로 직접 출정해야 하는 경우가 매우 잦았지만, 평화시에도 속주에 상주한 것은 디오클레티아누스 황제와 막시미아누스 황제가 최초였다. 두 황제의 이러한 행동은 개인적인 동기에서 비롯된 것일 수도 있지만 매우 그럴듯한 정책적 고려로 정당화되고 있었다. 서부 로마의 막시미아누스의 궁정은 대체로 밀라노에 있었는데, 그것은 알프스 산기슭에 있는 이 도시의 위치가 게르마니아 야만족들의 동태 감시라는 중요한 목적에 로마의 위치보다 훨씬 편리했기 때문이다. 밀라노는 곧 황제의 도시로서 위엄을 갖추게 되었다. 기록에 의하면 가옥은 셀 수 없이 많았고 건물 자

밀라노의 궁정

36 리비우스는 이 주제에 대한 카밀루스의 웅변적이고 감수성이 풍부한 연설 한 편을 기록해 두고 있다. 이 연설은 통치의 본거지를 로마에서 인근 도시인 베이로 옮기려는 계획에 반대하여 행해진 것이었다.

37 율리우스 카이사르는 제국을 일리움이나 알렉산드라아로 옮기려는 의도를 가지고 있다는 비난을 받았다. 르 페브르(Le Fèvre)와 다시에(Dacier)가 재치 있게 추측한 바에 따르면, 호라티우스 제3권 세 번째 송시는 그와 비슷한 계획을 실행하지 못하도록 아우구스투스의 마음을 딴 데로 돌리려는 의도에서 쓰여졌다.

체도 훌륭했으며, 시민들의 풍속은 세련되고 교양이 있었다. 건설자인 막시미아누스의 이름을 붙인 대경기장, 극장, 조폐창, 궁전, 목욕탕, 조각상으로 장식된 주랑, 이중으로 둘러싼 성벽이 새로운 수도의 아름다움을 더해 주어, 심지어 바로 근처에 있던 로마에 비해서도 손색이 없을 정도였다. 디오클레티아누스 황제 또한 로마의 위엄과 경쟁을 하려는 야심이 있었기에, 자신의 여가 시간과 동부 로마의 부를 이용하여 니코메디아를 아름답게 꾸몄다. 유럽과 아시아의 접경에 위치하고 있었던 이 도시는 도나우 강과 유프라테스 강의 중간쯤에 자리 잡고 있었다. 황제의 취향에 따라 국민의 부담으로 꾸며진 니코메디아는 오랜 시간의 노동을 필요로 하는 엄청난 위용을 불과 몇 년 만에 지니게 되었으며, 그 규모나 인구 수에 있어서도 로마와 알렉산드리아, 안티오크를 제외하고는 그 어떤 도시에 못지않았다. 디오클레티아누스와 막시미아누스의 일생은 행동하는 인생이었고, 그 대부분을 병영이나 길고 잦은 행군에서 보냈지만, 공무 수행 중에 잠시라도 한가한 시간이 생기면 그들이 좋아하는 니코메디아와 밀라노의 거처에 기쁜 마음으로 은거했다. 디오클레티아누스는 재위 20년째에 로마에서 개선식을 거행할 때까지, 제국의 이 오래된 수도를 한 번이라도 방문한 적이 있었는지 매우 의심스럽다. 심지어 이 기억할 만한 행사 때조차도 그의 체류 기간은 두 달을 넘지 않았다. 로마 시민들의 방자할 정도로 허물없는 태도에 염증이 난 그는 원로원에 나타나서 집정관직을 부여받기로 예정되어 있던 날보다 13일이나 먼저 황급히 로마를 떠났다.

 디오클레티아누스가 로마와 로마 시민의 방자한 행동에 대해 혐오감을 표시한 것은 일시적인 변덕의 결과가 아니라 매우

니코메디아의 궁정

로마와 원로원의 쇠망

교묘한 정책적 배려의 결과였다. 책략이 풍부한 이 황제는 나중에 콘스탄티누스 가문에 의해 완성되는 제국의 새로운 통치 체제를 이미 구상해 놓고 있었는데, 원로원에는 아직도 구체제의 관념이 철저하게 보존되어 있었기 때문에 그는 원로원의 얼마 남지 않은 권력과 중요성마저도 박탈하기로 결심했던 것이다. 돌이켜 보면 디오클레티아누스가 등극하기 대략 8년 전까지만 해도 로마 원로원은 비록 일시적이나마 권위와 야망이 있었다. 그와 같은 열의가 지속된 동안은 수많은 귀족들이 경솔하게도 자유에 대한 열정을 과시하고 다녔으나, 프로부스의 후계자들이 공화주의자들에 대한 지지를 철회한 이후로 원로원 의원들은 무기력한 분노를 삼키지 않을 수 없었다. 막시미아누스는 이탈리아의 통치자로서 위험하다기보다는 귀찮은 이런 풍조를 근절시키는 책임을 맡게 되었는데, 이런 일은 그의 잔인한 기질에 꼭 맞는 것이었다. 이 공동 통치자는 디오클레티아누스가 언제나 존중하는 척했던 원로원의 가장 유력한 의원들을 자신이 조작한 가공의 음모에 연루되었다는 혐의로 고발했다. 그리고 멋진 별장과 좋은 경작지를 가지고 있다는 사실만으로도 유죄의 증거가 충분하다고 판단했다. 그토록 오랫동안 로마의 권위를 억눌렀던 근위대가 이제는 오히려 그 권위를 보호하기 시작했다. 이 오만한 군부대가 자신들의 권력이 쇠퇴하고 있다는 것을 의식하고 나서 자신들의 힘과 원로원의 권위를 결합시키려 한 것은 당연한 일이었다. 디오클레티아누스의 빈틈없는 조치에 의해서 근위대의 병력은 서서히 삭감되었고, 온갖 특권도 폐지되었으며 결국 그 자리는 요비우스와 헤르쿨리우스라는 새로운 호칭 아래 황실 근위대의 임무를 수행하도록 지명된 일리리쿰의 충성스러운 두 개 군단에 의해서 대체되었다.38 그러나 원로원이 디오클레티아누스와 막시미아누스에게서 받은 은밀하면서도 가장 치명적인 상처는 그들의 부재에서 비롯된 필연적인 결과에 의한 것이었다. 황제들이 로마에 거주하는 한 원로원이 설사 탄압을 받았을지는 모르지만 무시되는 일은 거의 없었다. 아우구스투스 황제의 후계자들은 자신들의 지혜나 변덕에 따라 어떤 법률이든지 마음대로 제정할 수 있는 권한을 행사했지만, 그러한 법률도 원로원의 추인을 받았다. 원로원의 심의 및 판결 과정에는 예로부터 내려온 자유의 본보기가 보존되어 있었기 때문이다. 로마 시민의 선입관까지도 존중하는 현명한 황제들이라면 어느 정도는 제국의 장군이나 수석 행정관을 대할 때 각기 그들의 신분에 적합한 용어와 태도를 취할 수밖에 없었다. 하지만 그들이 군대나 속주에 있을 때는 군주의 위엄을 과시할 수 있었으며, 수도로부터 멀리 떨어진 곳에 거처를 정했을 때는 아우구스투스가 자신의 후계자들에게 권했던 위선적인 태도마저 아예 내팽개쳤다. 이 주권자들은 행정권을 행사할 때 뿐 아니라 입법권을 행사할 때에도 국민의 위대한 평의회인 원로원과 상의하는 대신에 자신의 장관들과 의논했다. 원로원이라는 호칭만은 제국의 말기까지도 명예로운 이름으로 언급되었고, 원로원 의원들에게는 여전히 그 허영심을 채워 줄 만한 온갖 영예가 주어졌다. 그러나 그토록 오랫동안 권력의 원천이자 도구였던 원로원은 간신히 체면만 유지한 채 망각 속으로 사라져 갔다. 로마 원로원은 황실 및 현행 정치 체제와의 모든 관계가 끊어진 채, 고색창연하지만 쓸모없는 기념비적 존재로서 카피톨리누스 언덕 위에 남겨져 있었다.

로마 황제들은 원로원과 옛 수도의 모습이 보이지 않게 되자 자신들이 지닌 합법적 권력의 기원과 본질을 간단하게 잊어

38 이 두 군단은 일리쿰에 배치되어 있던 오래된 군단들이었기 때문에, 예전의 군사 제도에 따라 각각 6000명으로 구성되어 있었다. 이들은 플룸바타이, 즉 끝에 납을 씌운 창을 사용하는 것으로 명성이 높았다. 각 병사는 이것을 다섯 개씩 지니고 다녔으며, 상당히 먼 거리에서도 힘차고 민첩하게 던졌다고 한다.

13장 465

39 플리니우스는 도미누스를 폭군의 동의어이자 군주의 반의어로서 매도하여 말하고 있다. 그러면서도 그는 자신의 친구인 고결한 트라야누스에게 '지배자'라는 호칭보다는 오히려 이 칭호를 붙이고 있다. 이처럼 이 상한 표현 방식은 생각하는 주석자와 글을 쓰는 번역자를 당황하게 하는 것이다.

제쳐 놓은 행정관직

버렸다. 황제의 합법적 권력이란 집정관, 총독, 감찰관, 호민관과 같은 여러 문관직을 황제 한 사람이 결합하여 가지면서 형성되는 것인데, 이런 관직들이야말로 그의 합법적 권력이 공화정 로마에 기원을 두고 있다는 것을 국민들에게 알려 주는 것이었다. 이 겸손한 칭호들은 더 이상 제 기능을 발휘하지 못하게 되었다. 그들이 아직 임페라토르(Imperator)라는 칭호로 자신들의 높은 신분을 나타내고 있었다고는 하지만, 이제 이 단어는 새롭고 좀 더 고귀한 의미를 지니는 것으로 이해되어,

황제의 위엄과 칭호들

더 이상 로마군의 총지휘관을 의미하는 것이 아니라 로마 세계의 군주라는 의미가 되었다. 처음에는 군사적 성격을 지녔던 황제라는 칭호가 좀 더 예속적인 의미를 지닌 또 다른 칭호와 결합하게 되었다. 도미누스(Dominus), 즉 주인이라는 통칭도 처음에는 신하에 대한 군주의 권위나 병사들에 대한 지휘관의 권위를 나타내는 것이 아니라 집안 노예에 대한 소유주의 전제적인 권한을 나타내는 것이었다.39 이처럼 불유쾌한 의미라고 생각했기 때문에, 초기의 카이사르들은 이 칭호를 혐오하며 거부했다. 그런 저항감이 서서히 희박해져서 결국에는 '우리의 주인이시며 황제'라는 칭호가 단순히 아첨을 위해서 바쳐졌을 뿐 아니라 정식으로 법률과 국가 기념비에도 사용되었다. 이처럼 고고한 칭호는 과도한 허영심을 부채질하는 동시에 그것을 만족시켜 주었다. 디오클레티아누스의 후계자들이 여전히 왕(King)이라는 칭호를 사양했다면, 그것은 겸양에서라기보다는 섬세함에서 비롯된 결과였다. 라틴어가 사용되는 모든 지역에서(라틴어는 제국 전역에서 공용어였다.) 로마인들 자신만의 고유한 칭호였던 임페라토르라는 칭호는 왕이라는 칭호

보다 좀 더 존귀한 느낌을 전달했다. 왕이라는 칭호는 수백 명의 야만족 족장들도 함께 사용하는 것이었고, 또 기껏해야 로물루스나 타르퀴니우스에서 그 유래를 찾을 수 있는 것이었다. 그러나 동방 세계의 사고 방식은 서방 세계의 경우와 매우 달랐다. 유사 이래로 아시아의 군주들은 그리스어로 바실레우스(Basileus), 즉 왕이라는 칭호로 불렸다. 이것은 사람들 사이에서 가장 고귀한 지위로 생각되었기 때문에, 곧 동방의 로마 속주민들이 로마의 군주를 부르는 경칭으로 사용되었다. 디오클레티아누스와 막시미아누스는 심지어 신의 속성 또는 적어도 그 칭호를 사칭했고, 후에 이어진 그리스도교도인 황제들에게까지 물려주었다. 그러나 이처럼 지나친 경칭은 곧 원래의 의미가 잊혀지면서 불경스럽다는 느낌도 사라지게 되었다. 일단 그 소리가 귀에 익숙해지면, 다소 지나치긴 하지만 막연히 존경의 느낌을 담은 표현 정도로 무심하게 흘려듣게 되었다.

아우구스투스 시대로부터 디오클레티아누스 시대에 이르기까지, 역대 로마 군주들은 동포 시민들과 친밀한 태도로 대화를 나눴고, 이때 시민들이 경의를 표한다 해도 그것은 일반적으로 원로원 의원과 행정 장관들에게 표해진 것과 동일한 수준의 것일 뿐이었다. 그들 사이의 중요한 차이점은 군주는 총지휘관 또는 군대를 상징하는 자주색 옷을 입었던 반면, 원로원 의원은 상의에 명예로운 자주색의 폭이 넓은 띠가, 그리고 기사 계급은 상의에 자주색의 폭이 좁은 띠가 있었다는 점뿐이었다. 자존심이 강한, 아니 그보다는 책략에 뛰어난 디오클레티아누스는 페르시아 궁정의 장엄하고 호화로운 기풍을 도입했다. 그는 과감하게 왕관을 썼는데, 이것은 로마인들이 왕권의 가증스러운 표식으로 혐오하던 장식품이어서 칼리굴라가

왕관을 쓰고 페르시아 궁정 의식을 도입한 디오클레티아누스

이것을 썼을 때는 그의 광기가 빚어 낸 절망적인 행동으로 여겨지기도 했다. 이 황제의 머리를 둘러쌌던 것은 진주를 박은 흰색의 폭 넓은 머리띠에 불과했다. 디오클레티아누스와 그 후계자들의 화려한 겉옷은 비단과 금으로 만든 것이었다. 분노로 불타올라 서술된 당시의 기록을 보면, 심지어 그들의 신발에는 귀중한 보석까지 박혀 있었다고 한다. 또한 온갖 새로운 형식과 의식이 제정되어 이 신성한 인물에게 접근하기가 날이 갈수록 어려워졌다. 궁전 입구로 가는 모든 통로에서는 가신들로 구성된 이른바 각종 경호대가 삼엄한 경계 태세를 펼쳤다. 궁전 내부의 모든 방들은 환관들이 잠시도 방심하지 않고 감시했다. 환관들의 수가 증가하고 그 영향력이 증대한 것은 전제 정치 체제로 이행하고 있다는 확실한 징후였다. 신하가 마침내 황제를 알현하도록 허락을 받으면, 그 지위가 무엇이든 간에 바닥에 엎드려 동방의 풍습대로 주군의 신성을 숭배해야만 했다. 디오클레티아누스는 사리분별이 뛰어난 사람으로서 공적인 생활은 물론이고 사적인 생활을 통해서도 자기 자신과 세상 사람들 모두에 대해 공정한 평가를 내렸다. 그러므로 그가 로마의 풍습을 페르시아의 풍습으로 대체하면서 그처럼 저속한 허영심이라는 동기를 가졌다는 것은 이해하기 쉬운 일이 아니다. 그는 내심 화려하고 호화스러운 자기과시를 통해 대중의 마음을 사로잡을 수 있으며, 군주가 일반 국민의 눈앞에서 멀리 벗어나 있으면 방자한 국민이나 병사들을 접할 기회도 적어지고, 또 복종이 습관화되면 서서히 존경심이 생겨날 것이라고 믿었다. 아우구스투스가 짐짓 겸손한 체했던 것과 마찬가지로 디오클레티아누스도 언제나 인위적으로 연출된 상태를 유지했다. 그러나 여기서 한 가지 인정해야 할 것은 이런 두 가지 희극 중에서 전자가 후자에 비해서는 훨씬 더 도량이 넓고 남자다운 면모를 지니고 있었다는 점이다. 황제가 로마 세계에 대해 소유하고 있는 한없는 권력을 아우구스투스는 감추려고 했던데 반해 디오클레티아누스는 과시하려고 했던 것이다.

디오클레티아누스가 제정한 새로운 체제의 첫 번째 원리는 화려한 과시였고, 두 번째 원리는 분할이었다. 그는 제국과 속주 그리고 군사 행정은 물론 민간 행정의 각 부서까지도 모두 분할했다. 그는 통치라는 기구의 바퀴 수를 늘려서, 다소 느리지만 보다 안전하게 작동할 수 있도록 했다. 이러한 혁신에 수반되는 장점과 단점은 거의 대부분 그 최초의 창안자 탓으로 돌려야 하겠지만, 새로운 정치 체제는 그 후계자들에 의해 점진적으로 개선되고 완성되는 것이므로 충분히 성숙되고 완성될 때까지는 평가를 보류하는 것이 좋을 것이다.[40] 그러므로 새 제국에 대한 보다 정확한 묘사는 콘스탄티누스의 치세까지 유보하기로 하고, 여기서는 다만 디오클레티아누스 자신이 그렸던 중요하고 결정적인 윤곽을 설명하는 데 그치기로 한다. 그는 세 명의 공동 통치자와 함께 최고의 권력을 행사했다. 그는 한 사람의 능력만으로는 국가를 방어하기에 불충분하다고 확신했기 때문에 황제 네 명의 공동 통치가 일시적인 방편이 아니라 체제의 기본적인 원리라고 생각했다. 두 명의 손위 군주는 왕관과 아우구스투스라는 칭호를 사용함으로써 구별되며, 애정이나 평가에 따라 선택한 두 명의 종속적인 공동 통치자들을 정기적으로 불러 조언을 해 주고, 또한 이 두 카이사르는 순차적으로 최고의 지위에 올라서 황제의 자리가 중단되지 않고 이어지도록 해야 한다는 것이 그의 의도였다. 제국은 네 개의 지역으로 분할되었다. 동방과 이탈리아가 가장 명예로운

새로운 통치 방식,
두 명의 황제와
두 명의 부황제

[40] 디오클레티아누스가 도입한 혁신적인 조치들은 주로, 우선은 락탄티우스의 설득력 있는 구절들로부터, 다음으로는 『테오도시우스 법전』에서, 그리고 콘스탄티누스의 치세 초기에 이미 확립되었던 것으로 보이는 새로운 각종 관청들로부터 추론할 수 있다.

지역이었고, 도나우 강과 라인 강은 가장 힘이 드는 지역이었다. 전자는 두 명의 아우구스투스가 직접 다스렸고, 후자는 두 명의 카이사르에게 통치가 위임되었다. 군대는 네 명의 공동 주권자가 장악하고 있었기 때문에, 아무리 야심이 강한 장군이라도 이 네 명의 막강한 적을 연속적으로 격파하는 것은 불가능했다. 민간 행정 분야에서는 제국의 힘을 분할하지 않고 함께 행사하기로 되어 있었고, 공동으로 서명한 칙령들은 모든 속주에서도 그들 상호간의 협의와 공동 권한에 의해 공포되는 것으로 받아들여졌다. 이처럼 세심한 예방 조치에도 불구하고 로마 세계의 정치적 통일은 점차 와해되고, 이 분할의 원리는 그것이 도입된 지 불과 몇 년 만에 결국 동서 양대 제국으로 영원히 분리되는 결과를 초래하게 된다.

세금의 증가

디오클레티아누스의 체제에는 심지어 오늘날에도 전적으로 간과할 수 없는 또 하나의 매우 중요한 단점이 있었다. 즉 체제 유지 비용이 증가함에 따라 세금이 늘어나고 국민들의 부담이 가중되었다는 것이다. 위대하지만 소박했던 아우구스투스 황제와 트라야누스 황제가 노예와 해방노예들의 봉사만으로 유지되는 검소한 가정생활에 만족했던 반면, 이제는 로마 제국의 여러 지역에 서너 개의 웅장한 궁전이 세워지고 같은 수의 로마 왕들이 서로를 상대로 그리고 페르시아 왕을 상대로 누가 더 화려하고 사치스러운가를 겨루어 허망한 우위를 차지하고자 했다. 국가의 각 부서를 가득 채운 장관, 행정관, 무관, 문관의 인원 수는 이전 어느 시대보다도 많이 늘어났으며, (어느 동시대인의 성마른 표현을 빌리자면) "받는 사람들이 바치는 사람들보다 많아서, 속주는 공납금의 부담에 시달리게 되었다." 이 시기로부터 제국이 멸망할 때까지 불평과 불만이 끊이지 않았으리라는 것은 쉽게 추측할 수 있다. 역사가들은 각자의 종교와 입장에 따라 디오클레티아누스나 콘스탄티누스, 발렌스 또는 테오도시우스를 비난의 대상으로 선택하지만, 공통적으로 국민의 조세 부담 특히 토지세와 인두세가 각 시대의 견디기 어려우며 계속 늘어만 가던 고통이었다는 점에는 동의하고 있다. 이처럼 일치된 견해로 미루어 볼 때 찬사뿐 아니라 풍자에서도 진실을 찾아내는 공평한 역사가가 있다면, 그는 이 고발당한 네 명의 군주들이 똑같이 비난받아야 하며, 가혹한 세금 징수는 그들 각자의 개인적인 악덕의 탓이라기보다는 그들 모두가 공유하고 있던 통치 체제 탓이라고 주장할 것이다. 디오클레티아누스 황제는 사실상 이 체제의 창안자였다. 그러나 그의 치세 동안에는 악이 증식하는 것조차도 일정한 절제와 분별의 한계 내에서만 이루어졌다. 그러므로 나쁜 선례를 만들었다는 비난은 받을 만하지만 실제로 폭정을 저질렀다는 비난은 그에게 합당하지 않은 것이다. 한 가지 덧붙이자면 그가 거둬들인 세입은 신중하게 효율적으로 관리되었으므로, 모두 경비를 지출하고 난 후에도 황제의 국고에는 여전히 너그럽게 상여금을 주거나 국가의 비상 사태에 대비할 충분한 재원이 남아 있었다.

디오클레티아누스가 저 유명한 퇴위 결정을 실행에 옮긴 것은 재위 21년째의 일이었다. 이런 행동은 두 명의 안토니누스 황제들에게는 좀 더 자연스럽게 기대해 볼 만한 것이었지만, 일찍이 최고 권력을 확보하는 과정에서나 행사하는 과정에서 한 번도 철학의 가르침을 실천해 본 적이 없었던 이 황제에게 기대하기는 힘든 일이었다. 디오클레티아누스는 세계에서 최초로 황제직을 사임하는 선례를 남기는 영광을 얻었지만, 이

디오클레티아누스와 막시미아누스의 퇴위

41 이 여행과 병에 대한 자세한 내용은 락탄티우스의 기록을 참조했다. 그는 비록 사적인 일화들은 거의 소개하지 않지만 종종 공적인 사실들에 대해서는 믿을 만한 증인으로 인정되기도 한다.

후의 군주들이 이 선례를 모방하는 경우는 매우 드물었다. 그러나 이와 비슷한 것으로 지적할 수 있는 사례가 있다면 당연히 카를 5세의 경우가 제일 먼저 언급될 수 있을 것이다. 그것은 단순히 어떤 현대 역사가가 웅변을 통해서 그의 이름을 영국 독자에게 친숙하게 만들었기 때문만이 아니라 이 두 황제의 기질이 놀라울 정도로 유사하기 때문이다. 그들은 모두 군사적 재능보다 정치적 재능이 탁월했으며, 표면적으로 그럴듯하게 보이던 미덕들은 본성에서 우러난 것이라기보다는 기교에 의한 인위적인 것이었다. 카를 5세의 퇴위는 운명의 변화무쌍함에 의해 앞당겨졌던 것으로 보인다. 애착을 가지고 추진하던 계획이 좌절되자 그는 어차피 자신의 야심조차 달성시켜 주지 못하는 권력이라면 포기해 버리기로 마음먹은 것이었다. 그러나 디오클레티아누스의 치세는 끊임없는 성공의 물결이 흘러넘치던 시대였다. 또한 그가 퇴위 문제를 진지하게 생각했던 것은 자신의 모든 적을 정복하고 모든 계획을 성취한 후의 일이었다. 카를 5세나 디오클레티아누스는 모두 나이가 그다지 고령에 이른 것도 아니었다. 카를 5세는 불과 55세였고 디오클레티아누스도 59세 이상은 아니었다. 그러나 두 군주가 모두 영위했던 활동적인 일생, 즉 수많은 전쟁과 여행, 통치자로서의 근심, 정무에의 매진 등으로 인해 그들은 이미 허약해져 있었고 나이에 비해 일찍 노쇠했던 것이다.[41]

서기 304년,
디오클레티아누스의
오랜 투병

몹시 춥고 비가 오는 혹독한 겨울 날씨에도 불구하고 디오클레티아누스는 개선식 직후 이탈리아를 떠나 일리리쿰의 여러 속주를 순방하기 위해 동방으로의 여행길에 올랐다. 그는 일기 불순과 여행중의 피로로 인해 얼마 안 가 지병을 얻게 되었다. 천천히 이동한데다 대개 포장을 한 가마를 타고 갔는데도, 니코메디아에 도착하기 직전인 늦여름에 이미 병은 매우 심각한 상태였다. 그는 겨울 내내 궁전에만 머물러 있었다. 디오클레티아누스가 중태에 빠지자 온 국민이 깊은 근심에 휩싸이게 되었다. 그러나 일반 국민들은 시중드는 사람들의 안색이나 거동에 나타나는 희비를 통해서 그의 건강 상태를 짐작할 수밖에 없었다. 얼마 동안 그가 사망했다는 소문이 널리 퍼졌는데, 사망 사실을 계속 감추는 것은 부황제 갈레리우스가 없는 동안 일어날 지도 모르는 혼란을 막기 위한 것이라고 추측되기도 했다. 그러나 디오클레티아누스는 3월 1일 마침내 다시 한 번 대중 앞에 모습을 나타냈다. 그러나 안색은 매우 창백하고 몸은 수척해서 그와 가깝게 지내던 사람들조차 그를 거의 알아볼 수가 없을 정도였다. 건강에 대한 염려와 제위에 대한 배려 사이에서 1년 이상이나 지속해 오던 고통스러운 투쟁을 끝낼 때가 온 것이었다. 건강 문제를 생각한다면 한가롭게 여유를 즐길 필요가 있었고, 황제로서의 위엄을 생각한다면 병상에서라도 위대한 제국의 정무를 지시하지 않을 수가 없었다. 그는 나머지 생애를 명예로운 휴식 속에서 보내고 자신의 영광을 운명의 손이 미치지 않는 곳에 놓기 위해서 세계의 무대를 젊고 보다 활동력 있는 공동 통치자들에게 물려주기로 결심했다.[42]

디오클레티아누스의 신중함

42 지금까지 수많은 이유로 설명되어 온 이 퇴위에 대해 아우렐리우스 빅토르는 크게 두 가지 원인, 즉 첫째, 디오클레티아누스가 야심을 경멸하게 된 것, 둘째, 임박한 내분에 대해 염려하게 된 것 때문이라고 주장하고 있다. 반면 어느 찬양시 시인은 디오클레티아누스가 은퇴하는 가장 자연스러운 이유로 그의 나이와 질병을 언급하고 있다.

퇴위식은 니코메디아에서 3마일 정도 떨어진 너른 평야에서 거행되었다. 황제는 높은 옥좌에 올라가 이성과 위엄을 충분히 갖춘 연설을 통해서 이 특별한 행사에 모여든 국민과 병사들 앞에서 자신의 의도를 선포했다. 그는 황제의 자주색 의복을 벗는 즉시 자신을 응시하는 군중들로부터 모습을 감추었다.

서기 305년 5월 1일

[43] 이 연설은 막시미아누스가 다시 한 번 황제의 자리에 오른 이후 발표되었다.

그리고 덮개가 있는 전차를 타고 시내를 가로질러 지체 없이 고향인 달마티아에 미리 정해 놓았던 은거지로 갔다. 같은 날, 즉 5월 1일에 사전에 협의한 대로 막시미아누스도 밀라노에서 황제의 자리에서 물러났다. 디오클레티아누스는 로마에서 성대한 개선식이 거행되던 당일에 이미 자신의 퇴위 계획을 구상해 두었다. 그는 막시미아누스도 이에 따르기를 바랐기 때문에, 막시미아누스로부터 은인의 권위에 복종하겠다는 일반적인 약속과 그에게서 통지가 있거나, 선례를 보일 경우 황제의 자리에서 물러나겠다는 구체적인 약속을 받아 두었다. 이 약속은 비록 카피톨리누스 언덕의 유피테르 신전 제단에서 엄숙한 선서로 확인해 둔 것이었지만[43] 권력을 사랑하고 현재의 평온이나 미래의 명성 따위는 바라지 않는 막시미아누스의 격렬한 기질을 자제시키기에는 미약한 것이었다. 그러나 그는 비록 마지못한 것이기는 했지만 자기보다 현명한 공동 통치자에게 완전히 굴복하여 퇴위했으며, 그 즉시 루카니아의 별장에 은거했다. 그곳은 그처럼 성급한 기질을 가진 사람이 지속적인 평온을 찾는다는 것이 거의 불가능해 보이는 장소였다.

디오클레티아누스의 은퇴 생활

비천한 신분에서 황제의 자리에까지 올라갔던 디오클레티아누스는 생애의 마지막 9년 동안은 또 다시 평범한 시민으로 보냈다. 그의 은거 생활은 이성의 목소리에 따른 것으로 상당히 만족스러웠던 것으로 보이며, 그 와중에도 그에게서 세계의 소유권을 물려받은 군주들의 존경을 받았다. 오랫동안 일에 매달렸던 사람은 혼자서 지내는 습관을 붙이기가 힘들며, 권력을 상실한 후에는 할 일이 없는 것을 슬퍼하기 마련이다. 디오클레티아누스도 고독한 생활에 큰 소일거리가 되는 독서나 신앙 생활에는 주의를 기울일 수가 없었다. 그러나 그는 자연스러울 뿐만 아니라 가장 때 묻지 않은 즐거움에 대한 취향을 원래부터 가지고 있었거나 아니면 적어도 곧 회복했다. 막시미아누스에 대한 그의 답장은 찬양할 만한 것이다. 그는 저 침착하지 못한 노인에게서 통치권과 황제의 자리를 다시 장악하자는 간청을 받았다. 그는 연민의 미소를 지으며 이 유혹을 거부하고, 자기가 살로나에서 직접 재배한 양배추를 막시미아누스에게 보여 줄 수만 있다면 막시미아누스도 그에게 권력을 추구하기 위해 행복을 향유하는 것을 그만두라고 하지는 않을 것이라고 침착하게 말했다. 그는 친구들과 대화를 나누면서도 종종 모든 기술 가운데 가장 어려운 것은 통치하는 기술이라고 시인하면서, 즐겨 거론하던 이 화제에 대하여 오직 경험의 결과로서만 얻을 수 있는 열렬한 태도로 자신의 의견을 표명하곤 했다. 그는 종종 다음과 같이 말하곤 했다.

네댓 명의 대신들이 자신들의 이익을 위해 결탁해서 군주를 속이려고 하는 일이 얼마나 많은지! 높은 지위에 올라 사람들로부터 격리되면 진실이 감춰져 군주 스스로는 알 수가 없게 된다네. 그는 오직 신하들의 눈을 통해서만 볼 수 있고 그들이 날조한 거짓말밖에 들을 수 없게 되지. 그는 가장 중요한 직책을 악하고 나약한 자들에게 수여하고, 신하들 가운데 가장 덕망 높고 유능한 사람들에게 치욕을 안겨 주기도 한다네. 이처럼 수치스러운 술책 때문에 아무리 훌륭하고 현명한 군주일지라도 이해 타산적이고 타락한 신하들에게는 속아 넘어가게 되는 것이라네.

위대함이 무엇인지 정당하게 평가되고 자신이 불멸의 명성을 갖게 되리라는 것을 확신하게 되면 은퇴의 즐거움을 더욱더

44 빅토르 2세는 이 소문을 가볍게 언급하고 있다. 그러나 디오클레티아누스가 강력하고 성공한 상대를 화나게 했기 때문에 그에 대한 기억은 죄와 불운으로 얼룩져 있는 것이다. 그가 광란 상태에서 죽었고 로마 원로원에 의해서 범죄자로 선고받았다는 주장들이 있다.

맛보고 싶어지는 법이다. 그러나 이 로마 황제는 이 세상에서 너무나 중요한 일을 맡았던 사람이었기 때문에 안락한 은둔 생활을 마음껏 즐기고 있을 수만은 없었다. 그는 자신이 퇴위한 후 제국을 괴롭히는 여러 가지 문제들을 모른 척하고만 있을 수는 없었고 그 결과에 무관심할 수도 없었다. 때로는 두려움, 슬픔, 불만 같은 것이 살로나의 벽지에까지 그를 찾아왔다. 그의 상냥한 마음 아니면 적어도 자존심이 아내와 딸에게 닥친 불행으로 인해 깊은 상처를 입었다. 디오클레티아누스는 말년에 몇 가지 모욕을 받고 마음에 상처를 입었다. 다만 리키니우스와 콘스탄티누스는 여러 황제의 아버지로서 자신들이 행운을 차지하도록 길을 열어 준 그에게 무례한 짓은 하지 않았을 것으로 보인다. 신빙성이 의심스럽기는 하지만 아직까지도 전하는 당시의 소문에 의하면 디오클레티아누스는 그들의 권력에서 멀어지기 위해 자살을 했다고 하기도 한다.44

서기 313년,
디오클레티아누스의 죽음

디오클레티아누스의 생애와 그의 성품에 대한 고찰을 완전히 끝내기에 앞서 잠시 동안 그가 은둔했던 장소에 대한 견해를 피력하고자 한다. 그의 고향인 달마티아 속주의 중요한 도시인 살로나는 (국도를 따라서 측량하면) 아퀼레이아와 이탈리아 경계선으로부터 대략 200로마마일 떨어져 있으며, 또한 황제들이 일리리쿰 변경 지대를 방문할 때면 머무르는 곳인 시르미움으로부터 대략 270로마마일 떨어져 있는 곳이다. 오늘날도 어느 보잘것없는 도시가 여전히 살로나라는 이름으로 불린다. 그러나 16세기 무렵까지는 아직 옛날 극장의 잔해, 파괴된 아치나 대리석 기둥의 어수선한 모습 등이 남아서 살로나의 화려한 예전 모습을 증명해 주었다고 한다. 디오클레티아누스는 이 시로부터 6 내지 7마일 떨어진 곳에 웅장한 궁전을 건설했는데, 그 건물의 규모를 볼 때 그가 얼마나 오랫동안 퇴위를 계획해 왔는지를 짐작할 수 있다. 이곳은 건강에도 이로울 뿐 아니라 풍요로운 생활을 영위하기에도 적합한 곳이었기 때문에, 이 장소를 선택한 것이 단순히 고향이기 때문만은 아니었던 것으로 보인다.

토양은 물기는 적지만 비옥하고, 공기는 맑고 건강에 좋으며, 비록 여름에는 매우 무덥지만 이곳으로는 이스트리아 해안이나 이탈리아 일부 지방에서 경험하는 것과 같은 그런 무덥고 불쾌한 열풍은 거의 불어오지 않는다. 궁전에서 보이는 전망은 토양이나 기후가 마음에 들었던 것보다도 더 마음에 들 만큼 아름답다. 서쪽으로는 아드리아 해를 따라 뻗어 있는 비옥한 해안 지대가 펼쳐져 있고, 바다에는 수많은 섬들이 흩어져 있어 마치 커다란 호수처럼 보이기도 한다. 북쪽에는 만이 있는데, 이것은 오래된 도시인 살로나까지 뻗어 있다. 도시 너머로는 넓은 평야가 있는데 이것은 남쪽과 동쪽으로 전개된 광대한 아드리아 해의 경치와 좋은 대조를 이루고 있다. 북쪽을 바라보면 우뚝 솟은 높은 산의 불규칙한 봉우리들이 적당한 거리를 두고 시선을 차단하고 있으며, 그 산에 이르기까지의 여러 장소들은 마을과 숲과 포도밭으로 뒤덮여 있다.[45]

비록 콘스탄티누스 황제는 디오클레티아누스의 궁전에 대해서 편견을 가지고 있었기 때문에 이 궁전이 경멸조로 언급되는 데 영향을 미쳤지만, 그의 후계자들 중의 한 사람은 이미 방치되고 폐허가 되어버린 상태만을 보았을 뿐인데도 그 규모의 웅대함을 몹시 동경하며 찬양하기도 했다. 이 궁전의 넓이는 9 내지 10에이커에 이르렀다. 궁전의 형태는 사각형이었는

[45] 루카누스에 의해 언급되었던 히아더 지류는 아주 맛있는 송어의 산지인데, 아마도 수도사인 듯한 어느 현명한 작가는 이것이 디오클레티아누스가 자신의 은거지를 선택하는 데 작용한 중요한 이유라고 제시한 바 있다. 이 작가는 또 농업에 대한 취미가 스팔라트로에서 되살아나고 있었으며, 최근에 실험적인 농장이 일단의 신사(a society of gentleman)들에 의해서 이 도시 부근에 만들어졌다고 전하고 있다.

데, 좌우에는 열여섯 개의 탑이 나란히 세워져 있었다. 두 변의 길이는 약 600피트이고 나머지 두 변의 길이는 약 700피트였다. 건물 전체가 트라우 또는 트라구티움이라고 하는 인근 채석장에서 나오는 아름다운 석회석으로 지어졌는데, 이것은 대리석에 못지않은 것이었다. 직각으로 교차되는 네 개의 도로가 이 거대한 건물을 몇 개의 부분으로 나누고 있으며, 궁전의 가장 중요한 방으로 이르는 정면 길에는 지금도 황금의 문이라고 불리는 거대한 문이 있다. 정면 길의 끝은 화강암 원주를 나란히 세운 열주랑(列柱廊)으로 되어 있고 그 한쪽 옆에는 사각형의 아이스쿨라피우스 신의 신전이 있고 그 반대쪽에는 유피테르 신의 팔각 신전이 있다. 디오클레티아누스는 유피테르 신은 자신의 행운의 후원자로, 아이스쿨라피우스 신은 건강의 보호자로서 숭배했다. 현재 남아 있는 잔해와 비트루비우스의 『건축십서』를 비교해 보면 이 건물의 각 부분, 즉 욕실, 침실, 중앙홀, 회당, 그리고 키지코스식, 코린토스식, 이집트식 홀 등 모두가 상당히 정확하게 이 책에 기재되어 있는 그대로 만들어져 있었음을 알 수 있다. 그런데 이 건축물은 형태가 다양하고 비율도 정확하지만, 어느 부분에서도 반드시 두 가지 결점이 눈에 띈다. 이것은 현대적인 취향이나 편리성의 측면에서 본다면 참기 힘든 불쾌한 결함들이다. 이 당당한 방들에 창문이나 굴뚝이 전혀 없었던 것이다. 이 방들에는 천장으로부터 빛이 들어왔고(이 건물은 단층으로 구성되어 있었던 것 같다.) 벽면을 따라 만들어져 있는 관을 통해서 열기가 방으로 전달되었다. 중요한 방들이 있는 곳은 서남쪽을 길이 517피트에 이르는 주랑으로 보호하도록 했다. 그리고 이 주랑은 전망이 좋은 데다 아름다운 그림과 조각들까지 장식이 되어 있어서 훌륭하고 쾌적한 산책로가 될 수 있는 곳이었다.

만일 이 웅장한 건물이 어떤 인적 없는 지방에 남겨져 있었더라면 세월의 흐름에 따른 파괴는 겪었겠지만 인간의 탐욕스러운 손에 의한 파괴는 모면했을지도 모른다. 그 폐허 위에 처음에는 아스팔라투스 마을이, 그리고 한참 나중에는 지방 도시인 스팔라트로가 새로 건설되었다. 황금의 문은 이제는 시장 쪽을 향해 열려 있다. 아이스쿨라피우스 신이 받던 명예는 세례 요한이 대신 받고 있으며, 유피테르 사원은 성모 마리아의 보호하에 대성당으로 바뀌어 있다. 디오클레티아누스의 궁전에 대한 설명은 대부분 호기심 때문에 달마티아의 심장부까지 갔다 온 우리 시대의 어느 창의력 있는 영국인 화가의 기록의 도움을 받은 것이다. 그러나 그의 우아한 복원 상상도와 동판화를 보면 그가 묘사 대상을 어느 정도는 미화한 것인지도 모른다는 의심이 든다.

예술의 쇠퇴

최근에 그곳을 방문한 보다 현명한 여행객의 말을 빌리면, 스팔라트로의 유적은 디오클레티아누스 시대의 로마 제국의 위대성보다는 당시의 예술이 쇠퇴하고 있었다는 인상을 더 강하게 느끼게 해 준다고 한다. 그리고 건축의 상태가 이렇다면 회화와 조각은 좀 더 분명한 쇠퇴기였을 것이 당연하다. 건물은 몇 가지의 보편 원칙, 차라리 기계적이라고까지 말할 수 있는 규칙에 따라 세워지는 것이다. 그러나 조각 그리고 무엇보다 회화는 자연의 형태뿐 아니라 인간 영혼의 품성과 열정까지도 모방해야 하는 것이다. 이런 숭고한 예술들의 경우에는 이것이 상상력에 의해 활성화되고 올바른 취향과 관찰에 의해 인도되지 못한다면 손끝의 재주만으로는 별 도움이 되지 못한다.

제국 내부에서의 시민의 불화, 군대의 방종, 야만족의 침입, 전제주의의 진행 등은 천재는 물론이고 심지어 학식 있는 사람

⁴⁶ 웅변가인 에우메니우스는 막시미아누스 황제와 콘스탄티누스 황제의 비서관이었을 뿐 아니라 오툉 대학의 수사학 교수였다. 그의 봉급은 60만 세스테르티우스였는데, 1년에 3000파운드 이상을 받는 셈이었다. 그는 대개 대학을 다시 짓기 위해 이 돈을 사용했다.

⁴⁷ 포르피리우스는 디오클레티아누스의 퇴위 무렵 사망했다. 그가 저술한 『플로티누스 언행록』은 이 학파의 천재성에 대한 개념과 자칭 천재들의 행동 양식을 완전하게 이해하도록 도와 준다.

학문의 쇠퇴

들에게도 매우 불운한 것이었다. 일리리쿰 출신 황제들은 제국을 부흥시키기는 했지만 학문을 부활시키지는 못했다. 그들이 받은 군사 교육은 학문에 대한 사랑을 고취하기 위해 계획된 것이 아니었기 때문에 심지어 정치에는 적극적이고 유능한 디오클레티아누스조차 연구나 사색 같은 것은 전혀 해 본 적이 없었다. 법률이나 의술에 관련된 직업은 실용적이기도 하고 이익도 확실하기 때문에 적당한 능력과 지식을 지닌 현직 종사자들을 언제나 충분히 확보할 수 있었다. 그러나 이 두 분야의 학생들은 그 당시 활약했던 고명한 대가들의 관심을 별로 끌지 못했던 것 같다. 시인의 목소리는 침묵했다. 역사는 무미건조하고 혼란스러운 요약문으로 전락하여 재미도 없고 교훈도 되지 않았다. 지루하게 억지로 꾸민 웅변은 여전히 황제들에게 봉사하고 보수를 받는 상태로 남아 있었다. 황제들은 자신들의 자존심을 만족시키거나 권력을 방어하는 데 도움이 되는 학예만을 권장했다.⁴⁶

신플라톤 학파

그러나 학문과 인간 정신의 쇠퇴기인 이 시대는 신플라톤 학파의 대두와 급속한 성장이라는 특징을 보여 준다. 알렉산드리아 학파가 아테네 학파를 완전히 압도했고, 구학파에 속해 있던 사람들도 당대의 학문적 흐름을 주도하던 스승들 밑으로 모여들었다. 이 스승들은 참신한 방법론과 엄격한 행동 양식을 내세워 자신들의 학문 체계를 권장하던 사람들이었다. 이 스승들 중 몇 사람, 즉 암모니우스, 플로티누스, 아멜리우스, 포르피리우스⁴⁷ 등은 사상이 심오하고 현실에서 그 사상을 응용하는 능력도 뛰어났다. 그러나 이들은 철학의 참된 목적을 잘못 이해했기 때문에, 그들의 노력은 인간의 이해력을 향상시키기보다는 오히려 타락시키는 데 기여했다. 신플라톤 학파는 인간의 상황과 능력에 적합한 학문, 즉 윤리학, 자연과학, 수학 등을 모두 무시했다. 그리고 오히려 자신들의 힘을 형이상학에 관한 입씨름으로 소모시켜 버렸고, 눈에 보이지도 않는 세계의 비밀들을 탐구하려 시도하면서, 일반인들은 물론이고 아리스토텔레스와 플라톤 자신들조차도 전혀 알지 못했던 문제들에 관해서 이 두 철학자의 학설을 양립시키려 노력했다. 그들은 심원하지만 비현실적인 사유를 하면서 자신들의 이성을 소모하고 있었고, 마음은 공허한 망상에 빠져 있었다. 그들은 영혼을 육체라는 감옥에서 해방시키는 비법을 가지고 있다고 자부하면서, 악마나 유령과의 친밀한 영적 교통이 가능하다고 주장하는 등 기이한 순환 방식으로, 이번에는 철학 연구를 오히려 마법에 대한 연구로 바꾸어 놓았다. 옛 현인들은 대중적인 미신을 비웃었지만, 플로티누스와 포르피리우스의 제자들은 그러한 터무니없는 생각을 알레고리라는 공허한 겉치레로 감추면서 미신을 열렬히 옹호했다. 그들은 그리스도교도들과는 신앙에서의 몇 가지 신비적 요소에 관해서 의견의 일치를 보았지만, 그리스도교의 나머지 신학 체계에 대해서는 내전이라도 일어난 것처럼 격렬하게 공격했다. 신플라톤 학파는 학문의 역사에서는 거의 자리를 차지할 만한 자격이 없지만 교회사에서는 그들이 자주 언급된다.

14

THE DECLINE AND FALL
OF THE ROMAN EMPIRE

디오클레티아누스 황제 퇴위 후의 혼란 · 콘스탄티우스 황제의 사망 · 콘스탄티누스 황제와 막센티우스 황제의 즉위 · 여섯 황제의 동시 재위 · 막시미아누스 황제와 갈레리우스 황제의 사망 · 막센티우스와 리키니우스에 대한 콘스탄티누스의 승리 · 콘스탄티누스 치하의 제국 통일 · 법률 · 전면적인 평화

디오클레티아누스가 확립한 권력의 균형은 그 창안자가 단호하고 뛰어난 수완으로 유지하는 동안에만 지속되었다. 이

*서기 305~323년
내전과 혼란의 시기*

런 균형을 이루려면 두 번 다시는 찾아내기 힘든 여러 가지 상이한 기질들과 능력들이 어우러진 행운이 필요했다. 두 명의 황제에게는 질투심이 없어야 했고, 두 명의 부황제에게는 야심이 없어야 했으며, 네 명의 독자적인 군주들이 항상 전체적인 공동의 이익을 추구해야만 가능한 것이었다. 디오클레티아누스와 막시미아누스가 퇴위한 후 18년 동안은 불화와 혼란이 이어졌다. 제국은 다섯 차례에 걸친 내전으로 피폐해졌고, 내전이 없는 동안에도 몇몇 군주들 간의 적대적인 교전 상태가 잠시 중지된 것일 뿐 평온한 상태는 아니었다. 군주들은 서로를 두려워하고 증오하면서, 각자 세력을 키우기 위해 국민들을 희생시키고 있었다.

디오클레티아누스와 막시미아누스가 황제의 자리에서 물러

1 몽테스키외(M. de Montesquieu)는 오로시우스와 에우세비우스의 기록에 근거하여 제국이 실제로 두 부분으로 분할된 것은 이번이 처음이라고 생각한다. 그러나 갈레리우스의 계획이 어떤 점에서 디오클레티아누스의 계획과 차이가 있는지를 말하기는 힘들다.

콘스탄티우스의 품성과 입장

나자, 곧 새로운 체제의 규정에 따라 두 명의 부황제인 콘스탄티우스와 갈레리우스가 황제의 칭호를 차지했다.[1] 선임 황제로서의 명예는 두 군주 가운데 콘스탄티우스에게 돌아갔으며, 그는 이 새로운 칭호를 가지고 이전과 마찬가지로 갈리아, 에스파냐, 브리타니아를 계속 다스렸다. 이 풍요로운 속주들을 통치하는 것만으로도 그가 재능을 발휘하면서 야심을 만족시키기에는 충분했다. 콘스탄티우스는 관대하고, 절제하며, 중용을 지키는 온화한 성품이어서, 그의 운 좋은 신하들은 군주의 여러 가지 미덕을 막시미아누스의 격렬한 성품이나 심지어는 디오클레티아누스의 책략과도 자주 비교해 볼 수 있었다. 콘스탄티우스는 그들처럼 동양적인 겉치레나 화려함을 모방하지 않고 로마 군주로서의 겸손을 지켰다. 그는 꾸밈없는 진실한 마음으로 자신이 가장 귀중하게 여기는 보물은 국민들의 마음속에 있으며, 제위의 위엄을 지키거나 국가의 위험에 대처하기 위해 특별한 도움이 필요할 때마다 자신이 의지할 수 있는 것도 국민들의 호의와 관대함이라고 선언했다. 갈리아와 에스파냐, 브리타니아의 속주민들은 그의 진가와 그로 인한 자신들의 행복을 잘 알고 있었기 때문에, 콘스탄티우스 황제가 막시미아누스의 딸과 재혼해서 낳은 아이들을 비롯해 많은 어린 자녀들을 남겨 둔 채 건강이 악화되자 몹시 걱정했다.

갈레리우스의 품성과 입장

콘스탄티우스와는 정반대로, 갈레리우스는 엄격한 사람이었다. 그는 국민들의 존경은 받았지만 국민들의 애정을 간청하는 일은 좀처럼 없었다. 무공, 특히 페르시아 전쟁의 승리로 명성을 얻은 그는 매우 오만해져 있었기 때문에 자연히 자신보다 우월한 사람은 물론이고 동등한 사람조차 참지 못했다. 어느 어리석은 역사가의 편파적인 증언을 그대로 믿는다면, 디오클레티아누스의 퇴위는 갈레리우스의 협박 때문이었으며, 또한 이 두 군주 간의 은밀한 대화의 세부적인 내용에서는 후자의 배은망덕과 오만불손함이 드러날 뿐 아니라 전자의 비겁함까지도 엿볼 수 있다. 그러나 디오클레티아누스의 성품과 행동을 공정한 관점에서 판단해 볼 때 이 불확실한 일화를 충분히 반박할 수 있다. 그의 의도가 무엇이었든 간에, 만약 난폭한 갈레리우스에게서 조금이라도 위험을 느꼈다면 그는 분별력 있게 불명예스러운 다툼을 예방할 수 있었을 것이다. 또한 그는 황제의 자리를 영광스럽게 차지했던 것처럼, 전혀 체면을 손상당하지 않은 채 그 자리를 물러날 수 있었을 것이다.

콘스탄티우스와 갈레리우스가 황제의 자리에 등극한 다음에는 새로 두 명의 부황제를 임명해서 제국의 통치 체제를 완성할 필요가 있었다. 디오클레티아누스는 진심으로 세상사에서 물러나기를 원했고 자신의 딸과 결혼한 갈레리우스가 자기 가족과 제국의 확고한 지주가 되어 줄 것이라고 생각했기 때문에, 주저하지 않고 이 후계자에게 그 중요한 임명권을 행사하는 권한과 책임을 모두 맡기는 데 동의했다. 이 일은 서방을 다스리는 군주들의 이해관계나 의향은 고려하지 않은 채 결정되었다. 그들(막시미아누스와 콘스탄티우스)은 각자 성년에 이른 아들을 한 명씩 두고 있었고, 이들은 모두 공석 중인 부황제 자리를 메울 가장 유력한 후보자들로 여겨지고 있었다. 그러나 이미 무기력해진 막시미아누스의 분노는 더 이상 두려움의 대상이 아니었고, 온화한 콘스탄티우스는 비록 위험을 두려워하지는 않았지만 인도적인 차원에서 내전으로 초래될 재앙을 두려워했다. 갈레리우스가 부황제로 승격시킨 두 사람은 부

> 두 명의 부황제,
> 세베루스와 막시미누스

황제직보다는 자신의 야망을 실현하도록 도와 주기에 훨씬 더 적합한 인물들이었다. 그들을 추천한 주된 이유도 그들에게 어떠한 장점이나 개인적인 영향력도 없기 때문이었던 것 같다. 그중 한 사람은 후에 막시미누스라고 불렸던 다자(Daza)로서 그의 어머니는 갈레리우스의 누이였다. 이 미숙한 젊은이는 그 태도와 언어에서 여전히 촌스러운 교육 수준을 드러내고 있던 중에, 세상 사람들은 물론이고 그 자신조차 놀랍게도 디오클레티아누스에게 부황제라는 높은 지위로 발탁되어 이집트와 시리아의 통치권을 위임받았다. 동시에 쾌락에 탐닉하기는 하지만 업무 처리 능력이 부족하지는 않았던 충실한 신하 세베루스가 밀라노에 파견되어 못마땅해 하던 막시미아누스에게 부황제의 표장과 이탈리아 및 아프리카의 통치권을 양도받았다. 세베루스는 새로운 통치 체제의 형식에 따라 서방 황제에게 복종했다. 이제 갈레리우스는 사실상 이탈리아의 국경 지대부터 시리아의 국경 지대에 이르는 중간 지역까지 확보함으로써 제국의 4분의 3에 해당하는 세력권을 확립하게 되었다. 머지 않아 콘스탄티우스가 죽으면 로마 세계의 유일한 지배자가 되리라고 확신한 그는 대대로 황제직을 세습하기로 마음 먹으면서, 그 자신은 향후 20여 년간의 영광스러운 통치를 완수한 후 공직 생활에서 은퇴하려 계획하고 있었던 것이 분명하다.

두 차례의 혁명으로 좌절된 갈레리우스의 야망
그러나 18개월도 채 못 되어 예기치 못한 두 가지 대변혁이 발생하면서 갈레리우스의 야심 찬 계획은 무너졌다. 콘스탄티누스의 등극으로 서방 속주들을 자신의 제국으로 편입시키려던 희망이 좌절되었을 뿐 아니라 막센티우스의 반란이 성공하여 이탈리아와 아프리카마저 상실하게 되었다.

1. 콘스탄티누스의 명성을 접한 후대 사람들은 그의 삶과

행적의 사소한 부분에까지도 많은 관심을 기울여 왔다. 어머니인 헬레나의 신분뿐만 아니라 그의 출생지까지도 문학적인 논의의 대상이 된 것은 물론이고 국민적인 논쟁의 대상이 되어 왔다. 최근에는 헬레나의 아버지가 브리타니아의 왕이었다는 설까지 있지만, 사실은 여관 주인의 딸이었다는 것을 인정해야만 한다.[2] 또 한편으로 그녀가 콘스탄티우스의 애첩이었다고 주장하는 사람들도 있지만, 사실 그녀의 결혼은 합법적이었다. 콘스탄티누스 대제는 다키아의 나이수스에서 태어났을 가능성이 가장 높다. 따라서 군인을 배출하기로 유명한 가문과 속주에서 태어나 자란 이 젊은이가 학문을 습득하여 내면을 갈고 닦는 데 별 관심이 없었다는 것도 놀라운 일은 아니다. 그의 아버지가 부황제로 발탁되었을 때 그의 나이는 대략 18세 정도였다. 그러나 이런 경사스러운 일에 뒤이어 일어나 어머니의 이혼과 탁월한 황제들 간의 동맹 관계로 인해 헬레나의 아들 콘스탄티누스는 한없이 굴욕적인 처지로 전락하게 되었다. 그는 콘스탄티우스를 따라서 서방으로 가는 대신에 디오클레티아누스의 휘하에 남아 이집트와 페르시아 전쟁에서 용맹을 발휘하여 두각을 드러내면서 점차 승진하여 일급 참모장교라는 명예로운 지위에 오르게 되었다. 콘스탄티누스는 키가 크고 풍채가 당당했다. 그는 모든 군사 활동에 능숙했으며 전투에서는 대담했고 평상시에는 온화했다. 그가 취하는 모든 행동에는 젊은이다운 적극성과 습관처럼 몸에 밴 분별력이 알맞게 섞여 조화를 이루고 있었다. 가슴속은 온통 야심으로 가득 차 있었지만 겉으로는 쾌락의 유혹에 대해서조차 냉정하고 무감각했다. 국민들과 군인들은 호의에서 그를 부황제직에 적

서기 274년,
콘스탄티누스의 출생,
교육 그리고 도피

서기 292년

[2] 콘스탄티누스 당대 사람들에게는 알려지지 않았던 이런 전설은 이후에 어두운 수도원 안에서 날조된 것이었다. 몬머스의 제프리나 12세기의 여러 작가들은 이 전설을 미화했고, 18세기의 골동품 수집가들은 옹호했으며, 카트(Carte)가 편찬한 방대한 영국 사서에서 진지하게 다루기도 했다. 그러나 카트는 헬레나의 가공의 아버지인 코일의 왕국이 에섹스가 아니라 안토니누스의 성벽 부근이라고 주장했다.

3 갈레리우스 때문이었는지, 그 스스로 용기를 발휘해서였는지는 알 수 없지만, 사르마티아인과 단독 결투를 벌이기도 하고 또 엄청나게 큰 사자와 맞붙어 싸우기도 했다고 한다.

4 조시무스가 전하는 일화에 따르면, 콘스탄티누스는 항구에서마다 자신이 타고 온 모든 말들을 절름발이로 만들었다고 한다. 이처럼 잔인한 일을 한 것은 추격을 막기 위해서였는데, 이를 통해 의심을 차단하고 여행을 끝낼 수 있었다.

합한 후보로 거론했지만, 이는 오히려 갈레리우스의 질투심만 자극했을 뿐이었다. 신중했던 갈레리우스는 노골적인 폭력 행사는 자제했지만, 절대 군주라면 확실하면서도 은밀하게 복수하는 방법을 알고 있게 마련이다.3 콘스탄티누스의 신변에 시시각각 위험이 닥쳐 오자 날로 걱정이 깊어진 그의 아버지는 거듭 편지를 보내 아들을 안아 보고 싶다는 간절한 희망을 표시했다. 얼마 동안은 갈레리우스도 책략을 써서 여러 가지 구실로 그의 출발을 지연시켰지만, 공동 통치자인 콘스탄티우스의 너무나 당연한 요구를 오랫동안 거절한다는 것은 무력이라도 동원하지 않고서는 불가능한 일이었다. 마침내 마지못해 여행 허가가 떨어졌다. 여러 가지 이유로 그의 귀환을 두려워하던 갈레리우스 황제가 이를 저지하기 위해 온갖 사전 조치를 취했지만, 콘스탄티누스는 기민하게 이 모든 기도를 효과적으로 무산시켰다.4 한밤중에 니코메디아의 궁전을 떠난 그는 비티니아, 트라키아, 다키아, 판노니아, 이탈리아, 갈리아를 거쳐 여행한 끝에, 국민들의 환호를 받으면서, 아버지가 브리타니아로 출정하려고 준비하고 있던 바로 그 순간에 불로뉴 항에 도착했다.

서기 306년 7월,
콘스탄티우스의 죽음과
콘스탄티누스의 등극

이 브리타니아 원정과 칼레도니아의 야만족들에게 거둔 손쉬운 승리가 콘스탄티우스 치세에 이룩된 마지막 업적이었다. 그는 요크에 있는 황궁에서 생을 마감했는데, 이때가 황제의 칭호를 얻은 지 15개월, 그리고 부황제로 승격된 지 거의 14년 6개월이 지난 뒤였다. 그가 사망하자 즉시 콘스탄티누스가 그 뒤를 이어 등극했다. 세습 상속이라는 개념이 너무나 보편화되어서, 대부분의 사람들은 세습 상속이 이성에 바탕을 둔 것일 뿐 아니라 인간 본성에 바탕을 둔 것이기도 하다고 생각한다. 인간의 상상력은 이와 동일한 원리를 사적 소유권에서 공적 통치권의 차원으로 쉽게 전이시킨다. 덕망 높은 아버지가 국민들의 존경이나 기대를 한 몸에 받을 수 있을 만한 재능을 지닌 아들을 남기는 경우에는 선입견과 호의가 함께 작용하여 저항할 수 없는 영향력을 발휘하게 된다. 그 당시 서방군의 정예 부대는 콘스탄티우스를 따라 브리타니아에 가 있었고, 로마군에는 세습 족장들 가운데 한 사람인 크로쿠스의 명령을 받는 알레만니족의 대규모 군대까지 가세한 상황이었다.5 콘스탄티누스의 지지자들은 군단병들에게 그들의 중요성을 역설하면서 브리타니아, 갈리아, 에스파냐도 그들이 지명하면 묵인해 줄 것이라는 확신을 심어 주기 위해 애썼다. 병사들은, 경애하는 선제의 유능한 아들을 황제로 추대하는 명예와 어떤 미천하고 낯선 자가 도착하기를 유순하게 기다리는 치욕 사이에서 단 한 순간이라도 망설일 필요가 있느냐는 질문을 받았다. 또 콘스탄티누스의 미덕들 가운데 가장 두드러지는 것이 보은과 관대함이라는 말이 병사들 사이에 암암리에 퍼져 있었다. 더욱이 책략이 뛰어난 콘스탄티누스는 병사들이 자신에게 아우구스투스와 황제의 칭호로써 예를 표할 태세를 갖추기 전에는 그들 앞에 모습을 드러내지 않았다. 그가 바라는 것은 황제의 자리였다. 그리고 설령 그가 야심에 따라 행동한 것이 아니라 해도, 이것만이 그가 안전해질 수 있는 유일한 수단이었다. 그는 갈레리우스의 성품과 감정을 잘 알고 있었기 때문에 자신이 살아남을 수 있는 길은 통치자가 되는 것뿐이라는 사실을 충분히 인식하고 있었다. 그가 짐짓 심각하고도 완강하게 저항한 것은6 자신의 찬탈을 정당화하기 위한 술책이었다. 더욱이 그는 준비해 둔 적절한 내용의 편지를 써 그 즉시 동방의 황제에게 발송한 다음에야 군대의 환호에 굴복했다. 콘스탄티누스는 이 편지로 갈

5 이것은 아마도 야만족 왕이 자신의 백성들로 구성된 독립 부대를 이끌고 로마 군대를 지원한 최초의 사례일 것이다. 이 관행은 그 후 더욱 보편화되다가 결국은 파국을 맞았다.

6 콘스탄티누스의 찬양시를 쓴 에우메니우스는 과감히 콘스탄티누스의 면전에서, 그가 말에 박차를 가해 병사들의 손에서 도망치려 했지만 소용이 없었다는 내용의 시를 읊기도 했다.

레리우스에게 자신의 아버지가 사망했다는 비보를 알리면서, 겸손한 어조로 자신의 당연한 계승권을 주장하고, 휘하 군대의 격렬한 애정 표시 때문에 정상적이고 합법적인 방식으로 황제의 자리를 간청할 수 없었다는 점을 공손한 어조로 한탄했다. 갈레리우스는 처음에는 경악과 실망, 그리고 분노를 나타냈다. 그는 격앙된 감정을 좀처럼 자제할 수가 없어서, 이 편지와 사신을 모두 불태워 버리겠다면서 큰 소리로 위협하기도 했다. 그러나 분노가 서서히 가라앉은 후에 전쟁에서 승리할 가능성이 희박하다는 점을 생각하고 또 적의 성품과 군사력을 저울질해 본 다음, 그는 현명한 콘스탄티누스가 제시한 명예로운 타협안을 받아들이기로 동의했다. 갈레리우스는 브리타니아 군대의 황제 추대를 비난하거나 추인하지 않은 채 고인이 된 공동 통치자의 아들을 알프스 너머 속주들의 군주로 받아들였다. 그러나 그가 콘스탄티누스에게 준 것은 로마 군주들 가운데 서열 4위인 부황제의 칭호뿐이었으며, 공석 중인 황제의 자리는 자신의 총신인 세베루스에게 수여했다. 외견상 제국의 조화는 그대로 유지되었으며, 이미 실질적인 권력을 차지한 콘스탄티누스는 조급해 하지 않고 최고 권력의 명예를 얻을 수 있는 기회를 기다렸다.

콘스탄티누스의 형제자매

콘스탄티우스는 재혼을 해서 아들딸 각 세 명씩 모두 여섯 명의 자녀를 두었는데, 그들은 황실 출신이었기 때문에 그들에 비해 미천한 혈통인 헬레나의 아들 콘스탄티누스보다 우선권을 요구할 수도 있었다. 그러나 그 당시 이복형제들 가운데 가장 나이가 많은 동생의 나이도 13세 정도에 불과했던 반면, 콘스탄티누스의 나이는 32세로 심신이 모두 절정기에 이르러 있었다. 선제는 임종시에 그의 탁월한 능력을 인정하고 우선권을 승인했다.7 콘스탄티우스는 임종을 앞두고 맏아들에게

7 그의 아버지가 임종시에 콘스탄티누스를 선택했다는 것은 합리성을 고려할 때나 에우메니우스의 암시적인 기록을 참조할 때 매우 확실해 보인다.

가문의 번영뿐만 아니라 안전까지 돌보라고 유언했으며, 테오도라 소생의 자녀들을 아버지와 같은 권위와 애정을 가지고 대해 달라고 간곡히 부탁했다. 그들이 충분한 교육을 받고 좋은 조건의 결혼을 했으며 황족으로서의 생활을 계속 유지하고 국가 최고의 명예까지 수여받았다는 점은 콘스탄티누스가 형제로서 우애를 발휘했다는 것을 입증해 준다. 또한 그의 동생들은 온화하며 감사할 줄 아는 성격을 지녔기 때문에 그의 탁월한 재능과 행운을 기꺼이 인정했다.8

2. 야심만만한 갈레리우스는 갈리아의 여러 속주에 대해 가지고 있던 자신의 기대가 좌절되었다는 사실을 순순히 받아

세금에 대한 로마인들의 불만

들일 수가 없었는데, 마침 뜻밖에도 이탈리아까지 잃게 되자 그의 권력은 물론 자존심에까지 뼈아픈 상처를 입었다. 황제들이 오랫동안 자리를 비우자 로마에는 불만과 분노가 팽배하게 되었다. 사람들은 점차 니코메디아와 밀라노가 편애를 받는 것은 단순히 디오클레티아누스 개인의 취향에서 비롯된 것이 아니라 그가 확립한 정치 체제의 항구적 형태 탓이라는 것을 알아차리게 되었다. 그가 퇴위한 지 몇 달 후 그의 후계자들이 그의 이름으로 화려한 목욕탕들을 지어서 로마에 기증했지만 모두 허사였다. 이 목욕탕들의 폐허는 지금도 수많은 교회와 수도원을 지을 수 있는 자재들로 뒤덮여 있을 뿐만 아니라 그 부지로 사용되기도 한다.9 로마 시민들이 성급하게 불만을 속삭이게 되면서 이 편안하고 호화로우며 우아하기까지 한 휴식 공간들은 평온을 상실했고, 게다가 서서히 이 건축물들을 세우는 데 사용된 비용이 곧 로마 시민들의 부담으로 전가될 것이라는 소문이 나돌게 되었다. 바로 이 무렵에 갈레리우스는 탐욕 때문이었는지 아니면 국가의 긴급한 사정 때문이었는지 토

8 콘스탄티누스의 세 명의 누이동생들은 각자, 콘스탄티아는 리키니우스와, 아나스타시아는 카이사르 바시아누스와, 에우트로피아는 집정관 네포티아누스와 결혼했다. 세 명의 남동생인 달마티우스, 율리우스 콘스탄티우스, 아니발리아누스에 대해서는 차차 다루기로 하겠다.

9 이 여섯 명의 군주들이 앞서 모두 언급되었던 선임 황제들인 디오클레티아누스와 막시미아누스, 그리고 황제들의 아버지들을 의미한다. 그들은 로마 시민들을 위해서 이런 웅장한 건물들을 기증했다. 이 건물들이 공동 목욕탕의 폐허의 윤곽을 이룬다. 그리고 특히 도나투스나 나르디니 같은 골동품 수집가들은 자신들이 발견한 부지를 조사했다. 그 커다란 방들 가운데 한 곳은 오늘날 카르투지오 수도회 건물로 사용되고 있는데, 심지어 문지기의 숙소였던 방조차 또 하나의 교회를 세우기에 충분할 정도로 크다.

지세와 인두세를 일괄 징수하기 위해 국민들의 재산에 대한 매우 정밀하고 엄격한 조사를 실시했다. 특히 부동산에 대해서 매우 세밀한 조사가 실시되었던 것으로 보이는데, 조금이라도 은닉한 혐의가 포착되면, 터놓고 고문을 자행해서라도 사유 재산을 정직하게 신고하도록 만들었다. 이탈리아가 다른 속주들보다 우월한 지위를 누리도록 해 주었던 특권들은 더 이상 허용되지 않았으며, 세무 관리들은 이미 로마의 인구 조사에 착수하여 새로운 세율을 결정하려 하고 있었다. 아무리 자유의 정신이 완전히 소멸된 시기라 해도, 이처럼 유례없는 재산권 침해를 당하게 되면 온순한 백성들조차 저항을 하게 마련이다. 더욱이 이 경우에는 모욕으로 인해 상처가 더욱 악화되었고 국민적 명예심으로 인해 사적인 이해관계 추구가 더욱 활기를 띠게 되었다. 이미 앞에서 설명했듯이 마케도니아 정복 이래로 로마 시민들은 인두세의 부담으로부터 면제되어 있었다. 그들은 온갖 형태의 전제 정치에 시달리면서도 이 면세 특권만은 지금까지 500여 년 동안 줄곧 누려왔다. 따라서 그들은 오만한 일리리쿰 농부 출신의 황제가 멀리 아시아에 머물면서 로마를 제국의 여러 공납 도시들 중 하나로 취급하는 것을 그저 참고만 있을 수는 없었다. 시민들의 치솟는 분노는 원로원의 권위나 적어도 그 묵인으로 더욱 조장되었다. 게다가 해산될 위기에 놓여 있던 미약한 근위대 잔류 병사들은 이 명분을 구실로, 억압받는 조국을 위해 기꺼이 칼을 뽑아 들겠다고 선언했다. 이방인 출신의 폭군들을 이탈리아에서 추방한 다음 로마에 머물면서 자신의 통치 이념을 실천하여 로마 황제라는 칭호를 받을 만한 군주를 다시 한 번 선출하는 것이야말로 모든 로마 시민들의 소망이자 기대였다. 막센티우스의 조건과 그의 이름 덕택에 시민들의 열광은 그에게 유리하게 작용했다.

막시미아누스 황제의 아들인 막센티우스는 갈레리우스의 딸과 결혼했다. 그는 출신과 인척 관계로 볼 때 제국을 승계할 가능성이 가장 큰 인물이었다. 그러나 콘스탄티누스가 탁월한 재능을 지닌 위협적인 존재이기 때문에 부황제의 자리에서 배제되었던 반면, 그는 악덕과 무능 때문에 배제되었다. 갈레리우스의 정책은 은인인 자신의 선택을 결코 욕되게 하지 않으며 그의 명령에는 무조건 복종할 만한 공동 통치자를 임명하는 것이었다. 그러므로 미천하고 낯선 자를 이탈리아의 제위에 앉히고, 작고한 서방 황제의 아들은 수도에서 몇 마일 떨어진 별장에서 호화스러운 사생활이나 즐기도록 방치해 두었던 것이다. 콘스탄티누스가 거둔 성공에 대한 소식을 전해 들은 막센티우스는 질투심으로 인해 우울한 격정, 수치심, 번뇌, 분노에 휩싸였지만 시민들의 불만을 알게 되자 희망을 되살려서 자신의 개인적인 상처와 요구가 로마 시민들의 대의명분과 일치한다고 확신하기에 이르렀다. 근위대 지휘관 두 명과 병참 장교 한 명이 음모를 실행했다. 모든 관련자들이 한마음이 되어 행동했기 때문에 이후 벌어진 사태의 진행 과정은 확실하면서도 간단했다. 근위병들이 세베루스에게 충성하던 수도 총독과 몇몇 행정관들을 학살했다. 그리고 황제의 직위를 부여받은 막센티우스는 원로원과 시민들의 박수갈채 속에서 로마의 자유와 위엄의 수호자로서 인정받았다. 막시미아누스가 사전에 이 음모를 알고 있었는지는 확실치 않다. 그러나 로마에서 반란의 기치가 오르자 곧 이 노황제는 디오클레티아누스의 권위에 눌려 마지못해 우울하고 고독한 생활을 참아내던 은둔처에서 뛰쳐나와 재기의 야심을 부성애라는 가면으로 감춘 채 활동을 재개했다. 그는 아들과 원로원의 요청을 받자 짐짓 겸손한 태도로 황제의

서기 306년 10월, 로마에서 황제로 선포된 막센티우스

> 막시미아누스가 다시 제위를 차지함

자리에 다시 올랐다. 그의 관록에서 풍기는 위엄과 경험, 그리고 군인으로서의 명성은 막센티우스 일파의 평판뿐만 아니라 세력에도 큰 보탬이 되었다.

> 세베루스의 패배와 죽음

세베루스 황제는 동료인 갈레리우스 황제의 권고라기보다는 차라리 명령에 따라 그 즉시 로마로 서둘러 달려갔다. 그는 의표를 찔러서 기민하게 행동한다면 방종한 젊은이가 지휘하는 오합지졸들의 소동쯤은 쉽게 진압할 수 있다고 굳게 확신하고 있었다. 그러나 그가 도착했을 때 성문은 굳게 닫혀 있었고, 성벽은 노련한 장군을 선두로 한 반란군 무리들과 사기와 충성심을 상실한 자신의 군대로 넘쳐나고 있었다. 게다가 무어족의 대부대가 거액의 상여금이라는 미끼에 유혹받아 적에게 가담한 상태였는데, 만약 그들이 아프리카 전쟁 때 막시미아누스가 징집한 부대였다는 것이 사실이라면 인위적인 충성심보다는 자연스러운 보은의 감정을 택한 것으로 생각할 수 있다. 근위대장 아눌리누스도 막센티우스의 지지를 선언한 후 자신의 명령에 복종하는 휘하 부대 대부분을 이끌고 그의 편에 가담했다. 어느 웅변가의 표현에 따르자면 로마는 자신의 군대를 되찾은 것이었다. 결국 불운한 세베루스는 군대와 신하를 모두 잃은 채 급하게 라벤나로 물러났다기보다는 차라리 도망치고 말았다. 여기에서 그는 잠시나마 안전하게 지낼 수 있었다. 라벤나의 요새는 이탈리아군의 공격에 견딜 만했고 또 도시를 둘러싼 늪 지대는 이탈리아군의 접근을 막기에 충분했다. 세베루스가 강력한 함대로 장악하고 있던 바다를 통해서는 보급품을 무한정 공급받을 수 있었고, 봄이 오면 일리리쿰과 동방에서 그를 지원하기 위해 진격해 올 군단들이 자유롭게 입성할 수도 있었다. 직접 포위 공격을 지휘하던 막시미아누스는 곧 자신이 무익한 일에 시간과 병력을 낭비하고 있는 것일 뿐, 무력이나 식량 보급 차단을 통해서는 승리를 기대하기 힘들다는 것을 확신하게 되었다. 그는 자신보다는 디오클레티아누스의 성품에 더 잘 어울릴 법한 책략을 쓰기로 하고, 라벤나의 성벽보다는 세베루스의 심리 상태를 공격 대상으로 삼았다. 이미 배신을 경험한 이 불행한 군주는 가장 진실한 친구나 지지자들조차도 불신하게 되었다. 막시미아누스가 파견한 밀사들은 이처럼 속아 넘어가기 쉬운 그의 심리 상태를 이용하여 도시를 팔아넘기기 위한 모종의 음모가 진행 중인 것처럼 믿게 만들고, 그의 공포심을 이용하여 정복자가 분노하여 내리게 될 처분만 기다리지 말고 일단은 상대를 믿은 다음 명예로운 항복 조건을 받아들이라고 설득했다. 그는 처음에는 인간적이고 정중한 대우를 받았다. 막시미아누스는 이 포로가 된 황제를 로마로 데려와 황제의 자리에서 물러난다면 생명을 보장하겠다고 엄숙히 다짐했다. 그러나 세베루스는 단지 편안한 죽음과 황제로서의 장례식만을 허락받았다. 그에게 사형이 선고되면서 사형의 집행 방식은 그 자신의 선택에 맡겨졌다. 그는 옛 사람들이 즐겨 사용했던 혈관 절개 방식을 선택했다. 그가 숨을 거두자 곧 그의 시신은 갈리에누스 가문의 묘지로 운반되었다.

서기 307년 2월

콘스탄티누스와 막센티누스는 성품은 서로 판이했지만 처지와 이해관계는 동일했기 때문에, 공동의 적에 대항하여 힘을 결집할 필요성을 느꼈던 것 같다. 지칠 줄 모르는 막시미아누스는 나이로 보나 지위로 보나 자신이 더

서기 307년 3월, 막시미아누스가 콘스탄티누스에게 황제의 칭호를 부여함

우위에 있었으면서도 알프스 산맥을 넘어가 갈리아의 군주인 콘스탄티누스와의 직접 면담을 요구하면서 함께 데려간 딸 파우스타를 새로운 동맹 관계의 보증으로 제시했다. 결혼식은 아를에서 매우 성대하게 거행되었다. 그리하여 과거 디오클레티아누스의 동료 황제였고 이제 다시 한 번 서방 제국에 대한 권리를 주장하는 막시미아누스는 사위이자 동맹인 콘스탄티누스에게 황제의 칭호를 수여했다. 막시미아누스에게 이 영예를 수여받기로 동의함으로써 콘스탄티누스도 로마와 원로원의 대의명분을 기꺼이 포용하는 것처럼 보였지만, 그의 언동은 모호했고 그의 원조 또한 지지부진했다. 그는 이탈리아의 지배자들과 동방의 황제 간에 앞으로 일어날 다툼을 예의 주시하면서 전쟁이 벌어질 경우 자신의 안전과 야망을 도모하기 위해 대비하고 있었다.

갈레리우스의 이탈리아 침입

사태가 심각해지자 갈레리우스가 직접 와서 능력을 발휘할 필요가 대두되었다. 그는 일리리쿰과 동방에서 모집한 강력한 군대를 이끌고 이탈리아에 진입했다. 그는 죽은 세베루스의 원한을 갚고 로마의 반역자들을 응징하기로 결심했다. 또한 그가 야만족 출신다운 격렬한 말투로 자신의 의도를 표명했듯이, 무력으로 원로원을 일소하고 아울러 시민들을 절멸시키겠다고 결심했다. 그러나 노련한 막시미아누스는 이미 빈틈없는 방어체계를 구축하고 있었다. 침입군이 가는 곳마다 적대적이고 요새화되어 있었으며 접근하기가 어려웠다. 그는 가까스로 로마에서 60마일 떨어진 나르니아까지 진격하기는 했지만 이탈리아 내에서 그의 지배 영역은 자기 진영의 좁은 지역에 국한되어 있었다. 오만한 갈레리우스도 자신의 작전이 점차 곤경에 빠져 들고 있음을 감지하자 처음으로 화해를 신청하기 위해 고위 장교 두 명을 급파하여 회담을 제의하고 또한 장인으로서 막센티우스에 대한 염려를 표명하면서 그가 승패가 불분명한 전쟁에서 기대하는 것보다는 자신의 관대함에서 얻는 것이 더 많을 것이라고 주장함으로써 로마의 군주들을 달래 보았다. 갈레리우스의 제안은 단호히 거부되었고 그의 거짓 우정은 경멸로써 거절되었다. 그는 오래지 않아 만일 그가 적시에 퇴각하여 안전을 도모하지 않는다면 자신도 세베루스와 같은 운명에 처하게 되리라는 사실을 깨닫게 되었다. 로마 시민들은 탐욕스러운 폭군에 맞서 지켜 냈던 재산을 그 폭군을 타도하기 위해서는 아낌없이 내놓았다. 막시미아누스의 명성과 그 아들의 교묘한 인기 전술, 은밀한 거액 살포, 더욱 많은 포상금에 대한 약속 등이 일리리쿰 군단들의 전의를 꺾고 충성심을 와해시켰다. 마침내 갈레리우스가 퇴각 명령을 내렸을 때는 그들의 승리와 명예를 함께 했던 군기마저 버리고 달아나는 고참 병사들을 말리기조차도 힘들 정도였다. 어느 동시대 저자에 따르면 이 원정이 실패한 데는 이 밖에도 두 가지 원인을 더 들 수 있다고 한다. 그러나 이 두 가지 원인은 모두 신중한 역사가라면 좀처럼 받아들이지 않을 성격의 것들이다. 그 한 가지는 갈레리우스가 동방의 도시들에만 익숙했기 때문에 로마의 광대함에 대해서 제대로 알지 못했고, 이때서야 비로소 자신의 병력만으로는 이 거대한 수도를 포위 공격할 수 없다는 사실을 알았다는 것이다. 그러나 도시의 넓이는 적이 좀 더 쉽게 접근할 수 있도록 하는 작용을 하기도 한다. 로마는 오래전부터 정복자가 진격해 오면 굴복하는 데 익숙해져 있었고, 시민들의 열정도 일시적인 것일 뿐 규율과 용맹으로 무장한 군단병들에게 오랫동안 대항할 수 있을 만한 것은 아니었다. 다른 한 가지는 군단병들이 공포와 양심의 가책에 사로잡혀서 충성스러운 로마 제국의 아들들로서 공경해야 할 부모와 같은 수도 로마의 존엄성을 더럽히기를 거부했다는 것이다. 그러나 이전의 수많은 내전들이 일어났을 때 당파적인 열성과 군인다운 복종의 습성으로 인해 토박이 로마 시민들조차 얼마나 쉽게 로마의 가장 무자비한 적으로 돌변했었는지를 상기한다면, 적대자의 입장으로 처음 진입하기까지 이탈리아를 본 적도 없던 이방인들과 야만인들이 그런 극도의 섬세함을 보였으리라고 믿기는 힘들다. 좀 더 타산적인 동기에서 공격을 그만두지 않았다면, 그들은 아마도 카이사르의 고참병들이 했던 말 그대로 갈레리우스에게 응답했을 것이다.

만일 장군께서 저희를 이끌고 테베레 강가로 가기를 원하신다면 저희는 기꺼이 진지를 구축할 준비가 되어 있습니다. 어떤 성벽이든지 무너뜨리고자 하신다면 저희 손으로 기꺼이 공성(攻城) 기구를 작동시킬 준비도 되어 있습니다. 그 저주받은 도시의 이름이 로마라 해도 저희는 주저하지 않을 것입니다.

사실 이런 구절들은 시인이 만들어 낸 표현들이지만, 이 시인은 역사적 사실을 엄격할 정도로 고수한다는 이유로 유명할 뿐 아니라 심지어 비난까지 받고 있는 인물이다.

갈레리우스의 후퇴 갈레리우스의 군단병들은 퇴각 도중에도 약탈을 자행하여 한심하게도 자신들의 기질을 여지없이 드러내 보였다. 그들은 살인, 강간, 약탈을 일삼았을 뿐 아니라 이탈리아인들의 가축 떼까지 모두 몰고 가 버렸다. 그들은 거치는 마을마다 불을 질렀고 자신들이 정복할 수 없었던 이 지방을 파괴하려 했다. 그들이 퇴각하는 동안 막센티우스는 그들의 배후를 끊임없이 추격했지만, 현명하게도 이 용감하고 필사적인 고참병들과의 전면적인 교전은 피했다. 한편 그의 아버지는 또다시 갈리아로 가서 이미 국경 지대에 군대를 집결시키고 있던 콘스탄티누스를 설득하여 추격에 참가하도록 함으로써 승리를 완전한 것으로 만들려 하고 있었다. 그러나 콘스탄티누스는 분노가 아닌 이성에 따라 행동했다. 그는 분열된 제국의 세력 균형을 유지해야 한다는 현명한 결심을 고수했으며, 이미 두려워할 만한 대상이 아닌 갈레리우스를 더 이상 미워하지도 않고 있었다.

갈레리우스는 가혹하고 흥분하기 쉬운 성격이었지만 그렇다고 진실하고 영원한 우정을 모르는 사람은 아니었다. 성격과 *서기 307년 11월, 리키니우스가 황제의 자리에 오름*
행동 방식이 모두 그 자신과 유사했던 리키니우스는 그의 애정과 존경을 한 몸에 받았던 것으로 보인다. 그들의 친교는 더 행복했던 시절, 아마도 그들의 이름이 아직 알려지지 않았던 젊은 시절에 시작되었던 것 같다. 이 우정은 자유롭고도 위험한 군대 생활을 통해서 굳건해졌으며, 그들은 군복무 중에도 거의 같은 속도로 승진을 거듭했다. 그리고 갈레리우스는 황제의 지위를 부여받자 곧 리키니우스도 자신과 동일한 지위로 끌어올리려고 생각했던 것으로 보인다. 갈레리우스는 비록 짧은 기간이었지만 자신의 전성기 동안, 리키니우스의 나이와 능력을 감안할 때 부황제라는 지위는 미흡하다고 생각하면서 그에게 콘스탄티우스의 자리였던 서방 황제의 지위를 넘기기로 결정했다. 갈레리우스는 이탈리아 전쟁을 수행하는 동안 리키니우스에게 도나우 강의 방어를 맡겼으며, 불운했던 원정에서 돌아오자 즉시 비어 있던 세베루스의 황제 자리에 리키니우스를 앉히고 아울러 일리리쿰 속주에 대한 직접 통치권까지 위임 *막시미누스의 등극*

10 티유몽(M. de Tillemont)의 주장에 따르면 리키니우스는 부황제라는 중간 단계를 거치지 않은 채, 갈레리우스가 이탈리아에서 돌아온 직후인 서기 307년 11월 11일에 황제로 선포되었다고 한다.

11 리키니우스를 아우구스투스로 선포하면서 갈레리우스는 나이 어린 동료 황제들을 달래기 위해 콘스탄티누스와 (막센티우스가 아니라) 막시미누스의 경우를 본떠 '황제의 아들'이라는 새로운 칭호를 창안했다. 그러나 막시미누스가 군대가 자신에게 황제의 예를 표했다는 것을 알려 오자, 갈레리우스는 콘스탄티누스와 막시미누스 두 사람을 모두 대등한 지위의 동료 황제로 인정할 수밖에 없었다.

했다.[10] 그가 승격되었다는 소식이 동방에 전해지자, 이집트와 시리아 지방을 강압적으로 다스리고 있던 막시미누스는 질투와 불만을 드러내며 카이사르라는 열등한 칭호를 경멸하게 되었다. 그는 갈레리우스의 설득과 간청에도 불구하고 거의 폭력에 가까운 방식으로 아우구스투스라는 대등한 칭호를 차지했다.[11] 이리하여 여섯 명의 황제가 로마 제국을 다스리는 전무후무한 상황이 발생하게 되었다. 서방에서는 콘스탄티누스과 막센티우스가 아버지인 막시미아누스를 짐짓 존경하는 척 받들고 있었다. 동방에서는 리키니우스와 막시미누스가 은인인 갈레리우스에게 더욱 진실한 경의를 표하고 있었다. 상반된 이해관계와 최근 일어났던 전쟁에 대한 기억으로 제국은 크게 두 개의 적대적인 세력으로 분열되었다. 그러나 두 명의 손위 황제인 막시미아누스와 특히 갈레리우스가 사망한 후 남아 있던 동료 통치자들의 견해와 감정에 새로운 경향이 나타나기까지는 서로에 대한 두려움 때문에 외견상 평온과 거짓 화해가 유지되었다.

서기 308년, 여섯 명의 황제

막시미아누스의 불행

막시미아누스가 처음에 마지못해 제위에서 물러났을 때, 당대의 어용 웅변가들은 그의 철학적인 절제의 미덕을 찬양했다. 그의 야심으로 내전이 일어났을 때, 아니 적어도 조장되었을 때, 그들은 그가 관대한 애국심 덕분에 되돌아왔으며, 그동안 안락한 은둔 생활을 즐기기 위해 공직에서 물러나 있었던 것이라며 짐짓 점잖게 비난했다. 그러나 막시미아누스와 그의 아들 같은 사람들이 권력을 분할하지 않고 오랫동안 원만하게 공유한다는 것은 불가능했다. 막센티우스는 자신이야말로 원로원과 로마 시민이 선출한 이탈리아의 합법적인 군주라고 생각했다. 또한 그는 자신의 명성과 능력으로 이 경솔한 젊은이를 제위에 앉혔다고 오만하게 단언하는 아버지의 간섭을 참을 수가 없었다. 막센티우스가 근위대 병사들 앞에서 자신의 대의명분을 엄숙하게 개진하자, 노황제의 가혹함을 두려워하던 근위대가 막센티우스 쪽을 지지하고 나섰다. 그러나 막시미아누스의 생명과 자유는 존중되었는데, 그는 이탈리아를 떠나 일리리쿰으로 은퇴한 후 겉으로는 자신의 과거 행동을 후회하는 척 하면서 은밀히 새로운 음모를 꾸미고 있었다. 그러나 그의 성품을 잘 알고 있던 갈레리우스가 곧 그에게 자신의 영토에서 떠나라고 강요했기 때문에 실의에 찬 막시미아누스는 사위인 콘스탄티누스의 궁정에서 마지막 피난처를 구하게 되었다. 책략에 능한 콘스탄티누스 황제와 황후 파우스타는 각기 존경과 자식으로서의 애정을 가지고 그를 맞이했다. 막시미아누스는 모든 의심을 불식시키기 위해서 다시 한 번 황제의 자리에서 물러나면서[12] 자신도 마침내 권력과 야망의 덧없음을 깨달았다고 고백했다. 그가 이 결심을 끝까지 잘 지켰더라면 비록 처음 은퇴했을 때보다는 조금 위엄이 손상되었겠지만 그래도 안락하게 명성을 누리면서 생애를 마감할 수 있었을지도 모른다. 그러나 제위를 차지할 가능성이 가까이 다가오자 몰락하기 이전의 상태에 대한 기억이 되살아났기 때문에, 권력을 잡거나 아니면 차라리 죽으리라는 필사적인 각오를 했다. 프랑크족의 침입으로 콘스탄티누스가 휘하 부대의 일부를 이끌고 라인 강 유역으로 출정하게 되었으며, 나머지 부대는 갈리아의 남부 여러 속주에 주둔하고 있었다. 이탈리아 황제가 이 지방을 차지할 절호의 기회였으며, 더구나 아를에는 상당히 많은 재물이 보관되어 있었다. 막시미아누스는 콘스탄티누스가 사망했다는 허위 정보를 교묘하게 날조했거나 아니면 그런 소문을 성급하

---

[12] 그러나 콘스탄티누스는 그가 황제의 자리에서 물러난 후에도 황제에게만 허용되는 행렬이나 의식을 계속해서 누릴 수 있게 했다. 그리고 공개석상에서는 장인인 막시미아누스를 자신의 오른편에 서게 해 주었다.

게 믿은 나머지, 주저하지 않고 즉시 황제의 자리에 올라 그 재물을 차지했다. 그리고 평소와 다름없이 낭비벽을 발휘하여 이 보물들을 병사들에게 마구 나눠 줌으로써 그들의 기억 속에 자신의 옛 위엄과 공적을 일깨우려 했다. 그러나 그가 자신의 권위를 확립하거나 아들 막센티우스와 협상을 마무리하기도 전에, 콘스탄티누스가 민첩한 행동으로 그의 모든 기대를 무산시켰다. 콘스탄티누스는 막시미아누스의 배은망덕한 행위에 대한 소식을 듣자 그 즉시 라인 강에서 손 강으로 급히 되돌아왔다. 손 강변의 샬롱에서 배를 타고 가다가 리옹에서부터는 론 강의 급류를 타고 아를의 성문에 도달했다. 그가 대동한 병력은 막시미아누스가 대적할 수 있는 수준이 아니었기 때문에 그는 인근의 마르세유로 도피하는 것이 고작이었다. 마르세유와 대륙을 잇는 좁은 지협은 포위 공격에도 잘 견딜 수 있도록 요새화되어 있었다. 한편 바다 쪽은 열려 있어서 막시미아누스가 도망갈 수도 있었고, 막센티우스가 궁지에 몰린 피해자인 아버지를 지킨다는 명분으로 자신의 갈리아 침공을 위장하기를 원한다면 구원군을 보낼 수도 있었다. 지체된다면 치명적인 결과가 벌어질 수 있다는 점을 염려한 콘스탄티누스는 즉각적으로 마르세유를 공격하라고 명령했다. 공성용 사다리들이 이 성벽의 높이에 비해서는 너무 짧았기 때문에 마르세유는 지난날 카이사르의 군대에 맞섰을 때처럼 오랫동안 포위 공격을 견뎌 낼 수 있을 것처럼 보이기도 했다. 그러나 이 도시의 수비대는 자신들의 열세나 위험을 깨달았던지 도시와 막시미아누스의 신병을 모두 내주고 용서를 구했다. 찬탈자에게는 비밀리에 최종적으로 사형 선고가 내려졌다. 그는 단지 자신이 세베루스에게 베풀었던 것과 같은 은전을 얻을 수 있을 뿐이었다. 그리고 대외적으로는 그가 자신의 거듭된 범죄로 자책감에 시달리다가 스스로 목을 졸라 죽었다고 발표되었다. 그가 디오클레티아누스의 원조를 상실하고 그의 온건한 충고를 무시한 후 있었던 그의 두 번째 활동 기간은 일련의 공적인 재난과 사적인 굴욕으로 점철되다가 대략 3년 만에 불명예스러운 죽음으로 끝났다. 그의 파멸은 자업자득이었지만, 만일 콘스탄티누스가 자기 아버지의 은인이자 자신의 장인인 이 노인을 용서해 주었더라면 그의 인간성은 한층 높이 평가받았을 것이다. 이 비극적인 사태가 모두 처리되는 동안 파우스타는 육친의 정을 희생시키고 부부로서의 의무에만 충실했던 것으로 보인다.

서기 310년 2월, 막시미아누스의 죽음

갈레리우스의 말년은 이에 비하면 그리 수치스럽거나 불행하지는 않았다. 그는 비록 상위직인 황제로서보다는 하위직인 부황제로서 더 많은 영광을 누렸지만, 죽는 순간까지 로마 세계의 군주들 가운데 최고의 지위를 유지했다. 그는 이탈리아에서 퇴각한 후에도 대략 4년 정도 더 살면서, 현명하게도 전 세계적인 제국에 대한 기대는 버린 채, 쾌락을 향유하고 몇몇 공공 사업을 실행하는 데 여생을 바쳤다. 그가 실행한 대표적인 공공 사업으로는 펠소 호의 남아도는 물을 도나우 강으로 방류시킨 것과 그 주변의 광활한 삼림을 벌채한 것을 들 수 있다. 이 공사는 판노니아 주민들에게 대규모 농경지를 제공했다는 점에서 군주로서 뜻 깊은 사업이었다.13 그는 매우 고통스러운 지병에 시달리다 죽었다. 그의 육체는 무절제한 생활 방식 때문에 볼품없이 비대하게 부풀어 올랐고 온몸에 종기가 뒤덮인 채, 그 이름이 곧 이 역겨운 질병을 의미하던 벌레 떼가 우글거리는 가운데 파먹혀 들어갔다. 그러나 갈레리우스는 백성들 가운에 가장 열광적이고 강력한 일파인 그리스도교도들

서기 311년 5월, 갈레리우스의 죽음

13 그러나 이 호수는 노리쿰 국경 지대 부근인 상(上)판노니아에 있었고, (갈레리우스의 아내가 붙여 준 이름을 지닌) 발레리아 속주는 확실히 드라바 강과 도나우 강 사이에 있었다. 빅토르는 펠소 호와 오늘날 사바톤 호수라 불리는 당시의 볼오케아 습 지대를 혼동했던 것으로 보인다. 이것은 발레리아의 중앙부에 위치해 있으며, 오늘날 그 넓이는 적어도 길이가 (70영국 마일 정도에 해당하는) 12헝가리마일, 폭은 2헝가리마일에 이른다.

> **막시미누스와 리키니우스에게 분배된 갈레리우스의 지배권**

의 분노를 샀기 때문에 사람들은 그의 고통을 동정하기는커녕 오히려 신의 정의가 실현된 것이라며 기뻐했다. 그가 니코메디아의 궁전에서 숨을 거두자마자 그의 후원으로 제위에 오른 두 명의 황제는 그가 남긴 영토의 지배권을 두고 다투거나 분할할 목적으로 군대를 모으기 시작했다. 그러나 그들은 영토 분쟁을 포기하고 영토 분할에 합의했다. 아시아의 속주들은 막시미누스의 차지가 되었고 유럽의 속주들은 리키니우스의 몫으로 돌아갔다. 헬레스폰투스 해협과 트라키아 보스포루스 해협이 양자 간의 경계선으로 확정되면서, 로마 제국의 한복판을 관통하는 이 두 해협의 양쪽 해안은 엄청난 병력과 무기, 수많은 요새로 뒤덮였다. 막시미아누스와 갈레리우스의 사망으로 황제의 수는 네 명으로 줄어들었다. 각자의 이해관계에 따라 리키니우스와 콘스탄티누스가 연합했고 막시미누스와 막센티우스 사이에도 비밀 동맹이 맺어졌다. 그동안 갈레리우스에 대한 두려움이나 존경심에서 억제되어 왔던 분쟁이 불가피해짐에 따라 그들의 불운한 백성들은 유혈 사태를 예상하며 공포에 떨게 되었다.

> **서기 306~312년, 콘스탄티누스의 갈리아 통치**

로마 군주들의 격렬한 야망이 불러일으킨 수많은 죄악과 재난 가운데서도 다행히 미덕에서 비롯된 한 가지 행동을 발견할 수 있다. 콘스탄티누스는 재위 6년째 되던 해 오툉을 방문하여 관대하게도 공납금 지불 잔액을 모두 탕감해 주었을 뿐 아니라 토지세와 인두세의 과세 표준이 되는 인구 수를 2만 5000명에서 1만 8000명으로 줄여 주었다. 그러나 이런 관대한 행동조차도 사실은 국민들이 도탄에 빠져 있었다는 확실한 증거이다. 이 세제는 부과액 그 자체로나 징수하는 방식에서나 극도로 가혹했기 때문에, 착취에 의한 숫자상의 세수는 증가했지만 실제 세입은 감소했던 것이다. 오툉의 많은 지역은 경작되지 않은 채 버려져 있었고 대다수의 주민들이 시민으로서의 무거운 부담을 지기보다는 차라리 유랑민이나 부랑자로 사는 것을 선택했다. 따라서 황제의 이 관대한 조치도 그 자신의 전반적인 통치 방식으로 초래된 수많은 폐해 가운데 하나를 부분적으로 해결해 준 것에 지나지 않는다. 그러나 그런 통치 방식조차도 사실은 그의 선택에 따른 것이라기보다는 필요의 결과였다. 막시미아누스의 죽음을 제외하면 콘스탄티누스가 갈리아에서 통치하던 때는 그의 생애에서 가장 무결하고 심지어 고결하기조차 한 시기였다. 그의 존재로 인해 갈리아 지방은 야만족들의 잦은 침입에서 벗어날 수 있었는데, 이는 그들이 이미 그의 적극적인 용맹성을 경험하여 그를 두려워했기 때문이다. 프랑크족과 알레만니족에게 대승을 거둔 후 콘스탄티누스는 그들의 왕들 가운데 몇 사람을 트레브의 원형경기장에서 맹수들에게 내던지라고 명령했던 적이 있다.[14] 그리고 국민들은 포로로 잡힌 왕족들에 대한 이러한 처우가 국가 간의 규약과 인도주의적 원칙에 위배되는 것이라는 사실도 알아차리지 못한 채 그저 이 구경거리를 즐겼던 것 같다.

[14] 엄청나게 많은 프랑스 젊은이들도 이와 같이 잔인하고 수치스러운 죽음을 당했다.

콘스탄티누스의 미덕은 막센티우스의 악덕으로 인해 더욱 돋보였다. 갈리아의 속주들은 그 당시 상황에서 누릴 수 있는 최대한도의 행복을 누렸던 반면, 이탈리아와 아프리카는 가증스러울 만큼 비열한 폭군의 통치 아래서 신음하고 있었다. 열성적인 아첨이나 당파심 때문에 승리자의 영광을 드높이기 위해 패배자의 명성을 헐뜯는 경우가 너무나 많았던 것이 사실이지만, 콘스탄티누스의 결점을 즐거운 마음으로 한껏 폭로한 역

서기 306~312년, 이탈리아와 아프리카에서의 막센티우스의 폭정

사가들조차 모두 막센티우스가 잔인하고 탐욕스러우며 방탕했다는 점은 시인하고 있다.[15] 그가 한번은 운 좋게도 아프리카에서 일어난 소규모 반란을 진압한 적이 있었다. 이 반란으로 죄를 범한 자는 총독과 소수의 지지자들뿐이었지만, 그들의 범죄로 고통받은 것은 그 속주 전체였다. 번창하던 키르타와 카르타고를 비롯해 이 비옥한 속주 전역이 화재와 창검으로 황폐화되었다. 승리의 남용에 이어 법과 정의의 악용이 뒤따랐다. 엄청난 수의 아첨꾼과 밀고자가 아프리카로 몰려들면서 부자와 귀족들은 너무 쉽게 반란 가담자로 유죄를 선고받게 되었다. 그중 황제의 자비를 입은 사람들도 재산을 몰수당하는 처벌을 받았다. 막센티우스는 이 엄청난 승리를 축하하기 위해 성대한 개선식을 거행하여 로마의 속주에서 빼앗아온 전리품들과 포로들을 국민들 앞에 과시했다. 수도의 사정도 아프리카 못지않게 비참했다. 로마의 부는 막센티우스의 허세와 낭비 때문에 바닥나 버렸고, 그의 징세관들은 숙련된 강탈자들과도 같았다. 원로원 의원들에게서 자발적 기부금을 가차 없이 거두는 방식이 처음 도입된 것도 바로 그의 치세 중이었다. 황제의 승전, 출산, 결혼, 집정관 취임과 같은 기부금을 징수하는 명목이 계속 늘어가면서 그 액수도 서서히 증대되었다. 과거 로마의 폭군 대부분이 그랬듯이 막센티우스도 원로원에 대해 마음 깊이 혐오감을 품고 있었다. 배은망덕한 막센티우스는 자신을 황제로 추대하고 자신이 적과 맞설 때마다 지지해 준 충성스러운 자들까지도 용서할 수 없었던 것이다. 원로원 의원들의 생명은 그의 시기 어린 의심 때문에 위협받았고, 그들의 아내와 딸의 명예는 그의 호색적인 욕구 앞에 위태롭게 되었다.[16] 황제의 정욕이 헛된 한숨으로 끝나는 법은 거의 없었을 것으로 생각된다. 그러나 일단 설득으로 효과를 보지 못하면 폭력을

[15] 그를 혐오하고 경멸했던 율리아누스는 『황제들의 경연』에서 그의 이름을 제외하기도 했다. 또한 조시무스는 그의 온갖 잔인하고 방탕한 행위를 비난했다.

[16] 막센티우스의 겁탈을 피해 칼로 자결한 덕망 높은 부인은 그리스도교도이며 수도 총독의 아내인 소프로니아라는 여성이었다. 결의론자들은 이러한 경우에 자살이 정당화될 수 있는지에 대해 아직도 의문을 제기하고 있다.

휘둘렀으며, 실제로 자살로써 정조를 지킨 어느 귀부인의 유명한 사례가 전해지고 있다. 그가 존중했으며 비위를 맞추기 위해 애썼던 사람들은 오직 군인들뿐이었다. 그는 로마와 이탈리아를 무장한 군인들로 가득 채웠고, 그들의 난동을 묵인했으며, 약탈을 처벌하지 않고 방임했다. 심지어 무방비한 사람들을 학살해도 못 본 체했다. 또한 막센티우스는 군인들도 황제인 자신과 똑같이 방종한 생활을 즐길 수 있도록 하고, 종종 자신이 총애하는 군인들에게는 원로원 의원의 화려한 별장이나 아름다운 아내를 하사하기도 했다. 이런 품성을 지닌 군주는 평시에나 전시에나 무능력한 통치자이기 때문에 군대의 지지를 매수할 수는 있을지라도 결코 그들의 존경은 얻을 수 없다. 그러나 그는 온갖 악덕에 못지않게 자만심도 강했다. 그는 궁전의 성벽 안이나 가까운 살루스티우스 정원에 틀어박혀 나태한 생활을 하면서도 자신만이 유일한 황제이고 다른 군주들은 자신의 부관들로 단지 자신이 수도에서 우아하고 호화로운 생활을 계속 즐기기 위해서 변경 지역의 방어를 위임받은 사람들에 불과하다고 거듭 주장했다고 한다. 군주가 오랫동안 자리를 비워 섭섭해 했던 로마인들도 그의 재위 6년 동안은 이 군주의 상주를 한탄했다.

[17] 콘스탄티누스가 승리한 후로는 줄곧, 그의 이탈리아 원정은 혐오스러운 폭군에게서 제국을 구원하려는 동기를 지닌 것으로 정당화되어 왔다.

콘스탄티누스가 막센티우스의 행동을 혐오하고 로마인들의 처지를 동정했을지는 모르지만, 막센티우스를 응징하고 로마 시민들을 구원하기 위해 무기를 들려 했다고 추측할 만한 근거는 없다. 그런데 이 이탈리아의 폭군은 경솔하게도 지금까지 정의의 원칙 때문이라기보다는 여러 가지 이유를 심사숙고한 끝에 자신의 야심을 억제하고 있던 막강한 적을 자극하고 나섰던 것이다.[17] 막시미아누스가 사망한 후 기존의 관습에 따

서기 312년,
콘스탄티누스와
막센티우스 사이의 내전

라 그의 칭호는 모두 소멸되었고, 조각상들도 무참하게 내던져졌다. 그의 생전에는 그를 박해하고 돌보지 않았던 아들이 짐짓 아버지의 명성에 대한 효심 깊은 배려를 과시하면서, 콘스탄티누스의 명예를 기리기 위해 이탈리아와 아프리카에 세워져 있던 모든 조각상에도 즉각 동일한 조치를 취하도록 명령했다. 전쟁의 어려움과 중요성을 잘 알고 있었기에 전쟁만은 피하고 싶었던 현명한 군주 콘스탄티누스는 처음에는 이 모욕을 모른 체하고, 좀 더 온건한 협상 수단을 통해서 사태를 수습하고자 했다. 그러나 그도 결국은 이탈리아 황제의 적대적이고 야심만만한 계획에 맞서 스스로를 방어하려면 무기를 드는 수밖에 없다고 확신하게 되었다. 스스로 서방 제국 전역의 통치권자라고 공언하던 막센티우스는 갈리아를 침공하기 위한 대규모 병력을 이미 라에티아 방면에 대기시켜 놓고 있었다. 비록 리키니우스의 지원을 전혀 기대할 수 없는 상황이었지만, 그는 일리리쿰 군단들이 자신의 뇌물과 감언이설에 넘어와서 저 군주의 군기를 버리고 탈주한 후 만장일치로 자신의 군대이자 신하라고 선언할 것이라는 기대에 들떠 있었다. 콘스탄티누스도 더 이상 망설이지 않았다. 그는 심사숙고한 후 용감하게 행동했다. 그는 로마를 저 가증스러운 폭군에게서 구해 달라고 간청하러 찾아온 원로원과 로마 시민의 사절들을 은밀하게 접견한 후, 소심한 신하들의 만류를 뿌리치고 적의 기선을 제압해서 이탈리아의 심장부에서 일전을 벌이기로 결정했다.

준비

이 작전은 매우 훌륭하기는 했지만 그만큼 위험 또한 컸으며, 게다가 이전의 두 차례에 걸친 침공 실패는 더욱 심각한 우려를 불러일으키기에 충분했다. 막시미아누스의 명성을 존경하는 고참병들은 그 두 차례의 전쟁에서 모두 그 아들의 편으로 돌아섰는데, 지금은 자신들의 이해관계는 물론이고 명예를 고려하여 또다시 배반할 생각은 하지 않고 있었다. 근위대야말로 제위를 지키는 가장 견고한 방비책이라고 생각하던 막센티우스는 그 규모를 예전 수준으로 증대시켰기 때문에, 이제 근위대는 새로 모집한 이탈리아 병사들을 포함해 8만 명의 대규모 부대로 이루고 있었다. 게다가 아프리카 정복 이후 지금까지 4만 명의 무어인과 카르타고인 병사들을 모집해 두었다. 심지어 시칠리아조차도 할당된 만큼의 군사들을 공급했기 때문에, 결국 막센티우스군의 총병력은 보병 17만 명과 기병 1만 8000명에 이르게 되었다. 이탈리아는 군비를 제공했고. 인근 여러 속주는 막대한 양의 곡물을 비롯한 온갖 종류의 전쟁 물자를 비축하느라고 피폐해졌다. 이에 비해 콘스탄티누스의 병력은 보병 9만 명과 기병 8000명으로 구성되어 있었다.[18] 황제가 부재 중일 때는 라인 강 방어에 한층 더 주의할 필요가 있었기 때문에, 콘스탄티누스는 사사로운 싸움으로 국가의 안위를 위태롭게 하지 않으려면 이번 이탈리아 원정에는 전군의 반 이상을 동원할 수 없는 처지였다.[19] 그는 4만여 명의 병사들을 이끌고 수적으로 적어도 네 배는 우세한 적과 싸우기 위해 진격했다. 그러나 위험에서 멀리 떨어진 안전 지대에 있었던 로마 군대는 방종과 사치로 인해 사기가 저하되어 있었다. 로마에서 목욕탕과 극장의 향락에 길들어 있던 그들은 마지못해 전쟁터로 나갔고, 더구나 주로 무기 사용법과 전투 방법을 거의 잊어 버린 고참병이나 아예 배운 적도 없는 신참병으로 구성되어 있었다. 반면 강건한 갈리아 군단들은 오랫동안 북방의 야만족들에 맞서서 제국의 변경 지대를 지켜 왔기 때문에, 이 힘든 복무 과정을 통해서 무용을 단련하고 규율을 확립해 놓은 상태였다. 양군은 군인들뿐만 아니라 지도자들 간에도 똑같은

[18] 이처럼 양군의 병력 규모를 정교하게 제공한 사람은 조시무스이다. 단 그는 해군에 대해서는 일체 언급하지 않았다. 그렇지만 이 전쟁이 육상과 해상 양쪽에서 진행되었고. 콘스탄티누스의 함대가 사르디니아 섬과 코르시카 섬 그리고 이탈리아 연안의 모든 항구들을 점령하고 있었다는 점은 확실하다.

[19] 이 웅변가가 자신의 군주가 이탈리아에서 승리를 거둘 때 동원한 병력을 축소한 것은 놀라운 일이 아니다. 다만 그가 폭군의 군대를 겨우 10만 명으로 생각했던 것은 다소 기이한 일이다.

20 오늘날 알프스 산맥에는 갈리아와 이탈리아 사이를 연결하는 세 곳의 중요한 통로가 있다. 이것들은 각각 생베르나르 고개와 몽스니, 그리고 몽즈네브르에 있다. 일설에 의하면 이름이 비슷한 (Alpes Penniae) 첫 번째 통로가 한니발의 진군 경로라고 한다. 군사 이론가인 폴라르(Chevalier de Folard)와 당빌(M. d'Anville)은 몽즈네브르를 지목하기도 한다. 그러나 노련한 장교인 폴라르나 해박한 지리학자인 당빌의 권위에도 불구하고, 그로슬리(M. Grosley)는 수긍이 갈 만한 정도는 아니라도 상당히 설득력 있게 몽스니를 지목하고 있다.

차이가 있었다. 변덕스럽고 아첨을 좋아하는 막센티우스는 승리의 기대감에 사로잡혀 있었지만, 이런 야심만만한 기대는 쾌락을 즐기는 습관이 되살아나고 자신의 무경험을 의식하게 되자 곧 위축되었다. 반면 용맹한 콘스탄티누스는 전쟁과 전투, 군대 지휘에는 어린 시절부터 단련되어 있었다.

알프스 산맥을 넘는 콘스탄티누스

한니발이 갈리아에서 이탈리아로 진격할 때, 우선은 산맥을 넘어 야만족들 사이에서 길을 찾고 그 다음에는 이를 개척해야 했는데, 이것은 정규군이 단 한 번도 통과해 본 적이 없었던 진로였다.20 알프스 산맥은 당시에는 천혜의 요새였지만, 이제는 인공적인 요새가 되었다. 노력과 비용은 물론이고 이에 못지않은 기술을 들여 축성된 요새들이 평야로 나가는 모든 통로를 굽어보고 있어서 사르디니아 왕의 적들이 이 방면에서 이탈리아로 접근하기는 거의 불가능했다. 그러나 그 사이에 이 통로를 넘으려 한 장군들은 별 다른 어려움이나 저항을 겪지 않았다. 콘스탄티누스 시대에 이 산악 지대의 농민들은 개화되어 유순한 백성들이 되어 있었고, 이 지방에는 풍부한 식량이 비축되어 있었다. 또 로마인들이 알프스 산맥 너머까지 이어 놓은 방대한 국도들은 갈리아와 이탈리아를 연결하는 여러 갈래의 교통망을 열어 놓고 있었다. 콘스탄티누스는 코티안알프스, 즉 오늘날 몽스니라고 불리는 가도를 선택하여 군대를 이끌고 부지런히 행군하여 피에몬트 평원으로 내려갔는데, 막센티우스의 궁정에서는 그때까지도 콘스탄티누스가 라인 강 유역을 출발했다는 정보조차 보고받지 못하고 있었다. 몽스니 산기슭에 있는 도시인 수사는 성벽에 둘러싸여 있는데다 침입군의 진격을 저지하기에 충분한 규모의 수비대도 갖추고 있었다. 그러나 갈 길이 바쁜 콘스탄티누스의 군대는 지루한 포위 공격

따위는 무시했다. 그들은 수사에 도착한 그날로 성문에 불을 지르고 성벽에 사다리를 댔다. 그들은 돌과 화살이 비 오듯 쏟아지는 가운데 돌격을 감행하여 칼을 들고 시내로 진입한 후 수비대원 대부분을 베어 버렸다. 다행히 콘스탄티누스의 배려로 불길이 잡혔기 때문에 수사는 전면적인 파괴는 모면할 수 있었다. 이곳에서 40마일가량 떨어진 곳에서 한층 더 격렬한 전투가 그를 기다리고 있었다. 막센티우스의 부하 장군들이 토리노 평원에 대규모의 이탈리아군을 집결시켜 놓고 있었던 것이다. 이탈리아군의 주력 부대는 로마인들이 군기가 해이해진 후 동방의 나라들에서 들여온 일련의 중기병대로 구성되어 있었다. 그들은 사람과 말이 모두 갑옷으로 완전 무장을 했는데, 갑옷의 관절 부분은 신체의 동작에 적합하도록 정교하게 개조되어 있었다. 이 가공할 만한 기병대의 위용은 상당한 위압감을 주었다. 이 전투에서 장군들은 그들을 밀집 종대형, 즉 전면은 뾰족하고 좌우익은 넓게 펼친 쐐기 모양으로 정렬시켜 놓고 콘스탄티누스군쯤은 쉽게 격파하여 짓밟을 수 있다고 호언장담했다. 노련한 적이 과거에 비슷한 상황에서 아우렐리아누스가 실행했던 것과 동일한 방어 전술을 채택하지 않았더라면, 그들의 계획은 성공했을지도 모른다. 그러나 콘스탄티누스는 교묘한 병력 전개로 이 대규모 정렬 대형을 분리하여 의표를 찔렀다. 막센티우스의 군대는 당황하여 토리노로 도망쳤으나 성문이 모두 굳게 닫혀 있었기 때문에 의기양양한 추격자들의 칼날을 피해 살아남은 사람은 거의 없었다. 이 결정적인 공로 덕분에 토리노는 승리자의 관용은 물론 은혜까지 입을 수 있었다. 콘스탄티누스가 밀라노의 황궁에 입성하자 알프스 산맥과 포 강 사이에 있는 이탈리아의 거의 모든 도시들이 그의

토리노 전투

통치권을 인정했을 뿐 아니라 열렬히 그의 편에 가담했다.

<크리스마스 장식> 베로나 공성전

밀라노에서 로마까지는 아이밀리아 가도(街道)와 플라미니아 가도를 통해 400마일가량을 수월하게 진군할 수 있었다. 그러나 콘스탄티누스는 하루속히 폭군과 직접 교전할 수 있기를 바라면서도 신중하게 병력 규모나 주둔 위치로 볼 때 자신의 진격을 방해하거나 만일의 경우에는 퇴로를 차단할 수도 있는 또 다른 이탈리아 부대를 향해 예봉을 돌렸다. 당시 용맹하고 능력이 뛰어난 장군 루리키우스 폼페이아누스가 베로나에 본부를 두고 베네치아 속주에 주둔하는 모든 군대를 지휘하고 있었다. 그는 콘스탄티누스가 진격해 오고 있다는 보고를 받은 즉시 대규모 기병대를 파견했다. 그러나 이 부대는 브레시아 부근에서 벌어진 전투에서 패배했고, 갈리아 군단들은 그들을 쫓아 베로나 성문까지 육박해 왔다. 현명한 콘스탄티누스는 금세 베로나 포위 공략의 필요성과 중요성을 간파했으며 동시에 그 어려움도 인식했다.[21] 이 도시는 서쪽의 좁은 반도형 지역을 통해서만 접근할 수 있었는데, 나머지 삼면은 베네치아 속주 전역을 관통하는 아디제 강의 급류에 둘러싸여 있었고, 농성군은 이 강을 통해서 인력과 식량을 얼마든지 공급받을 수 있었다. 콘스탄티누스는 수많은 어려움을 겪으며 몇 차례 실패를 거듭한 끝에 도시 위쪽의 얼마쯤 떨어진 곳에서 물의 흐름이 좀 더 완만한 지점을 발견하고 도강을 감행했다. 그는 곧바로 강력한 전열을 갖추어 베로나를 포위하고, 신중하면서도 격렬하게 공격을 감행하면서도 폼페이아누스의 필사적인 출격을 격퇴했다. 이 용맹한 장군은 지형의 이점과 수비대의 전력을 최대한 활용하여 모든 방어 수단을 강구했지만, 결국에는 자기 일신을 위해서라기보다는 국가의 안위를 위해서 베로

---

[21] 마페이(Maffei)는 조국에서 발생했던 유명한 전투인 베로나 포위 공략과 교전에 주목하고 상당히 정확하게 조사해 두었다. 갈리에누스가 세운 이 도시의 성채는 현대식 성벽에 비해 그리 광대한 것은 아니었고, 원형경기장은 그 범위 안에 포함되어 있지 않았다.

나에서 남몰래 도주했다. 그는 지칠 줄 모르는 투지로 군대를 모아, 곧 평원에서 콘스탄티누스와 맞서 싸우거나 그가 완강하게 포위 대형을 유지할 경우 공격을 감행하기에 충분한 규모의 군대를 조직하게 되었다. 적의 동향을 주의 깊게 살피고 있던 콘스탄티누스는 막강한 적이 접근하고 있다는 보고를 받자 휘하 군단의 일부를 남겨 포위 공략 작전을 계속 수행하도록 한 후, 자신은 용맹과 충성심이 특히 뛰어난 정예 부대만을 이끌고 몸소 이 막센티우스의 장군과 싸우기 위해 진군했다. 갈리아군은 일반적인 전술에 따라 2열 대형으로 정렬했다. 그러나 그들의 노련한 지도자는 이탈리아군의 수가 자신들에 비해 월등하다는 것을 알아차리자 갑자기 대형 배치를 변경하여, 제2전열을 축소시키는 대신 전방의 제1전열을 적군의 제1전열과 같은 규모로 확대했다. 고참병들만이 위기의 순간에도 일사불란하게 수행할 수 있는 이러한 대형 전개는 대개 결정적인 요소로 작용하게 마련이다. 그러나 이날의 전투는 날이 저물 무렵 시작되어 밤새도록 완강한 사투가 벌어졌기 때문에, 장군들의 지휘보다는 병사들의 용기에 따라 승패가 판가름 났다. 동틀 무렵 콘스탄티누스의 승리가 명백해졌고 대학살의 현장은 패배한 이탈리아군 수천 명의 시체로 덮여 있었다. 살육당한 자들 속에는 그들의 장군인 폼페이아누스도 있었다. 베로나는 그 즉시 무조건 항복했고 수비대는 포로로 잡혔다.[22] 승리를 거둔 콘스탄티누스군의 장교들은 황제에게 이 중요한 승리를 축하하면서 아무리 시기심 강한 군주라 해도 기꺼이 귀 기울일 종류의 정중한 불만을 몇 마디 덧붙였다. 그들은 콘스탄티누스가 지휘관으로서의 임무를 다하는 것에 만족하지 않고 경솔하다고 할 수 있을 정도의 무모한 용맹심으로 자신을 무방비하게 드러내 놓았다고 주장하면서, 앞으로는 로마와 제국의

[22] 포로가 너무 많아 이들을 묶을 사슬이 필요할 정도였다. 시의회는 당황했지만 현명한 승리자가 패배자들의 창검으로 족쇄를 만드는 멋진 방법을 생각해 냈다.

[23] 마페이에 따르면 콘스탄티누스는 서기 312년 9월 1일에 여전히 베로나에 있었다.

안위에 직결된 그의 생명을 보존하는 데 좀 더 신경을 써 달라고 간청했다.

막센티우스의 나태함과 두려움

콘스탄티누스가 전장에서 자신의 지휘 방식과 용맹으로 두각을 나타내고 있는 동안에도 이탈리아의 군주는 자기 영토의 심장부에서 맹위를 떨치고 있는 내전의 참화와 위험에 무관심한 것처럼 보였다. 막센티우스의 유일한 관심사는 여전히 쾌락이었다. 그는 자신의 군대가 당한 패배를 국민이 알지 못하도록 은폐하거나 적어도 은폐하려고 노력하면서, 재난 그 자체가 다가오는 것을 늦추지는 못한 채 임박한 재난에 대한 대비책을 강구하는 것만 지체시키는 헛된 자신감에 빠져 있었다. 콘스탄티누스의 신속한 진격에도 불구하고[23] 그는 이처럼 치명적인 방심 상태에서 깨어나지 못했다. 그는 이전에 이미 두 차례의 침공에서 자신을 구해 주었던 저 유명한 자신의 후한 인심과 로마라는 이름이 지닌 위엄으로 이번에도 마찬가지로 갈리아의 반란군을 쉽게 와해시킬 것이라고 호언장담했다. 막시미아누스 휘하에서 복무했던 노련하고 유능한 장교들은 결국 그의 나약한 아들에게 그가 당면한 위기 상황을 알려줄 수밖에 없었고, 나아가 솔직한 진언으로 막센티우스를 일깨워 그의 파멸을 막기 위해서는 남은 병력을 모두 모아 결사적으로 항전할 필요가 있다는 것을 확신시켰다. 막센티우스는 병력과 군비 양 측면에서 아직도 막강한 동원력을 보유하고 있었다. 근위대는 자신들의 이해관계와 안전이 그의 대의명분과 밀접하게 연관되어 있다는 점을 잘 알고 있었다. 곧 토리노와 베로나의 전투에서 잃어 버린 병력보다 훨씬 더 대규모의 병력이 모인 제3의 군대가 편성되었다. 황제는 이 군대를 몸소 지휘할 의사가 전혀 없었다. 군사 행동에는 문외한이던 그는 그처럼 위험한 전투에 참가한다는 생각만 해도 벌벌 떨었다. 게다가 공포심은 대개 미신과 연관되게 마련이어서, 그는 자신의 생명과 제국을 위협하는 온갖 불길한 예언과 조짐에 관한 소문을 울적한 마음으로 귀담아듣고 있었다. 그러나 용기라기보다는 수치심 때문에 그도 마침내 전쟁터로 나갈 수밖에 없었다. 로마 시민들의 경멸을 더 이상 견뎌낼 수 없었던 것이다. 대경기장은 로마 시민들의 성난 고함 소리로 가득 찼다. 격앙된 시민들은 궁전 문으로 몰려들어 나태한 군주의 비겁함을 비난하고 콘스탄티누스의 영웅적인 기백을 찬양했다. 막센티우스는 로마를 떠나기 전에 시빌 신탁서에 의견을 구했다. 이 옛 신탁집을 보관하고 있던 신관들은 운명의 비밀에 대해서는 무지했지만, 이 세상이 돌아가는 이치에 관해서는 잘 알고 있었다. 따라서 그들은 그에게 매우 신중한 대답을 들려 주었고, 그 내용은 사태의 추이에 잘 들어맞을 뿐 아니라 전쟁의 승패가 어떻게 되든 그들의 명성만은 안전하게 지켜 줄 만한 것이었다.

콘스탄티누스의 신속한 진격은 초대 카이사르의 신속한 이탈리아 정복과 비교되어 왔다. 베로나의 항복에서 전쟁의

서기 312년 10월, 로마 근교에서 콘스탄티누스의 승리

종결에 이르기까지 불과 58일이 걸렸을 뿐이라는 점을 생각해 보면 이러한 아첨 섞인 비교도 역사의 진실에 위배되지는 않는다. 콘스탄티누스가 언제나 염려하고 있었던 것은 막센티우스가 공포심이나 지나친 조심성에 따라서 행동하면서, 대규모 결전에 마지막 기대를 거는 위험을 감수하기는커녕 로마의 성벽안에 틀어박혀 나오지 않으려 하리라는 점이었다. 막센티우스는 식량 부족의 위험에 대비하여 풍부한 군수 물자까지 확보해 놓았다. 따라서 콘스탄티누스는 로마 구출을 이번 내전의 동기이자 적어도 명분으로 내세웠으면서도, 이처럼 더 이상의 지연

24 삭사루브라는 크레메라라는 작은 시내 부근에 있었으며, 300명의 파비가 사람들의 용맹과 영광스러운 죽음으로 알려진 곳이었다.

을 허용하지 않는 상황에 처해 있었기 때문에 자칫하면 그의 승리에 대한 가장 고귀한 보상이 될 로마를 불과 창검으로 파괴해야만 할 안타까운 궁지에 몰리게 될 수도 있었다. 콘스탄티누스는 로마에서 9마일가량 떨어진 삭사루브라에 도착했을 때24 막센티우스의 군대가 전투 태세를 갖추고 있는 것을 발견하고 놀라면서도 기뻐했다. 적군의 기다란 전선은 광활한 평원을 가득 메웠고, 깊숙이 뻗은 후미는 테베레 강변까지 이르러 배수진을 쳤다. 콘스탄티누스는 군대를 지극히 절묘한 솜씨로 배치하고 그 자신은 명예로우면서도 위험한 위치를 선택했다는 믿을 만한 이야기가 전한다. 그는 눈에 잘 띄는 눈부신 무기로 무장한 다음 적군의 기병대를 향해 몸소 돌격했으며 그의 이 과감한 공격으로 그날의 운명이 결정되었다. 막센티우스의 기병대는 주로 거대하고 몸이 무거운 중기병이나 무어인과 누미디아인 경기병으로 구성되어 있었다. 그들은 중기병에 비해서는 좀 더 민첩하고 경기병에 비해서는 좀 더 강건한 갈리아 기병대의 기동력에 굴복하고 말았다. 좌우익이 무너져 측면의 보병대가 무방비 상태로 남겨지자, 군기가 문란하던 이탈리아군은 자신들이 언제나 증오했으며 이제는 더 이상 두려울 것도 없는 폭군의 군기를 미련 없이 내던지고 도주했다. 근위대는 자신들의 죄상이 용서받을 수 없는 것임을 인식하고 있었기 때문에 복수심과 절망감으로 기를 쓰고 싸웠다. 그러나 거듭된 노력에도 불구하고, 이 용감한 고참병들은 승기를 회복할 수 없었으며 다만 명예로운 죽음을 맞이할 수밖에 없었다. 결국 근위대가 차지하고 있던 곳은 온통 그들의 시체로 뒤덮였다고 한다. 이후 혼란이 더욱 확대되었고 당황한 막센티우스군은 가차 없는 적의 추격에 쫓겨 수천 명이 테레베 강의 깊은 급류 속으로 뛰어들 수밖에 없었다. 황제 자신은 밀비우스 다리를 건너 로마로 도주하려 했으나 좁은 다리 위로 몰려든 수많은 사람들에 밀려 강물로 떨어졌고 결국 갑옷의 무게 때문에 그 즉시 익사하고 말았다.25 그의 시신은 진흙 속에 깊이 묻혀 있었기 때문에 다음 날에야 겨우 발견되었다. 사람들은 황제의 참수된 머리를 직접 보고 나서야 비로소 자신들이 해방되었음을 실감했으며, 나아가 행운을 차지한 콘스탄티누스를 충성과 감사의 환호로써 영접해야 한다는 사실을 깨닫게 되었다. 이리하여 콘스탄티누스는 용맹과 능력으로 자신의 생애 최고의 빛나는 위업을 달성했다.

25 그 직후에 한 가지 터무니없는 소문이 널리 퍼졌다고 한다. 그 소문에 따르면 자기 군대의 퇴각을 전혀 예상치 못한 막센티우스가 적의 추격대를 끌어들여 파멸시킬 교묘한 함정을 만들어 놓았다고 한다. 그런데 콘스탄티누스군이 도착하자마자 느슨하게 풀어 놓았던 이 나무 다리가 공교롭게도 패주하는 이탈리아군의 무게에 눌려 무너졌다는 것이다.

그가 승리 이후에 취한 조치들을 보면, 콘스탄티누스는 널리 칭송될 만큼 관용을 베풀지는 않았지만 비난을 받을 만큼 지나치게 가혹하지도 않았다. 그는 자신이 패배했다면 그 자신과 가족이 받았으리라 생각되는 처분을 그대로 내려서, 폭군의 두 아들을 사형에 처하고 나아가 그 일족을 모조리 몰살했다. 막센티우스의 측근들은 그의 행운과 죄악을 함께 나눴듯이 그의 파멸 또한 함께 할 각오를 했다. 그런데 더 많은 희생자를 요구하는 로마 시민들의 외침에도 불구하고, 승리자인 콘스탄티누스는 원한과 아첨에서 비롯된 이러한 비굴한 요구를 단호히 거부하며 자비를 베풀었다. 밀고자들은 엄한 처벌을 받았지만, 학정에 시달렸던 무고한 사람들은 유배에서 풀려나 예전 생활을 되찾았다. 대사면령이 내려지자 이탈리아와 아프리카의 민심은 평정을 되찾았고 재산 소유권 문제도 해결되었다. 처음으로 원로원에 모습을 나타낸 콘스탄티누스는 겸손한 어조로 자신의 노고와 공적을 간단히 언급한 후, 명예로운 원로원 신분에 대한 진심 어린 경의를 표명하는 동시에 그들의 위엄과 특권을 회복시켜 주기로 약속했다. 사실상 무의미한 것에 불과한

콘스탄티누스의 조치

26 선임 부황제를 자처하던 막시미누스도 몇 가지 이유를 들어 선임 황제의 자리를 요구했다.

이 선언에 만족한 원로원은 아직까지 남아 있던 자신들의 권한으로 그에게 영예롭지만 공허한 것에 불과한 여러 가지 칭호들을 수여해 주었다. 또 원로원은 감히 새삼스럽게 콘스탄티누스의 통치권을 승인하려 하지는 않았지만, 그를 로마 제국을 다스리는 세 명의 황제 가운데 최고 선임 황제로 결정했다.26 콘스탄티누스의 승리를 기리는 몇 가지 경기 대회와 축전이 제정되었고, 아울러 막센티우스가 비용을 부담해 건설한 몇몇 건축물들도 그와 맞서 승리한 콘스탄티누스의 명예를 기념하여 헌납되었다. 지금도 남아 있는 콘스탄티누스의 개선문은 당대 예술이 이미 쇠퇴기에 접어들었음을 보여 주는 우울한 증거인 동시에 인간의 허영심이 얼마나 부끄러운 것인지를 보여 주는 보기 드문 증거이다. 이미 제국의 수도에서는 그런 기념 건조물을 꾸밀 만한 실력을 지닌 조각가를 찾을 수 없었기 때문에, 고인의 명성이나 그에 대한 예의 따위는 무시한 채 트라야누스 황제의 개선문의 우아한 조각품들을 마구 떼어다가 사용했던 것이다. 시대와 인물, 공적과 지위의 차이는 완전히 무시되어서, 유프라테스 강 너머로는 진군해 본 적이 없는 군주의 발밑에 파르티아인 포로들이 꿇어 엎드려 있다. 또 콘스탄티누스의 전승 기념비 위에 트라야누스의 두상이 올려져 있다는 사실은 호기심 강한 골동품 애호가라면 누구나 알아차릴 수 있는 사실이다. 게다가 옛 조각들 사이의 빈자리를 메우기 위해 끼워 넣은 새로운 장식품들은 매우 조잡하고 서투른 솜씨로 만든 것이었다.

근위대의 전면 해체는 보복 조치인 동시에 사전 예방 조치였다. 콘스탄티누스는 막센티우스 휘하에서 예전의 규모와 특권을 회복했을 뿐 아니라 심지어 증대시키기도 했던 이 오만한 부대를 영원히 사라지게 만들었다. 요새 같았던 그들의 병영을 파괴하고, 분노의 칼날을 모면한 소수의 근위대 병사들을 각 군단에 분산 배치하여 제국의 변경 지방으로 추방함으로써 제국에 봉사할 수만 있을 뿐 두 번 다시 위협적인 존재는 되지 못하도록 조치했다. 콘스탄티누스는 로마에 상주하던 이 군대를 전면 폐지함으로써 원로원과 시민의 권위에도 치명적인 타격을 가했다. 무장 해제된 수도는 이제 황제가 멀리 떨어진 곳에 머물면서 가하는 온갖 모욕과 무시에도 무방비 상태로 노출되게 되었다. 원래 로마인들이 공납금 지불 의무를 지게 될 것을 염려하면서 막센티우스를 제위에 추대한 것은 소멸되어 가는 자유를 되찾기 위한 마지막 노력이었다고 할 수 있다. 그런데 그는 자발적 기부금이라는 명목하에 원로원으로부터 가차없이 공납금을 거둬 들였다. 이로 인해 그들은 콘스탄티누스의 도움을 간청하게 되었던 것이다. 그러나 오히려 그는 폭군을 타도한 후 자발적 기부금을 아예 항구적인 세제로 전환해 버렸다. 원로원 의원들은 각자 제출한 재산 신고 내용에 따라 몇몇 등급으로 나뉘었다. 가장 부유한 사람들은 매년 황금 8파운드, 그 아래 등급은 4파운드, 그리고 최하 등급은 2파운드를 내야 했다. 게다가 세금 면제 대상이 될 만큼 가난한 사람들조차 금화 일곱 닢을 부과받았다. 원로원 의원 본인 외에도 그의 아들들, 자손들, 그리고 친척들까지도 원로원 신분에 부여된 공허한 특권을 함께 누리는 대가로 그 신분에 부과되는 무거운 부담도 함께 감당해야 했다. 콘스탄티누스가 이처럼 유용한 세원이 되는 사람들의 수를 적극적으로 증가시키려 노력했다는 것은 놀라운 일이 아니다. 막센티우스의 패배 이후, 승자인 황제가 로마에 머문 것은 2~3개월에 불과했으며, 남은 생애 동안에도 그가 로마를 방문한 것은 재위 10주년 기념 축전과 20주년 기념 축전을 거행하기 위해 방문했던 두 번뿐이었다. 콘스

27 조시무스는 콘스탄티누스의 여동생이 전쟁 전에 리키니우스와 약혼한 상태였다고 언급한다. 빅토르 2세에 따르면 디오클레티아누스도 이 혼약식에 초대받았지만 노령과 질병을 이유로 참석을 사양했고, 이 때문에 막센티우스와 막시미누스를 편애한다는 비난이 담긴 편지를 받게 되었다고 한다.

탄티누스는 각 군단을 훈련시키거나 여러 속주의 민정을 시찰하면서 끊임없이 돌아다녔다. 그는 유럽과 아시아의 접경 지역에 새로운 로마를 건설하기 전까지는 트레브, 밀라노, 아퀼레이아, 시르미움, 나이수스, 테살로니카 등을 돌아다니며 임시로 머물렀을 뿐이다.

서기 313년 3월,
리키니우스와 제휴한
콘스탄티누스

콘스탄티누스는 이탈리아로 진격하기 전에 일리리쿰의 황제인 리키니우스와 우호 관계를 맺고 적어도 중립을 지키겠다는 보장을 받아냈다. 그는 여동생 콘스탄티아를 리키니우스와 결혼시키기로 약속한 다음 결혼식은 전쟁이 끝난 후로 미루어 놓았다. 이 문제를 의논하기 위해 밀라노에서 만난 두 황제의 회견으로 양가의 결합과 이해관계의 일치가 공고해지는 듯했다.27 그러나 국가적인 경축 행사가 한창 벌어지고 있을 때, 갑자기 두 황제가 서로에게 작별을 고할 수밖에 없는 사태가 발생했다. 콘스탄티누스는 프랑크족의 침입 때문에 라인 강 유역으로 불려 갔고, 리키니우스도 아시아 군주의 공세로 즉시

서기 313년,
막시미누스와
리키니우스 사이의 전쟁

전장으로 달려가야 했다. 막센티우스와 비밀 동맹을 맺고 있던 막시미누스는 막센티우스의 파멸에도 낙담하지 않고 내전을 감행하기로 했던 것이다. 그는 한겨울에 시리아를 출발하여 비티니아의 변경 지대로 향했다. 혹독하고 사나운 날씨 때문에 수많은 말과 병사들이 눈에 파묻혀 죽었으며 줄기차게 내리는 비로 도로마저 끊겼다. 그는 신속한 강행군에 방해가 되는 무거운 보급품들을 대부분 후방에 남겨 둘 수밖에 없었다. 이처럼 부지런히 노력한 끝에 그는 리키니우스의 부하 장군들이 그의 공격 의도를 미처 알아차리기도 전에 비록 지치기는 했지만 막강한 군대를 거느리고 트라키아 보스포루스 해협에

도달했다. 막시미누스는 11일간의 포위 공격 끝에 비잔티움의 항복을 받아 냈다. 그는 헤라클레아 성벽 아래서 며칠 지체했다. 그런데 그는 이 도시를 점령하자마자 리키니우스가 불과 18마일 떨어진 곳에 진영을 설치했다는 보고를 받고 깜짝 놀랐다. 두 군주는 협상으로 시간을 벌면서 상대편 지지자들의 충성심을 저하시키려 하다가 결국 협상이 깨지자 무력을 사용하게 되었다. 동방 황제인 막시미누스는 7만 명 이상의 규율에 단련되고 노련한 군인들을 지휘하고 있었다. 일리리쿰에서 3만 명가량을 모아 온 리키니우스는 처음에는 상대방의 수적 우위에 압도당했다. 그러나 그는 자신의 군사적인 재능과 휘하 병사들의 강건함에 힘입어 전세를 뒤집고 결국 결정적인 승리를 거머쥐었다. 막시미누스는 전투에서 발휘한 용맹보다는 엄청난 도주 속도로 더 유명해졌다. 그는 불과 24시간 후에 황제의 표장도 내팽개친 채 창백하고 공포에 질린 모습으로 자신이 패전한 장수에서 무려 160마일이나 떨어진 니코메디아에 나타났던 것이다. 아시아의 부는 아직도 무궁무진했고, 비록 최근의 전투에서 정예 부대를 잃어 버렸지만, 시간적 여유만 있다면 그는 여전히 시리아와 이집트에서 수많은 신병을 끌어 모을 수 있는 권력을 지니고 있었다. 그러나 그는 이 불운 이후로 불과 3~4개월밖에 더 살지 못했다. 그는 타르수스에서 사망했는데, 사망 원인으로는 절망, 독살, 천벌 등 갖가지 설이 제기되었다. 그는 능력과 미덕을 갖추지 못한 인물이었기 때문에, 백성들이나 병사들 중 어느 누구도 그의 죽음을 슬퍼하지 않았다. 내전의 공포에서 해방된 동방의 여러 속주들은 기꺼이 리키니우스의 권위를 인정했다.

> 4월,
> 막시미누스의 패배

> 8월,
> 막시미누스의 죽음

리키니우스의 잔인성

이 패배한 황제는 두 명의 자녀, 즉 8세가량의 아들과 7세가량의 딸을 남기고 죽었다. 그들은 위협적인 존재도 아니었기 때문에 자비를 베풀 법도 했다. 그러나 리키니우스는 냉담한 사람이었기 때문에 적의 이름과 기억을 말살하기를 주저하지 않았다. 특히 세베리아누스의 처형은 복수심이나 정책적인 필요에서 집행된 것도 아니었기 때문에 변명할 여지가 없는 행동이었다. 리키니우스는 이 불운한 젊은이의 아버지에게 어떠한 위해를 받은 일도 없었고, 또 제국의 외딴 지역에서 이루어졌던 세베루스의 짧고도 미미한 통치 행위는 이미 다 잊혀진 일이었다. 더구나 칸디디아누스를 처형한 것은 매우 가혹하고 배은망덕한 처사였다. 그는 리키니우스의 친구이자 은인인 갈레리우스의 사생아였다. 이 현명한 아버지는 그가 황제로서의 부담을 감당하기에는 아직 너무 어리다고 판단했다. 그러나 그는 칸디디아누스가 자신의 호의로 황제의 자리에 오른 군주들의 보호 아래 안전하고 영예로운 일생을 보낼 수 있으리라고 기대했다. 그의 나이는 이제 스무 살에 가까워져 있었다. 그는 비록 재능이나 야망은 없었지만 황족 출신이라는 점만으로도 리키니우스의 질투심을 사기에는 충분했다. 무고하면서도 리키니우스의 폭정에 희생될 수밖에 없었던 유명한 인물들 가운데는 디오클레티아누스 황제의 아내와 딸이 포함되어 있었다. 이 군주는 갈레리우스에게 부황제의 칭호를 수여하면서 자신의 딸 발레리아를 아내로 삼게 했는데, 그녀가 겪은 애처로운 일들은 비극의 소재로 삼기에 충분한 매우 이례적인 것이었다. 그녀는 아내로서의 의무를 다했고 심지어는 의무 이상의 일들을 해 내기도 했다. 그녀 자신은 아이가 없었기 때문에, 남편의 사생아인 칸디디아누스를 양자로 받아들여 생모와 다름없는 애정과 염려하는 마음으로 키웠다. 갈레리우스가 사망한 후, 막시미누스는 탐욕스럽게도 그녀의 많은 재산에 눈독을 들였을 뿐 아니라 그녀의 매력에 자극을 받아 욕정을 불태우게 되었다. 그는 이미 아내가 있었지만 로마법은 이혼을 허용하고 있었다. 이 폭군은 광포한 열정에 불타서 자신의 욕구를 즉시 만족시키기를 원했다. 발레리아는 황제의 딸이자 한때 황후였던 사람다운 태도를 보였지만, 동시에 자기 방어 능력이 없는 여성다운 신중함을 가지고 있었기 때문에 어느 정도는 누그러진 태도로 응답했다. 그녀는 막시미누스가 보낸 사자들에게 이렇게 말했다.

정절만을 고려하면 저와 같은 처지의 여성들도 재혼을 생각해 볼 수 있겠지만, 품위를 고려하면 적어도 남편이자 은인인 분의 시체의 온기가 채 가시지도 않았을 뿐더러 제 마음 또한 여전히 슬픔에 잠겨 상복을 입고 있는 이 시점에 폐하의 구혼에 귀 기울이는 것은 허용될 수 없는 일입니다. 또한 감히 말씀드리거니와 정숙하고 애정이 깊은 아내를 버리려는 무정하고 변덕스러운 분의 고백은 도저히 신뢰할 수 없습니다.

이와 같이 거절당하자 막시미누스의 사랑은 분노로 돌변했다. 증인이나 재판관을 얼마든지 자기 마음대로 할 수 있는 막시미누스가 자신의 분노를 합법적인 재판 절차로 위장하여 발레리아의 행복과 평판을 무너뜨리는 것은 쉬운 일이었다. 그는 그녀의 재산을 모두 몰수하고 그녀의 환관과 하인들에게 가장 비인간적인 고문을 가했으며, 그녀와 친분이 있던 훌륭하고 무고한 부인들 몇 사람마저 간통이라는 죄목으로 처형했다. 황후 자신은 어머니인 프리스카와 함께 유배에 처해졌다. 그들은 수치스럽게도 이곳저곳으로 끌려 다니던 끝에 시리아 사막의 한 외딴 마을에 감금되어서, 30년 동안 그들의 당당한 위엄을 우러러보던 동방의 여러 속주 사람들 앞에 자신들의 수치와 빈곤을 드러내 보이게 되었다. 디오클레티아누스가 딸의 고통을 덜어 주고자 노력했으나 모두 허사였다. 막시미누스가 황제의 자리에 오르도록 도와 주었던 디오클레티아누스는 막시미누스에게 마지막 보답으로 발레리아와 함께 살로나에서 은퇴 생활을 하고 딸 앞에서 임종할 수 있게 해 달라고 간청했다. 그러나 더 이상 아무 위협도 될 수 없었던 그의 간절한 탄원에 대한 대답으로 돌아온 것은 냉담한 경멸뿐이었다. 오만한 막시미누스는 디오클레티아누스를 애원하게 만들고 그의 딸을 범죄자로 취급하면서 큰 만족감을 느꼈다. 막시미누스가 사망하자 황후 모녀의 운명은 확실히 호전되는 것처럼 보였다. 국가적 혼란으로 감시의 눈초리가 느슨해진 사이에 그들은 손쉽게 유배지를 탈출했고, 만일에 대비하여 변장을 한 채로 리키니우스의 궁전으로 향했다. 리키니우스가 통치 초기에 보인 행동이나 젊은 칸디디아누스를 맞이한 명예로운 방식을 생각하면서, 발레리아는 그녀 자신과 양아들의 앞날에 대한 희망에 부풀었다. 그러나 이처럼 달콤한 기대는 머지않아 공포와 경악으로 변하게 되었다. 니코메디아의 궁전에서 연일 벌어진 피비린내 나는 처형을 목격한 발레리아는 막시미누스의 제위를 차지하게 된 이 황제가 그보다 더한 폭군이라는 사실을 확신하게 되었다. 발레리아는 자신의 안위를 도모하기 위해 어머니 프리스카와 함께 서둘러 도피했다. 그들은 평민으로 변장을 한 채 15개월 이상 동안 여러 속주를 전전하며 떠돌아 다녔다. 그들은 이미 사형 선고를 받은 상태였기 때문에, 마침내 테살로니카에서 발각된 즉시 참수되었고 시신은 바다에 내던져졌다. 이 비참한 광경을 목격한 사람들은 슬픔과 분노를 느꼈지만 호송대가 두려워 아무것도 할 수 없었다. 이것이 디오클레티아누스의 아내와 딸에게 닥쳐 온 부당한 운명의 전모였다. 그들의 불운이 더욱 슬픈 것은 그들에게서 어떠한 범죄 사실도 발견할 수 없기 때문이다. 리키니우스의 잔인성을 어떻게 평가할 것인가라는 문제와는 별도로, 그가 좀 더 온당하면서도 은밀한 방식으로 복수심을 만족시키지 못했다는 사실은 여전히 놀라운 일이 아닐 수 없다.

이제 로마 세계는 콘스탄티누스와 리키니우스가 양분하여, 콘스탄티누스는 서방 제국을, 그리고 리키니우스는 동방 제국을 지배하게 되었다.

> 서기 314년,
> 콘스탄티누스와
> 리키니우스 사이의 불화

이 두 승리자는 내전으로 지쳐 있었고 공적으로뿐만 아니라 사적으로도 동맹 관계를 맺고 있었기 때문에 이제 이 이상의 야심찬 계획은 폐기하거나 아니면 적어도 일시적으로 중지할 것처럼 보였다. 그러나 막시미누스가 사망한 지 1년도 채 못 가서 이 두 황제는 서로에게 무기를 겨누게 되었다. 콘스탄티누스의 비범한 자질과 승리, 그리고 큰 포부 때문에 그가 먼저 공격했다고 생각하기 쉽지만, 리키니우스의 음험한 성격을 고려해 보면 오히려 그를 더 의심하게 된다. 또한 이 사건에 관한 몇 안 되는 역사 기록을 살펴보아도 그가 술책을 꾸며 동료 황제의 권위에 맞서는 음모를 꾸몄으리라고 생각된다. 콘스탄티누스는 그 얼마 전 여동생 아나스타시아를 부유한 명문가 출신인 바시아누스와 결혼시키고 이 새로운 친족을 부황제로 등용했다. 디오클레티아누스가 제정한 통치 체제에 따르면, 이탈리아와 어쩌면 아프리카까지도 그의 관할 구역으로 예정되어 있었다. 그러나 이 약속은 너무 오랫동안 이행되지 않았고 또 여러 가지 불공평한 조건까지 달려 있었기

[28] 오늘날 레이바크라 불리는 카르니올라 지방의 아에모나의 위치에서 한 가지 추측을 할 수 있다. 즉 율리아 알프스의 북동쪽에 위치해 있는 중요한 영토인 이곳을 차지하려는 이탈리아 군주와 일리리쿰 군주 간에 분쟁이 자주 일어났다는 것이다.

[29] 키발리스 또는 키발레(이 이름은 지금도 스위레이의 폐허가 있는 구석진 지역에서 보존되고 있다.)는 일리리쿰 속주의 수도인 시르미움에서는 50마일 정도, 타우루눔, 즉 벨그라데 그리고 도나우 강과 사베 강이 만나는 지점에서는 100마일 정도 떨어져 있었다.

때문에, 바시아누스의 충성심은 이 명예로운 영전으로 더욱 확고해졌다기보다는 오히려 약화되었다. 그가 부황제로 지명된 것은 리키니우스의 동의를 얻어 추인된 일이었다. 그런데 이 교활한 군주는 곧 밀사를 보내 이 새로운 부황제와 은밀하고도 위험스런 서신 왕래를 시작하여, 그의 불만을 자극하고 콘스탄티누스에게서 정당한 요구로 얻어낼 수 없는 것은 무력으로 강탈하라며 경솔한 모험을 하도록 부추겼다. 그러나 이 주도면밀한 황제는 실행 단계에 이르기도 전에 이 음모를 간파했다. 그는 바시아누스와의 동맹 관계 단절을 엄숙하게 선언한 후 그에게서 부황제의 지위를 박탈하고 그의 반역과 배은망덕한 행위에 대하여 응분의 처벌을 내렸다. 리키니우스가 자기 관할 영토 안으로 피신한 범죄자들의 인도를 오만한 태도로 거절했기 때문에 그의 배반에 대한 의혹은 사실로 확인되었다. 이탈리아 변경 지대의 아에모나에서 발생한 콘스탄티누스 조각상에 대한 모독 사건은 두 군주 간의 불화를 알리는 신호가 되었다.[28]

콘스탄티누스와 리키니우스 사이의 제1차 내전

최초의 전투는 시르미움으로부터 약 50마일 정도 위쪽에 있으며 사바 강변에 위치한 판노니아의 도시인 키발리스 부근에서 벌어졌다.[29] 두 명의 강력한 군주들이 모두 이 중요한 전투에 이처럼 소규모 병력을 동원했다는 점을 볼 때, 한쪽은 갑작스러운 분노로 공격을 감행하고 이에 따라 다른 쪽은 불의의 기습을 당했던 것으로 추측된다. 서방 황제의 병력은 2만 명에 불과했고, 동방 황제의 병력도 3만 5000명에 불과했다. 그러나 수적인 열세는 지형상의 이점으로 보완될 수 있었다. 콘스탄티누스는 가파른 언덕과 깊은 늪 지대 사이에 있는 폭 0.5마일의 좁은 길목에 포진한 후 그 위치에서 끈기 있게 적을 기다리다가 첫 번째 공격을 맞이하여 격퇴했다. 그는 확실한 승리를 거두기 위해 적을 추격하여 평원으로 나갔다. 그러나 일리리쿰의 노련한 군단병들도 프로부스와 디오클레티아누스 휘하에서 단련된 지휘관의 깃발 밑에 다시 집결했다. 양측 군대는 곧 화살이 바닥나자 대등한 기세로 창검을 동원한 백병전을 벌였다. 동틀 무렵부터 저녁 늦은 시간까지 승패를 알 수 없는 전투가 계속된 끝에 마침내 콘스탄티누스가 몸소 이끄는 우익이 맹렬하고 결정적인 돌격을 감행했다. 리키니우스는 현명하게도 퇴각을 명령했기 때문에 전군이 궤멸당하는 사태는 모면했다. 그러나 휘하 군대의 병력 손실이 2만 명 이상이나 된다는 사실을 확인하자, 승리에 고무되어 의욕이 넘치는 적군 앞에서 밤을 보내는 것은 위험하다고 판단했다. 그는 진지와 군수 물자를 모두 버린 채 휘하 기병대 대부분을 이끌고 은밀하고 신속하게 도주하여 곧 추격의 위험에서 벗어날 수 있었다. 그는 이처럼 신속한 후퇴 덕분에 시르미움에 맡겨 두었던 아내와 아들, 그리고 재물을 지켜 낼 수 있었다. 리키니우스는 이 도시를 통과하고 사바 강의 다리를 파괴한 다음 다키아와 트라키아에서 서둘러 새 군대를 규합했다. 그는 도주하는 동안에 일리리쿰 변경을 담당하는 휘하 장군인 발렌스에게 앞날을 알 수 없는 부황제의 칭호를 수여했다.

두 번째 전투는 트라키아의 마르디아 평원에서 벌어졌고, 이 전투도 첫 번째 전투 못지않게 격렬하고 처참했다. 양측 군대가 모두 대등하게 용맹과 규율을 과시했지만, 이번에도 승리를 결정 지은 것은 콘스탄티누스의 탁월한 재능이었다. 그는 5000명의 병력을 이끌고 유리한 고지를 점령하고 있다가 전투가 한창일 때 적의 배후를 공격하여 대승리를 거두었다. 그러나 리키니우스의 군대는 이중 전선을 펴고 진지를 사수하다가

마르디아 전투

밤이 되어 전투가 끝나자 마케도니아의 산악 지대로 무사히 퇴각했다. 두 차례의 전투에서 패배하고 다수의 노련한 고참병들을 잃고 나자 맹렬하던 리키니우스도 기가 꺾여서 화평을 청하기에 이르렀다. 그의 특사 미스트리아누스는 콘스탄티누스의 알현을 허락받아 중용과 자비 같은 흔한 주제를 가지고 패배자의 변을 장황하게 늘어놓았다. 그는 또한 매우 완곡한 표현으로 전쟁의 결과가 아직 불확실하기 때문에 그로 인해 발생할 불가피한 참화는 양측 모두에게 매우 치명적일 것이라고 암시한 다음, 그는 자신의 주군인 두 황제의 이름으로 지속적이고 명예로운 화평을 제의하는 권한을 부여받았다고 선언했다. 콘스탄티누스는 발렌스의 이름이 언급되자 경멸과 분노를 표시했다. 그는 단호하게 응수했다.

짐이 서쪽의 대양 연안에서 출발하여 연전연승을 거두며 진군해 온 것은 그러한 목적을 위해서가 아니었다. 배은망덕한 친족을 쫓아낸 짐이 어찌 비천한 노예를 동료로 받아들이겠는가. 발렌스의 퇴위가 강화 조약의 첫 번째 조건이어야 한다.

이 굴욕적인 조건을 받아들일 수밖에 없었던 불운한 발렌스는 불과 재위 며칠 만에 제위와 생명을 모두 빼앗겼다. 장애가 제거되자마자 로마 제국의 평온은 손쉽게 회복되었다. 리키니우스는 잇따른 패배로 휘하 군대의 대부분을 잃었지만, 그 와중에도 자신의 용기와 재능을 펼쳐 보였다. 그는 절망적인 처지에 놓여 있었지만 때때로 쥐도 궁지에 몰리면 고양이를 물게 마련이므로, 현명한 콘스탄티누스는 다시 한 번 전쟁으로 승부를 걸기보다는 더욱 크고 확실한 이익을 선택했다. 그는

12월.
평화 협상

다시 한 번 리키니우스를 자신의 친구이자 형제라고 부르면서, 그에게 트라키아, 소아시아, 시리아, 이집트의 영유권을 남겨주는 데 동의했다. 그러나 판노니아, 달마티아, 다키아, 마케도니아, 그리스와 같은 속주들은 모두 서방 제국에 복속시켰기 때문에, 콘스탄티누스의 영토는 이제 칼레도니아의 국경 지대부터 펠로폰네수스 반도의 말단까지 이르게 되었다. 또한 이 강화 조약에는 두 황제의 아들인 세 명의 젊은이들이 제위 계승권자로 명기되어 있었다. 서방에서는 곧 크리스푸스와 콘스탄티누스 2세가 부황제로 선포되었으며, 동방에서도 리키니우스의 아들이 동일한 지위를 부여받았다. 승리자는 두 배의 영예를 차지함으로써 무력과 권력 모두가 우위에 있음을 주장했다.

콘스탄티누스와 리키니우스의 화해는 비록 분노와 질투, 최근의 상흔들에 대한 기억, 장래의 위험에 대한 염려로 얼룩져 있었지만, 그래도 8년이 넘도록 로마 세계에 평온을 가져다주었다. 일련의 제국 법령집이 정기적으로 발간되기 시작한 것도 이 무렵이었기 때문에, 콘스탄티누스가 이 틈에 공포했던 몇 가지 민정 법령을 그대로 옮겨 적는 것도 어려운 일은 아니다. 그러나 그가 확립한 제도들 가운데 가장 중요한 것은 정책 및 종교의 새로운 체계와 밀접하게 연관된 것인데도 불구하고, 이것은 그의 치세 말기의 평화로운 시기 이전까지는 완벽하게 확립되지 못했다. 그가 제정한 법령들은 개인의 권리와 재산 그리고 재판 절차에 관한 한 제국의 공법 체계보다는 사법 체계에 속하는 것으로 보아야 한다. 그는 일부 지역에 국한되거나 한시적인 성격의 칙령들도 많이 공포했지만, 이것들은 개괄적인 역사서에서 다룰 만큼 중요한 것들은 아니다. 그러나 그중

서기 315~323년, 콘스탄티누스의 전반적인 평화와 법률

에서도 두 가지 법령은 각기 그 중요성과 희소성, 즉 놀라운 자비심과 지나친 가혹함 때문에 주목할 만한 가치가 있는 것으로 보인다. 1. 옛 사람들에게는 별로 새로울 것도 없는 일이었는지는 모르지만, 신생아를 유기 또는 살해하는 끔찍한 관습이 이 무렵 여러 속주와 특히 이탈리아 본토에서 연일 빈번하게 실행되고 있었다. 그 원인은 주로 과도한 세금 부담과 지불 능력이 없는 체납자에 대한 징세관들의 가렴주구에서 비롯된 빈곤이었다. 그다지 부유하지도 않고 부지런하지도 않은 사람들은 가족이 늘어나는 것을 기뻐하기는커녕, 이 신생아들을 그들 자신조차 견뎌 내기 힘든 비참한 삶에서 해방시켜 주는 것이야말로 부모의 애정이라고 생각했다. 콘스탄티누스는 그 무렵 발생했던 몇 가지 절망적이고 기이한 사례들을 접하고 자비심을 발휘하여 우선은 이탈리아, 나중에는 아프리카의 모든 도시들에 대하여 한 가지 칙령을 내렸다. 그는 이 칙령에서 빈곤 때문에 교육을 시킬 수 없는 모든 아이들을 행정관 앞에 데려와 보이기만 하면 그 부모에게 즉각적으로 충분한 구제 기금을 지급하도록 명령했다. 그러나 이 공약 자체가 지나치게 관대하고 개별 조항도 너무 막연했기 때문에 전반적이거나 항구적인 구제 방법이 될 수 없었다. 이 법령은 비록 몇 가지 칭찬할 만한 점이 있기는 하지만, 국민들의 빈곤을 실제로 완화시켜 주었다기보다는 오히려 그 빈곤을 만천하에 드러내 보이는 효과가 있었을 뿐이다. 오늘날에도 이 법령은 자신들이 처한 상황에 만족스러워하면서 관대한 군주의 통치하에서 어떠한 사회악이나 비참한 현실도 발견할 수 없다고 주장했던 어용 웅변가들을 반박하도록 해 주는 믿을 만한 공식 기록으로 남아 있다. 2. 콘스탄티누스가 제정한 또 한 가지 법은 강간에 관한 것이었다. 강간이 인간 본성에서 비롯된 가장 유약한 결점인데도 불구하고,

콘스탄티누스는 강간에 대해서만큼은 거의 관용을 베풀지 않았다. 이 범죄의 적용 범위에 관한 설명을 보면, 강제로 난폭하게 폭행을 했을 때뿐만 아니라 심지어는 25세 미만의 미혼 여성을 부모의 집에서 가출하도록 설득하여 유괴하는 경우에도 죄를 범한 것으로 간주했다.

강간범은 사형에 처해졌다. 더욱이 그의 죄질이 악질적이어서 단순한 사형만으로 불충분하다고 여겨질 때면, 그는 산 채로 화형에 처해지거나, 원형경기장에서 맹수에게 던져져 갈가리 찢겨 죽음을 맞았다. 설사 당사자가 자신이 유괴에 동의했다고 고백한다 해도 그것으로 그녀의 애인을 구할 수 있기는커녕 그녀 자신 또한 그와 동일한 운명에 처하게 될 뿐이었다. 이처럼 스스로 죄를 범하거나 불운을 당한 처녀의 부모에게는 공개적으로 고발할 의무가 부과되었다. 만약 육친의 정에 이끌려 이러한 위법 행위를 은폐하거나 사후 결혼으로 가족의 명예를 유지하고자 하면, 그 부모들도 유배나 재산 몰수형에 처해졌다. 또 강간이나 유괴의 종범(從犯)으로 유죄를 선고받은 노예는 남녀를 불문하고 산 채로 화형에 처하든지, 아니면 목구멍에 끓는 납을 붓는 고문으로 사형에 처했다. 이 범죄는 국가적 범죄의 일종으로 심지어 생면부지의 사람에게도 고발이 허용되어 있었다. 범죄 성립의 연령 하한에는 제한이 없었고, 판결 결과는 그러한 불법적인 결합으로 태어난 무고한 자식들에게도 미치게 되어 있었다.

그러나 이와 같은 가혹한 형벌도 이런 종류의 범죄에 대한 공포심을 가지게 하기에 부족하다는 점은 가혹한 형법조차도 인간의 보편적인 감정에는 이기지 못한다는 것을 알려 준다.

30 에우세비우스는 자신의 영웅의 치세 기간 중에 정의의 칼이 행정관들의 손에 방치되어 있었다고 단언한다. 에우세비우스의 기록과 『테오도시우스 법전』을 살펴보면, 이처럼 지나치게 관대한 조치가 극악무도한 범죄나 형법이 없었기 때문은 아니라는 사실을 알 수 있다.

31 크리스푸스가 알레만니족에게 거둔 승리는 몇몇 메달들에 표현되어 있다.

32 11월에 거행되는 사르마티아족의 경기 대회는 이 전쟁의 승리에서 유래했던 것으로 보인다.

후계 황제들은 이 칙령 가운데 가장 가혹한 부분들을 완화하거나 폐기했다. 심지어는 콘스탄티누스 자신도 여러 번 자비를 베풀어 이 엄격한 법령을 완화하곤 했다. 사실상 이러한 점이 콘스탄티누스의 특이한 기질이었는데, 그는 전반적인 법령을 제정할 때는 엄격하고 심지어 잔인하기까지 했지만, 그 법을 실행하는 과정에서는 관대하고 심지어 태만한 모습을 보이기도 했다. 그의 성격이나 그 통치 체제를 살펴보면서 이보다 더 결정적인 약점을 보여 주는 사례를 발견하기는 힘들 것이다.30

서기 322년, 고트 전쟁

민간 행정은 때때로 제국을 방어하기 위한 군사 행동으로 인해 중단될 때도 있었다. 온화한 크리스푸스는 부황제의 칭호와 함께 라인 강변 지방의 지휘권을 받은 이후, 프랑크족과 알레만니족에게 여러 차례 승리를 거두어 자신의 용맹과 지휘 능력을 떨쳤을 뿐만 아니라 이 변경 지방의 야만족들이 콘스탄티누스의 맏아들이자 콘스탄티우스의 손자인 자신을 두려워하게 만들었다.31 황제 자신은 모든 한층 다루기 힘들고 중요한 도나우 전역을 맡았다. 일찍이 클라우디우스와 아우렐리아누스 시대에 로마군의 위력을 실감했던 고트족은 제국이 한창 내부의 분열에 시달릴 때도 로마 제국의 권위를 존중했다. 그러나 50여 년에 걸쳐 계속된 평화로 이 호전적인 민족은 이제 힘을 회복했다. 지난날의 패배를 기억하지 못하는 새로운 세대가 자라났다. 또한 마이오티스 호 주변에 거주하는 사르마티아족이 신민 또는 맹방을 자처하며 고트족의 깃발 아래 모여들었고 두 민족의 연합군이 일리리쿰의 여러 지방들로 밀려 들어왔다. 캄포나, 마르구스, 보노니아가 역사에 남을 만한 몇몇 포위 공격과 전투의 무대였던 것 같다.32 콘스탄티누스는 매우 완강한 저항에 부딪혔으나 결국 싸움에서 이겼고, 고트족은 수치스럽게도 약탈품과 포로들을 반환하고 퇴각을 허락받아야만 했다. 그러나 이 정도 성과로는 황제의 분노를 충분히 가라앉힐 수 없었다. 그는 감히 로마의 영토를 침범한 이 무례한 야만족들을 격퇴하는 것은 물론 한 발 더 나가 응징하기로 했다. 그는 트라야누스가 건설했던 다리를 복구한 다음 대군을 이끌고 도나우 강을 건너 다키아의 오지로 깊숙이 쳐들어갔다. 그리고 야만족에게 가차 없는 보복을 가한 후에야 비로소 고트족의 애원을 받아들여 필요할 때면 언제라도 로마군에 4만 명의 병사들을 제공한다는 것을 조건으로 강화를 허락했다. 물론 이러한 전과는 황제에게 명예로운 동시에 국가에도 이익이 되는 것이었다. 그러나 에우세비우스의 과장된 주장처럼 그 당시 멀리 북쪽 끝에 이르기까지 다양한 풍속의 많은 야만족 국가로 분열되어 있던 스키타이 전역이 승리를 거둔 로마 황제의 군대로 편입되었는지는 매우 의심스럽다.

이러한 영광의 절정에서 콘스탄티누스가 더 이상 제국의 분할 통치를 용인하지 않으려 한 것은 당연하다. 그는 자신의

서기 323년, 콘스탄티누스와 리키니우스 사이의 제2차 내전

재능과 병력이 우세하다는 것을 자신하고 선제 공격을 감행하여 적을 파멸시키기로 결심했다. 리키니우스는 이미 노령인데다가 악덕 때문에 인망을 잃어 손쉽게 승리할 수 있을 것처럼 보였다. 그러나 이 늙은 황제는 위험이 임박했음을 깨닫자 적군과 아군 모두의 예상을 뒤집었다. 그는 갈레리우스의 신임을 받아 황제의 자리에 올랐던 사람다운 기백과 재능을 다시 한 번 발휘하여 임전 태세를 갖추고 동방군의 전 병력을 집결시키자 곧 하드리아노폴리스 평원과 헬레스폰투스 해협이 각기 그의 군대와 함대로 가득 차게 되었다. 육군은 보병 15만 명과 기병 1만 5000명으로 구성되었다. 대부분의 기병대는 프

³³ 콘스탄티누스는 자신이 동료 고참병이라 불렀던 이 사람들이 특권과 안락한 생활을 누릴 수 있도록 세심하게 배려했다.

³⁴ 아테네가 해양 제국으로 있는 동안 그들의 함대는 처음에는 3단 노 갤리선 300척, 나중에는 400척으로 구성되었고, 언제나 완벽하게 즉각적인 출전 태세를 갖추고 있었다. 공화국은 피레우스 항의 병기고에 오늘날의 21만 6000파운드에 해당하는 1000탈렌트의 비용을 지출했다.

리기아와 카파도키아에서 모집되었기 때문에, 기병들의 용기나 민첩성보다는 말의 아름다움이 더 뛰어났던 것으로 보인다. 함대는 3단 노(櫓)의 갤리선 350척으로 구성되었다. 그중 130척은 이집트와 그 인근의 아프리카 연안 지역에서 공급한 것이었다. 100척은 페니키아의 여러 항구와 키프로스 섬에서 온 것이었으며, 나머지도 비티니아, 이오니아, 카리아 같은 해양 국가에서 징발해 온 것이었다. 콘스탄티누스의 군대는 테살로니카에 집결하도록 명령받았다. 그들의 병력은 기병과 보병을 합해 12만 명이 넘었다. 황제는 그들의 군인다운 위용을 보고 흡족해 했다. 더구나 그의 군대는 동방 군대에 비해 비록 총 인원수는 적었지만 노련한 역전의 용사들이 많았던 것이다. 콘스탄티누스의 군단병들은 유럽의 여러 호전적인 속주들에서 모집되어 온 사람들로서, 실전을 통해 규율을 다졌으며 승리를 통해 사기가 진작되어 있었다. 그들 가운데 대부분이 같은 지휘관 밑에서 열일곱 차례나 영예로운 전투를 경험한 고참병들로서 이제 마지막으로 한 번 더 용기를 발휘한 후 명예롭게 퇴역하려는 사람들이었다.³³ 그러나 콘스탄티누스의 해상 병력만은 모든 면에서 리키니우스에 비해 훨씬 열세였다. 그리스의 해양 도시들이 저 유명한 페이라이오스 항에 각기 할당된 병력과 선박을 보냈지만, 그들의 연합군 규모는 소형 선박 200척에 불과했다. 이것은 펠로폰네수스 전쟁 당시 아테네 공화국이 보유하고 있던 막강한 함대에 비하면 매우 초라한 규모였다.³⁴ 이탈리아는 이미 제국 통치의 중심지가 아니었기 때문에 미세눔과 라벤나의 해군 시설들도 차츰 방치되어 왔다. 게다가 로마 제국의 해운업과 선원들은 전쟁보다는 상업에 의존하고 있었기 때문에 그들이 주로 이집트와 아시아의 활력이 넘치는 지방들로 몰려간 것은 당연한 일이었다. 오히려 이처럼 강력한 제해권을 장악한 동방의 황제가 적의 영토 한복판으로 진격해 들어갈 기회를 방치했다는 점이 놀라울 따름이다.

너무나 신중했던 리키니우스는 전반적인 전세를 변화시켰을지도 모르는 이런 과감한 결정을 내리는 대신에 자신이 사태의 추이를 염려하며 세심하게 요새화해 놓은 하드리아노폴리스 근처 진영에서 적군이 다가오기만을 기다렸다.

서기 323년 7월, 하드리아노폴리스 전투

콘스탄티누스는 테살로니카를 출발하여 트라키아의 이 도시를 목표로 진격해 왔지만 결국 폭이 넓은 헤브루스 강의 빠른 물살에 가로막혀 멈춰 설 수밖에 없었다. 게다가 리키니우스의 대군이 강기슭에서 하드리아노폴리스에 이르는 언덕의 가파른 오르막을 가득 메우고 있다는 사실마저 발견했다. 서로 먼 곳에 진을 친 채 승패도 나지 않는 소규모의 접전으로 여러 날을 허비한 끝에 마침내 콘스탄티누스가 과감한 작전으로 진군과 공격을 가로막는 장애물을 제거했다. 여기서 한 가지 언급해 둘 점은 시나 로맨스에서도 그에 필적할 만한 경우를 찾아보기 힘든 콘스탄티누스의 이 놀라운 공적이 돈으로 매수된 웅변가가 아니라 오히려 그의 명성에 반감을 가지고 있는 한 역사가의 찬양을 받았다는 사실이다. 확실한 것은 이 용감한 황제가 불과 기병 12기만을 거느리고 헤브루스 강의 급류에 직접 뛰어들어 무적을 자랑하는 칼을 맹렬하게 휘둘러 15만 명이라는 대군을 살육하거나 아니면 도주하도록 만들었다는 점이다. 그런데 고지식한 조시무스는 이 사실에 지나치게 흥분하여 이 역사적인 하드리아노폴리스 전투에서 벌어졌던 사건들 가운데 중요한 사건보다는 신기한 사건만을 선택하여 윤색하는 우를 범했다. 콘스탄티누스가 위험을 무릅쓰고 용맹을 발휘한 것은 그가 넓적다리에 경상을 입었다는 사실로도 입증된다. 그러나 그가 영웅적인 용기보다는 장군으로서의 지휘 능력으로 이 승리를 얻어 냈다는 점은 불완전한 기록이기는 하지만 심지어는 와전된 자료를 통해서도 알 수 있는 주지의 사실이다. 적군이 아군의 교량 건설에 주의를 돌리고 있는 동안 5000명의 궁사들이 적의 배후로 우회하여 울창한 숲을 점령하게 하자, 이처럼 교묘한 여러 가지 대형 전개에 당황한 리키니우스가 본의 아니게 자신이 차지하고 있던 유리한 고지를 버리고 평야로 나와 대등한 조건에서 싸우게 되었던 것이다. 이 전투는 더 이상 대등할 수 없었다. 서방 제국의 노련한 고참병들은 오합지졸이나 다름없는 그의 신병들을 손쉽게 격파했다. 기록에 따르면 이때 3만 4000명이 살육되었다고 한다. 그토록 견고하던 리키니우스의 진영은 그날 밤 공격을 받아 탈취당했으며, 산 속으로 도망갔던 대부분의 병사들은 다음 날 항복하여 승리자의 선처를 구했다. 더 이상 전장에서 버틸 수 없게 된 리키니우스는 비잔티움의 성벽 안으로 후퇴한 후 나오려 하지 않았다.

비잔티움에 대한 포위 공격과 크리스푸스의 해전 승리

콘스탄티누스는 즉시 비잔티움을 포위 공격하기 시작했으나, 이것은 매우 어려우면서도 승패의 향방조차 불확실한 작전이었다. 유럽과 아시아의 관문인 이 도시의 성채들은 최근 반복된 내전을 통해 수리되고 보강되어 있었다. 게다가 리키니우스가 제해권을 장악하고 있는 한, 수비군보다는 포위군 측이 식량 부족 사태에 직면할 가능성이 훨씬 컸다. 리키니우스의 함대가 적의 허약한 함대를 찾아 궤멸시키기는커녕 해군력의 수적 우세가 아무 소용이 없는 좁은 해협에서 하릴없이 시간만 보내고 있을 때, 콘스탄티누스는 휘하 해군 지휘관들을 자기 진지로 불러들여 헬레스폰투스 해협의 통로를 강행 돌파하라는 적극적인 명령을 내렸다. 황제의 맏아들인 크리스푸스가 이 과감한 작전의 수행을 떠맡았다. 그는 아버지가 감탄하는 것은 물론이고 어쩌면 질투심까지 품을 정도로 용감하고 성공적으로 이 작전을 수행해 냈다. 교전은 이틀 동안 계속되었다. 첫 날 저녁에는 양측 함대가 상당한 손실을 입고 각기 유럽과 아시아에 있는 항구로 되돌아갔다. 둘째 날 정오 무렵 세차게 일어난 남풍35으로 크리스푸스의 함선들이 적 함대 쪽으로 밀려 갔다. 크리스푸스는 이 우연한 기회를 능숙하고 용감하게 활용하여 곧 전면적인 승리를 거두었다. 함선 130척이 파괴되고 5000명이 살해되었으며, 아시아 함대 제독인 아만두스는 간신히 칼케돈의 해안 지대로 도망쳤다. 헬레스폰투스 해협이 열리자마자 이미 포위 공략전에 착수했던 콘스탄티누스의 진영으로 군수 물자를 가득 실은 수송선들이 밀려들어 왔다. 콘스탄티누스는 비잔티움의 성벽과 같은 높이의 토성을 쌓았다. 이 토성 위에는 높은 탑을 세우고 공성 기구를 동원해 큰 돌과 화살을 퍼부어 농성군을 괴롭히는 한편 파성추로 성벽 곳곳을 파괴했다. 만일 리키니우스가 더 오랫동안 농성전을 고집했다면, 성과 함께 그 자신도 멸망했을 것이다. 그는 현명하게도 포위되기 이전에 재물을 가지고 아시아의 칼케돈으로 피신했다. 그는 운이 좋을 때든 역경에 처할 때든 언제나 자신과 운명을 함께 할 동료를 원하는 사람이었기 때문에, 이번에도 제국의 가장 중요한 국무 중 한 가지를 맡고 있던 마르티니아누스에게 부황제의 칭호를 수여했다.

이처럼 리키니우스는 여전히 재원과 능력을 갖추고 있었기 때문에, 그처럼 여러 차례 패배한 후에도 콘스탄티누스가 비잔티움 포위 공격에 전념하고 있는 동안 비티니아에서 5~6만 명의 새로운 군대를 모았다. 그러나 빈틈없는 콘스탄

35 이 해류는 언제나 헬레스폰투스 해협에서 출발한다. 따라서 해류의 흐름에 북풍이 가세하면 어떤 함선도 이 통로를 지나갈 수 없다. 반면 남풍이 불면 유속이 거의 감지되지 않는다.

크리소폴리스 전투

티누스는 이 적대자의 마지막 안간힘을 그대로 내버려 두지 않았다. 그는 승리의 자신감에 찬 병사들 가운데 상당수를 소형 선박을 이용해 보스포루스 해협 건너편으로 이동시켰다. 그들이 오늘날 스쿠타리라고 불리는 크리소폴리스 고지에 상륙하자마자 결전이 벌어졌다. 리키니우스의 군대는 얼마 전 모집된데다가 무장도 허술하고 군기는 더 엉망이었지만 그런 가운데도 승리자의 군대에 맞서 필사적으로 헛된 저항을 시도했다. 그러나 결국 2만 5000명이 살육되는 참패를 당함으로써 그

리키니우스의
항복과 죽음

들의 지휘관인 리키니우스의 운명도 결정되었다. 그는 니코메디아로 물러갔으나 그것은 어떤 효과적인 방어책을 강구하기 위해서라기보다는 협상의 시간을 벌기 위해서였다. 그의 아내이자 콘스탄티누스의 여동생 콘스탄티아가 남편을 위해서 중재에 나선 결과 콘스탄티누스의 동정심 덕분이라기보다는 그의 정책에 따라 그의 선서로써 보장된 한 가지 엄숙한 약속을 받아 냈다. 마르티니아누스를 희생시키고 리키니우스 자신은 퇴위한다면 그에게 평온하고 풍족한 여생을 보낼 수 있도록 허용해 준다는 약속이었다. 콘스탄티아의 행동과 그녀가 두 교전 당사자와 맺고 있던 관계는 자연스럽게 아우구스투스의 누나이자 안토니우스의 아내였던 정숙한 부인 옥타비아를 떠올리게 한다. 그러나 사람들의 성품이 변해서 로마인들도 더 이상 명예와 독립을 박탈당하고 살아남는 것을 수치스럽게 생각하지 않았다. 리키니우스도 자신의 죄를 용서해 달라고 간청하여 사면받은 후, 자신의 주인인 군주의 발밑에 황제의 자주색 의복을 벗고 꿇어 엎드렸다. 그는 모욕적인 동정을 받고는 일으켜 세워진 후 바로 그날 황제의 연회에 참석하도록 허락받았으며, 곧이어 테살로니카로 유폐되었다. 유폐 생활은 죽음으로

곧 종결되었는데, 그가 처형된 원인이 군인들의 폭동이었는지, 아니면 원로원의 결정이었는지는 확실하지 않다. 폭정의 결말이 늘 그렇듯이 그도 음모를 꾸미고 야만족들과 반역을 목적으로 내통했다는 혐의로 고발당했다. 그러나 그가 실제 자신의 행동이나 어떤 법적 증거에 따른 유죄 판결을 받은 적은 없었던 것을 보면, 나약하기까지 했던 이 인물이 사실은 결백했으리라고 생각해도 좋을 것이다. 리키니우스의 사후에 그의 이름에 불명예의 낙인이 찍히면서, 그의 조각상들이 파괴되었고 그의 치세 중에 확정된 법령과 사법 절차들은 그 해로운 영향력을 즉각 교정하기 위해 급조된 칙령에 따라서 모조리 폐지되었다. 이처럼 콘스탄티누스가 승리를 거둠으로써 로마 제국은 디오클레티아누스가 그의 동료 황제 막시미아누스와 함께 권력과 영토를 분할한 지 37년 만에 다시 한 사람의 황제의 권위 아래 통일되었다.

서기 324년, 제국의 재통합

지금까지 콘스탄티누스가 요크에서 처음 황제로 등극하여 니코메디아에서 리키니우스를 퇴위시키기까지 걸어왔던 영달의 과정을 상당히 상세하고 정확하게 살펴보았다. 이러한 과정을 거친 것은 이 일련의 사건들 자체가 흥미롭고 중요하기 때문이라기보다는 이러한 과정에서 많은 사람들의 피와 재산을 희생시키고 세금과 군비 부담을 끊임없이 증가시킴으로써 로마 제국의 쇠퇴를 촉진하는 작용을 했기 때문이다. 이런 대변혁이 불러온 직접적이고 역사적인 귀결은 콘스탄티노플의 건설과 그리스도교의 승인이었다.

15

THE DECLINE AND FALL
OF THE ROMAN EMPIRE

그리스도교의 발전과 초기 그리스도교인들의 사상, 풍습, 신도 수 및 상황 · 각종 의식, 학예, 축전

    그리스도교의 발전 및 확립 과정을 공정하고 합리적으로 탐구하는 것은 로마 제국의 역사를 기술할 때 반드시 필요한 과정일 것이다. 로마 제국이라는 거대한 조직체가 공공연한 폭력에 침범당하고 완만한 쇠퇴로 무너져 가는 사이, 순수하고 겸허한 종교가 사람들의 마음속으로 서서히 스며들어 소리 없이 낮은 곳에서 성장하고 박해받으면서도 오히려 새로운 활력을 얻어서 마침내 카피톨리누스 언덕의 폐허 위에 승리의 십자가를 세우게 되었다. 그리스도교의 영향력은 시기적으로나 지역적으로나 로마 제국에 한정된 것이 아니었다. 13~14세기 동안의 대변혁을 거친 이후에도 여전히 그리스도교는 군사, 예술, 학문에서 가장 뛰어난 위치를 차지하고 있는 유럽의 여러 나라들에서 신봉되고 있다. 그리스도교는 부지런하고 열성적인 유럽인들 덕택에 머나먼 아시아와 아프리카 연안 지대까지 널리 전파되었으며, 유럽의 식민지라는 형태로 고대인들은 알지도 못했던 캐나다나 칠레에 이르기까지 확고하게 자리 잡게

되었다.

  그러나 유익하고 흥미롭기는 하지만 이 과정을 탐구하는 데에는 두 가지 특별한 어려움이 따른다. 우선 초기 교회를 뒤덮고 있는 어두운 구름을 걷어 줄 교회사 관련 자료가 너무 빈약한데다가 신빙성마저 없다. 또한 원칙적으로 공명정대함을 지키기 위해서는 영감이 결여된 복음 설교자나 신자들의 결함을 폭로해야만 하는 경우가 자주 생기는데, 부주의한 관찰자는 그들의 결점을 드러내는 것이 그들의 신앙을 비방하는 것이라고 오해할 수도 있다. 그러나 그들이 신의 계시가 누구에 의해서 주어지는가뿐만 아니라 누구에게 주어지는지를 생각해 본다면 그 즉시 신앙심 깊은 그리스도교인이 비방받고 불신자가 불합리한 승리를 거두는 일은 사라질 것이다. 신학자는 종교란 순수한 원래 모습 그대로 하늘에서 내려온 것이라고 설명하는 것으로 족할지 모른다. 더 우울한 임무는 역사가에게 맡겨져 있다. 역사가는 종교가 이 지상의 나약하고 타락한 인간들 사이에서 오랜 세월 유지되는 동안 불가피하게 연관되는 오류와 타락을 밝혀 내야만 한다.

<small>그리스도교 성장의
다섯 가지 요인</small>

  그리스도교가 도대체 어떤 방법으로 지구의 여러 기존 종교들에 대해서 그처럼 놀라운 승리를 거두었는가 하는 문제가 우리의 호기심을 끄는 것은 당연하다. 이 질문에 대해서는 한 가지 분명하고도 만족스러운 해답이 있다. 즉 교리 자체가 설득력 있는 증거를 가지고 있으며 위대한 창조주의 압도적인 섭리가 작용했기 때문이라는 것이다. 그러나 이 세상에서 진리와 이성은 좀처럼 호의적으로 받아들여지지 않는 법이고, 지혜로운 신은 자신의 섭리를 실현하기 위한 도구로서 인간의 열정과 인간이 처한 일반적인 상황을 이용하는 경우가 자주 있기

때문에 그리스도교가 이처럼 급성장하게 된 일차적인 원인까지 밝히지는 못하더라도 부차적인 원인들은 비록 겸손하게나마 규명해 볼 수 있을 것이다. 다음과 같은 다섯 가지 원인들이 교회의 급성장을 효과적으로 촉진한 것으로 보인다. 1. 그리스도교인들의 불굴의, 그리고 이런 표현이 허용된다면, 편협한 열정. 이것은 유대교에 기원을 둔 것이긴 하지만, 그리스도교는 이방인에게 모세의 율법을 권유하기는커녕 그들이 그것을 포용하는 것을 오히려 저지했던 유대교의 편협하고 비사교적인 정신으로부터는 벗어나 있었다. 2. 내세에 관한 교리. 이 중요한 진리에 중요성과 유효성을 더해 줄 수 있는 상황이 전개될 때마다 활용되었다. 3. 초기 교회가 갖추고 있었다는 기적을 행사하는 능력. 4. 그리스도교인들의 순수하고 엄격한 도덕관. 5. 그리스도교인들의 단결과 계율. 로마 제국의 한복판에서 점차 독립적이고 강성한 하나의 국가로 형성되어 갔다.

1. 이미 살펴본 것처럼 고대 세계에서는 종교적 조화가 이루어져 있었으며, 이로 인해 지극히 상이하고 심지어 적대적

첫 번째 요인, 유대인의 열정

인 민족들도 서로의 토착 신앙을 포용하거나 적어도 존중하고 있었다. 단 하나의 민족만이 이런 인류 공통의 영적인 교류에 참여하는 것을 거부했다. 아시리아와 페르시아 왕국의 지배를 받으며 오랫동안 굴욕적인 노예 생활에 시달렸던 유대인들은 알렉산드로스 대왕의 후계자들 치하에서 비로소 그 비천한 신분에서 벗어났다. 그리고 그들은 동방에서 그리고 나중에는 서방에서까지 놀라울 정도로 세력이 불어나면서 다른 민족들의 호기심과 주목을 끌었다. 그들은 독특한 종교 의식과 비사교적인 풍습을 집요하게 지켜서 마치 특별한 인종인 양 행세했으며, 다른 인종들에 대한 무자비한 증오심을 별로 감추려 하지

[1] 헤로데 왕에서 이름을 따온 헤로데 당이라는 유대인 일파가 있었는데, 이들은 헤로데 왕을 본보기로 삼고 그의 권위에 따라 때때로 시류에 영합하기도 했다. 그러나 이 일파는 그 수가 극히 미미했으며 오래 존속하지도 못했기 때문에, 요세푸스 같은 저술가는 그들을 언급할 가치도 없다고 여겼다.

[2] 아우구스투스는 이후로도 계속해서 제사를 올리도록 헌금을 바쳤다. 그러나 그는 손자인 카이우스의 예루살렘 성전에 대한 무관심 또한 방치했다.

[3] 필론과 요세푸스는 시리아 총독을 무척 당황하게 했던 이 사건에 대해서 부차적이지만 매우 설득력 있는 이야기를 한 가지 남겼다. 그에 따르면 아그리파 왕은 이 우상 숭배 계획을 처음 들었을 때 기절한 후 사흘 동안 의식을 차리지 못했다고 한다.

도 않고 노골적으로 드러냈다. 안티오코스 왕의 폭정이나 헤롯 왕의 책략 또는 주변 여러 민족들의 본보기도 유대인들이 모세의 율법과 우아한 그리스 신화를 융합하도록 설득할 수 없었다.[1] 로마인들은 보편적인 관용의 정신에 입각하여 자신들이 경멸하는 미신까지도 보호했다. 정중한 아우구스투스는 겸허하게도 예루살렘 신전에 가문의 융성을 기원하는 제사를 올리라는 명령을 내리기도 했다.[2] 반면 아브라함의 후손들 가운데 카피톨리누스 언덕의 유피테르 신전에 이와 똑같은 경의를 표하는 자가 있었다면 그는 아무리 비천한 자라 할지라도 자기 자신과 동포들 모두에게 증오의 대상이 되었을 것이다. 그러나 정복자들의 유화 정책도 유대인의 배타적인 편견을 달래기에는 충분치 않아서, 그들은 자신들을 로마의 속주에 편입시킨 이교도의 온갖 표장을 보며 경악하고 분노했다. 예루살렘 신전에 자신의 상을 세우려 했던 칼리굴라 황제의 어리석은 시도는 그러한 신성 모독적인 우상 숭배를 죽음보다도 두려워했던 유대인들의 일치 단결 때문에 좌절되었다.[3] 그들이 모세의 율법에 갖는 애착은 이방인의 종교에 대한 혐오와 일맥상통하는 것이었다. 이처럼 열성적인 신앙의 흐름은 좁은 골짜기 안에서 힘차게 흐르다가 때로는 맹렬한 급류로 변하기도 했다.

열정의 점진적인 증가

고대 세계에서는 몹시 밉살스럽거나 매우 우스꽝스러웠을 이런 끈질긴 고집은 신의 섭리로 이 선택받은 백성의 역사가 세상에 널리 알려지면서 더욱 터무니없는 것으로 여겨졌다. 그런데 제2신전 시대의 유대인들 간에 특히 두드러지게 나타났던 모세의 종교에 대한 열렬하고 끈질긴 애착은 그들의 조상들이 보였던 완고한 불신앙과 비교해 본다면 더 한층 놀라운 것이었다. 천둥소리가 울려 퍼지는 시나이 산에서 율법을 얻었을 때나, 이스라엘 사람들을 위해서 대양의 조수와 천체의 운행이 정지되었을 때, 그리고 그들의 신앙심과 불순종에 따른 직접적인 결과로서 현세적인 보상이나 처벌이 내려졌을 때에도, 그들은 명백한 신의 권위에 끊임없이 반항하며, 야훼의 성전에 이방 민족들의 우상들을 안치하거나 아랍인들의 천막 마을이나 페니키아의 여러 도시에서 행해지던 온갖 이상야릇한 의식들을 모방했다.[4] 응분의 대가로서 신이 이 배은망덕한 민족에게서 가호를 거두어 가자, 그들의 신앙은 이에 반비례하여 활력과 순수성을 회복했다. 모세와 여호수아 시대의 사람들은 놀라운 기적이 일어나도 그저 덤덤하게 지켜보았다. 그러나 후대의 유대인들은 절박한 재난이 닥쳐올 때마다 이러한 기적에 대한 믿음을 가지고 있었기 때문에 당시 보편적으로 이루어지고 있던 우상 숭배에 물들지 않을 수 있었다. 그리하여 이 독특한 민족은 일반적으로 인간 심성의 법칙이 작용하는 방식과는 정반대로 자신들이 직접 감각으로 확인한 증거보다는 옛 조상들의 전통을 더욱 굳게 그리고 기꺼이 받아들였던 것으로 보인다.[5]

유대교는 방어에는 매우 적합했으나 결코 정복을 위한 종교는 아니었다. 개종자의 수가 배교자의 수보다 많았던 적은

정복보다는 방어에 더 적합한 유대교

아마 한 번도 없었을 것이다. 신의 약속은 원래 단 하나의 가문에 주어진 것이었고 할례라는 독특한 의식도 이 가문에게만 부과된 의무였다. 아브라함의 자손들이 바닷가의 모래알처럼 많이 불어나자, 그들에게 율법과 제사 의식을 부여했던 신은 스스로를 이스라엘 고유의 신, 말하자면 이 민족의 신으로 선언했다. 게다가 다른 신을 믿는 것을 용서치 않는 신은 자신이 사랑하는 이 민족을 다른 민족들과 엄격하게 분리시켰다. 가나

[4] 일찍이 밀턴(Milton)은 130행의 아름다운 시구를 통해 이 시리아와 아랍의 신들을 일일이 열거하기도 했다. 셀든(Selden)은 이 심오한 주제를 다루면서 이 시구들이 크게 두 개의 학문적인 어구로 구성되어 있다고 보았다.

[5] "이 민족이 언제까지 나를 분노케 할 것이냐? 내가 보여 준 그 모든 증거에도 불구하고 언제까지 나를 믿지 아니할 것이냐?" 모세 이야기의 전체를 관통하는 취지라고 할 수 있는 이러한 신의 불만을 정당화하는 것은 쉽지만 온당한 일은 아닐 것이다.

안 땅을 정복하면서 많은 놀라운 기적과 대규모 유혈 사태가 일어났기 때문에, 유대인들은 승리한 후에도 여러 이웃 민족들과 해소하기 힘든 적대 관계에 놓이고 말았다. 그들은 우상 숭배에 열중하는 몇몇 부족들을 전멸시키라는 신의 명령을 받았으며, 이러한 신의 의지를 가차 없이 수행했다. 그들은 다른 민족과 결혼하거나 동맹을 맺는 것도 금지되었다. 또한 이방인을 종교 집회에 참석시키는 일도 금지되었는데, 어떤 규제는 영구적이기도 했으나 대개는 3대, 7대, 심하게는 10대 손에 이르기까지 지속되었다. 이방인에게 모세의 신앙을 전파해야 할 의무가 율법의 계율로서 부과된 적은 없었으며, 유대인들이 자발적으로 이런 일을 의무로 받아들이려 하지도 않았다. 어떤 사람을 새로 유대인으로 받아들인다 해도 배타적인 유대 민족을 움직인 것은 로마인과 같은 관대한 정책이 아니라 그리스인과 같은 이기적인 허영심이었다. 아브라함의 자손들은 자신들만이 하느님과 맺은 계약의 정당한 상속자라고 굳게 믿었기에 너무 간단하게 자신들이 받은 유산을 이방인들에게 나눠 준다면 그 가치가 저하될 것이라고 염려했던 것이다. 외부 사람들과 더 많이 교류할수록 견문은 확장되었지만 편견이 시정되는 법은 없었다. 이스라엘의 신을 믿는 신자들이 늘어나더라도 그것은 적극적이고 열정적인 선교 활동 때문이라기보다는 다신교도들의 변덕스러운 기질 덕분이었다. 모세의 종교는 어느 단일 민족과 특별한 국가만을 위해 성립된 종교인 것처럼 보인다. 유대인들은 모든 남자가 1년에 세 차례 주 야훼 앞에 모습을 나타내야 한다는 명령을 엄격하게 따라야 했기 때문에 이 좁은 약속의 땅의 경계선 너머로 퍼져 나갈 수가 없었다. 예루살렘 신전이 파괴되면서 이 장애물은 사실상 제거되었으나 동시에 유대교와 관련된 중요한 여러 요소들도 이 파괴에 휘말려

들어갔다. 그리고 예루살렘 신전이 신상도 없는 텅 빈 지성소라는 기이한 소문을 듣고 오랫동안 궁금하게 여겼던 이교도들은 신전도, 제단도, 사제도, 희생 제물도 없는 곳에서 드리는 예배가 과연 무엇을 대상으로 하며 어떤 방법으로 이루어졌는지 알 수 없어 당황했다. 그러나 심지어 이처럼 몰락한 상황에서도 유대인들은 여전히 자신들이 고귀하고 독점적 특권을 지니고 있다고 주장하면서 이방인들과의 교류를 간청하기는커녕 오히려 기피했다. 그들은 자신들이 실천할 수 있는 최대한 율법을 완강하게 지켜 나갔다. 독특한 역법과 일부 육류에 대한 금기, 여러 가지 성가실 정도의 사소한 계율 같은 것들은 정반대의 습성과 선입관을 지닌 다른 민족들에게는 증오와 혐오의 대상이었다. 기꺼이 개종하기를 원하는 사람들일지라도 고통스러운데다가 위험하기까지 한 할례 의식을 생각하면 공회당 문 앞에서 발길을 돌릴 지경이었던 것이다.

이러한 상황에서 그리스도교는 모세의 율법으로 무장을 하면서도 동시에 그 속박에서는 벗어난 새로운 모습으로 세상에 등장하게 되었다. 종교적 진리와 유일신에 대한 절대적인 신앙은 옛 종교 체계인 유대교와 마찬가지로 새로운 체계인 그리스도교에서도 여전히 엄격하게 강조되었지만, 이제 신의 본질과 의도에 관하여 인간에게 계시된 가르침은 모두 이 신비스러운 교리에 대한 존경심을 증대시키기에 적합한 방식으로 활용되었다. 모세와 예언자들의 신성한 권위는 그리스도교의 굳건한 기반으로 인정되었으며 실제로 그 토대가 되기도 했다. 태초부터 전해 온 일련의 예언들은 오랫동안 메시아의 도래를 예비하고 있었는데, 유대인들의 인식 능력이 조잡했던 탓인지 메시아는 예언자, 순교자, 하느님의 아들이라기보다는 왕이나 정복자

그리스도교의 더 자유로운 열정

의 모습으로 제시되는 경우가 많았다. 신전에서 이루어지던 불완전한 희생 제의는 메시아의 대속으로 완성되는 순간 폐지되었다. 제사의 종류와 횟수만을 정한 제식 율법은 인류의 모든 상황과 풍토에 적합한 순수하고 영적인 예배로 계승되었으며, 피의 세례는 무해한 물의 세례로 대체되었다. 편파적으로 아브라함의 자손들에게만 약속되었던 신의 은총은 이제는 널리 자유민과 노예, 그리스인과 야만족들, 유대인과 이방인에게도 주어지게 되었다. 개종자를 지상에서 천국으로 끌어올리는 모든 특권, 즉 그의 신앙심을 높여 주어 행복을 지켜 주거나 심지어 신앙심을 가장하여 마음속에 스며드는 은밀한 자부심까지도 만족시켜 주는 특권은 여전히 그리스도교 신자들만을 위한 것이었다. 그러나 동시에 모든 인류는 은총으로서 주어질 뿐만 아니라 의무로서 부과되는 이 영광스러운 특권을 받아들이도록 허락받았고 심지어 권유받기도 했다. 새로운 개종자는 자신이 받은 은총을 친구와 친지들에게 전파하고, 아울러 이것을 거절하면 인자하지만 동시에 전능하신 신의 의지에 불복종한 죄인으로서 엄벌을 받게 될 것이라고 경고할 신성한 의무를 지니게 되었던 것이다.

신앙심이 있는 유대인의 완고함과 분별력

교회가 유대 교회의 속박에서 벗어나는 데에는 상당히 많은 시간이 걸렸다. 예수를 옛 선지자들이 예언한 메시아로 받아들인 유대인 개종자들은 예수를 신앙과 미덕을 가르친 예언자 겸 스승으로 존경하기는 했지만 선조들의 의식을 완강하게 고수하면서 날로 수가 늘어나고 있던 이방인 신자들에게까지 이를 강요하고자 했다. 이 유대식 그리스도교인들은 모세 율법의 신성한 기원과 창조주의 절대적인 완전성을 내세워 꽤 그럴듯한 주장을 폈던 것으로 보인다. 그들은 만일 영원히 변치 않는 신이 자신의 선민을 구별하는 데 사용해 온 신성한 제의식들을 폐지할 의도를 가지고 있다면, 그러한 폐지는 그 의식들에 대한 최초의 선포 이상으로 명확하고 엄숙하게 이루어져야만 한다고 주장했다. 또한 그들은 신에게 그러한 의도가 있었다면, 그것은 모세 종교의 항구성을 상정하거나 역설하는 잦은 선포를 통해서보다는 인류에게 더욱 완벽한 형태의 신앙과 예배 방식을 가르칠 메시아가 도래할 때까지만 적용되는 잠정적 계획으로서 제시되었을 것이라고 주장했다. 그리고 메시아 자신과 또 지상에서 그와 교류한 제자들도 몸소 모세의 율법을 엄밀하게 준수하는 모범을 보임으로써 그 율법의 권위를 인정하기보다는 그 쓸모없고 진부한 제의식들을 폐지한다고 세상을 향하여 선포함으로써 그리스도교가 그 오랜 기간 동안 유대 교회의 여러 종파들 틈에 끼어 애매하게 혼동되도록 방치하지는 않았으리라고 주장했다. 이러한 주장들은 소멸해 가는 모세 율법의 대의명분을 옹호하기 위해 동원되었던 것으로 보이지만, 오늘날의 근면하고 해박한 신학자들은 이미 구약성서의 모호한 표현이나 사도들의 애매한 행동들을 충분히 잘 해명하고 있다. 복음서의 체계를 점진적으로 밝히고, 유대교 신자들의 성향과 선입견에 반대하면서도 지극히 신중하고 부드러운 방식으로 이단 판결을 선고한 것은 적절한 일이었다.

　예루살렘 교회의 역사를 살펴보면 그러한 예방 조치들이 얼마나 필요한 것이었는지, 그리고 종파심 강한 신도들의 마음속에 유대교의 흔적이 얼마나 강하게 남아 있었는지를 보여 주는 한 가지 생생한 증거를 얻을 수 있다. 예루살렘 교회의 초대 주교 열다섯 명은 모두 할례를 받은 유대인들이었고, 그들이 주재한 종교 집회에서 모세의 율법과 그리스도의 교리가

예루살렘의 나사렛 교회

결합되었다. 그리스도 사후 불과 40일 만에 설립되고 또 거의 40년 동안 사도들이 직접 관리한 이 교회의 초창기 전통이 정통 신앙의 표준으로 받아들여졌던 것은 당연했다. 먼 곳의 교회들이 이 유서 깊은 모교회의 권위에 호소하여 적지 않은 기부금을 받음으로써 빈곤을 모면하는 경우도 많았다. 그러나 안티오크, 알렉산드리아, 에페수스, 코린토스, 로마 등 제국 내 여러 대도시에 수많은 부유한 교회 공동체가 설립되자 지금까지 모든 그리스도교 신도단이 예루살렘 교회에 가지고 있던 존경심도 서서히 옅어져 갔다. 예루살렘 교회의 초석을 닦은 사람들은 나중에 나사렛파로 불리게 된 유대인 개종자들이었지만, 이들은 곧 온갖 다신교를 버리고 그리스도의 깃발 아래 모여든 수많은 이교도 개종자들에게 수적으로 압도당하게 되었다. 더욱이 이 이방인 신도들은 자신들을 지도하는 특별 사도의 승인을 얻어 모세 율법의 제 의식들을 수행해야 하는 부담을 벗어던진 상태였고, 결국에는 처음에 자신들이 관용의 정신에 힘입어 그러한 관례를 허용받았다는 사실을 잊은 채 다른 성실한 신도들에게는 그와 같은 관용의 태도를 보이기를 거부하게 되었던 것이다. 나사렛파 신도들은 유대인의 성전과 도시, 그리고 민족 종교가 몰락했다는 것을 뼈저리게 실감하게 되었다. 이는 그들이 비록 신앙은 달랐지만 자신들의 이교도 동포들과 유사한 풍습을 유지하고 있었기 때문이었다. 이교도들은 그런 재난을 당한 이유가 신이 유대인들을 업신여겼기 때문이라고 주장했으며, 그리스도교인들은 신이 노여워했기 때문이라고 주장했다. 나사렛파 신도들은 예루살렘의 폐허를 떠나 요단 강 너머에 있는 펠라라는 소도시로 물러나, 대략 60년 동안 고립된 상태에서 미미한 교세로 교회를 이어 가면서 점차 쇠퇴해 갔다.6 그들은 여전히 성도(聖都)를 자주 방문하여 위

6 이들이 예루살렘을 떠나 있는 동안에도 펠라의 주교와 교회는 예루살렘이라는 명칭을 그대로 유지했다. 로마 교황들도 이와 동일한 태도를 취하면서 아비뇽에서 70년이나 머물렀다. 알렉산드리아의 장로들은 한참이 지나서야 주교 관구 소재지를 카이로로 옮겼다.

안을 구하면서, 언젠가는 자신들의 출신지이자 종교적 본향인 그곳으로 귀환할 수 있기를 바랐다. 그러나 이 광신적인 유대인들의 필사적인 노력은 마침내 하드리아누스 황제 치세에 비극적인 결말을 맞이하게 되었다. 그들의 거듭된 반란에 격분한 로마인들이 여느 때와 달리 가차 없이 정복자의 권리를 행사했던 것이다. 황제는 시온 산 위에 아일리아 카피톨리나라는 이름의 새 도시를 건설하여7 식민도시의 특권을 부여했다. 그리고 이곳 시내로 들어서는 모든 유대인들에게는 가혹한 처벌을 내리겠다고 통고한 다음, 이 금지령을 시행하기 위하여 로마 수비대 1개 대대를 배치했다. 나사렛파가 이 금지령에서 벗어날 수 있는 길은 단 한 가지였다. 이 경우에도 세속적 이익에 대한 고려가 진리의 힘을 압도했다. 그들은 아마도 이탈리아나 라틴 속주에서 태어난 이방 출신의 수도원장 마르쿠스를 주교로 선임했다. 그리고 그의 설득에 따라 나사렛파 신자들 대다수는 백 년 이상이나 지켜 온 관습인 모세의 율법을 포기했다. 그들은 자신들의 풍습과 선입관을 희생시킴으로써 하드리아누스의 식민도시에 자유로이 출입하게 되었으며, 가톨릭 교회와의 결합을 더욱 공고히 다지게 되었다.

예루살렘 교회의 이름과 명예가 시온 산 위에 회복되자 이단과 종파 분열이라는 죄목은 모두 라틴인 주교와 함께 행동하기를 거부한 소수의 나사렛파 신도들에게 전가되었다. 그들은 여전히 펠라의 거주지를 지키면서 다마스쿠스 부근의 여러 마을로 퍼져 나가 오늘날은 알레포라고 불리는 시리아의 베로에아에 작은 교회를 세우기도 했다.8 이러한 유대인 개종자들에게 나사렛파라는 이름은 너무 과분한 것이라 여겨졌기 때문에 곧 그들의 빈곤한 처지와 판단력에 어울리는 에비온파라는

에비온파

7 펠라 출신의 아리스토는 유대 민족이 예루살렘에서 추방되었다고 증언하고 있다. 그 밖의 몇몇 교회사가들도 이 사실을 언급했다. 일부 경솔한 교회사가들은 이 추방 명령이 팔레스타인 전역에 해당하는 것이었다고 주장하기도 한다.

8 르 클라크(Le Clerc)는 에우세비우스, 히에로니무스, 에피파니우스 및 그 밖의 여러 작가들의 기록을 통해 나사렛파와 에비온파에 관한 온갖 중요한 상황들을 수집했던 것으로 보인다. 나사렛파는 좀 더 온건했으며 에비온파는 좀 더 엄격했다. 적어도 좀 더 온건한 종파인 나사렛파에는 예수 그리스도의 가문 사람들이 속해 있었다는 추측을 할 수 있을 것이다.

모멸적인 통칭으로 불리게 되었다.9 예루살렘 교회가 재건되고 몇 년이 지나자 예수를 메시아로 인정하면서도 여전히 모세의 율법을 계속해서 지키는 사람에게도 구원의 가능성이 있는가 하는 문제를 놓고 논쟁이 일어났다. 자비로운 순교자 유스티니아누스는 이 문제에 긍정적으로 대답했다. 또한 그는 상당히 주저하기는 했지만, 만일 그러한 결함이 있는 그리스도교인이라도 그가 홀로 모세의 율법이 정한 제 의식을 실천하는 것으로 만족할 뿐 전체 신도가 실행해야 할 의무라고 주장하려 하지만 않는다면 괜찮다고 과감하게 결론 지었다. 그러나 유스티니아누스조차도 그리스도 교회의 공식 입장을 밝히라는 압력을 받게 되자, 대다수의 정통파 그리스도인들은 유대식 그리스도교인들이 구원받을 희망이 없다고 여길 뿐 아니라 친교, 환대, 사교 생활 등 일상적인 성무(聖務) 일과에서조차 일체의 교제를 거부하고 있다는 것을 솔직하게 인정했다. 그러므로 엄격한 견해가 좀 더 온건한 견해를 압도하고 모세를 따르는 사람들과 그리스도를 따르는 사람들 사이에 분리벽이 생기는 것은 당연한 일이었다. 유대교에게는 배교자라는 이유로 그리스도교에게는 이단이라는 이유로 배격당하게 된 불운한 에비온파는 분명한 태도를 취할 수밖에 없었다. 이제는 사라져 버린 이 종파는 4세기까지는 그 명맥을 유지했던 것으로 보이지만 그 후 서서히 그리스도 교회나 유대 공회당으로 흡수되고 말았다.10

9 몇몇 역사가들은 에비온이라는 사람이 이 종파를 만들었다는 가공의 역사를 꾸며 내기도 한다. 그러나 열성적인 테르툴리아누스나 경솔한 에피파니우스보다는 해박한 에우세비우스의 기록이 좀 더 정확할 것이다.

10 모든 그리스도교 종파 가운데 아비시니아 교단만이 여전히 모세의 제의식을 고수하고 있다. 칸다케 여왕의 환관이 몇 가지 의심을 제기했지만, 에티오피아인들은 4세기까지는 개종하지 않았기 때문에 이들이 안식일을 존중하고 금지 육류를 선별했던 것은 단지 일찍부터 홍해 양안에 자리 잡고 있던 유대인들을 모방했던 것에 지나지 않는다고 보는 것이 타당하다.

그노시스파

정통파는 모세의 율법에 대한 지나친 숭배와 부당한 경멸 사이에서 공정한 중용의 입장을 지켰으나, 여러 이단 종파들은 모두 극단적인 오류나 과장에 빠져 들었다. 에비온파는 유대교의 정통 진리관을 고수하며, 모세의 율법을 결코 폐지할 수 없다고 결론 지었다. 반면 그노시스파는 모세의 율법이 불완전하다고 생각하며, 경솔하게도 그것이 신의 지혜로 제정되었을 리가 없다고 추론했다. 회의론자들은 너무 간단하게 모세나 예언자들의 권위를 부인하는 여러 가지 반론들을 제기하기도 하지만, 이런 반론들은 인간이 먼 옛 일을 알지 못하고 신의 섭리를 제대로 헤아리지 못한 데서 비롯된 것이다. 그노시스파의 사이비 신학은 이러한 반론들을 열렬히 받아들여 성급하게 주장했다. 이런 이단자들은 대개 육신의 쾌락에 반대하는 입장이었기 때문에 옛 유대 조상들의 일부다처제와 다윗 왕의 여자 관계, 그리고 솔로몬의 후궁을 집요하게 비난했다. 또한 그들은 가나안 땅을 정복하면서 자신들을 의심하지 않았던 원주민들을 몰살한 일을 인도주의와 정의에 관한 일반 개념과 어떻게 조화시킬 것인가라는 문제를 놓고 당황했다. 그러나 유대 역사의 거의 전체에 얼룩져 있는 살인, 처형, 학살과 같은 피비린내 나는 기록들을 생각해 낸 그들은 팔레스타인의 야만족들조차도 자신들이 친구들이나 동포들에게 표시했던 것 못지않은 동정심을 우상 숭배하는 적들에 대해서 발휘했다는 사실을 인정하지 않을 수 없었다. 또한 그들은 율법 신봉자들의 문제는 차치하고, 율법 그 자체만을 살펴보더라도 율법이 온갖 잔인한 희생 제의와 하찮은 의식만으로 이루어졌으며 육체적이고 현세적인 성격의 상벌만을 갖춘 종교가 미덕을 찬양하도록 고취하거나 격렬한 정열을 억제하도록 가르치는 것은 불가능하다고 주장했다. 그노시스파는 인간의 창조와 타락에 관한 모세의 설명을 신성 모독적인 조롱으로 여기면서 신이 6일 동안 일한 후 휴식을 취한 이야기나 아담의 갈비뼈, 에덴 동산, 생명의 나무와 지혜의 나무, 말하는 뱀, 금단의 열매, 그리고 최초의 조상들이 범한 사소한 과실 때문에 인류에게 내려진 형벌과 같은 이야기에는 좀처럼 귀를 기울이지 않았다. 그노시스

[11] 온건한 그노시스파 사람들은 창조주 야훼가 신과 악마의 중간적인 존재라고 생각했다. 또 다른 사람들은 그를 사악한 신과 혼동하기도 했다. 모스하임(Mosheim)은 자신의 개괄적인 역사서에서 이 주제에 대한 그들의 특이한 견해를 간결하고도 명확하게 설명하고 있다.

파는 불경스럽게도 이스라엘의 하느님을 지나치게 감정적이고 과오를 범하기 쉬운 존재, 은총을 내렸다가도 쉽게 거두어 가고, 분노할 때는 무자비하고, 비열하게도 자신만을 미신적으로 숭배할 것을 요구하고, 자신의 섭리를 단 하나의 민족에게만, 그것도 덧없는 현세의 삶에만 국한시키는 편파적인 존재라고 주장했다. 그들은 이러한 신에게서는 현명하고 전지전능한 천지만물의 아버지다운 면모를 조금도 찾아볼 수 없었다.[11] 그들도 유대 종교가 이방인들의 우상 숭배 종교에 비하면 죄가 크지 않다는 것은 인정했다. 그러나 그들의 기본 교리는 자신들이 최초이자 가장 빛나는 신의 현신으로 숭배하는 그리스도가 이 땅에 온 것은 인간을 여러 가지 오류에서 구원하여 진리와 완전성의 새로운 체계를 보여 주기 위해서라는 것이었다. 남다른 겸양 때문이었는지 박식한 성직자들조차도 경솔하게 그노시스파의 궤변을 받아들이기도 했다. 그들은 이런 궤변이 엄밀한 의미에서는 이성과 신앙의 모든 원리에 반한다는 것을 인정하면서도, 자신들은 모세의 율법의 모든 취약한 부분을 가리고 있는 알레고리라는 풍성한 베일에 싸여 있기 때문에 공격받지 않고 안전하리라고 생각했던 것이다.

그노시스파의 분파, 발전 그리고 영향력

비록 진실이라기보다는 꾸며 낸 이야기에 가깝지만, 그리스도 사후 약 백 년 동안, 즉 트라야누스 황제나 하드리아누스 황제 시대 전까지는 이단이나 종파 분립 같은 죄악이 교회의 순수한 처녀성을 더럽힌 적이 없다고 주장하는 사람들도 있었다. 좀 더 적절한 의견을 제시하자면 이 기간 동안 사도들은 후대에서 허용되었던 것보다 훨씬 더 많은 신앙과 관습상의 자유를 누리고 있었다. 영적 교제의 범위가 서서히 좁아지고 주류파가 영적 권위를 점차 엄격하게 행사함에 따라, 자신들의 사적인 견해를 포기하도록 요구받은 그노시스파의 고위 관계자들 대부분은 자신의 견해를 그대로 주장하여 잘못된 원칙을 고수하는 데 따르는 결과를 감수하고 나아가 공공연하게 교회의 통일에 반대하며 반기를 들었다. 그노시스파는 가장 교양 있고 학구적이며 부유한 그리스도교 종파로 명성이 높았다. 학식이 탁월함을 의미하는 이 명칭은 그들 스스로 자부심을 가지고 칭하거나 그들을 시기하는 반대파가 반어적인 의미에서 사용한 통칭이었다. 그들은 거의 예외 없이 이방 종족 출신이었고, 주요한 종파 설립자들은 대체로 온난한 기후로 인해 심신이 모두 비활동적인 사색형의 신앙 생활을 하는 경향이 있는 시리아나 이집트 출신 사람들이었던 것으로 보인다. 그노시스파는 물질의 영원성, 두 가지 원리의 존재, 비가시적 세계의 신비한 위계 질서 등의 문제를 다루면서, 그리스도교의 교리와 동양 철학, 심지어는 조로아스터교에서 유래한 심원하지만 모호한 교리를 혼합했다. 그들은 일단 이 거대한 심연에 빠져들게 되자 곧 혼란스러운 상상력의 안내에 자신들을 내맡기게 되었다. 더욱이 오류에 이르는 길은 무수히 많기 때문에 자신들도 모르는 사이에 쉰 개가 넘는 각각의 분파로 나뉘게 되었는데, 특히 이 가운데 유명한 것으로는 바실리데스파와 발렌티누스파, 마르키온파 그리고 좀 더 후대에 생긴 마니케우스파 등이 있었다. 이 종파들은 각기 자랑하는 주교와 집회, 학자와 순교자를 가졌으며 정통 교회의 4대 복음서 대신 그리스도와 사도들의 언행을 저마다의 교리에 맞춰 수많은 사서를 만들어 냈다.[12] 그노시스파의 발전은 급속하고도 광범위했다. 그들은 아시아와 이집트를 장악하고 로마에 자리 잡았으며 때로는 서방의 여러 속주에까지 침투했다. 그들 대다수는 2세기에 창립되어 3세기에 번성했으나, 4~5세기에는 당대에 유행하던 여

[12] 끈기 있게 일생을 바쳐 성서를 연구한 오리게네스의 주목할 만한 기록을 보면, 그가 그들의 진정성에 대하여 교회의 영감으로 쓰여진 권위를 믿었다는 것을 알 수 있다. 그노시스파가 상당 부분에서 (특히 그리스도의 부활에 관해서는) 자신들이 가장 애착을 가지는 교리들과 정반대되는 복음서들을 수용하기란 불가능했다. 그러므로 이그나티우스가 복음서 저자들의 확실한 증언 대신에 막연하고 불확실한 그들의 구비 전승을 인용하기로 선택했다는 사실은 다소 기이하다.

13 이처럼 이성에서 신앙으로 점진적으로 발전한 사람들 가운데 가장 기록할 만한 인물은 아우구스티누스이다. 그는 여러 해 동안 마니케우스파에 속해 있었다.

러 가지 논쟁에 밀린데다가 황제의 통치권 강화 시기와 맞물리면서 쇠퇴하게 되었다. 비록 그들은 종교계의 평화를 어지럽히고 종종 그리스도교의 이름을 더럽히기는 했지만, 그리스도교의 발전을 저해하기보다는 오히려 촉진하는 데 기여했다. 주로 모세의 율법을 따라야 한다는 사실에 강하게 반발하고 편견을 가졌던 이방인 개종자들도 자신들은 알지도 못하는 옛 조상이 받은 계시를 믿으라고 요구하지 않는 수많은 그리스도 교단들 중 하나에 들어갈 수 있었던 것이다. 그들의 신앙은 서서히 강화되고 신장되었으며 정통 교회는 궁극적으로 이 최대 숙적들이 거둔 성과의 덕을 보게 되었던 것이다.13

고대의 신들로 간주된 악마들

그러나 정통파, 에비온파, 그노시스파가 비록 모세 율법의 신성이나 구속력에 관해서는 의견의 차이를 보였다 할지라도, 배타적이고 열성적인 신앙심을 가지고 있다는 점과 유대인들이 고대의 다른 민족들과는 달리 우상 숭배를 증오했다는 점에서는 같았다. 다신교를 인간의 기만과 오류가 혼합된 산물이라고 보는 철학자라면 신앙이라는 가면을 쓰고 짐짓 조소를 머금으면서도, 이런 식의 조소 어린 모방이나 추종을 할 경우 눈에 보이지 않는 신, 또는 그 자신이 표현하는 바 가공의 신의 분노를 사게 될까 봐 염려하지는 않았을 것이다. 그러나 초기 그리스도교인들에게는 이런 기성의 이단 종교들이 훨씬 더 강렬한 증오의 대상이었다. 악마들이야말로 우상 숭배의 창시자이고 후원자이며 그 경배의 대상이라는 것은 그리스도교회나 이단 종교들 모두가 가지고 있는 공통된 생각이었다. 천사의 지위에서 추방되어 지옥의 나락으로 떨어진 이 반항하는 악마들은 여전히 지상을 배회하면서 죄 지은 자들의 육신을 괴롭히고 영혼을 유혹하도록 허용받고 있었다. 곧 악마들은 인간의 마음속에 타고난 신앙심이 있음을 발견하고, 이를 악용하여 교묘한 방법으로 인간이 창조주를 경배하지 못하도록 막고 스스로 최고신의 명예로운 자리를 빼앗았다. 악마들은 이 악의적인 계략을 성공시킴으로써 자신들의 허영심과 복수심을 동시에 만족시켰으며, 그들이 아직도 누릴 수 있는 유일한 위안, 즉 인간을 자신의 죄와 불행에 동참시킬 수 있다는 희망을 품게 되었다. 악마들이 스스로 다신교의 여러 중요한 신들의 역할을 나누어서 각자 유피테르나 아이스쿨라피우스, 베누스 그리고 아폴론 등의 이름과 속성을 담당하고 있으며,14 더구나 악마들은 오랜 경험과 영적 존재라는 특성을 이용하여 자신의 역할을 충분한 기교와 위엄을 발휘하며 수행할 수 있다고 공언하거나 그렇게 상상하는 사람들도 있었다. 그들은 신전에 잠복해 있으면서 온갖 제전과 희생 제의를 제정하고 신화를 꾸며 내고 신탁을 내렸으며 종종 기적을 행하기도 했다. 그리스도교인들은 악마의 간섭이라고만 하면 어떠한 초자연적 현상도 아주 간단하게 설명할 수 있었기 때문에 터무니없는 이교도의 허구적 신화까지도 인정하려는 경향이 있었으며 심지어는 환영하기까지 했다. 그러나 그리스도교인들의 신앙에는 공포심도 수반되었다. 그리스도교인은 민족 종교에 대한 사소한 존경심의 표시조차도 악마에게 바치는 직접적인 경배의 표현인 동시에 신의 주권에 대한 반역이라고 생각했다.

이러한 견해 때문에 그리스도교인이 아무리 힘들어도 지켜야 할 가장 중요한 의무는 우상 숭배에 물들지 않고 자기 자신을 깨끗이 지키는 일이었다. 각 민족 종교는 단순히 어떤 학파에서 표방하거나 신전에서 설교된 사변적인 교리만을 의미하는 것은 아니었다. 다신교의 무수한 신들과 종교 의식들은

14 테르툴리아누스는 악마들이 그리스도교 기도사들의 사문(査問)을 받으면 괴로워하며 스스로 자신들의 정체를 고백하는 일이 자주 있었다고 주장한다.

우상 숭배를 혐오하는 그리스도교

15 테르툴리아누스는 우상 숭배에 맹렬하게 반대하는 내용의 논문을 통해 그리스도교인들에게 그런 죄를 지을 가능성이 매 순간 도사리고 있다는 점을 경고했다.

16 로마 원로원 회의는 언제나 신전이나 신에게 헌납된 장소에서 열렸다. 업무를 위해 입장하기 전에 모든 원로원 의원들이 제단 위에 약간의 와인과 유향을 떨어뜨렸다.

17 엄격한 개혁가인 테르툴리아누스는 검투사의 결투와 마찬가지로 에우리피데스의 비극 작품도 용납하지 않았다. 특히 그를 화나게 한 것은 배우들의 의상이었다. 그들은 굽이 높은 반장화를 신고서 불경스럽게도 자신들의 키를 1큐빗이나 더 커 보이게 하려 했던 것이다.

18 술을 부으며 연회를 마치는 이런 고대의 관습은 모든 고전 작품에서 찾아볼 수 있는 행동이다.

19 베르길리우스는 그의 작품 해설서를 쓴 세르비우스가 예시하는 것보다는 고대의 장례식들을 훨씬 더 정확하게 묘사하고 있다. 이런 장작더미 자체가 일종의 제단이었고, 제물의 피로 불꽃을 피웠으며, 이를 보조하는 모든 사람들에게는 정화수를 뿌렸다.

공적인 생활의 업무나 사적인 생활의 쾌락과 같은 모든 상황들과도 밀접하게 뒤얽혀 있는 것이었다. 따라서 이러한 종교 의식을 지키지 않는다는 것은 인간적인 교제 및 모든 사회적 직책과 즐거움을 포기한다는 것을 의미했다.[15] 전쟁과 평화에 관련된 중요한 회의는 엄숙한 제사를 올린 다음 시작되거나 종결되었으며, 이때에는 행정관과 원로원 의원, 군인이 주관하거나 참여해야만 했다.[16] 이교도들의 유쾌한 신앙 생활에서는 이러한 공개 행사가 필수적인 부분을 차지했으며, 그들은 신들이 군주나 백성들이 특정한 축제일을 기념하여 거행하는 경기들을 가장 흡족한 제물로 받아들인다고 생각했다.[17] 그리스도교인들은 대경기장이나 극장에서 벌어지는 가증스러운 오락거리는 독실한 신자답게 질색하며 외면했지만, 친구들이 벌이는 연회에서 마음씨 좋은 신들의 이름을 불러 대며 서로의 행복을 위해서 술을 부을 때는 몇 번이고 이런 지옥 같은 잔치에 말려들지 않을 수 없었다.[18] 그러나 새색시가 짐짓 마음이 내키지 않는다는 듯한 걸음걸이로 화려한 혼인 행렬을 따라 새 살림집의 문지방을 넘어설 때라든지 또는 슬픈 장례 행렬이 화장용 장작더미가 쌓여 있는 곳으로 천천히 움직여 갈 때처럼[19] 흥미로운 행사가 있을 때조차 그리스도교인들은 불경스러운 의식에 내재된 죄악에 물들기보다는 차라리 자신에게 가장 소중한 사람들을 멀리해야만 했다. 우상을 만들거나 꾸미는 일에 조금이라도 관련된 기술이나 직업은 모두 우상 숭배에 오염된 것으로 간주되었는데, 이처럼 가혹한 판결이 내려진 것은 우상 숭배가 자유업이나 장인 직종에 종사하는 수많은 공동체 구성원들을 영원히 비참하게 만들기 때문이었다. 수많은 고대 유

의식

예술

물들을 살펴보면, 이교도들의 집, 의복, 가구들은 신들의 모습을 본뜬 신상과 예배를 위한 성스러운 기구들 이외에도 그리스인들이 상상력을 쏟아 부어 만든 우아한 조각상과 보기 좋은 여러 가지 장식으로 화려하게 꾸며져 있었음을 알 수 있다. 심지어 음악과 회화, 웅변과 시가와 같은 예술조차도 이처럼 불경스러운 기원을 가지고 있다. 교부들의 표현 방식대로 말하자면, 아폴론이나 뮤즈들은 지옥의 악마들의 대변인들이었고, 호메로스나 베르길리우스는 악마들의 가장 뛰어난 종복들이었으며, 그들의 천재적인 작품에 스며들어 생기를 불어넣고 있는 아름다운 신화는 악마들의 영광을 찬양하기 위한 것이었다. 심지어 그리스와 로마의 일상적인 언어에조차 익숙하지만 불경스러운 어휘들이 너무 많은데도, 경솔한 그리스도교인들이 이런 표현들을 아무 생각 없이 사용하거나 지나칠 정도로 인내하며 듣고 있는지도 모른다는 것이었다.[20]

이처럼 부주의한 신자들은 온갖 종교적인 축제일에는 그들을 불시에 덮치기 위해 곳곳에서 잠복하고 있던 위험한 유혹에 한층 더 맹렬한 공격을 받는다. 이러한 축제일들은 1년 내내 너무나 교묘하게 배열되어 있어서 미신은 언제나 즐거움과 미덕으로 겉치장을 하고 나타났다.[21] 몇몇 가장 신성한 로마의 제전들 가운데는 1월에 새로운 달력을 펼치면서 공사 모두에서의 행운을 기원하는 날, 죽은 자와 산 자를 경건하게 기념하는 날, 그 누구도 개인의 재산권을 침범할 수 없다는 것을 확인하는 날, 봄이 되돌아오면 풍요로운 다산성을 기원하는 날, 로마의 건설과 공화국의 창건이라는 로마 제국의 2대 기념일을 영구히 기리는 날, 그리고 초창기 인류의 평등성을 그대로 재현하는 사투르날리아 축제일 등이 있었다. 이보다 훨씬

축제

[20] 만일 이교도 친구가 (예컨대 재채기를 했을 때) "그대에게 에우티키우스의 가호가 있기를." 이라는 일상적인 표현을 사용했다 해도, 그 그리스도교인은 에우티키우스의 신성(神性)에 이의를 제기해야만 했다.

[21] 오비디우스가 가장 공을 들인 작품인 『달력』을 참조하면 좋을 것이다. 다만 이 작품은 미완성작으로, 그가 실제 완성한 분량은 1년 가운데 1~6개월에 대해서일 뿐이다. 마크로비우스가 편집한 것은 『사투르날리아 축제』라고 불리지만, 이것은 이 축일에 관련된 이야기를 담고 있는 제1권의 아주 극히 일부에 지나지 않는다.

22 테르툴리아누스는 월계관을 벗어던짐으로써 자신과 그리스도교인들 모두를 절박한 위험에 직면하게 했던 그리스도교인 병사의 경솔한 행동을 변명, 아니 차라리 찬양하는 글을 썼다. (세베루스와 카라칼라라는) 두 황제의 이름을 언급하는 것으로 보건대, 티유몽(M. de Tillemont)의 바람에도 불구하고, 테르툴리아누스가 몬타누스파에 참여하면서 잘못된 생각을 가지기 전에「군대의 훈장에 대해서」를 썼다는 것은 분명하다.

23 그는 특히『투스쿨룸 논총』의 제1권과 논문인「노년에 대하여」, 그리고『스키피오의 꿈』에서는 가장 아름다운 문체를 사용하여, 그리스 철학이나 로마인의 분별력으로 이 무겁지만 중요한 주제에 대하여 제시할 수 있는 모든 것들을 담아 내고 있다.

사소한 제전조차도 까다롭게 피했던 그리스도교인들이 이처럼 불경스러운 의식들을 얼마나 혐오했을지는 짐작이 갈 것이다. 고대 관습에 따라 국가적인 축제일에는 모든 현관을 등불과 월계수 가지로 장식하고 머리에는 화관을 썼다. 이처럼 무해하고 우아한 관습이라면 단순한 민간 풍속으로 묵인될 수 있었을지도 모른다. 그러나 공교롭게도 모든 현관은 각 가정의 수호신의 가호하에 놓여 있었고 월계수는 다프네의 연인인 아폴론에게 바쳐진 나무였으며, 환희나 애도의 상징으로 사용되었던 것에 불과한 화관조차도 그 최초의 기원은 미신적인 의식에 바치기 위한 것이라는 문제가 있었다. 이런 경우에 국가의 풍습이나 행정관의 명령에 따라야 하는 그리스도교인들은 자기 자신의 양심의 가책과 교회의 책망 그리고 신의 응징의 위협에 대한 암담한 불안감에 시달리면서 전전긍긍했다.22

그리스도교에 대한 열정 우상 숭배라는 전염성이 강한 독기를 피해 복음의 순결성을 지키기 위해서는 이처럼 열성적이고 부지런한 노력이 필요했다. 기성 종교의 신자들은 교육과 습관에 따라 길들여진 대로 별 생각 없이 미신적인 공적 · 사적 의식들을 지키고 있었다. 그러나 그리스도교인들은 이런 일이 발생할 때마다 몇 번이고 열성적으로 반대 의사를 표명하고 이를 재확인하는 기회로 삼았다. 이러한 잦은 이의 제기를 통해서 그들은 자신의 신앙심을 더욱 굳건히 다졌으며, 나아가 이처럼 열성이 증대하는 데 비례하여 악마들의 제국을 상대로 더욱 열심히, 그리고 성공적으로 성전을 수행했다.

2. 키케로는 여러 작품에서23 영혼의 불멸성에 관한 고대 철학자들의 무지, 오류 그리고 불명료성을 생생하게 기술했다. 고대 철학자들은 제자들이 죽음의 공포에 대비하기를 바라면

서, 사망이라고 하는 치명적인 일격이 인간을 삶의 재앙으로부터 해방시켜 주며 또한 존재하지 않는 사람들은 더 이상 고통도 겪지 않는다는 분명하면서도 침울한 논지를 주입했다. 그러나 그리스와 로마의 몇몇 현인들은 인간의 본질에 관해서 좀 더 고상하고 어떤 면에서는 올바른 견해를 품고 있었다. 다만 한 가지 밝혀 둘 것은 이처럼 숭고한 탐구를 하면서도 그들의 이성은 종종 상상력에 인도되었고, 더구나 그들의 상상력은 허영심에서 비롯되었다는 점이다. 자신들의 지적 능력을 만족스럽게 생각하며, 심원한 사색이나 중요한 연구 작업을 하면서 기억력, 상상력, 판단력 등 여러 가지 능력을 발휘하고, 게다가 죽음과 무덤의 한계를 초월하여 훨씬 후세에까지 명성을 남기고자 했던 고대 철학자들은 스스로를 들짐승과 혼동하고 싶지도 않았고 또 자신들이 그 위엄에 대하여 진정으로 찬탄해 마지않는 인간이 지상의 한 장소나 지극히 짧은 기간에만 국한되는 존재라고 생각하고 싶지도 않았다. 그들은 이처럼 자신에게 유리한 선입관을 가지고 원군으로서 형이상학이라는 학문, 아니 차라리 그 언어에 의지했다. 그들은 이윽고 물질의 특성은 그 어느 것도 정신의 작용에는 적용될 수 없으며, 따라서 인간의 영혼은 육체와는 별개의 실체로서 순수하고, 온전하며, 영적이고, 소멸될 수 없으며, 게다가 육체라는 감옥에서 풀려나면 한층 더 높은 수준의 미덕과 행복을 누릴 수 있다고 인식하게 되었다. 플라톤의 사상을 계승한 철학자들은 이처럼 숭고한 원리에서 몹시 불합리한 결론을 도출해 냈다. 즉 그들은 내세의 불멸성뿐 아니라 과거의 영원성까지도 주장하면서, 인간의 영혼이 우주에 충만하여 이를 지탱하고 있는 무한하고 자존적인 영(靈)의 한 부분이라고 생각하는 경향을 보였다.[24] 이처

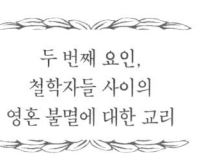
두 번째 요인, 철학자들 사이의 영혼 불멸에 대한 교리

[24] 많은 그리스와 라틴 성직자들이 인간 영혼의 선재성(先在性)이라는 개념이 종교와 양립할 수 있는 한 이 학설을 받아들였다.

럼 인간의 감각과 경험의 범주에서 멀리 벗어나 있는 학설은 한가한 철학자의 정신을 즐겁게 해 주거나 때로는 적막한 고독에 싸여 의기소침한 덕망가에게 한 줄기 위로의 빛을 던질 수도 있을 것이다. 그러나 이 학파에서 받았던 희미한 인상은 실생활의 여러 가지 일에 부딪히면 곧 그 흔적조차 사라졌다. 키케로와 초기 카이사르들의 시대에 활약했던 저명한 인물들, 특히 그들의 행동, 성격, 동기에 대해 잘 알려진 여러 가지 사실들을 고려해 보면, 그들이 결코 내세의 상벌에 대한 진지한 확신을 가지고 현세에서의 행동을 조절했던 사람들이 아니었다는 점을 확인할 수 있다. 로마의 법정이나 원로원에서는 유능한 웅변가들이 청중들의 분노를 사게 될까 봐 두려워하는 기색도 없이 이러한 학설을 무의미하고 터무니없는 의견이라고 폭로하기를 서슴지 않았는데, 이는 교양 있고 분별력 있는 사람이라면 누구나 이러한 학설을 경멸하고 배척했기 때문이었다.

그리스와 로마의 이교도들 사이의 영혼 불멸에 대한 교리

그러므로 이처럼 숭고한 철학적 이론도 내세에 대한 욕구와 희망이나 기껏해야 그 개연성을 얼마간 지적하는 것 이상으로는 진전되지 않았기 때문에, 육체에서 분리된 인간 영혼을 받기로 예정된 비가시적 세계의 존재를 명시하고 그 상태까지 설명한 것은 신의 계시를 제외하고는 아무것도 없다. 그러나 그리스와 로마의 민간 종교들은 내재적으로 다음과 같은 몇 가지 결함을 안고 있어서 이처럼 어려운 작업을 감당하기에는 역부족이었음을 알 수 있다. 첫째, 일반적으로 그들의 신화 체계를 입증하는 확고한 증거들이 존재하지 않았다. 따라서 이교도들 중에서도 현명한 사람들은 이미 이 신화 체계의 근거 없는 권위를 부정하고 있었다. 둘째, 지옥에 관한 묘사는 화가와 시인들의 상상력에 맡겨져 있었다. 그들은 지옥을 수많은 망령과 괴물들로 채우고 또한 이들에게 공평하게 상벌을 내리지도 못했기 때문에, 그들이 터무니없이 꾸며 낸 이야기들이 불합리하게 뒤섞이면서 인간 정신에 가장 적합한 엄숙한 진실은 짓밟힌 채 무시되고 있었다.25 셋째, 그리스와 로마의 열렬한 다신교도들은 내세에 관한 교리를 신앙의 기본적인 신조로 생각한 일이 거의 없었다. 개인보다는 국가 공동체와 관련되어 있는 여러 신들의 섭리는 주로 현세라는 가시적인 무대를 통해 드러났다. 유피테르나 아폴론의 제단에 숭배자들이 바치는 기원들에서는 현세의 행복에 대한 그들의 갈망과 내세에 대한 무지가 드러났다. 영혼의 불멸성이라는 중대한 진리가 성공적이고도 더욱 열성적으로 주입되었던 곳은 인도와 아시리아, 이집트, 그리고 갈리아였다. 이런 차이가 생긴 것은 야만족들이 지적으로 더 우월했기 때문이라기보다는 미덕의 동기를 야망 달성의 도구로서 사용한 야만족 성직자들의 영향 때문이었다.

여기서 당연히 예상할 수 있는 것은 이처럼 본질적인 종교 원리가 팔레스타인의 선택된 백성들에게는 명확한 언어로서 계시되었을 것이며, 또한 틀림없이 아론의 뒤를 이은 세습 신관들에게 대대로 위임되었을 것이라는 점이다. 모세의 율법에 영혼 불멸의 교리가 빠져 있음을 알게 되면 누구나 불가사의한 신의 섭리를 찬미할 수밖에 없게 된다.26 이 교리는 예언자들에 의해서 막연하게 암시되고 있을 뿐이며, 이집트의 노예 생활과 바빌로니아의 포로 생활 사이의 오랜 기간 동안에 유대인들의 희망과 근심은 모두가 현세라는 좁은 범위로 한정되어 있었다. 키루스 왕이 이 유배된 민족에게 약속의 땅으로 돌아가도록 허락하고 뒤이어 에즈라가 유대인의 옛 종교 기록들을 복원한 후에 예루살렘에서는 서서히 사두가이파와 바리사이파라

유대인들 사이의 영혼 불멸에 대한 교리

25 『오디세이아』 제11권에는 저승의 망령들에 대한 매우 음울하고 부조리한 이야기가 등장한다. 핀다로스와 베르길리우스는 이 장면을 아름답게 윤색하기도 했다. 그러나 이 시인들이 자신들이 전범으로 삼은 호메로스보다는 정확하다고 해도 결국 불합리하다는 죄목에서 벗어날 수는 없다.

26 『하느님의 모세 파견』을 쓴 어느 주교는 이 생략에 대해서 매우 특이한 이유를 제시하며 매우 교묘하게 불신자들을 반박하고 있다.

는 유명한 두 가지 종파가 생겨났다.27 부유하고 명망 있는 계층의 사람들로 구성된 사두가이파는 모세의 율법을 글자 그대로 엄격하게 준수하며, 그들이 신앙의 유일한 지침으로 숭상하는 성서가 뒷받침해 주지 않는다는 이유로 영혼 불멸설을 배격했다. 바리사이파는 성서의 권위에 전통의 권위를 덧붙이고, 전통이라는 이름으로 동방 나라들의 철학이나 종교에서 몇 가지 사변적인 교의를 도입했다. 이런 새로운 신앙의 교리 가운데는 숙명이나 운명 예정설에 관한 교리, 천사와 영혼에 관한 교리, 그리고 내세의 상벌에 관한 교리 등이 포함되어 있었다. 게다가 바리사이파는 엄격한 생활 태도로 유대 민중 대다수를 그들 종파로 끌어들임으로써, 신정 일치의 하스몬 왕조 치세에는 영혼 불멸설이 유대 교회 내의 지배적인 의견이 되었다. 유대인들은 그 기질상 다신교도들과 같은 미온적이고 열의 없는 인정만으로는 만족할 수 없었기에, 내세관을 인정하자 곧 자기 민족 특유의 열성으로 이를 포용하게 되었다. 그러나 그들의 열성이 곧 내세관의 증거가 된다거나 그 개연성을 더해 주는 것은 아니었기에, 인간 본성의 명령을 받고 이성으로 승인되며 미신에 의해서 수용되었던 생명과 영혼 불멸에 관한 교리는 여전히 그리스도의 권위와 모범으로 신성한 진리라는 재가를 받아야 할 필요가 있었다.

27 요세푸스의 표현을 최대한 자연스럽게 해석해 보면, 사두가이파는 모세 5경만을 인정했음을 알 수 있다. 그러나 현대의 학자들은 그들의 신경(信經)에 예언서들을 추가하고 그들이 바리사이파의 전통을 거부했다고 가정하고 있다.

그리스도교도들 사이의 영혼 불멸에 대한 교리

신앙을 받아들이고 복음의 가르침을 준수한다는 조건으로 인류에게 영원한 행복을 주겠다는 약속이 제시된 이상, 로마 제국의 모든 종교, 계급, 속주의 수많은 사람들이 이 유리한 제의를 수락했다 해도 이상할 것이 없었다. 옛 그리스도교인들은 현세의 생활에 대한 멸시와 영혼 불멸에 대한 절대적인 확신에 따라 행동했는데, 이는 현대의 의심 많고 불완전한 신앙으로는 제대로 이해하기 힘든 것이었다. 초대 그리스도 교회에서는 비록 그 유용성과 오랜 역사 때문에 존중받을 만하다 해도, 실제로 경험과 일치하지는 않았던 한 가지 견해로 인해서 진리의 영향력이 크게 강화되었다. 즉 이 세상의 종말과 천국의 도래가 임박했다는 믿음이 보편화되어 있었던 것이다. 이 놀랄 만한 사건이 가까이 다가왔다고 예언한 것은 바로 예수의 사도들이었다. 그들의 초기 제자들이 전통을 이어갔으며, 그리스도의 말씀을 글자 그대로 이해한 사람들은 이 땅에서 예수의 겸허한 모습을 목격했던 세대와 베스파시아누스 황제나 하드리아누스 황제 치하에서 유대인들이 당한 고난들을 증언할 수 있는 세대가 완전히 사라지기 전에 '사람의 아들'이 구름에 둘러싸여 영광스러운 재림을 할 것이라고 기대할 수밖에 없었다. 그 후 17세기 동안이라는 엄청난 세월이 지나면서 예언과 계시의 신비스러운 언어가 실현되기를 너무 재촉해서는 안 된다는 것이 알려지게 되었다. 그러나 이러한 오류가 어떤 현명한 목적에서 교회 안에 존속하도록 허용되는 한 이것은 그리스도교인들의 신앙과 실천에 매우 바람직한 영향을 미치기도 했다. 즉 이로 인해서 그리스도교인들이 이 세계 자체와 인류의 모든 종족이 신성한 심판자의 출현을 두려워해야만 하는 바로 그 공포의 순간을 기대하면서 살게 되었던 것이다.[28]

천년왕국에 관한 오래되고 일반적인 교리는 그리스도의 재림과 밀접하게 연관되어 있다. 천지 창조의 작업이 6일 안에 끝났던 것처럼, 선지자 엘리야에서 비롯된 전승에 따르면 현세가 존속되는 기간은 6000년으로 정해져 있었다.[29] 그리고 동일한 유추에 따라 이제 거의 다 끝나 가는 이 오랜 노고와 투쟁의 시기 뒤에는[30] 1000년간의 즐거운 안식일이 이어질 것이고,

천년왕국의 교리

[28] 「마태복음」 24장과 「데살로니가 전서」에는 이러한 기대를 장려하는 내용이 실려 있다. 에라스무스는 알레고리와 은유로써 곤란한 상황을 모면했으며, 해박한 그로티우스는 현명한 목적을 위해서라면 경건한 기만적 수단은 사용될 수 있다고 과감하게 암시하고 있다.

[29] 이러한 전통의 흔적은 『바르나바 서신』의 저자까지 거슬러 올라가 찾아볼 수 있을 것이다.

[30] 안티오크의 초대 교회는 천지창조부터 그리스도의 탄생까지가 거의 6000년이라고 추산했다. 아프리카누스, 락탄티우스 그리고 그리스 정교회는 그보다 조금 줄여 5500년이라고 했고, 에우세비우스는 5200년으로 만족했다. 이러한 계산 결과는 처음 6세기 동안 널리 사용되던 『70인역 성서』를 토대로 추산된 것이었다. 가톨릭교도들과 신교도들은 『불가타 성경』과 『히브리 성서』의 권위에 의지하여 이 기간을 약 4000년이라고 정했다. 그들은 세속적인 고시대 관련 학문을 연구하면서 종종 이 좁은 범위 때문에 곤란함을 느끼기도 한다.

죽음을 모면했거나 기적을 통해 되살아난 성인과 선민들로 구성된 승리한 무리들을 이끌고 내려오신 그리스도가 최후에 있을 전 인류의 부활의 날로 정해진 그 순간까지 지상을 다스릴 것이라고 여겨졌다. 이러한 기대는 신자들의 마음에 더할 나위 없이 흡족한 것이었기 때문에 이 천년왕국의 본거지가 될 새 예루살렘은 곧 온갖 화려한 상상력으로 장식되었다. 순수하고 영적인 기쁨으로만 이루어진 지복 상태는 여전히 인간 본성과 감각을 지니고 있는 이곳의 거주자들에게는 너무 순수하게 정제된 것처럼 보였을 것이다. 전원 생활의 즐거움이 있던 에덴 동산은 로마 제국 시기에 번성한 발달된 사회에는 더 이상 적합하지 않았다. 그러므로 신자들의 상상 속에서 새 도시는 황금과 보석으로 세워지고, 근교 일대에는 신비할 정도로 풍성한 곡물과 포도주가 넘쳐흐르며, 행복하고 인정 많은 시민들은 이 자생적인 천연 산물들을 자유롭게 누리면서 결코 사유 재산에 관한 법률 따위에 속박당할 일도 없었다.31 사도들을 직접 받들었던 제자들과 교분을 나누었던 순교자 유스티니아누스와 이레나이우스부터 콘스탄티누스 황제의 아들의 스승이었던 후대의 락탄티우스에 이르기까지 역대 교부들은 이런 천년왕국에 대한 확신을 신중하게 되풀이하여 가르쳤다.32 천년왕국설이 보편적으로 용인되지는 않았을지도 모르지만 정통파 신자들 사이에서는 지배적인 견해였던 것으로 보이며 게다가 인간의 욕망과 불안에 너무도 잘 들어맞는 것이어서 이 교리는 그리스도교의 전파에도 매우 크게 기여했음은 분명했다. 그러나 교회라는 건물이 거의 다 완성되었을 때, 임시로 대어 놓았던 지지대가 치워졌다. 지상에서의 그리스도의 통치에 대한 이 교리는 처음에는 심오한 알레고리로 간주되었지만 점차로 의심스럽고 쓸모없는 견해로 치부되었고 결국에는 이단 종파와 광

31 이러한 묘사는 대부분 「이사야」,「다니엘」및 「요한계시록」에 대한 오해에서 비롯되었다. 사도 요한을 보았던 파피아스의 제자인 이레나이우스의 글 속에서도 이런 식의 매우 조잡한 묘사를 발견할 수 있다.

32 유스티니아누스는 천년왕국의 교리에 대한 자신의 믿음과 정통파 신자들의 믿음을 증언하면서 매우 명확하고 엄숙한 태도를 취했다. 만일 어떤 모순이 발견된다면 이는 아마도 저자나 유스티니아누스의 글을 필사한 사람들의 탓일 것이다.

신자들이 꾸며 낸 불합리한 이야기로 배격당했다. 이 불가사의한 예언은 비록 타파된 견해에 대한 호의에 지나지 않는 것으로 여겨지기는 하지만 여전히 공인 성경에 포함되어 있음으로 해서 교회로부터 완전히 추방되는 것만은 모면하고 있다.33

그리스도의 제자들에게는 현세적 통치의 행복과 영광이 약속된 반면 믿지 않는 사람에게는 매우 끔찍한 재앙이 있을 것이라는 최후 통첩이 내려졌다. 새 예루살렘의 건설과 병행하여 상징적인 의미의 바빌론을 파괴하기로 되어 있었는데, 콘스탄티누스 이전의 역대 황제들이 우상 숭배를 고집했기 때문에 바빌론이라는 타락한 도시의 운명이 로마와 로마 제국에도 적용되기에 이르렀던 것이다. 상례대로 번영하는 민족을 괴롭힐 온갖 정신적·물질적 재난이 연달아 마련되었는데, 내란과 미지의 북쪽 지방에서 온 사나운 야만족의 침입, 전염병과 기근, 혜성과 일식 및 월식, 지진과 홍수 등이 그것이었다. 이 모든 것들이 로마의 대파멸을 예고하는 수많은 놀라운 징조들이었는데, 스키피오 부자와 카이사르들의 나라인 로마 제국이 하늘에서 내려온 불길에 삼켜져 버리며 이 일곱 언덕의 도시는 궁전, 신전, 개선문들과 함께 광대한 불과 유황의 호수에 파묻히게 된다는 것이었다. 그러나 로마인들의 자만심에 다소나마 위안이 된 것은 로마의 멸망은 곧 이 세계의 멸망이 되리라는 점이었다. 이전에 물로 망한 적이 있는 이 세계가 이번에는 불로 인해 신속한 파멸을 경험하기로 되어 있었던 것이다. 그리스도교의 신앙은 대화재가 일어나리라고 믿는다는 점에서는 동방의 전통과 스토아 학파의 철학, 자연론의 유추에 따른 설명과 꼭 들어맞았다. 게다가 종교적 동기에서 대화재의 근원지인 동시에 주된 무대로 선택된 이 국토마저도 자연적·물리적 이유

로마의 대화재와 세상의 종말

33 (대략 서기 360년에) 라오디케아 공의회에서는 「요한 계시록」이 바로 그 계시록의 수취인으로 지정되어 있는 아시아의 교회들에 의해 암묵적으로 공인 성경에서 제외된 적이 있었다. 그리고 술피키우스 세베루스의 기록에 나타난 그의 불만을 보면, 당대 대부분의 그리스도교인들이 그들의 판결을 인정했음을 알 수 있다. 그렇다면 어떤 이유에서 오늘날에는 그리스 정교회, 로마 가톨릭교회, 신교도 모두가 일반적으로 「요한 계시록」을 용인하는 것일까? 아마 다음과 같은 이유를 들 수 있을 것이다. 첫째, 그리스 정교회는 디오니시우스를 사칭한 어느 사기꾼의 권위에 근거하여 이를 인정했다. 둘째, 고전어 학자가 신학자보다 더 중요해질지 모른다는 충분히 근거가 있는 염려로 인해 트리엔트 공의회에서 「요한 계시록」이 포함되어 있던 라틴어 『불가타 성경』에 포함된 모든 경전의 무오설을 주장했다. 셋째, 신교도들은 그런 신비스러운 예언들을 사용하여 교황청의 의표를 찌를 수 있다는 이 점 때문에 이 유용한 계시록을 보기 드물 정도로 숭배했다. 오늘날 리치필드의 주교가 실현 가능성이 없는 이 주제에 관해 쓴 독창적이고 우아한 논문을 참조하는 것이 좋을 것 같다.

34 교양 있는 독자라면 이 주제에 관해서는 버닛(Burnet)의 『신성론』 제3부를 읽어 보는 것이 좋을 것 같다. 그는 철학과 성서, 그리고 전승을 하나의 놀라운 체계로 엮어 내고 있다. 그 과정에서 그가 보여 주는 상상력은 밀턴에 못지않다.

35 그러나 개인들이 각자 표현하는 용어가 무엇이든지 간에, 이것은 아직까지도 모든 그리스도 교회들이 채택하고 있는 공식적인 교리이다. 또한 이것은 영국 국교의 39개 조 가운데 제8조와 제18조에서 도출된 결론임을 인정하지 않을 수 없다. 특히 교부들의 글을 열심히 연구해 온 얀센파들이 이러한 견해를 열성적으로 지지하고 있다. 해박한 티유몽조차도 독설적인 황제에 대해 기술할 때면 언제나 그를 저주하는 말을 하곤 했다. 주인글리우스는 어쩌면 좀 더 온건한 견해를 채택한 유일한 얀센파 지도자였을 것이다. 이로 인해 가톨릭 교도들뿐만 아니라 루터 교도들까지도 그에 못지않게 주인글리우스를 비난했다.

36 유스티니아누스와 알렉산드리아의 클레멘스는 로고스의 가르침을 따른 몇몇 철학자들을 용인하고 있다. 로고스가 지닌 인간의 이성과 신의 말씀이라는 이중 의미를 뒤섞어 버린 것이다.

들 때문에 대화재의 목적에 더욱 잘 부합되는 것이었다. 깊은 동굴들과 유황 광산들, 그리고 수많은 화산들이 있었는데, 특히 에트나 화산, 베수비우스 화산, 리파리 화산 등은 빈곤한 상상력을 보충해 주는 것들이다. 가장 냉정하고 대담한 회의론자라 해도 지금의 이 세계가 불로 멸망할 가능성이 매우 높다는 것을 부인할 수 없었다. 논리적 허점이 많은 이 주장의 기반으로 이성보다는 전승의 권위와 성서의 해석에 의지했던 그리스도교인들은 두려워하면서도 확신을 가지고 가까운 장래에 이 사건이 반드시 일어나리라고 기대했다. 이처럼 끊임없이 종교적인 생각에 골몰하던 그리스도교인들이 제국에서 발생하는 모든 재앙을 임박한 세계 종말의 틀림없는 징조로 간주하는 것은 당연한 일이었다.34

영겁의 형벌에 바쳐진 이교도들

이교도는 아무리 현명하고 덕망 높은 자라 할지라도 신의 진리를 모르거나 믿지 않으면 영원한 형벌을 받게 된다는 주장은 현시대의 이성과 인도주의에는 위배되는 것으로 보인다.35 그러나 더 확고하고 일관된 신앙심을 지니고 있었던 초기 그리스도 교회는 서슴지 않고 인류의 대부분에게 영겁의 고통을 떠맡겼다. 아마도 복음의 빛이 비치기 이전에 이성의 빛에 의지하여 행동했던 소크라테스나 고대의 몇몇 현인들에게는 자비를 베풀어 줄 수 있었을지도 모른다.36 그러나 예수의 탄생과 사망 이후에도 악마에 대한 참배를 완강하게 고집한 사람들은 진노한 신의 심판에서 벗어날 자격이 없을 뿐 아니라 그런 기대도 가질 수 없다는 점에서는 모두의 의견이 일치했다. 고대 세계에서는 찾아볼 수 없었던 이런 엄격한 의견이 사랑과 화합의 체제 속에 냉혹한 정신을 불어넣었던 것으로 보인다. 종교적 신앙의 차이 때문에 혈연과 우정으로 맺어진 유대

관계가 깨지는 경우가 잦았으며, 이 세상에서 이교도들에게 억압당하던 그리스도교인들은 분노와 영적 자부심으로 내세에서 승리하리라는 기대에서 기쁨을 찾는 경우가 많았다. 엄격한 테르툴리아누스는 이렇게 외쳤다.

> 너희들은 구경거리를 좋아한다. 그러니 가장 위대한 구경거리인 이 세상의 최후의 영원한 심판을 기대하라. 수많은 교만한 군주들과 거짓 신들이 가장 낮은 암흑의 심연에서 신음하는 모습을 볼 때 내가 얼마나 크게 감탄하고 웃고 기뻐하고 즐거워할 수 있을 것인가! 또한 주의 이름을 박해했던 수많은 행정관들이 자신들이 그리스도교인들을 불태웠던 것보다 한층 더 사나운 불길 속에서 녹아 버리는 모습을 볼 때, 수많은 현명한 철학자들이 그들에게 현혹당한 학자들과 함께 시뻘겋게 단 불길 속에서 붉게 물드는 모습을 볼 때, 수많은 유명한 시인들이 미노스의 법정이 아니라 그리스도의 법정에 서서 떨고 있는 모습을 볼 때, 수많은 비극 작가들이 한층 더 아름다운 운율에 맞춰 자신들의 고통을 읊어 대는 모습을 볼 때, 수많은 무희들이……

그러나 인도적인 독자들은 이 열광적인 아프리카인이 짐짓 냉혹한 조롱조로 장황하게 늘어놓은 이 지옥에 관한 묘사의 나머지 부분을 더 이상 언급하지 않는다 해도 이해해 주리라 믿는다.[37]

물론 초기 그리스도교인들 가운데는 자신들의 신앙 고백에 담겨 있는 온유함과 자비심에 좀 더 어울리는 기질을 소유한 사람들도 많았다. 위험에 처한 친구들이나 동포들에게 진심

[37] 이 열광적인 아프리카인이 지니고 있던 권위가 어느 정도인지를 확실히 하기 위해서는 모든 서방 교회들의 지도자이자 학자인 키프리아누스의 언급을 살펴보는 것만으로도 충분할 것이다. 그는 테르툴리아누스의 글을 매일 연구하면서 번번이 이렇게 말했다고 한다. "스승님을 만나게 해 주시오."

종종 두려움으로 인해 개종했던 이교도들

으로 동정심을 느끼고 그들을 임박한 파멸에서 구원하고자 열심히 노력한 자비로운 사람들도 많았다. 무사태평했던 다신교도들은 자신들의 성직자나 철학자들은 전혀 보호해 줄 힘이 없는 뜻밖의 새로운 공포에 직면하여 이처럼 영겁의 고통을 당하게 된다는 협박에 겁을 집어먹고 굴복하는 경우가 매우 많았다. 이런 공포심은 그들의 신앙과 이성을 발전시키는 데 도움이 되었다. 일단 그들이 그리스도교가 진리일지도 모른다는 생각을 가지도록 설득하고 나면, 그리스도교인이 되는 것이 가장 안전하고 현명한 길이라고 확신시키기는 쉬운 일이었다.

세 번째 요인,
초기 교회의 기적의 힘

3. 심지어 현세에서조차 다른 사람들보다는 그리스도교인들이 많이 가지고 있다고 생각되던 초자연적 능력은 신도들 자신에게 위안이 되는 것은 물론 이교도들에게 확신을 심어 주는 데도 도움이 되는 경우가 분명히 많았을 것이다. 신이 신앙을 고취시키고자 자연 법칙을 일시 정지시키고 직접적인 간섭으로 때때로 일으켰던 이적들 외에도 그리스도 교회는 사도들과 그들의 초기 제자들의 시대부터[38] 방언의 능력과 환상 및 예언의 능력, 마귀를 쫓는 능력, 병자를 고치는 능력, 죽은 자를 살리는 능력 등 여러 가지 이적의 능력을 연이어 계승했다고 주장해 왔다. 이레나이우스 본인은 갈리아의 원주민들에게 복음을 전하면서 이 야만족의 방언을 알아듣는 데 큰 어려움을 겪었으면서도, 이레나이우스의 동시대인들에게는 그리스도교인들의 외국어 실력이 뛰어나다고 알려져 있었다. 신의 영감은 그것이 깨어 있는 동안 환상으로 전달되든 잠자는 동안 환영으로 전달되든 간에 노인들뿐 아니라 여자들, 주교들뿐만 아니라 소년들에 이르기까지 모든 계층의 신자들에게 넉넉하게 베풀어지는 은총으로 설명된다. 기도와 금식, 철야 기도를 통해서

[38] 미들턴(Middleton)의 얼버무림에도 불구하고 초기 사도 교부들이 영감으로 환상을 보았다는 명확한 흔적들을 간과할 수는 없다.

엄청난 자극을 받아들이기에 충분한 경건한 마음을 갖춘 사람들은 감각의 세계를 벗어나, 마치 피리가 연주자의 숨결에 반응하듯이 성령의 숨결에 반응하는 목소리가 되는 상태의 황홀경에 들어서게 되었다. 한 가지 덧붙일 것은 이러한 환상들은 대부분 교회의 장래를 드러내거나 현재의 운영 방향을 인도해 주기 위한 것이었다는 점이다. 고통받고 있는 불행한 사람의 육체에서 마귀를 쫓아내는 것은 흔한 일이었는데도 종교적 승리의 상징으로 생각되었으며, 더구나 옛 호교론자들은 이것이 그리스도교의 진리를 입증해 주는 가장 설득력 있는 증거라고 거듭 주장했다. 이 장엄한 의식은 보통 많은 구경꾼들 앞에서 공개적으로 거행되었는데, 마귀를 쫓는 기도사의 능력과 기술로 환자가 치유되고 나면, 자기는 예부터 내려오는 거짓 신들 가운데 하나로 불경스럽게도 인간의 숭배를 받아 왔다는 마귀의 고백이 들려왔다. 그러나 고질병이나 심지어 초자연적인 질병이라 할지라도 병을 고치는 기적은 그다지 놀라운 일이 아니다. 2세기 말경인 이레나이우스의 시대를 생각해 보면 그 당시에는 죽은 자의 부활도 별로 진기한 사건으로 여겨지지 않았고 또한 각 지방 교회의 대규모 금식이나 합동 기도회 등에서 필요에 따라 자주 기적이 일어났으며, 더구나 이처럼 그들의 기도에 따라 소생한 사람들은 그 후에도 오랫동안 그들과 함께 살았던 것이다. 이처럼 신앙이 죽음에 대해서 수많은 놀라운 승리를 거두었다고 자랑할 수 있었던 시기에는 부활의 교리를 여전히 거부하고 조롱했던 철학자들의 회의론을 설명하기가 어려웠을 것이다. 그리스의 어느 귀족은 이 중요한 문제에 논쟁 전체의 결과를 걸고 안티오크의 주교 테오필루스에게 만일 자신이 실제로 죽음에서 소생했다는 사람을 단 한 명이라도 목격하고 만족할 수 있다면 그 즉시 그리스도교를 받아들이겠다고 약속했다. 초기 동방 교회의 고위 성직자가 친구의 개종을 간절히 바라면서도 끝내 이 공정하고 합리적인 도전에 응하지 않았다는 것은 다소 놀라운 일이다.

> 논쟁의 대상이 된 기적의 힘에 대한 진실

초기 교회에서 일어났던 여러 가지 기적들은 그 후 오랫동안 사실로 인정을 받아 왔으나 최근에는 자유롭고 정밀한 연구 풍토 속에서 공격을 받고 있다.[39] 이러한 연구는 일반 대중에게서 큰 호평을 받고 있지만 유럽의 여러 개신교회들은 물론 영국의 성직자들 사이에서는 전반적으로 악평을 받고 있는 것으로 보인다.[40] 이 문제에 관한 견해의 차이를 좌우한 것은 어떤 특정한 논거라기보다는 연구 및 고찰의 방식이었으며, 무엇보다도 기적적인 사건들을 입증하기 위해 어느 정도의 증거를 요구하느냐에 달려 있는 것이다. 이 미묘하고도 중요한 논쟁에 대해서 개인적인 판단을 내리는 것은 역사가가 할 일이 아니다. 그러나 역사가는 종교의 관심사와 이성의 관심사를 일치시킬 이론을 채택하고 그 이론을 올바르게 적용하기가 힘들다는 사실, 그리고 초자연적 능력이라는 은사가 베풀어졌을지도 모르는 그 행복했던 기간의 범위를 오류와 기만 없이 정확하게 규정하기가 힘들다는 사실을 모른 체해서는 안 될 것이다. 초기 교부들에서 최근의 교황들에 이르기까지 수많은 주교와 성자, 순교자, 그리고 기적의 존재가 끊임없이 이어졌으며 게다가 미신은 거의 느끼기 힘들 정도로 매우 점진적으로 보급되었기 때문에 이 전통의 쇠사슬을 어느 고리에서 끊어야 할지 판단하기는 힘들다. 모든 시대는 각기 그 시대를 특징 짓는 불가사의한 사건들에 대한 증거를 가지고 있으며, 각각의 증거가 이전 세대의 증거에 비해 분량이 부족하다거나 중요성이 떨어진다고 볼 수도 없다. 따라서 만일 2세기의 유스티니아누스나

[39] 미들턴은 1747년에 『입문서』를, 그리고 1749년에 『자유 탐구』를 발표했다. 죽기 직전인 1750년에는 자신의 수많은 반대자들을 논박하기 위해 옹호론을 준비하고 있었다.

[40] 옥스퍼드 대학교는 대학 당국과 의견을 달리하는 사람들에게도 학위를 수여했다. 이에 대해 모스하임이 분노했던 것을 보면 전반적인 루터파 성직자들의 견해를 알 수 있다.

이레나이우스는 편견 없이 신뢰하면서 8세기의 '가경자(可敬者)' 비드나 12세기의 성자 베르나르두스는 믿지 않는다면, 이것은 어느 사이에 일관성을 상실해 버렸다는 것을 의미한다.⁴¹ 만일 이런 기적들의 진실성이 그 효용성과 타당성에 따라 정당하게 인정될 수 있다면 모든 시대마다 불신자들을 믿게 하고 이단자들을 논박하고 우상 숭배하는 민족들을 개종시킬 수 있었을 것이며, 또한 언제나 신의 간섭을 정당화할 충분한 동기를 만들어 낼 수 있었을지도 모른다. 그러나 계시를 지지하는 사람들은 누구나 기적을 행사하는 능력의 실재를 확신하는 반면 합리적인 사람들은 누구나 그 능력의 중단을 확신하는 법이기 때문에, 기적 능력에 대한 주장들이 갑자기 또는 점차로 그리스도 교회로부터 철회되기 시작한 어떤 시기가 있었으리라는 것은 분명하다. 이 목적을 위해서 사도의 사망 시기, 로마 제국의 개종 시기, 아리우스파의 소멸 시기 등 어떤 시기를 선택하든 간에,⁴² 그 무렵에 살았던 그리스도교인들의 무신경에도 놀라지 않을 수 없다. 그들은 기적 능력을 상실한 후에도 여전히 자신들의 주장을 그대로 유지했다. 얄팍한 믿음이 참된 신앙 대신 판을 쳤으며, 광신이 영감의 언어를 사칭하는 것이 허용되었으며, 우연한 사건이나 계획으로 초래된 결과가 초자연적인 인과 관계에서 비롯된 것으로 설명되었다. 그리스도교 세계의 사람들은 최근에 경험한 여러 가지 진정한 기적들을 통해서 신의 섭리가 어떻게 이루어지는지를 알게 되었을 것이며, 또한 그들의 눈은 (매우 부적절한 표현인지도 모르겠지만) 종교적 예술가의 양식에 익숙해지게 되었을 것이 틀림없다. 오늘날 이탈리아의 어떤 솜씨 좋은 화가가 감히 자신의 보잘것없는 모사품에 라파엘로나 코레조의 이름을 써넣는다 하더라도 이런 무례한 사기 행각은 금방 탄로가 나서 분연히

⁴¹ 주목할 만한 것은 클레르보의 베르나르두스가 친구인 성 말라키의 기적에 관해서는 수많은 기록을 남겼으면서도 자신의 기적에 관해서는 전혀 언급하지 않았으며, 그 대신 그의 기적에 관해서는 동료와 제자들이 조심스럽게 언급하고 있다는 점이다. 오랜 교회사를 통해서 자신이 기적을 행사하는 능력을 가지고 있다고 주장한 성자가 단 한 명이라도 있었던가?

⁴² 신교도들은 주로 콘스탄티누스 황제의 개종을 그 시기로 잡는다. 합리적인 성직자들은 4세기의 기적들을 인정하려 하지 않으며, 경솔한 신자들은 5세기의 기적들을 부인하려 하지 않는다.

배척당할 것이다.

원시적인 기적의 사용

사도들의 시대 이후 초기 교회에서 있었던 기적들을 어떻게 받아들이든지 간에, 2~3세기의 신자들에게서 두드러졌던 온순하고 관대한 기질이, 우발적이기는 했지만 그리스도교 신앙과 진리의 정당성을 확보하는 데 매우 큰 도움을 준 것만은 분명하다. 오늘날에는 독실한 신앙심을 가진 사람이라 해도 잠재적이며 심지어는 무의식적인 회의심을 품게 마련이다. 그들이 초자연적인 진리를 인정한다 해도 이는 적극적인 동의라기보다는 냉담하고 소극적인 묵인에 불과하다. 인간은 이미 오랫동안 이성이나 상상력을 가지고 불변하는 자연의 질서를 관찰하고 주목하는 데 익숙해져 왔기 때문에 신의 가시적 행동인 기적을 인정할 마음의 준비가 제대로 되어 있지 않다. 그러나 초기 그리스도교 시대에는 사정이 전혀 달랐다. 이교도들 가운데서도 호기심이 많거나 남을 잘 믿는 사람들은 기적을 행사하는 능력을 실제로 갖고 있다고 주장하는 종파에 가입하도록 설득당하는 경우가 많았다. 초기 그리스도교인들은 줄곧 신비로운 세계에 골몰했고 그들의 마음은 아무리 기이한 사건이라도 믿는 습성에 길들여져 있었다. 그들은 사방에서 끊임없이 마귀들이 자신들을 습격하며 그때마다 환상의 위로를 받고 예언의 가르침을 받으며, 나아가 놀랍게도 교회의 중보 기도로 위험과 질병, 그리고 죽음 그 자체로부터 해방될 수 있다고 느끼거나 상상했다. 그들은 자신들이 그 대상이자 도구이며 목격자라고 생각했던 진정한 이적 또는 가공의 이적들을 복음서에 기록되어 있는 이적을 믿을 때와 마찬가지로 쉽사리, 오히려 정당성에 대해서는 더 큰 확신을 가지고서 받아들였다. 이처럼 그들은 자신들의 경험의 한계 안에 있는 기적들을 받아들이는 과정을 통해서 영감을 받게 되었고 이로 인해 자신들의 이해력의 한계를 넘어가는 신비로운 교의들까지도 확실히 믿게 되었던 것이다. 결국 신의 은총과 내세의 행복에 대한 확고한 보장을 제공하며 그리스도교인의 최고의, 어쩌면 유일한 장점으로 언급될 수 있을 이러한 마음의 상태는 결국 신앙의 이름으로 찬양되어 온 초자연적인 진리들에서 받은 깊은 인상의 결과라고 할 수 있을 것이다. 좀 더 엄격한 교부들에 따르면, 불신자들 또한 똑같이 실천할 수 있는 도덕적 미덕들은 인간이 하느님께 의로움을 인정받고자 할 때 아무런 가치나 효험이 없다.

4. 그러나 초기 그리스도교인은 덕행으로 자신의 신앙을 증명했으며, 이에 따라 당연히 가정해 볼 수 있는 것은 신앙

네 번째 요인,
초기 그리스도교도들의
미덕

심은 신자의 이해력을 계몽하거나 억제하는 것과 동시에 그의 마음을 정화하고 행동을 이끌어 주기도 했을 것이 분명하다는 점이다. 동료 신자들의 무죄를 주장한 초기의 그리스도교 호교론자들과 조상들의 고결함을 찬양했던 그 후대의 저술가들은 모두 복음의 선포가 이 세상에 가져다준 풍습의 개혁을 생생하게 묘사했다. 여기서는 다만 계시의 영향력을 뒷받침해 줄 수 있었던 인간적인 이유들에 대해서만 주목하고자 하므로, 초기 그리스도교인들이 그 당시의 이교도들이나 그 타락한 후계자들에 비해서 훨씬 더 순수하고 엄격한 생활을 할 수밖에 없도록 만들었던 두 가지 동기, 즉 과거의 죄에 대한 회개와 자신들이 소속된 교단의 평판을 지키고자 하는 갸륵한 소망에 대해서만 간단히 언급할 것이다.

불신자의 무지에서든 아니면 악의에서든 오래전부터 그리스도교인들은 극악무도한 죄인들을 신도로 끌어들이고 있다는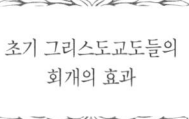

초기 그리스도교도들의
회개의 효과

비난을 받아왔다. 이런 죄인들은 일단 자책감을 갖게 되면 곧 물로 세례를 받아 과거에 저지른 죄를 씻어 낼 수 있다고 쉽게 믿게 되었는데, 다신교의 신전들에서는 어떠한 속죄도 인정해 주지 않았다. 그러나 이런 비난은 설명 방식상의 잘못된 점만 제거한다면 교회의 발전에 크게 도움이 될 뿐 아니라 명예를 높여 주는 데도 크게 기여하는 것이다. 그리스도교를 지지하는 사람들은 그리스도교의 유명한 성자들 가운데 대다수가 세례를 받기 전에는 버림받은 죄인들이었다는 사실을 스스럼없이 인정한다. 비록 불완전한 방식으로나마 이 세상에서 자비와 예의의 가르침에 따라 살아온 사람들은 자신들이 올바른 길로 접어든 결과로 갑작스럽게 수치심, 슬픔, 공포와 같은 감정들을 느끼지 않아도 되었다는 점에서 조용한 만족감을 얻었는데, 바로 이러한 이유 때문에 수많은 훌륭한 개종자들이 생겨났던 것이다. 주 예수 그리스도의 모범을 따라 복음 전도사들은 죄의식과 죄의 결과에 짓눌린 인간들, 특히 여자들과 교제를 마다하지 않았다. 이런 사람들은 죄악과 미신에서 벗어나 영광스러운 영생의 희망을 갖게 되면 덕행을 쌓고 참회를 하는 생활에 전념하기로 결심하게 되었다. 완전성에 대한 욕구가 열정적으로 그들의 영혼을 지배하게 되었던 것이다. 게다가 잘 알려져 있다시피 이성은 냉정하게 평범함을 받아들이지만 열정은 양극단 사이를 단숨에 뛰어넘을 정도의 맹렬한 속도로 인간을 휘몰아치게 마련이다.

초기 그리스도교도들의
평판에 대한 관심

새로운 개종자가 신도로서 정식으로 받아들여지고 교회의 모든 성사에 참여할 수 있게 되면, 그리 영적인 것은 아니지만 매우 순수하고 존경할 만한 어떤 이유로 인해 다시는 과거와 같은 죄악에 빠지지 않게 되었다. 소속되어 있던 국가나 종교에서 이탈한 특정한 집단은 그 즉시 모든 사람들의 반감의 대상이 되었다. 이러한 집단의 평판은 구성원의 수가 적으면 적을수록 그들 자신의 덕행이나 악행의 영향을 크게 받게 마련이다. 그리고 구성원 각자는 자신이 공동의 불명예를 가져올 수도 있고 또 공동의 명성을 누릴 수도 있기 때문에 자신과 동료들의 행동을 큰 관심을 가지고 주시하게 된다. 비티니아의 그리스도교인들은 소(小)플리니우스의 법정에 서게 되자, 이 총독에게 자신들은 어떤 불법적 음모에 가담하기는커녕 항상 절도, 강도, 간통, 위증, 사기 등 공적으로나 사적으로 사회의 질서를 어지럽히는 죄를 범하는 일이 없도록 하라는 엄숙한 의무에 구속받고 있다고 다짐했다. 그로부터 약 1세기 후에 테르툴리아누스는 그리스도교인들은 종교적인 이유를 제외하고는 처형당한 사람이 극소수에 불과했다고 정직하게 자부할 수 있었다. 그들은 그 시대의 화려한 사치 풍조를 멀리하는 진지한 은둔 생활을 통해서 순결, 절제, 절약 등 건전하고 가정적인 모든 미덕을 실천할 수 있었다. 대다수의 구성원들은 상업에 관련된 직업에 종사하고 있었기 때문에 엄격한 성실성과 공정한 거래를 준수하여 이교도들이 자칫 자신들의 신앙 생활에 대해서 가질 수 있는 온갖 의혹들을 불식시켜야 한다는 의무를 지고 있었다. 그들은 이 세상을 경멸하는 동안에 겸양, 온순, 인내를 습관처럼 실천하게 되었다. 그들은 박해를 받을수록 더욱더 서로의 결속을 긴밀하게 다져 갔다. 그들 상호간의 사랑과 의심 없는 신뢰는 이교도들의 주목을 받았으며, 또한 이런 이유로 불성실한 동료들에게 배신을 당하는 경우가 너무나 많았다.[43]

초기 그리스도교인들의 품행은 매우 존경할 만한 것이었는데, 심지어 그들의 과실이나 실수조차도 과도한 덕성에서 비

[43] 철학자 페레그리누스의 견해에 따라 (그의 생애와 죽음에 대해서는 루키아누스가 재미있는 기록을 남긴 바 있다.) 오랫동안 아시아의 그리스도교인들은 경솔하고 단순하다고 여겨졌다.

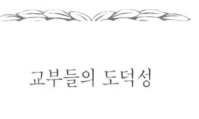
교부들의 도덕성

롯될 정도였다. 그 당시 사람들의 신앙 고백, 신조, 그리고 심지어 실천 방식에 대해서도 귀감이 되고 권위 있는 영향을 미쳤던 교회의 주교들이나 박사들은 기술적이라기보다는 헌신적으로 성서를 연구했으며, 따라서 후대의 현명한 주석자들이 더 융통성 있게 비유적으로 해석하고 있는 그리스도와 사도들의 엄격한 가르침을 글자 그대로 받아들일 때가 많았다. 열성적인 교부들은 복음의 완전성을 철학의 지혜보다 높은 차원으로 고양시키려는 야망 때문에 나약하고 타락한 이 현세에서는 달성할 가능성이 거의 없는 것은 물론이고 유지하기는 더욱 불가능한 정도의 고행, 순결 및 인내의 의무를 실천했다. 이처럼 특별하고도 숭고한 교리라면 필연적으로 사람들의 존경심을 불러일으켰어야만 했지만, 유감스럽게도 이 덧없는 세상을 살아가면서 타고난 인간의 감정과 사회적 이해관계만을 중요시하는 세속적 철학자들의 찬성을 얻어 내기는 힘들었다.

인간 본성의 원칙들

매우 고결하고 관대한 기질을 가진 사람들도 쾌락에 대한 욕구와 행동에 대한 욕구라는 두 가지 타고난 성향만큼은 버리기 힘들다. 쾌락 욕구는 예술과 학문으로 승화되고 매력적인 사회적 교제로 개선되며 검약, 건강, 평판에 대한 적절한 관심으로 올바르게 인도될 경우, 개인적인 삶의 상당 부분을 행복으로 이끌 것이다. 행동 욕구는 훨씬 더 강력하며 동시에 좀 더 문제가 많은 성정이다. 이것은 분노, 야심, 그리고 복수심을 초래하는 경우가 많다. 그러나 이것도 절제심과 자비심의 인도를 받게 되면 오히려 모든 미덕을 실천하는 원동력이 될 수 있다. 게다가 만일 이런 미덕들을 지닌 사람이 그에 못지않은 능력까지 갖추고 있다면, 용감한 그 단 한 사람이 한 가문과 계급 또는 제국에 안전과 번영을 가져다줄 수도 있는 것이다. 그러므로 호감이 가는 성격의 대부분이 쾌락 욕구에서 비롯된다면 유능하고 존경할 만한 성격의 대부분은 행동 욕구에서 비롯된다고 할 수 있다. 이 두 가지 성향이 조화롭게 결합되어 있는 품성이야말로 인간 본성의 가장 완벽한 형태일 것이다. 이 두 가지 성향이 모두 결여되어 있다고 할 수 있는 무감각하고 소극적인 기질은 개인의 행복이나 국가적 이익에 전혀 보탬이 되지 않아서 모든 사람들이 공통으로 배격하는 것이다. 그러나 초기 그리스도교인들이 호감이 가거나 쓸모가 있는 사람이 되기를 원했던 것은 이 세상에서가 아니었다.

지식의 획득, 인간 이성 또는 상상력의 발휘, 그리고 마음 가는 대로 이어지는 유쾌한 대화의 흐름은 자유로운 마음의

> 쾌락과 사치를 경멸한 초기 그리스도교도들

여유가 있을 때 가능할 것이다. 그러나 엄격한 교부들은 이러한 즐거움을 몹시 싫어하여 배격하거나 극도의 경계심을 가지고 인정했을 뿐이었다. 그들은 구원에 도움이 되지 않는 모든 지시들을 경멸했으며 모든 경솔한 언동은 신께서 주신 언어 능력을 남용하는 범죄 행위라고 생각했다. 이 세상에 존재하는 한 인간의 육체는 영혼과 불가분의 관계를 맺고 있기 때문에 이 충실한 동반자가 느끼는 즐거움을 순결하고 절도 있게 경험하는 것은 인간에게도 이익이 될 것으로 여겨질 수도 있다. 그러나 신앙심 깊은 조상들의 생각은 이와는 정반대여서, 천사들의 완전성을 모방하려는 헛된 야심을 품고 모든 세속적이고 육체적인 즐거움을 경멸하거나 경멸하는 척했다. 사실상 인간의 오감은 각각 우리 자신의 보존과 생존, 그리고 지식을 습득하기 위해 필수적인 것들이어서, 오감의 사용을 배제한다는 것은 불가능한 일이었다. 그들은 쾌락을 처음 느끼는 순간이 곧 오감이 남용되기 시작하는 순간이라고 생각했다. 천국에 가기를

원하는 무감각한 지원자는 단지 미각이나 후각 같은 조잡한 유혹에 저항할 뿐 아니라 심지어는 세속적인 화음에 대해서도 귀를 막고 예술의 최고 걸작품조차도 냉담하게 바라보도록 가르침을 받았다. 화려한 의상, 웅장한 저택, 그리고 우아한 가구는 교만과 관능성이라는 이중의 죄를 결합시키는 것이라고 생각되었다. 자신이 죄를 지었음은 확실히 알고 있지만 자신의 구원에 대해서는 확신하지 못하는 그리스도교인에게는 검소하고 수수한 외양이 더 잘 어울린다는 것이었다. 교부들은 사치를 책망할 때는 극도로 엄밀하고 세심했다. 그들의 경건한 분노를 불러일으킨 온갖 물건들 가운데 일부를 열거하자면 가발, 흰색이 아닌 의복, 악기, 금이나 은으로 만든 항아리, 깃털 베개(야곱은 돌을 베고 잤기 때문이다.), 흰 빵, 외국산 포도주, 공개된 자리에서의 축사, 온수 목욕, 수염 깎기 등이 있다. 더구나 수염을 깎는 것은 테르툴리아누스의 표현에 따르자면 자기 얼굴에 대해 거짓말을 하는 것이며 창조주의 작품을 개선하려는 불경스러운 시도이다. 그리스도교가 부유층과 상류층에 침투하면서 이 특이한 계율은 오늘날과 마찬가지로 좀 더 초월적인 존엄성을 열망하는 소수의 사람들에게만 이어지게 되었다. 그러나 하류층 사람들에게는 어차피 자신들이 운명적으로 도달할 수 없는 화려함이나 쾌락을 경멸한다는 것은 언제나 기분 좋을 뿐만 아니라 용이한 일이었다. 초기 그리스도교인들의 미덕은 초기 로마인들의 경우와 마찬가지로 빈곤과 무지 덕택에 지켜지는 경우가 많았다.

결혼과 순결에 대한
초기
그리스도교도들의 생각

남녀의 성에 관한 교부들의 엄격한 금욕주의도 동일한 원리, 즉 인간의 관능을 충족시키고 영성을 타락시킬지도 모르는 모든 향락에 대한 혐오에서 비롯되었다. 교부들이 즐겨 사용했던 논리는 만일 아담이 창조주에게 계속 순종했더라면 동정을 유지한 채 영생을 누릴 수 있었을 것이며, 낙원에는 어떤 무해한 증식 방법을 통해서 번성한 순결하고 영원히 죽지 않는 인간들이 살게 되었을지도 모른다는 것이었다. 오직 아담의 타락한 후손들에게만 허용된 결혼 제도는 인간 종족을 존속시키기 위한 불가피한 임시 방편일 뿐인 동시에 비록 불완전하기는 하지만 타고난 방탕한 욕망을 억제하기 위한 수단에 불과하다는 것이다. 정통파 결의론자들이 이 흥미로운 문제에 대해서 망설이는 태도를 보인 것은 억지로 참도록 강요받은 제도를 승인하고 싶지 않은 사람들이 느끼는 당혹감을 드러내 준다.[44] 그들이 부부의 결합에 관해서 상세하게 부과한 온갖 별난 계율들을 열거하면 신랑은 고소를 금치 못하고 신부는 얼굴을 붉히지 않을 수 없을 것이다. 첫 번째 결혼만으로도 자연과 사회의 모든 목적을 이루기에는 충분하다는 것이 그들의 공통된 의견이었다. 육체적 결합은 그리스도와 교회의 신비한 결합과 유사한 것으로 승화되었는데, 그 대신 이혼이나 죽음으로도 분리될 수 없다고 선언되었다. 재혼에는 합법적 간통이라는 낙인이 찍혔으며, 그리스도교인의 순결성에 반하여 이처럼 수치스러운 죄를 범한 사람은 그 즉시 교회가 부여하는 모든 명예와 특전을 박탈당했다. 욕망을 범죄시하고 결혼을 용인할 수 있는 결함 정도로 인식했기 때문에, 독신 생활이야말로 신의 완전성에 다가가기 위한 가장 가까운 길이라고 생각한 것은 당연했다. 고대 로마인들은 6인제 베스타 여신 무녀단을 유지하는 데도 곤란을 겪었지만,[45] 초대 그리스도 교회는 영원한 순결을 맹세한 수많은 남녀로 가득 차 있었다. 그중에서도 학식이 높았던 오리게네스를 포함한 소수의 사람들은 유혹물[46]을 제거해 버리는 것이 가장 현명한 일이라고 판단하기도 했다. 어떤 사람은

[44] 이단인 그노시스파 사람들 가운데 일부는 더욱 일관적인 입장을 고수하여 결혼 제도를 거부하는 사람들도 있었다.

[45] 이 처녀들에게 온갖 영예와 보상을 약속했음에도 불구하고 그 수를 채우기가 힘들었으며, 끔찍한 죽음에 대한 공포심도 이들의 탈선을 막기는 힘들었다.

[46] 오리게네스가 명성이 높아지면서 시기와 박해에 시달리기 이전에는 이런 기이한 행동도 비난보다는 칭찬을 받았다. 그는 일반적으로 성서를 비유로 설명했으나, 이 경우에만은 불행하게도 글자 그대로의 의미로 받아들였던 것으로 보인다.

47 오랜 세월 뒤에 퐁트브로 교단의 설립자도 이와 유사한 성급한 시도를 한다는 비난을 받았다. 베일(Bayle)은 이 민감한 문제를 취급하여 자신은 물론이고 독자들의 기분까지도 즐겁게 해 주었다.

48 고행자들은 (이미 2세기 무렵에) 자신들의 육체에 고통을 가하고 육류와 포도주를 먹지도 마시지도 않는다고 공개적으로 선언했다.

육욕의 공격 앞에 무감각해졌고, 또 어떤 사람은 난공불락의 상태가 되었다. 무더운 아프리카 출신 처녀들은 수치스럽게 도망가기보다는 차라리 적과 백병전을 벌여서 사제나 부제들에게 동침을 허용하고 그런 격전의 한복판에서 자신들의 흠 없는 순결을 자랑했다. 그러나 때때로 모욕당한 자연이 자신의 권리를 주장했기 때문에 이러한 새로운 종류의 순교는 교회에 새로운 추문을 끌어들이는 데 도움이 되었을 뿐이다.47 그러나 이런 그리스도교의 고행자(苦行者, 그들이 그 고통스러운 실천 때문에 곧 얻게 된 이름이다.)들 가운데서도 분수를 지켰던 많은 사람들은 아마 상당한 성공을 거뒀을 것이다. 육신의 쾌락을 상실한 대신 영적인 자부심으로 보상받았기 때문이다. 심지어 수많은 이교도들조차도 이 명백한 어려움이 따르는 희생의 가치를 높게 평가하는 경향이 있었다. 또한 교부들이 고뇌에 가득 찬 웅변을 쏟아 내서 찬양했던 것도 이 순결한 그리스도의 배우자들이었다. 이러한 것들은 초기 수도원의 원리와 제도를 엿보게 해 주는 흔적들로서, 나중에는 속세에서의 그리스도교의 이익과 대조를 이루며 그것을 모두 상쇄시키게 되었다.48

국방과 행정에 대한
초기
그리스도교도들의 반감

그리스도교인들은 속세의 쾌락 못지않게 속세의 업무도 반감을 가졌다. 그들은 자신들의 생명과 재산을 지키는 일과 과거에 입은 피해는 무조건 용서하라고 요구하고 새로운 모욕을 자청하라고 명하는 인내의 교리를 조화시키지 못했다. 고지식한 그들은 법정에서 선서하는 관행에도 마음을 다쳤고, 관리들의 화려한 겉치레나 공적인 생활에서의 적극적인 경쟁을 싫어했다. 또한 무지하지만 인정 많은 그들은 비록 공동 사회 전체의 평화와 안전을 위협하는 범죄적인 행위 또는 적대적인 행위를 한 사람이더라도 법이나 전쟁으로 심판하여 동료 인간들의 피를 흘리게 하는 것이 어떤 경우에는 합법적이라는 사실을 납득할 수도 없었다.49 그리 완전하지 못한 법률 제도하에서는 계시를 받은 예언자와 기름 부음을 받은 왕들이 신의 재가를 얻어 유대 사회의 권력을 행사했다는 사실이 인정되고 있었다. 그리스도교인들은 이 세상의 현 체계 내에서는 이러한 제도들이 필요할지도 모른다는 사실에 동조하고, 나아가 이교도 총독들의 권위에도 기꺼이 복종했다. 그러나 그들은 이처럼 무저항적인 복종의 이치를 가르치면서도 다른 한편으로는 제국의 민사 행정이나 국방에 적극적으로 참여하기를 거부했다. 개종하기 이전에 이미 이처럼 폭력적이고 잔인한 일에 종사한 적이 있는 사람들에게는 그나마 어느 정도의 관용이 베풀어질 수도 있었겠지만, 그리스도교인들이 군인, 행정 관리 또는 군주가 된다는 것은 신성한 종교적 의무를 포기하지 않고서는 불가능했다.50 그리스도교인들은 이처럼 공공의 복지를 위한 의무 수행을 소홀히 하고 심지어 범죄적이라고 할 만큼 무시했기 때문에 이교도들에게서 온갖 멸시와 비난을 받았다. 이교도들은 끊임없이 이렇게 묻곤 했다.

> 모든 사람들이 이 새 종파의 나약한 생각을 받아들인다면 사방에서 야만족의 침략을 받는 이 제국의 운명은 어떻게 되겠는가?51

그리스도교 호교론자들이 이 모욕적인 질문에 대해서 애매모호한 답변으로 일관한 이유는 그리스도교인들이 안심할 수 있는 은밀한 이유를 드러내고 싶지 않았기 때문이었다. 즉 인류 전체의 개종이 이루어지기도 전에 이미 전쟁, 정부, 로마제국, 그리고 이 세상 자체가 존재하지 않게 되리라고 기대했

49 이와 동일한 인내의 원칙들이 종교개혁 이후 오늘날의 재침례교도 그리고 퀘이커교도에 의해서 부활되었다.

50 테르툴리아누스는 버리는 것이 상책이라고 그리스도교인들에게 권고했는데, 이런 조언이 널리 알려졌더라면 황제들이 그리스도교에 대해 호의를 보이도록 하는 데 장애가 되었을 것이다.

51 오리게네스의 단편적인 묘사에서도 알 수 있듯이, 그의 적대자인 켈수스는 매우 강력하고 솔직하게 이의를 제기했다.

던 것이다. 이런 경우에도 마찬가지로 초기 그리스도교인들의 입장은 자신들의 종교적인 양심에 매우 잘 부합했으며, 게다가 그들은 적극적인 사회 활동을 혐오함으로써 국가와 군대의 온갖 영예로운 직책들에서 배제되었다기보다는 그러한 복무를 면제받기 위한 구실을 마련했다는 점을 알 수 있다.

<small>다섯 번째 요인,
교회 행정에 적극적인
그리스도교도들</small>

5. 그러나 인간의 품성은 일시적인 열정으로 제아무리 의기가 충천해지든 소침해지든 간에 결국은 점차 본래 타고난 수준으로 되돌아가 현재의 상황에 가장 적합해 보이는 감정을 되찾게 된다. 초기 그리스도교인들은 속세의 일과 쾌락에는 무감각했다. 그러나 결코 완전히 소멸될 수는 없었던 그들의 행동 욕구는 곧 되살아나 교회의 행정 체제 내에서 새로운 일거리를 찾아냈다. 로마 제국의 기성 종교를 공격하던 독립된 교단으로서는 우선 내부 정책을 채택하고 그리스도교단의 영적인 직무뿐만 아니라 심지어 세속적 지도까지도 담당할 많은 성직자들을 임명해야만 했다. 교단의 안전, 명예, 확장이라는 사명은 가장 신앙심 깊은 사람들의 마음속에도 초기 로마인들이 공화국에 대해서 느꼈던 애국심과도 같은 열렬한 충성심을 불러일으켰으며, 더욱이 때로는 로마인들과 마찬가지로 바람직한 목적을 달성하기 위해서는 수단과 방법을 가리지 않도록 만들었다. 자신과 동료들을 교회의 명예로운 직책에 오르게 하려는 야심은 직무를 통해서 얻는 권력과 이익을 오직 공공의 이익이라는 목적을 위해서만 바치겠다는 가상한 의지로 감춰졌다. 그들은 자신들의 직무를 수행하는 과정에서 종종 이단적인 오류와 당파적인 책략을 적발하여 배신한 동료들의 음모에 저지하고, 그런 음모자들에게 불명예의 낙인을 찍어서 음모자들이 평화와 행복을 교란시키려 했던 교단의 품에서 그들을 추방

하곤 했다. 그리스도 교회의 행정 담당자들은 뱀의 지혜와 비둘기의 순결성을 겸비하라는 가르침을 받았지만, 교회 행정이 관행화되면서 지혜는 교활해지고 순결성도 어느새 서서히 타락해 버렸다. 속세에서와 마찬가지로 교회에서도 공직에 앉은 사람들은 설득력과 과단성, 세상에 대한 지식과 민첩한 업무 처리 능력으로 인해 무시하지 못할 인물로 부각되었다. 그리고 그들은 자신들의 행동에 감춰진 은밀한 동기를 다른 사람들이나 어쩌면 자기 자신에게조차 숨길 때에는 적극적인 활동에 따르는 온갖 격렬한 열정에 빠지는 경우가 너무나 잦았으며 더욱이 이러한 열정은 종교적인 열성까지 가미되면 한층 더 가혹하고 완고해지는 경우도 있었다.

교회 행정권은 종종 종교적 투쟁의 대상이 되었을 뿐만 아니라 그 전리품이 되기도 했다. 로마, 파리, 옥스퍼드, 제네바의 적대적 논쟁자들은 한결같이 초기 사도들을 모범으로 삼아 52 각자의 정책 표준으로 만들고자 애썼다. 이 문제를 좀 더 솔직하고 공평하게 검토한 소수의 사람들의 견해에 따르면, 53 사도들 자신은 교회법 제정의 직무를 사양했으며 또한 후대 그리스도교인들에게서 시대와 상황의 변화에 따라 교회 행정 제도를 변경할 수 있는 자유를 박탈하기보다는 차라리 어느 정도 부분적인 물의와 분열을 용인하려 했다. 사도들의 승인하에 1세기에 채용된 행정 체계는 예루살렘, 에페수스 또는 코린토스 등에서 행해진 관행에서 그 모습을 찾아볼 수 있다. 로마 제국 내 여러 도시에 세워진 교회들은 오직 신앙과 사랑의 유대만으로 결속되어 있었다. 그들의 내부 조직을 구성하는 기반은 독립과 평등이었다. 계율과 인간적인 학식의 부족은 필요할 때마다 수시로 예언자들의 조언을 받아 보완했다.

> 교회 행정의
> 초기의 자유와 평등

52 영국과 프랑스의 귀족주의 일파들은 주교들을 신성한 존재로 각인시키고자 부단히 노력했다. 그러나 칼뱅주의파 장로들은 이러한 상급자의 존재를 견디지 못했고, 로마 교회는 대등한 존재를 인정하기를 거부했다.

53 교회 제도사는 대부분 박학하며 공평한 모스하임의 자료를 참조했다.

이 예언자들은 연령, 성별, 타고난 능력에 관계없이 이런 직분을 맡도록 초빙되었으며 또한 신이 내린 영감을 느낄 때마다 신도들의 모임에 성령의 감화를 전해 주었다. 그러나 예언자들은 이러한 특별한 능력을 남용하거나 오용하는 경우가 많았다. 그들은 부적절한 시기에 이런 능력을 과시하기도 하고, 회중의 예배 의식을 주제넘게 방해하기도 하고, 특히 코린토스의 사도 교회의 경우에는 자만심이나 잘못된 열정으로 장기간에 걸친 비극적 분란을 일으키기도 했다. 예언자들에 의한 지도 체제가 무익하고 심지어는 유해한 것으로 판명되자 그들은 권한을 빼앗겼고 그 직책 자체도 폐지되었다. 이에 따라 공적인 종교적 직무는 전적으로 교회가 임명하는 성직자들, 즉 주교와 장로들에게 일임되었다. 이 두 명칭은 처음에는 동일한 직무와 지위를 지칭했던 것으로 보인다. 장로라는 명칭은 연령, 아니 차라리 관록과 지혜를 나타내는 것이었다. 주교라는 칭호는 목회자인 자신의 관할하에 맡겨진 그리스도교인들의 신앙과 풍습을 감독하는 사람을 지칭하는 것이었다. 각각의 신도 수에 비례하여 교구 장로의 수도 다소간 차이가 있었지만 이들은 동일한 권위를 지니고 합동 공의회를 통해서 아직 초기 단계이던 각자의 회중을 지도했다.

주교 제도

그러나 완전히 자유로운 평등이 이루어지려면 상급자의 지도가 필요했다. 이내 회중의 협의 제도에는 (공적인 협의 규정으로) 최소한 회중의 의견을 수집하고(모으고) 그 결의를 집행할 권한을 갖는 당회장이란 직책이 도입되었다. 그리고 매년 수시로 실시되는 선거로 인해서 빈번하게 야기되는 회중의 혼란을 피하기 위해서 초기 그리스도 교회는 장로들 중에서 가장 현명하고 거룩한 사람을 명예직인 종신 사제로 뽑아 일생 동안 교회를 다스리는 임무를 수행하도록 했다. 이러한 사정에서 주교라는 고매한 칭호가 장로라는 겸허한 명칭보다 우위를 차지하기 시작했던 것이다. 그리하여 장로라는 명칭은 그리스도교 원로회의 구성원이라는 본래의 의미에 머무른 데 반하여 주교라는 칭호는 새로 만들어진 당회장을 의미하게 되었다.54 1세기 말 이전에 도입된 것으로 보이는 이러한 교회 행정 체계는 여러 가지 장점을 가지고 있어서55 그리스도교의 당대의 평화와 장래의 발전을 위해서 매우 중요한 것이었기 때문에 곧 로마 제국에 이미 산재해 있던 모든 교회에서도 채택되기에 이르렀다. 또한 이것은 초창기부터 전통적인 제도의 위치를 확보한 데다가 지금도 여전히 동방과 서방의 여러 유력한 교회들에서 근원적이고 신성한 제도로 존중받고 있다.56 최초로 교회의 직책을 받은 경건하고 겸허한 사제들이 오늘날 로마 교황의 교황관(tiara)이나 독일 대주교의 주교관(mitra)이 상징하고 있는 것과 같은 권력과 위용을 지닐 수는 없었으며, 또한 이런 것들이 주어지더라도 거부했으리라는 점은 말할 필요도 없을 것이다. 그러나 애초에 그들이 행사하던 관할권은 몇 가지 세속적인 경우를 제외하고는 주로 영적인 것으로 한정된 것이어서 몇 마디로 간단하게 정의할 수 있다. 이 관할권에는 교회의 성사와 계율의 행정권, 그 수와 종류가 서서히 증가하던 각종 종교 의식의 감독권, 주교가 각각의 직무를 할당해 주던 교회 성직자들의 임명권, 교단 기금의 관리 감독권, 그리고 신자들이 이교도 재판관의 법정에서 드러내기 싫어하는 모든 종류의 분쟁 재판권 등이 포함되었다. 이러한 권한은 잠시 동안은 사제단의 조언과 전체 신도 모임의 동의와 승인을 얻어 집행되었다. 초기 주교들은 단지 동등한 신도들 가운데 수석 신도 정도로, 그리고 자유로운 교구민들의 명예로운 종복으로만 간주되었을

54 히에로니무스가 묘사하는 알렉산드리아의 주교와 사제들의 옛 지위는 초기 교회 주교인 에우티키우스 또한 굳게 확인해 주고 있다.

55 「요한 계시록」의 도입부를 참조하는 것이 좋겠다. 주교직은 신의 사자라는 명목으로 아시아의 일곱 개 도시들에서는 이미 제도화되어 있었다. 그러나 클레멘스의 편지를 보면 (아마도 그 날짜만큼이나 오래된 것일 텐데) 코린토스나 로마에 주교 제도가 있었다는 흔적을 발견할 수가 없다.

56 백 년 동안 온갖 어려움을 겪은 후에 교회의 행정 체제가 보편적으로 안정을 찾았음을 알 수 있다. 그러나 이러한 제도의 안정성은 공화주의적 정신을 지닌 스위스와 독일의 종교개혁자들에 의해서 깨지게 되었다.

[57] 이 교회회의는 마우리타니아, 누미디아 그리고 아프리카에서 온 여든일곱 명의 주교들로 구성되었고 몇몇 장로와 부제들이 회중으로서 참석했다.

뿐이다. 당회장이 사망하여 공석이 되면 전체 회중이 투표를 해서 사제들 가운데 새 당회장을 선출했으며, 이때 모든 구성원은 자신에게도 성직자가 될 자격이 있다고 생각했다.

교회회의

이상과 같은 상황이 사도들이 사망한 후 백 년이 넘도록 그리스도교인들을 지배하던 유연하고 평등한 체제의 전모였다. 각 교회는 각기 별도의 독립적인 공화국과 같은 단체를 이루고 있었다. 그리고 비록 이런 소국가와 같은 교회들이 서로 아무리 멀리 떨어져 있다 해도 상호 우호적인 서신 왕래와 대표단 교환을 하고 있기는 했다. 그러나 아직 그리스도교계 전체를 연결하는 최고 권위자나 입법 의회가 존재하지는 않았다. 그러나 신도 수가 점차 증가함에 따라 그들은 서로의 이해관계와 계획을 한층 긴밀하게 결합하는 편이 유리하다는 것을 깨달았다. 2세기 말경에 그리스와 소아시아의 교회들은 지역별로 교회회의라는 유용한 제도를 도입했다. 그들은 그리스의 인보(隣保) 동맹, 아카이아 동맹, 이오니아의 여러 도시회의 등 각국의 유명한 사례들 가운데서 자신들의 대표자 회의를 위한 모델을 차용한 것으로 여겨진다. 이내 독립적인 각 교회의 주교들이 매년 봄과 가을 일정한 시기에 각 속주의 수도에서 모임을 갖는 것이 관습과 법으로 확립되었다. 교회회의의 토의는 몇몇 저명한 사제들의 조언의 도움을 받아 이루어졌으며 동시에 수많은 청중들의 참여로 그 과정이 조율되었다.[57] 그들이 채택한 결의안은 교회법이라 불리는 것으로, 신앙과 규율에 관한 모든 중요한 쟁점을 규정했다. 그리스도교인들의 대표자들이 모이는 이 통합 회의에 성령의 감화가 풍성하게 넘쳐흐르리라고 믿는 것은 당연한 일이었다. 이 교회회의 제도는 개인적인 야심과 공공의 이익에 모두 잘 들어맞았기 때문에 불과 몇

년 사이에 로마 제국 전체에서 수용되기
에 이르렀다. 각 지방의 회의들은 서로   교회의 연합
정기적으로 서신 왕래를 했고 아울러 각
자의 의결 내용들을 상호 통보하고 승인했다. 이윽고 이 가톨
릭 교회는 거대한 연방 공화국의 형태를 취하게 되었으며, 나
아가 그에 걸맞은 세력까지 획득하기에 이르렀다.

　서서히 교회회의가 개별 교회들의 입
법 권한을 대체해 감에 따라 주교들은 자   주교 권위의 확대
신들의 동맹 관계를 통해 훨씬 더 광범위
한 행정권과 재량권을 얻게 되었다. 더욱이 그들은 공통의 이
해관계로 결속하게 되자 이내 단결된 힘으로 자신들이 이끄는
성직자와 주민들이 본래 갖고 있던 각종 권리를 침해할 수 있
게 되었다. 3세기에 이르면 어느새 이 고위 성직자들의 어조는
권고조에서 명령조로 바뀌어 앞으로 발생할 온갖 권리 침해 현
상의 씨를 뿌렸으며, 자신들의 부족한 설득력을 성서의 알레고
리와 웅변조의 수사학으로 호도했다. 그들은 주교 직권으로 표
명되는 교회의 통일과 권능을 찬양했는데, 이 주교 직권에서는
모든 주교가 동등한 불가분의 권한을 누리고 있었다. 거듭 강
조되었던 것은, 군주나 행정관들은 일시적인 영역에서 속세의
권리를 자랑할 수 있을지 모르지만, 신에게 위임받아 현세와
내세에 걸쳐 권한을 행사하는 것은 오직 주교뿐이라는 점이었
다. 주교들은 그리스도의 대리인이고, 사도들의 후계자이며,
모세의 율법에서 정한 대제사장의 신비로운 대리인이었다. 주
교들은 사제 자격을 부여하는 특권을 독점함으로써 성직자와
평신도 모두의 자유로운 선거권을 침해했다. 그리고 만일 그들
이 교회를 운영하는 과정에서 사제들의 판단과 평신도들의 의
향을 묻는다 해도, 이는 그러한 자발적 겸양이 갖는 장점을 조

심스럽게 가르치기 위해서였다. 주교들도 최고의 권위는 신도들의 회의에 있음을 인정했다. 그러나 각자의 교구를 운영할 때는 마치 그들이 즐겨 사용하는 비유가 글자 뜻 그대로 온당한 것이며 목자는 양 떼보다 고귀한 존재라도 되는 것처럼 신도들에게 절대적인 복종을 강력하게 요구했다. 그러나 이러한 복종이 이루어지려면 한편에는 상당한 노력이 필요하고 다른 한편에는 상당한 저항이 있게 마련이었다. 열성적이거나 이해관계가 상충되는 하급 성직자들은 각지에서 이 제도의 민주적인 측면을 매우 열렬히 지지했다. 그러나 그들의 호교심은 분파주의라는 수치스러운 통칭을 얻었을 뿐이었고, 실제로 주교 제도가 급속히 발전하게 된 것은 카르타고의 키프리아누스처럼 야심만만한 정치가의 수완과 성자나 순교자의 품성에 어울리는 그리스도교적 미덕을 적절히 조화시킬 수 있었던 여러 고위 성직자들의 적극적인 노력 덕분이었다.[58]

[58] 카르타고 주교가 자신의 교회와 아프리카로부터 추방한 노바투스, 펠리키시무스 등이 가증스럽고 사악한 괴물들이 아니었다면, 이따금 키프리아누스의 열성이 기록의 정확성을 압도했던 것이 틀림없다.

대주교 교회의 우위

처음에 사제들 간의 평등을 파괴한 것과 동일한 원인으로 주교들 사이에도 지위의 고하와 그로 인한 관할권의 우열이 생겨났다. 봄과 가을에 그들이 모이는 속주의 교회회의가 열릴 때마다, 이 모임의 구성원들인 주교들 사이에서도 각 개인의 능력과 명성의 차이가 확연하게 드러났으며, 따라서 지혜롭고 설득력 있는 소수가 다수를 지배했다. 그러나 공식적인 의사진행 절차는 더욱 정상적이고 공정한 형태의 차별성을 필요로 했다. 각 속주의 교회회의에서는 주요 도시의 주교들에게 종신 당회장직이 부여되었으며, 이내 수도대주교나 대주교와 같은 고매한 칭호를 획득한 이 야심만만한 고위 성직자들은 얼마 전 사제단보다 우월한 권한을 차지했던 것처럼 이번에는 동료 주교들에게서 권한을 강탈하고자 음모를 꾸몄다. 또한 얼마 후 수도대주교들 사이에도 권력의 우위를 차지하려는 경쟁이 치열해지자, 이들은 각기 온갖 젠 체하는 말을 동원하여 자신이 관할하는 도시의 세속적 명예와 우월성을 과시하고, 자신의 관할 교구에 속한 신도의 수와 재력, 그들 가운데 배출된 성자와 순교자들을 열거하고, 나아가 자신들의 교회는 이를 창립한 사도나 그 사도의 제자들 이래로 역대 정통 주교들을 통해서 이어져 내려왔으며 자신들이 지금도 유지하고 있는 전통적인 신앙의 순수성을 자랑했다.59 세속적인 측면이나 교회와 관련된 측면이나 그 어느 쪽의 이유를 살펴보아도 로마가 모든 속주의 존경을 누릴 것이 분명하며 게다가 조만간 그 복종 또한 요구하리라는 것은 쉽게 예견할 수 있었다. 이 교단 자체가 제국의 수도에 어울리는 규모를 지녔는데, 로마 교회는 규모도 가장 크고 신도 수도 가장 많고 서방에서는 가장 오래된 그리스도교단이었다. 서방의 교회의 대부분이 로마의 경건한 선교사들의 노력으로 자신들의 종교를 받아들였다. 안티오크, 에페수스, 코린토스 교회의 최고 자랑거리는 사도가 창립했다는 것이었지만, 이 교회들에는 단 한 사람의 사도가 관여했던 데 반하여, 테베레 강 유역에 있는 로마는 사도들 가운데서 가장 저명한 두 사람(베드로와 바울)이 전도하고 순교한 명예로운 곳으로 여겨지고 있었다.60 따라서 빈틈없는 로마의 주교들은 성 베드로라는 인물 그 자체나 그의 임무에 부여되었던 모든 특권을 상속받았다고 주장해 오고 있었다.61 이탈리아와 각 속주의 주교들은 그리스도교의 품계제에서의 수위권(首位權)(이것이 그들이 사용한 정확한 표현이었다.)을 로마의 주교들에게 인정해 줄 생각이었다. 그러나 군주로서의 권한은 단호하게 거부되었으며, 로마 교회의 야심은 이전의 세속적 지배의 경우보다

로마 교회 최고 지도자의 야망

59 테르툴리아누스는 한 편의 독특한 논문에서 이 교도들을 반박하며 사도 교회들이 보유하고 있던 훈령 규정권을 옹호했다.

60 대부분의 고대인들이 언급한 성 베드로의 로마 여행은 이후 모든 가톨릭교도들이 주장하고 있으며 일부 개신교도들도 인정하고 있는 사실이지만 스판하임(Spanheim)은 이 주장을 맹렬하게 반박했다. 아르두앵(Hardouin) 신부에 따르면 『아이네이드』를 필사한 13세기의 수도사들이 성 베드로를 우의적으로 트로이의 영웅으로 나타내었다고 한다.

61 성 베드로의 이름에 나타나는 저 유명한 암시가 정확하게 표현되는 언어는 오직 프랑스어뿐이다. "너는 피에르고 돌 위에 있다.(Tu es Pierre et sur cette pierre.)" 동일한 표현을 해도 그리스어, 라틴어, 이탈리아어 등에서는 그 의미가 불완전하게 전달되며, 더욱이 영국인들이 사용하는 튜턴족의 언어로는 그 의미가 전혀 전달되지 않는다.

이러한 영적인 지배 시도에 더욱 격렬하게 저항하는 아시아와 아프리카의 여러 나라에서 어려움을 겪게 되었다. 절대 권력을 가지고 카르타고 교회와 그 지방 교회회의를 지배했으며 애국심이 강했던 키프리아누스는 로마 교황들의 야심에 단호하게 이의를 제기하여 성공을 거두었다. 그는 자신의 주장을 동방 주교들의 주장과 교묘하게 연계하여, 한니발과 마찬가지로 아시아의 심장부에 새로운 동맹자들을 얻으려 했다. 이 새로운 포에니 전쟁이 한 방울의 피도 흘리지 않고 수행될 수 있었던 것은 싸움을 벌인 고위 성직자들이 자제심을 발휘했기 때문이라기보다는 오히려 무력했기 때문이었다. 비난과 파문이 그들의 유일한 무기였는데, 그들은 논전을 수행하는 기간 내내 이 무기를 한 치의 양보도 없이 서로에게 맹렬하게 휘둘러댔다. 오늘날의 가톨릭교도들은 그 당시 종교의 수호자들이 원로원이나 전쟁터에 훨씬 잘 어울릴 만한 격렬한 정열로 몰두했던 그 분쟁의 전말을 언급할 때마다 불가피하게 교황 측 아니면 성자와 순교자 측 이 둘 가운데 어느 한쪽을 비난해야만 한다는 점 때문에 괴로워하고 있다.

<small>평신도와 성직자</small>

교권의 신장과 더불어 평신도와 성직자 간에 주목할 만한 구별이 나타났는데, 이것은 그 이전에는 그리스인들과 로마인들에게는 알려지지 않았던 사실이었다. 평신도라는 명칭은 그리스도교 교인 전체를 포괄하는 것이었고, 성직자라는 명칭은 이 단어의 의미에 따라서 종교 의식을 위해서 별도로 선정된 사람을 지칭하는 것으로서, 그들이 언제나 가장 고결한 사람들이었던 것은 아니지만 그래도 근대 역사에 가장 중요한 연구 주제들을 제공해 준 저명한 계층이었다. 그들 상호간의 적대 행위가 때로는 초기 교회의 평화를 어지럽히기도 했지만,

그들의 열성과 활동력만은 공동의 목적을 위해 하나로 결집되어 있었다. 또한 주교와 순교자들의 마음속에 (가장 교묘한 가면을 쓰고) 스며든 권력욕이 작용한 결과로 그들의 신도 수가 늘어나고 그리스도교 왕국의 영토가 확장되었다. 그들은 세속적인 힘은 전혀 없었기 때문에, 오랜 세월 동안 세속 행정 관리의 도움을 받기는커녕 오히려 방해와 핍박만 받았다. 그러나 그들은 교단 내에서는 보상과 처벌이라고 하는 가장 유효한 두 가지 통치 수단을 획득하여 행사했다. 보상은 신도들의 경건하고 관대한 기부(寄附)에, 처벌은 신도들의 신앙상의 위구심에 근거를 둔 것이었다.

62 플라톤이 암시한 공동 사회는 토머스 모어(Thomas More) 경이 『유토피아』에서 상상했던 것보다 더 완벽한 사회이다. 여성과 재산의 공동 소유 개념은 이 체계와 불가분의 관계를 맺고 있다.

1. 초기 그리스도 교회는 플라톤이 유쾌하게 상상했고[62] 또 엄격한 에세네파가 얼마간 유지했던 재산 공유제를 잠시 동안이나마 채택하고 있었다. 초기 개종자들은 열정에 이끌려 자신들이 경멸하는 재산을 팔아 그 대금을 사도들의 발 앞에 바치고, 자기 자신은 전체 분배량 가운데 동일한 몫을 분배받는 것으로 만족했다. 교세가 발전함에 따라 이 관대한 제도는 해이해져 점차 폐지되었다. 이 제도는 사도들에 비해 순수하지 못한 사람들의 손에 맡겨지면서, 부활한 인간 본래의 이기심 때문에 급속도로 타락하며 악용되었다. 그리고 새 종교를 받아들인 개종자들은 세습 재산을 소유하고, 재산을 상속받고, 또한 상공업 같은 모든 합법적인 수단을 통해서 각자 독립 재산을 증식시키는 것을 허용받았다. 복음을 전하는 성직자들은 전적인 희생을 허용하지 않고 그 대신 적당한 몫만을 받아들였다. 그리고 모든 신도는 매주 또는 매월 열리는 집회에서 그때그때의 필요성 그리고 각자의 재산과 신앙심에 따라 공동 기금으로 사용할 자발적인 헌금을 바쳤다. 아무리 적은 액수라도

교회의 세입

거부되지는 않았다. 그러나 모세의 율법에 따른 십일조가 여전히 신성한 의무이며, 게다가 계율이 불완전한 유대인들조차도 소유한 모든 것의 10분의 1을 바치라는 명령을 받고 있으므로 그리스도의 제자들이라면 그 이상의 관대함을 발휘하여[63] 머지않아 이 세상과 함께 반드시 사라져 버릴 여분의 재산을 양도함으로써 얼마간의 공적을 쌓아야 한다는 점이 거듭 주입되었다. 개별 교회의 수입은 매우 불확실하고 변동이 심했으며 신도들이 벽촌에 흩어져 있는지, 또는 제국 내 대도시에 모여 있는지에 따라 빈부의 차이가 있었다는 것은 굳이 지적할 필요도 없다. 데키우스 황제 시대의 행정관들의 견해로는 로마의 그리스도교인들은 상당한 재산을 소유하고 있어서 종교 의식에 금은 그릇을 사용했으며, 또한 많은 개종자들이 토지와 집을 팔아 이 종파의 공공 재산을 증식시켰는데, 그 대가로 부모들은 성자가 되었지만 불행한 자녀들은 희생당하여 사실상 거지가 되는 경우가 많았다.[64] 이방인과 적들이 제기하는 혐의는 그 진위를 의심하며 들어야 한다. 그러나 이 경우에는 다음의 두 가지 사실에 비추어 볼 때 매우 그럴듯하고 개연성 있는 이야기라고 생각된다. 이 두 가지는 정확한 금액을 밝히거나 명확한 개념을 시사하는 자료로서 오늘날 알 수 있는 유일한 사실들이다. 거의 같은 시기에 로마에 비해 가난한 교단인 카르타고 교회의 주교는 사막의 야만족들에게 포로로 잡혀 간 누미디아 신도들의 몸값을 마련하기 위해 갑자기 자선 기금이 필요하다고 알리자마자 10만 세스테르티우스(영국 돈으로 약 850파운드)를 모금했다. 그리고 데키우스 황제 치세보다 약 백 년 전에 로마 교회는 수도인 로마에 거주하기로 작정한 폰투스 출신의 이방인에게 단 한 번에 무려 20만 세스테르티우스라는 금액의 기부를 받기도 했다. 이러한 헌금은 대부분 금전 형태로 이

[63] 이 신성한 계율은 영혼이 육체보다 우위에 있듯이 사제들도 왕들보다 우위에 있다는 선언을 통해서 이 제도로 편입된다. 십일조로 바치는 물건들 가운데는 곡물과 포도주, 기름, 목재가 포함되었다.

[64] 부제 로렌스의 후속 조치는 단지 로마 교회가 재산을 형성한 방식의 정당성을 입증할 따름이다. 로마 교회의 재산은 실로 막대했다. 그러나 콤모두스 황제의 후계자들이 자신들의 탐욕이나 근위대장들의 탐욕 때문에 그리스도교인들을 박해했다는 파울루스의 생각은 상당히 과장된 듯하다.

루어졌는데, 그리스도 교단도 부담스러운 부동산을 많이 획득하기를 바라지도 않았고 또 획득할 수도 없었다. 오늘날 영국의 부동산 영구 양도법과 동일한 목적으로 제정된 당시의 몇 가지 법규에 따라 황제나 원로원의 특별 허가나 특별 적용 면제가 없으면 어떠한 단체에도 부동산을 양도하거나 유증할 수 없도록 되어 있었다. 그런데 황제와 원로원은 처음에는 경멸의 대상이었고 마지막에는 두려움과 의혹의 대상이었던 이 종파에는 그런 조치를 베푸는 호의를 보인 적이 거의 없었다. 그러나 알렉산데르 세베루스 황제 치세하에서 취해졌다고 전해지는 어느 조치를 보면, 이 금지 조치가 때로는 위반되거나 일시적으로 효력이 정지되어서, 그리스도교인들이 로마 시내에서도 토지의 소유권을 주장하고 실제로 소유하도록 묵인되었음을 알 수 있다.65 그리스도교의 발전과 로마 제국의 내정 혼란으로 인해 이 법의 엄격성이 완화되었으며, 결국 3세기 말 이전에 로마, 밀라노, 카르타고, 안티오크, 알렉산드리아와 이탈리아 및 각 속주의 여러 대도시에 있는 부유한 교회들은 상당한 규모의 부동산을 소유하게 되었다.

65 공유지였던 이 땅은 얼마 전까지 그리스도교 교단과 도축업자 단체 사이에서 서로 소유권을 주장하며 다투던 곳이었다.

자연히 주교는 교회의 재산 관리인이기도 했기 때문에 공유 재산은 일체의 보고 의무나 규제 없이 주교에게 위탁되었다. 주교는 사제들을 전적으로 영적인 직무에만 종사시켰고 하위 직급인 부제에게만 교회 수입의 관리와 분배 업무를 맡겼다. 키프리아누스의 열변을 그대로 믿는다면, 그의 아프리카 동료 성직자들 가운데 많은 사람들이 자신의 임무를 수행하면서 복음의 완전성에 관한 계율뿐만 아니라 심지어 윤리적 미덕에 관한 계율에 이르기까지 모든 계율을 위반했다. 일부 불성실한 재산 관리인들은 교회의 재산을 관능적 쾌락에 낭비했으

수입의 분배

며, 사리사욕이나 거짓 물자 구매, 탐욕스러운 고리대금업 등을 위해서 유용하기도 했다. 그러나 그리스도교인들의 헌금이 많을 때에는 이처럼 신뢰를 악용한 사례가 그리 자주 있었던 것은 아니며, 헌금의 용도는 대체로 교회의 명예로운 면모를 반영하는 것이었다. 헌금의 상당 부분은 주교와 그가 거느린 성직자들의 생활비로 책정되었으며 공공 예배 비용으로도 충분한 액수가 할당되었다. 이 공공 예배들 가운데서는 사랑의 잔치, 즉 그들이 부르던 대로는 아가페가 매우 즐거운 성격의 것이었다. 나머지 돈은 전부 가난한 사람들을 위한 신성한 기금이었다. 사교의 지시에 따라 교단 내의 과부와 고아, 불구자, 병자, 노령자들을 부양하고 이방인들과 순례자들을 위로하고, 죄수들과 포로들의 불행, 특히 종교적 신념을 굳게 고수한 사람들의 고통을 덜어 주기 위해서 이 기금을 배분했다. 관대하고 자애로운 교류 덕택에 멀리 떨어진 지방까지도 하나로 결속되었으며, 부유한 교우들은 자선 기부금을 보내어 규모가 작은 교회들을 기꺼이 도와 주었다. 지원 대상자의 공적보다는 빈곤한 정도를 고려한 이 제도는 그리스도교의 발전에 크게 이바지했다. 인도주의 정신에 따라 행동하던 이교도들도 이 새로운 종파의 교리는 조롱하면서도 그 자비심만은 인정했다.[66] 이 세상에서 버림받아 빈곤과, 질병, 노령의 고통 속에 방치되어 있던 수많은 불행한 사람들은 즉각적인 구제와 장래의 보호를 바라며 교회의 너그러운 품속으로 찾아들었다. 마찬가지로 그 당시의 비인도적인 관습에 따라 부모에게 버림받은 수많은 유아들이 그리스도교인들의 신앙심과 공공 기금 덕분으로 죽음에서 구조되어 세례를 받고 교육받으며 부양까지 받았다고 믿을 만한 충분한 이유가 있다.[67]

2. 전원의 동의로 제정된 규정을 거부하거나 위반하는 구성

[66] 율리아누스는 그리스도교인들의 자선 행위가 그들 자신뿐 아니라 가난한 이교도들까지도 똑같이 부양한다는 점을 분하게 생각한 것처럼 보인다.

[67] 이러한 행위는 적어도 동일한 상황에서 현대 선교사들의 행동보다는 훌륭한 것이었다. 매년 3000명 이상의 신생아들이 베이징 거리에 버려지고 있다.

원들을 단체 내의 교류와 특혜에서 배제
하는 것은 어느 단체나 가지고 있는 당연
한 권리이다. 이러한 권한을 행사하면서
그리스도 교회가 주로 문책한 대상은 특히 살인죄, 사기죄, 음
란죄를 범한 파렴치범들과 주교단의 판정으로 이단 선고를 받
은 일체의 이설 주창자나 그 추종자, 그리고 자발적이든 또는
강제적이든 간에 세례를 받은 다음 우상 숭배 행위를 하여 스
스로를 더럽힌 불행한 사람들이었다. 파문은 영적인 측면뿐만
아니라 세속적인 측면에도 영향을 미쳤다. 파문당한 그리스도
교인은 신도들의 봉헌물에 대한 모든 권리를 박탈당했다. 그는
종교적이거나 개인적인 친교 관계를 모두 단절당하고 자신이
가장 존경하던 사람들이나 자신을 가장 따뜻하게 사랑해 주던
사람들에게 불경스럽고 혐오스러운 대상이 되어 버렸다. 게다
가 존경할 만한 단체에서 제명됨으로써 불명예스러운 낙인이
찍혀 버렸기 때문에, 대다수 사람들에게도 기피나 의혹의 대상
이 되었다. 이처럼 추방인들의 처지는 그 자체만으로도 매우
고통스럽고 비참했지만, 대개의 경우 그러한 고통보다는 심리
적인 불안감이 더 컸다. 그리스도교의 영적인 친교가 약속하는
은총은 영생의 은총이었고, 더욱이 그들은 자신들을 파문한 성
직자들이야말로 신에게 지옥과 천국의 열쇠를 모두 맡아 놓은
사람들이라는 두려운 생각을 지울 수가 없었다. 이단자들은 실
로 자신의 의도를 분명히 인식하여 마음의 안정을 얻고 자기들
만이 참된 구원의 길을 알고 있으리라는 기대감에 부풀어 있으
면서, 거대한 그리스도 교단에서는 더 이상 얻을 수 없게 된
영적인 위안과 세속적인 위안을 자신들의 독자적인 모임에서
되찾고자 노력하기도 했다. 그러나 본의 아니게 악습이나 우상
숭배의 위력 앞에 굴복했던 사람들은 거의 모두가 자신들의 타

파문

68 몬타누스파와 노바티아누스파는 이러한 견해를 엄격하고 완고하게 고수하다가 마침내 파문당한 이단자들의 대열에 끼게 되었다.

69 고대를 동경하는 사람들은 이와 같은 공개적인 고해성사가 사라진 것을 유감으로 생각한다.

락한 상태를 깨닫고 다시 한 번 그리스도 교단의 혜택을 받게 되기를 간절히 바랐다.

이러한 회개자들의 처리에 대해서는 초기 그리스도 교회가 각각 처벌과 자비를 주장하는 두 가지 상반된 의견으로 분열되어 있었다. 엄격하고 완고한 결의론자들은 교회를 욕보이거나 저버렸던 회개자들에게 신성한 교회 안의 말석이라도 주는 것을 단 한 명의 예외도 없이 줄기차게 거부하고, 죄책감에 시달리게 내버려 둔 채 혹시 생사를 건 회개라면 신이 받아들일지도 모른다는 한 줄기 가냘픈 희망만을 남겨 주었다.68 그리스도 교회 내에서도 가장 순결하고 존경받을 만한 사람들은 교리는 물론이고 그 실천 방식에서도 온건한 태도를 보였다. 돌아온 회개자의 면전에서 화해의 문과 천국의 문을 닫는 일은 좀처럼 없었으나, 그 대신 엄격하고 진지한 형태의 계율을 제정하여 속죄하도록 도와 주는 한편, 그의 죄를 목격한 사람들이 그 사례를 모방하지 못하도록 강렬하게 규제하려 했다. 회개자는 공개적인 고해로 자신을 낮춘 다음 금식으로 수척해진 모습으로 남루한 참회복을 걸치고서 교회 문 앞에 엎드려 자기 죄를 용서해 줄 것을 눈물로 애원하고 신도들의 기도를 간청했다.69 만일 그 죄과가 극악무도한 것이라면 수년에 걸쳐서 속죄의 고행을 하더라도 신의 정의를 충족시키기에는 충분치 못하다고 생각되었다. 따라서 죄인, 이단자, 배교자는 오랫동안 서서히 이행되는 단계적인 고행을 거쳐야만 다시 교회의 품안으로 받아들여지게 되었다. 그러나 영구적인 파문은 아주 심각한 대죄를 지은 사람들, 특히 이전에 회개하여 주교들의 자비를 입고서도 이를 능욕한, 변명의 여지가 없는 재범들에게만 선고되는 것이었다. 그리스도교 계율은 죄를 범한 상황이나 범

공개적인 회개

죄 횟수에 따라 주교들의 재량으로 다양하게 집행되었다. 안키라와 일리베리스 교회회의는 거의 동시에 각기 갈라티아와 에스파냐에서 개최되었지만, 지금도 여전히 남아 있는 각각의 교회법은 매우 상이한 정신을 나타낸 것으로 보인다. 갈라티아인은 세례를 받은 후에 우상신에게 거듭 희생 제의를 올렸더라도 7년간의 고행으로 용서를 받을 수 있으며, 만일 다른 사람들을 유혹하여 자신의 전례를 모방하도록 했더라도 추방 기간이 불과 3년 더 연장될 뿐이었다. 그러나 불행하게도 동일한 죄를 범한 에스파냐인은 죽는 그 순간에도 용서를 기대할 수 없었다. 그리고 우상 숭배죄는 가혹한 선고가 내려지는 열일곱 가지 죄악 목록 가운데서도 첫머리에 올려져 있었다. 이 열일곱 가지 죄악 가운데서도 특히 주교나 장로, 심지어 부제를 비방하는 일이 용서받을 수 없는 죄악으로 여겨졌다는 점에 주목해 볼 수 있을 것이다.[70]

교회의 인간적인 힘은 정의와 정책이라는 두 가지 행동 원칙에 준해서 관대함과 엄격함을 적절히 혼합하고 상벌 조치를 현명하게 시행함으로써 형성된 것이었다. 지상과 천상 두 세계 모두에서 가부장적 지배권을 행사하던 주교들은 이러한 특권들이 가진 중요성을 잘 알고 있었으며, 질서 존중이라는 미명 아래 야심을 감추고서 계율을 집행할 때에는 자신에게 반대하는 사람들을 용납하지 않았다. 이러한 계율은 십자가의 깃발 아래 모여들어 날로 늘어나고 있던 신도들의 이탈을 미연에 방지하기 위해 반드시 필요한 것이었다. 키프리아누스의 고압적인 연설문을 살펴볼 때, 파문과 고행(고해성사)이라는 두 가지 교리가 신앙 생활의 가장 본질적인 부분을 형성하고 있었다는 것, 또한 그리스도의 제자들이 도덕적 의무 준수를 게을리

주교 교회
행정의 권위

[70] 뒤팽(Dupin)은 이 교회회의들에서 제정된 교회법에 대해 짧지만 합리적인 설명을 남기고 있는데, 이 교회회의들은 디오클레티아누스의 박해 이후 첫 번째 평화기에 소집된 것이었다. 이러한 박해는 에스파냐보다는 갈라티아에서 훨씬 심했으며, 이러한 차이는 어느 정도는 그들의 여러 가지 규정에서 나타나는 상호간의 현격한 차이로 설명할 수 있을 것이다.

하는 것보다는 주교들의 책망과 권위를 무시하는 것이 훨씬 더 위험하다는 결론을 내리게 되는 것은 당연한 일이다. 때로는 제사장 아론에게 복종하기를 거부하는 반항적인 민족을, 땅에게 그 입을 열어 활활 타오르는 불길 속으로 삼켜 버리라고 명령하는 모세의 목소리를 듣고 있다고 상상하게 되기도 한다. 또 때로는 공화국의 위엄을 주장하면서 법을 엄격하게 집행하려는 확고한 결의를 표명하는 로마 집정관의 목소리를 듣고 있다는 생각조차 하게 된다.(이 카르타고의 주교는 자기 동료들의 관대한 조치를 꾸짖으면서 이렇게 말했다.)

이처럼 불법적인 행위를 처벌하지 않고 묵인한다면, 그러한 불법적인 행위를 허용한다면, 주교 제도의 유효성은 소멸하게 된다. 나아가 이는 교회를 다스리는 숭고하고 신성한 권한의 소멸이며 궁극적으로는 그리스도교 자체의 소멸을 의미한다.

키프리아누스는 자신이 획득할 가망이 전혀 없었던 세속적 명예는 단념했다. 그러나 이 세상에서 아무리 미미하고 경멸받는 것이라 해도, 회중의 양심과 분별력을 좌우하는 절대적 지배권을 획득하는 것은 저항하는 백성들을 무력으로 정복하여 전제적인 권력을 장악하는 것보다는 실로 인간의 자존심을 한층 더 만족시키는 일이다.

다섯 가지 요인들의 개괄

다소 장황했을지도 모르지만 지금까지 이 중요한 문제를 탐구하는 과정을 통해서 그리스도교의 진리성을 효과적으로 부각시킨 부차적인 원인들을 밝히고자 노력했다. 이러한 원인들 가운데서 인위적인 책략이나 우발적인 상황 또는 오류와 격정이 뒤섞여 발생한 문제 등을 발견한다 해도, 이처럼 인간이 자신의 불완전한 본성에 적합한 동기들의 영향을 크게 받았다는 사실에 놀랄 필요는 없을 것이다. 그리스도교가 로마 제국 내에서 그토록 성공적으로 전파된 것도 결국 배타적인 열정, 내세가 임박했다는 기대감, 기적에 대한 확신, 엄격한 미덕의 실천, 그리고 초기 교회의 체제 등과 같은 여러 원인들에 힘입은 것이었다. 그리스도교인들은 이런 원인들 가운데 첫 번째인 배타적 열정에 힘입어 불요불굴의 용기를 발휘할 수 있었고, 또한 그런 용기를 가지고 자신들을 정복하고자 결심한 적에게는 끝내 굴복하기를 거부했다. 그 뒤에 이어지는 세 가지 원인들은 이 불굴의 용기를 발휘하도록 강력한 수단을 제공해 주었다. 마지막 원인은 그들의 용기를 하나로 결속시켜 수단을 활용하도록 하고, 나아가 이러한 노력에 불가항력적인 위력을 더해 주었다. 이 위력은 마치 소수의 용감한 의용군 정예 부대가, 전쟁이 벌어진 이유도 알지 못하고 그 결과에도 무관심한 다수의 오합지졸들을 압도할 때 발휘하는 힘과 같았다. 반면에 수많은 다신교들 가운데서는 여기저기 떠돌면서 대중이 쉽게

다신교의 약점

믿는 미신적 수단에 호소하던 이집트나 시리아의 몇몇 광신자들만이 성직자라는 이유로 지지와 신뢰를 받고 또한 자신들이 숭상하는 신의 안전이나 번영에 따라 크게 영향을 받는 유일한 사제 계급이었다.[71] 또한 로마와 여러 속주의 다신교 사제들은 대부분 부유한 명문가 출신으로서 유명한 신전이나 공적인 제사들을 관리하는 것을 일종의 명예직[72]으로 받아들였기에, 자비로 종교적인 경기 대회를 개최하는 일은 자주 있었지만 국가의 법률과 관습에 따라서 예부터 전해 온 제의식들을 수행하는 데는 무관심했다. 그들은 다른 직업도 가지고 있었기 때문에 사제로서의 이해관계나 자각으로 인해 신앙심이 열렬하게 고

[71] 아풀레이우스는 시리아의 여신들을 모시는 이 사제단의 술책과 수법, 악행을 『변신』 제8권에서 매우 해학적으로 묘사한 바 있다.

[72] 아시아르크라는 이 직책은 아리스티데스의 기록과 여러 비문들을 비롯한 각종 자료들에 빈번하게 언급되어 있다. 이 직책은 매년 선거로 다시 선출되었다. 이런 명예를 바라는 사람들은 허영심 많은 사람들과 그 비용을 감당할 수 있는 부유한 사람들뿐이었다.

취되는 일은 거의 없었다. 그들은 각자의 사원과 도시에서만 제한적으로 활동했기 때문에 계율이나 행정 규제 같은 것과는 무관했다. 게다가 원로원과 신관단, 그리고 황제의 최고 관할권을 인정하는 동안에는 그들은 인류의 가장 보편적인 이 예배 행위를 평화롭고 위엄 있게 유지하는 쉬운 일에 만족하고 있었다. 앞서 살펴보았듯이 다신교도들의 종교 이론은 매우 잡다하며 느슨하고 모호했다. 그들은 온갖 미신적인 공상들을 제멋대로 받아들였다. 또한 살아가면서 처하는 우발적인 상황에 따라 그때그때 신앙심의 깊이는 물론이고 신앙의 대상까지도 결정했다. 수많은 신들 가운데서 숭배 대상을 연달아 바꾸었기 때문에 그들은 어느 신에게도 마음에서 우러난 진실하고 생생한 열정을 느낄 수 없었다.

신흥 종교에 우호적인 것으로 입증된 이교도 세계의 회의론

그리스도교가 세상에 나타났을 무렵에는 이러한 희미하고 불완전한 신앙조차 이미 그 본래의 힘을 거의 잃어 버린 상태였다. 인간의 이성은 외부 힘의 도움 없이는 신앙의 신비를 이해할 수 없기 때문에, 이미 이런 어리석은 이교의 신앙에 대해서는 손쉬운 승리를 거뒀던 것이다. 테르툴리아누스와 락탄티우스도 이교의 허위성과 비합리성을 폭로하는 일에 몰두하면서는 키케로의 수사법과 루키아누스의 기지를 원용하지 않을 수 없었다. 이런 회의적인 글들은 그 글을 읽은 독자들 이외에도 많은 사람들에게 널리 영향을 미치게 되었다. 이런 회의 풍조는 철학자에서 난봉꾼이나 상인들에게로, 귀족에서 평민에게로, 그리고 주인에서 식사 시중을 들며 주인들이 자유롭게 떠들어 대는 대화를 경청하는 비천한 노예에게로 전파되어 갔다. 공공 제의식이 거행되는 경우에 철학적인 지식층은 국가의 종교 제도에 짐짓 적절한 경의를 표하는 듯했지만 그런 어색하고 서툰 위장으로는 그들의 은밀한 경멸을 감출 수 없었다. 이로 인해 심지어 일반 사람들조차도 자신들이 높은 신분이나 지식 수준으로 보아 평소 존경하던 사람들이 사실은 신들을 거부하고 조롱하고 있음을 깨닫게 되면서, 지금까지 맹목적인 신앙을 바쳐 온 온갖 교리의 진실성에 깊은 의구심과 불안감을 가지게 되었다. 예부터 전해 온 선입관이 깨지자 수많은 사람들이 고통스럽지만 위안받을 길 없는 위험한 상황에 빠지게 된다. 탐구심이 강한 소수의 사람들은 이처럼 회의하고 불안해 하는 심리 상태를 즐길 수 있을지도 모른다. 그러나 미신적인 관습을 기꺼이 받아들였다가 무리하게 일깨워진 대다수 사람들은 만족스러웠던 그 환상을 상실하게 된 것을 여전히 안타까워한다. 그들이 다신교를 기꺼이 채택했던 중요한 원인으로는 경이적이고 초자연적인 것에 대한 애착과 장래에 일어날 일들에 대한 호기심, 그리고 자신들의 희망과 불안을 가시적인 세계 너머로까지 연장하려는 경향 등을 들 수 있다. 따라서 사람들은 어떤 신화 체계가 몰락했다 해도 또 다른 미신적 형태가 이를 대체할 수 있다고 믿으려는 욕망이 강할 수밖에 없었다. 만일 이 결정적인 순간에 지혜로운 신의 섭리가 합리적인 평가와 확신을 유도하기에 적합하며 동시에 사람들의 호기심과 경탄, 숭배를 이끌어 낼 수 있는 모든 조건을 갖춘 참된 계시 종교를 제공하지 않았다면, 가장 최근에 유행하던 몇몇 이교의 신들이 금세 버림받은 유피테르와 아폴론의 신전들을 차지했을 것이다. 당시 그들의 실제 생각을 살펴보면, 대부분의 사람들이 이미 거짓 종교에 대한 애착을 거의 다 버렸지만 헌신적인 신앙심을 느끼기 쉬운 상태에서 그 신앙을 바칠 대상을 바라고 있었음을 알 수 있다. 따라서 그들은 자신의 공허한 마음을 채워 주고 열렬한 신앙에 대한 막연한 갈망을 만족시켜

73 오늘날의 학자들은 교부들이 거의 대부분 성 마태가 히브리어 복음서를 썼다는 주장을 했다고 믿고 싶어 하지 않는다. 오늘날 「마태복음」은 그리스어 번역본으로만 남아 있다. 그러나 교부들이 제시했던 증거를 완전히 배격하는 것도 위험한 일처럼 보인다.

74 네로 황제와 도미티아누스 황제 치세에 알렉산드리아, 안티오크, 로마 그리고 에페수스에서 쓰여졌다.

주기만 한다면 훨씬 더 하찮은 대상으로도 흡족해 했을 것이다. 이상과 같은 생각에 동의하는 사람들이라면 그리스도교의 급속한 발전에 놀라기는커녕 오히려 이 종교의 성공이 더욱 신속하게 좀 더 전 세계적으로 이루어지지 않았다는 점에 놀랄 것이다.

로마 제국의 평화와 통합에 우호적인 것으로 입증된 이교도 세계의 회의론

지금까지 로마 제국의 정복이 그리스도교의 정복을 예비하고 촉진했다는 타당하고도 올바른 견해가 존재해 왔다. 이 책의 제2장에서는 유럽, 아시아 및 아프리카의 가장 문명화된 지역들이 어떤 방식으로 단독 주권자의 통치권 아래 하나로 통합되어 점차 법률, 풍습, 언어라는 가장 긴밀한 유대 관계로 결속되기에 이르렀는지를 설명하려 시도했다. 속세의 메시아를 맹신적으로 기대하던 팔레스타인의 유대인들이 신의 예언자인 그리스도의 기적에 보인 반응은 매우 냉담했으며, 히브리어 복음서를 출간하는 것은 물론이고 보존할 필요조차 느끼지 못했다.73 그리스도의 행적에 관한 믿을 만한 기록들은 예루살렘에서 멀리 떨어진 곳에서 그것도 이방인 개종자들의 수가 엄청나게 늘어난 후에야 비로소 그리스어로 쓰여졌다.74 이 기록들이 라틴어로 번역되자마자, 로마의 모든 백성들은 이를 완전하게 이해할 수 있게 되었다. 다만 여기에서 유일하게 제외되었던 시리아와 이집트의 농민들을 위해서는 나중에 특별한 번역판이 만들어졌다. 로마 군대가 사용하기 위해서 건설되었던 많은 국도 덕분에 그리스도교 선교사들은 다마스쿠스에서 코린토스로, 이탈리아에서 에스파냐나 브리타니아의 벽지로 쉽게 이동할 수 있었다. 게다가 이 영적인 정복자들은 일반적으로 외래 종교가 멀리 떨어진 지방에 소개하는 것을 지체시키거나 방해하는 어떠한 장애에도 봉착하지 않았다. 이것이 바로

디오클레티아누스와 콘스탄티누스의 치세 이전에 그리스도교 신앙이 이미 로마 제국의 모든 속주와 대도시에 전파되었다고 굳게 믿을 만한 강력한 이유인 것이다. 그러나 그 당시의 여러 교회의 창립 시기, 그 교회들을 구성하던 신도의 수, 그리고 다수의 비신자에 대한 신자의 비율 등은 오늘날에는 분명하지 않거나 장황하게 꾸며진 이야기에 가려져 진실을 알 수 없다. 그러나 아시아와 그리스, 이집트, 이탈리아 및 서방에서 세례 명을 가진 사람들이 증가하고 있었다는 사실에 대한 지식이 매우 불완전한 상태이므로 여기서 이 문제를 논할 때에는 로마 제국 변경 지대 너머에서 있었던 신도 획득 상황들이 진실일 수도 있지만 또한 허구일 수도 있다는 점을 간과해서는 안 될 것이다.

> 그리스도교의 발전에 대한 역사적 견해

유프라테스 강에서 이오니아 해에 이르는 비옥한 지역은 이방인의 사도인 바울이 열렬한 신앙심을 발휘했던 주요 활동 무대였다. 그의 제자들이 그가 이 비옥한 토양에 뿌려 놓은 복음의 씨앗들을 부지런히 키웠기 때문에 최초의 2세기 동안에는 대부분의 그리스도교인들이 이 지역 내에 살고 있었다. 시리아에서 가장 오래되고 저명한 교회는 다마스쿠스, 베로이아, 즉 알레포, 그리고 안티오크의 교회였다. 「요한계시록」은 예언적 도입부에서 아시아의 일곱 교회, 즉 에페수스, 스미르나, 페르가뭄, 티아티라,[75] 사르디스, 라오디케아 및 필라델포이아의 교회들을 언급하여 불후의 명성을 안겨 주었으며, 이 교회들은 곧 인구가 조밀한 이 지방 곳곳에 자신들의 식민 교회들을 퍼뜨렸다. 일찍부터 키프로스 섬과 크레타 섬, 트라키아와 마케도니아의 여러 속주가 이 새 종교를 호의적으로 받아

> 동방에서의 그리스도교의 발전

[75] 알로기파는 「요한계시록」의 순수성에 이의를 제기하는데, 이는 당시 아직까지 티아티라의 교회가 설립되지 않았기 때문이었다. 에피파니우스는 이 사실을 인정하면서도 성 요한이 예언의 영감으로 글을 썼다고 교묘하게 가정함으로써 곤란에서 벗어나고 있다.

76 이그나티우스와 디오니시우스의 편지들은 아시아와 그리스의 많은 교회들을 지적하고 있다. 아테네의 교회는 교세가 가장 미약했던 교회들 가운데 한 곳이었던 것으로 보인다.

77 그러나 그리스도교인들이 폰투스 전역에 고르게 분포했던 것은 아니었다. 3세기 중엽 광대한 네오카이사레아 교구에는 불과 열일곱 명의 신자가 있을 뿐이었기 때문이다.

들였고, 곧 코린토스, 스파르타, 아테네의 도시들에도 일종의 그리스도교 국가가 건설되었다.76 그리스와 아시아의 교회들은 역사가 오래되었기 때문에 충분한 시간을 가지고 신도를 늘릴 수 있었으며, 심지어 그노시스파와 기타 이단 집단들이 존재한다는 사실조차도 정통 교회의 번영상을 드러내는 데 이바지했는데, 이는 이단이라는 명칭은 항상 소수파에게만 적용되는 것이었기 때문이다. 이러한 내부적 증거 이외에도 이방인들 자신의 고백과 불평, 그리고 불안감을 증거로서 덧붙일 수 있을 것이다. 인류를 연구하며 그 풍습을 매우 생생하게 묘사한 철학자 루키아누스의 저술을 보면 콤모두스 황제 치세에서 그의 고향 폰투스는 에피쿠로스 학파 사람들과 그리스도교인들로 넘쳐 나고 있었다는 것을 알 수 있다.77 그리스도 사후 80년도 채 되지 않았을 때, 인정 많은 플리니우스는 자신이 근절하려 시도했으나 실패하고만 엄청난 악에 대해 한탄했다. 그는 트라야누스 황제에게 보낸 흥미로운 편지에서 신전들은 거의 황폐화되었고, 성스러운 희생 제물을 구입하려는 사람도 매우 드물며, 또한 그리스도교라는 미신이 폰투스와 비티니아의 여러 도시들을 감염시키고 있을 뿐 아니라 심지어 여러 촌락과 전원 지대에까지 퍼져 가고 있다고 단언하고 있다.

안티오크 교회 동방에서의 그리스도교의 발전을 찬양하거나 한탄한 저술가들의 표현 방식과 동기를 세밀하게 검토하는 각론으로 옮아가지 않더라도, 대체로 이 저서들에는 각 속주에 살던 실제 신자 수를 정확하게 추정할 만한 아무런 근거가 남아 있지 않다. 그러나 다행스럽게도 모호하지만 흥미로운 이 문제에 대해서 더 뚜렷한 실마리를 던져 주는 한 가지 사례가 보존되어 있다. 그리스도교가 로마 황제의 은총을 입은 지 60년이 지난 테오도시우스 황제 치세에서, 유서 깊은 안티오크 교회의 신도 수는 10만 명이었고, 그 가운데 3000명이 교회의 봉헌물에서 나오는 돈으로 생계를 유지했다. 동방의 여왕이라 불리던 안티오크의 빛나는 위엄, 이미 널리 알려진 카이사레아와 셀레우키아, 그리고 알렉산드리아의 조밀한 인구, 그리고 유스티누스 1세 시대에 안티오크를 강타한 지진으로 25만 명이 사망했다는 사실[78]을 비롯한 수많은 증거들은 안티오크의 전체 주민 수가 적어도 50만 명 이상이었으며, 따라서 그리스도교인들이 열성적으로 교세 확장을 이루었다고는 해도 그 수는 이 대도시 전체 인구의 5분의 1을 넘지 못했다는 사실을 설득력 있게 제시해 준다. 그러나 박해받은 교회와 승리한 교회, 서방과 동방, 벽촌과 인구가 조밀한 도시, 그리고 최근 막 개종한 지방들과 처음으로 그리스도교인라는 명칭을 얻었던 안티오크를 비교할 때에는 그 비율이 얼마나 많이 달라지겠는가! 그러나 우리에게 이 유용한 정보를 제공해 준 크리소스토무스가 또 다른 기록에서는 그리스도교 신도 수가 유대교인이나 이교도보다도 많다고 계산하고 있다는 사실을 무시할 수는 없다. 그러나 언뜻 보기에 풀기 어려운 이 문제의 해답은 쉽고도 명백하다. 이 설득력 있는 설교자는 안티오크의 시민 구성원과 교회 구성원, 즉 세례를 받아 천국에 들어갈 권리를 확보한 그리스도교인 명단과 공공 자선 기금을 분배받을 권리를 가진 시민 명부를 대조 비교하고 있다. 노예와 외국인, 그리고 유아는 그리스도교인 명단에는 포함되어 있지만 시민 명부에서는 제외되어 있다.

광범위한 교역을 실시했고 게다가 지리적으로 팔레스타인과 가까웠던 알렉산드리아는 새로운 종교가 쉽게 유입될 수

[78] 말랄라(John Malala)도 안티오크의 조밀한 인구에 대하여 동일한 결론을 이끌어 내고 있다.

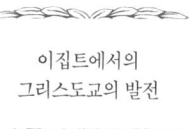
이집트에서의
그리스도교의 발전

[79] 바스나지(Basnage)는 테라페우타이파를 설명한 필론의 흥미로운 논문에 정확한 비판을 가하며 고찰했다. 이 논문이 아우구스투스 황제 시대에 쓰여졌다는 점을 입증함으로써 바스나지는 에우세비우스와 수많은 현대 가톨릭교도들의 반론에도 불구하고 테라페우타이파가 그리스도교인이나 수사가 아니었다는 점을 증명했다. 그들이 명칭을 바꾸었지만 풍습을 보존하고 동시에 신앙상의 새로운 계율들을 채택했으며, 게다가 점차 이집트 금욕주의자들의 선조가 되었다는 것은 여전히 진실일 가능성이 있는 기록들이다.

있는 곳이었다. 마레오티스 호반에 살던 테라페우타이파, 즉 에세네파의 대다수 교도들이 처음으로 이 종교를 받아들였는데, 이들은 모세 율법에서 정한 종교 의식을 존중하려는 의사가 거의 없는 유대교 교단이었다. 에세네파 교도들의 금욕적인 생활, 금식과 파문, 재산의 공유, 독신주의, 순교에 대한 정열, 그리고 비록 순수하다고는 할 수 없지만 열렬한 신앙심은 이미 초기 그리스도교의 계율과 매우 유사했다.[79] 그리스도교 신학이 정식으로 학문의 형태를 취하게 된 것도 알렉산드리아 학파에서였다. 따라서 하드리아누스 황제가 이집트를 방문했을 때 유대인과 그리스인으로 구성된 이 교회는 이미 호기심 강한 이 황제의 주목을 끌 정도로 유력한 교회로 성장해 있었다. 그러나 그리스도교의 발전은 오랫동안 해외 식민지인 이 한 도시에만 한정되어 있었고 2세기 말까지만 해도 데메트리우스의 전임자들만이 이집트 교회의 유일한 고위 성직자들이었다. 데메트리우스는 세 명의 주교들을 임명했으며, 그의 후계자 헤라클라스에 이르러서는 스무 명으로 늘어났다. 무뚝뚝하고 완고한 기질로 유명한 민족인 현지인들 대부분은 이 새로운 교리를 마지못해 냉담하게 받아들였고, 이로 인해 심지어 오리게네스의 시대에 이르러서조차도 이집트의 신성한 동물에 대한 편애를 극복한 이집트인을 만나는 것은 드문 일이었다. 실로 그리스도교가 국교로 지정되자 그 즉시 이 열성적인 야만인들도 강력한 압력에 굴복하게 되었고, 이집트의 여러 도시에는 주교들이 넘치고 테베의 사막에는 은자들이 떼지어 몰려들게 되었다.

로마에서의 그리스도교의 발전

넓은 로마의 품안으로 많은 외국인과 속주민이 끊임없이 유입되었다. 아무리 기이하거나 혐오스러운 자라도, 또 어떤 죄인이나 용의자라도 해도, 이 거대한 수도의 그늘로 숨어들기만 하면 법의 감시를 피할 수 있다는 희망을 가질 수 있었다. 이처럼 여러 민족이 모여드는 곳에서는 진리를 가르치는 교사이든 거짓을 가르치는 교사이든, 고결한 단체의 창설자이든 범죄 집단의 창설자이든 간에 모두가 자신의 제자나 공범들을 손쉽게 늘릴 수 있었다. 타키투스는 네로 황제가 우발적으로 박해를 실시했던 시점에 로마의 그리스도교가 이미 엄청난 수에 달했다고 기술한 바 있는데, 이 위대한 역사가의 표현 방식은 바쿠스 신에 대한 제 의식의 도입과 탄압을 기술한 리비우스의 문체와 매우 흡사하다. 그 당시 바쿠스 신도들이 벌이던 떠들썩한 술잔치는 원로원의 탄압을 불러일으킨 이후 수많은 사람들, 말하자면 또 한 무리의 국민이 이 가증스러운 밀교에 가입했을지도 모른다는 우려가 대두되었다. 좀 더 면밀한 조사 후에 곧 실제 범법자들의 수는 7000명을 넘지 않는다는 것이 증명되었지만, 사실상 이 숫자만 해도 공공 재판의 대상으로서 삼기에는 충분히 놀라운 규모였다.[80] 타키투스와 플리니우스가 모두 기존의 다신교를 버린 어리석은 광신도들의 수를 과장했던 사람들이라는 점을 미루어 생각해 보면, 타키투스의 모호한 표현이나 앞서 언급했던 플리니우스의 사례를 해석할 때에도 동일한 오차가 있을 수 있음을 참작해야 할 것이다. 로마 교회는 의심할 여지 없이 로마 제국 내에서 신도 수가 가장 많은 교회였다. 3세기 중엽에 38년에 걸쳐 평화가 지속된 후 이 도시의 그리스도교 교세를 입증하는 믿을 만한 기록이 남아 있다. 그 당시 성직자들은 1명의 주교와 46명의 장로, 7명의 부제, 7명의 부제보, 42명의 시종, 그리고 50명의 낭독자, 기도사 및 잡역부로 구성되어 있었다. 신자들의 봉헌물로 부양되는 과부, 불구자, 빈민의 수는 1500명에 이르렀다. 안티오크 교회의 상황에서 유추해 보고 아울러 논리적으로 추산해 볼 때, 로마의

[80] 원로원이 바쿠스 신도들의 떠들썩한 술잔치를 알아차렸을 때 느낀 혐오감과 놀라움은 그 어떤 경우보다도 컸다고 한다. 리비우스는 바쿠스 신도들의 타락상을 기술하면서 과장을 했는지도 모른다.

그리스도교인 수는 대략 5만 명일 것이다. 이 거대한 수도의 인구를 정확하게 조사해 볼 수는 없지만, 아무리 적게 잡아도 100만 명 이하로 내려가지는 않을 것이 확실하므로, 그리스도교인의 비율은 기껏해야 20분의 1 정도였을 것이다.[81]

아프리카와 서방 속주들에서의 그리스도교의 발전

서방의 속주민들은 그들에게 로마의 언어, 사상, 풍습을 전파해 준 것과 동일한 원천으로부터 그리스도교에 관한 지식을 얻게 되었던 것으로 보인다. 이처럼 중요한 문제에서는 갈리아는 물론이고 아프리카 지방까지도 점차 수도 로마를 본뜨게 되었다. 그러나 로마의 선교사들이 라틴 속주들을 방문할 유리한 기회들을 여러 차례 가졌는데도 실제로 바다를 건너거나 알프스 산맥을 넘기까지는 많은 세월이 흘렀다.[82] 또한 두 안토니누스 황제 치세 이전 시대로 거슬러 올라가 이 광대한 지역들에서 그리스도교 신앙이나 그에 대한 박해의 흔적을 확실하게 찾아보기란 불가능하다.[83] 추운 갈리아 지방에서 복음의 침투가 완만했던 것과는 매우 대조적으로 아프리카의 뜨거운 사막 지대에서는 복음이 열광적으로 수용되었다. 아프리카의 그리스도교인들은 곧 초대 그리스도 교회의 중요한 교단들 가운데 하나를 형성하게 되었다. 이 지방에서는 주교들을 아주 작은 마을에까지, 그리고 때로는 머나먼 벽촌에까지 파견하는 관행이 도입되었는데, 이러한 관행은 이 교단들의 위용과 중요성을 증대시키는 데 기여했다. 3세기 동안에 이 종교 단체들은 열성적인 테르툴리아누스의 신앙으로 활기를 띠게 되었고, 유능한 키프리아누스의 지도를 받았으며, 락탄티우스의 설득력 있는 웅변으로 더욱 위풍당당해졌다. 그러나 이에 반하여 갈리아 지방으로 눈을 돌리면, 기껏해야 마르쿠스 안토니누스 시대에 있었던 리옹과 비엔나의 미미한 통합 교회들을 발견하는 것

[81] 전체 인구 대비 사제와 빈민의 비율을 최초로 추산했던 사람은 버닛이었고, 이 비율은 모일(Moyle) 또한 인정한 것이다. 그들은 모두 크리소스토무스의 기록을 알고 있었고, 이 기록으로 인해 그들의 추정이 거의 사실로 확정되었다.

[82] 아우구스티누스의 암묵적인 승인으로 확증되고 있는 도나투스파의 주장에 따르면, 아프리카는 복음을 받아들인 속주들 가운데 마지막 속주였다.

[83] 시칠리아의 순교자들이 최초였다고 알려져 있다. 아풀레이우스의 적들 가운데 한 사람은 그리스도교인이었던 것으로 보인다.

으로 만족할 수밖에 없다. 더욱이 데키우스 황제 시대로 내려 오더라도 몇몇 도시들, 즉 아를, 나르본, 툴루즈, 리모주, 클레르몽, 투르, 그리고 파리에만 소수의 그리스도교인들의 헌신적 신앙으로 유지되는 몇몇 교회들이 산재해 있을 뿐이었다.[84] 침묵은 실로 신앙과 매우 잘 어울리는 것이지만, 동시에 열정적인 신앙과는 양립하기 힘든 것이다. 그렇기 때문에 언어를 켈트어에서 라틴어로 바꾸고서도 처음 3세기 동안 단 한 명의 교회 저술가도 배출하지 못한 이 지방 그리스도 교회의 무기력한 침체상을 볼 때 한탄하지 않을 수 없다. 학문적 권위에서는 알프스 산맥 북쪽의 모든 지방 가운데서 단연코 가장 탁월하다고 주장하던 갈리아에서 더 멀리 떨어진 지방들인 에스파냐와 브리타니아로 반사되어 간 복음의 빛은 더욱 희미한 것이었다. 게다가 테르툴리아누스의 격렬한 주장을 믿는다면, 이 지방들은 그가 세베루스 황제의 행정관들에게 자신의 호교서를 보냈을 때 이미 최초의 신앙의 빛을 받은 상태였다.[85] 그러나 유럽 서방의 여러 교회의 기원은 매우 모호하고 불완전하며 기록조차 매우 빈약하기 때문에 그 창립 시기와 방식에 대해서 언급하려면, 훨씬 후세에 탐욕이나 미신 때문에 수도원의 저 어슴푸레한 불빛 아래서 수도사들이 구술하여 전해 내려온 성인전과 같은 전설집들로 침묵을 지키는 고대 관련 기록의 공백을 보충하는 수밖에 없다.[86] 이런 종교적 전설들 가운데 성자 야고보에 관한 전설만이 그 터무니 없는 내용으로 인해서 언급될 만한 가치가 있다. 그는 게네사렛 호수의 평화를 사랑하는 어부에서 용감한 기사로 변신하여 무어인들과의 전투에서 에스파냐 기병대의 선두에 서서 돌격했다. 진지한 역사가들조차 그의 공적을 찬양하고 있다. 놀라운 콤포스텔라의 기적의 성당은 그의 권능을 나타내는 장소로 간주되었으며, 또한 그가 군인으

[84] 4세기 초반에 방금 막 설립된 리에주, 트레브, 콜로뉴의 광대한 교구들에 임명된 주교가 단 한 명에 불과했다고 믿을 만한 근거가 몇 가지 존재한다. 티유몽의 논문을 참조할 수 있을 것이다.

[85] 모스하임은 자신의 논문에서 테르툴리아누스의 호교서가 쓰여진 시기를 서기 198년으로 못 박고 있다.

[86] 15세기에는 과연 아리마테아의 요셉이 글래스턴베리의 수도원을 창립한 것인지 또는 디오니시우스가 아테네보다는 파리에 머물기를 더 좋아했는지 등의 다양한 문제에 대해 질문하려는 의사나 용기를 가진 사람은 거의 없었다.

15장 611

87 이 엄청난 변신은 9세기에 이루어졌다.

88 매우 혼란스러운 상황임에도 불구하고 코레네(Chorene)의 모세스(Moses)의 기록을 보면 이베리아와 아르메니아의 개종에 관한 언급이 자주 등장한다.

로서 휘둘렀다는 칼은 두렵기 짝이 없는 종교 재판소의 이단 심문과 더불어 불경한 비평가들의 이의 제기를 모두 일축해 버리기에 충분했다.87

로마 제국의 경계를 넘어선 그리스도교의 발전

그리스도교의 발전은 로마 제국에 국한되지 않았다. 모든 사실을 예언적으로 해석하던 초기 교부들에 따르면, 이 새로운 종교는 신성한 창시자의 사망 후 1세기 이내에 이미 세상 구석구석에 전파되었다. 순교자 유스티누스는 이렇게 말한다.

그리스인이든 야만인이든 또는 어떤 다른 종족이든지, 그들이 어떤 명칭이나 풍습으로 구별되든지, 제아무리 기술이나 농업에 무지한 사람들이든지, 천막을 치고 사는 사람들이든지 아니면 포장마차를 타고 떠돌아다니는 사람들이든지 간에 그들 가운데 만물의 아버지이신 창조주께 십자가에 못 박힌 예수의 이름으로 기도 드리지 않는 민족은 하나도 없다.

그러나 이처럼 화려한 과장은 심지어 오늘날에도 인류의 실제 상태와 일치시키기가 몹시 힘든 것으로, 독실하지만 부주의한 저술가의 경솔한 말솜씨에 불과할 것인데, 그에게는 자신의 소망이 곧 신앙심의 척도였던 것이다. 그러나 교부들의 신앙심이나 희망도 역사의 진실을 바꿀 수는 없다. 나중에 로마 제국을 멸망시키는 스키타이와 게르마니아의 야만족들도 이 무렵에는 이교 신앙의 암흑에 휩싸여 있었고 이베리아나 아르메니아 또는 에티오피아에서 시도된 개종 노력들조차도 정통파 그리스도교 황제가 집권한 후에야 비로소 어느 정도 성공을 거두게 되었다는 것은 지금도 의심할 여지가 없는 사실들이다.88 이 시기 이전에도 전쟁과 교역이라는 수많은 우연한 기회를 통해서 칼레도니아의 여러 부족들과[89] 라인 강, 도나우 강, 유프라테스 강의 변경 지방 주민들 사이에[90] 불완전하게나마 복음에 관한 지식이 전파되었을지도 모른다. 마지막으로 언급했던 유프라테스 강 너머의 에데사는 일찍부터 굳건한 신앙을 고수하고 있다는 사실이 잘 알려져 있었다.[91] 그리스도교의 교리는 바로 이 에데사에서부터 아르타크세르크세스의 후계자들에게 복종한 그리스와 시리아의 여러 도시들로 순조롭게 전파되어 갔던 것이다. 그러나 그리스도교 교리가 그 당시 페르시아인들의 마음에 깊은 감명을 주지는 못한 것으로 보이는데, 이는 페르시아인들의 종교 체제가 잘 훈련받은 사제단의 노력으로 그리스와 로마의 불확실한 신화보다 훨씬 더 교묘하고 견고하게 구축되어 있었기 때문이다.[92]

그리스도교의 발전 상황에 대한 이와 같은 불완전하나마 공평한 개괄적 검토로 미루어 볼 때, 아마도 이교도 측에서는 공포심으로 또 그리스도교 측에서는 독실한 신앙심으로 개종자의 수를 극도로 과장했다고 생각된다. 오리게네스의 흠잡을 데 없는 증언에 따르면, 신도 수는 수많은 비신도들에 비하면 극히 미미했다고 하지만, 오늘날에는 명확한 자료가 남아 있지 않기 때문에 초기 그리스도교인의 수를 정확하게 확정하기란 불가능하며, 심지어 추정하기도 어려운 형편이다. 그러나 안티오크와 로마의 사례로 미루어 볼 때 아무리 호의적으로 추산한다 해도, 콘스탄티누스의 저 유명한 개종 이전에 십자가의 깃발 아래 모였던 로마 제국민들의 수가 전체 인구의 20분의 1을 넘지는 못했을 것이다. 그러나 이 수치는 그들의 신앙심 깊고, 열성적이며, 일치단결하는 기질 덕택에 몇 배로 과장된 것으로 보이며, 또한 장래에 그리스도교인 수 증가에 기여하는 것과

그리스도교와 이교도의 전체적인 비율

[89] 테르툴리아누스에 따르면 그리스도교 신앙은 로마 군대조차 접근하기 힘들었던 브리타니아의 구석구석까지 파고 들어갔다고 한다. 1세기쯤 뒤에 핀갈의 아들인 오시아누스는 고령에도 불구하고 외국인 선교사 한 사람과 함께 논쟁을 벌였다고 전해지는데, 이 논쟁의 내용은 에르스어(아일랜드어)로 된 시로 기록되어 지금도 전해지고 있다.

[90] 고트족은 갈리에누스 황제 치세에 아시아를 유린한 다음 수많은 포로들을 잡아갔는데, 그들 가운데 상당수가 그리스도교인이어서 선교사 역할을 하게 되었던 것이다.

[91] 터무니없는 것이기는 하지만 아브가루스 왕의 전설은 에우세비우스가 교회사를 쓰기 오래전에 이미 대부분의 에데사 주민들이 그리스도교를 받아들였다는 결정적인 증거가 된다. 이에 반하여 그들의 경쟁자인 카레 시민들은 6세기까지도 이교 신앙을 고수하고 있었다.

[92] 바르데사네스에 따르면 페르시아에는 2세기 말 이전에 얼마간의 그리스도교인들이 있었다. 그들은 콘스탄티누스의 시대에는 융성하는 큰 교회로 성장했다.

동일한 원인들로 인해 그들의 세력이 실제보다도 더욱 뚜렷하고 막강하게 보이게 되었으리라 생각된다.

<small>초기 그리스도교도들은 비천하고 무지했는가</small>

당시 시민 사회의 구성 상태를 보면 소수의 사람들만이 부와 명예, 그리고 지식으로 이름을 날린 반면, 대다수의 국민은 비천하고 무지하며 빈곤하게 살아야 할 운명이었다. 따라서 전 인류를 대상으로 한 그리스도교는 상류 계급에서보다는 하류 계급으로부터 훨씬 더 많은 개종자들을 규합할 수 있었을 것이 분명하다. 이처럼 아무 위해도 가하지 않는 자연스러운 상황으로 인해 교회는 매우 불쾌한 오명을 쓰게 되었다. 그러나 호교론자들이 그리스도교라고 하는 새로운 종파는 거의 전적으로 농민과 직공, 소년과 여자, 거지와 노예 등의 사회의 찌꺼기 같은 사람들로 구성되었으며, 더구나 노예들은 때때로 선교사들을 자신들이 섬기는 부유한 귀족 가문으로 끌어들일지도 모른다는 신앙의 적들의 비난에 대해 애써 부인하지는 않았던 것으로 보인다. 이 비천한 출신의 교사들(악의와 불신으로 가득 찬 사람들은 이렇게 비난했다.)은 공개석상에서는 말이 없었지만 사사로운 자리에서는 말이 많고 독단적이었다. 그들은 철학자들과의 만남은 위험하다고 보고 조심스럽게 피하는 반면, 배우지 못하여 무지한 대중과는 어울리면서 연령, 성별, 교육 정도로 보아 미신적인 공포에 영향을 받기 쉬운 사람들의 환심을 샀다고 한다.

<small>학식에 관한 몇 가지 예외</small>

이처럼 비판적인 묘사는 미미하나마 실상과 유사한 점이 없지는 않지만, 그 어두운 색채와 왜곡된 형태를 감안할 때 적의 필치임을 드러내 주고 있다. 겸허한 그리스도교 신앙이 이 세상에 널리 전파되어 감에 따라, 타고난 재능이나 행운으

로 영향력을 갖춘 몇몇 사회 지도층 인사도 이를 받아들였다. 하드리아누스 황제에게 설득력 있는 호교서를 바친 아리스티데스는 아테네의 철학자였다. 순교자 유스티누스는 제논, 아리스토텔레스, 피타고라스, 플라톤 등 여러 학파에서 신에 대한 지식을 추구하던 끝에 운 좋게도 한 노인, 아니 그보다는 천사의 음성을 듣게 되어 결국 유대인 예언자들에 관한 연구로 관심을 돌리게 되었다. 알렉산드리아의 클레멘스는 여러 가지 그리스어 문헌을, 그리고 테르툴리아누스는 라틴어 문헌을 섭렵했다. 율리우스 아프리카누스와 오리게네스는 당대의 학계에서 큰 비중을 차지하고 있었다. 그리고 키프리아누스와 락탄티우스는 비록 서로 문체는 매우 다르지만, 두 저술가 모두 유명한 수사학 교사였다는 점은 알기 쉽다. 결국 그리스도교인들 사이에도 철학 연구가 도입되었지만, 그 결과가 항상 바람직한 것은 아니었다. 지식은 때때로 신앙 형성의 근원일 뿐만 아니라 이단 발생의 근원이었기 때문에, 아르테몬파의 추종자들에 대한 묘사는 사도의 후계자들에게 등을 돌린 여러 종파에게도 그대로 적용될 수 있었다.

그들은 감히 성서를 고치고, 예부터 내려오는 신앙의 교훈을 버리고, 교묘한 논리학의 가르침에 따라 자신들의 견해를 정립하려 한다. 그들은 기하학 연구로 교회의 학문을 등한시하며, 또한 지상을 측량하기에 힘쓰는 사이 천상을 잊어버렸다. 그들은 언제나 에우클레이데스를 연구 중이다. 아리스토텔레스와 테오프라스토스는 그들에게 동경의 대상이다. 또한 갈레누스의 저서에 대해서는 유례없는 경의를 표명한다. 그들의 과오는 이교도들의 학문을 남용하는 데서 비롯된 것이다. 또한 그들은 인간의 이성을 최대한 치밀하게 발휘하여 복음의 단순

93 그리스도교인들이 그들의 복음서를 끊임없이 수정하고 변경한다는 켈수스의 불평에 동기를 제공한 사람들은 이교도들밖에 없었으리라 생각해도 좋을 것이다.

성을 해치고 있다.93

지위와 재산에 관한 몇 가지 예외

가문이 좋고 재산이 많다는 점이 언제나 그리스도교 입문을 가로막았다고 단언한다면 이는 진실이 아닐 것이다. 몇몇 로마 시민들이 플리니우스의 법정에 끌려나온 일이 있었는데, 그는 곧 비티니아에서는 각계 각층의 수많은 사람들이 이미 조상 전래의 종교를 버렸다는 사실을 발견하게 되었다. 이 경우에 이루어진 그의 뜻밖의 증언은 테르툴리아누스의 대담한 도전보다도 더 신뢰할 만하다. 테르툴리아누스는 아프리카 총독의 자비심은 물론이고 공포심에도 호소하면서, 만일 총독이 그의 잔인한 계획을 끝까지 고집한다면 카르타고 시민 가운데 10분의 1가량을 살육해야 할 것이며 그 죄인들 가운데는 그와 같은 계급에 속한 수많은 사람들, 즉 원로원 의원들과 명문가 귀부인들, 그리고 친한 친구와 친척들이 포함될 것이라고 주장했다. 그로부터 약 40년 뒤에는 발레리아누스 황제도 이 사실을 납득한 것으로 보이는데, 이는 그가 어떤 칙령을 공포하면서 많은 원로원 의원들과 로마인 기사들, 그리고 명문가 귀부인들이 그리스도 교단에 가입되어 있다는 사실을 명백하게 상정하고 있기 때문이다. 교회는 내부적으로는 순수성을 상실해 갔던 반면, 외부적으로는 세력이 계속 강해지고 있었기 때문에 디오클레티아누스 황제 치세에는 궁정과 법원, 그리고 심지어 군대 안에서도 수많은 사람들이 자신이 그리스도교인들임을 숨긴 채 현세의 이익과 내세의 이익을 조화시키려고 노력하고 있었다.

그러나 이처럼 예외적인 신도들이 초기 그리스도교 개종자들에게 붙은 무지하고 비천하다는 오명을 완전히 불식시키기에는 그 수가 너무 적었고 또 시기적으로도 너무 늦어 버렸다. 따라서 그들을 옹호하고자 할 때에는 후대에 허구적으로 꾸며 낸 이야기들을 예로 들기보다는 오히려 그 당시 악평을 불러일으킨 원인 그 자체를 종교적 교화를 위한 재료로 삼는 것이 더 현명할 것이다. 진지하게 생각해 보면, 사도들 자신이 갈리레아의 어부들 가운데 신의 섭리로 선택된 사람들이었고, 따라서 초기 그리스도교인들의 현세에서의 신분을 낮게 잡을수록 그들의 공적과 성공에 탄복할 이유는 더 많이 발견하게 될 것이다. 즉 천국은 마음이 가난한 자에게 약속되어 있다는 점과, 현세의 재난과 멸시에 시달리는 사람들은 기쁜 마음으로 내세의 행복에 관한 신의 약속에 귀를 기울인다는 점을 부지런히 기억할 의무가 주어진 것이다. 이에 반하여 행운을 붙잡은 사람들은 현세의 부귀에 만족하며, 현자들은 자신들의 탁월하지만 무익한 이성과 지식을 회의적인 논쟁으로 남용하고 있을 뿐이라는 점 또한 기억할 의무가 부과된 것이다.

> 빈민들과 하층민들이 가장 호의적으로 받아들였던 그리스도교

오늘날의 입장에서 볼 때 가장 값진 하늘의 선물이라고 생각할 수도 있는 몇몇 저명한 인물들을 놓친 상실감은 이러한 반성을 통해서 위안받을 필요가 있다. 세네카, 플리니우스 부자, 타키투스, 플루타르코스, 갈레노스, 노예인 에픽테토스, 그리고 황제 마르쿠스 안토니누스 등은 자신들이 활약했던 시대의 자랑거리이며 인간 본성의 위엄을 드높인 사람들이다. 그들은 실제 생활이나 사색적인 생활 그 어느 경우를 통해서도 각기 영예로운 지위를 차지했으며 연구를 통해 자신들의 뛰어난 이해력을 향상시켰다. 또한 철학적 사색으로 자신들의 정신을 정화하여 통속적인 미신의 편견에서 벗어났으며, 진리를 추

> 서기 1, 2세기에 일부 상층민들이 거부했던 그리스도교

94 라드너(Lardner)는 『유대교인과 그리스도교인의 공술서 모음집』 제1권과 제2권에 소(小)플리니우스와 타키투스, 갈레누스, 마르쿠스 안토니누스의 공술서들, 그리고 에픽테투스의 것으로 보이는 공술서(이 철학자가 그리스도교인에 관해 이야기하려 한 것인지가 의심스럽기 때문이다.)를 모아서 설명하고 있다. 세네카, 대(大)플리니우스 그리고 플루타르코스는 이 새 교파에 전혀 주목하지 않았다.

구하고 미덕을 실천하며 일생을 보냈다. 그러나 이 모든 현인들은 (이것은 걱정스러운 일인 동시에 그에 못지않게 놀라운 일이기도 하다.) 그리스도교 교리의 완전성을 간과하거나 배격했다. 그들의 발언이나 침묵은 모두 그 당시에 이미 로마 제국 전역에 전파되어 있던 성장 단계의 이 종교에 대한 멸시를 드러내고 있다. 그들 가운데 짐짓 생색을 내어 그리스도교인들에 대해서 언급한 사람들조차도 그리스도교인들은 완고하고 편협한 광신도들인데다가 상식과 학식을 갖춘 사람들의 관심을 끌 만한 단 한 가지의 논거도 제시할 능력이 없어 그저 자신들의 불가사의한 교리에 맹목적으로 순종하기를 강요하는 사람들이라고 생각했다.94

예언을 무시했던
일부 상층민들

이 철학자들 가운데 적어도 단 한 사람이라도 초기 그리스도교인들이 자신들과 자신들의 종교를 위하여 거듭 발표한 호교서를 정독한 일이 있는지가 의문이다. 그러나 좀 더 유능한 옹호자들이 이러한 호교론을 변론하지 못했다는 점은 더욱 크게 한탄할 일이다. 당시의 옹호자들은 다신교의 부조리성을 온갖 불필요한 기지와 웅변술을 동원하여 폭로하려 한다. 또는 박해받은 교우들의 무고함과 고통을 호소해서 동정심을 불러일으키려 하기도 한다. 그러나 그들은 그리스도교의 기원이 신의 섭리에서 비롯되었음을 설명할 때는 메시아의 출현을 전한 예언들을 크게 강조할 뿐 거기에 수반된 여러 가지 기적들에 대해서는 거의 언급하지 않고 있다. 그들이 즐겨 사용한 논거는 그리스도인을 교화시키거나 유대교인을 개종시키는 데에는 도움이 될지도 모르는데, 이는 두 종교가 모두 그 예언들의 권위를 인정하며 경건한 존경심을 가지고 그 예언들의 의미와 실현을 모색하지 않을 수 없었기 때문이다. 그러나 이러한 설득

방식은 모세의 율법과 예언자의 표현 방식을 이해하지도 못하고 존중하지도 않는 사람들을 상대로 할 때에는 그 위력과 영향력이 크게 상실된다. 유스티누스와 그의 뒤를 이은 여러 호교론자들의 서툰 솜씨로는 엉뚱한 상징과 부자연스럽고 기이한 착상과, 그리고 무의미한 알레고리만 넘쳐날 뿐 히브리 신탁의 숭고한 의미는 사라져 버린다. 게다가 오르페우스, 헤르메스, 시빌[95] 등의 이름까지 빌려 가며 꾸며 낸 종교를 빙자한 거짓 예언들을 마치 참다운 하늘의 영감과 동등한 가치가 있는 것인 양 믿도록 강요했기 때문에 무지한 이방인들조차 계시의 신빙성을 의심하게 되었다. 이처럼 거짓말과 궤변으로 계시를 변론하는 것은 불사신인 영웅들에게 성가시고 부서지기 쉬워 쓸모없는 갑옷을 입히는 시인들의 분별없는 행동을 상기시킨다.

[95] 성서의 예언보다도 오래된 시빌의 예언을 조롱하던 철학자들은 순교자 유스티누스에서 락탄티우스에 이르기까지 교부들이 자신만만하게 인용하던 유대교인과 그리스도교인들이 만들어 낸 거짓 예언들을 쉽게 간파할 수 있었을 것이다. 시빌의 신탁이 정해진 과업을 달성했을 때에도 그것은 천년왕국설처럼 조용히 배격되었다. 그리스도교인 시빌은 공교롭게도 195년, A.U.C.(ab urbe condita, 로마 건설 이래) 948년을 로마 멸망의 해로 잡고 있었다.

그러나 전능한 신이 인간의 이성이 아니라 감각을 겨누어 계시한 그 기적의 증거들에 대해서 이교도와 철학자들이 이처럼 무기력한 무관심으로 일관한 것은 어떻게 변명해야 할 것인가? 그리스도의 시대, 사도의 시대, 그리고 초기 제자들의 시대에는, 그들이 설교한 교리가 수많은 경이로운 이적들로 확인되었다. 절름발이가 걷고, 장님이 눈을 뜨고, 병자가 치유되고, 죽은 자가 일어나고, 마귀가 쫓겨나고, 교회를 위해서는 자연의 법칙마저 빈번하게 일시 정지되었다. 그러나 그리스와 로마의 현인들은 이 무시무시한 광경에서 얼굴을 돌리고, 일상생활과 학문에만 전념하면서 세상의 정신적인 통치권이나 물리적인 통치권의 변화에는 무관심했던 모양이다. 티베리우스 황제의 치세에서 전 세계가, 아니 적어도 로마 제국 내의 어느 유명한 속주가 3시간 동안 초자연적인 암흑에 휩싸였다. 모든

기적을 무시했던 일부 상층민들

사람들의 놀라움과 호기심, 신앙심을 불러일으켜야 마땅했을 이 기적적인 사건조차도 학문과 역사의 시대에는 주목을 끌지 못한 채 지나갔다.96 이 사건은 세네카와 대(大)플리니우스의 생애 중에 일어났기 때문에 그들은 이 기적의 즉각적인 영향을 경험했거나 그에 관한 최초의 정보를 입수했음이 틀림없다. 이 두 철학자는 각기 방대한 노작에서 끈질긴 호기심을 발휘하여 지진, 유성, 혜성, 일식과 월식 등 수집할 수 있는 한 모든 중요한 자연 현상을 기록해 놓았다. 그러나 두 사람 모두 세계가 창조된 이래 인간이 눈으로 목격한 것들 가운데 가장 중요한 이 현상만은 언급을 생략했다. 플리니우스는 자신의 저작물(『박물지』)의 독특한 한 장을 이례적으로 오랜 시간 지속된 특이한 성격의 일식과 월식을 기록하는 데 할애했지만, 여기에서도 카이사르가 암살된 후 계속 이어진 기이한 햇빛 부족 현상, 즉 이 해의 대부분은 태양도 창백하고 광채를 잃은 것처럼 보였다는 사실을 기술하는 정도에 만족하고 있다. 이 어두컴컴했던 시기를 그리스도가 수난당한 날의 초자연적인 암흑과 비교할 수는 없지만, 그래도 이 사건은 이 주목할 만한 시대에 살았던 대부분의 시인과 역사가들에 의해서 이미 널리 알려져 있다.

96 오늘날에는 이미 플레곤의 저 유명한 구절을 믿는 사람은 아무도 없다. 테르툴리아누스가 이교도들에게 이 이적에 대한 언급이 아르카니스에 나타나 있다고 단언했을 때, 그는 아마도 시빌의 신탁을 따른 듯한데, 이것은 복음서에도 정확하게 언급되어 있다.

16

THE DECLINE AND FALL
OF THE ROMAN EMPIRE

네로 황제부터 콘스탄티누스 황제까지의 로마 정부의 그리스도교 정책 · 도미티아누스 황제의 유대교와 그리스도교에 대한 박해

> 로마 황제들의
> 그리스도교 박해

그리스도교의 순수성과 도덕 계율의 신성성, 그리고 초기 복음 신앙을 믿은 수많은 신도들의 금욕적이고 순결한 삶들을 진지하게 고려해 볼 때, 이토록 자비로운 교리라면 이를 믿지 않는 곳에서도 상당한 존경을 받았을 것이라고 추측하는 것은 당연하다. 또한 학식 높고 교양 있는 사람들도 기적에 대해서는 비웃었을지 모르지만 이 새로운 종교의 가치는 존중했을 것이다. 행정관들 역시 전쟁이나 정치에 적극적으로 참여하지 않고 법률에는 수동적으로 복종하는 사람들을 박해하지 않고 보호하려 했을 것이라 추측할 수 있다. 한편 로마인의 신앙심과 철학자들의 회의적 태도, 원로원과 황제들의 정책에 따라 일관되게 유지된 다신교의 보편적인 관용을 떠올린다면, 과연 그리스도교인들이 저지른 새로운 죄란 무엇인지, 오래 이어져 온 온건한 무관심을 화나게 한 새로운 자극은 무엇인지, 관대한 통치로 수천 가지 종교의 평화로운 공존을 허용해 온 로마

황제들이 특이하지만 해가 되지는 않는 신앙과 예배 형식을 스스로 선택한 국민들을 그토록 가혹하게 탄압하게 된 새로운 동기는 무엇인지에 대해서 고심하게 된다.

고대의 종교 정책은 그리스도교의 발전을 가로막는, 더욱 엄격하고 비관용적인 색채를 띠게 된 것 같다. 예수가 죽은 지 80년이 지났을 무렵, 그의 죄 없는 제자들은 가장 온화하고 이성적인 성격을 지닌 속주 총독이 내린 판결에 따라, 전반적으로 볼 때 지혜롭고 공정한 통치자로 평가받는 황제의 법률에 따라 처형당했다. 트라야누스 이후 황제들에게 계속 제출된 호교서들은 로마 제국의 국민들 가운데 양심의 명령에 따라 자유를 간청한 그리스도교인만이 은혜로운 정부의 보편적인 혜택에서 소외당한 것에 대한 비통한 불만으로 가득 차 있다. 소수의 저명한 순교자들의 죽음은 세심하게 기록되었다. 또한 그리스도교가 최고 권력을 가지게 된 후부터 교회 지도부는 반대파 이교도들이 취했던 행동을 모방했을 뿐 아니라 그 잔인함마저 부지런히 이용해 왔다. 따라서 이 장의 목적은 이해하기 어려운 수많은 허구와 오류에서, 몇 가지 되지는 않지만 흥미롭고 믿을 만한 사실들을 추려 내고, 초기 그리스도교인들이 받은 박해의 원인, 그 정도와 기간 및 중요한 사건들을 가능한 한 명확하고 합리적으로 기술하는 것이다.

초기 그리스도교도들의 신앙 동기에 대한 심문

박해받는 종교의 신도들은 두려움으로 의기소침해지고 분노로 흥분하고 아마도 광신으로 격앙하여, 박해자들의 동기를 냉정하게 분석하고 공정하게 평가할 만한 마음 상태를 갖기 어렵다. 박해의 불길에서 멀리 떨어진 안전한 곳에서조차 종종 공정한 분별력을 잃게 되기 때문이다. 초기 그리스도교인을 대하는 황제들의 태도를 설명해 주는 여러 가지 근거가 제시되어 왔으며, 이 근거들이 다신교의 일반적인 특징들에서 비롯된 것이라서 더욱 그럴듯해 보이기도 한다. 고대의 종교 화합은 고대 국가들이 서로의 종교 전통과 의식을 암묵적으로 인정하고 존중한 것을 통해 유지되었음을 이미 지적한 바 있다. 따라서 이런 공동체에서 떨어져 나와, 종교적 지식의 배타적인 독점권을 주장하면서 자신들의 예배를 제외한 다른 모든 예배 형식이 신성 모독이며 우상 숭배라고 멸시하는 교파가 나타난다면, 전체 공동체는 당연히 분노하여 이에 대항할 것이라고 자연스럽게 예상해 볼 수 있다. 종교의 자유는 상호 관용으로 유지되는 것이므로, 오랫동안 관습화된 공물 납부의 의무를 거부한다면 그 자유도 당연히 상실된다. 그런데 오로지 유대인만이 공물 납부를 완고하게 거부했기 때문에, 그들이 로마 행정관들에게서 받은 대접을 생각해 보면 위의 추론이 얼마나 타당한지 설명될 것이고, 나아가 그리스도교를 박해한 진정한 원인들도 밝혀질 것이다.

로마 황제나 총독들이 예루살렘 신전에 경의를 표한 것은 이미 언급했으므로 여기서 반복하지는 않겠다. 다만 예루살렘과 그 신전이 파괴된 것은, 황제들을 분노케 하고 정치 정의와 공공 안전을 위한다는 그럴듯한 구실하에 종교적 박해를 정당화한 갖가지 상황들 때문이었음을 살펴보기로 하겠다. 네로 황제 시대부터 안토니누스 피우스 황제 시대까지, 유대인들은 로마의 지배에 불복해 계속해서 끔찍한 학살을 자행하고 반란을 일으켰다. 자신들을 전혀 의심하지 않았던 원주민들과 위장으로 우정을 맺은 후에, 이집트, 키프로스, 키레네 등지에서 유대인들이 저지른 끔찍한 잔혹 행위에 대해 알게 된다면 누구나 충격을 받을 것이다.[1] 따라서 그런 극단적이고 맹목적인 미

유대인들의 반란 기운

[1] 키레네에서 22만 명, 키프로스에서 24만 명, 그리고 이집트에서 엄청난 수의 대량 학살이 발생했다. 유대인들은 스스로의 행위에 면죄부를 주었던 다윗 왕의 선례를 따라, 많은 불운한 희생자들을 톱으로 조각내어 죽였다. 승리감에 도취한 유대인들은 인육을 먹고 피를 핥았으며 창자를 허리띠처럼 몸에 감기도 했다.

신 때문에 로마 정부뿐만 아니라 인류 전체의 무자비한 적이 될 것 같은 이 광신도들을 상대로 한 로마 군단의 가혹한 보복에 오히려 박수를 보내고 싶기조차 하다.[2] 유대인들의 이러한 광신은 우상을 숭배하는 주인에게 세금을 내는 것은 불법이라는 생각과, 머지않아 구세주가 오시어 자신들의 족쇄를 풀어 줄 것이고 그때부터는 지상 천국이 펼쳐질 것이라는, 예부터 내려진 기쁜 약속에 의해 지탱되었다. 저 유명한 바르코크바가 강력한 군대를 집결시켜 2년간 하드리아누스 황제에게 저항했던 것도 바르코크바가 스스로를 오래 열망해 온 구세주라 선포하고, 아브라함의 모든 후예들이 이스라엘의 희망을 주장하도록 호소했기 때문에 가능한 것이었다.

유대교에 대한 관용

도발은 거듭되었지만 로마 황제들의 분노는 일단 승리한 후에는 누그러졌고, 전쟁과 위험의 시기가 지나면 그들의 우려도 더 이상 지속되지 않았다. 다신교의 전반적인 관용과 안토니누스 피우스 황제의 온화한 성품 덕분에, 유대인들은 예전의 특권을 회복했고, 자식들에게 할례를 하는 것도 히브리 민족의 독특한 의식을 이방인 개종자에게 강제해서는 안 된다는 관대한 제약 아래 허용받았다. 살아남은 대다수의 유대인들은, 예루살렘 지역을 출입하는 것은 여전히 제한받았지만 이탈리아와 여러 속주에 대규모 유대인 지구를 건설하고 유지할 수 있었으며, 로마 시민권을 얻어 자치도시의 특권을 누리기도 했다. 그러면서도 한편으로는 힘들고 돈도 많이 드는 사회적 공무는 면제받았다. 로마인들의 관용 또는 멸시 덕택에 정복당한 교파가 만든 일종의 교회법에도 법적 승인을 받을 수 있었다. 티베리아스에 거점을 둔 제사장은 하급 제사장과 전도사들을 임명하고, 지역의 사법권을 행사했으며, 흩어져 있는 신도들에

[2] 요세푸스의 유명한 이야기들을 다시 인용하지 않더라도, 디오 카시우스의 저작을 통해서 하드리아누스 전쟁에서 기근, 질병, 화재로 죽은 많은 사람들 이외에도 무려 58만 명의 유대인이 칼에 베어 희생되었음을 알 수 있다.

게 해마다 기부를 받는 권한도 가졌다.³ 새로운 유대 교회가 로마 제국 내 주요 도시들에 세워졌고, 모세의 율법과 랍비들의 전통에 따른 안식일, 단식, 제사들이 엄숙하고 공공연한 방식으로 거행되었다.⁴ 이런 관대한 조치들이 모르는 사이에 유대인들의 완고한 마음을 누그러뜨렸다. 예언이나 정복의 꿈에서 깨어난 유대인들은 평화롭고 근면한 백성으로 변모해 갔다. 인류에 대한 화해할 수 없는 증오심은 유혈 폭력의 형태가 아닌 덜 위험한 만족이라는 형태로 해소되었다. 즉 그들은 무역에서 우상 숭배자들을 앞서려고 모든 수단을 동원했고, 교만해진 에돔 왕국(로마 제국)에 대해서는 은밀하고 애매한 저주를 입에 담았다.⁵

이처럼 유대인은 지배자와 동료 시민들이 숭배하는 신들을 혐오하고 거부하면서도 자신들의 비사회적 종교는 자유롭게 허용받았으므로, 아브라함의 후예들은 면

> 선조의 종교를 추종했던 한 민족으로서의 유대인과 그것을 버렸던 한 종파로서의 그리스도교

제반은 가혹한 박해를 예수의 제자들이 당한 것에는 필시 다른 이유가 있었음이 분명하다. 유대인과 그리스도교인의 차이는 간단명료한데, 고대의 정서로 볼 때 이 차이야말로 가장 중요한 것이다. 즉 유대인은 한 민족이지만, 그리스도교인은 하나의 종파이다. 모든 집단이 이웃의 신앙 관습을 존중하는 것이 당연한 것처럼, 그들로서도 선조들의 신앙 관습을 유지하는 것이 일종의 의무였다. 신의 계시들, 성현의 가르침, 법률의 권위가 만장일치로 이런 민족적 의무를 강조했다. 유대인들이 자기 신앙의 우위를 주장한 것은 다신교도들로 하여금 그들을 불순하고 불쾌한 민족으로 여기게 만들었다. 유대인이 타민족들과의 교류를 기피한 것도 그들을 경멸하는 빌미가 되었다. 모세의 율법이 대부분 시시하고 불합리해 보일지 모르지만, 여러

3 제사장의 공무 수행은 테오도시우스 2세에 의해서 금지되었다.

4 유대인들이 하만의 분노에서 구원받은 것을 기념하는 부림절을 언급할 필요가 있다. 유대인들은 테오도시우스 치세까지는 승리의 기쁨에 들떠 술을 마시며 떠들썩하게 이 날을 축제했다.

5 그다지 신빙성은 없지만, 요세푸스의 기록에 따르면 카르타고의 왕인 아이네아스의 군대를 이탈리아로 안내한 사람은 에사오의 손자인 트세포라고 한다. 또 이두메아인의 또 다른 이주민단은 다윗 왕의 칼을 피해 달아나, 로물루스의 영토로 피난한 사람들이었다. 이런저런 여러 가지 이유로 유대인들은 로마를 에돔이라고 불렀다.

세대 동안 대규모 사회가 지켜 온 것이기 때문에, 이에 따르는 것은 인류의 선례에 비추어 보더라도 정당한 일이다. 율법을 무시하는 것은 죄를 짓는 것이므로, 신앙을 실천하는 권리도 보편적으로 인정되어 왔다. 그러나 유대 교회를 보호해 준 이러한 원칙은 초기 그리스도 교회에 대해서는 어떠한 호의나 안전도 가져다주지 못했다. 복음 신앙을 받아들이는 것만으로도 그리스도교인은 부자연스럽고 용서할 수 없는 죄를 짓는 것으로 여겨졌다. 그리스도교인들은 관습과 교육의 신성한 유대를 끊어 놓았고, 국가의 종교 제도를 침범했으며, 선조들이 진리로서 믿고 신성한 것으로 숭배해 온 것들을 건방지게도 멸시했다는 것이다. 이런 배교(이런 표현을 사용할 수 있다면)가 단순히 부분적이거나 지엽적이었던 것도 아니었다. 왜냐하면 이집트나 시리아의 신전들을 버린 독실한 신자들은 아테네나 카르타고 신전을 도피처로 삼는 것도 마찬가지로 경멸했기 때문이다. 그리스도교인은 가정과 도시와 지역의 미신들을 모두 멸시하며 거부했다. 그리스도교인 전체가 뭉쳐서 로마의 신들, 제국의 신들, 인류의 신들과의 그 어떤 친교도 거부한 것이다. 박해받는 신자들이 빼앗길 수 없는 양심의 권리와 개인의 판단권을 주장해도 아무런 소용이 없었다. 그리스도교인의 입장은 동정의 여지가 있다고 하더라도, 이들의 주장이 이교 세계의 사상가나 신도들의 이해를 얻어 내지는 못했다. 그들의 판단으로는 기존의 예배 양식에 따르지 않고 주저하는 것은, 그 나라의 풍속이나 복장, 언어에 대해 갑작스럽게 혐오감을 나타내는 것처럼 놀랄 만한 일이었다.[6]

이교도들의 놀라움은 곧 분노로 이어졌다. 그리고 가장 독실한 신자들까지도 불경하다는 부당하고도 위험한 비난을 받게 되었다. 제국의 종교 제도를 대담하게 공격했기에 행정관들

[6] 일찍이 오리게네스의 반박을 받기도 했던 켈수스의 주장을 보면, 유대인과 그리스도교인의 명확한 구분을 알 수 있다.

의 가혹한 비난을 받아 왔던 그리스도교인은 이제 적의와 편견까지 더해져 무신론자 집단 취급을 받았다. 그리스도교인들은 다신교의 다양성에 따라 곳곳에서 받아들여진 모든 미신 형태에서 떨어져 나왔다.(그들은 이것을 고백하며 자부심을 느꼈다.) 그러나 그들이 고대의 신들과 신전에 대체되는 어떠한 신과 예배 양식을 가졌는지는 그리 명확하지 않다. 그들이 '최상의 존재'로 생각한 심오하고 순수한 관념은 이교도들의 조야한 관념 수준을 뛰어넘는 것이었다. 이교도들은 육체의 형태나 보이는 상징으로 드러나지 않고, 헌주와 제단과 제물을 갖춘 제사라는 익숙한 모습으로 숭배받지 않는 영적인 유일신을 도대체 알 수가 없었다. 제1원인의 존재와 속성에 대한 명상으로 마음을 고양시킨 그리스와 로마의 현자들은 어떤 특별한 이유 때문이었는지, 아니면 단순한 허영 때문이었는지는 모르지만, 이러한 사색적인 신앙을 자신들과 선택받은 제자들만의 특권으로 유보시켜 놓았다.7 그들은 사람들의 편견을 참된 진리의 기준으로 인정하지는 않았지만, 그것들이 인간 본성의 자연스러운 기질에서 나오는 것임을 인정했다. 또한 감각의 도움을 부인하는 신앙과 예배 형식이 미신으로부터는 어느 정도 멀어지게 하지만, 공상이라는 일탈과 광신의 환상까지 억제하지는 못한다는 점을 인정했다. 현자와 학자들이 그리스도교 계시에 관해 내리는 경솔한 언급은 성급한 견해들을 굳히는 데 일조했고, 그들이 존경했을지도 모르는 유일신의 원칙조차 신흥 신도들의 지나친 열정 때문에 손상되고 공허한 논의로 소멸된다는 점을 확인시켜 주었다. 루키아누스에게 바쳐진 어느 유명한 대화록의 작가는 삼위일체라는 신성한 주제를 조롱과 경멸 투로 다루었는데, 이는 사실 인간 이성의 약점과 헤아릴 수 없는 신

무신론으로 고발당하고 대중과 철학자들에 의해 오해받은 그리스도교

7 (플라톤이 말했듯이) 하나님에 대한 지식에 도달하는 것은 어려운 일이며, 그 지식을 널리 알리는 것은 위험한 일이다.

의 완전성에 대한 작가 자신의 무지함을 드러내는 것이다.

그리스도교의 창시자인 예수가 제자들에게 성현이나 예지자로 추앙받고 나아가 신으로 숭배받는 것은 당연한 일일지 모른다. 다신교도들은 아무리 사소하고 불완전하다고 해도 신화와 유사점이 있는 믿음이라면 받아들였다. 따라서 바쿠스, 헤라클레스, 아이스쿨라피우스를 둘러싼 전설들은 신의 아들이 인간의 모습으로 출현하는 것에 대해 어느 정도 마음의 준비를 갖추도록 만들었다.8 그러나 이교도들은 세계가 만들어진 초기에 예술을 만들어 내고 법을 제정하고 세상을 차지했던 폭군들과 괴물들을 물리쳐 준 고대 영웅들의 신전을 그리스도교인이 내팽개친 것에 경악했다. 그리스도교인들은 그 대신, 최근에 야만족들 가운데서 동족의 적의, 아니면 로마 정부의 질투 때문에 희생당한 무명의 설교자를 절대적인 예배 대상으로 택했던 것이다. 이교도 대중은 현세적인 이익에 대해서만 감사를 표하고, 나사렛 예수가 인류에게 약속한 영원 불멸의 삶이라는 귀중한 선물은 거부했다. 예수가 스스로 택한 잔혹한 수난 와중에서도 한결같은 온화함을 유지하고 전 인류에게 관용을 베풀었으며, 그의 행동과 성품이 고귀하고 성실하다는 것은, 세속적인 이교도들이 볼 때는 명성과 권력과 성공의 결핍을 채워 주지 못하는 것이었다. 그들은 예수가 암흑과 무덤의 힘을 물리치고 승리한 것을 인정하지 않았고, 오히려 신성한 그리스도교 창시자의 애매한 출생과 유랑 생활, 수치스러운 죽음을 곡해하고 조롱했다.9

위험한 음모로 간주된 그리스도교 단체와 집회

모든 그리스도교인이 사적인 감정을 국가의 종교보다 우위에 놓음으로써 야기된 개인적인 죄는 죄인들이 늘어나고 집단화함에 따라 매우 악화되었다. 로마 제국이 국민들의 연합

8 순교자 유스티누스에 따르면, 불완전하게나마 예언의 능력을 갖추었던 악마는 의도적으로 인간의 형상을 취했다. 이처럼 인간의 형상을 취함으로써, 각각 다른 방법을 사용해서 일반 사람들과 철학자들 모두가 그리스도의 신앙을 받아들이지 못하도록 만들었다는 것이다.

9 오리게네스를 논박한 저서의 첫 두 권에서, 켈수스는 구세주의 탄생과 그 특성을 불경스러운 어조로 취급하고 있다. 웅변가인 리바니우스는 죽은 사람을 팔레스타인의 신 그리고 하나님의 아들이라고 부르는 한 종파의 어리석음을 잘 논박했다며 포르피리우스와 율리아누스를 찬양한다.

을 극도로 경계하고 불신했고, 비록 무해하고 유익한 목적으로 결성되었다 해도 사적 단체의 특권에 대해서 매우 조심스러운 태도를 취했다는 것은 이미 잘 알려져 있다.10 국가 종교에 따르지 않은 그리스도교 집회는 당연히 다소 위험스러운 것으로 여겨졌다. 교리 자체가 불법이며 결과적으로 위험을 초래할지도 모른다는 것이다. 황제들은 사회 평화를 위해 비밀 집회와 때로는 야간 집회를 금지하는 것이 법의 공정성을 침해하는 것이라고는 생각하지 않았다.11 그리스도교인의 신앙적인 불복종은 그들의 행동이나 의도를 더욱 심각하고 범죄적인 것으로 만들었다. 황제들은 신자들이 복종하기만 하면 언제든 분노를 누그러뜨렸을 것이지만, 명령이 제대로 시행되는지의 여부가 황제의 권위를 가늠하는 문제인 만큼, 행정관보다 우월한 권위를 감히 주장하는 그들의 독립성을 진압하기 위해 엄벌을 가하기도 했다. 이러한 정신적 반란 음모는 시간이 지나도 사라지지 않고 점점 강력해졌고, 이에 따라 나날이 징계의 대상으로 더욱 적합해져 가는 것으로 여겨졌다. 그리스도교인의 활동적이고 성공적인 열의가 어느새 로마 제국의 거의 모든 도시와 속주들로 퍼져 나갔음은 이미 살펴보았다. 새로운 신자들은 가족과 나라를 버리고 특수 집단과 굳건하게 결속하여, 어느 곳에서나 다른 사람들과 구별되는 특징을 띠게 되었다. 이들의 어둡고 엄격한 외관, 일상적인 업무와 삶의 즐거움에 대한 혐오, 임박한 재앙에 대한 잦은 예언들12은 이교도들로 하여금 새로운 종파의 위험성, 애매하기 때문에 더욱 걱정스러운 그 위험성을 더 심각하게 느끼도록 만들었다. 그리하여 플리니우스는 이렇게 말하기도 했다.

그들의 행동 원칙이 무엇이든 간에, 그들의 완고한 고집은

10 트라야누스 황제는 니코메디아를 위해 150명의 소방단을 조직하는 것조차 금지했다. 그는 어떤 형태의 연합체도 좋아하지 않았다.

11 속주 총독인 플리니우스는 불법 집회를 금지하는 일괄 칙령을 선포했다. 이에 신중한 그리스도교인들은 아가페는 중단했지만, 공동 예배를 그만두지는 않았다.

12 그리스도교인들은 적그리스도의 등장이나 임박한 대화재에 대한 예언 등이 개종하지 않은 이교도들을 화나게 한다는 것을 알고 있었기 때문에, 이런 사항을 언급할 때는 매우 조심했다. 몬타누스파는 이 위험한 비밀들을 마음대로 폭로했다는 이유로 비난받았다.

처벌할 가치가 있는 것으로 보인다.

비방받았던 그리스도교의 관습

예수의 제자들이 예배 과정에서 드러낸 조심성은 처음에는 불안과 필요 때문이었지만, 이후로도 선택에 의해 지속되었다. 그리스도교인들은 엘레우시스 밀교를 지배한 삼엄한 비밀 의식을 모방함으로써, 자신들의 신성한 성체성사가 이교도의 눈에 좀 더 훌륭해 보이기를 기대했다. 하지만 이처럼 복잡한 일을 수행할 때 종종 그렇듯이, 상황은 그들의 소망과 기대를 저버리는 방향으로 진전되었다. 단지 공개하기를 부끄러워하는 것을 감추고 있다는 식으로 결론이 난 것이었다. 이들의 잘못된 조심성은 악의를 품은 적들이 끔찍한 이야기를 만들어 내고 의심 많은 자들이 이를 믿어 버릴 기회를 주었다. 이 끔찍한 이야기들에서는 그리스도교인을, 타락한 상상이 만들어 내는 모든 혐오스러운 행동을 비밀리에 자행하고, 도덕적 가치를 희생시킴으로써 자신들의 정체불명의 신의 은총을 바라는 가장 사악한 인간으로 묘사하고 있다. 이 혐오스러운 집단의 예배 의식을 고해하거나 설명하는 척하는 이들도 많았다. 심지어 다음과 같은 주장도 있었다.

갓 태어난 아기를 밀가루로 완전히 뒤덮어서, 입문식의 신비로운 상징처럼 칼을 든 개종자 앞에 놓는데, 아무것도 모르는 개종자는 어느새 이 무고한 희생자에게 비밀스럽고 치명적인 상처를 무수히 입힌다. 이 잔인한 행위가 끝나면 신도들은 희생자의 피를 마시고, 떨리고 있는 희생자의 손발을 게걸스럽게 찢으면서 서로 죄의식을 느껴 영원히 비밀로 할 것을 맹세한다. 이러한 비인간적인 희생 의식에 이어 육욕을 불러일으키는 자극적인 주연이 벌어진다. 일정한 시각이 되어 불이 갑자기 꺼지면 수치심도 사라지고 인간성도 잊어 버린 채, 돌발적인 행사처럼 형제자매간이든 모자지간이든 근친상간으로 더럽혀진 밤이 이어진다.

당시의 호교서들을 잘 읽어 보면 아무리 노골적인 적대자라도 일말의 의심을 뿌리 뽑기에 충분했을 것이다. 결백을 확신하는 그리스도교인들은 행정관에게 소문의 진위를 가려 줄 것을 요청했다. 비방 때문에 자신들에게 씌워진 죄에 대한 어떤 증거라도 나오면 아무리 가혹한 처벌이라도 달게 받겠다고 단언했다. 처벌을 유발시켜 증거에 도전한 것이다. 동시에 비방의 증거가 없는 것처럼 자신들의 혐의는 절대로 사실일 리가 없다고 주장했다. 그리고 적정한 향락조차 제한하는 신성한 복음의 가르침이 그토록 끔찍한 죄악을 저지르도록 할 수 있는지, 대교단이 신자들 스스로도 불명예라고 생각하는 행동을 하도록 강요할 수 있는지, 죽음이나 악평을 두려워하지 않는 수많은 신자들이 인간성과 교육을 통해 깊이 마음에 새긴 도덕원칙을 파괴하는 행동에 동의할 수 있겠는지 반문한다.13 이처럼 반박할 수 없는 해명의 영향력을 약화시킨 것은 다름 아닌 호교론자 자신들의 분별없는 행동이었다. 그들은 종교의 대의를 배반하고 교회 내부의 적에게 증오를 드러내는 데만 급급했다. 정통파 신자들에게 잘못 전가된 피의 희생 의식과 근친상간 제사를 행하는 것이 마르키온파, 카르포크라테스파, 그노시스파의 여러 종파들이라고 암시하거나 공공연히 주장하기까지 했다. 설령 이단으로 일탈한 면이 있다 하더라도 이 종파들은 여전히 인간 정서에 따라 움직이고 그리스도교 가르침에 따르

그리스도교도들의 무분별한 방어

13 리옹에서 있었던 그리스도교 박해를 살펴보면, 고문의 두려움에 못 이긴 몇몇 이방인 노예들이 할 수 없이 그리스도교인 주인을 고발하기도 했다. 리옹의 교회가 아시아의 그리스도교인들에게 보낸 편지를 보면, 이 끔찍한 고발에 그들이 분개하고 경멸했음을 알 수 있다.

고 있었다. 마찬가지로 그리스도교에서 떨어져 나간 종파 분리론자들도 비슷한 비난들을 교회를 향해 퍼부었다.[14] 그리스도교인을 사칭하는 많은 이들이 극악한 중상모략을 퍼뜨리고 있다고 각 종파들이 서로를 공격한 것이다. 정통 신앙과 이단적인 타락을 식별할 능력도 여력도 없는 이교도 행정관은 이와 같은 상호 적대심으로 각자의 죄를 폭로할 수도 있다고 쉽게 생각했을지도 모른다. 다행스럽게도 행정관들은 종교적인 광신에 대한 처벌보다는 훨씬 관대한 억제책을 썼고, 공정하게 심문한 결과, 신자들이 국교 예배는 저버렸지만 진실하게 신앙고백을 하고 태도도 흠잡을 데 없다고 보고함으로써, 초기 그리스도교인들은 평안했고 적어도 평판은 유지할 수 있었다. 다만 터무니없이 지나친 미신 때문에 법에 저촉될 우려가 있음은 지적되었다.[15]

[14] 몬타누스파 신자가 되고 나서, 테르툴리아누스는 자신이 그때까지 그토록 단호하게 옹호해 왔던 교회의 도덕성을 헐뜯었다. 이베리아 공의회의 제35번 신조를 보면, 교회는 철야 기도를 모독하고 불신자들의 면전에서 그리스도교인의 이름을 더럽히는 추문들에 대한 예비 조치를 취하고 있다.

[15] 테르툴리아누스는 플리니우스의 공정하고 명예로운 증언을 더욱 이성적이면서도 때로는 열정적으로 상세히 설명한다.

~~~~~ 그리스도교도들을 향한 황제들의 태도에 대한 생각 ~~~~~

역사는 미래 세대에 교훈을 주고자 과거의 사실을 기록하는 것이다. 따라서 역사가 폭군을 변호한다든지 박해의 논리를 정당화한다면 원래의 명예로운 임무를 배신하는 것이다. 그러나 초기 교회에 비우호적이었던 황제들의 행동을, 근대 군주들이 국민의 종교적인 견해를 무너뜨리기 위해 동원한 폭력과 공포의 무력과 동일시해서는 안 된다. 샤를 5세나 루이 14세는 자신들의 사상이나 감정을 바탕으로 양심의 권리, 신앙의 의무, 과오의 무죄에 대해 올바른 인식을 지녔을 것이다. 반면 고대 로마의 군주나 행정관들은 진리 문제에서 그리스도교인을 그처럼 완강하게 만든 원칙들을 알지 못했고, 국가의 종교 제도에 대한 법적이고 자연스러운 복종을 거부하게 만드는 그리스도교인의 동기에 대해 전혀 실마리를 찾지 못했다. 이는 박해의 죄를 경감시키는 데 도움이 된 동시에 박해의 가혹함도 완화시켰음에 틀림없다. 그들은 고집쟁이들의 포악한 열정 때문이 아니라 입법자의 적절한 정책에 따라 박해한 것이므로, 가난하고 비천한 예수의 추종자들을 처벌할 때 그들을 무시하여 완화시키거나 인간애로 유보시키기도 했다. 그들의 일반적인 성격과 동기를 통해 대략 다음과 같은 결론을 내릴 수 있다. 1. 그들이 신흥 종교 신도들을 정부의 요주의 대상으로 간주하기까지는 상당한 시간이 걸렸다. 2. 그들의 백성이 매우 특이한 죄를 지었다고 단정 지을 때는 신중했고, 또 마지못해 그렇게 했다. 3. 처벌할 때에는 절제를 보였다. 4. 박해받은 교회도 평화와 평온함을 오래 누렸다. 극도로 상세하고 방대한 글을 쓰는 이교도 작가들이 그리스도교 문제에 대해서는 부주의하게 무관심했지만,16 각각의 있음직한 가정들을 믿을 만한 사실 증거를 통해 확인해 볼 수 있을 것이다.

1. 사려 깊은 신의 섭리로 인해 초기 교회에는 신비로운 베일이 덮여 있어서, 그리스도교 신앙이 성숙해지고 신도 수가

유대교의 한 종파로 그리스도교도들을 무시한 황제들

늘어날 때까지는 이교도 세계에 잘 알려지지도 않았고 미움을 받지도 않았다. 모세의 율법에 따른 제사를 서서히 단계적으로 폐지한 것이 초기 그리스도교 개종자들에게 안전하고 순수한 위장이 되어 주었다. 그들은 아브라함 민족의 일원으로서 할례라는 특이한 표지로 구분되었고, 예루살렘 신전이 최종적으로 파괴될 때까지 거기서 예배를 보았으며, 모세의 율법과 예언자들의 말씀을 신의 목소리로 받아들였다. 영적인 결연으로 이스라엘의 희망에 동참한 이방인 개종자들은 유사한 의복과 외관 때문에 유대인과 혼동되기 쉬웠고,17 다신교도는 교리보다는 예배의 외관을 중시했기 때문에 이 신흥 종교가 미래의 야심과 장래성을 조심스럽게 감추거나 분명하게 표명하지만 않으면,

16 온갖 내용을 총망라한 『황제열전』(그 일부는 콘스탄티누스 치세에 쓰여진 것이다.)에도 그리스도교인에 대한 언급은 채 여섯 줄도 되지 않는다. 또 부지런한 크시필리우스조차 디오 카시우스의 저 방대한 역사서에서 그리스도교인들의 이름을 전혀 발견하지 못했다고 한다.

17 수에토니우스가 언급했던, 다소 모호한 한 구절은 기이하게도 로마에서 유대인과 그리스도교인이 서로 혼동되고 있었다는 것을 보여 주는 증거라고 할 수 있다.

로마 제국 내의 유명한 고대 민족(유대인)에게 주어진 보편적인 관용하에서 안식처가 허용되었다. 그러나 격렬하고 질시 어린 광신으로 격앙된 유대인들은 나사렛 형제들이 유대 교회로부터 점점 멀어지고 있다는 것을 먼저 감지하고는, 신자들의 피를 통해 위험한 이단을 근절할 수 있기를 바라게 되었다. 하지만 천국의 율법은 이미 그들의 적에게서 무기를 빼앗았고, 그들은 때때로 폭동이라는 과격한 특권을 사용하기도 했지만, 더 이상 처벌의 권한을 갖고 있지 않았다. 또한 자신들의 열정과 편견에서 나온 증오심을 로마 행정관들의 침착한 가슴에 심어 주기가 쉽지 않다는 것도 깨달았다. 속주 총독들은 공공 안전 유지에 도움이 되는 어떠한 고발이든 귀기울일 준비가 되어 있다고 공언했다. 하지만 고발이 사실이 아니라 말다툼, 즉 유대교 율법과 예언에 대한 해석 논쟁이 문제임을 알게 되면, 로마 제국의 행정관이 미개하고 미신적인 민족 간에 일어난 애매한 차이점을 두고 진지하게 논의할 가치가 없다고 판단했다. 초기 그리스도교인이 무사했던 것은 이와 같은 무지와 경멸 덕택이었다. 이교도 재판관의 법정은 유대 교회의 증오를 피할 수 있는 가장 안전한 보호소가 되기도 했다.[18] 우리가 너무 경솔히 믿어 버리는 고대의 전통을 따른다면, 12사도들의 먼 여행과 놀라운 업적과 다양한 형태의 죽음에 대해 이야기할 수 있을 것이다. 하지만 좀 더 정확히 조사해 보면 예수의 기적을 목격했다는 사도들 중 어느 누가 팔레스타인 지역을 넘어서까지 자기들의 증언의 진실성을 자신의 피로써 보증하도록 허용되었을지 의심스럽다.[19] 통상적인 인간 수명으로 봐서, 사도들 대부분이 유대인의 불만이 끔찍한 전쟁으로 폭발해 예루살렘의 파괴로 끝나기 전에 이미 당연히 죽었을 것으로 추정된다. 예수의 죽음에서부터 이 유명한 반란까지의 오랜 기간 동안에

[18] 「사도신경」 18장과 21장에서 아카이아 속주 총독이었던 갈리오와 유대의 행정 장관이었던 페스투스의 이야기를 확인할 수 있다.

[19] 테르툴리아누스와 알렉산드리아의 클레멘스의 시대에 영광스러운 순교자는 오직 성 베드로, 성 바울, 성 야고보뿐이었다. 이후 점차로 나머지 사도들까지 순교자로 시성한 것은 그리스 정교 신자들이었다. 그리스 정교 신자들은 현명하게도 그들(나머지 사도)이 전도하고 고통받았던 무대로 로마 제국 경계 너머의 먼 나라들을 골랐다.

로마의 불관용의 흔적을 찾을 수 없는데, 단 한 번 네로 황제가 로마에 거주하는 그리스도교인을 갑자기 일시적으로 잔인하게 박해한 사건이 있다. 이는 예수가 죽은 지 35년 후, 반란이 있기 겨우 2년 전의 일이다. 이 특이한 박해에 대한 정보를 준 철학적 역사가(타키투스)의 권위만으로도 이 사건에 대해 신중히 고찰해 볼 가치가 충분하다.

네로 황제 집권 10년째 되던 해, 수도 로마는 전례에 없던 큰 화재로 타격을 입었다. 그리스 예술품과 로마 무용담의 기념물, 포에니 전쟁과 갈리아 전쟁의 전리품, 신성한 신전들, 너무도 화려한 궁전들이 이로 인해 모두 파괴되었다. 로마 시 열네 개 구역 중 오직 네 개 구역만이 온전히 남았고, 세 개 구역은 허허벌판이 되어 버렸으며, 나머지 일곱 개 구역도 화염으로 암울한 폐허를 남겼다. 정부는 이토록 끔찍한 재앙의 의미를 누그러뜨리고자 가능한 모든 대책들을 내세우게 되었다. 황실 정원을 재해 빈민들에게 개방하고, 숙소로 사용할 임시 건물을 건설하고, 대량의 곡물과 생필품을 싼값에 배급했다. 또한 거리를 정비하고 민간 주택을 건설한다는 관대한 칙령을 공포하기도 했다. 그리하여 번영기에는 통상적인 일이지만, 로마는 대화재 몇 년 후에는 전보다 더욱 정연하고 아름다운 새로운 도시로 탈바꿈했다. 그러나 네로 황제가 화재 복구에서 보여 준 세심한 배려와 인간애도 그에게 쏟아지는 대중의 의심을 지우기에는 충분치 않았다. 사람들은 황제가 아내와 어머니를 암살했다는 혐의를 받고 있는데다가 극장에서 황제의 위엄을 형편없이 떨어뜨렸던 인물인만큼, 그런 엄청난 우행도 간단하게 저지를 수 있다고 여겼다. 황제가 방화범이라는 소문이 돌았다. 도저히 있을 법하지 않은 이야기가 오히려 분노한 대

네로 치세에 발생한
로마의 대화재

[20] 타키투스는 이 소문을 불신했기 때문에 주저하며 언급한 반면, 수에토니우스는 기꺼이 옮겨 기록했고, 디오 카시우스는 더욱 진지하게 확증했다.

중의 정서와는 더 잘 맞아떨어지는 법이어서, 네로 황제가 직접 일으킨 대화재를 보면서 즐거이 리라의 음률에 맞추어 고대 트로이의 멸망에 관한 서정시를 노래했다는 소문은 급속히 퍼지고 날로 커졌다.[20] 황제는 전제 권력으로도 진압하지 못한 이런 의심을 가짜 범죄 집단을 만들어 내서 덮어씌우기로 결심했다. 타키투스는 이어서 이렇게 기록했다.

방화범으로
그리스도교도들을
잔혹하게 처벌함

이런 생각으로 그는 그리스도교인이라는 세속의 명칭으로 이미 오명이 찍힌 그들에게 최고로 격렬한 고통을 가한 것이다. 그들의 호칭은 티베리우스 황제 시대 폰티우스 필라테(본티오 빌라도) 총독의 판결로 죽음을 당한 그리스도에서 유래했다. 이 무시무시한 미신은 얼마간 저지당했지만, 다시 터져 나와 이 유해한 종파의 발상지인 유대 지방뿐만 아니라 불순하고 흉악한 모든 것의 소굴이었던 로마로까지 유입되었다. 체포된 자들의 고백으로 수많은 공범자들이 밝혀졌고, 이들은 수도 방화라는 죄목보다 오히려 인류에 대한 증오라는 죄목으로 모두 유죄를 선고받았다. 이들은 고문받으며 죽어갔고, 고문은 모욕과 조롱으로 더욱 고통스러웠다. 십자가에 못 박힌 자들도 있었고, 맹수의 가죽으로 꿰매져서 광포한 개들에게 던져진 자들도 있었으며, 심지어 불이 잘 붙는 옷에 기름을 뒤집어쓴 채 어둠을 밝히는 햇불로 불태워진 자들도 있었다. 네로 황제의 정원들에서는 비참한 광경이 펼쳐졌는데, 여기에 전차 경주까지 더해져서 네로 황제는 전차 경주자 복장을 입고서 민중과 어울려 그 광경을 지켜보았다. 그리스도교인의 죄는 실로 본보기로서 처벌받을 만했지만, 민중의 증오는 동정으로 바뀌어, 불운하고 가엾은 자들이 공공의 안전을 위해서라기보다 질투 많은 폭군의 잔인함에 희생당했다고 여기게 되었다.

인류의 변혁을 면밀하게 연구한 사람들은 초기 그리스도교인의 피로 얼룩진 바티칸에 있는 네로 황제 정원과 경기장들이 박해받은 종교의 승리와 학대로 더욱 유명해졌음을 알게 될 것이다. 이후 같은 장소에 고대 카피톨리누스의 영광을 훨씬 능가하는 신전이 로마 교황들에 의해 건설되었다. 교황들은 갈릴레아의 어부(성 베드로)에서 유래된 만물에 대한 지배권을 주장하고, 로마 황제권을 계승해 로마의 이방인 정복자들에게 법을 부여하고, 그들의 영적인 지배를 발트 해 연안에서부터 태평양 연안까지 확장했다.

네로 황제의 박해에 관한 설명을 여기서 마무리 짓는 것은 부당한 것 같아서, 설명에 있어 혼란스러운 문제를 해결하고, 이어지는 교회 역사에 도움이 될 만한 몇 가지를 더 살펴보기로 하겠다.

1) 아무리 회의적인 비평가라도 이 엄청난 박해 사실의 진실성과 타키투스의 저 유명한 글의 정직성에는 존경을 표해야 한다. 앞의 사실은 성실하고 정확한 수에토니우스가 확실히 증명한 것인데, 그는 범죄적인 새로운 미신을 믿은 그리스도교인에게 네로 황제가 가한 박해에 대해 언급했다. 타키투스의 글의 내용이 고대의 필사본과 일치한다는 점, 타키투스의 독특한 필체, 종교적 이유로 본문에 거짓 사실을 삽입할 수 없게 만드는 그의 명성, 그리스도교인이 기적적이거나 신비한 힘을 보유하고 있다고 암시하지 않은 채 초기 그리스도교인이 흉악한 죄를 저질렀다고 비난한 글의 의도들을 통해 증명될 것이다.[21] 2) 타키투스는 로마 대화재가 있기 불과 몇 년 전에 태어났지만, 독서와 이야기를 통해서 자신이 어렸을 때 일어났던 사건에 대한

[21] 예수 그리스도에 관한 구절은 오리게네스 시대와 에우세비우스 시대 사이에 요세푸스의 글에 삽입된 것으로, 저속한 위조의 실례를 제공하고 있다. 여기에는 예수의 예언 성취, 선행, 기적, 부활이 뚜렷하게 언급되어 있다. 요세푸스는 예수가 메시아라고 생각하며 그를 '사람(a man)'이라고 불러도 될지 고민했다.

정보를 얻을 수 있었다. 그는 세상에 선을 보이기 전에 자신의 소질이 무르익을 때까지 조용히 기다렸다. 그리고 마흔 살이 넘어서야 덕망 높은 아그리콜라의 유덕을 기리는 마음에서, 먼 후손에게 기쁨과 교훈을 주고자 처음으로 역사서를 집필했다. 『아그리콜라 전기』와 『게르마니아』를 써서 자신의 능력을 시험해 본 후, 그는 서른 권 분량으로 네로 황제의 몰락에서 네르바 황제의 즉위에 이르는 로마사 관련 역작을 계획하고 마침내 집필에 들어갔다. 처음에 타키투스는 정의와 번영의 시대의 서막을 열었던 네르바 황제 시대가 자신의 만년에 다룰 만한 가치가 있다고 생각했다. 그러나 이 주제를 더 면밀히 관찰한 후에 현재 황제의 덕행을 칭송하는 것보다 과거 폭군들의 악행을 기록하는 것이 더 값지고 공평한 것이라 판단하고, 아우구스투스 황제에 뒤이은 네 황제들의 행적을 연대기 형식으로 쓰기로 결정했다. 80년 세월의 사료를 수집, 정리하고 장식하여 불멸의 작품으로 만들고 면밀하고 생기 넘치는 문장을 써 나가는 것은 재능 있는 타키투스가 생애 대부분을 바칠 만한 작업이었다. 트라야누스 황제 말기에 승리를 거듭한 이 황제가 로마 세력을 고대의 국경선 너머로 확장시키고 있을 때, 이 역사가는 연대기의 제2권과 4권에서 티베리우스 황제의 폭정을 써 내려가고 있었다. 그리고 로마 대화재와 불운한 그리스도교인에 대한 네로 황제의 잔혹성을 집필하기 전에 하드리아누스 황제가 권좌에 올랐음이 틀림없다. 이미 60년이라는 세월이 더 흘렀으므로 연대기 작가로서는 그 당시의 관점으로 서술하는 것이 의무였다. 하지만 철학자로서는 네로 황제 시대의 지식이나 편견에서 벗어나 하드리아누스 황제 시대의 기준들에 맞게, 새 종교의 기원, 발전, 특성을 서술하는 것이 당연했던 것이다. 3) 타키투스는 감추는 것이 적절하다고 판단해 상황을 극도로 간략하게 쓴 후에, 그 중간 정황이나 의미는 독자의 호기심이나 상상에 맡기는 경우가 많았다. 따라서 로마에 살던 순진한 무명의 그리스도교인들이 황제의 분노를 일으키기는커녕 눈에 띄지도 않았을 텐데도, 네로 황제가 그들을 잔혹하게 탄압했던 그럴듯한 이유를 우리가 한번 추정해 볼 수 있는 것이다. 당시 조국에서 탄압을 받아서 조국을 떠나 로마에 거주했던 많은 유대인들이 황제와 국민들에게 더욱 적합한 의혹의 대상이었다. 이미 로마의 지배를 혐오하던 피정복국 국민이었기에 원한 깊은 복수를 위해 가장 끔찍한 방법을 썼을지도 모를 일이었다. 유대인들은 궁정과 심지어 독재자 황제의 마음에까지 대단히 유력한 옹호자를 심어 놓고 있었다. 예를 들어 황제의 애인에서 황후가 된 미인 포파이아와 아브라함 민족이 가장 좋아한 배우[22]가 미움받던 이 민족을 위해 중재해 주었던 것이다. 그래서 다른 희생자가 필요하게 되었고 이때 쉽게 거론된 것이, 모세의 정통 추종자들은 로마 화재와 무관하지만, 그들 중 유해한 신흥 갈릴레아 교파는 끔찍한 죄를 저지를 만하다는 것이었다. 그 당시에는 갈릴레아라는 이름으로 풍속과 행동 양식이 완전히 정반대되는 두 개의 교파, 즉 나사렛 예수를 믿는 제자들[23]과 가울로니당의 유다를 따르는 광신자들이 있었다.[24] 전자는 인류의 친구였던 반면, 후자는 인류의 적이었다. 두 교파의 유일한 유사점은 신앙을 위해서는 죽음과 고문도 두려워하지 않는 불굴의 정신이었다. 동포를 선동하여 반란을 일으키게 한 유다 추종자들은 곧이어 예루살렘이 파괴되면서 매장된 데 반해, 그리스도교인라는 이름으로 더 알려진 예수 추종자들은 로마 제국 전역으로 확산되었다. 하드리아누스 황제 시대에 살았던 타키투스가, 사람들의 불쾌한 기억에서 거의 사라졌던 종파에 죄와 고난을 부여했어야 훨씬 진실하고 정당했을 텐데,

[22] 배우의 이름은 알리투루스였다. 요세푸스는 약 2년 전에도 같은 경로를 통해 로마에 수감되어 있던 몇몇 유대인 신부들의 사면과 석방을 얻어냈다.

[23] 라드너(Lardner)는 갈릴레아라는 이름이 매우 오래된 것으로 초창기 그리스도교 교파의 이름이었음을 입증했다.

[24] 유다의 아들들은 클라우디우스 황제 시대에 십자가에 못 박혔다. 그의 손자인 엘레아자르는 예루살렘이 점령되자 960명의 결사적인 지지자들과 함께 견고한 요새로 들어가 적게 대항했다. 파성추로 인해 성벽에 균열이 생기자 그들은 칼로 아내와 아이들을 찔러 죽이고 마침내 자결했다. 살아남은 사람은 아무도 없었다.

²⁵ 카피톨리누스 언덕의 에우티키우스 신전은 비텔리우스 황제와 베스파시아누스 황제 시대 사이에 일어난 내전 기간 중인 서기 69년 12월 19일에 불탔다. 예루살렘 신전은 서기 70년 8월 10일에 파괴되었는데, 이것은 로마인들이라기보다는 유대인들 자신의 소행이었다.

²⁶ 카피톨리누스 언덕에 새로운 신전을 헌납한 것은 도미티아누스 황제였다. 도금을 하는 데만 1만 2000탈렌트(250만 파운드 이상)가 들어갔다. 마르티알리스는 황제가 이 일로 빚을 졌다면, 에우티키우스가 올림푸스 산을 경매에 부쳤다 해도, (황금) 1파운드에 2실링도 지불하기 힘들었을 것이라고 했다.

²⁷ 수에토니우스는 90세의 노인이 재무관의 법정에서 공개적으로 검사받는 장면을 목격했다고 한다.

대신 그리스도교인에게 그것을 부과한 것은 또 얼마나 당연한 것인가? 4) 이 추측을 받아들이든 받아들이지 않든(왜냐하면 단지 추측에 지나지 않기 때문에), 네로 황제의 박해의 원인뿐만 아니라 결과도 로마 성벽 내에 한정되어, 갈릴레아인이나 그리스도교인의 종교 교의 자체는 처벌이나 심문의 대상이 되지 않았다. 또한 오랫동안 이들의 수난에 대한 생각이 잔인함과 불공정에 연결되었으므로, 네로의 뒤를 이은 황제들은 관용 정책을 펼쳐, 분노한 독재자가 미덕과 결백을 거슬러 억압했던 종파에 대해 인정을 베풀게 되었다.

유대인과 그리스도교를 박해한 도미티아누스

전쟁의 화염은 예루살렘 신전과 로마의 카피톨리누스 언덕 위의 신전을 동시에 태워 버렸고,²⁵ 그래서 예루살렘 신전에 바쳐진 공물이 정복자의 권력에 의해 카피톨리누스 언덕 위의 신전의 재건과 장식에 사용된 것은 당연해 보인다.²⁶ 황제들은 전체 유대 민족에게 인두세를 징수했다. 각자 개인에게 부과된 세액은 미미한 액수였다고 하더라도, 세금의 사용처와 가혹한 징수 방법은 참을 수 없는 불만으로 여겨졌다. 세리들은 유대인의 혈통이나 종교와 무관한 많은 사람들에게까지 부당하게 세금을 징수했기 때문에, 종종 유대 교회의 그늘에 피해 있었던 그리스도교인들도 이제 탐욕스러운 박해에서 벗어날 길이 없었다. 그리스도교인들은 우상 숭배에 조금이라도 물들지 않으려고, 카피톨리누스 언덕의 유피테르의 모습을 한 악마에게 공물을 바치지 않았다. 줄어들고는 있었지만 여전히 수많은 그리스도교인들이 모세의 율법을 지키고 있었으므로, 아무리 유대인이라는 신분을 속이려고 해도 할례라는 결정적인 증거로 폭로되었고,²⁷ 로마 행정관들도 두 종교 교의의 차이점을 캐내고 앉아 있을 만큼 한가하지 않았다. 황제의 법정 또는 유대 행정 장관 앞에 끌려온 그리스도교인들 중에는 황제보다 더 고귀한 신분을 가진 두 사람이 있었다고 전한다. 그들은 예수 그리스도의 형제였던 사도 성 유다의 손자들이었다.[28] 다윗의 계승자로서 그들의 타고난 자격은 국민들의 존경을 이끌어 냈겠지만, 총독(또는 행정 장관)의 시기심도 자극했을 것이다. 하지만 곧 그들의 초라한 복장과 순박한 답변들은 그들이 로마 제국의 평화를 위협할 의도도 능력도 없다는 점을 확신시켜 주었다. 그들은 솔직하게 자신들이 왕족의 후예이고 메시아와 가까운 관계임을 인정했지만, 현세의 견해들은 부인하면서 자신들이 간절히 바라는 구세주의 왕국이란 순전히 영적인 천국의 성격이라고 공언했다. 재산과 직업에 관해 심문받았을 때는 매일매일의 노동으로 딱딱하게 못이 박힌 손을 보여 주었고, 모든 생계비를 코카바 마을 인근 약 24에이커 넓이의 9000드라크마 또는 300파운드 가치밖에 되지 않는 경작지에서 얻고 있다고 밝혔다. 이리하여 성 유다의 손자들은 연민과 경멸을 받으며 풀려나게 되었다.

다윗 혈통의 미미함은 독재자의 의구심으로부터 그들을 보호해 주었지만, 겁 많은 도미티아누스 황제는 자신의 혈족이 현재 번창한 것이 오히려 불안했는지, 두려워하고 증오하면서도 동시에 존경했던 로마인의 피를 통해서만 이 불안을 진정시킬 수 있었다. 숙부인 플라비우스 사비누스의 두 아들 중에서, 형은 곧 반역죄로 유죄를 선고받았고, 동생인 플라비우스 클레멘스는 용기 없고 무능한 덕에 안전할 수 있었다. 황제는 아무런 해가 안 되는 친척인 클레멘스에게 오랫동안 호의를 베풀고 보살펴 주면서 그를 조카딸 도미틸라와 결혼시키고, 이 둘 사이에 태어난 아이들을 후계자로 키우려고 양자로 삼고,

집정관 클레멘스의 처형

[28] 이 이름은 처음에는 의미가 분명했다. 예수의 형제들은 요셉과 마리아의 정식 소생들로 생각되었던 것이다. 그런데 성모의 동정설을 강력하게 주장하던 그노시스파에 후대의 그리스 정교에서 요셉에게 두 번째 아내가 있었을 것이라는 암시를 했다. 히에로니무스의 시대 이래로 로마 가톨릭교도들은 이 암시를 활용하여 요셉이 끝까지 금욕 생활을 했다고 주장하고, 유사한 실례를 열거하면서 예수의 형제로 불린 시몬이나 야고보와 마찬가지로 유다가 단지 그의 친사촌들에 불과하다는 새로운 해석을 정당화했다.

[29] 디오 카시우스에 따르면 판다타리아 섬이라고 한다. 브루티우스는 그녀를 판다타리아에서 멀지 않은 폰티아 제도의 한 섬으로 추방했다. 에우세비우스나 그의 글을 베낀 필사자들의 의견 차이 또는 실수로 두 명의 도미틸라, 즉 클레멘스의 아내 도미틸라와 조카 도미틸라가 있었을 것이라는 추측을 하게 된다.

[30] 플리니우스가 브루티우스와의 서신 왕래를 통해 이런 이야기를 수집했다면, 그를 동시대 작가로 보아도 무방할 것이다.

클레멘스에게는 집정관 직책까지 주었다. 그러나 그는 집정관 1년 임기도 끝내지 못하고 사소한 구실로 유죄 판결을 받아 처형당했다. 도미틸라 역시 캄파니아 해안의 쓸쓸한 섬으로 추방당했고,[29] 이 사건에 연루된 많은 사람들도 사형이나 재산 몰수 판결을 받았다. 이들의 죄목은 무신론과 유대인적 풍속을 따랐다는 것이었는데,[30] 기묘한 생각의 연결 바람에 오직 그리스도교인에게만 부당하게 문제가 된 것이다. 당시 행정관들과 작가들이 그리스도교인을 거의 제대로 알지 못했기 때문이었다. 그럴듯한 해석과 폭군의 의심을 명예로운 죄의 증거로 기꺼이 인정하면서, 교회는 클레멘스와 도미틸라를 동시에 초기 순교자 반열에 올리고 도미티아누스 황제의 잔인한 행동을 2차 박해로 낙인찍었다. 그러나 이 박해(이렇게 칭할 수 있다면)는 오래 지속되지 않았다. 클레멘스가 죽고 도미틸라가 추방된 지 몇 달 후, 도미틸라에게 속했던 해방노예로서, 그녀의 총애는 누렸지만 전적으로 그녀의 신앙에 완전히 빠지지는 않았던 스테파누스가 궁정에서 황제를 암살한 것이었다. 도미티아누스 황제는 사후 원로원에서 유죄 판결을 받아 법령들은 폐지되고 망명자들은 귀환했으며, 관대한 네르바 황제 시대가 되자 무고한 자들은 지위와 재산을 반환받았고, 극악한 범죄자들조차 사면을 받거나 처벌을 면하게 되었다.

그리스도교에 대한
플리니우스의 무지

2. 약 10년이 흐른 뒤 트라야누스 황제 시대가 되어, 소(小)플리니우스가 벗이자 군주인 트라야누스의 명으로 비티니아와 폰투스의 총독으로 임명되었다. 그리고 얼마 되지 않아 플리니우스는 자신의 인간애에 반대되는 공무를 수행할 때 과연 어떤 법 원칙과 공정성에 따라야 할지 난감한 상황에 처하게 되었다. 그는 단지 이름만 아는 정도였던 그리스도교인을 처벌하는

과정에 한 번도 개입하지 않았다. 그는 그리스도교인이 저지른 죄의 성격과 재판 방법, 처벌 정도에 대해서도 전혀 아는 바가 없었다. 혼란 속에서 그는 평소 방식대로, 공정하고도 어떤 면에서는 그리스도교인에 유리한 보고서를 보내 트라야누스 황제의 지혜에 맡김으로써, 황제가 자신의 의문들을 해결해 주고 무지를 깨우쳐 달라고 요청했다. 그때까지 플리니우스의 삶은 지식 습득과 세속 업무로 채워지고 있었다. 그는 19세 때부터 로마 법정에서 두각을 나타냈고[31] 원로원 의원도 지냈으며, 영예로운 집정관도 맡아, 이탈리아와 속주들의 모든 계층 사람들과 폭넓은 관계를 맺고 있었다. 따라서 플리니우스 정도의 인물이 그리스도교인들에 대해서 잘 모르고 있다는 사실에서 우리는 몇 가지 유용한 정보를 얻어 낼 수 있다. 그가 비티니아의 총독직을 받아들였을 당시, 그리스도교인에 반대하여 실시되고 있는 일반적인 법률이나 원로원의 칙령은 아무것도 없었다는 것이다. 트라야누스 황제나 선대 황제들 어느 누구도 (이들의 칙령은 민법과 형법으로 받아들여졌지만) 그리스도교라는 새로운 종교에 대해서 공식적으로 의사를 밝히지 않았다. 그리스도교인에 반대하는 어떠한 조치가 취해졌든 간에, 로마 행정관들에게 판례로 내세울 만한 가치와 권위를 갖춘 것은 없었다.

트라야누스 황제가 플리니우스에게 준 답서는 이후 그리스도교인들이 자주 내세웠던 것으로서, 그의 잘못된 종교 정책과 조화된다면 공정성과 자비로움을 베풀 것을 표명하고 있다. 아주 사소한 이단적 조항을 찾고자 급급하고 자신이 만든 희생자의 수에 의기양양한 이단 심문자들의 무자비한 열정을 드러내는 대신에, 트라야누스 황제는 범죄자들

31 플리니우스가 최초로 변론 활동을 한 것은 저 유명한 베수비우스 화산 폭발이 있었던 서기 81년이었다. 당시 화산 폭발로 그의 숙부는 아내를 잃었다.

그리스도교에 대해서 법률적 소송 방식을 확정한 트라야누스와 그의 계승자들

의 도망을 막는 것보다 무고한 자들의 안전을 지키는 데 더 깊은 배려를 표시했다. 그는 일반적인 원칙을 정하는 것이 어렵다는 점을 인정하면서도, 어려움에 처한 그리스도교인들에게 종종 위안과 버팀목이 되어 준 두 가지 건전한 원칙을 세웠다. 이것은 행정관에게 법적으로 유죄 판결을 받은 자들을 처벌하도록 명하는 한편, 이와는 대단히 모순되게도 인도적인 차원에서 범죄 가능성이 있는 자들을 심문하는 것은 금지시킨다. 또한 행정관이 정보만으로 재판을 진행하는 것도 허용하지 않았다. 익명의 고발도 정부 공정성에 위배된다고 거부하고 있으며, 그리스도교인이라는 죄목으로 고발된 자들에게는 공정하고도 공개된 고발자의 명백한 증거를 엄격하게 요구했다. 이렇게 고발이라는 불쾌한 일을 한 사람은 의심의 근거 자료를 공개할 의무가 있었을 뿐 아니라, 적들인 그리스도교인이 자주 모이는 비밀 집회를 (시간과 장소 모두) 상술해야 했고, 이교도의 질시 어린 경계의 눈초리에서도 감춰져 있었던 여러 상황들을 들추어 내야만 했을 것이다. 만약 고발하는 데 성공했다고 하더라도, 규모가 크고 활동적인 교단의 분노를 사게 되고, 관대한 사람들의 비난을 받으며, 또한 다른 모든 시대와 국가에서 볼 수 있듯이 밀고자에게 수반되는 치욕을 감수해야 했다. 반대로 증거를 제공하는 데 실패하면, 하드리아누스 황제의 법령에 따라 동료 시민들에게 그리스도교 신앙의 죄를 잘못 덮어씌운 사람에게 부과되는 가혹한 벌, 심지어 사형까지 받게 되었다. 개인적인 격렬한 감정이나 미신적인 원한이 때로는 치욕과 위험이라는 자연발생적 불안들을 넘어설 수 있다고는 하지만, 로마 제국 내 이교도들이 이렇게 성공할 가망이 없어 보이는 고발을 경솔하거나 빈번하게 떠맡았다고는 결코 생각할 수 없다.[32]

[32] 에우세비우스는 하드리아누스 황제의 칙령을 기록해 두었다. 또한 그는 안토니누스 황제의 이름으로 된 훨씬 더 호의적인 칙령도 기록해 두었다. 다만 이 칙령은 대체로 진짜가 아니라고 여겨지고 있다. 유스티누스의 두 번째 호교론에는 그리스도교인들에 대한 고발과 관련한 몇 가지 기이한 내용이 상세히 기록되어 있다.

빈틈없는 법망에서 벗어나기 위한 이 편법은 역으로 법이 사사로운 증오나 미신적인 열정에서 비롯되는 해로운 음모들을 좌절시키는 데 매우 효과적이었다는 점을 입증한다. 개개인의 마음에 강력하게 작용하는 두려움과 수치심이라는 속박이 대규모의 격앙된 집회에서는 영향력을 잃기 쉬운 법이다. 독실한 그리스도교인은 순교자의 영광을 갈망하거나 회피하고 싶어서, 초조하게 또는 두려워하면서, 공식 국가 행사와 제사를 맞이했다. 이런 경우 제국의 대도시 주민들은 야외 극장이나 경기장에 모였는데, 행사 자체뿐만 아니라 그 장소의 모든 분위기가 신앙심을 불타오르게 하는 동시에 인간애는 수그러들게 만들었다. 화환을 두르고 향료를 바르며 희생자의 피로 정화되고 수호신의 제단과 조각상에 둘러싸인 수많은 관중들은 종교 의식의 본질이라고 스스로 생각한 환락에 도취된다. 그러고는 오직 그리스도교인만이 인류의 신들을 혐오하고 이런 경건한 제의에 불참하고 슬퍼함으로써, 국가의 경사를 모욕하고 탄식하는 것처럼 보인다는 것을 상기해 낸다. 만일 제국이 최근에 전염병, 굶주림, 패전과 같은 재앙을 겪었다거나, 테베레 강은 범람했는데 나일 강이 범람하지 않았거나, 지진이 났다거나 사계절의 기온 변화가 흐트러졌다면, 미신에 빠진 이교도들은 정부의 지나친 관용으로 목숨을 부지하고 있는 그리스도교인의 죄와 불경이 마침내 신을 분노케 한 것이라고 확신하는 것이었다. 반항적이고 격노한 대중에 둘러싸인 상황에서는 소송 절차가 제대로 이뤄질 수 없었다. 맹수와 검투사의 피로 물든 원형경기장 안에서 연민의 목소리는 들릴 수가 없었다. 분노한 군중은 그리스도교인을 여러 신들과 인간의 적으로 매도했고, 최고로 가혹한 고문을 지정했으며, 그리스도교인 중

대중들의 소요

33 『폴리카르포스의 순교기』는 이런 소동을 생생하게 보여 준다. 흔히 유대인에 대한 증오 때문에 이런 소동이 발생했다.

34 이런 규정들은 위에 언급한 하드리아누스와 피우스 칙령에 삽입되어 있다.

저명한 몇몇 사람을 즉시 붙잡아서 사자들에게 던지라고 격렬하게 요구하기조차 했다.33 관중석에 자리 잡은 속주 총독과 행정관들은 대부분의 경우 군중의 요구를 만족시켜 주었고, 소수의 미움받던 자들을 희생시킴으로써 분노를 진정시켰다. 그렇지만 현명한 황제들은 이처럼 격앙된 소란과 불법 고발의 위험으로부터 그리스도교인을 보호했고, 이런 소란과 고발이 통치의 확립과 공정성에 해가 된다고 비난했다. 하드리아누스 황제와 안토니누스 피우스 황제의 칙령은 이 군중의 목소리가 그리스도교에 열성인 불운한 사람들을 유죄 선언하거나 처벌하는 법적 증거로 인정되어서는 결코 안 된다고 확실하게 선언하고 있다.34

그리스도교도들에 대한 재판

3. 유죄 판결 후에 반드시 처벌이 뒤따랐던 것도 아니었다. 목격자의 증언이나 심지어 본인의 자발적인 고백으로 명확히 죄가 입증된 그리스도교인이라고 하더라도 삶이냐 죽음이냐의 선택권은 본인에게 달려 있었다. 과거의 죄보다는 현재의 저항이 행정관의 분노에 불을 질렀다. 행정관들은 제단 위에 약간의 향을 올리는 것에 동의만 한다면 법정에서 무사히 박수까지 받으며 석방될 수 있다면서, 그리스도교인에게 쉬운 사면의 길을 제공하고자 했다. 미혹된 광신자들을 처벌하기보다는 개종시키려 노력하는 것이 자비로운 재판관의 임무로 여겨졌기 때문이다. 죄수들의 나이, 성별, 상황 등에 맞춰 어조를 바꿔 가며 삶의 즐거움과 죽음의 고통을 상세히 설명해 주며 그들을 설득하는 일이 빈번했다. 또한 자기 자신과 살아남은 가족과 친구들에 대한 연민의 정을 느껴 보라고 호소, 아니 간청하기도 했다. 위협과 설득이 효과가 없을 때는 폭력을 동원했다. 채찍과 고문대가 논쟁으로 부족한 부분을 대신했고, 모든

잔인한 고문 기술들이 이교도들이 보기에는 대단히 완고한 범죄적 고집을 꺾는 데 동원되었다. 고대 그리스도교 호교론자들은 사법 절차 원칙을 위반하는, 죄상의 고백이 아닌 부인을 얻어내기 위해 고문을 허용한 박해자들의 부당한 행위를 한결같이 강도 높게 비난하고 있다. 후대 수도사들은 평온한 독방에서 초기 순교자들의 죽음과 고통을 다양하게 상상해 보기를 즐겼고, 세세하고 독창적인 고문 장면들을 종종 조작하기까지 했다. 특히 도덕과 품위마저 잊어버린 로마 행정관들이 정복할 수 없는 신자들을 설득하고자 열성적으로 온갖 노력을 기울이고, 실패하면 가장 극악무도한 폭력을 가하는 상황을 상상하며 기뻐했던 것이다. 죽음을 두려워하지 않는 독실한 여성 신도들에게는 때로는 더 가혹한 시련을 부여하고 신앙과 정절 중 하나만 택하도록 강요하기까지 했다고 한다. 여신도들이 신앙을 택하면, 여신도들을 능멸하도록 명령받은 젊은이들은 제단에 향 피우는 것을 거부한 불경한 처녀들이므로 베누스 여신의 명예를 걸고 최선을 다해 능욕하라는 엄명을 받았다. 그러나 그들의 폭력은 대체로 실망스럽게 끝났는데, 어떤 기적적인 힘이 때맞춰 개입하여 그리스도의 정결한 신부들을 본의 아닌 패배의 치욕으로부터 지켜주었다는 것이다. 그러나 좀 더 오래되고 신빙성 있는 교회 자료들은 이런 터무니없고 추잡한 허구들로 오염되지 않았다는 점에도 주목해야 한다.[35]

35 히에로니무스가 『은거수사 파울루스전』에서 전하는 색다른 일화에 따르면, 한 청년이 전라로 꽃 침대 위에 사슬로 묶인 채 어느 아름답고 음탕한 매춘부에게 유혹을 받았다. 이때 그는 자신의 혀를 깨물어 치솟는 욕정을 억눌렀다고 한다.

초기의 순교를 설명하면서 진실성과 개연성을 완전히 무시한 것은 사실 자연스러운 실수에서 생긴 것이다. 4~5세기 교회 사가들은 당시 자신들이 이단이나 우상 숭배에 품고 있던 뿌리 깊은 증오심을 로마 행정관들에게 전가했던 것이다. 제국의 고위직까지 오른 몇몇 행정관들은 대중의 편견을 받아들였

로마 행정관들의 인도주의

을 것이고, 잔인한 성격의 몇몇 행정관들은 때로는 탐욕이나 사적 원한에 자극받기도 했을 것이다.36 그러나 초기 그리스도교인들이 감사하며 고백한 바에 따르면, 속주에서 황제나 원로원의 권한을 대신하여 죄인의 생사 판결 권한을 행사했던 행정관들 대다수는 품위 있는 교양 교육을 받은 이들로서, 이들은 공명정대 원칙을 준수했고, 철학적 교훈들도 잘 알고 있었다. 이들은 박해라는 가증스러운 임무를 거절하는 경우가 많았다. 또한 그러한 박해를 경멸하면서 고소를 기각하거나 고발된 그리스도교인에게 가혹한 법을 피할 수 있는 정당한 방법을 암시해 주기도 했다.37 이들은 자유 재량권이 주어질 때마다 탄압하기보다는 고통받고 있는 교회의 이익과 구조에 도움을 주었다. 법정에 선 그리스도교인을 모두 유죄 판결하는 일도 없었고, 새로운 미신에 완강히 집착한다는 죄목으로 사형에 처하는 일도 결코 없었다. 대개는 감금, 추방, 광산 노역 같은 관대한 응징에 그치면서,38 불운한 희생자들에게 황제의 즉위나 결혼, 승전보 같은 경사가 생기면 일반 사면을 통해 예전 상태로 돌아갈 수 있다는 희망을 심어 주었다. 로마 행정관에게 즉각 처형당한 순교자들은 가장 반대되는 두 극단에 속한 사람들이었던 것 같다. 즉 지위가 높거나 영향력이 큰 주교나 장로로서 그리스도교인 사이에서 지명도가 높아 그의 처형이 전체 교단에 두려움을 일으키는 본보기가 될 수 있는 인물이거나,39 아니면 그리스도교인 중 가장 비천하고 초라한 사람들로서 특히 노예 신분으로 그 삶이 가치 없어 보이고 고대인의 눈에는 그들의 고통도 무관심하게 느껴지는 부류였다.40 박식한 오리게네스는 독서뿐만 아니라 경험을 통해 그리스도교인의 역사에 정통했는데, 순교지의 수가 매우 적다고 단호하게 공언하고

36 카파도키아의 총독인 클라우디우스 헤르미니아누스는 아내가 그리스도교로 개종하자 이에 분노하여 그리스도교인들을 몹시 가혹하게 박해했다고 한다.

37 테르툴리아누스는 아프리카 총독에게 보내는 편지에서 자신이 알고 있는 몇 가지 놀랄 만큼 관대한 조치를 사례로 언급하고 있다.

38 누미디아의 여러 광산에는 모두 아홉 명의 주교가 있었는데, 이 숫자는 일반 성직자와 신도들의 수에 비례하는 것이었다. 키프리아누스는 이곳의 신도들에게 칭찬과 위로의 뜻을 담은 경건한 편지를 보내기도 했다.

39 『사도 교부전』 제2권에 실려 있는 이그나티우스의 편지들이나 행적들을 완전히 다 믿을 수는 없다. 그러나 이 안티오크의 주교를 전형적인 순교자들 가운데 한 사람으로 볼 수는 있다. 그는 사슬에 묶인 채 공개적인 구경거리가 되어 로마로 이송되었다. 그리고 트로아스에 도착했을 때, 그는 안티오크의 박해가 이미 끝났다는 기쁜 소식을 들었다.

40 리옹의 순교자들 가운데, 노예인 브란디나는 매우 심한 고문을 받았던 것으로 유명하다. 펠리키타스와 페르페투아 행전에 등장하는 유명한 순교자 다섯 명 가운데 두 사

순교자들의 수

있다. 그의 권위만으로도, 대부분 로마 지하 묘지에서 나온 그 유물로 수많은 교회를 채우고,⁴¹ 그 놀라운 업적이 수많은 신앙 전설담의 주제가 되었던, 그 엄청난 순교자 숫자가 잘못된 것임을 밝히는 데 충분하다.⁴² 오리게네스의 개략적인 주장은 친구인 디오니시우스가 남긴 다음의 구체적 증거로 더 확실해진다. 그는 거대 도시 알렉산드리아에서 데키우스 황제가 자행한 혹독한 박해 때에도, 그리스도교인이라는 신앙 고백 때문에 사형당한 순교자는 남자 열 명과 여자 일곱 명뿐이라고 계산하고 있다.

동일한 박해 시기에 열성적인 웅변가이며 야심가였던 키프리아누스는 카르타고와 아프리카의 교회를 맡고 있었다. 그는 신자들에게 존경받을 만한 성품이면서도 동시에 이교도 행정관들의 의심과 분노를 자극하는 자질도 모두 갖추고 있었다.

카르타고의 주교였던 키프리아누스의 경우

고위 성직자로서의 지위뿐 아니라 성격도 질시와 위험의 대상이 되기에 적당한 인물이었던 것이다. 그러나 그의 실제 삶은 우리가 그리스도교 주교의 위험한 신분을 지나치게 과장해서 상상한다는 점을 증명하기에 적합하다. 주교인 그가 처한 위험은 당시 야심가가 명예를 추구하면서 부딪치는 위험보다는 덜 급박한 것이었다. 키프리아누스 주교가 권위와 능변으로 아프리카 교회를 이끌었던 10년 동안, 네 명의 로마 황제(필리푸스, 데키우스, 갈루스, 아이밀리아누스)가 가족과 총신들과 함께 칼을 맞고 죽어 쓰러졌다. 반면 키프리아누스는 주교가 된 지 3년째 되는 해의 몇 달 동안만 데키우스 황제의 가혹한 칙령과 행정관의 감시를 우려하고, 그리스도교인의 지도자인 키프리아누스를 사자의 먹이로 던져 버리라고 외치는 군중들의 함성을 염려했을 뿐이었다. 그는 일시적인 후퇴가 필요하다고 신중하

람은 노예였고 다른 두 사람은 최하층민이었다.

⁴¹ 로마의 모든 평민들이 그리스도교인은 아니었으며, 모든 그리스도교인들 또한 성인이나 순교자가 아니었다는 점을 생각해 본다면, 공공 묘지로부터 마구잡이로 가져온 뼈나 납골 단지가 다 그리스도교인이나 순교자들의 것은 아니라는 것을 알 수 있다. 이런 유품들이 자유롭게 거래되고 10세기가 지난 후에는, 학식 있는 가톨릭교도들 사이에 일말의 의구심이 생겨났다. 이제 그들은 그 물건들이 신성한 순교자의 것이라는 증거로 증명서와 피로 추정되는 붉은 액체로 가득 찬 유리병, 야자나무 문양 등을 요구한다. 그러나 앞의 두 가지는 별로 중요한 것이 아니며, 마지막 것에 관해서만 감정가들이 다음과 같은 사항을 감식한다. 첫째 과연 이 야자나무의 모양이 사이프러스(cypress)인가, 아니면 기념비적인 비명에 사용된 구두점, 즉 반점(comma)의 장식체인가. 둘째, 이 야자나무가 이교도들 사이에서 승리의 상징이었는가. 셋째, 그리스도교인들 사이에서 이것이 순교뿐만 아니라 전반적으로 기쁨에 찬 부활의 상징으로 쓰였는가.

⁴² 이런 전설 가운데는 트라야누스 황제와 하드리아누스 황제가 아라라트 산에서 하루 만에 1만 명의 그리스도교인 병사

게 판단하여 이에 따랐다. 일단 멀리 외딴 곳으로 물러났는데, 그곳에서도 카르타고의 성직자나 신자들과 지속적으로 연락을 주고받았다. 그는 대소동이 지나갈 때까지 숨어 있으면서도 힘이나 명성을 잃지 않은 채 목숨을 보전했다. 하지만 슬퍼하던 완고한 신자들은 이런 극단의 조심성에 대해 그를 비난했고, 개인적인 적대자들은 신성한 임무를 소심하게 저버린 죄를 범했다고 모욕을 가했다. 그는 이에 대해 다음과 같은 이유를 들어 해명했다. 즉 그것은 장래에 교회 위급 상황에 대비한 타당한 행동이었으며, 여러 주교들의 선례를 보아도 그렇고,[43] 분명히 환영과 무아 상태에서 신으로부터 자주 훈계를 받았다는 것 등이었다. 그러나 최고의 해명은 약 8년 후 자신의 순교를 즐겁게 기꺼이 받아들인 태도에서 찾을 수 있을 것이다. 그의 순교에 관한 사실들은 신빙성도 있고 보기 드물게도 솔직하고 공정하게 기록되어 있다. 따라서 이 순교의 중요 정황을 파악한다면, 그것이 우리에게 로마 박해의 정신과 방법들에 관한 가장 확실한 정보를 제공해 줄 것이다.[44]

서기 257년, 키프리아누스의 추방

발레리아누스가 세 번째 집정관이 되고 이어 갈리에누스가 네 번째 집정관이 된 해에 아프리카 지방 총독인 파테르누스가 키프리아누스를 회의실로 호출했다. 파테르누스는 방금 전해 받은 황제의 명령서를 키프리아누스에게 전했는데,[45] 그것은 로마 국교를 버린 자들은 즉각 조상들이 행하던 제사 관례를 따르라는 명령이었다. 이에 대해 키프리아누스는 주저 없이 자신은 그리스도교인이고 더욱이 주교이며, 진리이신 유일신만을 경배하며, 이 유일신에게 법적 군주인 두 황제의 안녕과 번영을 위해 매일 기도한다고 대답했다. 그리고 겸손하지만 단호하게 총독이 제기하는 불공평하고 불법적인 질문에 대해

들을 십자가에 못 박았다는 이야기도 있다.

[43] 특히 알렉산드리아의 디오니시우스와 네오카이사레아의 그레고리우스 타우마투르구스를 실례로 들 수 있다.

[44] 키프리아누스의 유배 생활에 동행했을 뿐 아니라 그의 죽음까지 목격한 부제 폰티우스가 쓴 『키프리아누스전』의 원본이 지금까지 남아 있다. 그리고 그의 순교에 관한 총독의 법정 판결문도 아직까지 남아 있다. 이 두 가지 기록의 내용은 일관되며 개연성이 있다. 더욱 주목할 만한 점은 이 기록들이 둘 다 전혀 훼손되지 않은 채 보존되었다는 것이다.

[45] 이것은 모든 총독들에게 동시에 발송되었던 회람 명령서였던 것으로 보인다. 디오니시우스 또한 자신이 알렉산드리아에서 추방된 경위를 거의 동일하게 기술한다. 그러나 박해를 피해 도망쳐 결국 살아남았다는 점에서 그가 키프리아누스보다는 다소 운이 좋았다.

서는 답변을 거부하면서, 시민의 권리를 당당하게 주장했다. 이런 키프리아누스의 불복종에 대한 처벌로 추방 선고가 내려져, 그는 즉각 쿠루비스로 유배되었다. 그곳은 제우기타나 지방에 있는 자유로운 해안 도시로 좋은 환경과 비옥한 땅을 갖추었고, 카르타고에서 약 40마일 떨어진 곳이었다. 유배당한 카프리아누스는 평온한 생활과 정신적 고양을 즐겼다. 이런 그의 명성은 아프리카와 이탈리아 전역에 퍼져 나갔고, 그의 행적이 그리스도교 신자들의 교화를 위해 공포되었다. 유배 생활은 신도들의 편지와 방문과 축복 등으로 채워져 나갔다. 새로운 총독이 부임하자 얼마간은 키프리아누스의 운명이 호전되는 것으로 보였다. 즉 유배 상태에서 소환되어, 아직 카르타고로의 귀환은 허용되지 않았지만, 수도 근교에 개인 정원을 할당받아 거주하게 된 것이다.[46]

키프리아누스의 유죄 판결

마침내 키프리아누스가 처음 체포된 지 정확하게 1년 후,[47] 아프리카 속주 총독인 갈레리우스 막시무스는 그리스도교 교부들을 처형하라는 황제의 명령서를 받았다. 카르타고의 주교인 키프리아누스는 자신이 첫 번째 희생자로 선발되리라 감지했는데, 인간 본래의 약한 마음이 발동하여 몰래 도망쳐 순교의 위험과 명예를 저버리고픈 유혹을 느꼈다. 그러나 곧 그의 인격이나 명성이 요구하는 용기를 회복하고서 자신의 정원으로 돌아와 죽음의 사신이 오기를 굳건히 기다리고 있었다. 드디어 명령을 받은 두 명의 장교가 키프리아누스를 양쪽에서 잡고 전차에 태운 후에, 당시 총독이 바빴던 터라 감옥이 아닌 카르타고에 있는 그중 한 장교의 집으로 이동했다. 그곳에서 키프리아누스는 훌륭한 저녁 식사를 대접받고, 교우들과 마지막 시간을 보내는 것도 허락되었다. 이때 거리는 정신적인 대

[46] 그는 개종하자 곧 가난한 사람들을 위해서 자기 소유의 정원들을 매각했다. 그러나 키프리아누스는 하느님의 은혜로 (아마도 어떤 후한 그리스도교인 친구일 것이다.) 그것들을 되돌려 받았다.

[47] 1년 전에 유배당했을 때, 키프리아누스는 바로 다음 날 처형당하는 꿈을 꾸었다. 이로 인해 그 단어가 1년을 의미한다는 것을 설명할 필요가 생겼다.

부의 운명에 놀라고 염려하는 수많은 신도들로 북적거리고 있었다. 다음 날 아침이 되어 주교는 법정에 서게 되었다. 총독이 그의 이름과 지위를 확인한 후 희생의 제물을 바치라고 명령하면서, 이에 불복하면 어떤 결과를 초래할지 생각하라고 압박을 가했다. 키프리아누스는 총독의 명령을 단호하고 결연히 거부했다. 이어 자문단의 의견을 들은 총독은 마지못한 듯이 결국 다음과 같이 사형을 선고했다.

타스키우스 키프리아누스는 로마 신들의 적이고, 신성한 발레리아누스와 갈리에누스 황제의 법에 대해 불경한 반항을 선동한 범죄 조직의 우두머리이자 주모자이므로 즉시 참수형에 처해야 한다.

그의 처형 방식은 여느 사형수들에게 가해지는 것보다 관대하고 고통이 적은 것이었고, 주교에게 그리스도교를 버리거나 공범자를 밝히도록 고문을 가하지도 않았다.

키프리아누스의 순교

선고가 내려지자마자, 공관 앞에서 듣고 있던 군중들 사이로 "우리도 그와 함께 죽으리라."라는 울부짖음이 일제히 일어났다. 열정과 애정에서 우러나온 이 고결한 부르짖음이 키프리아누스에게 별 도움이 되지는 못했지만 또 군중들을 위험하게 만들지도 않았다. 주교는 저항 없이, 또 모욕당하는 일도 없이, 백인대장들과 장교들의 감시를 받으며 처형장으로 끌려갔다. 처형장인 근교의 넓은 평원에는 이미 수많은 구경꾼들이 가득 차 있었다. 그의 충실한 장로들과 부제들도 성스러운 주교와 동행할 수 있도록 허용되었다. 이들은 성스러운 유물인 성혈을 받기 위해 주교의 상의를 벗겨서 땅에 깔았고, 주교의 지시대로 사형 집행인에게 금화 스물다섯 닢을 주었다. 드디어 순교자는 두 손으로 얼굴을 감쌌고, 단 한칼에 그의 목이 몸에서 떨어져 나갔다. 그의 시신은 몇 시간 동안 이교도들의 호기심에 방치되어 있다가, 마침내 밤이 되자 수습되어 마치 개선 행렬처럼 휘황한 횃불을 받으며 그리스도교인의 묘지로 운반되었다. 키프리아누스의 장례식은 로마 행정관의 방해를 전혀 받지 않고 공개적으로 거행되었다. 또한 그를 기리며 장례식에 참석한 신자들도 아무런 심문이나 처벌의 위협을 받지 않았다. 아프리카 속주의 수많은 주교들 가운데 키프리아누스가 최초로 순교의 화관을 받을 만하다고 평가받은 점도 주목할 만하다.

순교자로서 죽느냐 배교자로서 사느냐 하는 것은 키프리아누스의 선택에 달려 있었고, 이 선택에 따라 영예와 오명 중 양자택일이 이루어졌다. 만약 주교인 그가 그리스도교 신앙을 야심이나 탐욕의 도구로서만 여겼다고 가정하더라도, 그가 평생 취해 온 인격을 여전히 유지하는 것이 의무였을 것이다.[48] 또한 그가 남자다운 용기를 조금이라도 지녔다면, 단 한 번의 행동으로 일생 동안 얻은 명성을 버리고 그리스도교 형제들의 증오와 이방인들의 경멸을 받느니보다는, 잔인한 고문에 몸을 맡기는 것이 의무라고 여겼을 것이다. 그러나 키프리아누스의 열정이 자신이 설교해 온 교리가 진실하다는 굳건한 확신으로 뒷받침되었다면, 그에게 순교의 영광은 공포의 대상이기보다는 오히려 열망의 대상이었을 것임에 틀림없다. 모호하지만 감동적인 교부들의 연설에서 명확한 개념들을 이끌어 내기란 쉽지 않고, 신앙을 위해 운 좋게도 피 흘려 순교한 이들에게 교부들이 확실하게 약속한 불멸의 영광과 행복이 어느 수준인지

순교를 부추기는
다양한 방법들

[48] 토머스 베켓(Thomas Becket)의 성품이나 그가 지녔던 원칙들에 대해 어떤 의견을 갖고 있든지 간에, 그도 초기 순교자들 못지않게 의연히 죽음을 맞이했다는 점은 인정해야 한다.

확인하는 것도 쉽지가 않다.49 교부들은 다음을 열심히 가르쳐 왔다. 즉 순교의 불길이 인간의 모든 약점을 보완하고 모든 죄를 속죄한다는 것, 일반 신자들이 느리고 고통스러운 정화를 거쳐야 하는 반면에 승리한 순교자는 즉각 영원한 천국을 접하게 되며, 교황들과 사도들과 예언자들의 나라인 그곳에서 순교자들은 그리스도와 함께 다스리고, 최후의 심판에서 그리스도를 보좌하게 된다는 것이다. 지상에서 영구히 지속되는 명예에 대한 확신은 인간의 천성적인 허영심에 적합한 동기라서, 순교자들의 용기를 북돋우는 데 큰 도움이 되었다. 신앙을 위해 승리한 순교자들에게 초기 교회가 보여 준 열렬한 감사와 애정에 비하면, 나라를 위해 싸우다 쓰러진 시민들에게 로마인이나 아테네인이 부여한 영예는 냉담하고 부질없는 것에 지나지 않았다 할 정도이다. 순교자들의 덕성과 수난을 기념하는 연례 행사는 신성한 제사로 지켜지다가 마침내 종교적인 예배가 되는 것으로 마무리되었다. 종교적 신념을 공식적으로 고백한 그리스도교인 중에는, 운 좋게 이교도 재판관의 법정이나 감옥에서 풀려난 사람도 있었다.(이런 일은 무척 흔했다.) 이런 사람들도 비록 순교한 것은 아니지만 고결한 결단력을 인정받아 영예를 얻었다. 신앙심 깊은 여신도들이 이렇게 풀려 나온 신도들이 찼던 족쇄와 상처에 입 맞추려고 간청을 하기도 했다. 이런 신도들의 신체는 경건하게 여겨졌고 그들의 결단은 존경받았으나, 종종 영적인 오만함과 방종한 태도로 인해 열정과 용기로 획득한 탁월한 명성에 먹칠을 하기도 했다.50 이와 같은 특별 대우는 그들의 고귀한 미덕을 드러내 주는 한편, 그리스도교 신앙 고백으로 고문당하거나 죽은 신도들의 수가 의외로 적었다는 점을 입증하는 것이다.

초기 그리스도교인의 열성을 지금 와서 냉정하게 판단해 보

49 박식한 도드웰(Dodwell)과 정교한 미들턴(Middleton)의 작업으로 순교자들의 가치, 명예, 동기 등에 대해서는 더 이상 덧붙일 필요가 없을 정도이다.

50 신앙 고백자들에게 명예로운 순교자라는 명칭이 부여되기 시작한 이래, 이 관습으로 인해 수많은 거짓 순교자들이 생겨났다.

면 감탄하기보다는 비판하게 될 것이지만, 어쨌든 그들의 열정은 감탄하기는 쉬워도 모방하기는 어려운 것이었다. 술피키우스 세베루스의 생생한 표현에 따르면, 당시 신자들은 주교가 되는 것보다도 순교하기를 더 갈망했다고 한다. 이그나티우스가 사슬에 묶여 아시아의 여러 도시를 거쳐 호송될 때 쓴 서한에서도 인간의 본성과는 어긋나는 정서들이 나타난다. 그는 로마인들에게 자신이 원형경기장에서 구경거리로 서 있게 되어도 친절하긴 하지만 어설픈 탄원을 함으로써 순교라는 영광의 관을 빼앗는 일은 하지 말아 달라고 진심으로 간청한다. 그리고 자신의 죽음을 이끌 야수를 화나게 만들겠다고 결심하고 있다.51 이그나티우스가 의도했던 이런 일을 실제로 실행에 옮긴 순교자들의 용기 있는 이야기들도 전해진다. 즉 사자를 도발해 광포하게 만든 사람, 사형 집행인에게 서두르라고 재촉한 사람, 활활 타오르는 불 속으로 기꺼이 뛰어든 사람, 극도로 잔인한 고문을 받으면서도 기쁨과 환희의 미소를 부인 사람 등의 이야기가 전해진다. 로마 황제들이 교회의 안전을 위해서 만들어 준 금지 조항마저 못 견뎌하는 몇 가지 열성적 사례들도 전해져 온다. 고발자가 없는데도 자발적으로 신앙을 고백하고 이교도의 제사를 무례하게 방해한 후에,52 무리 지어 법정으로 몰려가 자신들에게 유죄를 선언하고 처형할 것을 요구했던 그리스도교인들도 있었다. 그리스도교인의 행동은 너무도 특이하여 고대 철학자들의 주목을 피할 수 없었다. 하지만 철학자들은 이런 행동에 놀라움을 표시했지만 그리 감탄한 것 같지는 않다. 그들은 이성과 분별의 한계를 뛰어넘는 용기를 가능케 하는 신도들의 동기를 이해할 수 없었으므로, 이들의 죽고자 하는 열망을 완강한 절망이나 우둔한 무감각 또는 미

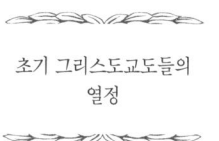
초기 그리스도교도들의 열정

51 이 사례는 풍부한 실례와 관련 문서를 제시하여 이그나티우스의 감정을 정당화하려는 피어슨 주교의 의도에 부합하는 것이었다.

52 코르네유가 아름다운 비극의 소재로 삼기도 했던 폴리에우크테스의 이야기는 비록 신빙성은 높지 않지만, 순교에 대한 과도한 열정을 보여 주는 유명한 실례들 가운데 하나이다. 이베리아 공의회의 60번 신조는 공개적으로 우상을 파괴함으로써 스스로 처형당하려는 사람들에게는 순교자의 칭호를 주지 않는다는 내용을 담고 있다.

신적인 광신에서 비롯된 기이한 결과로 취급했다. 아시아의 속주 총독이었던 안토니누스는 아시아의 그리스도교인들에게 이렇게 외쳤다.

불쌍한 자들이여! 너희들이 삶에 그토록 진저리가 난다면, 밧줄이든 벼랑이든 찾아내기가 그리 어려운가?[53]

그는 고발자도 없는데 스스로 신앙을 고백한 자들을 처벌하는 일에 대단히 신중했다.(이에 대해서는 경건하고 박식한 역사가가 진술한 바이다.) 제국의 법률에도 이런 뜻밖의 경우에 대한 조항이 없었으므로, 경고하는 의미로 몇몇 신도만 유죄 처벌하고, 나머지 수많은 신도들은 분노와 경멸을 보내며 방면했다. 이것이 진실한 경멸이든 가장된 경멸이든 상관없이, 신도들의 굽힐 줄 모르는 신앙심은 본성이나 은총에 의해 쉽게 종교적 진실을 받아들이는 사람들에게 유익한 영향을 주었다. 즉 비참한 순교 광경을 지켜본 많은 이방인들이 순교자를 불쌍히 여겨 동정하고, 감화를 받아 개종하기도 했다. 수난자의 넘치는 종교적 열정이 구경꾼들에게 전파되었고, 유명한 구절을 빌리자면, 순교자들의 피가 교회의 씨앗이 된 것이다.

열정의 점진적인 이완

비록 신앙심이 고양되고 설교가 지속적으로 불을 질렀지만, 이런 마음의 열정도 어느덧 인간의 자연스러운 희망과 공포, 삶에 대한 사랑, 고통에 대한 염려, 죽음에 대한 공포로 무너져 갔다. 교회의 사려 깊은 지도자들은 신도들의 무분별한 열정을 제한해야 하고, 법정에 서면 종종 포기하게 되는 신앙심을 의심해 봐야 한다고 생각했다. 신도들의 생활이 덜 엄격해지고 고행이 적어짐에 따라 순교의 영예를 향한 열망도 나날

[53] 이 인물이 누구인가에 대해서는 동일한 이름을 지닌 세 사람을 두고 학자들 간에 의견이 엇갈리고 있다. 이들 세 사람은 모두 아시아의 속주 총독이었다. 여기에서는 트라야누스 황제 치세 중에 아시아를 다스렸으며 후에 황제가 된 안토니누스 피우스일 것으로 추정한다.

이 식어 갔다. 그리스도의 전사들은 자발적인 영웅적 행동을 보이는 대신, 종종 지위를 내버리고 저항해야 할 적들 앞에서 오히려 당황하며 도망쳐 버리곤 했다. 박해의 불길을 피하는 세 가지 방법에 따라 죄의 등급도 다르게 매겨졌다. 즉 첫 번째 방법은 대개 무죄로 여겨졌고, 두 번째는 의문의 여지가 있는 또는 적어도 경미한 죄로 처리되었고, 세 번째 방법은 그리스도교 신앙에 대한 명백한 배교죄로 여겨졌다.

1) 근대의 이단 심문관들이 들으면 놀라겠지만, 로마 행정관은 관할 내에 그리스도교인이 있다는 정보를 입수할 때마다, 고발된 당사자에게 통보를 하고, 이어 그가 신변을 정리하고 부과된 죄목에 대한 답변을 준비할 수 있는 적절한 시간도 부여했다.[54] 만약 신앙에 자신이 별로 없다면, 이 유예 기간에 도망쳐서 삶과 명예를 보존하고 멀리 떨어진 벽지로 숨어 들어가 평화와 안전이 확보될 때까지 기다릴 수 있었다. 이는 상식적으로 합당한 방법이었으므로 경건한 대주교들의 충고와 사례들로 곧 공인을 받았고, 엄격한 계율을 오랫동안 완강히 고수함으로써 이단으로 이탈해 버린 몬타누스파의 비난을 제외하고는, 거의 비난받지 않은 방법이었다.[55] 2) 열의보다는 탐욕이 앞선 속주 총독들은 신앙 증명서를 판매하는 행위를 묵인했는데, 이 신앙 증명서는 로마법을 준수하고 로마 신들에게 희생 제물을 바친 사람임을 증명해 주는 것이었다. 이런 가짜 증명서를 제시함으로써, 부유하고도 겁이 많은 그리스도교인들은 밀고자의 적의를 잠재울 수 있었고 어느 정도는 종교와 안전을 양립시킬 수 있었다. 이런 불경스러운 시치미 떼기는 간단한 고백성사로 속죄되었다. 3) 박해가 있을 때마다 자신이 믿었던 신앙을 공개적으로 부인하거나 저버리고, 향을 피우거

순교에서 벗어나는 세 가지 방법

[54] 유스티누스의 두 번째 호교론에는 이런 합법적 지연에 관한 특수하고 기이한 실례 한 가지가 기록되어 있다. 데키우스 황제의 박해 기간 중에도 고발당한 그리스도교인들에게 이와 같은 유예 기간이 주어졌다.

[55] 테르툴리아누스는 박해를 피해 달아나는 것이 아무리 불가피한 일이라 해도 일단은 괘씸한 배교 행위, 즉 하나님의 뜻을 회피하려는 불경스러운 시도라고 간주한다. 그는 이 주제에 관하여, 광신적인 열광과 일관되지 않은 장광설로 가득 찬 글을 한 편 쓰기도 했다. 테르툴리아누스 자신이 순교하지 않았다는 것은 다소 놀랄 만한 일이다.

56 이전 세기의 그리스도교인들 사이에서는 회개하는 배교자들의 처우에 대한 논쟁이 발생하지 않았다. 그렇다면 그들이 논쟁하지 않은 것이 과연 그들의 신앙이나 용기가 우월했기 때문일까. 아니면 단지 오늘날 그들의 역사에 대해 자세히 알지 못하기 때문일까?

나 희생 제물을 바치는 적법한 행동으로 진실로 신앙을 포기했음을 확인시키는 비열한 그리스도교인들도 많았다. 이런 배교자들 중에는 행정관의 위협이나 훈계를 듣고 곧바로 굴복한 자들도 있었고, 극심한 고문에 견디다 못해 결국 항복한 자들도 있었다. 겁먹은 표정으로 내심 후회의 빛을 드러내는 사람도 있었고, 자신 있게 주저 없이 이교도 신들의 제단을 향해 나아간 사람도 있었다. 그러나 두려움 때문에 신앙을 포기한 것으로 가장한 사람들은 당장의 위험이 지나가면 곧 되돌아왔다. 엄중한 박해가 누그러 들자마자 교회는 회개한 신도들로 가득했는데, 이들은 우상 숭배에 굴복했던 것을 대단히 후회하며, 복귀 허가 여부는 제각각이었지만, 모두들 그리스도 교회로 되돌아올 수 있도록 허락해 달라고 간청했다.56

엄격함과 관용의 양자택일

4. 그리스도교인의 단죄와 처벌에 관한 일반적인 원칙들이 제정되기는 했지만, 광대하고 독단적인 제국 내에서 교회의 운명은 신자 각자의 행동, 시대 상황, 속주 통치자뿐만 아니라 황제의 기질에 좌우되는 경우가 대단히 많았다. 그들의 열성적 신앙이 이교도들의 미신적인 분노를 더욱 부추기기도 한 반면에, 그들의 신중한 자세는 분노를 가라앉히거나 누그러뜨리기도 했다. 다양한 동기로 인해 속주 총독은 법의 집행을 강화하기도 하고 완화하기도 했다. 이 동기들 중 가장 유력한 것은 공적인 칙령뿐만 아니라 황제의 내밀한 의도까지 고려한 것으로, 황제의 눈빛만으로 박해의 불길을 타오르게 하거나 꺼버리는 것이 가능했다. 제국 내 여러 지역에서 가혹한 박해가

10대 박해 사건

자주 일어남에 따라, 초기 그리스도교인들은 자신들의 고통을 탄식하고 아마도 과장했을 것이다. 그렇긴 해도 5세기 교

회 사가들은 유명한 10대 박해 사건을 확정했으며, 이 저자들은 네로 황제 시대부터 디오클레티아누스 황제 시대까지, 교회의 번성과 불운에 대해 명확한 시각을 지니고 있었다. 이집트 10대 재앙과 계시록의 열 가지 뿔에서 착안해 10이라는 숫자를 처음 마음에 두게 되었고, 예언 신앙을 역사의 진실에 적용하는 데 있어 그리스도 교의에 가장 적대적이었던 시기를 신중하게 선택한 것이다.57 그러나 이런 일시적인 박해는 신앙의 열정을 부흥시키고 신자들의 계율을 복구하는 데 도움이 되었을 뿐이다. 그리고 엄청난 박해 시기는 이후 긴 평화와 안전의 시대로 보상되었다. 황제들의 무관심과 관대함 덕택에, 그리스도교인들은 합법적이진 않지만 실질적으로 공공연하게 신앙의 자유를 허용받았다.

57 술피키우스 세베루스는 이런 식으로 숫자를 정한 최초의 역사가였다. 그러나 그 자신은 적그리스도의 도래가 열 번째 대규모 박해가 되기를 바랐던 것 같다.

테르툴리아누스의 호교론은 매우 오래되고 기묘하면서도 매우 의심스러운 황제의 관대성에 관한 두 가지 사례를 담고 있다.

티베리우스와 마르쿠스 안토니누스의 가상의 칙령

그것은 티베리우스 황제 칙령과 마르쿠스 안토니누스 황제 칙령으로서, 이 칙령들은 무죄인 그리스도교인을 보호할 뿐 아니라, 심지어 그리스도 교리의 진실성을 증명하는 엄청난 기적들을 공언해 주었다. 첫 번째 칙령은 다소 문제가 있어 회의적인 독자들은 무척 당혹스러울 것이다. 이에 따르면 폰티우스 필라테가 황제에게 자신이 무죄에다 거룩하기까지 한 사람에게 부당하게 사형을 선고한 사실을 알렸는데, 그것으로 공적을 쌓기는커녕 순교의 위험에 처하게 되었다는 것을 우리는 믿어야 한다. 또한 모든 종교를 경멸하던 티베리우스 황제가 즉시 유대인 구세주를 로마 신들의 반열에 넣도록 고려했다는 것, 저 비굴한 원로원이 황제의 이 명령을 감히 거부했다는 것, 티베리우스 황제는 원로원의 거부에 분노하지 않고 그리스도교인들을 가혹한 법으로부터 보호하는 것에 만족했다는 것도 믿어야 한다. 그러나 이때는 가혹한 법률이 제정되기 몇 년 전이었거나 교회가 명확한 이름을 가지고 확립되기 이전이었다. 또한 마지막으로 이런 의외의 조치에 대한 기록은 믿을 만한 공공 기록에 남아 있다는데, 이것이 그리스와 로마 역사가에게는 전혀 눈에 띄지 않다가, 티베리우스 황제가 죽은 지 160년 후 호교론을 저술한 아프리카의 그리스도교인(테르툴리아누스) 한 사람의 눈에만 보였다는 것을 믿어야 하는 것이다. 마르쿠스 안토니누스 황제 칙령은 마르코만니 전쟁에서 황제가 겪은 기적적인 구원에 대한 기도와 감사에서 비롯된 것이라 추측된다. 여러 이교도 작가들이 로마 군단이 곤경에 처했을 때, 때마침 비와 우박, 천둥 번개를 동반한 폭풍우가 휘몰아쳐 야만족들이 허둥지둥하다 패배한 사실을 장황하게 설명해 놓았다. 군대 안에 그리스도교인이 있었다면, 위험한 상황에 직면해 자신과 국가의 안전을 위해 열렬히 기도한 자들에게 공적을 돌리는 것도 당연해 보인다. 그러나 놋쇠와 대리석 기념물, 황제의 메달, 안토니누스 주랑 등을 보면, 황제나 국민이 이런 식으로 은혜에 감사를 느끼지는 않았다고 확신하게 된다. 왜냐하면 만장일치로 자신들의 구원을 유피테르 신의 섭리와 메르쿠리우스 신의 중재 덕택으로 돌리고 있기 때문이다. 전 통치 기간에 걸쳐 마르쿠스 황제는 철학자의 입장에서는 그리스도교인을 경멸했고, 통치자로서는 그들을 처벌했다.

서기 180년, 콤모두스와 세베루스 치세의 그리스도교도들의 상황

기묘한 불운인지, 덕망 높은 황제 집권 하에서 견뎌내야 했던 수난들이 폭군 황제가 등극하면서 즉시 중단되었다. 그리스도교인을 제외하고는 마르쿠스 황제의 불공평함을 경험하지 못했듯이, 그들만이 콤모두스 황제의 자

비로운 보호를 받게 되었다. 콤모두스 황제의 후궁 중 가장 사랑받았고, 후에 애인인 황제를 암살하려 했던 그 유명한 마르키아는 탄압받는 교회에 특별한 애정을 지니고 있었다. 그녀는 비록 악행과 복음의 가르침을 조화시킬 수는 없었지만, 스스로 그리스도교인의 보호자로 공언하면서 여성이라는 성과 후궁이라는 지위의 취약성을 보상받고자 했던 것 같다. 마르키아의 자비로운 보호를 받으며, 그리스도교인은 13년간의 무자비한 폭정을 안전하게 넘겼다. 그리고 세베루스 가가 제국을 집권하게 되었을 때, 그리스도교인은 새 궁정과 사적이지만 명예로운 관계를 맺게 되었다. 위태로운 병환에 걸렸던 세베루스 황제가, 한 노예가 자신에게 부어 준 성유가 영적으로나 육체적으로 은혜를 베풀었다고 믿게 된 것이다. 황제는 새 종교를 받아들인 남녀 신자들을 특별히 구별하여 대우했다. 장남 카라칼라의 교사와 유모도 그리스도교인이어서, 젊은 황태자가 인간미를 드러내면 이는 아무리 사소하다 해도 그리스도 교의와 연결된 것으로 여겨졌다. 세베루스 황제 시대에 민중의 분노는 억제되었고, 고래의 엄격한 법률은 당분간 유예되었다. 또한 속주 총독들은 완화 정책의 대가나 보상으로서 관할 내 교회가 매년 보내는 선물을 받는 것에 만족했다.[58] 부활절 의식의 정확한 시기에 대한 논쟁으로 아시아와 이탈리아 주교 간에 대립이 격화되었는데, 평화롭고 한가했던 이 시기에 이것은 가장 중요한 관심사로 여겨졌던 것이다. 교회의 평화가 지속되다가, 드디어 증가한 개종자 수가 세베루스 황제의 주목을 끌고 심기를 불편하게 만들게 되었다. 그는 그리스도교 발전을 저지하려는 의도로 칙령을 공포했으며, 이는 새 개종자들에게만 적용되는 칙령이었지만, 열성적인 교사와 선교사마저도 위험과

서기 198년

[58] 선물은 사투르날리아 축제 기간에 제공되었다. 충실한 신도들이 돈으로 정부의 묵인을 매수하는 파렴치한 신자들과 혼동된다는 것은 테르툴리아누스에게는 매우 중요한 문제였다.

처벌에 빠뜨리는 엄격한 집행을 피해 갈 수는 없었다. 이런 완화된 박해 속에서도, 로마와 다신교의 관대한 정신은 여전히 발견되는데, 즉 선조들에 대한 종교적 제사를 실행하는 그리스도교인은 모두 기꺼이 용서해 준 것이다.

서기 211~249년, 세베루스의 계승자들의 치세하 그리스도교도들의 상황

그러나 세베루스 황제가 제정한 법률은 그의 집권이 끝나자 곧 폐지되어, 그리스도교인은 일시적인 태풍이 지나간 후 38년간의 평온기를 누리게 되었다. 이 시기 이전에는 주로 개인의 집이나 외딴 장소에서 집회를 가졌다. 이제는 예배당을 짓고 봉헌하는 것이 허용되었고,[59] 교회 공동체가 사용할 토지를 로마 시내에서 구입하는 것까지 허용되었다. 또한 교회 성직자를 공개적으로 선출하는 것이 허락되어, 선거가 공공연하게 동시에 이방인들의 존경스러운 주목을 받으며 모범적으로 진행되었다.[60] 이러한 교회의 오랜 평온기에는 위엄과 긍지가 수반되었다. 아시아 속주 출신의 황제들이 즉위한 것도 그리스도교인에게 대단히 유리한 일이었다. 교단의 유명 인사들은 노예나 후궁에게 보호를 간청하지 않고서도, 사제와 철학자라는 명예로운 신분으로 궁정에 들어갈 수 있게 되었다. 이미 사람들 사이에 확산된 신비로운 교리가 어느덧 황제의 호기심마저 끌어당겼다. 황후 마마이아는 안티오크를 지나갈 때, 신앙과 학식의 명성을 동방 세계에 널리 떨친 저명한 오리게네스와 대화하고 싶은 열망을 드러냈다. 오리게네스는 교활하고 야심 많은 이 여인과의 대화가 처음부터 성공적이리라 예상하지는 않았지만 너무도 간절한 황후의 초대를 받아들였고, 황후는 그의 감동적인 훈계를 기쁘게 경청한 뒤 팔레스타인의 은신처로 정중히 모셔다 주었다.[61] 마마이아 황후의 생각은 아들 알렉산데르 황제에게 이어져서, 그의 철학적인 신

---

[59] 일찍이 티유몽(M. de Tillemont)과 모일(Moyle)이 오래된 그리스도교 교회 건물에 대해 논의한 바 있었다. 티유몽은 교회 건물이 최초로 지어진 것이 알렉산데르 세베루스 황제의 평온기라고 하고, 모일은 갈리에누스 황제의 평온기라고 주장한다.

[60] 알렉산데르 황제는 서품 후보자들의 이름을 사전에 공포하는 그리스도교인의 방식을 그대로 채택했다. 유대인들 또한 이처럼 명예로운 관례를 갖고 있었다고 한다.

[61] 그리스도교인들과 이교도들 모두가 마마이아를 경건하고 독실한 여성이라고 불렀다. 그러므로 적어도 그리스도교인에게 그렇게 명예롭게 불릴 만한 자격은 없었다.

앙은 그리스도교에 대한 기묘하고도 분별없는 존중으로 나타났다. 즉 그는 황궁의 예배당 내에 아브라함, 오르페우스, 아폴로니우스의 신상과 함께 그리스도의 신상을 배치했는데, 이를 인류에게 다양한 방식으로 '최고의 보편신'에게 존경을 표하도록 가르친 현인들에 대한 정당한 의례라고 여긴 것이다.62 예배뿐만 아니라 더욱 내밀한 순수 신앙이 황실 내에서 공개적으로 표현되고 실행되었다. 최초로 주교가 궁정에 모습을 나타낸 것도 아마 이때가 처음이었을 것이다. 알렉산데르 황제가 사망한 후, 무자비한 막시미누스 황제가 불운한 은인인 전임 황제의 총신들과 노예들에게 분노를 폭발시켰을 때, 그는 수많은 그리스도교인들을 신분이나 성별에 상관없이 무차별 학살했는데, 이 학살에도 부적절하게 종교 박해라는 이름이 붙었다.63

막시미누스 황제의 잔인한 성격에도 불구하고, 그리스도교인에 대한 그의 분노는 매우 지엽적이고 일시적인 영향만을 미쳤다. 예를 들어 신앙심 깊은 오리게네스는 저주받을 희생자로 처벌자 명단에 올라 있었는데도 여전히 황제들에게 복음의 진리를 전파할 수 있었다. 오리게네스는 필리푸스 황제와 황후와 어머니에게 교화 서한을 여러 통 보냈다. 팔레스타인 부근에서 출생한 그가 황제권을 찬탈하자, 그리스도교인은 지지자이자 보호자를 얻게 될 것이다. 새 종교의 신자들에게 필리푸스 황제가 보여 준 공공연하고 편파적이기까지 한 호의와 성직자에 대한 부단한 존경은 황제 자신이 그리스도교 개종자가 아닌가 하는 당시의 만연했던 의구심에 불을 붙였고,64 그가 전임 황제를 암살한 죄를 고백성사와 참회를 통해 속죄하려 했다는 나중에 조작된 이야기에 어느 정도 근거를 제공했다. 필리푸스 황제가 몰락하고 황제가 바뀌면서 들어선 새로운 정부는 그리

62 알렉산데르 황제와 하드리아누스 황제 두 사람이 그리스도 신전을 건설하려 했으며, 또 그에 대한 반대에 부딪혔다는 기록은 사실상 믿기 어렵다. 이 기록은 그리스도교인들이 조작한 이야기를 콘스탄티누스 황제 시대의 어느 역사가가 경솔하게 그대로 기록함으로써 지금까지 전해지게 된 것 같다.

63 그리스도교인들의 성공은 점차 완고해져 가던 이교도들을 격분시켰던 것으로 추정된다. 디오 카시우스는 알렉산데르 시대에 사서를 편찬하면서, 황제가 보기에 알맞게 이런 박해가 아우구스투스의 총신들 탓인 것으로 기술했다.

64 알렉산드리아의 주교 디오니시우스의 편지에서 볼 수 있듯이, 공개적으로 그리스도교인으로 추정되었던 황제에 대한 언급은 분명 필리푸스 황제와 그의 가족을 암시하는 것이며, 당시에 그러한 소문이 만연했다는 시대적 증거이다. 그러나 로마 궁전으로부터 얼마 떨어지지 않은 거리에 살았던 이집트인 주교는 이 사실이 진실인지를 확신하지 못한 채 이를 기술하고 있다. 오리게네스의 편지들은(이것들은 에우세비우스의 시대에도 남아 있었다.) 이처럼 중요하다기보다는 호기심을 끄는 문제를 해결해 주는 자료가 될 것이다.

스도교인을 극심하게 탄압했다. 데키우스 황제의 짧은 치세 동안 그들이 겪은 가혹한 박해에 비하면, 도미티아누스 황제 이래 지나온 기간은 완전한 자유와 안전의 시대였다. 데키우스 황제의 미덕을 생각해 볼 때, 그가 전임 황제의 총신들에 대하여 치사한 분노만으로 행동했다고 생각하기는 어렵다. 오히려 로마 풍속의 순수성을 회복하려는 총괄적 계획을 실행하는 중에, 황제 자신이 새로운 범죄적 미신으로 규탄한 그리스도교로부터 로마 제국을 구제하기를 열망했던 것이라 믿는 편이 더 합당하다. 주요 도시의 주교들이 추방당하거나 사형당했고, 행정관의 감시 때문에 로마는 16개월 동안이나 새로운 성직자를 선출하지 못했다. 통치권에 대한 경쟁자에 대해서 끈기 있게 인내할 수 있어도 수도 내의 주교는 결코 인정할 수 없다는 것이 황제의 본의였다고 그리스도교인들은 여겼다.[65] 데키우스 황제의 통찰력이 겸손으로 위장된 신도들의 자만심을 발견했다든지, 영적 권위를 주장하면서 알게 모르게 나타나는 현세 지배를 예견했다고 가정한다면, 그가 성 베드로의 계승자들을 아우구스투스의 후계자들의 가장 두려운 경쟁자로 여겼다는 것에 그다지 놀라지 않을 것이다.

[65] 로마 관구는 파비아누스의 순교일인 서기 250년 1월 20일부터 코르넬리우스의 선출일인 251년 6월 4일까지 공석이었다. 그해(251년)가 가기 전에 살해된 것으로 보아, 데키우스 황제는 이때는 이미 로마를 떠나 있었던 것 같다.

서기 253~260년, 그리스도교도들의 상황

발레리아누스 황제 통치는 경솔하고 변덕스러운 것이 특징으로, 황제가 맡은 로마 감찰관의 위엄에 전혀 어울리지 않았다. 집권 전반기에는 그리스도교와 연계되었다고 의심받은 황제들의 관대함을 능가했다. 그러나 집권 후반 3년 반 동안은 이집트 미신에 빠져 버린 장관의 교묘한 말에 귀 기울여, 선대 데키우스 황제의 탄압 정책을 채택하고 그 가혹성을 모방했다. 갈리에누스 황제가 즉위하면서 제국의 재난은 늘어났지만, 교회에는 평화가 다시 찾아왔다. 주교의 직무와 공적 신분을 인정하는 듯한 칙령이 주교들에게 전해짐으로써, 신도들은 종교의 자유를 얻었다. 예전 법률들은 정식으로 폐지되지는 않았지만 잊혀지면서 사라져 갔고, 그 후 그리스도의 제자들은 (아우렐리아누스 황제의 다소 적대적인 의도만 제외하고는) 40년 이상 번영기를 보냈는데, 이때는 가혹한 박해보다도 오히려 그리스도교인의 덕성 면에서 더욱 위태로운 시기였다.

서기 260년, 사모사타의 파울루스

동방 세계가 오데나투스와 제노비아의 지배하에 있는 동안, 안티오크의 대주교였던 사모사타 출신 파울루스의 일화는 당시의 상황과 특징을 잘 밝혀 줄 것이다. 고위 성직자의 재물은 그가 죄 지었다는 충분한 증거가 된다. 왜냐하면 선조들의 유산을 받은 것도 아니고 정직한 노동의 대가로 얻은 것도 아니기 때문이다. 그러나 파울루스는 성직을 많은 돈을 벌 수 있는 직업으로 여겼다.[66] 그의 교회 공무 수행은 부패하고 탐욕스러웠다. 부유한 신자들에게 기부금을 강탈하고, 공적 수입의 상당 부분을 사적인 용도에 써 버렸다. 그의 교만과 사치 때문에 이교도의 눈에 그리스도교가 추악하게 비쳐졌다. 종교 회의실, 주교좌, 대중 앞에 나설 때의 화려한 의상, 그에게 배려를 간청하는 많은 청원자들, 그가 구두로 회답하는 수많은 편지들과 청원서들, 끊임없이 바쁜 업무들, 이런 것들은 초기 교회의 겸손한 주교보다는 행정관의 지위에 훨씬 잘 어울리는 것이었다.[67] 설교단에서 신자들에게 열변을 토할 때, 그는 아시아 궤변가들의 화려한 표현과 과장된 동작을 즐겨 사용했는데, 그의 신성한 웅변을 찬양하는 신도들의 크고 엄청난 환호성으로 교회가 떠나갈 듯했다. 이 대주교는 자신의 권력에 저항하거나 허영심에 아부하지 않는 자들에게는 오만하고 엄격하며 냉정하게 대했다. 그러면서 자기 수하의 성직자

[66] 파울루스는 주교라는 칭호보다 두케나리우스(Ducenarius)라는 칭호를 더 좋아했다. 두케나리우스란 황제의 재무관에 해당하는데, 그 연봉은 200세스테르티우스, 즉 연간 1600파운드에 해당했다. 몇몇 학자들은 이 안티오크의 주교가 제노비아로부터 실제로 그러한 직책을 부여받았던 것으로 보고 있으며, 반면 또 다른 학자들은 이것이 단지 그의 허례허식과 오만한 태도에서 비롯된 비유적인 표현이라고 간주한다.

[67] 이 당시에도 성직 매매가 없었던 것은 아니었다. 때때로 성직자들은 그들이 팔려고 하는 것을 샀다. 루킬라라는 이름의 부유한 부인은 자신의 하인인 마요리누스를 위해 카르타고의 주교직을 사 주기도 했다. 그 가격은 400폴리스였다. 매 폴리스마다 125개의 은화가 들어 있었고, 그 총액은 약 2400파운드로 추산된다.

68 파울루스의 악행을 정상 참작하기 위해서는, 동방 교회의 주교단이 제국 전역의 교회들에 회람 서신들을 발송하여 악의적인 중상모략을 했다는 점을 의심해 봐야 할 것이다.

69 그의 이단은 (같은 세기의 노에투스나 사벨리우스의 이단과 마찬가지로) 신의 인성에 관한 신비한 차이를 혼동하는 경향이었다.

들에게는 규율을 느슨하게 해 주고 교회 재산을 퍼주는 한편, 세속적인 욕망을 채우는 지도자를 모방하는 수하 성직자들 역시 용인해 주었다. 왜냐하면 파울루스 자신이 거리낌없이 식탐에 빠져 있었고, 여가를 즐기기 위해 두 명의 젊은 미녀를 고정적으로 주교 공관에 들여놓았기 때문이다.68

서기 270년, 안티오크의 주교 지위에서 강등된 파울루스

이런 수치스러운 악행에도 불구하고, 만약 사모사타의 파울루스가 정통 신앙의 순수성을 보존했더라면, 그의 시리아 수도 지배권은 그가 살아 있는 동안 지속되었을지 모른다. 또한 적절한 시기에 박해가 가해졌더라면, 그는 용기를 발휘하여 성인이나 순교자의 반열에 올랐을지도 모를 일이다. 그러나 삼위일체 교리에 관해 그가 경솔하게 채택하고 완강하게 속행시킨 민감하고도 미묘한 실책들이 동방 교회들의 열성과 분노에 불을 질렀다.69 이집트에서 흑해에 이르는 전 지역의 주교들이 분격하여 행동에 나섰다. 주교 회의가 몇 차례 열려, 그의 잘못에 대한 논증이 공포되고 이어 파문이 선고되었다. 애매모호한 변명들이 받아들여지고 거부되기를 되풀이하고, 교섭이 체결되었다 파기되면서, 안티오크에 모인 70~80명의 주교들의 선고에 의해 마침내 사모사타의 파울루스는 주교직에서 쫓겨났다. 주교들은 사제와 신자들의 의견을 물어 보지도 않고 독자적인 권위로 후임 주교를 임명했다. 후임 임명 절차에서 벌어진 이러한 명백한 불법 행위는 오히려 이에 불만을 품은 무리들을 증가시켰고, 궁정 술책에 밝았던 파울루스는 제노비아의 환심을 샀기 때문에, 그는 이후로도 4년이 넘게 주교 공관과 주교 직책을 유지했다. 아우렐리아누스 황제가 승리함으로써 동방의 형세에 변화를 가져와, 서로 분파와 이단이라고 헐뜯던 경쟁적인 두 그리스도교 종파에게 황제 법정에 나와 각자

의 주장을 펼치라는 명령이자 허락이 떨어졌다. 이처럼 특이한 공개 재판은 그리스도교인의 존재와 재산, 특권과 교회 정책이 법에 의해서는 아니더라도, 적어도 제국의 행정관으로부터 인정받았다는 확실한 증거가 된다. 파울루스와 반대파의 생각 중 어느 것이 정통 신앙의 참된 기준에 맞는 것인지에 관해, 이교도이자 군인인 아우렐리아누스 황제가 직접 심의할 것이라 기대할 수는 없었다. 그러나 그의 결정은 보편 타당한 평등과 상식의 원칙을 기초로 내려졌다. 그는 이탈리아의 주교들을 그리스도교인 가운데 가장 공정하고 훌륭한 판단자라고 생각하여, 그들이 만장일치로 주교 회의의 선고를 승인했다는 소식을 듣자 그들의 의견에 따라 즉각 파울루스에게 명령했다. 즉 동료 주교들의 판결에 따라 주교 지위를 정식으로 박탈당했으므로 지위에 속해 있던 소유물을 모두 포기하라고 명령을 내린 것이다. 우리는 이 공정한 판결을 치하하는 동시에, 이것이 아우렐리아누스 황제의 정책이라는 것을 간과해서는 안 된다. 황제는 전 국민의 이해관계나 편견을 통합할 수 있는 모든 방법을 동원하여, 수도에 대한 각 속주들의 의존적 유대를 복원하고 강화하길 원했던 것이다.

서기 274년, 아우렐리아누스의 결정

황제위를 둘러싸고 일어나는 로마 제국의 빈번한 혁명 와중에도, 그리스도교는 평화와 번영 속에서 계속 발전해 갔다. 디오클레티아누스 황제의 즉위70로, 저 유명한 순교자 시대가 시작됨에도 불구하고, 이 현명한 황제가 발표하고 유지시킨 새로운 정책은 18년이 넘게 대단히 온화하고 관대한 신앙의 자유를 지속시켜 주었다. 디오클레티아누스 황제의 성품은 이론적인 연구보다는 전쟁과 정치라는 실제적인 활동에 더 적합

서기 284~303년, 디오클레티아누스 치세의 교회의 평화와 번영

70 순교자력은 에티오피아 정교회(콥트 교회)와 아비시니아족 사이에서는 여전히 사용되고 있는 것으로, 서기 284년 8월 29일부터 기산되어야만 한다. 이집트력의 시작이 실제 디오클레티아누스의 즉위 일자보다 19일 더 빠르기 때문이다.

16장 667

했다. 그는 신중하여 거대한 변혁들에 부정적이었고, 비록 열정이나 광신에 빠져드는 성격은 아니었지만, 로마의 고대 신들에 대해서는 관습적인 존중을 유지해 왔다. 그러나 두 황후, 즉 아내인 프리스카와 딸인 발레리아가 여가 시간에 그리스도교 교리를 관심 있게 듣고 존경하게 되었는데, 이처럼 모든 시대에 그리스도교는 여성들의 신앙에 많은 신세를 졌다. 황제를 보좌하며 황제 일가의 총애를 받고 영향력을 행사한 환관들인 루키아누스, 도로테우스, 고르고니우스, 안드레우스도 강력한 영향력을 통해 자신들의 신앙인 그리스도교를 보호했다. 이들의 영향에 힘입어, 궁정에서 황제의 장신구, 의상, 가구, 보석 심지어 재산 관리를 담당하던 수많은 주요 관리들까지 환관들을 본받게 되었다. 때때로 황제가 신전에 희생 제물을 바칠 때 이들이 함께 수행하는 것이 의무였겠지만, 가정에서 궁정 관리들은 처자식과 노예들과 더불어 자유로이 그리스도교 예배를 드렸다. 디오클레티아누스 황제와 동료 황제들은 로마 신들에 대한 예배를 거부하더라도, 훌륭하게 제국 직무를 수행할 능력을 갖춘 인물이라면 주요 관직에 자주 등용했다. 주교들은 각자 거주한 속주에서 영예로운 지위를 누렸고, 국민들뿐만 아니라 행정관들로부터도 존경받고 특별 대우를 받았다. 거의 모든 도시에서 오래된 교회들은 늘어난 개종자들을 다 수용할 수가 없어서 더 넓고 품위 있는 교회들이 건축되었다. 에우세비우스가 매우 애석하게 여겼던 풍속과 계율의 타락은 디오클레티아누스 황제 치하에서 그리스도교인들이 누리고 남용한 자유의 결과일 뿐 아니라 그 증거라 생각해도 될 것이다. 즉 번영이 계율의 뼈대를 느슨하게 만든 것이다. 모든 집회에서 사기와 질시와 증오가 만연했다. 성직자들은 누구나 주교직에 오르기를 열망했고, 이 직책은 점점 더 야망을 품을 만한 자리가 되어 갔다. 교회에서 더 높은 지위에 오르려고 경쟁하는 주교들의 행동은 세속적이고 전제적인 권력을 추구하려는 것으로 보였고, 이교도와 그리스도교인을 구별시켰던 활발한 신앙 활동도 이제 신앙 생활에서보다 논쟁적인 저술 속에서만 드러나고 있었다.

이런 외견상의 안전에도 불구하고, 주의 깊은 관찰자라면 지금까지 견뎌온 것보다 훨씬 격렬하게 교회를 위협해 오는 박해의 징후를 알아차렸을 것이다. 열성적이고 급격한 그리스도교의 발전은 다신교도로 하여금 그들이 관습과 교육에 의해 존경하게 된 여러 신들을 위해 그때까지의 무기력한 무관심에서 깨어나도록 자극했다. 이미 200년 이상 지속되어 온 종교 전쟁의 상호 도발은 양측의 적대감을 격앙시켰다. 다신교도들은 동족의 종교를 비난하고 선조들에게 영원한 오명을 씌운 모호한 신종 교단인 그리스도교의 경솔함에 분개했다. 용서할 수 없는 적의 비난에 대항해 민가 신화를 옹호하려는 습성이, 지금까지 사소하게 여겨 왔던 국가 종교에 대해 새삼스럽게 신앙과 존경의 마음을 불러일으킨 것이다. 동시에 교회가 주장하는 초자연적인 힘은 두려움과 경쟁심을 자극했다. 다신교의 추종자들은 이적이라는 유사한 요새 뒤에 자리를 잡았다. 즉 새로운 희생, 속죄, 정화 방식을 고안해 내고,[71] 거의 스러져 가는 신탁의 명성을 부활시키려고 애쓰고,[72] 불가사의한 이야기로 편견에 아부하는 수많은 사기꾼들의 말을 쉽게 믿고 귀 기울였다.[73] 다신교와 그리스도교 양측 모두 상대편이 주장하는 기적의 진실을 인정하는 것처럼 보였는데, 상대편 기적을 마법의 조작이나 악마의 힘에 기인한다고 반박하면서, 각각 미신의 왕국을 복원하고 확립시킨 것이다.[74] 미신의 가장 위험한 적수인

이교도들 사이의 열정과 미신의 확대

[71] 여러 가지 사례 가운데 미트라에 대한 신비스러운 숭배(미트라 밀의교)와 타우로볼리아 밀의를 예로 들 수 있다. 후자는 두 안토니누스 황제 시대에 유행했다. 아풀레이우스의 이야기에는 풍자뿐만 아니라 신앙에 대한 내용들도 많이 담겨 있다.

[72] 알렉산데르라는 사기꾼은 말로스의 트로포니우스의 신탁과 클라로스 및 밀레투스의 아폴론의 신탁을 강력하게 권했다고 한다. 이 중 마지막 것은 역사상 한 가지 기이한 일화를 제공하는데, 디오클레티아누스 황제가 박해 칙령을 공표하기 전에 상담했던 곳이 바로 이곳이라고 한다.

[73] 피타고라스와 아리스테아스의 옛 이야기들 외에도, 아이스쿨라피우스 신전에서 실행된 치료와 티아나의 아폴로니우스와 관련된 우화들은 그리스도의 기적들에 대항하기 위한 것이었다. 그렇지만 필로스트라투스가 애초에 아폴로니우스의 전기를 썼을 때는 그러한 의도가 없었다는 라드너의 견해에는 동의한다.

[74] 초기 교부들이 초자연적이거나 이교 신앙의 악마적인 부분을 인정함으로써 오히려 상대편으로부터 이끌어낼 수도 있었을 많은 양보를 얻어낼 수 없었다는 점이 지금도 애석하게 여겨지고 있다.

75 율리아누스 황제는 신들의 섭리로 불경한 학파들이 침묵당하고, 피론학파와 에피쿠로스 학파의 대부분의 책들이 파괴되었다며 기뻐했다. 특히 에피쿠로스 학파의 책은 그 수가 매우 많았는데, 이는 에피쿠로스 자신이 300권이나 되는 책을 썼기 때문이었다.

76 락탄티우스는 이런 철학적인 적들 가운데 특히 복음 신앙을 반박하는 두 가지 논문에 대하여 매우 명료하며 생생한 기록을 남기고 있다. 그리스도교를 논박하는 포르피리우스의 방대한 논문은 서른 권으로 구성되었으며 서기 270년경 시칠리아에서 편찬되었다.

77 비록 락탄티우스, 암브로시우스, 술피키우스, 오로시우스 등은 언급하지 않고 있지만, 에우세비우스의 기록에 따르면, 막시미아누스 황제의 명령으로 펜닌 알프스의 계곡에서 테베 군단의 6000명에 이르는 그리스도교 병사들이 순교당했다고 한다. 이 이야기는 5세기 중엽 리옹의 주교인 에우세비우스에 의해 처음으로 널리 알려졌는데, 그는 이 이야기를 제네바의 주교인 이자크에게 들었으며, 이자크는 또한 옥토두룸의 주교인 테오도르에게 전해 들었다고 한다. 어떤 이야기든 쉽게 믿었던 부르고뉴의 지그문트 왕이 남긴 화려한 기념물인 성 모리스의 대수도원이 지금도 여전히

철학도 미신의 유용한 협력자로 뒤바뀌게 되었다. 아카데메이아의 숲, 에피쿠로스 학파의 정원, 심지어 스토아 학파의 주랑까지도, 다른 무신론이나 불경한 학파와 마찬가지로 거의 황폐해졌다.75 또한 수많은 로마인들이 키케로의 저술을 원로원의 권한으로 금서화하기를 원했다. 당시 널리 퍼진 신플라톤 학파 철학자들은 자신들이 두려워한 그리스도교에 대항하기 위해, 아마도 그때까지 경멸했던 다신교 신관들과 손잡는 편이 적절하다고 판단했다. 이 유행을 따른 철학자들은 그리스 시인들의 허구로부터 비유적인 명언을 발췌하고자 시도하고, 선택된 제자들만 이용하도록 신비한 예배 방식을 고안해 내고, 최고신의 상징이나 대리신으로서 고대 신들에게 숭배드릴 것을 추천하고, 복음 신앙을 반박하기 위한 여러 공들인 글들을 발표했는데,76 이 글들은 이후 정교를 받드는 사려 깊은 황제들에 의해 불길 속에 던져졌다.

몇몇 그리스도교 병사들을 처벌한 막시미아누스와 갈레리우스

디오클레티아누스 황제의 정책과 콘스탄티우스 황제의 인간애는 관용의 원칙을 손상하지 않고 보존하려는 입장이었지만, 동료였던 막시미아누스 황제와 갈레리우스 황제는 그리스도교에 대해 무자비한 혐오감을 지니고 있었음이 곧 밝혀졌다. 이 두 황제는 학문에 교화된 바 없었고 교육으로 품성을 다듬은 적도 없었다. 오직 칼과 검에서 위대함을 드러냈고 제위에 오른 후에도 군인과 농민이 지닌 미신적 편견을 여전히 지니고 있었다. 속주의 전반적인 통치에서는 그들의 은인(디오클레티아누스 황제)이 제정한 법률에 따랐다. 반면 군대와 궁정 내에서는 빈번히 비밀스러운 박해를 가했는데,77 그리스도교인의 무분별한 광신이 때때로 매우 그럴듯한 구실을 제공하기도 했다. 예를 들어 아프리카 청년인 막시밀리아누스는 아버지

에게 이끌려 행정관 앞에 법적 자격을 갖춘 신병의 자격으로 나왔지만, 양심상 군인의 직무를 맡을 수 없다고 완강하게 입대를 거부한 결과, 사형 선고를 받고 처형되었다.[78] 어떤 정부라도 백인대장이었던 마르켈루스의 행동을 처벌하지 않고 그냥 넘기리라 기대할 수는 없다. 국가 축일에 마르켈루스는 혁대와 무기와 백인대장 휘장을 벗어 던지고서, 영원한 왕이신 예수 그리스도만을 섬기리라 큰 소리로 외쳤고, 영원히 속세의 무기를 버리고 우상을 숭배하는 주인에게는 봉사하지 않겠다고 외쳐댔던 것이다. 깜짝 놀랐다 정신을 차린 군인들이 그를 체포했다. 그는 팅기에서 마우리타니아 지역 장관의 심문을 받고 자백하여 유죄가 인정되었으며, 결국 탈영죄로 참수형을 당했다. 이런 종류의 사례들은 종교적 박해보다 군법 또는 시민법 문제라는 느낌이 든다. 하지만 이런 사례들이 황제들의 마음을 그리스도교에서 떠나게 만들었고, 수많은 그리스도교인 장교들을 면직시킨 갈레리우스 황제의 가혹한 처사를 정당화하는 데 공헌했으며, 또한 국가 안전에 해로운 계율을 믿는다고 공언한 광신자 무리는 제국에서 쓸모없거나 오히려 조만간 위험 요소가 될 것이라는 견해에 힘을 실어 주었다.

페르시아 전쟁에서 승리하면서 기대와 명성이 높아진 갈레리우스 황제는 디오클레티아누스 황제와 함께 그해 겨울을 니코메디아 궁정에서 지냈는데, 그리스도교의 운명이 두 황제의 비밀 회담의 대상이었다.[79] 경험 많은 황제 디오클레티아누스는 관용 정책을 계속 시행하고 싶어했다. 그는 궁정이나 군대에서 그리스도교인에게는 직책을 주지 않는다는 정책에 기꺼이 동의했지만, 저 현혹된 광신자들의 피를 흘리게 하는 것은 잔인할뿐더러 위험하다고 매우 강력히 주장했다. 그러나 마침

남아 있다.

[78] 막시밀리아누스와 마르켈루스의 순교에 대한 기록은 진실하며 믿을 수 있는 것이다.

[79] 락탄티우스(또는 이 소논문의 저자가 누구든지 간에)는 그 당시에 니코메디아에 거주했다. 그러나 그가 어떤 경로로 황제의 회의실에서 있었던 일에 대해 이처럼 세밀한 지식을 얻게 되었는지는 알 길이 없다.

전면적인 박해를 시작하도록 디오클레티아누스를 설득하는 갈레리우스

16장 671

[80] 현재 알 수 있는 유일한 정황은 갈레리우스의 어머니의 신앙과 질투심 때문이라는 것뿐이다. 그녀는 아들에게 큰 영향력을 발휘했으며, 자신에게 딸려 있던 몇몇 그리스도교인 시종들의 무시를 받아 화가 나 있었다고 한다.

내 갈레리우스 황제는 그로부터 행정과 군사의 소수 고위 관리들이 참석하는 회의를 소집해도 좋다는 허가를 받아냈다. 회의가 소집되어 주요 문제가 제기되었고, 야심 많은 신하들은 갈레리우스가 끈질기게 요구하는 폭력 시행을 열변으로 지지하는 것이 자신들의 의무라는 것을 쉽사리 감지했다. 아마도 신하들은 그리스도교 파멸이라는 안건에 대해 황제의 자부심, 신앙, 두려움에 영합하는 모든 주제를 강조했으리라 추정된다. 아마도 그리스도교라는 독립적 집단이 속주 중심부에서 존속하고 확장하는 한, 제국을 구하는 위대한 사업은 달성될 수 없다고 주장했을 것이다. 로마의 신들과 제도를 부정하는 그리스도교인은 별개의 공화국을 형성하여, 아직 군사적 힘을 갖추지는 못했지만 이미 자체의 법률과 행정관에 의해 통치되고 공공 재산을 확보하고 있다고 그럴듯하게 단정지었다. 또한 모든 구역들이 주교들의 빈번한 회합을 통해 긴밀히 연결되어 있고, 주교들의 칙령에 대해서는 수많은 부유한 신자들도 맹목적으로 복종하고 있다고 주장했다. 이와 같은 논의가, 내켜하지 않던 디오클레티아누스 황제가 새로운 박해 방침을 결정하게 만들었을 것이다. 확실히 단정할 수는 없겠지만, 한편으로 궁정 내의 비밀 음모들, 사적인 감정이나 원한, 여성이나 환관들의 질시와 같은 사소한 이유들이 로마 제국의 운명과 현명한 제왕들의 회의에 빈번하게 영향력을 행사하는 결정적 원인이 되기도 했다고 추측할 수는 있을 것이다.[80]

서기 303년 2월 23일, 니코메디아 교회의 파괴

황제들의 의향은 마침내 그리스도교인에게 전해졌다. 그들은 침울한 겨울 내내 수없이 열렸던 비밀 회의의 결과를 근심스레 기다리고 있었다. 테르미날리아 축제일인 2월 23일이 그리스도교 발전에서 경계선을 긋는 날로 지정되었다. 이날 동이

틀 무렵, 여러 명의 장군, 군 장교, 징세관 들을 거느린 민정 총독이[81] 시내에서 가장 번화하고 아름다운 곳에 있는 니코메디아 중앙 교회로 갔다. 그들은 교회 출입문을 순식간에 파괴하고는 성소로 돌진했다. 예배에 쓰이는 성물을 찾지 못한 그들은 성서 몇 권을 불태우는 것에 만족할 수밖에 없었다. 디오클레티아누스 황제의 행정관들은 수많은 근위병과 선발 부대를 거느리고 요새 도시를 파괴할 온갖 무기들을 갖추고 전투 태세로 준비하고 있었다. 이들의 그칠 새 없는 공격으로 인해, 궁정을 넘어 우뚝 솟아서 오랫동안 이교도들의 분노와 질투를 자극했던 신성한 교회가 삽시간에 폐허가 되고 말았다.

바로 다음 날 전면적인 박해 칙령이 공포되었다. 여전히 유혈 박해에 반대 입장을 취한 디오클레티아누스 황제가 갈레리우스 황제의 격노를 누그러뜨리려고 했지만, 그는 희생 제물 공양을 거부하는 자는 모조리 불태워 죽이도록 명했는데, 완강하게 거부한 그리스도교인에게 가해진 처벌은 충분히 가혹하고도 효과적이었다. 제국 내 전 지역의 교회를 뿌리까지 파괴하고, 예배 목적으로 비밀 집회를 여는 자는 모조리 사형에 처하라는 칙령이 내려졌다. 이제 맹목적인 박해 열풍을 이끄는 비열한 역할을 맡게 된 철학자들은 그리스도교의 본질과 특성을 부지런히 연구했다. 그리스도교의 이론적 교리가 예언자, 전도사, 사도들의 글에 담겨 있다는 것을 깨달은 철학자들은 주교와 성직자에게 모든 종교 문헌을 행정관의 손에 넘기도록 하고, 행정관은 그 문헌들을 공개적이고 엄숙하게 불태워 버리도록 명령할 것을 제안했다. 동일한 칙령에 따라 교회 재산도 즉시 몰수하여, 최고 경매 가격에 팔거나 황실 재산에 편입시키거나 도시와 단체에 나눠 주거나 탐욕스러운 가신들의 간청

서기 303년 2월 24일, 그리스도교도들에게 적대적인 최초 칙령

[81] 락탄티우스의 유일한 필사본에는 프로펙투스(profectus)라고 적혀 있으나, 합리적으로 추론해 보거나 다른 모든 권위자들의 선례에 따르면 문장의 의미를 파괴하는 이 단어보다는 프라이펙투스(praefectus)로 대체하는 것이 좋겠다.

82 수많은 세월이 흐른 후 에드워드 1세가 영국의 성직자들에 대하여 동일한 형태의 박해를 성공적으로 실행한 바 있다.

에 따라 하사하는 등의 여러 방법으로 처분되었다. 이처럼 예배를 철폐하고 그리스도교 교회를 해체하기 위한 효과적인 방법들을 실시한 후에도, 대자연과 로마와 선조들에 대한 숭배를 계속 거부하는 완고한 자들에겐 가장 견디기 힘든 고난을 부과해야 한다고 판단되었다. 따라서 자유민들은 어떤 영예나 직책을 맡을 수 없으며, 노예들은 영원히 자유민이 될 수 없었으며, 모든 신자들은 법의 보호에서 제외되었다. 재판관은 그리스도교인을 상대로 제기된 모든 소송을 심의하고 판결할 권한이 있었지만, 그리스도교인은 자신들이 입은 어떠한 피해에 대해서도 정식으로 하소연하도록 허용되지 않았다. 이처럼 불운한 신자들은 사법권의 엄격성에는 노출된 반면, 사법권의 혜택으로부터는 철저히 배제당한 것이다. 이 새로운 종류의 순교는 너무나 고통스럽고 오래 끌며 너무 모호하고 굴욕적인 것이라, 아마도 독실한 신자들마저 지치게 하는 데 가장 적절한 방법이었을 것이다. 당연히 일반 시민의 열의와 관심도 황제들의 의도를 지지하는 방향으로 움직이게 되었다. 그러나 훌륭하게 질서 잡힌 정부 정책은 탄압받는 그리스도교인을 위하여 이따금씩 중재했음이 틀림없다. 로마 황제들이 자신들의 권위와 시민들의 안전을 위태롭게 하면서까지, 전적으로 처벌에 대한 우려를 없애거나 또는 모든 부정 행위와 폭력을 묵인할 수는 없었던 것이다.[82]

한 그리스도교도의 열정과 처벌

이 칙령이 니코메디아의 가장 번화한 곳에 나붙자마자 대중들이 볼 겨를도 없이 한 그리스도교인의 손에 찢겨 나갔는데, 동시에 그는 불경하고도 독재적인 통치자들을 혐오하고 비난하며 신랄한 독설을 퍼부어댔다. 아무리 관대한 법률에 따른다 해도, 이런 행동은 반역이고 사형에 처할 죄였다. 더군다나 만약 그가 신분과 학식이 높다는 설이 사실이라면, 그 죄는 가중되는 것이었다. 결국 그는 약한 불에 서서히 불태워져서 죽어 갔다. 사형 집행인들은 황제들에게 가해진 개인적인 모욕에 복수하고픈 일념에서 모든 잔혹 행위를 동원했지만, 그의 인내를 굴복시키지 못했고, 죽어 가면서도 여전히 간직했던 한결같이 모멸하는 듯한 미소를 변화시키지도 못했다. 그리스도교인들은 그의 행동이 신중하지 못했다고 인정하면서도, 그의 신성한 열정에 감탄했다. 신자들이 한편 영웅이자 순교자인 그에게 바친 과도한 찬사는 디오클레티아누스 황제의 마음에 강렬한 공포심과 증오심을 심어놓는 데 공헌했다.

그의 불안은 곧이어 위험을 간신히 모면하면서 더욱 깊어졌다. 즉 15일 만에 니코메디아 궁정과 황제 자신의 침실까지 두 번씩이나 불길에 휩싸였던 것이다. 두 화재 모두 큰 물질적 손실 없이 진화되었지만, 기이하게 연이은 화재는 우연이니 부주의로 인한 화재가 아니라는 결정적 증거로 간주되었다. 방화 혐의는 자연스럽게 그리스도교인에게 돌려졌다. 이들 절망적인 광신자들이 현재의 고통과 임박한 재난을 감지하여 분노한 나머지, 신앙 깊은 교우들과 궁정 내 환관들과 공모하여 교회의 적으로 혐오하던 두 황제의 목숨을 노리고 음모를 꾸몄다는 소문이 돌았다. 모든 사람들, 특히 디오클레티아누스 황제의 가슴에 경계심과 분노가 타올랐다. 뛰어난 능력으로 공직을 수행하거나 총애를 받던 수많은 사람들이 투옥되었다. 온갖 고문이 가해졌고 도시뿐만 아니라 궁정마저 엄청난 유혈 처형으로 더럽혀졌다. 그러나 이 미궁의 처형에 대한 진상을 알아내기란 불가능하므로, 우리는 처형당한 자들의 무죄를 추정하거나 결단성을 찬양하는 것에 만족해야 할 것 같다. 며칠 후

> 그리스도교도들의 탓으로 돌려진 니코메디아 궁정의 화재

갈레리우스 황제는 서둘러 니코메디아를 떠나면서, 이처럼 신앙심 깊은 곳에서 머물다가는 분노한 그리스도교인의 희생 제물이 되고 말 것이라고 밝혔다. 이 박해에 관해 부분적이고 불완전하나마 유일한 지식을 제공해 주는 교회 역사가들은 황제들이 느낀 공포와 위험을 어떻게 설명해야 할지 난감해 했다. 역사가들 중 두 사람, 황제(콘스탄티누스)와 수사학자(락탄티우스)는 니코메디아 화재를 직접 목격했다. 그런데 황제는 이 화재를 번개와 신의 노여움에 기인한 것으로 보았고, 수사학자는 갈레리우스 황제 자신이 적의감에 불타 직접 불을 지른 것이라고 단언하고 있다.

칙령의 집행

그리스도교인에 적대적인 칙령은 전 제국의 일반법으로 발표되었고, 디오클레티아누스 황제와 갈레리우스 황제는 서방 황제들의 동의를 기다리지는 않았지만 칙령에 대한 찬성을 확신하였기 때문에, 정책의 개념상 전 속주의 총독들 역시 각 지역에서 동일한 날에 칙령을 선포하도록 비밀 지시를 받았을 것이라 예상할 수 있다. 국도와 역참 시설이 잘 정비되어 있었으므로, 니코메디아 궁정에서 로마 제국의 말단까지 특급으로 신속하게 명령을 전달할 수 있었을 것이다. 시리아에서 칙령이 발표되려면 50일이 걸린다든지, 아프리카 도시에 알려지는 데 4개월 가까이나 걸릴 수는 없는 일이었다. 상황이 그러한데도 칙령 전달이 지연된 것은 아마도 디오클레티아누스 황제의 신중한 성격 탓으로 보인다. 그는 박해에 동의하기를 꺼렸고, 멀리 떨어진 속주들에서 필연적으로 일어나게 될 혼란과 불만을 겪기 전에 미리 직접 눈앞에서 시험해 보기를 원했던 것이다. 사실 처음에는 행정관들도 유혈 사태를 막으려 했다. 하지만 다른 모든 가혹한 처벌은 허용했고, 심지어 박해에 열의를 보이라고 장려하기까지 했다. 신자들도 교회 장식물들은 기꺼이 단념했지만, 종교 집회를 금지하고 성서를 불에 태우는 행위에는 어떻게 대처해야 할지 망설이게 되었다. 아프리카 주교 펠릭스가 완강하게 신앙을 고수한 것이 정부 하급 관리들을 쩔쩔매게 만들었던 모양이다. 먼저 도시 관리인이 그를 쇠사슬에 묶어 속주 총독에게 보냈고, 총독이 이탈리아의 민정 총독에게 이송하였다. 펠릭스는 둘러서 대답하는 것조차 떳떳치 않다 생각했으므로, 결국 호라티우스의 출생지로 유명한 루카니아의 베누시아에서 사형당했다. 이 선례와 이로 인한 황제의 포고령은 속주의 총독들에게 성서 제출을 거부하는 그리스도교인을 사형에 처할 수 있는 권한을 인정해 주었다. 많은 신자들이 이를 순교자의 화관을 얻을 기회로 받아들였음이 분명하다. 반면 성서를 찾아내서 이교도의 손에 넘김으로써 치욕적인 생명을 구걸한 사람들 역시 많았다. 수많은 주교들과 성직자들조차 죄가 되는 굴욕적 행동으로 배교자라는 수치스러운 이름을 얻었다. 이들의 죄로 아프리카 교회는 당시에는 수많은 불명예를 입었고, 후에는 불화가 끊이질 않았다.

성서의 번역서뿐만 아니라 사본들도 제국 내에 이미 널리 유포되었기 때문에, 아무리 엄중한 색출 조사도 더 이상 치명적인 타격을 입히지는 못했다. 모든 집회에서 공용으로 쓰이는 성서까지 남김없이 폐기하려면 비열하게 배신한 신자들의 동의가 필요했다. 그러나 교회들을 파괴하는 일은 정부 권력과 이교도들의 노력만으로도 쉽사리 진행되었다. 예배 장소를 봉쇄하는 것으로 만족한 속주도 있었고, 칙령의 조항들을 글자 그대로 따른 속주도 있었다. 예를 들어 교회 문과 의자와 설교단을 밖으로 꺼내서 화장용 장작처럼 태우고, 나머지 건물 전

교회 파괴

83 옵타투스 시대 말기에 발표되었던 어느 고문서에는 총독들의 교회 파괴에 관한 상세한 정황이 기록되어 있다. 그들은 접시를 비롯한 모든 교회 물품에 대해 세밀한 목록을 만들었다. 누미디아에 있는 시르타 교회의 물품 목록은 지금도 전해지고 있다. 이것은 두 개의 황금잔, 여섯 개의 은잔, 그리고 여섯 개의 은항아리와 한 개의 은주전자 및 일곱 개의 램프, 게다가 많은 양의 놋쇠 성구와 의복으로 구성되어 있다.

84 락탄티우스는 이 참화가 일어난 곳을 신도들이 모여 있던 교회 건물로만 한정하고 있다. 반면에 에우세비우스는 이 참화가 도시 전역에서 발생했다고 확대하여 말하면서 일반적인 포위 공격과 같은 성격을 도입하고 있다. 에우세비우스의 글을 라틴어로 번역한 루피누스는 당시 이곳 주민들에게 철수 허가가 떨어졌다는 중요한 정황 증거를 첨가한다. 프리기아와 이사우리아가 인접해 있음을 고려할 때, 이러한 재난은 독립적이고 불온한 야만인들의 소행으로 더욱 심화되었을지도 모른다.

체를 부숴 버렸다.83 개중에는 아주 비참한 일화도 전해 오고 있다. 너무도 다양하고 믿어지지 않는 이런 이야기들은 우리의 호기심을 만족시킨다기보다는 오히려 자극한다. 이 비참한 사건은 정확한 장소도 이름도 알 수 없는 프리기아의 작은 마을에서 일어났다. 이곳의 행정관과 주민들은 그리스도교를 신봉했던 모양이다. 칙령을 수행하려면 다소 저항이 있으리라고 예상한 속주 총독은 다수의 로마 군대를 지원받은 상태였다. 이윽고 군대가 접근하자 주민들은 모두 교회 안으로 들어가, 무력을 써서라도 신성한 교회를 수호하든지 아니면 교회와 함께 쓰러지겠다고 결의했다. 이들은 교회에서 나오라는 요구를 완강히 거부했고, 마침내 끈질긴 거부에 화가 치민 병사들이 교회 사방에 불을 질러, 수많은 프리기아 주민들이 아내와 자식들과 더불어 불타 죽는 엄청난 집단 순교 사태가 발생했다.84

잇따라 공포된 칙령들

시리아와 아르메니아 변경 지역에서도 가벼운 소동들이 수없이 일어나고 또 곧바로 진압되었는데, 이는 교회의 적들로 하여금, 주교들이 저항하지 않고 무조건 복종하겠다고 떠벌리던 선언을 잊은 채 이런 분쟁들을 은밀히 선동했다고 몰아붙이는 구실이 되었다. 마침내 분노하고 두려워하게 된 디오클레티아누스 황제는 지금까지 고수해 온 관용 정책의 한계를 넘어서, 그리스도교를 전멸시키겠다는 의도를 담은 가혹한 칙령들을 선포했다. 첫 번째 칙령에서는, 속주 총독들에게 성직자를 모조리 체포하라고 명령했다. 따라서 흉악범의 차지였던 감옥이 수많은 주교, 장로, 부제, 낭독자, 기도사들로 단번에 채워졌다. 두 번째 칙령에서는, 그리스도교인들이 가증할 미신에서 벗어나 제국의 신들을 숭배하도록 행정관들은 모든 가혹한 방법을 동원하라고 명했다. 세 번째 칙령은 이 준엄한 명령을 전체 그리스도교인에게 확대 적용하여 신자들 모두가 광포한 전면 박해를 당하게 되었다. 지금까지는 고발자의 직접적이고 신빙성 있는 증언을 요구하는 적절한 제약이 있었지만, 이제는 제국 행정관들이 직접 신자들 중에서 위험한 자를 밝혀 내고 추적하여 고문하는 일이 관심사일 뿐 아니라 의무 사항이 되었다. 이처럼 공개된 죄인을 신들과 황제들의 지당한 분노로부터 구출하려는 자는 누구든지 엄벌에 처해졌다. 하지만 이런 엄한 법률에도 불구하고, 많은 이교도들은 친구들이나 친척들을 숨겨 주는 용기를 보였다. 이는 미신이 휘몰아치는 상황도 그들 마음에서 인간 본성과 인간애를 소멸시키지는 못했다는 명예로운 증거가 된다.

디오클레티아누스 황제는 그리스도교인 박해 칙령을 공포하자마자, 마치 박해의 실행은 다른 사람에게 맡기고 싶다는

박해에 대한 일반적인 생각

듯이 황제 지위를 벗어 던졌다. 동료 황제나 후계자들은 각자 성격이나 상황에 따라 때로는 혹독한 칙령의 실행을 강행하기도 하고 때로는 일시적으로 중단하기도 했다. 따라서 제국의 각 지역에 따라, 디오클레티아누스 황제가 첫 번째 칙령을 내린 시기부터 교회의 최종적인 평화기에 이르는 10년 동안의 그리스도교 상황을 개별적으로 살펴보지 않는 한, 교회사의 이 중대한 시기에 대해 공정하고 명확하게 인식하기가 쉽지 않다.

온화하고 자비로운 성품의 콘스탄티우스 황제는 자신의 국민 누구라도 탄압받는 것에 반대했다. 그의 치하에서 궁정 내 주요 직책은 그리스도교인들이 맡고 있었다. 황제는 그들의 인격을 사랑했고, 성실성을 존경했으며, 그들의 종교적 원칙에 대해서는 전혀 반감을 갖지 않았다. 그러나 그가 부황제 지위에 머무는 동안은, 공개적으로 디오클레티아누스 황제의 칙령

85 다티아누스는 루시타니아 남부에 있는 도시들이 팍스 율리아와 에보라의 영토 간 경계를 결정하는 그루터(Gruter)의 비문에 언급되어 있다. 이 도시들이 성 빈센트 곶에 인접하고 있는 장소들임을 상기한다면, 프루덴티우스가 성 빈센트란 이름의 저 유명한 부제이자 순교자인 사람을 사라고사나 발렌시아 사람이라고 한 것은 부정확한 지적이다. 몇몇 학자들에 따르면 부황제 콘스탄티우스의 관할 구역에는 에스파냐가 포함되어 있지 않았고, 이곳은 당시 여전히 막시미아누스 황제의 직속 관할 구역이었다고 한다.

을 거부하거나 막시미아누스 황제의 명령을 위반할 만한 힘이 없었다. 단지 부황제의 권위로서 그가 혐오했고 또 연민을 느꼈던 고통들을 누그러뜨리고자 힘을 쏟았다. 마지못해 교회를 파괴하는 일에 동의했지만, 그리스도교인을 민중의 분노와 혹독한 법으로부터 과감하게 보호했다. 온화한 콘스탄티우스의 개입 덕분에 갈리아의 속주(여기에는 아마도 브리타니아의 속주들도 포함될 것이다.)들은 유일하게 평화를 누릴 수 있었다. 그러나 에스파냐 총독인 다티아누스는 열정에 휘말렸는지 정책에 자극을 받았는지, 콘스탄티우스의 은밀한 의도를 따르지 않고 황제들의 공식적인 칙령을 열심히 수행해 나갔다. 당연히 그가 통치했던 속주가 몇몇 순교자들의 피로 물들었다는 것은 의심할 여지가 없다.85 콘스탄티우스가 마침내 지존의 자리인 황제에 즉위하자, 그는 덕행을 자유롭게 실행했고, 짧은 통치 기간이었지만 관용 정책을 확립하여 아들인 콘스탄티누스에게 교훈과 선례를 남겼다. 운이 좋은 아들 콘스탄티누스는 제위에 오르자 곧바로 스스로를 교회의 보호자라 선언했고, 마침내 공개적으로 그리스도교인임을 고백하고 그리스도교를 확립시킨 최초의 황제라는 호칭을 얻게 되었다. 그가 개종한 동기는 자비심, 정책, 신념, 양심의 가책 등으로 다양하게 추론할 수 있다. 그와 아들들의 강력한 영향력 아래, 그리스도교를 로마 제국의 지배 종교로 만드는 혁명의 진행 과정은 이후에 대단히 흥미롭고 중요한 장을 구성할 것이다. 여기서는 콘스탄티누스 황제의 승리들 하나하나가 모두 교회의 구원과 이익에 도움을 주었다고 말해 두는 정도로 충분할 것이다.

이탈리아와 아프리카의 속주들은 단기간이지만 혹독한 박해를 겪었다. 디오클레티아누스 황제의 가혹한 칙령은 동료 황제인 막시미아누스에 의해 엄격하고 활기차게 실행되었는데,

막시미아누스는 오랫동안 그리스도교인을 증오해 왔고 유혈과 폭력 행위를 즐기던 인물이었다. 박해가 시작된 해 가을에 두 황제는 승리를 자축하기 위해 로마에서 만났다. 이 비밀 회담에서 몇 가지 탄압 법률이 결의된 것 같고, 로마 시 행정관들도 황제들의 체재에 고무되어 그 법률을 부지런히 시행했다. 디오클레티아누스 황제가 퇴위한 후, 이탈리아와 아프리카는 세베루스 부황제의 지배하에 들어갔고, 방어할 겨를도 없이 갈레리우스 황제의 무자비한 분노를 맞게 되었다. 로마 시의 순교자들 중에서 아다우크투스는 특히 후세의 주목을 받을 만하다. 그는 이탈리아 귀족 가문 출신으로, 궁정에서 연이어 고위직을 맡은 뒤 황실 토지 재무관이라는 유력한 지위까지 올랐다. 아다우크투스는 전 박해 기간을 통하여 순교한 이들 가운데, 유일한 고위직 인사라는 점에서 더욱 주목을 끈다.

막센티우스의 반란은 즉시 이탈리아와 아프리카 교회에 평화를 되돌려주었다. 모든 계층의 국민들을 억압했던 압제자가 고통받던 그리스도교인에게만은 공정하고 인간적이었으며 편파적일 정도로 잘 대해 주었다. 그는 그리스도교인의 감사와 호의를 신뢰했다. 또한 그리스도교인들이 겪어 왔던 상처와 여전히 우려되는 위험 덕분에, 이미 수적으로나 재산상으로 유력한 세력인 그리스도교인들의 충성을 자신의 것으로 확보할 수 있을 것이라고 자연스럽게 추정하게 되었다. 로마와 카르타고 주교들에 대한 막센티우스의 조치들까지도 그의 관용 정책의 증거로 여길 수 있는데, 정통 교회를 신봉하는 황제라 해도 제국의 성직자들에게 아마도 그와 동일한 조치를 취했을 것이기 때문이다. 예를 들어 로마 대주교였던 마르켈루스는 최근 박해 중에 신앙을 포기하거나 숨긴 수많은 신자들에게 가혹하고 호된 회개를 강요함으로써 수도를 혼돈에 빠뜨렸다. 종파들의 알력은 격렬한 소동으로 빈번히 폭발하여, 신자들끼리 서로 피를 흘리는 사태가 발생했다. 사태가 이렇게 되자, 신중함보다는 열정이 앞섰던 마르켈루스를 추방하는 것만이 혼란에 빠진 로마 교회에 평화를 되찾아 줄 유일한 방법으로 여겨졌다. 카르타고 주교였던 멘수리우스의 행동은 더욱 비난받을 만하다. 카르타고의 부사제 한 명이 황제를 비방하는 글을 발표하고 나서 주교 공관으로 도망쳐 왔다. 그러자 교회의 면제 권리를 주장하기에는 다소 이른 시기였는데도, 주교는 부사제를 사법 관리에게 인도하기를 단호히 거부했다. 이런 반역적인 저항으로 멘수리우스는 법정으로 소환되었다. 하지만 그는 사형이나 추방 선고를 받는 대신, 간단한 심문만을 받은 뒤 주교 관구로 돌아가라는 허가를 받았다. 막센티우스 치하의 그리스도교인들은 이처럼 평온한 상황이었으므로, 필요에 따라 순교자들의 유체를 얻으려면 동방의 머나먼 속주에서 구입해야만 했다고 한다. 이에 대한 일화가 하나 전하는데, 집정관 가문 출신으로 엄청난 토지를 소유해 일흔세 명의 관리 집사가 필요했던 아글라이라는 로마 귀부인의 이야기이다. 아글라이는 관리 집사들 가운데 보니파키우스를 특히 총애했다. 아글라이는 주인에 대한 헌신과 사랑을 결합시켜, 그가 자신의 침대를 함께 쓰는 것도 허용했다고 한다. 부유한 그녀는 동방에서 순교자의 유골을 사들여 종교적인 욕구를 충족시키고 싶었다. 그리하여 상당한 금액의 금화와 향료를 받은 보니파키우스는 열두 명의 기병과 세 대의 지붕 있는 전차의 호위를 받으며, 킬리키아의 타르수스까지 멀고 먼 순례 여행에 오르게 되었다.

박해의 최초 일등 주모자였던 갈레리우스의 피비린내를 즐기는 성품은 불운하게도 그의 지배 영역 내에 있던 그리스도교인에게는 무시무시한 것이었다. 따라서 재물이나 가난의 사슬에 얽매이지 않은 중산층 신도들은 고향을 버리고 떠나, 관대한 분위기의 서방에서 은신처를 찾는 경우가 대단히 많았으리라 추정할 수 있다. 갈레리우스는 일리리쿰의 군대와 속주에만 명령을 내릴 수 있었는데, 이 호전적인 지역은 제국 내 다른 지역보다 복음 전도사를 꺼리고 냉담하게 대했기 때문에, 많은 사람을 순교자로 만들기에는 어려움이 있었다.[86] 그러나 갈레리우스가 최고 권력을 잡고 동방의 통치권을 얻자, 직접적인 통치가 승인된 트라키아와 아시아의 속주뿐만 아니라 시리아, 팔레스타인, 이집트 속주에서까지 열성적이고도 잔혹하게 박해에 열중했는데, 여기서 막시미누스는 은인인 갈레리우스 황제의 엄중한 명령에 철저히 복종함으로써 자신의 성향도 만족시켰다.[87] 갈레리우스 황제의 야심찬 계획들이 빈번하게 실패한 후, 6년간의 박해 경험과 지속된 병고의 고통이 그에게도 유용한 반성의 계기를 마련해 줌으로써, 마침내 극도로 광포한 전제 정치도 모든 국민을 전멸시키거나 그들의 종교적 편견을 정복할 수는 없다는 사실을 깨닫게 되었다. 그는 그동안 저지른 해악을 속죄하고픈 마음에서, 자신과 리키니우스와 콘스탄티누스 황제의 이름으로 전면적인 칙령을 공포했다. 이 칙령은 먼저 장황하게 황제의 이름을 열거한 후, 이렇게 이어진다.

[86] 1세기에서 4세기까지 서부 일리리쿰에 주교나 주교 관구가 있었다는 흔적은 거의 없다. 밀라노의 대주교가 이 광대한 속주의 수도인 시르미움을 넘어서 이곳까지 관할권을 확대해 가지고 있었던 것으로 여겨진다.

[87] 팔레스타인의 순교자들에 관련된 부록과 에우세비우스의 저서 제8권은 주로 갈레리우스와 막시미누스의 박해에 대하여 기술하고 있다. 락탄티우스가 『신성 교리』 제5권 첫머리에 남겼던 탄식은 그들의 잔인성을 암시한다.

> 제국의 실리와 보존을 위해 염두에 두고 있는 주요 관심사들 가운데, 로마의 오랜 법률과 공적 원칙에 따라 제반 사항을 바로잡고 재확립하는 것이 우리의 목적이었다. 우리는 특히 현혹된 그리스도교인을 이성과 본성의 길로 교화하기를 원했다. 이들은 조상들이 정한 종교와 의례를 거부하고 고대 풍습의 시행을 무례하게 멸시하며, 공상에 의거해 엉뚱한 법률

관용 칙령을 공포하는 갈레리우스

과 의견을 만들어 내고, 우리 제국의 속주 각지에서 다양한 계층의 사람들을 끌어들여 공동체를 만들어 왔다. 신들에 대한 예배를 강화하고자 공포한 칙령으로 많은 그리스도교인들이 위험과 고통에 빠지고 사형당했으며, 여전히 불경한 어리석음을 고수하는 수많은 신자들이 일체의 공식적 종교 행위도 못 하도록 감시받고 있는 상황인데, 이 불행한 자들에게 우리가 지닌 전통적 자비를 베풀기로 결정했다. 따라서 그리스도교인들이 기존 정부와 법률에 대해 마땅한 경의를 변함없이 유지하는 한, 자유로이 사적인 신앙을 고백하고 두려움 없이 종교 집회를 소집하는 것을 허용한다. 별도의 포고령을 통해 이러한 의도를 재판관과 행정관들에게도 알릴 것이다. 이러한 은혜를 입은 그리스도교인들은 그들이 숭배하는 신에게 우리의 안전과 번영 및 그들 자신과 국가의 안전과 번영을 위해서 기도드리기를 바란다.

칙령이나 선언문에서 황제의 실제 성품과 참된 동기를 찾아내는 것은 통상적인 일은 아니다. 하지만 이 칙령은 죽음을 눈앞에 둔 갈레리우스 황제의 유언이므로, 아마도 그의 진심이 담긴 서약이라고 인정할 수도 있을 것이다.

교회의 평화   갈레리우스 황제가 신앙의 자유를 선언한 이 칙령에 서명할 당시, 그는 리키니우스 황제가 친구이자 은인인 자신의 뜻에 기꺼이 따를 것이고, 그리스도교인을 위한 법령이 콘스탄티누스 황제의 허가도 얻어 낼 것이라고 확신했다. 그러나 막시미누스 황제의 이름은 서문에 감히 적어 넣을 수가 없었는데, 며칠 후 막시미누스가 아시아 속주들의 지배를 승계했으므로 그의 동의가 사실 가장 중요했다. 통치를 시작한 초기 6개월 동안은 막시미누스도 전임 황제인 갈레리우스의 신중한 방침을 따르는 듯했다. 비록 공식 칙령을 통해 교회의 평화를 보장하겠다고 나선 적은 없지만, 민정 총독인 사비누스로 하여금 속주의 모든 총독과 집정관급 대리인들에게 회람을 보내도록 했다. 이를 통해 막시미누스 황제는 제국의 관용 정책을 상세히 설명하고, 정복할 수 없는 그리스도교인의 고집을 인정하며, 아무런 효과도 없는 고발을 중단하고 저 광신자들의 비밀 집회를 묵인해 주도록 사법 관리들에게 지시를 내렸다. 이 명령의 결과로, 수많은 그리스도교인들이 감옥에서 풀려나고 광산 노동에서 구조되었다. 신앙을 당당히 고백한 자들은 승리의 찬송가를 부르며 고향으로 되돌아갔고, 박해의 폭우에 굴복했던 자들은 회개의 눈물을 흘리며 교회의 품으로 돌아가게 해줄 것을 간청했다.

그러나 이 불안정한 평온은 오래가지 않았다. 동방의 그리스도교인들은 그들 황제의 인격을 전혀 신뢰할 수 없었다.

박해를 재개할 준비를 하는 막시미누스

잔인성과 미신적 습성이 바로 막시미누스 황제의 지배적인 성품이었던 것이다. 잔인성이 박해의 방법들을 고안해 냈고, 미신적 습성이 박해의 대상들을 지목했다. 그는 신들에 대한 예배와 마법 연구와 신탁 신앙에 몰두했다. 그는 하늘의 총아로서 존경했던 예언자들이나 철학자들을 수시로 속주 총독으로 임명했고, 황제의 극비 회의에도 참석시켰다. 이들은 황제에게 그리스도교인의 승리가 질서정연한 계율 덕분인 반면에, 다신교의 약점은 일차적으로 제사장들 간의 단합과 복종이 결여된 것에서 비롯된다고 쉽게 확신시켰다. 덕분에 명백하게 교회 정책을 본뜬 정부 체계가 수립되었다. 막시미누스의 명령에 따라 제국 내 모든 거대 도시에서 신전들이 보수, 장식되었고,

다양한 신들에게 예배를 집전하는 사제들이 제사장의 권위에 종속되어 주교에 대항하는 한편 이교도의 부흥을 장려하게 되었다. 한편 제사장들은 대제사장의 최고 사법권과 속주에서 황제의 직접적인 대리인 역할을 하는 고위 사제들의 권위를 인정했다. 새하얀 제사복이 위엄의 상징으로 주어졌고, 이 새로운 지위의 제사장들은 고귀하고 부유한 가문에서 신중하게 선발되었다. 행정관과 제사장들의 종용으로 막대한 분량의 충실한 탄원서들이 접수되었는데, 특히 니코메디아, 안티오크, 티레에서 온 것들이 많았다. 청원서들은 황실의 의도를 마치 국민 일반의 뜻인 것처럼 교묘하게 표현하고 있었다. 청원서의 내용은 황제에게 관용을 베풀기보다는 법대로 처분할 것을 간청하면서, 그리스도교인에 대한 혐오감을 드러내고, 이 불경한 신자들을 속주 구역에서부터 추방해 달라고 탄원하는 것이었다. 티레 시민들이 제출한 탄원서에 대해 막시미누스 황제가 보낸 회답이 지금까지 남아 있다. 회답에서 그는 대단히 만족하여 시민들의 열성과 신앙을 칭찬하고, 그리스도교인의 완고한 불경성에 대해 상세히 설명을 늘어 놓고, 이들의 추방 건의에 대해 기꺼이 동의하면서, 이것을 은혜를 베푸는 것이 아니라 오히려 시민들의 은혜를 입는 것으로 생각하겠노라고 밝히고 있다. 행정관들뿐만 아니라 사제들도 그의 칙령을 집행할 수 있는 권한을 부여받았고, 칙령은 황동 탁자에 새겨지게 되었다. 유혈 사태는 피하도록 권고되기는 했지만, 다루기 힘든 그리스도교인들에게는 극도로 잔혹하고 굴욕적인 박해가 가해졌다.

박해의 끝

이토록 주도 면밀하게 박해의 방법들을 준비한 막시미누스 황제의 가혹성에 직면해 아시아의 그리스도교인은 두려움에 전전긍긍하고 있었다. 그러나 몇 달 지나지 않아, 서방의 두 황제가 공포한 칙령으로 막시미누스는 박해 계획을 중지할 수밖에 없었다. 그는 리키니우스 황제에 대항하여 너무 경솔하게 일으킨 내전에 온 신경을 쏟아야 했고, 이 전쟁에서의 패배와 막시미누스의 죽음은 마침내 최후의 가장 잔혹한 적으로부터 교회를 해방시켜 주었다.[88]

디오클레티아누스 황제의 칙령으로 처음 공인되었던 박해를 전반적으로 검토하면서, 필자는 그리스도교 순교자들의 구체적인 수난과 죽음을 기술하는 일을 의도적으로 삼갔다. 에우세비우스의 『교회사』나 락탄티우스의 규탄서(『박해자들의 죽음』)나 고대 순교자전에서 무시무시하고 진저리나는 장면들을 수집하여, 고문대와 채찍, 쇠갈고리와 불로 달궈진 침대, 화염과 강철, 잔인한 야수들과 더더욱 잔인한 사형 집행인 등이 인체에 고통을 가하는 온갖 고문 장면들로 지면을 가득 채우는 것은 쉬운 일이었을 것이다. 이런 처참한 장면들에 그리스도의 이름으로 순교한 성자들의 죽음을 지연시키거나 승리를 기리고 유물을 찾아내는 수많은 광경과 기적들을 더한다면 더욱 활기가 넘칠 것이다. 하지만 필자는 이런 것들이 과연 얼마나 믿을 만한 것인지 확신이 서기 전까지는, 글로 옮겨야 할지를 결정 내릴 수가 없었다. 교회 역사가들 중 가장 신중한 에우세비우스도 교회의 영광과 연결되는 것은 기술하고 치욕스러울 수 있는 것은 무엇이든 감추었다고 간접적으로 고백하고 있다.[89] 이러한 자백은 한 가지 의문, 즉 역사의 근본 원칙들 중 하나를 공공연히 어긴 역사가가 다른 원칙들은 엄격히 준수했을 것인가 하는 문제를 자연스럽게 제기한다. 그리고 당대의 역사가들 중 경솔한 면은 적었지만 궁정에서의 처세술에는 누구보다 능숙했던 에우세비우스의 인물됨을 고려하면, 이

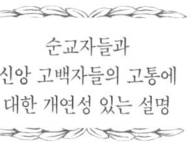
순교자들과
신앙 고백자들의 고통에
대한 개연성 있는 설명

[88] 죽기 얼마 전 그는 매우 관대한 내용을 담은 칙령을 공포했는데, 그리스도교인들이 받은 모든 가혹한 처우를 자신의 의도를 오해한 재판관들과 총독들의 탓으로 돌리고 있다.

[89] 이런 내용은 에우세비우스의 저 놀라운 두 개의 구절에서 도출해 낸 결론이다. 이 역사가의 신중은 비난과 의심을 받아 왔다. 그 자신 역시 투옥되었던 적이 있다는 사실은 잘 알려져 있다. 그리고 모종의 수치스러운 긍정을 함으로써 석방되었다는 것도 암시되었다. 비난이 일생 동안 그를 따라다녔으며, 심지어 티레의 종교 회의에서는 면전에서 비난받기도 했다.

16장 687

런 의심은 더욱 근거가 있다 하겠다. 몇몇 특별한 경우, 이를 테면 행정관들이 이해관계나 원한 같은 사사로운 동기로 격노하거나, 순교자들이 열정에 휩싸여 신중함과 품위를 잊은 채 제단을 엎어 버리거나 황제에게 저주를 퍼붓고 법정에서 재판관을 때린 경우에, 온갖 잔인무도한 고문들이 일편단심인 희생자들에게 가해졌으리라고 추정할 수 있다.[90] 다음의 두 경우는 주의 깊게 진술된 것은 아니지만, 사법 관리에게 체포당한 그리스도교인들이 일반적으로 상상하던 것보다는 견딜 만한 대접을 받았다는 사실을 암시해 주고 있다. 첫째, 신앙을 고백하여 광산 노동에 처해진 신자들은 인정 덕분이었는지 간수들의 부주의 때문이었는지, 황량한 거주지 가운데에 예배당을 지어서 자유로이 신앙 생활을 하는 것이 허용되었다. 둘째, 자발적으로 행정관에게 체포당한 그리스도교인들의 너무도 급진적인 열정을 주교들이 오히려 제지하고 견책해야 했다. 이들 가운데는 가난과 빚에 시달리다가 영광스러운 죽음으로 비참한 삶을 무턱대고 끝내려는 사람들도 있었다. 또한 단기간 감금으로 평생의 죄과를 씻어 내려는 희망에 사로잡힌 사람들도 있었다. 자비로운 신자들이 수감된 신자들에게 보내 주는 상당한 금액의 생계비를 챙기려는 명예롭지 않은 동기에서 자진 체포되는 사람도 있었다.[91] 교회가 모든 적을 물리치고 승리한 후에, 이렇게 수감된 포로들의 허영과 이해관계가 각자 겪은 수난의 행적들을 과장하게 만들었다. 시간이 흐르고 장소가 멀어질수록 허구는 더욱 심하게 부풀려졌다. 거룩한 순교자들에 대해 주장되는 이야기들, 상처가 즉각 치유되었다든지, 원기가 회복되었다든지, 절단된 사지가 기적적으로 소생되었다든지 등의 빈번한 사례들은 모든 어려움을 제거하고 반론들을 잠재우는 수단으로 대단히 유용했다. 교회의 명예에 도움이 된다면, 아무리

[90] 타라쿠스와 동료들이 받은 고문에 대한 믿을 만한 기록을 보면, 행정관을 화나게 했을 것이 분명한 분노와 경멸 섞인 강한 표현들로 가득 차 있다.

[91] 도나투스파와 관련된 논의는, 편파적인 것일지도 모르지만, 아프리카 교회사에 빛을 비춰 준다.

터무니없는 순교담이라 해도 쉽사리 믿는 대중의 박수갈채를 받고, 성직자 권력의 지지를 얻었으며, 교회사의 미심쩍은 증거들에 의해 입증되었다.

추방과 투옥, 고통과 고문에 관한 애매모호한 서술은 교묘한 웅변가들의 붓놀림으로 너무도 손쉽게 과장되거나 부드러워지게 마련이다. 따라서 우리로서는 당연히 더 명확하고 확실한 종류의 사실들을 조사하고 싶어진다. 예를 들어 디오클레티아누스 황제와 동료들과 후대 황제들의 칙령의 결과로 죽음을 맞게 된 순교자가 정확히 몇 명인가 하는 사실이 궁금해진다. 최근의 순교담들은 무차별적인 박해로 전체 군대와 도시가 단 한 번에 스러졌다는 식으로 기록하고 있다. 더 이전 작가들은 복음 신앙을 피로써 지킨 정확한 신자 수를 확인하지도 않고, 단지 산만하게 비극적 어조로 비난과 욕설을 쏟아내는 것에 만족했다. 에우세비우스의 『교회사』에는 단 아홉 명의 주교만이 사형에 처해졌다고 집계되어 있다. 또한 팔레스타인의 순교자에 대한 그의 상세한 계산에 따르면, 겨우 아흔두 명의 그리스도교인만이 순교자의 영예를 얻었음을 확인할 수 있다.[92] 그 당시 주교들의 신앙적 열성과 용기의 정도를 알 수 없기 때문에, 전자인 아홉 명으로부터 유용한 추정을 내릴 수는 없다. 하지만 후자는 대단히 중요하고 타당한 결론을 입증하는 데 도움을 준다. 로마 속주들의 분포에 따르면, 팔레스타인은 동방 제국의 16분의 1을 차지했던 것으로 보인다.[93] 그리고 진심이었든지 아니면 위장된 자비심이었든지 간에 신자들의 피로 손을 더럽히지 않은 총독들이 있었으므로, 그리스도교의 발상지인 팔레스타인에서 갈레리우스와 막시미누스의 통치하에 놓여 있던 동방 세계의 전체 순교자 중 적어도 16분의 1에 해당하는

순교자의 수

[92] 에우세비우스는 이들이 전 박해 기간 동안 팔레스타인에서 발생한 전체 순교자였다고 확언하면서 자신의 서술을 마무리 짓는다. 이집트의 테베 속주에 대해 언급하고 있는 그의 저서 제8권 5장에 나타나 있는 박해받은 신도 수는 부정확한 것이다. 그러나 이런 것이 바로 이 역사가의 교묘한 술책을 존경하도록 만드는 점이다. 그는 로마 제국에서 멀리 떨어진 외딴 지방에서 발생한 극도로 잔인한 장면을 선택하여, 테베에서 하루에도 10~100명의 순교자가 빈번하게 발생했다고 전한다. 그러나 자신의 이집트 여행을 언급하면서, 그의 언어는 서서히 좀 더 조심스럽고 온건해진다. 크고 명확한 숫자 대신에 많은 그리스도교인들을 언급하면서, 직접 보았거나 들었다는 의미 중 어느 쪽으로도 해석될 수 있는, 또는 처벌이 예상된다거나 실시되었다는 두 가지 의미 중 어느 쪽으로도 해석될 수 있는 애매모호한 단어들을 선택한다. 이처럼 안전하게 얼버무림으로써 그는 독자와 번역자들에게 여러 가지 의미로 해석될 수 있는 구절들을 남겨 주고 있는 것이다. 그는 그들이 당연히 이런 단어들을 자신들의 신앙심에 근거하여 가장 호의적인 의미로 해석하리라고 생각했던 것이다. 테오도루스 메토키타의 언급에는 아마 모종의 악의가 있는 듯하다. 에우세비우스와

마찬가지로 이집트인들과 친교가 있는 사람들은 모두 모호하고 난해한 문체를 즐겨 사용했다.

[93] 팔레스타인이 세 부분으로 분할되었을 때, 동방 세계에는 모두 마흔여덟 개의 속주가 있었다. 이전과 같은 민족에 따른 구분은 오래전에 폐지되었기 때문에 로마인들은 속주들을 넓이와 부유한 정도에 따라 분류했다.

숫자가 배출되었다고 믿는 것이 합당하다. 그러면 전체 순교자 수는 대략 1500명 정도에 이르게 된다. 그리고 이 숫자를 10년의 박해 기간으로 나누면, 매년 150명의 순교자가 나오는 셈이다. 이탈리아, 아프리카, 아마도 에스파냐의 속주들에 동일한 비율을 적용해 보면, 그곳에서는 박해 시작 2~3년 후부터 박해 법률의 엄중한 시행이 유보되거나 폐지되었기 때문에, 로마 제국에서 사형 선고를 받고 처형당한 그리스도교인의 수는 대략 2000명 이하로 줄어들 것이다. 디오클레티아누스 황제 시대에 이전의 어느 박해 시기보다도 그리스도교인의 수가 많았고 적들도 더욱 격분했다는 것은 의심할 바 아니므로, 이 온당하고도 개연성 있는 수치 계산은 그리스도교를 세상에 전도하려는 목적으로 목숨을 바친 초기 성인과 순교자의 수를 어느 정도 추정 가능하게 한다.

마음에 내키지는 않지만 우울한 진상을 밝히는 것으로 이 장을 마무리하려고 한다. 즉 순교의 주제에 관해 역사가 기록해 두었거나 종교적 목적으로 위장된 이야기들을 아무런 주저나 의심 없이 받아들인다 해도, 그리스도교인들이 교회 내부의 불화 과정에서 서로에게 가한 고통이 광신적인 이교도에게 당한 박해보다 훨씬 더 가혹했다는 사실은 인정해야 한다. 서로마 제국의 멸망 뒤에 이어진 '무지의 시대' 동안, 로마 시의 주교들은 라틴 교회(서방 교회)의 성직자뿐만 아니라 평신도에게까지 지배력을 확장시켜 나갔다. 이들이 설립했고, 오랫동안 이성의 미약한 노력을 무시해 온 미신 조직은 마침내 12~16세기에 종교 개혁가라는 대중적 성격을 취한 용감한 광신자들의 공격을 받게 되었다. 로마 교회는 사기 행위로 획득했던 제국을 그때부터는 무력으로 지켜 나갔다. 즉 평화와 자비의 조직이 추방, 전쟁, 대량 학살, 이단 심문소의 건설 등으로 순식간에 오욕을 입은 것이다. 그리고 종교 개혁가들이 신앙의 자유와 시민의 사랑으로 기운을 얻자, 가톨릭 황제들은 자신들의 이해관계를 성직자의 이해관계와 연결시키고 화염과 무력으로써 영적 감시의 공포를 강화시켜 갔다. 네덜란드에서만 카를 5세의 지배하에 10만 명이 넘는 국민들이 처형당했다고 전해지는데, 이 엄청난 숫자는 그로티우스가 증언하고 있다. 천재이자 학자인 그는 종파들이 다투는 광포한 상황에서도 자신의 중용을 지켰고, 인쇄술의 발명으로 정보의 교류가 손쉬워지고 검열의 위험도 증대된 때에, 시대와 조국에 관한 연대기를 써서 남겼다. 그로티우스의 권위를 믿는다면, 단일 속주 단일 통치 기간에 처형된 신교도의 수가 로마 제국 전역에서 3세기의 통치 기간 중 발생한 초기 순교자의 수를 훨씬 능가한다는 사실을 인정해야만 한다. 그러나 이것이 사실일 리 없다는 가정이 증거의 가치보다 우세하거나, 그로티우스가 종교 개혁가들의 공적과 수난을 과장했다는 과오가 입증된다면,[94] 우리는 자연히, 그렇다면 쉽사리 믿는 고대인들이 남긴 미심쩍고 불완전한 기록들은 과연 어떻게 믿을 수 있는지 의문을 품게 된다. 또한 콘스탄티누스 황제의 보호 아래에서, 그들의 자비로운 군주에게 패한 동료 황제들이나 무시할 만한 선대 황제들이 그리스도교인에게 가했던 박해를 기록하는 독점적 특권을 누린 궁정 주교(에우세비우스)와 격렬한 웅변가(락탄티우스)를 과연 얼마나 신뢰할 수 있는가 반문하게 되는 것이다.

[94] 파울루스 수사는 벨기에의 순교자 수를 5만 명으로 축소했다. 파울루스 또한 그 학식이나 온건함이라는 측면에서 그로티우스에 못지않았다. 시대적으로 앞섰다는 사실은 그로티우스의 증거에 더 많은 권위를 부여해 주지만, 네덜란드와 베네치아 간의 거리는 오히려 권위를 손상시키기도 한다.

후기

　에드워드 기번의 『로마 제국 쇠망사』는 깊이 있는 통찰력, 방대한 분량에 담긴 상세한 기술, 해박한 역사적 고증 등으로 수많은 로마사 책들 중에서도 맨 앞자리를 차지할 만하다. 게다가 유려한 문장으로 영문학사에서도 중요한 저작으로 평가되는 작품이다. 기존에 로마 제국에 관한 역사서들이 여러 가지가 나와서 많은 호응을 얻었으나, 로마사에 있어 기본 중의 기본이라 할 이 작품의 영어 원서를 토대로 한 완역본이 이제야 나왔다는 것은 시기가 늦은 감이 있다.

　처음에 우리는 최초의 완역이라는 기대감, 기번의 작품을 옮기게 된 번역자로서의 보람을 안고 두려움 없이 이 일에 뛰어들었다. 그러나 작업이 진행될수록 애초의 기대와 용기가 수그러들면서 많은 고통이 따랐음을 고백하지 않을 수 없다. 기번의 탁월한 언어 능력을 따라잡기에는 역부족이었으며, 시간상으로는 서기 2세기부터 15세기까지, 공간상으로는 브리타니아에서 그리스, 로마, 소아시아, 인도를 거쳐 중국에 이르기까지, 종횡무진하는 그의 발걸음을 따라다니기에는 우리의 지식이 너무 일천했다. 기번의 집필 의도가 로마 제국의 역사를 입수 가능한 모든 자료들을 철저히 검토한 후 상세한 고증을 통해 보다 정확한 사실로서 전달하고자 하는 것이었는데, 이러한 철저함은 『로마 제국 쇠망사』라는 뛰어난 역사의 기록이자 문학적 가치를 지닌 작품으로 결실을 보았지만,

역자들에게는 해결하기 힘든 난제로 다가왔던 것이다.

이러한 힘든 작업 과정 중에 실수나 오역이 없었으리라고 자신할 수 없다는 점이 안타깝지만, 우리는 기존의 로마사 관련 전문 서적들과 주위 전문가들의 도움을 받아 가능한 한 번역의 정확성을 기하고자 최대한 노력하였다. 일례로 지명 하나를 놓고도 여러 검색과 문의, 토의를 거쳐 그 표기 방법을 조율해 나가는 등의 작업을 통해 이 대작 속에 담긴 기번의 의도를, 원문의 명성을 살리기 위해 고민하였다. 한 가지, 본문에 육박하는 엄청난 양의 각주 중에서 본문 이해에 꼭 필요하지 않은 것은 건너뛰었는데, 이를 제외하고는 최초의 영한 완역판이라는 데 자부심을 느낀다. 이른바 기번의 '잡담'이라고도 불리는 각주가 원본에는 8300여 개가 있었는데, 가장 뛰어난 편집판으로 인정받고 있으며 이번에 우리가 번역 대본으로 삼은 버리(J. B. Bury) 판에는 4700여 개로 줄어 있다. 일본에서도 이 버리의 판을 번역했는데 본문 이해에 별 도움을 주지 못한다고 판단했는지 각주를 대부분 생략해 버렸다. 그러나 이번에 우리가 번역한 이 책은 영어판을 제외한 어느 다른 판본보다 각주를 많이 번역했기 때문에 감히 완역판이라 자부하고 싶은 것이다.

이제 여러 사람이 서로 노력을 보태 세상에 내놓는 이 책을 보완하고 교정하는 일이 남았다. 앞으로도 많은 분들의 수고와 노력이 들어가야 할 것이다. 독자 여러분의 많은 관심과 지적을 바란다.

2008. 7
역자

윤수인 이화여대 영문학과를 졸업하고 동 대학원 박사과정을 수료했다. 옮긴 책으로 『생존 수업』, 『마지막 카니발』이 있다.

김희용 이화여대 영문학과를 졸업하고 동 대학원 박사과정을 수료했다. 배화여대, 그리스도 대, 성결대 등에 출강했으며, 현재 배화여대 영어통번역과 출강 중이다.

로마 제국 쇠망사 1

1판 1쇄 펴냄 2008년 7월 21일
1판 29쇄 펴냄 2025년 6월 17일

지은이 | 에드워드 기번
옮긴이 | 윤수인, 김희용
발행인 | 박근섭, 박상준
펴낸곳 | (주)민음사

출판등록 1966. 5. 19.(제16-490호)
서울특별시 강남구 도산대로1길 62(신사동) 강남출판문화센터 5층 (우편번호 06027)
대표전화 02-515-2000, 팩시밀리 02-515-2007

www.minumsa.com

한국어 판 ⓒ (주)민음사, 2008. Printed in Seoul, Korea

ISBN 978-89-374-2631-5 04900
ISBN 978-89-374-2630-8 (세트)

* 잘못 만들어진 책은 구입처에서 교환해 드립니다.